Ludwig M. Auer

Demokratie 4.0

Ludwig M. Auer

Demokratie 4.0

Evidenz statt Macht

**Wer die Demokratie retten will
muss JETZT handeln**

Demokratie 4.0

Gewidmet den Nachkommen meiner Familie

und Allen

die sich um ein Zusammenleben

in Fairness und Frieden bemühen

Inhaltsverzeichnis

Anmerkungen zum Text

Um Ihnen das Nachschlagen in früheren Abschnitten zu ersparen, habe ich für öfter verwendete Fachbegriffe hinten eine Liste mit kurzer Erklärung zusammengestellt.

Mit einem Sternzeichen * markierte Zitate sind vom Autor übersetzt.

Hochgestellte Zahlen, z.B. Autor [35] beziehen sich auf die Literaturliste am Ende des Buches.

Hochgestellte und unterstrichene Zahlen, z.B. Notiz [36] zeigen eine Fußnote an.

Hochgestellte Zahlen mit vorangestelltem "N", z.B. Demokratie [N23] stehen für eine Anmerkung im hinteren Teil des Buches.

Verweise auf andere Seiten im Text, z.B. S. 104, gelten für mehrere Seiten, wenn hinter der Zahl ein "f" oder "ff" steht, z.B. S. 104f.

Vorwort

"Demokraten, die den Unterschied zwischen einer freund-
lichen und einer feindseligen Kritik nicht erkennen, sind
selbst von einem totalitären Geist erfüllt" * [1]

Karl Popper

Demokratie wird heute in einer zunehmenden Zahl von Ländern weltweit als das einzige akzeptable politische System für eine moderne
Gesellschaft angesehen. Die westliche Sphäre liberal demokratischer
Länder erklärt ihre Werte über alle anderen Kulturen und Zivilisation-
en hinweg für die gesamte Welt als universell gültig (eine Erläuterung
meines Versuches einer Unterscheidung zwischen den beiden Begriffen
quer durch alle Kulturkreise, die sie unterschiedlich verstehen, findet
sich in der Anmerkung [N1].

Die Medien preisen und verteidigen die liberale Demokratie als das Zentrum unseres "Gemeinwohls", das heute von Politikern eher als "unsere
gemeinsamen Werte" bezeichnet wird. Damit greifen sie nicht selten die
Bürger ihrer eigenen Länder an, indem sie jene rechtsgerichteten Partei-
en dämonisieren, die demokratisch gewählt wurden: etwa 20% in den
Niederlanden (PVV), 34% in Frankreich (FN), 26% in Österreich (FPÖ),
je 12,6% in Großbritannien (UKIP) und in Deutschland (AfD). Liberale
Politiker der westlichen Welt ignorieren die Ängste ihrer Bürger, werden ihrerseits populistisch und schaffen damit eine neue Welle von Anti-
Populismus-Populismus, anstatt die gegenwärtige Entwicklung als dringenden Hinweis darauf zu werten, dass die Demokratie renovierungsbe-
dürftig ist. Sogar vermeintlich politikverdrossene und selbstzufriedene
Wähler werden aufmerksam, irritiert und orientierungslos; eine politische Nachkriegs-Ära des „Nichtwissenwollens" [2] scheint zuende gekommen zu sein.

Viele politisch interessierte und engagierte Bürger und Gruppen sind zunehmend über die Untätigkeit ihrer Politiker frustriert. Einige wollen
sich zu „echter Demokratie" vorwärts bewegen („true democracy"),
andere in eine „zukünftige Demokratie", wieder andere wollen das
gegenwärtige System besetzen („Occupy"-movement) und Demokratie

i

„wirklich" machen; dementsprechend stehen norwegische und britische Gruppen ein für „Real Democracy" oder haben vor, den Neoliberalismus aus der Bahn zu werfen und gegen die Macht wirtschaftlicher Konzerne („Corporatocracy") anzukämpfen.[N2] Wir stehen also vor der Tatsache, dass Demokraten gegen ihr eigenes politisches System aufstehen und damit ihre Länder spalten. Damit erhebt sich die Frage: was ist hier schiefgelaufen?

In diesem Buch werde ich begründen, dass die moderne liberale Demokratie wegen vieler ihrer Architektur innewohnender Mängel und Schwachstellen von vornherein zum Scheitern verurteilt war. Diesbezüglich ist meine Argumentation allerdings nicht neu: Demokratie wird bereits seit ihrem Bestehen und ihrer ersten Beschreibung in der Antike verteufelt und verlacht, beginnend mit Sokrates, der sich allerdings nicht über die Demokratie selbst lustig machte sondern über deren Führer. In ähnlicher Weise hatte auch Platon keine hohe Meinung von demokratischen Politikern: er wollte sie allesamt durch einen weisen Herrscher als Führer ersetzen.[380]

Die Idee einer Regierung des Volkes ist von Anfang an ein Widerspruch in sich selbst, weil sie den Konflikt zwischen den Individuen und den sozialen Klassen in der wirklichen Welt außer Acht lässt. Die Demokratie der Neuzeit begann als Republiken, die entschieden keine Demokratien sein wollten, wie die Vereinigten Statten von Amerika in ihrer Anfangszeit, oder sie begann mit Revolutionen und Gemetzel wie in Frankreich, mit der mörderischen Beseitigung alter und neuer Führer, mit dem Rückfall in alte Regierungsformen oder Diktaturen, wie dies in weiteren europäischen Ländern geschah.

In unserer Zeit macht sich über die Demokratie nach einer Nachkriegs-Episode scheinbarer Stabilität in den westlichen Ländern eine zunehmende Unruhe und Unsicherheit breit, die sich in einer Reihe kritischer Veröffentlichungen von Politologen wie A.C. Grayling ausdrückt, wonach dieses politische System reparaturbedürftig oder insgesamt abgesagt sei: so schreibt Grayling in seinem Buch „Democracy and its Crisis", dass *„zwei ihrer führenden Beispiele in der heutigen Welt, die Vereinigten Staaten und das Vereinigte Königreich, die repräsentative Demokratie mutwillig verfallen ließen. Beachten Sie diese Worte: Absichtlich verfallen ließen ... durch eine Kombination von Ursachen, allesamt vorsätzlich".*[*11] J.Brennan nennt Demokratie *"ein fehlerhaftes Instrument"*,[*3] und Y. Mounk [4] meint, dass die Wahl von Donald Trump *"die signifikanteste Manifestation der Krise der Demokratie "* sei. Mehrere weitere Autoren rezenter Publikationen haben ihren Abgesang an die Demokratie in die Titel ihrer Bücher geschrieben – ich habe sie auf S. 250 zusammengestellt.

Keiner dieser Autoren hat jedoch zur tiefreichendsten Ursache des Dilemmas Stellung bezogen: nämlich die zunehmende Diskrepanz zwischen den polit-philosophischen Ideologien einerseits und den Gegebenheiten der menschlichen Natur andererseits, und zwar sowohl des Individuums an sich wie auch dessen Verhalten in Gruppen und Massen. Dieser „Faktor Mensch" wurde in den letzten 120 Jahren biologischer, human-ethologischer, psychologischer und soziologischer Forschung intensiv untersucht. Die grundlegenden Tatsachen wurden jedoch von der Politik weitgehend ignoriert – außer zum Zweck ihrer Ausnutzung für eigene Interessen. Aus diesem Grund habe ich diese Erkenntnisse zu einem Kernthema in diesem Buch gemacht. Dazu zählen evolutionäre Faktoren unseres individuellen Verhaltens, aber auch Seilschaftsdenken und Massenphänomene ebenso wie deren politischer Missbrauch: „Populismus" ist hierfür ein merkwürdig berührendes Beispiel.

Ich werde zeigen, dass die gegenwärtige Form von Demokratie nachgerade auf widersprüchlichen Regeln und Einrichtungen aufgebaut ist – ich nenne sie a priori-Schwächen. Zusammen mit den Paradoxien, auf denen sie basieren, gewährleisten sie den frühen Verfall und das Verschwinden der Demokratie im Chaos, wenn keine Veränderung gelingt.

Die gefährlichste Entwicklung besteht jedoch in der zunehmend verzweifelten und zunehmend populistischen Aggression der Neoliberalen gegen ihre abtrünnigen Mitbürger, indem sie selbst zu Populisten werden anstatt nach gemeinsamen Interessen und dem Verständnis der Ängste der Leute zu suchen.

Ich habe keine 10 Jahre mit dem Schreiben dieses Buches verbracht wie John Keane[5], und gewiss nicht jene 35 Jahre, die von Nahum Capen berichtet werden[6], aber ich habe mich zeitlebens mit der menschlichen Natur, ihrer Physiologie, Pathologie und Psychologie befasst, und ich habe die letzten 3 Jahre mit dem Studium dieser politischen Belange und ihrer Geschichte verbracht.

Ein tieferer Blick in die grundlegenden Ideen, Hypothesen und Ideologien über Demokratie ergab eine alarmierend große Zahl weiterer Schwächen und Widersprüche, mit denen sie geschlagen ist. Da diese die gegenwärtige Unzufriedenheit über die mangelnde Funktionsfähigkeit der westlichen politischen Systeme mit ihren Demokratien zu erklären, habe ich sie zu einem weiteren Schwerpunkt in der Diskussion der gegenwärtigen Situation gemacht. Außerdem war deren Analyse entscheidend für die Arbeit am dritten Kapitel, welches eine Besprechung der verschiedenen Vorschläge zur Verbesserung der politischen Gegebenheiten beinhaltet, soweit sie sich aus dem Vergleich von wissenschaftlichem und philosophischem Wissen ergibt. Ich hoffe, dass dieser abschließende Teil der interessanteste und herausforderndste geworden ist.

Meine hauptsächliche Motivation für diese Arbeit war jedoch mein Gefühl, immer näher an den Rand eines Strudels zu geraten, der immer mehr Länder mit einbezieht, deren einige ich in ihrer Tagespolitik mitverfolge. Dieses Gefühl hat mich anfänglich gedrängt, meiner Verantwortung gegenüber unseren Nachkommen mit dieser Publikation noch rechtzeitig nachzukommen. Der Takt der Abfolge von Ereignissen wird jedoch in einem Maße beschleunigt, dass die geschriebenen Worte unter der Hand zu Wirklichkeiten werden und immer neue Ergänzungen am Text erfordern, während man zunehmend in einen bedrohlich dunklen Bereich gezogen wird. Die Tagespolitik der letzten Wochen und Monate zeigt, und zwar die Hektik, die Hysterie in manchen Regionen ebenso wie die besorgniserregende Stille in anderen:

Die Zeit drängt.

Bedenke ich Verhalten und Reaktionen der Akteure, der Menschen, die in der Politik und in den Medien tätig sind, dann muss ich mich angesichts meines Textes fragen: wen spreche ich eigentlich an, wenn ich gleichzeitig die Politiker, ihre Parteien und ihre Strategien kritisiere, aber von der dringenden Notwendigkeit spreche, dass die Politik geändert wird? Es ist eine Auflösung der Quadratur des Kreises in den Köpfen von uns Allen, liebe Leserinnen und Leser, die gelingen müsste, wollten wir eine friedliche Veränderung erzielen, entschlossen aber geduldig, bedacht darauf, dass Alle, und ich meine tatsächlich Alle, mitmachen. Es ist ein Aufruf zur Besinnung an unser aller Lage und deren Ursachen. Alle Bürger jedes Landes, dessen demokratisches System zu zerbrechen droht, sind aufgerufen ebenso wie alle in ihren Institutionen Tätigen: es geht um ein Umdenken mit dem Blick auf eine entscheidende Gegebenheit: ein demokratischer Staat existiert nur in Maße und Umfang, in welchem seine Bürger etwas dazu beitragen. Nur dieser Beitrag erhält diesen Staat am Leben. Es ist an der Zeit, jetzt mehr an dessen Überleben zu denken als an den eigenen Wohlstand und das eigene Fortkommen. Die heutige Form von Demokratie ist deshalb am

iv

Absterben, weil sie ausgehungert und ausgehöhlt wurde, weil zu Viele von uns sich zu viel davon für sich alleine genommen und zu wenig dazu beigetragen haben. Nur ein Umdenken in uns Allen kann die drohende unkontrollierte politische Veränderung unserer Länder verhindern: es besteht darin, zuerst nicht an die eigenen Interessen zu denken sondern die Interessen der Anderen in gleicher Weise mitzuberücksichtigen.

„Gleiches Recht für Alle" ist eine sehr vereinfachende Abkürzung, die aber in einem zweiten Gedanken zur entscheidenden Verhaltens-änderung führen kann: denn „gleiches Recht" bedeutet gleichzeitig „gleiche Pflichten". Nichts in der Welt geordneten gesellschaftlichen Lebens geschieht von selbst, alles muss getan werden. Die erste und wichtigste Tat zur Rettung der Lage ist daher, Rücksicht auf die Anderen im Staat zu nehmen, zu bedenken, dass Alle Interessen haben, und zwar derart viele und einander im Weg stehende Interessen, dass daran unser Aller Lebensraum, der Staat und die Umwelt, in der er steht, kaputt zu gehen drohen, und zwar bald. Die Geschichte zeigt, dass wir einen großen Fehler machen, wenn wir weitermachen wie bisher im einlullenden Gedanken, es sei ja im großen und ganzen ohnehin alles wie immer: die ganz gravierenden Veränderungen im Gesellschaftssystem passieren fast immer explosionsartig - uns Allen ist klar, dass jegliche Einsicht zu spät kommt, wenn diese Explosion einsetzt.

Dieser Aufruf gilt selbstverständlich auch den professionellen Akteuren in Politik und Medien, die ja ebenso Bürger sind wie alle anderen. Der Aufruf kann für sie nur bedeuten, Parteieninteressen hintanzustellen und sich auf das Gemeinwohl als erste Pflicht zu konzentrieren, sogar, auf die Verwirklichung von Karrierechancen zu verzichten, zurückzu-stehen. Der Aufruf bedeutet aber auch, die unwürdigen gegenseitigen Beschuldigungen zu beenden, das gegenseitige Dämonisieren, statt-dessen besonnen gemeinsam zu beraten, wie die Lage im Interesse Aller verbessert werden kann. Nicht gegenseitiges Verteufeln und Aus-schließen, Verdächtigen und Inkriminieren schafft Frieden, sondern der Austausch von Vorstellungen und Ideen und deren gemeinsames Einordnen in den Rahmen des Gemeinwohls und der überhaupt bestehenden Möglichkeiten. Dieser Teil des Aufrufs gilt in gleicher Weise für die Medien, die zweifellos durch übersteigertes Deuten auf Ereig-nisse die Lage aufheizen, anstatt selbst zur Besonnenheit Aller im Interesse des Gemeinwohls zu wirken. Wem von Ihnen meine Worte zu hart klingen und mir den Vorwurf einbringen, ich selbst handelte mit meinen Worten nicht im Sinne jener in der Einleitung, möge bitte das

Zitat von François de la Rochefoucauld (S. vii) auf sich beziehen und mir verzeihen.

Was für den eigenen Staat gilt, trifft in gleicher Weise für die "globalisierte" Welt zu: so wie der Versuch schiefläuft, innerhalb des Staates nur den privaten Interessen zu leben und rücksichtslos alle Möglichkeiten dafür zu nutzen, die sich bieten, so können wir in naher Zukunft auch nicht mehr in Frieden leben, wenn wir uns um die Anderen dort, in den anderen Staaten nicht, in gleicher Weise kümmern, wie es innerhalb des eigenen Landes notfallartig erforderlich geworden ist. Dazu müssen wir Alle unsere privaten Wünsche zurückstecken, uns auf einen vernünftigeren privaten Aufwand reduzieren und zum Aufbau eines lebbaren Lebensraumes in anderen Ländern beitragen, die derzeit in einem katastrophalen Zustand sind und die Menschen von dort weg und in die gemäßigten Zonen treibt. Leider ist aber unsere Geschichte von Ausbeutung und Missachtung in vielen dieser Länder, die früher die Kolonien Europa's waren, so lange und derart weit gediehen, dass wir erst Vertrauen aufbauen müssen, bevor wir dort unsere wohlgemeinte Hilfestellung überhaupt anbringen können. An dieser Stelle schließt sich ein Kreis zwischen dem Thema über unsere Pflichten im eigenen Land und denen dem Rest der Welt gegenüber: wir müssen selbst wieder glaubens- und vertrauenswürdig werden und dies durch unser Handeln bezeugen. Damit können wir uns und einander als gleichwertige Menschen der ganzen Welt ein Leben in Würde schaffen.

Die Länge des Textes bestätigt eine Gabe, die mir von wohlmeinenden Kritikern wiederholt vorgehalten worden ist: ich sei kein Meister der knappen klaren Worte und würde meine Kernbotschaften gut im Text zu verstecken wissen. Ich selbst gebe diesmal meinen Anmerkungen die Schuld daran; manches an Kernbotschaften ist in der Tat dort verborgen – damit befände ich mich einerseits in der guten Gesellschaft von Machiavelli; andererseits sind manche Anmerkungen in der Tat ein Versteck für liebgewordene Formulierungen. Vor allem entschuldige ich mich jedoch mit der Komplexität des Themas, und hoffe auf die Nachsicht und Geduld meiner Leser.

Einleitung

"...die beste Einstellung für den Leser wäre es, von Anbeginn an keine der hier präsentierten Maxime direkt auf sich persönlich zu beziehen und anzunehmen, dass er die einzige Ausnahme sei, obwohl sie als allgemein gültig erscheinen. Danach garantiere ich Ihnen, dass er [bzw. sie] unter den ersten sein wird, die ihnen zustimmen und daran glauben, dass sie der Menschheit zur Ehre gereichen werden". [7]

François de la Rochefoucauld

Demokratie betrifft Sie, und mich, uns alle auf Erden; für die Mehrzahl der Menschen in der westlichen Welt eine Selbstverständlichkeit, selbstverständlich – oder etwa doch nicht? Nicht mehr? Vielleicht zu selbstverständlich geworden?

Demokratie, diese Idee, die Ideologie von Selbstverwaltung durch uns selbst, das Volk, oder zumindest "die Vielen" – auf den zweiten Blick entpuppt sich Demokratie als ein politisches Unterfangen auf dem mysteriösen Boden von "Gemeinschaftlichkeit" in Menschenmassen, auch dem Konflikt zwischen Gruppen, dem Klassenkampf, also von sozialen Phänomenen, die unabhängig von politischen Systemen den gleichzeitigen Traum von Freiheit und von Zugehörigkeit jedes Einzelnen von uns verkörpern. Ein Reisender zwischen den Welten im 19. Jahrhundert, der Leute in Europa, Afrika und Asien studierte, beschrieb diese Eigentümlichkeiten von Menschentum in Gruppen auf eindrucksvolle Weise: Gustave LeBon. Als Arzt vertraut mit den biologischen Gegebenheiten des Menschen, sog er das allererste Wissen über Evolution, Anthropologie, Psychologie und Soziologie auf, um es sodann mit seiner eigenen Interpretation menschlichen Gruppenverhaltens zu verbinden. Während ihn die akademische Welt weitgehend ignorierte, beeinflussten seine Schlussfolgerungen viele Politiker, welche die Geschichte der ersten Hälfte des 20. Jahrhunderts weitgehend bestimmen sollten, wie Lenin, Hitler und Mussolini, aber auch Roosevelt. In seinen späten Jahren erlebte Gustave LeBon, dass Männer wie Henri Bergson und Sigmund Freud auf sein Werk Bezug nahmen, ebenso wie

Émile Durkheim, einer der Begründer der Soziologie[1]: Gustave LeBon, der 1895 in seinem Werk "Psychologie des foules" (Die Psychologie der Massen)[2] den Effekt jenes Bildes beschrieb, den ein Wort in unserem Geist hervorruft, eine spezielle Bedeutung in der öffentlichen Meinung eines Zeitalters. Eines jener Worte ist in unseren Tagen zweifellos „Demokratie": ausgesprochen in einem fordernden Ton, entsprechend der gegebenen politischen Korrektheit, versieht die Stimme es aber auch bereits mit einer leicht ängstlichen Schwingung. Dennoch wird eine kritische Bemerkung über Demokratie heute noch immer nahe asozialem, suspektem, wahrscheinlich sehr weit rechts angesiedeltem, wenn nicht sogar gleich rechtsextremem Denken zugeordnet. Kritik an Demokratie ist eben nichts, was die Mehrheit in der westlichen Welt heute hören will. Vertreter des westlichen Universalismus belehren weiterhin den Rest der Welt und hören nicht auf die Anderen – nach meiner Ansicht eine bedenkliche Situation: aber wer ist hier im Recht und wer im Unrecht? Allem voran muss man eingestehen, dass Intoleranz gegenüber Kritik einem der wichtigen Axiome der Demokratie zuwiderläuft. Deshalb meine ich, dass die heutige Form von Demokratie in Gefahr ist, sicher jedoch keineswegs ein sicherer Hort, nicht einmal vollkommen verstanden in seiner eigentlichen Bedeutung, nicht einmal in Europa, wie auch LeBon mit seiner Bemerkung feststellt: *"Bei den lateinischen Völkern bedeutet das Wort Demokratie vor allem die Auslöschung des Willens und der Tatkraft des einzelnen vor dem Staat. ... Bei den Angelsachsen, namentlich bei den Amerikanern, bedeutet dasselbe Wort im Gegenteil die angespannteste Entfaltung des Willens und der Persönlichkeit, das möglichste Zurücktreten des Staates, den man mit Ausnahme der Polizei, des Heeres und der diplomatischen Beziehungen nichts leiten läßt ... "* [8, N3]

Demnach hat es den Anschein dass die jeweilige Form von Demokratie auch ein Ausdruck des Charakters und Temperaments eines Volkes ist. Jedoch: erzeugt Demokratie selbst schon einen besseren Menschen, eine bessere Gesellschaft, ein besseres Leben, oder leitet sie lediglich die Völker durch ihren Liberalismus über Libertinismus und Hedonismus in Dekadenz und Verfall? Wenn das erstere zutrifft, wie manche Politologen meinen, warum haben wir dann mit einer derartigen Vielzahl von Systemmängeln zu schaffen?

---

[1] neben Max Weber, Karl Marx und Karl Mannheim.
[2] Sein erstes Buch über dieses Thema, "L'homme et les sociétés" (Mensch und Gesellschaft), erschien im Jahr 1881.

In diesem Buch werde ich anhand einer Vielzahl von Beispielen zeigen, dass Demokratie in mehrfacher Weise einem Widerspruch in sich selbst gleichkommt und ganze Länder zu spalten beginnt, wie dies in unseren Tagen in Ländern vorgeführt wird wie Spanien, Tschechien, Polen, auch in allen anderen europäischen Ländern wie Deutschland, Frankreich, Italien, Holland, Österreich, auch in der Türkei, aber auch in USA und Großbritannien.

Daraus resultiert die Frage: sind die heutigen Einrichtungen der Demokratie ausreichend, um diese Herausforderungen zu bewältigen? Viele vergessen bei der Erörterung der Verlässlichkeit und Zukunftsfähigkeit [N4] von Demokratie, dass dieses System aus der Sicht unseres heutigen Verständnisses davon erst seit wenigen Jahrzehnten besteht. Ungeachtet dessen entwickeln politische Parteien in den westlichen Ländern schon jetzt einerseits eine zunehmende Abgrenzung voneinander, andererseits aber auch eine undefinierte Unsicherheit über das derzeitige politische Konstrukt. Im Gegensatz dazu sagt man, dass immer mehr Länder weltweit zur Demokratie tendieren – werden die Einen ihrer Freiheit müde, desinteressiert und selbstzufrieden, während die Anderen nach diesem Traum von Freiheit streben?

Was genau erwarten denn die heutigen Menschen von der Demokratie?

Demokratische Systeme brüsten sich mit der „Gewaltenteilung", sind sich jedoch ihres fehlenden Gewahrseins von deren tatsächlichem Wert gar nicht bewusst, oder jedenfalls nicht mutig genug, sich die ursprüngliche Zielsetzung einzugestehen: es gibt nämlich keinen Grund stolz zu sein auf die Tatsache, dass Menschen dazu neigen, einander derart auszubeuten, dass es zwingend vorbeugender Maßnahmen wie der „Gewaltenteilung" bedarf; andererseits gibt es auch keinen Grund, sich des Erbes unserer Verhaltenseigenschaften aus der Evolution zu schämen, für das wir von vornherein nicht verantwortlich sind. Ist diese „Gewaltenteilung" überhaupt ausreichend effektiv?

Politische Ideologien zielen vorwiegend darauf, einige menschliche Eigenschaften zu verdammen und dafür einen idealisierten, durch Regeln zurechtgehämmerten Menschen zu schaffen. Aber schufen sie tatsächlich einen besseren Menschen, ein besseres Leben? Keine Ideologie der Welt, nicht einmal die Demokratie – und ich werde zeigen, *vor allem* nicht die Demokratie – verbesserte die menschlichen Lebensbedingungen, heute nicht und auch nicht im Griechenland der Antike. Denn der heutige Wohlstand basiert auf Errungenschaften von Wissenschaft und Technologie, nicht der Politik – ausgenommen vielleicht den Umstand, dass Staatsverschuldung, die Quelle eines künstlichen Wohlstands, ein Ergebnis von Politik ist. Demokratie ist demnach abhängig von einem gewissen Wohlstandsniveau, das sie nicht selbst geschaffen hat. Während absolutistische Regierungen den Gehorsamen Sicherheit bieten, läuft die Demokratie Gefahr, Chaos zu verursachen, dem lediglich die archaische Sozialordnung entgegenarbeitet, jedenfalls so lange die Demokratie überlebt.[N5]

Nicht-staatliche Organisationen (Non-Governmental Organizations - NGOs) sind eines der charakteristischen Beispiele für die chaotische missionarische Tätigkeit demokratischer Systeme: NGOs, geschaffen in gutem Willen, werden in einem System tätig, das für sich beansprucht, von den Menschen für die Menschen eingeführt worden zu sein: wäre ein solches System erfolgreich, wozu bedürfte es dann weiterer, ergänzender und manchmal sogar konkurrierender und gegeneinander arbeitender Einrichtungen? Zwar wissen wir alle, dass es politisch korrekt ist, Wohltätigkeitseinrichtungen zu lobpreisen, nicht aber zu kritisieren – aber hier richtet sich die Kritik gar nicht gegen NGOs sondern gegen die Demokratie, die eingesteht, dass es zusätzlicher Einrichtungen bedarf, um die Insuffizienzen der „Regierung durch das Volk für das Volk" zu kompensieren. Politiker demokratischer Länder wie Großbritannien verkünden stolz und lauthals, dass kein einziger Bürger alleingelassen werde, nur um sodann weiter wie bisher 5-10% ihrer Bevölkerung in absoluter und weitere 10% in relativer Armut und Elend zurückzulassen.[9, 10]

Eine beunruhigende Brise lässt die Menschen in ihrer schützenden Dunstglocke des Wohlstands erschauern. Die Leute beginnen sich zum Schutz um neue Rufer zu scharen, die ihnen bestätigen, was sie schon aus ihren Träumen, Tagträumen und Gemütszuständen wissen. Ist das ein Erwachen, oder ist es nur ein dumpfes Zusammenrotten der Verlorenen?

Als Kind des unmittelbaren Nachkriegs-Europa, aufgewachsen in österreichischer, französischer und englischer Erziehung [N6], nahm ich wenig Notiz von dem Phänomen „Demokratie", oder den Vereinten Nationen. Sie erschienen vielmehr als die selbstverständliche Basis des alltäglichen Lebens, immer schon dagewesene Bühne für die aufregenden politischen Ereignisse, dargestellt von einzelnen, herausragenden Persönlichkeiten wie dem Schah von Persien, der Königin des Britischen Empire, dem würdig einherschreitenden und sprechenden Präsidenten de Gaulle, einem aufbrausenden Nikita Chruschtschow oder einem beflügelnd-begeisternden John F. Kennedy. Es gab zwar immer irgendwo Krieg, jedoch nur in fernen Traumländern. Die Wiederauferstehung Europas war nur kurz unterbrochen von Jugendprotesten, die in den Ereignissen der 68er gipfelten – einige berichten, dass unsere juvenile Begeisterung für soziale Gerechtigkeit wahrscheinlich durch sowjetkommunistische undercover-Aktivität verstärkt wurde, die bereits in den 1950ern begann. Der Kalte Krieg mit seiner atomaren Bedrohung, und erste ökologische Bedenken, hielten sich im Hintergrund der Aufmerksamkeit im Alltag der rasch voranschreitenden Technokratie. Kritik beschränkte sich auf Machenschaften der politischen Mittelklasse, betraf nie die Helden der Ära. Aber das politische System selbst, die Demokratie, wurde niemals in Frage gestellt. Vielmehr schien sie, kaum jemals direkt erwähnt, derart selbstverständlich unersetzlich, dass die Leute nicht einmal an ihre Existenz dachten.

Die Lage hat sich nun innerhalb weniger Jahre verändert.

Das Wort „Erneuerung" trat in vielen Wahlkampf-Reden in den USA, in Großbritannien und in Ländern des europäischen Kontinents in den Mittelpunkt. Politiker einiger Parteien der Mitte wurden auf die Unzufriedenheit der Menschen aufmerksam, auf ihre Sorgen, ihre Unsicherheit und Unruhe, die sich auszubreiten begann – und den Parteien der „Populisten" Zustrom verliehen. Dafür scheinen zwei Faktoren verantwortlich zu sein: Erosion, Unterwanderung und Aushöhlung von innen, und ein Gefühl der Bedrohung von außen.

In diese Entwicklung mischt sich ein – zumeist unbewusstes – Gefühl der Absurdität, das den Menschen die Orientierung nimmt: sie sehen sich verwickelt in eine Konfrontation von Patriotismus gegenüber Nationalismus, auch von einer Art Populismus innerhalb der Demokratie selbst, jener Selbstregierung des Volkes, die als politisch korrekt gilt in seiner populistischen Abwehr des „offiziell anerkannten" Populismus, jenes, den die Parteien der Mitte und der Linken an ihren Gegnern der Rechten verteufeln. Verwirrung breitet sich aus und regt zu Fragen an: wie können wir Menschen uns vor selbstschädigendem Irrglauben bewahren? Wie können wir evidenzbasierte Entscheidungsmechanismen ohne parteipolitisches Geplänkel bewerkstelligen und uns gleichzeitig vor dem Machtmissbrauch derer schützen, die für uns an der Basis für diese Evidenz arbeiten?

Alle diese fundamentalen Fragen wurden schon gestellt, die Antworten füllen ganze Bibliotheken und Massengräber von Millionen Opfern. Aber vor allem: jede Ära, jede Generation, jede Kultur benötigt ihre eigene

Orientierung. Ich greife daher diese Herausforderung dort auf, wo der österreichisch-britische Philosoph Sir Karl Popper sie damals vor 80 Jahren formulierte: *"Große Männer machen große Fehler; ... einige der größten Führer in der Vergangenheit unterstützten den immer wieder-kehrenden Ansturm auf Freiheit und Vernunft. Ihr Einfluss ... führt weiter-hin jene in die Irre, von deren Verteidigung die Zivilisation abhängt, und trennt sie weiterhin. Für diese tragische und möglicherweise fatale Tren-nung werden wir selbst verantwortlich, wenn wir zögern, in unserer Kritik dessen deutlich zu sein, was zugegebenermaßen Teil unseres intellektu-ellen Erbes ist. Durch unser Zögern in dieser Kritik könnten wir dazu bei-tragen, dass insgesamt alles zerstört wird".* [1]

Wer diese großen Männer auch immer waren oder sind, und was sie auch immer sagten oder sagen, ob in der Politik, in der Philosophie oder in der Wissenschaft: unsere Orientierung liegt in unserer eigenen Verantwortung. Kritisches Argumentieren mit der Vorgabe der Fairness befähigt uns, solche Irrtümer aufzudecken und den nächsten vernünfti-gen Schritt auszuforschen, wieder im Sinne von Popper's Vorschlag, *" ... die Prinzipien demokratischer gesellschaftlicher Rekonstruktion, die Prinzipien dessen, was ich als „schrittweises gesellschaftliches Engineer-ing" bezeichnen möchte im Gegensatz zu „utopischem Sozial-Engineer-ing".* [1] Und wiederum im Sinne von Poppers Entscheidung kam ich zu dem Entschluss, erneut am Beginn unserer schriftlich dokumentierten Kulturgeschichte anzusetzen, um den Mythos der Demokratie zu ent-zaubern, ihre hässliche Seite zu zeigen, die Gefahr ihrer Kurzlebigkeit und ihre Anfälligkeit für Selbstzerstörung. Im Gegensatz zum Jahr 1939, als Popper an seinem Buch „Die Offene Gesellschaft und ihre Feinde" zu schreiben begann - in Neuseeland fern ab von den Ereignissen des Zweiten Weltkrieges - im Gegensatz dazu also besteht die Gefahr heute – noch nicht in einer autokratischen Beherrschung (und ich meine damit die westlichen Demokratien, nicht die gesamte Welt), jedoch in einer Kombination von Faktoren: Ausbeutung des Gemeinwohls durch unbe-grenzten Kapitalismus, Vernachlässigung und Abbau des Sozialen durch Individualismus und Isolationismus, eine Mischung von Vorgängen, die Gesellschaften von innen heraus zerstört und Autokraten nachgerade hereinbittet.

Eine der Fragen wird sein, ob man für ein Überleben der modernen Demokratie tatsächlich „die Logik davon verstehen" [11] muss, oder ob man nicht besser entsprechend meinem Vorschlag die entwicklungs-geschichtlichen Verhaltensmuster von uns Menschen einbeziehen sollte. Denn die Ideologie, auf der die Demokratie mit all ihren inhärenten

Widersprüchlichkeiten basiert, ist für ein dauerhaftes Sozialsystem nicht haltbar, besonders nicht auf der Basis ihrer Werte, die im wesentlichen aus dem Versprechen bestehen, Wohlstand und vor allem Freiheit für Alle zu gewährleisten.[N7]

Vielleicht ist die Demokratie tatsächlich zum Scheitern verurteilt, solange ihre Jünger glauben, dass man „die Logik davon verstehen" müsse anstatt zu versuchen, uns Menschen als Individuen und als Teil einer Menge zu verstehen und ein politisches System diesen biologischen und psychologischen Gegebenheiten anzupassen. „Der Wille des Volkes" ist einer jener Ausdrücke, der die Politik in eine völlig irrationale Schattenwelt führt [N52] und damit Demokratie von vornherein der Selbstzerstörung aussetzt. Bevor also irgendein System verbessert werden kann, sei es in der Ökonomie, der Wissenschaft oder der Politik, müssen dessen Schwachstellen und Unzulänglichkeiten identifiziert werden: im Laufe der 2500-jährigen Geschichte einer Konzeption von Demokratie hat es entmutigende Kritik ebenso wie eine Reihe idealistischer und realistischer Ansätze gegeben. In den 70 Jahren des Bestehens moderner westlicher liberaler Demokratie mit allgemeinem Wahlrecht hat sich die Sozialstruktur nicht in dem versprochenen und daher theoretisch zu erwartenden Umfang geändert. Vielmehr erscheint die Gesellschaft aus den folgenden drei Perspektiven weitgehend unverändert: 1- Zum Unterschied von den meisten vorangegangenen Monarchien repräsentiert nunmehr der Geldadel die wenigen Reichen – damals die Aristokraten – als Gegenpol zur Masse der Bevölkerung. 2- In jeglicher Diskussionsrunde von Demokraten fallen Entscheidungen nicht auf der Basis rationaler Argumente sondern entsprechend der archaischen hierarchischen Sozialstruktur von Führern und Untergebenen. 3- Menschen beuten aus, was sich an Möglichkeiten bietet, ungeachtet drohender Konsequenzen. Umgeben von Warnsignalen verlassen wir uns weiterhin selbstzufrieden auf das vage Gefühl, welches dem irreführend beruhigenden Glauben daran entströmt, Demokratie "zu haben". Die nach wie vor zunehmend offene soziale Schere ("social divide"), und zusätzlich die Massenmigration in einer globalisierten Welt, beschleunigen die Destabilisierung. Ich werde versuchen, in Kapitel II mehr Licht auf diese Entwicklung zu werfen.

Es zeichnet sich jedoch ein Weg aus diesem Dilemma ab, zwischen einer politischen Ideologie von oben herab, die einen präexistierenden „Soll-Menschen" verlangt, und dem tatsächlichen "Faktor Mensch": ich werde mich damit in Kapitel III auseinandersetzen.

Dieses Buch ist keineswegs als ein Plädoyer gegen Demokratie gemeint, wie ich mit dem Zitat zur Einleitung deutlich zu machen versuchte – ganz im Gegenteil: es ist vor allem gedacht als eine Warnung davor, "Freiheit" wissentlich falsch als Lizenz zum Libertinismus und zur persönlichen Befreiung von sozialer Verantwortung zu interpretieren. Ich erachte auch kein anderes, früheres oder gegenwärtiges, politisches System als der Demokratie überlegen, aber ich sehe die Gefahr für die heutige westliche Gesellschaft, sich selbst zu zerstören anstatt ihre angestammten Fähigkeiten zur Einführung von Verbesserungen zu nutzen. Dieses Buch ist also als ein Plädoyer für eine bessere Demokratie gedacht, als Aufforderung, sie endlich wirklich zum Funktionieren zu bringen, bevor sie für viele künftige Generationen endgültig verloren ist.

Wenn Ihnen die Geschichte der Demokratie ohnehin geläufig ist oder Ihnen aus der heutigen Perspektive als irrelevant erscheint, und wenn Sie sich nicht auch noch eine weitere Interpretation der heutigen Situation nahebringen lassen wollen, können Sie gerne sogleich zum dritten Kapitel vorblättern um zu sehen, was es mit meinem Plädoyer denn tatsächlich auf sich hat, das es wert machte, noch ein weiteres Buch zum Thema zu präsentieren, worin also die neuen Vorschläge für künftige Schritte bestehen sollen. Ich versuchte, dort gegenwärtige Meinungen anderer Autoren zusammenzufassen und zu diskutieren und schließlich mit meinen eigenen Vorstellungen zu vergleichen: ich gehe dabei ziemlich eindeutig über die Grenzen des derzeitigen Verständnisses von Demokratie hinaus, zum Beispiel mit Bezug auf Wahlen und Entscheidungsprozesse. Die Frage wird also letztlich sein, ob künftige Generationen ein derart geändertes System noch immer als Demokratie bezeichnen wollen werden, vor allem, weil sie unser derzeitiges Verhalten ohnehin verabscheuen und verlachen könnten.

Kapitel I

Fragen zur Definition

Antworten aus der Geschichte

Was ist Demokratie – und ist es überhaupt eine?

"Nehmen wir den Begriff in seiner strikten Bedeutung, dann hat es nie eine wirkliche Demokratie gegeben, noch wird es je eine geben ." *
Jean-Jacques Rousseau [12]

Bevor ich mit Ihnen nun den breit ausgetretenen Pfad der Geschichte betrete, wollte ich Ihnen vorab noch einen Blick auf das Wirrwarr von Fragen zumuten, das am Beginn und entlang eines Großteils des Weges durch unsere eigenen Gedanken wie auch die Überzeugungen anderer steht, von Meinungen und Zweifeln. Dabei hoffe ich vor allem, Ihre Zweifel anzuregen, Ihre Überzeugungen durcheinanderzubringen und Ihren Geist für Veränderung zu öffnen.

In Übereinstimmung mit Popper's Zitat in meinem Vorwort beabsichtige ich hier keine pauschale feindselige Kritik an Demokraten oder von Demokratie an sich, sondern will auf dem guten Willen der Akteure und dem Versprechen der Idee aufbauen, wenn ich Vorschläge zur Heilung bestehender Mängel diskutiere. Dazu muss man allerdings vorausschicken, dass die Frage, was denn Demokratie überhaupt sei und was genau es ist, das sie von anderen Regierungsformen unterscheidet, über die Jahrhunderte Gegenstand erheblicher Debatten geblieben ist. Damit habe ich sie zwar bereits als eine Form von Regierung definiert. Dennoch bleibt weitgehend unklar, was der Begriff „Regierung" im Fall der Demokratie bedeuten solle. Denn immerhin regiert „das Volk", der Souverän, also nach der ursprünglichen Vorstellung der Herrscher, in dieser modernen Version von Demokratie gar nicht selbst, sondern delegiert diese Funktion an eine Gruppe von Leuten und lässt sich damit in der heutigen „repräsentativen Demokratie" regieren. Interessanterweise betrachten manche die Demokratie heute überhaupt nicht mehr als eine politische Angelegenheit als vielmehr einfach eine Art „way of life".[13]
Bei Betrachtung der historischen Entwicklung sieht man, dass moderne Demokratie nicht als Folge einer rationalen Entscheidung eines Volkes begann, sich von nun an selbst zu regieren; vielmehr entstand sie zu-

nächst als chaotischer und brutaler Ausbruch in Unruhen, Umsturz und Bürgerkrieg.[N8]

Selbstverständlich gibt es auch eine einfache Definition, scheinbar klar und eindeutig, bestehend aus Bedingungen für ein Land, das sich als Demokratie bezeichnen will: Regierung durch das Volk, Gewaltenteilung, freie Wahlen, freie Presse, Redefreiheit, Liberalismus, Verfassung mit Berücksichtigung der Menschenrechte. Im wirklichen Leben sind die Dinge wesentlich komplizierter: so zum Beispiel sind die heutigen westlichen Demokratien keineswegs alle gleich; zwei Drittel der Demokratien West-Europas sind konstitutionelle Monarchien; die Mehrzahl von ihnen erfüllt nur einen Teil der hier bezeichneten Bedingungen. Damit erhebt sich die Frage:

Wo auf der Welt gibt es Demokratie?

„Im letzten Jahrzehnt ist Demokratie praktisch das einzige politische Modell mit globalem Anspruch geworden, unabhängig von der Kultur." * [14]

Kann man dieser Feststellung des Politologen Costa Georghiou tatsächlich Glauben schenken? Während der Autor einerseits Länder und Prozentzahlen auflistet[N9], kommt er letztlich auch selbst zu dem Schluss, dass "... *ein Lippenbekenntnis noch nicht notwendigerweise beweist, dass Leute grundlegende demokratische Normen auch tatsächlich annehmen".* * [14, N159] Weltweite Untersuchungen bestätigen, dass über 90% der Menschen Demokratie schätzen und bevorzugen, während sie aber gleichzeitig nach einer starken Führungspersönlichkeit rufen[15] – die widersprüchliche Natur der Meinungen könnte also kaum größer sein. Und abseits von Lippenbekenntnissen sieht es nochmal wesentlich anders aus: nach Analysen der EIU (Economist Intelligence Unit)[16] leben allemal 4,5% der Weltbevölkerung in vollwertigen Demokratien, mit Kanada, Australien und den Skandinavischen Länder an der Spitze. Deutschland, Großbritannien, Spanien, Österreich und Paraguay stehen als Volldemokratien „zweiter Klasse" auf der Liste, Länder wie die USA, Indien, Frankreich, Portugal, Italien, Chile, Griechenland, Japan und Südafrika rangieren unter „mangelhaft" und machen insgesamt 45% aller Länder weltweit aus; 18% der Weltbevölkerung leben in sogenannten Hybrid-

4

Systemen und das restliche Drittel in autoritären Regimen. Demnach leben also 3,3 Milliarden Menschen in autokratischen Staaten. Nach der neuesten EIU-Analyse befindet sich *"Demokratie in allen Ländern weltweit im Rückzug"**; außerdem wird gewarnt dass die *"Redefreiheit unter Beschuss"* [17] stehe.

Republik oder Demokratie – was ist was?

Wie auch Machiavelli und die Gründungsväter der Vereinigten Staaten von Amerika, so beschrieb auch Rousseau, wenn er von „Republik" sprach, eigentlich wesentliche Züge der Demokratie. Der Unterschied basiert mehr als alle anderen Gründe wohl einfach auf der Verbindung der Begriffe mit Staaten in der Geschichte der Antike, nämlich von „Demokratie" mit Griechenland und von „Republik" mit dem Alten Rom in der Zeit zwischen dem Königtum und dem Kaiserreich. Die modernen Demokratien entstanden als Republiken, die allmählich und schrittweise zu Demokratien wurden, demnach also zu demokratischen Republiken. Sie entstanden in erster Linie als Idee der Wiederbelebung der Römischen Republik, also von einer nicht-monarchischen Regierung ohne Erbfolge in der Führung, außerdem in Form einer gewissen Mitbeteiligung des Volkes. So beschrieb es Nicolò Machiavelli über Florenz, John Milton betreffend England und Montesquieu sowie Rousseau für Frankreich. Danach wurde die Idee von den Gründern der Vereinigten Staaten nochmals aufgegriffen. Als der englische Politik-Philosoph Thomas Paine im Jahr 1792 nach Amerika auswanderte, definierte er die Demokratie als *"Regierung durch das Volk, des Volkes und für das Volk"* *. Aus philosophischer Sicht ist die Sachlage etwas anders: so unterscheidet Kant sehr klar zwischen den beiden Begriffen und bezieht sich dabei auf Montesquieu: *„Der Republikanism ist das Staatsprinzip der Absonderung der ausführenden Gewalt (der Regierung) von der gesetzgebenden; der Despotism ist das der eigenmächtigen Vollziehung des Staats von Gesetzen, die er selbst gegeben hat, mithin der öffentliche Wille, sofern er von dem Regenten als sein Privatwille gehandhabt wird. – Unter den drei Staatsformen ist die der Demokratie, im eigentlichen Verstande des Worts, notwendig ein Despotism ..."* [41, S.15]

Damit weist Kant gleichzeitig auf eine jener intrinsischen Schwachstellen an der Demokratie hin, die ich in Kapitel II als „a priori" beschreiben werde.

Was bedeutet es nun heute, „demokratisch" zu sein ?

Die Diskussion wird hier nicht einfacher: rationalisierende Argumente können nämlich Standpunkte zu einer flüchtigen Angelegenheit werden lassen: eines davon wurde kürzlich damit verdeutlicht, dass zwei Parteien für sich beanspruchen demokratisch zu sein, jedoch einander bezichtigen populistisch und undemokratisch zu sein (so geschehen in Spanien, Österreich, Großbritannien, USA ...). Ein anderes Beispiel bot der damalige britische Brexit-Unterhändler David Davies mit seinen Worten "eine Demokratie ist keine Demokratie mehr, wenn man seine Meinung nicht mehr ändern darf". Sie wurden von Donald Tusk prompt beantwortet mit einer Zustimmung zu dessen Worten mit dem Hinweis, dass die Briten jederzeit gerne ihre Meinung zur EU ein weiteres Mal ändern und den Brexit abbrechen dürfen, die Herzen der Europäer stünden den Briten nach wie vor offen.

Und noch ein weiteres Beispiel: die Grenze zwischen "Redefreiheit" und rechtlicher Verfolgung wegen „Volksverhetzung" wird zunehmend verwischt: Demokratie beginnt hier ihr wahres, ihr hässliches Gesicht zu zeigen, eine Grimasse wie sie ewige Minderheiten aus ihrem Alltag kennen. Dabei handelt es sich wegen seiner Widersprüchlichkeit um das wahre Gesicht, weil der demokratische Liberalismus hier sein eigenes Paradigma bekämpft und damit beweist, dass Demokratie in dieser Form nicht wirklich praktikabel ist: die Mehrheit hält fest, dass sie der Repräsentant der legitimen Demokratie ist, erklärt die Gegenseite zu „Populisten" und versucht, deren Redefreiheit zu unterbinden.

Die Partei der US-Democrats definiert sich als sozial-liberal, was erklärt wird als *"eine Ideologie, die eine Balance sucht zwischen individueller Freiheit, sozialer Gerechtigkeit und dem Gemeinwohl. So wie der klassische Liberalismus unterstützt auch der soziale Liberalismus eine Marktwirtschaft und eine Ausdehnung sozialer Rechte auf alle Bürger."* * [18] Die Entwicklung der letzten 50 Jahre, aber besonders der jüngsten politischen Ereignisse, wirft schwerwiegende Fragen auf, insbesondere nun, da sich das Ungleichgewicht zu einer Teilung, ja zu einem tiefen Graben zwischen zwei getrennten Hälften der Bevölkerung der USA entwickelt hat – dasselbe geschieht derzeit in einer Reihe weiterer Länder.

Wieviele Demokratien leben zusammen in einer Demokratie?

Gewiss muss Demokratie als politisches System mangelhaft sein, wenn dessen Werte laut seiner Verfassung keine ausreichende Basis für ein friedliches Zusammenleben in einem Sozialsystem sind, insbesondere wenn die Gesellschaft obendrein noch durch einen Klassenkonflikt geteilt ist, zerstückelt in eine Vielzahl von Interessensgruppierungen, vertreten durch politische Parteien mit unterschiedlichen Wertesystemen. Demnach ist „das Volk", erwartungsgemäß vereint in seiner Demokratie, in Wahrheit in einem multipolaren Gruppenkonflikt verfangen, wobei jede politische Partei für sich beansprucht, demokratisch zu sein, und die anderen in populistischer Weise als undemokratisch oder eben als populistisch dämonisiert – eine Quadratur des Kreises. Und es gibt eine Vielzahl weiterer Unzulänglichkeiten zu diskutieren: so zum Beispiel kollidiert das „Recht auf Selbstverwirklichung" mit dem Wahlsystem und dessen Folge, nämlich der Dominanz wenn nicht sogar dem Diktat der Mehrheit. Individualismus, Herrschaft der Mehrheit, Religionsfreiheit, Toleranz, Kapitalismus, Gemeinwohl, sie alle stellen Werte dar, die teilweise miteinander im Konflikt stehen oder einander gar widersprechen, soweit sie nicht überhaupt der Paradoxie zum Opfer fallen, sich selbst als demokratisch zu bezeichnen und dies allen anderen absprechen.

Wir als Individuen – und die Demokratie

Worin also besteht nun die Macht des Einzelnen in der Demokratie? Für die überwiegende Mehrheit von uns geht es um das Wahlrecht – und zwar mehr oder weniger ausschließlich. Die neue Macht aus der Meinungsfreiheit über die sozialen Medien ist derzeit noch eine äußerst unklare Größe.[N10] Der Politologe Jason Brennan meint in seinem Buch "Against Democracy": *"Demokratie verleiht nicht Individuen Macht, sondern Gruppen"*, und er stellt fest, dass das Wahlrecht nur einen symbolischen Wert repräsentiere und dass *"sie in der Regel nicht in der Lage sind uns zu zeigen, dass demokratische Rechte irgendeinen tatsächlichen Wert für uns haben"*.[* 3] Und schließlich stellt er fest: *"Demokratie ... zielt darauf ab, Individuen die Macht zu entziehen und sie auf große Gruppen oder Ansammlungen von Individuen zu übertragen. Demokratie verleiht uns Macht, nicht mir"*.[* 3] Aber Vorsicht, denn wir als Einzelne haben sehr wohl mehr Bedeutung in der Demokratie als in jedem anderen sozialpolitischen System: nur eben nicht in erster Linie als Wähler, wohl aber als bewusste Individuen mit unseren individuellen Begabungen – und Alle von uns haben spezielle Fähigkeiten, mit denen wir zur Gemeinschaft beitragen können. Die Frage, wie man daraus eine soziale Herausforderung gestalten könnte, mache ich zu einem Kernpunkt in Kapitel III.

Ist "Repräsentative Demokratie" nie eine "echte" Demokratie?

Wenn Gruppen, Sippen, Gangs, Parteien oder Lobbyisten die Macht innehaben, dann ist Demokratie nichts als eine versteckte Variation von Oligarchie, in der mächtige Gruppen und deren Anführer die Regierungsmacht heimlich ausüben. Und in der Tat geschieht in der Demokratie nichts anderes, als dass natürliche Führungstalente ihre Parteimitglieder davon überzeugen, sie zu ihrem Führer zu wählen, um sich damit in die Lage zu versetzen, die gesamte Bevölkerung in gleicher Weise zu bewegen, sie zu wählen. Danach regieren diese Führer das Land, weitgehend in Übereinstimmung mit der Verfassung, ja, aber dennoch unter Ausnutzung aller verfügbaren Ritzen zwischen diesen Regeln, tatsächlich regierend wie ein Souverän, ohne je für ihre Handlungen verantwortlich gemacht zu werden, auch nicht wenn es um das Gemeinwohl geht.[N11] Natürlich kann kein politisches System ohne eine Balance zwischen dem Volk und seiner Regierung existieren. Dies würde bedeuten, dass es die Soziokultur eines Landes ist, welche letztlich ein politisches System bestimmt, wobei der charismatische Führer lediglich die momentane Stimmung des Volkes widerspiegelt. Diese Form von Wirklichkeit beschreibt LeBon in seinem Bericht über Beobachtungen der Menschen des 19. Jahrhunderts, der Kolonialstaaten wie deren Kolonien: *"Nie haben die Massen nach Wahrheit gedürstet .. sie .. ziehen es vor, den Irrtum zu vergöttern, wenn er sie zu verführen vermag. Wer sie zu täuschen versteht, wird leicht ihr Herr..."* [8] Hiermit beschreibt er eine wahnsinnige Menschenmenge in einem Trance-Zustand, die ihrem Anführer befiehlt, sie entsprechend zu unterhalten, allerdings ohne zu bemerken, wann sie selbst irregeleitet und betrogen wird, eine Volksschar, losgelassen in die Demokratie, ein weites Feld für die Erjagung leichter Beute. Es ist eine Menschheit in ihrer Kindheit und frühen Jugend, unfähig zum Umgang mit Macht, ausbeuterisch und rücksichtslos. Die Herausforderung besteht nun darin, eine Lösung zu finden. Karl Popper meint: *"Die Frage ist nicht, wer die Macht hat, sondern wie damit umgegangen wird."* [*1]

8

Wir können jetzt selbstverständlich argumentieren, dass wir uns um all diese künstlichen Konstrukte ewig unzufriedener Meckerer nicht kümmern und einfach sagen: sieh dich doch um und gestehe ein, dass wir in noch nie dagewesenem Wohlstand und in Sicherheit leben; warum also sollten wir uns Sorgen machen um Dinge wie „bedeutungsloses Wahlsystem", „Mediokratie", „wer regiert hier eigentlich, das Volk oder Oligarchen politischer Parteien", „Politik, die in ihrer Machtlosigkeit zulässt, dass ein unkontrollierter Kapitalismus die soziale Schere weiter öffnet"... wir sind konfrontiert mit einem Prozess, der nur dann ein gutes Ende nehmen kann, wenn, so der Historiker Arnold Toynbee, "... *der Mensch ... seine selbstmörderische aggressive Habgier überwindet*". [19, N12] Abgesehen davon, dass dies nur bedeutet, eine biologische Gegebenheit unbeachtet zu lassen, ist die Frage nicht so sehr „wozu sich darum kümmern", solange es uns besser geht als allen anderen. Die Frage ist vielmehr: wie lange wird ein solches System angesichts all dieser Warnsignale noch überleben?

Die Wohlfahrts-Demokratie?

Die Verteilung des Wohlstands an sich kann kein Argument für die gegenwärtige Demokratie sein, denn es gibt heute mindestens ebenso viele Milliardäre und Multimillionäre als es in früheren Jahrhunderten Aristokraten gab. Im Verlauf der Geschichte wurde die seit dem Mittelalter zunehmende soziale Schere (engl. social divide) nur durch Kriege und Seuchen unterbrochen; er hat sich auch durch die Demokratie nicht verändert, wie wir in einem späteren Abschnitt sehen werden.

Der heutige Wohlstand besteht für Viele in der westlichen Welt – und ich sage bewusst *Viele* und nicht *Alle*, denn es gibt allein in Europa an die 50 bis 100 Millionen Menschen in Armut – dieser Wohlstand besteht also nicht etwa wegen der Demokratie, sondern dank Wissenschaft und Technologie – und Ausbeutung – und Staatsverschuldung, was gleichbedeutend ist mit „Wohlstand auf Pump"! Dieser Umfang an Wahnsinn wird nur noch von einem weiteren, mehrheitlich bekannten und gleichzeitig ignorierten, Geheimnis übertroffen: nämlich, dass dieses System nur funktioniert, solange es Wirtschaftswachstum gibt. Dies bedeutet, dass wir an ewiges Wirtschaftswachstum glauben müssen, solange wir daran glauben, dass Demokratie ein stabiles politisches System sei.

Demokratie: der irrationale Staat?

Objektivität und Wahrheit spielten in der Politik noch nie eine Rolle, außer ihr Ziel bestand darin, die Wünsche herrschender Individuen zu befriedigen. Es bringt uns daher nicht weiter anzunehmen, dass diese Faktoren „*keine Rolle mehr spielen*".[20] Der Hinweis von LeBon, dass der Charakter bzw. der emotionale Zustand eines Volkes der eigentliche Regent sei, scheint weitgehend unbeachtet geblieben zu sein. Die Frage ist nun aber, ob die Demokratie in der Lage war, diese Situation zu ändern – die Antwort ist im großen und ganzen wohl: nein.

Die moderne Demokratie sollte ein Kind der Aufklärung werden, der Rationalität. Aus der Sicht des Gemeinwohls für eine Gesellschaft sind die Ergebnisse von demokratischen Wahlen jedoch aus mehreren Gründen vollkommen irrational: einer davon ist die Tatsache, dass der einzelne Wähler weitgehend uninformiert ist; ein anderer besteht in externen Faktoren (zum Beispiel dem Wetter am Wahltag) oder in Manipulation, ein weiterer ist das Endresultat selbst, oft zufällig entstanden und selbst wiederum Auslöser einer unerwarteten Folge: nämlich einer Regierung, die niemand wollte (z.B. eine Koalition). Bedingt durch den Liberalismus als treibender Kraft, lässt Demokratie Gesellschaften auf der Basis einer "*Übertreibung des Individualismus*" entstehen und eine Kultur des Hedonismus "*als Selbstverwirklichung verbrämt*".[21] Der Politologe Ulrich Menzel erklärt diese Widersprüchlichkeit mit einer fehlgeschlagenen „*rational cartesianischen Logik*" [22], gescheitert wahrscheinlich aus demselben Grund wie jegliche andere Ideologie, die in die Sozialpolitik hineingetragen wurde, weil soziale Phänomene eben „von Natur her" irrational sind; daher ist jedes Sozialsystem zum Scheitern verurteilt, solange die Ursachen dieser Irrationalität nicht berücksichtigt und entsprechend behandelt werden.

Diese beklagenswerte Irrationalität ist aus philosophischer wie auch wissenschaftlicher Sicht kommentiert worden: Brennan beschreibt, was er als "Burkinian conservativism" [3] bezeichnet und meint: "*Gesellschaft und Zivilisation sind fragil. Die Gesellschaft wird nicht von Vernunft zusammengehalten sondern eher von irrationalen Überzeugungen und Aberglauben einschließlich derer an Autorität und Patriotismus ... Gesellschaft ist ... komplexer als unsere einfachen Theorien dies bewältigen können – und unsere Versuche, die Probleme zu lösen, haben oft fatale Folgen.*"* Und er argumentiert weiter dass "*diese Entdeckungen erschreckend [sind].*" *Man kann die Leute dazu bringen, Fakten, die sie direkt vor Augen haben, zu verneinen ... all dies nur wegen Gruppenzwang [peer pressure]. Diese*

Wirkung könnte sogar noch stärker werden, wenn es darum geht, politische Überzeugungen herzustellen". [3] B. Caplan bezeichnet den Vorgang als *"Rationale Irrationalität".* [23, N13] Leider hilft es nicht weiter, wenn man feststellt, dass nicht nur die Demokratie sondern auch alle politischen Systeme in vergleichbar wahnsinniger Weise "rational irrational" oder "irrational rational" sind. Der entscheidende Punkt dabei ist, dass die Demokratie diesen Umstand ebenfalls nicht ändern kann, oder noch schlimmer, dass sie nicht einmal in der Lage ist, sich aus dem Sog ihrer Selbstvernichtung zu befreien. Eines der bedeutungsvollsten Beispiele in diesem Zusammenhang ist wohl der vielfache „atomare overkill", den demokratische Staaten (!) bewerkstelligt haben. Jedoch ist seit dem Ende des Kalten Krieges auch noch ein weiteres Szenario apokalyptischer Selbstvernichtung in den Vordergrund gerückt: die Umweltkrise, die noch dazu von „ökolokratischen" Strategien (siehe S. 182) bis zum bitteren Ende verwaltet werden würde, wenn nicht in letzter Minute eine rettende Änderung eintritt.

Demokratie – ein Modell für die Vereinten Nationen?

Die UNO, die Vereinten Nationen, scheinen der ultimative Erfolg der Idee von Demokratie zu sein. Jedoch, die UNO verkörpert all die Schwächen und Mängel der Demokratie: so gibt es Mitgliedsstaaten wie China und Russland, die ihre bedeutendsten Vereinbarungen ignorieren, z.B. betreffend Menschenrechte. Die UNO wird daher auch zur Bühne der Auseinandersetzung zwischen dem westlichen Universalismus und den Kulturen im Rest der Welt. Der zahnlose Tiger UNO zeigt sich an Beispielen wie China's Umgang mit der Internet-Kontrolle seiner Bürger. Das Veto-Recht der ständigen Mitglieder macht den Sicherheitsrat weitgehend wirkungslos und damit viele Aspekte der UNO endgültig absurd (allerdings ganz im Gegensatz zu Einrichtungen wie dem UNHCR). Dennoch bestimmen im wesentlichen die USA, China und Russland den Aktionsradius der UNO, auch wenn er trotzdem für manche vernachlässigten Länder die einzige Hoffnung auf Unterstützung bleibt. Die UNO hat nun einmal keine Macht gegenüber Signatarstaaten, die gegen jene Abkommen verstoßen, denen sie zuerst selbst zugestimmt haben. Dominierende Akteure wie die USA verweigern zum Beispiel die Teilnahme am Internationalen Gerichtshof.[24]

11

Welche Form von Demokratie?

Diese Frage ähnelt jener, was Demokratie überhaupt sei, auch an Komplexität: wie wir in der kurzen Überschau der historischen Entwicklung sehen werden, entstand Demokratie nirgendwo über Nacht, sondern auf einem schwierigen Weg, gepflastert mit Rückschlägen über Jahrzehnte und Jahrhunderte. Ihre Errichtung hing ab von der politischen Ausgangslage, aber auch von den Gründungsvätern, die ihrem Volk ihre Erwartungen durch die Verfassung mitteilten – sonderbar zwar für eine Regierung durch das Volk selbst. Der Mehrzahl der heutigen Demokratien ist gemeinsam, dass sie keine direkten Demokratien im Sinne des antiken Griechenland mehr sind sondern ihre „repräsentative" Version in der einen oder anderen Form. Demnach haben die Franzosen und die USA eine „präsidiale" Demokratie, die Briten und die Deutschen hingegen eine parlamentarische Form. Einige der Staaten sind demokratische Republiken, die Mehrzahl jedoch sind demokratische, sogenannte konstitutionelle, Monarchien. Sie alle sind keine Staatsverwaltungen "des Volkes für das Volk" sind sondern politische Repräsentationen verschiedener Interessensgruppen, die gegenseitig versuchen, die Oberhand über die anderen zu bekommen.

Sieht man sich die verschiedenen Ansichten in der neueren Literatur an, erhebt sich die Frage: ist Großbritannien demokratischer als die USA, oder Frankreich mehr oder weniger als Deutschland, oder umgekehrt? Werfen wir einen Blick auf die Situation in jenen zwei Ländern, die für sich die längste Tradition moderner Demokratie beanspruchen, jedes jeweils ein Beispiel für parlamentarische und präsidiale Demokratie:

Demokratie in Großbritannien

Unter Berücksichtigung politischer Systeme weltweit erscheint mir die britische konstitutionelle Monarchie als der erfolgreichste Versuch in seinem aufrichtigen Ansatz, Fairness unter einer Anzahl von Bevölkerungsschichten zu schaffen (ausgenommen die niedrigste in ihrer stabilen Armut und die reichste in ihren unerreichbaren Sphären jenseits jeglichen Systems). Dies gilt auch für die Aufrichtigkeit, mit der eine Monarchie als Symbol des „Soll-Menschen" und als Symbol stabilen Schutzes und von Führung trotz Demokratie aufrechterhalten wird, aufrichtig genug um den herzenstiefen Wunsch der Menschen zu leben, in dem sie gleichzeitig selbst ihre individuelle Majestät in der Demokratie, und Sicherheit am Busen von weisen, beschützenden und gütigen Monarchen anstreben.

Andererseits ist Großbritannien auch ein hervorragendes Beispiel zur Demonstration des Risikos, mit dem die Demokratie in diesen Tagen konfrontiert ist: das Land präsentiert sich stolz als die älteste, am längsten gewachsene und daher stabilste Demokratie, wohl wissend dass es weit davon entfernt ist, auch, dass es nicht wirklich und vor allem kaum noch eine repräsentative Demokratie ist, wie Grayling dies kürzlich treffend als hartnäckigen Selbstbetrug von *„Demokrationisten"* *[11]* beschrieb und auf Lord Hailsham QC verwies, der von Großbritannien als einer „Wahldiktatur"* [11, S.134] spricht.

Da sinkt also ein altehrwürdiger Beherrscher der früheren Welt nieder in Liberalismus, der sie weiter in Libertinismus, Anarchie und Chaos hinunterzieht; Neo-Nationalismus und Isolationismus in einer unaufhaltsam gobalisierten Welt, verursacht von einer Angst vor ausufernder Immigration, beginnt an der Ökonomie des Landes zu nagen, während sich die soziale Schere - "social divide" - weiter öffnet, ebenfalls scheinbar unaufhaltsam, die Hände am Ruder eines gekaperten Schiffs, dessen offizieller Kapitän das Volk ist. Letzteres hat seine Macht an Politiker abgegeben, die sich bemühen, die Demokratie zu loben, aber auch bemüht sind, der Wirtschaft zu dienen, auch, die eigene Position zu halten, während die Welt rund um sie in kleinen, raschen Schritten zerfällt.

Demokratie – und die USA

Wie schon zuvor berichtet, werden die USA heute nicht als eine vollwertige Demokratie angesehen. Ihre Unabhängigkeit vom Mutterland Großbritannien begann als Republik unter Ausschluss des eigenen Volkes [N36]. Schon als Alexis de Tocqueville um 1840 die USA besuchte, war er besorgt um eine Entwicklung zur Mediokratie (siehe S.47). Heute werden die USA von einigen eher als Timokratie[3] denn als Demokratie beschrieben [N36], in der vorwiegend Millionäre als Politiker tätig sind, und Milliarden für Lobbying, politisches Gerangel und "Gerrymandering" ausgegeben werden; dabei handelt es sich um eine Form von politischer Trickserei um die Größe von Wahlbezirken (siehe S. 206). Einige Autoren gehen sogar noch weiter als der EIU-Bericht und meinen, die USA sei überhaupt keine Demokratie mehr: *"... ein dritter Grund besteht darin,* [abgesehen von Gerrymandering und der Tatsache, dass der Senat nicht repräsentativ ist] *dass eine Entscheidung des Obersten Gerichtshofes*

---

[3] In der Timokratie des Aristoteles hatten nur Männer mit entsprechenden Besitztümern, von hohem Ansehen und gutem Ruf das Stimmrecht und Zugang zu Regierungsämtern.

es Milliardären gestattet, Wahlkämpfe auf allen Ebenen unbegrenzt finanziell zu unterstützen; politische Ämter werden gekauft und verkauft wie ein Paar Socken".* [11] (siehe auch Anmerkung [N152]).

Aus heutiger Perspektive scheint die Verfassung der USA in der Tat nicht für die gesamte Bevölkerung zu gelten: sie erwartet eine hohe moralische Einstellung ihrer führenden Politiker, aber das „Electoral College" wird offensichtlich bei Bedarf nicht als prüfende Instanz tätig. Die Weise, in der staatliche Institutionen mitunter ihre Bürger verfolgen, erinnert eher an einen Polizeistaat als an eine Demokratie.[N141]

Diese präsidiale Demokratie gibt ihrem Präsidenten Macht über das Militär und gestattet ihm die Ernennung von Richtern für das Oberste Gericht (Supreme Court). Dies bedeutet, dass die Gewaltenteilung nicht wirklich funktioniert. Manche glauben sogar, dass eine Tendenz zu langsam zunehmender präsidialer Macht und Unabhängigkeit vom Kongress besteht[25], wie dies kürzlich auch der frühere FBI-Chef James Comey in einem Interview bestätigte [26]. Zur Geschichte der „doctrines" in der US-Politik habe ich in der Anmerkung [N268] weitere Details zusammengefasst.

Versucht man dagegen zu halten, wird einem mit diesen Beispielen klar, dass Überholungen und Verbesserungen am demokratischen System dringend geboten sind, bevor es für die Vermeidung einer neuerlichen Wende in Richtung Diktatur zu spät ist. Als kurzen Kommentar halte ich es mit Popper's Feststellung: *"Eigentlich gibt es nur zwei Formen von Regierung: jene, die man wieder loswerden kann und die anderen... denn es ist nicht von Belang wer regiert, solange man sich einer Regierung ohne Blutvergießen entledigen kann."* * [27]

Diese Feststellung dient auch als kurze Antwort zur nächsten Fragestellung:

Warum Demokratie?

Im weiteren wird die Antwort auf die Frage allerdings zwiespältig, so wie die Demokratie selbst zwiespältig ist, weil die Menschen eben beides wollen: nämlich einerseits geführt und beschützt zu werden, andererseits aber frei von jeglicher Unterdrückung zu sein, zwiespältig im übrigen auch, weil der Mensch gleichzeitig von seiner Kreatürlichkeit bedrängt wird und seines eigenen Opportunismus und Altruismus wie auch derselben Regungen der anderen gewahr ist. Diese verwirrende Mischung menschlicher Triebkräfte steht am Beginn dreier grundlegender Motivationen zur Einführung von Demokratie, deren jede wiederum inhärente Schwächen aufweist: der pragmatische Realist fordert „mehr für mich allein". Der Moralist meint: „Das System wird den Menschen zu einem besseren Menschen machen". Der Idealist ruft (seinen politischen Führer beratend, gleichzeitig aber von ihm manipuliert): „Freiheit"!

Demokratie wurde auch verstanden als die Beendigung des Persönlichkeitskults und der Selbstbeweihräucherung von Machthabern. Damit endete man allerdings bei einer politischen Klasse, die sich mit der Aufrechterhaltung eben dieser Praktiken befasst, neben der gegenseitigen Dämonisierung.

Weltpolitik, das Machtspiel zwischen den Nationen, hat sich nach Einführung der Demokratie in der westlichen Welt kaum geändert: einige wenige politische Führer der größten Länder, die „big Bosse" der Politik, entscheiden über Krieg und Frieden, bilden Allianzen und schaffen Machtblöcke. Viele Entwicklungen und Ereignisse in der Welt hängen davon ab, ob einzelne Individuen einander mochten oder hassten, so wie schon 1914, als Niki und Franz Joseph, Willem und Cousin George letztlich entschieden, den Ersten Weltkrieg zu beginnen. Verwandtschaft tat dabei nichts zur Sache. Immer noch entscheidet die Chemie zwischen diesen Wenigen. Heute sind es eben Wladimir und Angela, Donald und Xi, Theresa und Emmanuel. Der einzige Unterschied ist, dass die Namen öfter wechseln.

Demokratie: Ideologie auf Kosten unserer Träume?

Ursprünglich ordnen wir Menschen uns in Gruppen spontan hierarchaisch, gerade so wie Sippen von Schimpansen, Familien von Löwen, Gruppen von Krähen, Pinguinen, ähnlich sogar auch Insekten wie Ameisen oder Bienen. Anschließend an diese archaische, evolutionsbedingte Hierarchie bildete der Mensch neue Formen der Sozialhierarchie, basierend auf Macht, Ideen und Ideologien, begleitet von Beratungen zwischen Individuen, die sich um Problemlösungen entsprechend ihrer jeweiligen Erfahrung und ihres Wissens bemühen. So kristallisieren Traditionen zu Zivilisationen und Kulturen.

Wenn es etwas nicht gibt, dann ist es Demokratie als Methode für Sozialordnung, definiert als politisches System mit dem Volk als seinen Souverän, dem Volk - und zwar ausnahmslos dem gesamten - als Machthaber. Sie könnten sich jetzt natürlich denken: das ist verrückt, denn es gibt doch Demokratie in so vielen und immer mehr Ländern als je zuvor, und das weltweit! Der Punkt, den ich hiermit machen will, ist jedoch folgender: ein politisches System wie „Demokratie" stellt nicht schon für sich alleine eine Sozialordnung dar; vielmehr basiert es auf einem bereits im Vorfeld geschaffenen Konstrukt wie zum Beispiel einer von Gründungsvätern geschriebenen Verfassung. Am Beginn von „Demokratie" existiert also keine vom Volk eingeführte Sozialordnung; vielmehr gibt es zunächst überhaupt keine Ordnung sondern nur Chaos, in dem niemand entsprechend einer existierenden Ordnung Macht ausübt, sei es militärisch oder durch eine andere Exekutive. Demokratie beginnt also letztlich erst mit der Tätigkeit einzelner Personen, die die Gelegenheit ergreifen und die frei im Chaos schwebende Macht an sich ziehen. Die theoretische Erklärung, dass das Volk selbst über seine Zukunft entscheiden könne, basiert also bereits auf einer vorgeformten Ordnung, geschaffen von einer Person oder einer Gruppe. Im Paris der Revolution war es Napoleon Bonaparte der diese Chance ergriff – die kurzen Episoden einzelner Terror-Regimes dazwischen kann man nur als Phasen des revolutionären Chaos ansehen. An dessen Ende sind die Menschen also mit einer neuen Führungsmacht konfrontiert, mit einem System, zu welchem sie niemand um ihre Zustimmung befragte. Jede Demokratie fußt auf einer vorgeformten politischen Ordnung, deren genaue Struktur der sogenannte Souverän, die Menschen des Volkes, großteils im Detail gar nicht kennen. Was ihnen bleibt ist lediglich die intervallweise Auswahl von Kandidaten für die politischen Führungsämter aus einer Liste von Kandidaten, die ihnen Versprechungen machen, für deren Einhaltung sie später nicht zur Verantwortung gezogen werden. Demokratie ist also nicht ein System, das vom Volk in dieser Form ausgewählt wurde, sondern eines, das vom Volk als gegeben akzeptiert wird, nachdem jemand es zur Beendigung des revolutionären Chaos eingeführt hat.

Die Herausforderung angesichts der derzeitigen Krise besteht in der Suche nach einem Ausweg aus dem Dilemma, einer Lösung wie einem Licht am düsteren Horizont. Dazu ist es äußerst ratsam, dem Appell von Karl Popper nach einer friedlichen Lösung in kleinen, wohl bedachten Schritten zu folgen, um künftige Kriege und Revolutionen zu vermeiden, eingedenk unserer Geschichte. Um diese Herausforderung auch nur ansatzweise anzunehmen, kommen wir nicht umhin, zuerst den Berg von Informationen aus dieser Geschichte erneut vor uns anzuhäufen und dann zu bewältigen. Er besteht aus diesen zwei bereits benannten Anteilen: der exakten Beschreibung der Schwächen und inhärenten Mängel im System „Demokratie", und der Geschichte unseres Sozialverhaltens. Im Verlaufe der Analyse der Evolution unseres Sozialverhaltens werden wir jene Faktoren entdecken, die der Demokratie jegliche Erfolgsaussichten nahmen, bevor sie überhaupt begann: es handelt sich um ihre intrinsischen Schwächen, Fehler im Webeplan, die erklären, warum im Verlauf des Webevorgangs unvermeidbar Löcher auftreten müssen, Löcher im Gewebe: sie stehen synonym für das Versagen des Systems „Demokratie", vor dem nun die Politik ratlos mit der Frage steht, wie das passieren konnte. Ich nenne diese Löcher im Gewebe, die Ursachen für die Krise der Demokratie, die „a priori Fehler" im System, weil sie bereits existierten, bevor das System überhaupt zu funktionieren begann, die also selbst Teil des Systems sind. Bevor man über die Beseitigung dieser Webfehler nachdenken kann, muss man sie erst einmal samt ihren Ursachen erkennen und dann aber auch Konsequenzen daraus ziehen. Einige davon wurden schon von den ersten Philosophen wie Platon vor 2500 Jahren erkannt und beschrieben, andere haben sich inzwischen als Folge unserer biologischen und psychologischen Schwachstellen weiter verkompliziert, zum Beispiel weil Völker und Nationen um das Vielfache an Größe zugenommen haben.

Was für den Anfang der Demokratie gilt, trifft auch für ihr Ende zu: nicht das Volk, der Souverän, sondern jemand anders verursacht es, jemand, dem das Volk seine Macht schon zuvor ausgehändigt hat, um geführt zu werden, ein König, ein Tyrann oder eine Gruppe von Oligarchen – oder eben Demokraten, die zu Autokraten werden.

Erwartet jemand, dass "das Volk" eine Idee entwickelt, wie man Demokratie erfinden oder zum Besseren wenden könnte? Gab es in der Geschichte jemals eine Demokratie, die auf friedlichem Wege und als Folge der Entscheidung des Volkes als dem Souverän und Diktator seines eigenen Willens entstand? Werfen wir dazu einen Blick in die Geschichte der Demokratie – einer wahrlich europäischen Geschichte?

Demokratie im Laufe der Geschichte: Philosophie und politische Fakten

Diskussion einiger Aspekte

Selbstverständlich keine vollständige Geschichte der Demokratie – damit wurden bereits Bibliotheken gefüllt. Aber ist der Versuch eigentlich überhaupt sinnvoll, aus der Geschichte zu lernen, sie zu beurteilen und Meinungen daraus zu entwickeln?

> "*Sie glauben, sie hätten an der Geschichte Gesetzmäßigkeiten entdeckt, die sie nun dazu befähigen, den Lauf der weiteren historischen Abläufe zu prophezeien.*" * 1

Karl Popper

John Keane beendet sein Buch "Life and Death of Democracy" – nach 870 Seiten – mit einer Reihe von sieben Regeln für die Zukunft, die allesamt mit der Bedeutung von Geschichte zu tun haben und mit der Art und Weise, wie wir damit umgehen oder umgehen sollten. Dabei sollte man die eigenen Ansichten schützen vor all den Interpretationen von Geschichte, die uns klar zu machen versuchen, dass jeweils ausschließlich eine - und nur diese eine - Erläuterung von Geschichte die richtige sei – ich stimme dem vollkommen zu. Die wahren Gründe für Entscheidungen wissen wir sehr oft nicht; das macht die Interpretation historischer Ereignisse besonders schwierig. Außerdem kann es exakte Wiederholungen im komplexen Netzwerk von einander abhängigen Faktoren nicht geben. Der Versuch, aus Geschichte zu lernen, entspricht dieser Problematik. Die Harvard-Professoren für Politologie Levitsky und Ziblatt meinen dazu in ihrem Buch "Wie Demokratien sterben", „How Democracies Die": "*History doesn't repeat itself. But it rhymes.*" [Die Geschichte wiederholt sich nicht. Aber sie reimt sich *].[28]

Allerdings gibt es eine einfach verständliche Lehre aus der Geschichte: immerhin weist sie uns auf offensichtliche Fallen hin, die es zu vermeiden gilt.[N226] Sehen wir uns also einige der wesentlichen Themen an, die im Laufe der Jahrhunderte diskutiert wurden – und auch einige der Mythen, mit denen politisch korrigierte Geschichte hin und wieder aufwartet. Zu den entscheidenden Fragen zählt, ob Demokratie jemals in ihrer ursprünglich erdachten und konzipierten Form verwirklicht wurde, und wer, wenn überhaupt, je daran als ein realistisches, langlebiges politisches Konzept geglaubt hat.[N14] Demokratie entwickelte sich zunächst in kleinen Volksgemeinschaften.[N15] Moderne Staaten leben heute in diesem Konzept wie in einem Museum. Seine „repräsentative" Variante ist ein wesentlich unterschiedliches Konstrukt, obwohl auch sie durch abwählbare Regierungen auf Zeit charakterisiert ist.

Aus historischer Perspektive sind wir jedenfalls umgeben von warnenden und kritischen Stimmen:

Kritik von Anbeginn: das antike Griechenland

Heraklit von Ephesos wütete in seinen Texten wiederholt gegen die Demokratie.[1] Von Sokrates wird die Aussage berichtet, er habe sich nur dann mit Politik befasst, wenn sich ihre Anführer ungesetzlich verhielten – und um gegen Demokratie anzugehen.[29] Allerdings kritisierte er nicht die Konzeption von Demokratie, sondern das Auftreten von Demokraten, die diese Konzeption betrogen.[N16] Kapitel 14 des 8. Buches von Platon's „Politeia" (Der Staat) beginnt mit der Überschrift: *„Auflösung der Demokratie durch ihre Unersättlichkeit nach Freiheit"*[30]; nach seiner Ansicht bedingt zwar Oligarchie eine Revolution und danach die Demokratie, letztere sei jedoch kurzlebig und solle durch weise Philosophen-Könige und Aristokraten ersetzt werden, die im Idealfall besitzlos und ohne Familie wie Mönche leben sollten.[31] Im Gegensatz dazu *"fordert und beansprucht in der Demokratie jedermann Freiheit und das Recht Gesetze zu machen und zu brechen und[ ] , so sagt Platon, dies bedeutet alsbald Anarchie, denn Freiheit ist nicht einfach nur Freiheit sondern Erlaubnis der Zügellosigkeit".* [11, N17] Im 6. Buch *"argumentiert Platon, dass einige Leute eben intelligenter und moralischer sind als andere, und dass diese Leute regieren sollten."* [32]

Popper hält Platon teilweise für Sokrates' Prozess und seinen Tod verantwortlich, indem er ihn beschuldigt, die Partei der Oligarchen ergriffen zu haben. Platon war nämlich selbst Aristokrat, zwei seiner Onkel waren politische Führer. In der Folge empfiehlt er, genau das Gegenteil von dem zu glauben, was Platon lehrt.[N18]

Auch Aristoteles war Aristokrat – und gewiss kein Demokrat. Nach seiner Ansicht waren die Athener eine Herrenrasse, alle anderen hingegen Sklaven. In unseren Tagen würde er also wohl als Rassist gelten. Sein Schüler, Alexander von Mazedonien, der spätere Alexander der Große, war diesbezüglich mit ihm nicht einer Meinung und trug seine liberalere Einstellung offen zur Schau. Obwohl Aristoteles die moralischen Anforderungen für Aristokraten niederer ansetzte als Platon, blieb seine Vorstellung dennoch geprägt von theoretischen Ideen und Ideologien, Ansichten über menschliche Tugenden, ohne Berücksichtigung ihrer biologischen Wirklichkeit im täglichen Leben. Grayling argumentiert zwar, dass *„Aristoteles dachte, Platon's Version von Aristokratie sei nicht praktikabel, weil sie die menschliche Natur ignoriere"*, aber er räumt ein, dass *"die praktische Schwierigkeit, auch nur dieses geringere Ideal zu erreichen, ... auch heute eine Herausforderung für die Demokratie [bleibt]".* [11]

Fasst man all dies zusammen, wird klar, dass Platon's und Aristoteles' Kritik an der Demokratie als einer Regierungsform des Mob, der Armen und ungebildeten Masse über den Lauf der Jahrhunderte hinweg ein negatives Image nährte.

Herodot (484-425 v.Chr.), ihr "Erz"-Historiker erwähnt, dass Kleisthenes die Demokratie in Athen eingeführt habe[33] – sie dauerte, wenn auch mit Unterbrechungen und Krisen, bis 322 v.Chr. Perikles, herausragender Staatsmann der glorreichen Tage Athens zwischen 500 und 429 v.Chr. (genauer 460-430)[29], wird vom Historiker Thukydides mit den Worten zitiert: *„Die Verfassung, die wir haben [...] heißt Demokratie, weil der Staat nicht auf wenige Bürger, sondern auf die Mehrheit ausgerichtet ist."* [11, 33] Perikles zeichnete insgesamt zweifellos ein idealisiertes Bild [11]; die Wirklichkeit lässt sich u.a. aus der Verurteilung des Sokrates erahnen und wird von Thukydides auch wesentlich anders beschrieben: denn er stellt Perikles als Meister der Überredungskunst dar, der seine Ära dominierte, und Athen als *„dem Namen nach eine Demokratie, in Wirklichkeit aber eine Herrschaft des ersten Mannes".*[13] Auch Euripides lässt es in einer seiner Tragödien nicht an Kritik mangeln.[N120]

Zur Geschichte der Demokratie im antiken Griechenland lässt sich auch feststellen, dass direkte demokratische Abstimmungen nicht fundamental neu waren, als sie dort eingeführt wurden; vielmehr scheinen sie eine Weiterentwicklung archaischer Vorbilder früherer Steppenvölker zu sein, die sich auch am germanischen „Ding" erkennen lassen, jener Einrichtung zur Bestimmung von Regeln der Sozialordnung. Die antike griechische Demokratie scheint demnach in den Kolonien am Nordufer des Schwarzen Meeres entstanden zu sein: dort lebte das Volk der Skythen, zu dem 500 Jahre später auch die Sarmaten stießen. Der klassische Philologe G. Hinge[34] beschreibt die Entwicklung der Kontakte zwischen den griechischen Siedlern und dem angestammten Herrenvolk zu Pferde [N18B]. Über die Sarmaten schreibt Neal Ascherson in „Schwarzes Meer" und beschreibt neuere Forschungsergebnisse, wonach sie vom Schwarzen Meer nach ganz Europa kamen und dort ab dem Frühmittelalter die Kultur des landbesitzenden Ritterstandes geprägt und dadurch die Sozialordnung mitbegründet haben sollen. [35]

Eine erste Form von Demokratie auf griechischem Boden ist im übrigen von den Spartanern um 670 v. Chr. bekannt.[19] Arnold Toynbee, der Doyen der britischen Historiker, schrieb, dass sich Athen's Demokratie um 550 v. Chr. als eine Art Kopie jener Sparta's entwickelt habe, die ihrerseits nur möglich geworden sei, weil die Spartaner im 7. Jahrhundert v.Chr. eine ausreichend große Zahl von Volksgruppen rund um sich herum versklavt hatten.[19] Sklavenhaltung ist im übrigen ein passendes Stichwort zur Beschreibung der weiteren Entwicklung. Denn der demokratische Stadtstaat von Athen ist mit unserem heutigen Verständnis von Demokratie aus diesem und einer Reihe weiterer Gründe nicht vergleichbar: Sklaverei war eine alltägliche Selbstverständlichkeit (es gab sie übrigens auch noch mittelalterlichen Klöstern). In der hellenischen Kultur galt die skrupellose Versklavung besiegter Feinde ohne jeglichen Sinn für Menschenwürde als normales Sozialverhalten. Der Rahmen demokratischer Werte war also äußerst eng gesteckt.[N266] Außerdem hatten auch Frauen, junge Bürger und weitere Teile der Bevölkerung kein Wahlrecht. Der Philosoph Bertrand Russell bezweifelt die Existenz von wahrer Demokratie im antiken Griechenland von vornherein.[N19] Die Politik war von einem Dauerkonflikt zwischen dem Volk und den Aristokraten mit ihren starken oligarchischen Ambitionen geprägt, die unablässig nach der Rückgewinnung der Macht strebten. Toynbee berichtet, dass die Aristokraten während des Peloponnesischen Krieges ihr eigenes Land verrieten, indem sie die Spartaner unterstützten in der Erwartung, danach wieder die Kontrolle über Athen zu bekommen (ähnlich dem Verhalten römischer Aristokraten zuende des Römischen Reiches, als sie den Führern invadierender Horden die Regierung über Italien versprachen unter der Bedingung, als Gegenleistung ihre eigenen Ländereien in Oberitalien behalten zu können)[19]. Popper vermerkt, dass sich dieser Klassenkampf zwischen den Demokraten und den Oligarchen Athen's auch nach dem Ende des Peloponnesisches Krieges fortsetzte.[1]

Letztlich ist auch nicht unwahrscheinlich, dass es die demokratische Gesellschaft mit ihrer eifersüchtigen Kontrolle der lokalen und regionalen Machtverteilung war, welche die Bildung einer umfangreicheren Staatengemeinschaft jenseits der hegemonialen Phasen verhinderte, bis schließlich König Philip von Mazedonien die Stadtstaaten in eine mächtige Union zusammenzwang, womit gleichzeitig die Demokratie zuende war.

In der Zusammenschau dieser historischen Fakten kann man die Demokratie des antiken Griechenland aus heutiger liberaler Perspektive also nur als inakzeptables System bezeichnen.

Mauern um Athen

Jegliche Mauern sprechen von Angst, unserer eigenen gegenüber den anderen Wölfen dort draußen, Schutzwall zum Rückzug dahinter, aber auch zum Zweck von Attacken nach außerhalb.

Es beginnt eben schon in uns selbst: zunächst errichten wir Mauern des Willens gegen all jene Wünsche und Instinkte, von denen sich unser moralisches Ich zu distanzieren beabsichtigt. Eine weitere dient dem Schutz jenes Bildes, das andere von uns haben sollen – aber wir schützen es oft sogar vor uns selbst. Nicht allzu hoch sollen sie aber sein, diese Mauern, denn gerne erlauben wir des öfteren, uns darüber hinwegzustehlen, wenn drängende Wünsche den Willen überzeugen, dass es keine Rolle spiele, einmal überrannt zu werden, oder auch zweimal ... Diese Halb-Höhe reflektiert die „Halbschlechtigkeit des Herzens" aus Franz Werfel's Sichtweise.[36] Diese Mauern trennen jedenfalls das Tier vom Geist. Manche nennen sie „Moral", die „gut" von „böse" distanziert.

Das zweite Mauernsystem schützt das Individuum vor der Außenwelt: schon jede Zelle hat eine Membran, jeder Organismus eine Haut, und dann noch eine Sphäre außen herum, deren Übertretung Aggression auslöst (seltener Totstellreflex).

Die dritte Mauer umfängt Familie und Sippe. Die kulturelle Evolution hat ihre Architektur angepasst, als Sippschaften aus Gründen der Sicherheit und Arbeitsteilung in einen gemeinsamen Bereich zusammenzogen, in Dörfer und Städte. Außerhalb war Ambivalenz, war Neugier, Handel, Gemetzel, aber auch Liebe.

Was auch immer mit jenem Fluch im Alten Testament (Jos 6,26) gemeint sein mag, wonach der Wiedererbauer der Mauer verflucht sei ebenso wie dessen ältester und jüngster Sohn; die älteste von Menschen errichtete Mauer wurde in der Gegend von Jericho gefunden und auf ein Alter von etwa 15.000 Jahren datiert.

Zwischen 700 und 500 v.Chr. ließen zwei Männer weitere Mauern errichten: im Chunqiu, den Frühlings- und Herbst-Annalen des Staates Lu, wird von der Erbauung der ersten Chinesischen Mauer im Reich Qi, der heutigen Provinz Shandong, und im Königreich Chu in der heutigen Provinz Henan (ebenfalls im 7. Jahrhundert v.Chr.) berichtet. Das Römische Reich war von tausenden Meilen von Kaiser Hadrian's Mauern umgeben, dem limes; sie erstreckten sich an der Grenze Schottlands, über weite Strecken Deutschlands und quer durch den Nahen Osten hinunter bis zum Golf von Akaba. Wir wissen auch von einer Vielzahl rund um Städte und entlang weiterer Grenzen.

Die eine, von der von uns erwartet wird, das wir sie lieber nicht kennen müssten, stand im antiken Griechenland: das demokratische Volk Athens baute dieses Mauersystem zweimal rund um den ganzen Staat, und dreimal rund um die Stadt. Die legendären Mauern von Athen schottete das Gelände zwischen der Stadt und dem Hafen Piräus ab.

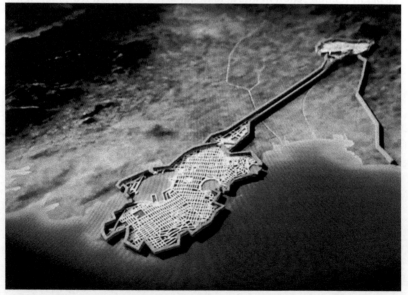

Abb.1: Die Mauern von Athen, Quelle [314]

24

Wiederholt errichteten die Demokraten Athen's zur Abwehr von Eindringlingen Mauern, 461 v. Chr. nach der Niederlage gegen das Persische Reich von König Xerxes, nach den Peloponnesischen Kriegen ab 393, verraten von ihren eigenen Aristokraten und Tyrannen [N20] – Mauern, gefeiert als Triumph der Demokratie. Ihre letzte Version hielt bis zum Jahr 86 v. Chr., als Sulla's Legionen kamen, um Griechenland dem Römischen Reich einzuverleiben. Mächtige Mauern in der Tat, mehr als 30 Kilometer lang, gebaut zum Schutz der demokratischen Gesellschaft des Stadt-Staates Athen, unserer sogenannten Wiege der Demokratie.

Kein Grund, jetzt betreten zu schweigen; immerhin haben nach dem Ende der „Willkommens- Kultur" der „Zivilgesellschaft" im Deutschland und Österreich des Jahres 2015 die meisten EU-Länder ohnehin gestreikt und jene im Stich gelassen, die dem Ansturm aus Ost und Süd ausgesetzt waren – Europa hat inzwischen begonnen, halbherzige virtuelle Mauern entlang seiner Küsten zu bilden, die eine, um eine Invasion von Migranten halb abzuwehren, die andere, um sich gegen den Vorwurf halb zu schützen, man sei moralisch zweideutig und eigentlich unmenschlich. Im Jahr 2017 setzte Deutschland für die Versorgung der Flüchtlinge und anderer Immigranten an die 20 Milliarden Euro ein. Hätte man dieses Geld sechs bis zehn Jahre davor für anständige Versorgung ante portas verwendet, wie man dies nun in Nordafrika und in den benachbarten Ländern zu Syrien versucht ...

Neoliberale verteufeln jegliche Mauerbauer als Nationalisten und Rassisten. Mauerbauer bezichtigen Anti-Nationalisten und Neoliberale unrealistischer Visionen von Multikulturalismus. Weitere Argumente rund um Populismus und Anti-Populismus-Populismus werden unvermeidbar in den folgenden Kapiteln immer wieder aufscheinen.

Die Römische Republik

Als eine Art Republik ist das Rom nach dem Ende der Königszeit ein kurioses Gemisch von Non-Demokratie und Ähnlichkeit mit modernen sogenannten Demokratien: als sich die Römer von der etruskischen Dominanz befreit hatten und zum eigenen Stadt-Staat wurden, blieben sie ihres Erfolges dennoch weniger froh, als sie sich dies erwünscht hatten. Der Grund dafür lag an jenen aristokratischen Clans etruskischer Abstammung, die ihnen als Führungsschicht erhalten blieben, eine Minderheit von mächtigen Rittern. Ähnlich wie in Griechenland gerieten die einfachen Leute, Bauern und Handwerker, in einen andauernden Klassen-Konflikt mit dieser oligarchischen Aristokratie, oder besser gesagt *in* deren Oligarchie. Die Benennung der Römischen Republik mit dem Ausdruck "Senatus PopulusQue Romanus"– abgekürzt als SPQR auf ihren Bannern – beschreibt demnach den tatsächlichen politischen Alltag nicht besonders treffend. Der Exodus der Plebejer im Jahr 494 v. Chr. ist lediglich *einer* der Meilensteine unter den Ereignissen jener Zeit. Unter Historikern kursiert die interessante These, dass es die keltische Invasion im Jahr 390 v. Chr. und die Zerstörung der frühen Stadt Rom gewesen sei, welche den Überlebenswillen des Volkes angeregt und ihre Sozialstruktur fundamental geändert habe [37]: denn in der Folge kamen die Plebejer der Gleichberechtigung näher; der soziale Rang begann vom Besitzniveau abzuhängen, weniger von der Herkunft – der Beginn einer Timokratie. Der Klassenkampf setzte sich aber dennoch auf immer neuen Wegen fort, einerseits durch die Einführung der Prätoren, andererseits durch die Macht des Senats. Zwar gab es nun Volkstribune als Vertreter des Volkes und Versammlungen oder Konzile [4]. Stimmabgabe verstand man jedoch nicht als Individualrecht; stattdessen bekam jeder Stamm (lat. tribus, abgewandelter Begriff von den ursprünglich drei Stämmen, die anfänglich das Volk der Römer bildeten) [N21] eine Stimme in einer Art repräsentativem System. Demnach gab es ein Komitee von 30 Abgeordneten der verschiedenen Gruppen bzw. Stämme, also ein Parlament der Plebejer. Darüber hinaus existierte nun ein Militär-Komitee. Der Trick dabei war allerdings, dass dieses Komitee nach Besitzstand unterteilt war; 89 dieser Stimmen waren von der Klasse der reichen Landbesitzer okkupiert, deren Mehrzahl den alten

---

[4] lat. plur. comitia, wahrscheinlich der Ursprung des heutigen Ausdrucks "Komitee" im deutschen, "committee" im englischen etc.

aristokratischen Clans angehörte. Damit behielten sie weiterhin den entscheidenden Einfluss, also die Macht. Die Neureichen dieser republikanischen Gesellschaft konnten allerdings daran teilhaben; sie durften sogar Senatoren werden, wenn auch nur als „Assoziierte" (lat. conscripti); zusammen genommen stellten die Senatoren eine Mehrheit von 89 gegen 85 und konnten deshalb diese neue Timokratie etablieren. Übertragen auf beispielsweise das heutige britische System war die Mehrheit der Sitze im Unterhaus von Patriziern besetzt, die ebenfalls im Oberhaus saßen, dem Römischen Senat. Ein teilweiser Ausgleich der Machtverteilung gelang zwar zwischendurch angesichts des Unterschieds in den Populationszahlen, denn die Plebejer übertrafen die reiche Minorität bei weitem. Dennoch war angesichts dieser ungesunden Imbalanz der Bürgerkrieg letztlich nicht zu vermeiden. Dabei war dieser Klassenkampf gar nicht der unmittelbare Auslöser sondern Auseinandersetzungen innerhalb der Klasse der Plebejer selbst. Wie wir alle wissen, endete dies alles letztlich mit kaiserlicher Macht, eingeleitet durch Octavian, den schmächtigen Adoptivsohn Caesar's, der zu Kaiser Augustus wurde. Er war es, der im Jahr 29 v. Chr. die "Pax Romana" verkündete. Nun hatte das Volk den lange ersehnten Frieden und einen anbetungswürdigen Führer – aber sie verloren ihre Republik, was sie ihnen auch immer wert gewesen sein mag.

Renaissance einer Sozialordnung im Europa der Neuzeit

Wie konnte die Demokratie in der Neuzeit wiedererstehen? Hat sie jemand neu erfunden?

Was die Demokratie Athen's betrifft, so haben die Menschen des Mittelalters davon erfahren, als der Dominikaner Willem van Moerbeke um 1260 – angeblich auf Anregung und Ersuchen von Thomas von Aquin - den „Staat" („Politeia") von Aristoteles aus dem Griechischen ins Lateinische übersetzt hatte. Der griechische Text mag ihm zufällig in die Hände gefallen sein, denn er war zu jener Zeit Erzbischof von Korinth. Kaum fertig, wurde der Text Berichten zufolge in Eile kopiert und an alle Universitäten der Zeit verteilt.

Die Renaissance war kein politisches Phänomen am Ende des Mittelalters; vielmehr handelte es sich um eine Art Kulturrevolution, ausgelöst durch mehrere Faktoren: zum einen war der mittelalterliche Gottesstaat am Abstieg, denn viele Menschen hatten sich zu fragen begonnen, wie ein gütiger Gott es zulassen konnte, dass all die schrecklichen Ereignissen über sie hereingebrochen waren: Pest und Hungersnöte hatten die Bevölkerung in manchen Regionen Europas halbiert. Zum anderen verbreitete sich das Wissen der Antike nach dem Ende der Maurischen Reiche in Spanien und nach dem Fall von Konstantinopel im Jahr 1453. Dazu kam, dass sich das gesamte geographische Weltbild mit einem Mal – diesmal unwiderruflich – radikal änderte: der amerikanische Kontinent wurde entdeckt, Menschen begannen, den Globus zu umsegeln, ohne am Rande der Welt abzustürzen. Aber nicht genug: in der Folge der Aufstände gegen den schamlosen Machtmissbrauch der Päpste taumelte die europäische Christenheit in ihr nächstes großes Schisma.

Eine Reihe intellektueller Köpfe erwachte aus einer Art von mittelalterlicher Trance mit ihren vorbestimmten Erklärungen der Welt, und schlich sich heimlich um das absolute Verbot, vom Baum der Erkenntnis zu essen: Wissenschaft begann, als sie ihre Augen öffneten und die wirkliche Welt betrachteten ebenso wie die wirkliche Situation des Menschen in ihr. Die antiken Schriften der frühen Philosophen faszinierten und prägten sie. Über Toledo und Konstantinopel hatten sie ja nun Zugang zu Übersetzungen davon; die Mehrzahl der Originale war in den Jahren des Verfolgungs- und Indoktrinierungsterrors in einer ersten Inquisitionswelle der frühen Christen in privaten und öffentlichen Bibliotheken – nicht nur in Alexandria – als „pagane" Schriften für heidnische Zauberei aufgestöbert, verboten und verbrannt worden.[N22] Der Gottesstaat der katholischen Christen überwachte und beeinflusste einen Großteil von Europa's Politik durch etwa 1500 Jahre: zuerst war es die Macht des Römischen Kaisers, die der Papst als Stellvertreter Gottes auf Erden erbte, und deren weltlichen Anteil er als besonderes Privileg dem Römischen Kaiser als dem General seiner irdischen Schutzmacht abtrat. Im Laufe der Zeit ersannen die weltlichen Regenten jedoch zunehmend erfolgreiche Wege, sich selbst als direkt „von Gottes Gnaden" eingesetzt zu bezeichnen, ohne deshalb der Exkommunikation anheimzufallen. Der Kampf ging über Jahrhunderte, seine Geschichte ist reich an bedeutungsschweren Dramen, der Canossa-Gang ist zweifellos das bekannteste. Erst gegen Ende des 18. Jahrhunderts endete der Machtkampf, als die Politik säkularisiert und damit Staat und Kirche voneinander getrennt wurden.

Nun wollen wir aber zum Beginn der neuzeitlichen Geschichte am Ende der Völkerwanderung zurückkehren, um die ersten Anfänge von Demokratie ab dem Frühmittelalter aufzuspüren; hier lassen sich vier verschiedene Spuren verfolgen:

Die erste besteht aus einer Reihe von Varianten früher direkter Demokratie in Form regelmäßiger Treffen und Abstimmungen. Sie wurden von einwandernden Volksstämmen importiert, so wie das germanische „Ding" oder „thing" – der römische Geschichtsschreiber Tacitus berichtete darüber um 100 n.Chr. Es soll auch eine Vorstufe des angelsächsischen "witenagemot" sein, von dem man annimmt, dass es Simon de Montfort für sein Englisches Parlament des Jahres 1265 inspirierte.[N23] Auch die Wikinger scheinen eine derartige Form früher direkter Demokratie praktiziert und schließlich bis nach Island getragen zu haben; dort ist sie um das Jahr 1000 erstmals dokumentiert.

Eine zweite Quelle demokratischer Regeln entsprang aus dem Protest der angelsächsischen Stammbevölkerung, oder genauer gesagt ihrer Aristokraten, gegen das normannische Regime nach der Invasion von 1066: sie resultierte 1215 in der Magna Charta und in schrittweise weiterführenden Zugeständnissen von Rechten auch für die wohlhabende Bürgerschaft, letztlich dann zum „House of Commons" des 14. Jahrhunderts.

Der dritte Ursprung neuer Ideen war der zuvor schon erwähnte, wiederentdeckte antike Wissensschatz, der nun Europa am Umweg über die islamischen Reiche Spaniens und Byzanz's erreichte, Wissen, das die gedankliche und damit kulturelle Renaissance und letztlich auch das Zeitalter der Aufklärung anstoßen sollte.[N24]

Die vierte Kraft in der Geschichte des Aufruhrs gegen imperiale Macht war der regionalen Bevölkerung selbst entsprungen: zuerst hatte sie sich im 13. bis 14. Jahrhundert in der Schweiz als die „Alte Eidgenossenschaft" manifestiert, besiegelt mit der legendären Schlacht von Sempach, die mit der Vertreibung der Habsburger Regenten aus dem Land endete – begonnen hatte Legende dort mit dem Freiheitskämpfer Wilhelm Tell und dem "Rütlischwur" am Vierwaldstättersee. Aus dieser Zeit sind auch Bauernaufstände in Frankreich und England bekannt; im 15. und frühen 16. Jahrhundert gab es sie auch in Österreich, Schweden, Deutschland und den Niederlanden. Ihr Beginn markiert einen tiefgreifenden Wandel in der gesellschaftlichen Ordnung und teilt damit das Mittelalter nachgerade entzwei. Eigentliche Ursache hierfür war allerdings nicht der Mensch sondern die Umwelt: die Pest und der Klimawandel in der

„kleinen Eiszeit" mit ihren Hungersnöten. Diese Aufstände blieben jedoch stets nur regionale Vorboten des großen Feuersturms, dessen Ausbruch jenes Funkens bedurfte, den Luther unbedacht in dieses Knistern warf.

Der Sieg der Schweizer gegen die Habsburger Herrscher wurde zum Modell für die „Republik der Sieben Vereinigten Provinzen" der Niederlande, die ebenfalls den Habsburgern abgetrotzt wurde, wenn auch auf einem wesentlich längerdauernden und komplizierteren politischen Weg. Schon 50 Jahre vor diesem Aufstand der Niederländer war die Habsburger Hausmacht mit einer dritten Rebellion befasst: Bauern des schwäbischen Alpenvorlandes forderten Befreiung von der Leibeigenschaft und Menschenrechte entsprechend den Worten der Bibel, Worte, die jedem Menschen direkt von Gott gegebene Rechte übermitteln. Diesen Aufruhr hatte der Wittenberger Theologieprofessor Martin Luther ganz unabsichtlich ausgelöst, als er mit seinen Kollegen für einen Protest gegen den nachgerade unsittlichen Machtmissbrauch des Papstes gewinnen wollte. In der Bauernbewegung wurde diese Auflehnung verallgemeinert und richtete sich nun gegen jegliche unterdrückende Obrigkeit. Im Jahr 1525 forderten sie mit den „12 Artikeln" von Memmingen, einer frühen Form von Verfassung, grundlegende Rechte und Freiheiten für die Bürger – ein Vorläufer der heutigen bundesdeutschen Verfassung [38]. Im Gegensatz zur Entwicklung in England mit dem schrittweisen Zugeständnis von Rechten in der Sozialhierarchie von oben nach unten handelte es sich bei dieser Forderung der Schwaben um einen Gesellschaftsvertrag, der aus dem Volk von unten herauf konstruiert war: in ihrem dritten Artikel führen die aufständischen Bauern an: "*Darum erfindet sich mit der Schrift, dass wir frei sind und sein wollen.*" In Artikel 6 steht die Forderung nach Befreiung von der Leibeigenschaft mit den Worten " *.. soll man der Frondienste wegen ... ein ziemliches Einsehen haben ...* ". In Artikel 8 fordern sie eine gerechtere Berechnung der Pachtabgaben, in Artikel 9 ein Ende der Willkür in der Gerichtsbarkeit, in Artikel 11 eine Abschaffung der Erbschaftssteuer, welche die Witwen und Kinder in Verarmung und Elend stürzte. Mit diesem Dokument manifestiert der Aufstand das Ende der mittelalterlichen Gesellschaft in ihrem festgefügten Ständestaat.

A.C. Grayling [11, S.34] beschreibt also den Verlauf der Geschichte nicht ganz genau, wenn er unter Hinweis auf den Bauernaufstand von 1647 während des englischen „Civil War" feststellt, dass "*es ziemlich sicher seit den Debatten in der Athenischen Agora vor zweitausend Jahren nichts derartiges gab*", als sie in ihrer "*Vereinbarung des Volkes*" "*(fast) uneinge-*

schränktes Wahlrecht für Männer, Wahlen alle zwei Jahre, gerechtere Besteuerung, Gleichheit vor dem Gesetz, Gerichtsprozesse in englischer Sprache und eine schriftlich niedergelegte Verfassung"* forderten. Die Rebellen und ihre Anführer, Cromwell und sein Schwiegersohn Ireton, hatten sich ebenfalls, wie die schwäbischen Bauern, aber eben über 120 Jahre später, für Beratungen zu den sogenannten "Putney Debates" [N25] versammelt: dabei forderte eine Gruppe, die „levellers", allgemeines Wahlrecht (allerdings nur für Männer) als ein Naturrecht (wohl unter Bezug auf John Locke), die andere jedoch wollte das Wahlrecht auf Landbesitzer beschränken.[N26]

Letztlich war das Resultat für die Leute von Putney nicht besser als für die Schwaben: im englischen Fall „inaktivierte" Cromwell die demokratischen Forderungen; im Heiligen Römischen Reich am Kontinent gewann die katholische Macht wieder die Oberhand gegen die Protestanten. Die kleinen Leute wurden mit einigen Konzessionen aus der Liste ihrer 12 Forderungen abgespeist. Kaiser Karl V. resignierte jedoch ob des nicht mehr zu beherrschenden Konfliktes, der letztlich im 30-jährigen Krieg ab 1618 kulminieren sollte. Er hatte sich wiederholt, und zuletzt mit dem „Großen Speyrer Judenprivileg" im Jahr 1544, für mehr Toleranz gegenüber den jüdischen Einwohnern eingesetzt. Schließlich zermürbte ihn wohl am meisten das regionalistisch-engstirnige und eigensüchtige Denken der Fürsten und Grafen; ein Jahr nach dem Augsburger Religionsfrieden von 1555 dankte er ab. Auch an diesem Punkt erliegt Grayling einer "alternativen" Interpretation der Geschichte – ich würde sagen, dass er dieses Augsburger Edikt falsch herum erklärt, wenn er schreibt "die Untergeben mussten die Konfession ihrer Herrscher akzeptieren" * [11]. Denn tatsächlich lautet der Spruch "wes der Fürst, des der Glaub' – cuius regio, eius religio". Damit sollte es – und dabei handelt es sich um die entscheidende Resignation des Kaisers – den Fürsten überlassen bleiben, ihrerseits über die Religion in ihren Ländern zu befinden, weil er selbst eine reichsweite harte Entscheidung im Interesse des Katholizismus nicht mehr persönlich verantworten wollte. Auch den Fürsten blieb also die Wahl offen, beide Religionen oder irgendeine andere zuzulassen. Vor allem bedeutete Augsburg nicht, dass sich Fürsten nun ihrerseits gegen die Mehrheit ihrer Bevölkerung stellen würden. In protestantischen Regionen hatte das Volk längst selbst entschieden und ihre Fürsten waren ihnen dabei gefolgt; deshalb hatten sie ja in Augsburg im Interesse ihrer Bürger gegen den Kaiser gestimmt.

In den darauffolgenden 50 bis 100 Jahren steuerte das Britische wie das Heilige Römische Reich schweren Zeiten entgegen: der Bürgerkrieg auf der einen, der Dreißig-jährige Krieg auf der anderen Seite des Kanals – Karl V. hatte die Katastrophe kommen gesehen und wusste keinen Ausweg; aber nicht nur kaiserliche Machthaber ergaben sich:

Halb versteckt vor der Geschichte steht Machiavelli mit seiner heimlichen Befürwortung republikanischer Demokratie; im Vordergrund steht sein Name für ganz gegenteilige Vorstellungen, denn er verbarg seine republikanischen Ideen sehr umsichtig in seinen Texten, um in seiner Position zu überleben – trotzdem nicht gut genug, wie seine Lebensgeschichte ausweist: ständig zwischen Freiheit, Gefängnis und Exil, schreibt er mit in der Folter gebrochenen Fingern: " *Ich sage nie mehr, was ich glaube, und glaube nie mehr, was ich sage, und wenn mir doch einmal ein wahres Wort entschlüpft, verstecke ich es gleich hinter soviel Lügen, dass es nicht wieder zu finden ist.*" [39] – Machiavelli schreibt und handelt in erster Linie für sein Fortkommen und seine Karriere, verbirgt seine wahre Einstellung und seine Kritik; letztlich kann er jedoch nicht umhin, seinem Herzen Luft zu machen:" *Alle Macht ist Raub und all ihre Rechtfertigung pure Ideologie*", und " *Täuschung und Gewalt auf der Seite der Mächtigen, Angst und Aberglaube bei den Unterdrückten*" stabilisieren die missbrauchte Macht, und letztlich " *wo viele die Gesetze übertreten, wird niemand belangt.*" Machiavelli träumt von einer direkten Demokratie nach Art der Schweiz; erst nach dem Tod von Papst Leo X. im Dezember 1521 wagt er sich mit der Idee hervor " *... eine Republik zu schaffen, die sich auf den gemeinsamen Nutzen aller Bürger gründete: Kein Gesetz ist vor Gott und den Menschen lobenswerter als die Ordnung, die eine wahre, einige und heilige Republik begründet, in der man frei beratschlagt, klug diskutiert und das Beschlossene getreulich ausführt*" [39] Ein anti-platonischer Traum, in dem er die Menschen anstatt den weisen Herrscher gewähren lässt und ihnen ihr Versprechen ungeprüft abnimmt, von nun an gut zu sein.

In gewisser Weise hatte Italien begonnen, sich ähnliche Probleme zu machen wie einst die Stadtstaaten des antiken Griechenland: wann immer dominante Familien-Clans vom „Heiligen Römischen Reich" (so benannt seit 1254) unabhängig, oder autorisiert wurden, kämpften sie gegeneinander um Macht, Einfluss und Reichtum, während ihre „Republiken" irgendwo zwischen Demokratie und Tyrannei schwankten. Dante Alighieri lebte zur selben Zeit in diesem konstanten Chaos und erlitt ein Schicksal ähnlich jenem Machiavelli's.[N27] Alle diese ersten mutigen Männer riskierten ihr Leben, wann immer sie am Bereich kirchlicher Machtansprüche rührten. Niemand wird Jenen einen Vorwurf machen, die Wege fanden, ihre eigene Hinrichtung im Verlauf ihrer Verfolgung zu umgehen, wie Galileo Galilei mit seinem Hausarrest als mildem Gefängnis. Aber da kamen noch ganz andere, wie wir gleich feststellen werden:

Die Revolten des 16. Jahrhunderts gegen den päpstlichen Absolutismus und Machtmissbrauch resultierten politisch im 17. und 18. Jahrhundert in einem noch weiter zunehmenden Absolutismus, während Philosophen weiter fortschritten in die Ära der Aufklärung, nun da die Texte von Platon und Aristoteles das Tor dorthin geöffnet hatten. Der intellektuelle Geist hatte sich vom religiösen Dogma als Führer in und durch das Leben gelöst. Das selbstbewusste Individuum begann, sich zu sich selbst, seiner Bedeutung und seinen sozialen Rechten zu wenden.

Thomas Hobbes machte 1651 in seinem Buch „Leviathan" die Sicherheit des Individuums zu einem Kernpunkt seiner politischen Ideologie: zwar genießt der Monarch absolute Macht [N28], jedoch unter der Bedingung, die Sicherheit seiner Untertanen zu gewährleisten – letzteres eine Schwachstelle in seinem Konstrukt, weil nämlich das Volk darin die Möglichkeit hat, ihn zu beseitigen, wenn er diese Sicherheit nicht mehr gibt. Damit ist er nicht mehr unantastbar, herrscht nicht mehr absolut. Dennoch verkörpert der Monarch diese Verpflichtung, indem er symbolisch aus seinen Untertanen besteht: das Titelbild der Originalausgabe von „Leviathan" zeigt den Körper des Monarchen zusammengesetzt aus seinen Untertanen. Damit wird auch verdeutlicht, dass das Individuum nicht sich selbst gehört sondern der Gesamtheit der Gesellschaft und ihrer Kultur. Nach Hobbes' Ansicht, einem säkularen Royalisten, unterstützt die Demokratie das Gemeinwohl nicht, wohl aber den gesellschaftlichen Zerfall.[32, N29]

Im Gegensatz dazu fand John Locke, der Begründer des Liberalismus[11, N30], 34 Jahre nach Hobbes geboren, dass der Einzelne frei sei und sich selbst gehöre. Sein „Naturgesetz" mit dessen Recht auf Leben, Freiheit und Besitz ist jedoch in mehrfacher Hinsicht anfechtbar, wie ich auch in Kapitel II besprechen werde.[N31] Abgesehen von einer Verknüpfung zwischen den Begriffen „Freiheit" und „Besitz" tut sich daran die interessante Frage auf, wem der Einzelne aus einer Gemeinschaft eigentlich gehört: einerseits in der Tat ein Individuum, wäre er andererseits dennoch ohne andere Menschen, eine Gemeinschaft, nicht einmal geboren worden und hätte sich ohne sie nicht zu diesem menschlichen Individuum entwickeln können.[N32]

Locke und Hobbes lebten beide jeweils in der Atmosphäre einer instabilen politischen und sozialen Ära, mit anderen Autoren und Meinungen um sie herum, auf die sie antworteten und reagierten, mit denen sie übereinstimmten oder nicht. Das Lebensgefühl in dieser Ära können wir nur erahnen und vorgeben, es tatsächlich zu verstehen. Ihre publizierte Meinung ist jedenfalls ein Kompromiss zwischen ihrem Lebenswillen und ihrer wahren Überzeugung – wie bei Machiavelli. Und dennoch scheint klar hervorzuleuchten, dass Locke näher an demokratische Ansichten reicht, vorausgesetzt man akzeptiert die These, dass Locke „Gott" nur deshalb als Eigentümer des individuellen Lebens beschrieb, um damit in einer politisch schwierigen Zeit seine eigene Haut zu retten.[N33, N91] Dennoch musste auch er, wie schon zuvor Machiavelli, Dante und andere, im Jahr 1683, nach Holland ins Exil fliehen, ebenso wie Hobbes in den frühen 1640er Jahren nach Paris geflüchtet war, und 1648 weiter nach Holland, wo er als Lehrer des Prince of Wales tätig war.

Ein halbes Jahrhundert nach Locke, während England's "Glorious Revolution", wurde in Frankreich ein Mann geboren, der ebenfalls ein ähnliches Schicksal von Verfolgung aus religiösen Gründen durch sein Vaterland erlitt: Montesquieu; sein 1748 veröffentlichtes Buch "De L'Esprit des Lois" (Vom Geist der Gesetze) wurde zu einem bestimmenden Leitfaden für die Verfassung der Vereinigten Staaten von Amerika und damit letztlich für die Demokratie auch in Frankreich und ganz Europa. Die theoretische Basis für moderne Demokratie als politisches System begann mit Montesquieu's Vorschlag einer Gewaltenteilung, sie hielt Eingang in die Verfassung der USA als „checks and balances". Interessanterweise war auch er ein Aristokrat und Freimaurer, ähnlich einer Reihe von Monarchen in Österreich und Deutschland mit deren tiefem Interesse an der Philosophie der Aufklärung. Montesquieu schlug eine Trennung von Legislative, Exekutive und Judikative vor, sah jedoch die Regierungsmacht weiterhin in der Hand einer Monarchie und – einer sogar erblichen - Aristokratie. Dessen ungeachtet sollten auch die normalen Leute in ihren Lebensbedingungen eine Verbesserung erfahren, und eine Befreiung aus den Klauen des Klerus als Nebeneffekt. Als Ironie der Geschichte beschreibt Grayling, dass Montesquieu sein Werk am englischen System orientiert, dieses jedoch falsch interpretiert habe.[11, N34] Für weitere Ironie im Zusammenhang mit der Entwicklung der modernen Demokratie sorgte auch ein anderer französischer Polit-Philosoph:

Jean-Jacques Rousseau wurde mit seinem „Sozialkontrakt" als einflussreicher Autor im Europa des 18. Jahrhunderts weithin bekannt und ohne eigenes Zutun – eigentlich sogar gegen seine Überzeugung – einer der

Väter von Revolution und Wechsel zu Republik und Demokratie: er gilt als posthumer Held der Französischen Revolution, obwohl er sich sehr deutlich kritisch über Demokratie geäußert hatte; zusammen mit Kant's Staat von Engeln verlagerte er sie in einen politischen Himmel: "*Gäbe es ein Volk von Göttern, ihre Regierung wäre demokratisch. Ein derart perfektes System taugt nicht für Menschen.*" *[12] Und weiter: " *... es gibt keine Regierung, die so anfällig ist auf Bürgerkrieg und Agitation wie die demokratische oder völkische Regierung, weil es keine andere gibt die eine derartig starke Tendenz dazu hat, sich kontinuierlich in einer Form zu verändern, oder die mehr Aufmerksamkeit und Mut zu ihrer Aufrechterhaltung verlangt wie sie.*"*[12] Der Polit-Philosoph Tom Christiano fasst es so zusammen: "*Jean-Jacques Rousseau (1762, Book II, chap. 1) ... argumentiert, dass die formale Abart von Demokratie der Sklaverei verwandt ist, wohingegen nur solide egalitäre Demokratien politische Legitimität besitzen.*"*[32] In seinem "Sozialkontrakt" erinnert uns Rousseau auch daran[12], dass die Gewaltenteilung keine neue Idee war sondern so alt wie der antike Vorgänger der Demokratie: "*Als Lykurg* [der legendäre Begründer der Gesetze Sparta's um 800 v. Chr.] *seinem Land die Gesetze gab, stieg er zuerst von seinem Königsthron und dankte ab.*"*

Ein ähnliches Beispiel erwähnt Konfuzius (551-479 v. Chr.): er bewunderte Kaiser Wu Tai Bo, (einen frühen Herrscher der Zhou-Dynastie und direkten Abkömmling des legendären „Gelben Kaisers", des Ur-Herrschers von China), weil er dreimal auf seinen Thron verzichtete.[N34A]

Mit seiner Definition vom "Allgemeinen Willen", den er mit dem Gemeinwohl gleichsetzte [N142, N239], im Gegensatz zum "Willen Aller", schuf Rousseau erhebliche Verwirrung – er hatte versucht, die Souveränität des Volkes in einer demokratischen Republik zu erläutern. Dabei vergaß er allerdings zu bedenken, dass man es nun mit großen Ländern und einer inhomogenen Bevölkerung zu tun hatte, nicht mehr nur mit einem Stadt-Staat oder Schweizer Kanton; offensichtlich war er als Genfer dabei in einer nostalgischen Vision von direkter Demokratie in seiner Schweizer Heimat gefangen.

Die Theorie von einem „Allgemeinen Willen", der sich niemals irren kann, manövrierte das gesamte Konzept von demokratischer Republik in die Ecke einer ihrer intrinsischen Schwachstellen mit der Gefahr der Selbstzerstörung, weil das Volk bei Wahlen aus Unverstand eine grundfalsche Entscheidung treffen könnte. Eben diese Entdeckung machte Rousseau schließlich zu einem unversöhnlichen Gegner von Demokratie. Seine Ansichten von Erziehung, weithin bewundert, vor allem in aristokratischen Kreisen, waren für eine erfolgreiche Veränderung der menschlichen Natur als Voraussetzung für seine ideale Gesellschaft nicht überzeugend, denn er konnte nicht wirklich darlegen, wie man zu diesem Ziel kommen sollte.[N92, N228] Aus diesem Grund fand er zu Lebzeiten auch keine breite Anerkennung in politischen Kreisen, denn es blieb unklar, auf welche Weise seine Vorstellung von der Souveränität des Volkes in die wirkliche Welt übertragen werden könnte. Damit wurde er zu einem *„Theoretiker der Volkssouveränität"*.[13, N204A] Hin und hergeworfen zwischen leidenschaftlicher Bewunderung auf der einen und Ablehnung bis hin zu Verfolgung und Verbannung auf der anderen Seite blieb auch er im Grunde nahezu sein Leben lang ein Verfolgter, der sich obendrein mit nachgerade allen seinen Freunden überwarf [N35] und sich auch nicht vor weiterer selbstschädigender Tätigkeit scheute, wie zum Beispiel der zynischen Kritik am britischen parlamentarischen System während seines Aufenthaltes in England. Nicht alle Kritik an seiner Persönlichkeit scheint ungerechtfertigt, besonders mit Hinblick auf umstrittene Bereiche seiner Lebensführung: immerhin wollte er, der Pionier moderner Erziehung, seine eigenen Kinder in ein Findlingsheim und im weiteren in ein Waisenheim geben. All dessen ungeachtet wurde Rousseau zum posthumen Helden der Französischen Revolution; einige seiner Theorien fanden ihren Weg in die französische Verfassung. Robespierre berief sich auf ihn bei seiner Entwicklung einer „zivilen Religion" – und scheiterte.

Aber kehren wir nochmal zurück zum Ablauf der Ereignisse und der Entwicklung der philosophischen Ideen und Statements des Zeitalters der Aufklärung, die letztlich in der ernüchternden Grausamkeit der Französischen Revolution gipfelten:

Die Aufklärung, Kant und die Demokratie

Immanuel Kant, Professor für Philosophie an der Universität zu Königsberg, wurde mit seiner Denkschrift zum Entzünder der Fackel des Zeitalter der Aufklärung. Gleichzeitig machte er jedoch äußerst klar, dass Demokratie nach seiner Auffassung nicht die Lösung sein konnte, weil immer wieder derselbe Mechanismus eingreifen und die Menschen zu neuer Unterwerfung verführen werde. Sehen wir uns also seinen Appell aus 1784 an – und seine Zweifel:

36

"*Aufklärung ist der Ausgang des Menschen aus seiner selbstverschuldeten Unmündigkeit. Unmündigkeit ist das Unvermögen, sich seines Verstandes ohne Leitung eines anderen zu bedienen. Selbstverschuldet ist diese Unmündigkeit, wenn die Ursache derselben nicht am Mangel des Verstandes, sondern der Entschließung und des Mutes liegt, sich seiner ohne Leitung eines andern zu bedienen. Sapere aude! Habe Mut, dich deines eigenen Verstandes zu bedienen! ist also der Wahlspruch der Aufklärung.*" [40, S.1]

Unverzüglich folgt im Text jedoch der Hinweis darauf, dass sich bei jeglichem zögerlichen Bemühen um Selbstbestimmung schnell Berater anbieten, die einem sagen, was man für sich selbst wolle:

„*... daß der bei weitem größte Teil der Menschen (darunter das ganze schöne Geschlecht) den Schritt zur Mündigkeit, außer dem daß er beschwerlich ist, auch für sehr gefährlich halte, dafür sorgen schon jene Vormünder, die die Oberaufsicht über sie gütigst auf sich genommen haben.*" [40, S.1, Abs.2]

Kant ist aber auch besorgt um jene Minderheiten, die in der Demokratie umgehend von der Mehrheit zurückgelassen würden: „*Unter den drey Staatsformen ist die der D e m o k r a t i e , im eigentlichen Verstande des Worts, nothwendig ein D e s p o t i s m , weil sie eine exekutive Gewalt gründet, da alle über und allenfalls auch wider Einen (der also nicht mit einstimmt), mithin Alle, die doch nicht Alle sind, beschließen; welches ein Widerspruch des allgemeinen Willens mit sich selbst und mit der Freyheit ist*".[41] Kant, mit dem sich Monarchen berieten, repräsentierte den „aufgeklärten Absolutismus" und schrieb dazu "*.... daß sie eine dem Geiste eines repräsentativen Systems gemäße Regierungsart annähmen, wie etwa Friedrich II. wenigstens sagte: er sey bloß der oberste Diener des Staats, da hingegen die demokratische es unmöglich macht, weil Alles da Herr seyn will.*"[41]

So wie Kant gelang es auch praktisch allen anderen Denkern der Zeit nicht, ein allgemein anwendbares Konstrukt zu schaffen. Ein Beispiel ist der Anspruch aus seinem "kategorischen Imperativ", der mit den sozialen und geographischen Grenzen der wirklichen Welt in Konflikt gerät: demnach gilt für Migranten und Asylsuchende nicht, dass man nur handeln soll, wenn man das eigene Tun zum allgemeinen Prinzip erheben kann; denn einerseits will kein Asylsuchender auf der Flucht zurückgewiesen werden, andererseits aber kann dieses Recht nicht grenzenlos jedermann und zur freien Wahl des gewünschten Aufnahmelandes zugebilligt werden, insbesondere wenn man bedenkt, welcher Ansturm auf einzelne Länder für die künftigen Jahre zu erwarten ist.

Aufklärung und Absolutismus:

Synchroner Synergismus und Antagonismus

Im Zeitalter der Aufklärung erfuhren zwar Toleranz, empathische politische Führung und entsprechende Sozialreformen zunehmende Akzeptanz und wurden auch zwischen Regenten und Philosophen in lebhaften Diskussionen erörtert; dies alles geschah und blieb jedoch im Rahmen absolutistischer Herrschaft: „aufgeklärter Absolutismus", auch „aufgeklärter Despotismus" genannt, war in Mode gekommen. Es mag in der Tat die bemerkenswerteste Tatsache rund um die Aufklärung am europäischen Kontinent sein, dass Monarchen von Gottes Gnaden und andere Herrscher und Aristokraten im Zeitalter des Absolutismus gleichzeitig – heimlich oder sogar bekanntermaßen – Mitglieder in Freimaurerlogen waren, jenen Brutstätten von Liberalismus, Säkularismus - und letztlich auch der Demokratie. Einige von ihnen setzten Ideen von dort direkt in soziale Reformen um, wie Friedrich II., der Große von Preußen, Fürst Albert von Sachsen-Teschen[5], Fürst Karl August von Hardenberg, der in Preußen größere regional-politische Autonomie einführte. Auch Mitglieder des Hauses Habsburg zählten dazu, wie Erzherzog Johann, der 1848 auch zum Reichsverweser der Frankfurter Nationalversammlung gewählt wurde. Sie alle standen dort – sozusagen Seite an Seite- mit Revolutionären wie Simon Bolivar, Garibaldi, Dombrowski und dem Ungarn Kossuth. Auch der Zeitgenosse von Friedrich dem Großen, der erste Präsident der USA, George Washington, wie auch der französische Politiker Talleyrand, England's Wellington, Louis Bonaparte, König der Niederlande, spätere preußische Könige wie Friedrich-Wilhelm II. und Wilhelm I., die britischen Könige Edward VII., Edward VIII. und George VI., sogar Kemal Atatürk – sie alle waren Freimaurer. Aus den Reihen der Wissenschaftler, Philosophen und Künstler stechen Namen wie Newton, Voltaire, Diderot, Lessing, Kleist, Goethe, Dickens, Wilde, Heine, Stendhal, Puschkin und Victor Hugo hervor.

---

[5] Dabei handelte es sich um eine besonders pikante Mitgliedschaft, da er der Ehemann von Marie-Christine war, einer Tochter von Kaiserin Maria Theresia, die hart gegen die Freimaurerei vorging, sie verfolgte und letztlich sogar verbot (im Gegensatz zu ihrem Sohn, dem späteren Kaiser Joseph II.)

Aufgeklärte Politik des 17. und 18. Jahrhunderts

Moderne Wohlfahrtseinrichtungen wie Krankenhäuser, Sozialversicherung und Landwirtschaftsreformen waren kein Produkt der Demokratie sondern des „aufgeklärten Absolutismus", eingeführt von absolutistischen Monarchen am Vorabend des Zeitalters der Revolutionen: so wurden zu jener Zeit Allgemeine Krankenhäuser in europäischen Hauptstädten errichtet, zum Beispiel in Wien (begonnen 1693 unter Kaiser Leopold I., aber 1784 renoviert und erweitert durch Kaiser Joseph II. Seine Mutter, Kaiserin Maria Theresia, hatte ihren Leibarzt Van Swieten – ein weiteres Mitglied der Freimaurer – mit der Organisation der akademisch-medizinischen Lehre beauftragt. Das Hôtel Dieu in Paris wurde ab 1801 unter Napoleon Bonaparte renoviert. In Dänemark führte König Christian's VII. Leibarzt Struensee um 1815 umfassende Reformen des Gesundheitswesens ein; er wurde jedoch kurze Zeit darauf im Rahmen der pan-europäischen Restaurationsbewegung ermordet.

Im habsburgischen Österreich wurde die Todesstrafe 1786/87 unter Kaiser Joseph II. beendet, allerdings nach seinem Tod im Jahr 1803 wieder praktiziert.[N38] Die allgemeine Schulpflicht wurde in Österreich 1774 eingeführt (über 100 Jahre später im Britischen Empire[N37]). Die Sklaverei wurde zuerst nicht durch Toleranz und Liberalismus in der Demokratie abgeschafft sondern bereits 1781 durch den absolutistisch regierenden Kaiser Joseph II. Diese Gegebenheit war dem Politologen Tom Christiano offenbar nicht bekannt als er schrieb: " *... ein markantes Beispiel ist das Aufkommen eines Konsens gegen die Zulassung der Sklaverei in den Gesellschaften des 19. Jahrhunderts.*"*[32, 42] Nicht die Gesellschaft des 19. Jahrhunderts sondern Philosophen des 18. Jahrhunderts regten Monarchen dazu an, mehr Toleranz walten zu lassen. Im Gegensatz dazu wehrten sich die Bürger anfangs sogar gegen die Beendigung der Sklaverei, aus welchem Grund auch immer – die USA sind ein Beispiel. Nach dem Dekret von Kaiser Joseph II. folgten die Briten im Jahr 1792 (1808), Frankreich 1848, Russland 1861 unter Zar Alexander II., Portugal 1869. In den USA wurde die Sklaverei erst 1863-1865 abgeschafft, nach dem Ende des Bürgerkrieges, der darüber ausgebrochen war.

Zar Alexander II. wurde trotz seines Bemühens um Reformen von einem Revolutionär ermordet. Desgleichen endete Ludwig XVI. von Frankreich trotz seiner Versuche um eine Steuerreform gegen die Interessen seiner Aristokraten am Schafott der Revolution. Friedrich II., der Große, erklärte sich selbst zum ersten Diener seines preußischen Volkes (auf seinem

Grab liegen bis heute stets einige Kartoffel, zur Erinnerung an sein Bemühen um eine Agrarreform: er hatte wiederholt angeregt, zur Bekämpfung der Hungersnöte Kartoffel statt Weizen anzubauen). Seine 15 "Kartoffel-Befehle" weisen darauf hin, dass selbst wohlwollende absolutistische Herrscher ähnliche Probleme bei der Umsetzung von Änderung haben können wie die Politiker in jeder anderen Regierungsform. LeBon hatte also offenbar auch in diesem Punkt recht, wenn er schrieb, dass die Stimmung des Volkes der eigentliche Regent sei, und seine abergläubischen, halsstarrigen Überzeugungen. Katharina die Große machte ähnliche Versuche und Erfahrungen in Russland. Was die Bemühungen von Monarchen anlangt, religiöse Toleranz durchzusetzen – und den jeweiligen Widerstand ihrer Völker – so habe ich hierzu in Anmerkung [N153] einige Beispiele aus verschiedenen Jahrhunderten und Kulturkreisen aufgesammelt.

Einige Aspekte dieser historischen Wirklichkeit hinter falschen Ansichten über die Benefizien von Demokratie erinnern an Hobbes' Leviathan – dasselbe tut übrigens auch Rousseau mit seiner Definition von Souveränität bzw. seinem darin versteckten Hinweis: ein Monarch kann demnach durchaus eine pro-soziale Einstellung repräsentieren dadurch, dass er sich selbst als Teil des Ganzen darstellt.[N39] Letzten Endes wäre dann also ein Monarch an der Spitze einer konstitutionellen Monarchie kein grundlegendes Problem mehr, sobald eine Verfassung im Sinne des Volkes bzw. ein entsprechender Sozialkontrakt abgeschlossen wäre; dies bestätigen ja auch Rousseau, Abbé Sieyès [6] und selbst Robespierre.[13] Kant hatte ohnedies für einen aufgeklärten Absolutismus plädiert, indem er beispielsweise schrieb, dass der Gesetzgeber nichts anderes zu tun hätte als seine Gesetze so zu gestalten *"als ob sie aus dem vereinigten Willen eines ganzen Volkes haben entspringen können."* [13]

Letztlich jedoch änderten sich die politischen Systeme der westlichen Welt in Richtung Demokratie. Auf diesem Weg begegnen wir weiterer "Ironie der Geschichte": Im Gegensatz zu Rousseau, dem Kritiker und Gegner von Demokratie, der trotzdem ihr posthumer Held wurde, unterstützte ein anderer Autor die Demokratie, wurde dafür jedoch nicht nur für seinen Einsatz nicht gelobt sondern verfolgt und während

---

6 Emmanuel Joseph Sieyès (1748-1836), französischer Kleriker und
  einflussreicher politischer Autor zur Zeit der Französischen Revolution.
6A Der Ausdruck wurde als „Sozialwahltheorie" in die deutsche Sprache
  übersetzt und bezeichnet ein interdisziplinäres Feld für mehr als ein halbes
  dutzend Fachgebiete zwischen Mathematik, Psychologie und Politologie.

der Französischen Revolution eingekerkert, bis er 1794 im Gefängnis starb: Marquis de Condorcet war ein französischer Mathematiker und Politologe des 18. Jahrhunderts, der in seinen Bemühungen um Methoden der Volksabstimmung und deren Aussagekraft zum Vater der "social choice -Theorie"[6A] wurde:

Condorcet's Jury-Theorem – und Paradox

Sein "Jury-Theorem" befasst sich mit der theoretischen, also mathematischen Untersuchung der Beobachtung, dass eine Gruppe von Leuten - allerdings nur unter bestimmten Einschränkungen - durch Abstimmen die richtige Antwort auf eine Frage finden kann, obwohl die Einzelnen die Antwort gar nicht wissen. Einschränkend zu dieser Entdeckung fand er jedoch auch heraus, dass dieses System eine eigenartige Schwachstelle birgt, die unter gewissen Bedingungen sogar zu einem schlechteren Ergebnis führt als die Meinungen der Einzelnen, bezeichnet als "Condorcet's Paradox" [N40]. Ungeachtet dieser zwiespältigen Lage wurde dieses Konzept als moderne Sozialwahltheorie wiederbelebt[43] – ich werde später darauf zurückkommen.

Condorcet's Paradox, ebenso wie 200 Jahre später Arrow's "Unmöglichkeits-Theorem" (auch darauf werde ich weiter unten noch Bezug nehmen), weisen auf die Irrationalität in Gruppenentscheidungen hin.[N41]

Wie schon zuvor angedeutet, gingen dem Niedergang der großen europäischen Monarchien fast ausnahmslos Mordattacken auf den Regenten voraus oder wurden davon begleitet: So war es schon dem englischen König Charles I. ergangen, so geschah es nun Frankreich's Ludwig XVI., Russland's Alexander II., den Habsburgern in Mexiko Maximilian I. und in Österreich der Kaiserin Elisabeth und Kronprinz Franz-Ferdinand. Der Auftakt zu diesem Umbruch und der politischen Instabilität in der westlichen Welt war die Französische Revolution von 1789; die Wirren hielten an bis zum Ende des Zweiten Weltkriegs.

Die Französische Revolution und ihre Folgen

"Freigelassen in die Zügellosigkeit, war der Pöbel
Regent, Richter, Jury und Exekutor in einem" *11

Revolutionen und Bürgerkriege sind kein Thema im Zusammenhang mit Demokratie, außer um zu erörtern, wie man sie vermeiden kann. Blickt man zurück auf die letzten etwa 200 Jahre, so sticht daraus die Erkenntnis deutlich hervor, dass keine politische Entwicklung vergleichbare Grausamkeit hervorrief wie der sogenannte Volkswille, wenn der kalte Krieg des Kampfes der sozialen Klassen in Gewaltakte oder gar wirklichen Krieg umschlug. Revolution gibt Einblick in den selbstmörderischen Traum der Menschen von Freiheit. Demokratie ist seine abgeblasste Kopie; „Freiheit" kommt darin noch als Worthülse vor, bekannt als Erfolgsrezept von der vorangegangenen Episode. Die Zähmung selbst folgt dann mit dem „Gesetz", das fast unmerklich über die libertinistische und hedonistische Menge gleitet. Der Name der lebensbedrohenden Krankheit heißt: Erlösung des Einzelnen von der freiheitsbeengenden Gesellschaft. Die Revolutionen kosteten viele Millionen Menschenleben, bevor mehr oder weniger demokratische Systeme die westliche Welt in der zweiten Hälfte des 20. Jahrhunderts wieder stabilisierten; dennoch sind bis heute zwei Drittel der westeuropäischen Länder weiterhin konstitutionelle Monarchien geblieben. Zwei Länder hatten sich während dieser Übergangszeit innerhalb ihrer Kerngebiete zumindest für eine Weile stabil gehalten – mit Ausnahme von sozialer Ungerechtigkeit durch Armut und Elend in den Industriezentren und in manchen ländlichen Gebieten: Großbritannien im Viktorianischen Zeitalter und Österreich im Biedermeier. Aber kehren wir zunächst nochmal zurück an den Beginn der Revolutionen:

Die Ideen von Ideologen aus England und Frankreich ließen sich zunächst leichter in einer völlig Neuen Welt verwirklichen. Nach den ersten Ereignissen im fernen Westen jenseits des Atlantik wurde Frankreich zur ersten Bühne radikaler Veränderungen am europäischen Kontinent. Diese französische Variante von Revolution im Jahr 1789 ist eine beschleunigte Form des Wirbels aufeinanderfolgender Ereignisse: von der Monarchie über Demokratie und Ochlokratie zur Diktatur. In unserem Zusammenhang der Entwicklung von Demokratie ist die Ideologie ihrer Initiatoren relevanter als der tatsächliche Ablauf der Ereignisse, denn letzterer führte mitnichten direkt zum demokratischen Ideal von „Freiheit, Gleichheit, Brüderlichkeit", wie wir alle wissen; Grayling beschrieb den Ablauf treffend mit den Worten im einleitenden Zitat zu diesem Abschnitt.

Eine Generation nach Rousseau (1712-1778) verließ eine weitere vor Dynamik und Eigenwilligkeit sprühende Persönlichkeit die Heimat der französischen Schweiz, das benachbarte Lausanne, um ein migrantisches Leben als politischer Philosoph und Aktivist zu beginnen: Henri-Benjamin Constant de Rebecque (1767-1830), bekannt als Benjamin Constant, verheiratet und gleichzeitig in einer Reihe verschiedenartiger Beziehungen – eine der Frauen war Madame de Staël -, war abgestoßen von dem Tumult, den die Französische Revolution verursachte. Er zog die britische konstitutionelle Monarchie als Modell für ein stabiles gesellschaftliches Leben in „modernem" Liberalismus vor und sah darin einen Ausweg zwischen chaotischer Demokratie und wohlgeordneter Tyrannis, die eine Kombination beider Arten von Freiheit dieser beiden Systeme bot.[N42] Grayling's Argumentation scheint sich an diesem Punkt im Kreis zu drehen, wenn er sich auf Constant mit den Worten bezieht *"Freiheit bedeutet das Recht, sich nur noch den Gesetzen zu unterwerfen und ihrer nicht mehr willkürlichen Anwendung..."* [*11], denn diese Gesetze repräsentieren bestenfalls den Willen einer Mehrheit, häufiger noch die Macht der Oligarchen für die Dauer ihrer Amtszeit.

Die „magische" Lösung des sozialpolitischen Problems für Länder mit enormer geographischer Ausdehnung und großen Bevölkerungszahlen schien in der Einführung der repräsentativen Form zu liegen, vorgeschlagen von zwei britischen Polit-Philosophen: Thomas Paine schrieb um 1791 in seinem Buch mit dem Titel "Rights of Man": *" Indem wir der Demokratie die Repräsentation aufpropfen, gelangen wir zu einer Regierungsform, die in der Lage ist, alle verschiedenen Interessen und jegliche Staatsgröße an Umfang und Populationszahlen zusammenzuführen und in sich zu vereinen".* [*13] Der zweite, John Stuart Mill, schlug vor: *"Da in einer Gemeinschaft, welche die Größe einer kleinen Stadt übersteigt, nicht Alle persönlich am politischen Geschäft teilhaben können, es sei denn in einem sehr begrenzten Rahmen, folgt daraus, dass die ideale Form einer perfekten Regierung repräsentativ sein muss."* [*11]

Heute stehen wir nicht weit entfernt vom Ende dieser – auch gegenwärtigen - Form von Demokratie, das Mill vorausgesehen hatte: *" ... in jeder Form von Regierung einschließlich der repräsentativen stehen allem voran „allgemeine Ignoranz und Unfähigkeit, oder, um es moderater auszudrücken, insuffiziente geistige Fähigkeiten des Kontrollorgans",* außerdem *„seine Gefährdung, dem Einfluss von Interessen abseits jener des Gemeinwohls ausgesetzt zu sein."* *[11] – Realismus, den Rousseau nicht zur Kenntnis nehmen wollte.

Heute sehen wir auch dabei zu wie unser Versuch scheitert, den sozialen Frieden und Wohlstand durch Berücksichtigung aller erdenklichen Gruppeninteressen aufrecht zu erhalten; das Bemühen endet im Chaos zu vieler verschiedener Stimmen, in Polarisierung und Aufspaltung.[N43] Der Hintergrund des Problems moderner Demokratie ist demnach die *"soziale und kulturelle Vielschichtigkeit ihrer Bürger"*[13], die unweigerlich mit dem Augenblick ihres Beginns deren Selbstzerstörung durch Parteibildung und Polarisierung bewirken würde –also ein a priori.

Eine weitere Hürde für die Überlebensfähigkeit von Demokratie war die fehlende Legitimation: die Monarchie hatte die ihre auf das Podest direkter Berufung „von Gottes Gnaden" gestellt. Nun sollte sie auf einem „Sozialkontrakt" ruhen, der selbst wiederum auf John Locke's Festlegung angeblicher natürlicher Rechte basiert. Diese theoretische Legitimation ist eine weitere a priori-Schwachstelle im Konzept von Demokratie, weil „natürliche Rechte" eine anfechtbare Feststellung darstellen, wie in Anmerkung [N31] besprochen, die überdies einigen tatsächlichen Naturgesetzlichkeiten widerspricht: dem evolutionären Erbe, auf das ich im zweiten Kapitel zurückkommen werde.

Eine dritte Schwachstelle wurde eingeführt mit dem Versuch einer Quadratur des Kreises, indem man die Souveränität des Volkes vermischte mit den individuellen Rechten: sie wurde ein Teil der politischen Lösung der Federalists für die Verfassung der USA – ich werde dieses kontroversielle Zusammenspiel an mehreren Stellen zur Sprache bringen (siehe auch Anmerkungen [N36, N204B]).

Noch eine weitere Schwachstelle bestand darin, dass „das Volk" nicht tatsächlich alle Aspekte der Macht des früheren Monarchen übernehmen und Legislative, Exekutive und Judikative in der Hand behalten konnte und sollte: daher drängten die Federalists Alexander Hamilton, James Madison und John Jay in einer Vielzahl von Artikeln auf eine repräsentative Form der Staatsführung ohne Möglichkeit für das Volk, darauf direkt Einfluss zu nehmen, und unterstützten eine Gewaltenteilung entsprechend der Empfehlung von Montesquieu. Insgesamt ließen sie auch die Bildung von "factions" zu [N43A], eine Entscheidung, die heute durch die Parteienbildung die Fortsetzung des Klassenkampfes und die Spaltung ganzer Länder bewirkt. Letztlich hatte sich durch die Abspaltung der Amerikaner und die Gründung der USA die „*Volksherrschaft ... in der nordamerikanischen Revolution materialisiert*"[13], meint der Politikwissenschaftler Hans Vorländer. Die Kehrseite dieser Herrschaft ist jedoch, dass diese Kompromisslösung mittlerweile alle westlichen Demokratien mitgeformt hat und nun allesamt darunter leiden und damit zu überleben versuchen müssen. Benjamin Constant hielt 1819 eine Rede, die den Unterschied des Freiheitsbegriffs zwischen der antiken und seiner eigenen Zeit zum Inhalt hatte; darin plädierte er für das moderne, liberale Verständnis von Freiheit entsprechend der amerikanischen Deklaration von 1776 [13] im Gegensatz zu jenem in der Antike, welches die damit verbundenen Verantwortungen des Einzelnen in den Vordergrund stellte. Damit zementierte er das Problem nur noch mehr anstatt es zu lösen, denn er wies den Weg des Liberalismus über Individualismus zur „broken society".

An dieser Stelle zeigte Rousseau meines Erachtens mit seiner Überzeugung mehr Weitblick, wonach es entweder gar keine Parteien geben sollte oder eine sehr große Zahl, „*um sie daran zu hindern Ungleichheit zu bewirken*"*[N239] – Ich werde darauf in Kapitel III weiter eingehen.

Fünfundzwanzig Jahre nach dem französischen Traum von Freiheit und Gleichheit war die Brüderlichkeit ein weiteres Mal blutbefleckt und die Monarchie war mit Ludwig XVIII. und danach Charles X. wieder zurück, den jüngeren Brüdern Ludwig's XVI. Diese konstitutionelle Monarchie war verbunden mit einer Form von Plutokratie, in der lediglich eine wohlhabende Minderheit wahlberechtigt war. Die Revolution hatte an den Lebensbedingungen der Ärmsten der kleinen Leute kaum etwas geändert. Durch die Juli-Revolution von 1830 wurde Charles X. durch Louis-Philippe ersetzt, aber die Situation blieb erneut unverändert.

Was die USA angeht, so waren die Gründungsväter aufgrund der Größe des Landes und der Bevölkerungszahl zu einem realistischen politischen Konstrukt einer modernen Republik gezwungen – demokratische Elemente kamen erst schrittweise im Laufe weiterer Jahre dazu. Jedenfalls war das Wort „Demokratie" in den USA für eine Reihe von Jahren überhaupt nicht in den Köpfen der Menschen – ebenso wenig wie im Frankreich der Revolution von 1789; sie alle zielten auf die Gründung einer Republik. Eher unfreiwillig war "*Das Verfassungsmodell der Federalists [ ] demokratisch, weil es die Regierung frei, im Rahmen der berechtigten männlichen weißen Bevölkerung, nur zum Teil von Eigen-*

tums- oder Steuerqualifikation eingeschränkter Wahlbevölkerung bestimmen ließ und den Regierungswechsel, erstmalig 1800/01 im Übergang von den Federalists zu den Jeffersonian Republicans, in einem friedlichen, konstitutionellen Rahmen ermöglichte. Das war ... zugleich auch ... der Beginn der Parteiendemokratie. "[13] Wie gesagt: so sehr die Entwicklung demokratisch gewesen sein mag, so sehr war sie gleichzeitig der Beginn von Polarisierung und damit a priori autodestruktiv.

Zur politischen Philosophie des 19. Jahrhunderts

Nach seinem Besuch in den USA und Großbritannien in den Jahren zwischen 1830 und 1840 beschrieb Alexis de Tocqueville, der Diplomat und Politologe aus Frankreich, in seiner Publikation "Demokratie in Amerika" das der Demokratie innewohnende Risiko, sich in Richtung Mediokratie zu entwickeln, weil der Mehrheit *"eine unsichtbare Form von Despotismus* [entspringt] *... die niemandes Willen bricht, aber ihn aufweicht"** [11], eine Meinung, die teilweise an LeBon erinnert, so wie auch die Worte *"... man findet im menschlichen Herzen auch einen verkommenen Geschmack für Gleichheit, der die Schwachen dazu antreibt, die Starken auf ihr Niveau herunterzuziehen und Menschen dazu erniedrigt, Gleichheit in Versklavung der Ungleichheit in Freiheit vorzuziehen".* [44] Diese Einstellung gibt auch ein Kommentar zu Tocqueville's Text wieder: *"Tocqueville warnt vor jeglichem der Demokratie eigenen Despotismus, besonders jenem der Mehrheit, oder auch rechtliche Schutzmaßnahmen des Staates (Entmachtung durch Überprotektion) als einer Gefahr, die größer ist als in anderen Regierungsformen."* * [327]

De Tocqueville's weitere Warnungen richten sich nicht so sehr gegen Demokratie an sich, als sie darauf abzielen zu zeigen, wer verantwortlich ist: sie zeigen nämlich, dass letztlich das Volk bestimmt, was geschehen soll, nicht aber das politische System; immerhin gilt diese Feststellung für alle Opfer politischer Systeme, die ich bisher erwähnte, von Paracelsus bis Dante, Machiavelli, Giordano Bruno, Hobbes, Locke, Rousseau, Diderot ... Mit de Tocqueville's Worten: *"Die Volksmehrheit umschließt "Denken" in einer furchterregenden Umzäunung. Ein Schriftsteller ist frei, solange er sich innerhalb dieses Rahmens bewegt, aber wehe dem Mann, der ihn verlässt, nicht dass er Anklagen fürchten müsste, aber er muss gewärtig sein, im Alltag mit allen Formen von Unannehmlichkeiten verfolgt zu werden. Eine Karriere in der Politik ist ihm verschlossen, denn er hat jene einzige Macht beleidigt, die dafür die Schlüssel in Händen hält".* [44] Schon Konfuzius musste um 500 v. Chr. diese Gegebenheit selbst erleiden und seinen Ministerposten räumen. Aus der Perspektive von 1840 besteht der einzige Unterschied zu früheren Zeiten, dass die Macht des Klerus in einem Umfang geschrumpft ist, dass man in der Tat keine Inquisition mehr befürchten musste (andererseits gab es reichliche Möglichkeiten seines säkularen Äquivalents – die Lebensgeschichte von Karl Marx als ein Beispiel ist genug beredtes Zeugnis).

De Tocqueville hatte offenbar übersehen, was in den USA jener Tage mit der schwarzen Bevölkerung geschah, und mit den indianischen Ureinwohnern, weiters, dass Sklaverei noch immer allgemein üblich war. Grayling weist darauf hin, dass de Tocqueville all dessen ungeachtet der Meinung blieb: *"Demokratie ist unvermeidbar ... also lasst uns die Menschen dazu fähig machen"* * [11], was nichts anderes bedeutet als dass Demokratie selbst durchaus ein angemessenes politisches System wäre, könnte man nur bewirken, dass die Menschen dafür gut genug werden – in der Tat keine Neuigkeit mehr, wenn wir zurückdenken an die Aussagen von Kant und Rousseau; ich werde im Zusammenhang mit der Besprechung des „Soll-Menschen" in Kapitel II darauf zurückkommen.

Und die Menschen waren in der Tat nicht gut genug: Frankreich benötigte nach seiner ersten Revolution fünf Republiken und drei Monarchien, um zu ihrer heutigen Form von Demokratie zu kommen – sie ist, wie berichtet, nach der EIU-Analyse drittklassig (siehe S.4). Machen wir nun einmal die Probe, drehen wir die Herausforderung um und stellen wir die Frage: wie gut waren die Lebensbedingungen der Menschen?

Zuende des 18. Jahrhunderts (in Großbritannien 1642-1651) begann der Klassenkampf in Bürgerkrieg umzuschlagen, beginnend mit der Erhebung gegen die Ausbeutung durch die führende Schicht: Revolution! Diese wurde rasch durch eine zweite angeheizt: die "Industrielle Revolution". Sie entwurzelte immer größere Teile der ländlichen Bevölkerung und lockte sie in die Städte. Massen bitter armer Fabriksarbeiter und ihrer Familien wurden zur neuen sozialen Wirklichkeit. Das Paradebeispiel war das britische Manchester als Zentrum der Textilindustrie. Revolte aus Verzweiflung, gegen Ausbeutung durch die Aristokratie und ihre neureichen Epigonen, die Industriebosse, das war die Reaktion der Menschen auf das Zeitalter der „Aufklärung". Idealistische Aufrufe wie Kant's Appell änderten zunächst nichts an ihren Lebensbedingungen. Wohl aber riefen sie einzelne Materialisten auf den Plan: es war die Stunde von Karl Marx, Friedrich Engels und jenen, die sie mit sozialistischen Ideen weiter anregten; aber auch von all jenen, die von ihnen aufgerufen wurden sich zu erheben als sozialistische und kommunistische Bewegungen: um 1850 brannten die Feuer der Revolution in ganz Europa.

Einerseits wurde in diesen Jahren erstmals über Begriff und Ziele von „Demokratie" geredet; de Tocqueville soll gesagt haben, sie sei der Welt „zum Schicksal geworden" („un fait providentiel")[13]. Andererseits aber war „Republik" für die Liberalen ein wesentlich interessanteres Konzept geworden: die andauernden Auseinandersetzungen zwischen den Republikanern und den Monarchisten müssen den beiden deutschen Philosophen, Marx und Engels, eine willkommene Bühne für ihre zentralen Thesen gewesen sein, die sie im Jahr 1848 in ihrem Pamphlet veröffentlichten; es erschien in London, in deutscher Sprache: alle Politik sei beherrscht vom Klassenkampf, und der Konflikt wäre beendet, würde man den Kapitalismus durch Sozialismus ersetzen. Damit begann das Wanderleben des nächsten heimatlosen Geistes: Marx, nirgendwo willkommen wegen seiner aufrührerischen Veröffentlichungen, wurde aus Deutschland verbannt und floh zunächst nach Frankreich, von dort nach Belgien; dort traf er auf einige Sinnesverwandte – Engels war einer davon. „Das Manifest" hatte deshalb in London gedruckt werden müssen, weil Marx nur unter der Bedingung in Belgien bleiben durfte, dass er dort keine Schriften über zeitgenössische Politik veröffentlichte. Im Jahr 1845 übersiedelten beide Männer nach England und konzipierten dort die politische Philosophie des Materialismus, gegen jeglichen idealistischen Trend, gegen Hegel und seine Anhänger. Die Arbeit blieb an der Zensur hängen und bis in die Zwischenkriegsjahre des 20. Jahrhunderts unpubliziert. Dessen ungeachtet begannen sie eine revolutionäre proletarische Bewegung, angeregt durch die elende Lage der Arbeiter insbesondere in Manchester. Im Gegensatz zu den idealistischen Sozialisten beabsichtigten die Kommunisten, die Gesamtheit der Arbeiterklasse aller Länder anzusprechen und eine proletarische Massenbewegung in Gang zu setzen, die nun offen gegen die etablierte Bürgerschaft gerichtet war.

Um die hauptsächliche Triebkraft der Geschichte in jener Zeit nochmals hervorzuheben: den nächsten Schritt in der Entwicklung verursachten nicht politische Systeme sondern die technischen und wissenschaftlichen Errungenschaften, welche die Industrielle Revolution bewirkten und damit tiefgreifende Veränderungen der Lebensbedingungen und damit der Gesellschaft verursachten. Nicht demokratisches Wahlrecht zur Beeinflussung der politischen Klasse stand im Vordergrund des Interesses sondern der Konflikt zwischen Klassen der Bevölkerung. Das Problem war also nicht, dass ein König oder eine Königin Entscheidungen traf ohne Einbindung des Volkes; es war die Erfahrung der bitter armen Menschen, dass sich weder Monarchen noch Aristokraten oder der Mittelstand in ihren Ländern um sie kümmerten, für die sie die manuelle Arbeit erledigten. Es ging nicht um Demokratie sondern um Macht, um Wut und um die Befreiung von Unterdrückung und Ausbeutung. Diskussionen, Idee, Ideologien und Philosophien änderten nichts an der Situation der Masse armer Leute, Bauern und Handwerker. Es war wieder an der Zeit sich zu erheben – das war der Kern der Botschaft. Am Anfang war Kommunismus, nicht Demokratie. [N44]

Sobald die ersten Exemplare der anonymen Ausgabe des Pamphlets „Das Kommunistische Manifest" in Paris und Brüssel kursierten, wurde Marx aus Belgien vertrieben unter dem Vorhalt revolutionärer Betätigung. Zurück in Paris, und schließlich in Deutschland, beteiligte er sich an verschiedenen Revolutions-Veranstaltungen des Jahres 1848; immer wieder in Gerichtsverfahren verwickelt, wurde er letztlich erneut aus Deutschland vertrieben und endete schließlich, nach erneuter Flucht und Vertreibung nach und aus Frankreich, in London. Nach der erfolgreichen Niederwerfung aller Revolutionen quer durch Europa bestand der weitere Versuch darin, sich mit der Bürgerschaft gegen die Aristokratie zu verbünden und eine konstitutionelle Republik mit allgemeinem Wahlrecht zu errichten. Dabei handelte es sich um die Sozialisten. Marx aber lebte inzwischen mit seiner Familie verarmt in England und konnte sich nur noch über Zeitungsartikel geringes Gehör verschaffen [N45].

Im Deutschland der Mitte des 19. Jahrhunderts herrschte Konfusion in einem Gewirr politischer Stimmen: die moderaten Liberalen als Vertreter der Mittelklasse, die Demokraten als extremistische Vertreter der Masse der Armen.[N45A] In unserer Zeit steht der Begriff „liberale Demokratie" nur noch für die Ideale der *Liberalen* des 19. Jahrhunderts, wie sie im Zitat der Anmerkung[N45A] so treffend beschrieben stehen. „Demokratie" hingegen stand damals für jenen Kommunismus, der inzwischen den Kampf verloren hat und nun schrittweise, äußerlich wie innerlich, vom Kapitalismus zerfressen wird.

Der Jakobinismus der französischen Revolution löste in den übrigen europäischen Ländern zunächst Abscheu aus und wirkte lediglich als Abschreckung davor, ein demokratisch-republikanisches System zu akzeptieren. Friedrich Engels machte dies mit seinem Statement nicht einfacher, wonach Demokratie „ein proletarisches Prinzip" sei.[13]

Die Feuer der Revolution brannten nicht lange; die Armen verloren erneut. Zur Lösung des Problems der etablierten Klassen wurde – ich meine zuerst von den Briten – eine geniale Idee umgesetzt: Demokratie als wohl umzäunte Spielwiese für die niederen Klassen im Hinterhof der reichen Elite. Nicht Philosophie und Politikwissenschaft sind die Architekten von Demokratie: es waren die Auswirkungen technischer Forschung und Entwicklung, und die Macht des Geldes. Blickt man in den

Alltag der kleinen Leute und auf die Verteilung der politischen Macht, so wird klar, dass bei all den auf- und absteigenden Bemühungen um demokratische Strukturen dennoch das wohlhabende Bürgertum und die Aristokratie den Ton angaben, in Frankreich wie in Großbritannien und den anderen europäischen Ländern. Allgemeine Wahlen lagen weiterhin in ferner Zukunft, auch wenn zur Zeit des britischen Premierministers Disraeli bereits 1867 einer Gruppe privilegierter Arbeiter das Wahlrecht zugesprochen worden war.[19, N47]

Wie ernst konnte es Kant mit seinem Appell für intellektuelle Unabhängigkeit des Einzelnen gemeint haben im Wissen darum, dass die Masse der Menschen unter absolutistischer Macht schweigend gehalten wurde, selbst wenn Monarchen eine Sorgfaltspflicht wahrnahmen? Wenn Aufklärung tatsächlich stattgefunden hat, dann hielt sie sich im Rahmen eines äußerst begrenzten Bildungsumfangs für die Allgemeinheit – und die Verbannung Gottes aus dem Alltagsleben einer gebildeten Mittelschicht. Was allerdings tatsächlich stattgefunden hat ist etwas, das die Mehrzahl der Vertreter der Aufklärung *eben gerade nicht* wollten: die Einführung von Demokratie als politisches System. Der Traum von Freiheit, von Befreiung aus der Unterdrückung siegte über die Ideen der politischen Philosophie. Und wie dies in aller Regel mit fundamentalen sozialen Umwälzungen so geschieht: keine der Veränderungen wurde vorausgesehen: Republiken wurden zunächst ausgerufen, nur um sogleich wieder rückgängig gemacht zu werden (nur die Kirche hatte ihre Macht tatsächlich endgültig verloren). Was kam, war nicht Gleichheit, sondern Demokratie; sie kam auf einem qualvollen Weg über Revolutionen, Diktaturen und Kriege – mit der Fata Morgana vom Paradies auf Erden. Die kompromisslose Seite dieser Sozialentwicklung führte rasch ins Dunkle: der Kommunismus wandelte sich umgehend in ein Terrorregime, dort wo jegliche radikale Ideologie enden muss; sie kostete anfangs tausende Menschenleben, danach hunderttausende und schließlich Millionen.

Die einzige Hoffnung auf ein friedliches Leben scheint in der Tat darin zu liegen, in Provisorien und Übergangslösungen leben zu lernen, befreit von ideologischer Rage aus Überzeugung, gleich ob religiös oder säkular. Überzeugtheit ist eine Art von Zorn, also Emotion. Friede ist nicht in Gedankenfreiheit verborgen sondern in der Befreiung von der Wut der Überzeugung. Nach dieser Befreiung könnte durchaus Gott zurückgegeben werden in unsere Wohngemeinschaft, die Erde, ohne dass wir uns gedrängt fühlen müssten, uns aus seiner Tyrannei wegzustehlen. Es bleibt uns ohnehin die Last der anderen Erbsünde: der Kampf in und zwischen uns, mit seinem Preisgeld: der Macht, diesem anderen Motiv für Mord außer Überzeugtheit und Lust.

Nach Revolutionen und Kriegen waren bis in die Zeit zwischen dem Ersten und Zweiten Weltkrieg an die 30 Republiken entstanden; Menschenrechte und allgemeines Wahlrecht waren breit diskutierte Themen geworden. Dennoch lag der Schwerpunkt der sozialen Entwicklung am Übergang vom 19. zum 20. Jahrhundert nicht bei Demokratie – Nationalismus war in aller Munde, jedenfalls überall wo es die Stabilität des Landes erlaubte. Demnach war dies in Frankreich nur teilweise der Fall, denn am Beginn der Dritten Republik waren zwei Drittel der Mitglieder in der Nationalversammlung noch Monarchisten, man befand sich in einer neuen, blutigen Revolution und verlor den Krieg gegen Deutschland,[N46] jene aufstrebende neue Macht, die es wagen sollte, die globale Hegemonialmacht, das Britische Empire, herauszufordern.

Demokratie im 20. Jahrhundert: einige Bemerkungen über Ideologie, Philosophie und Fakten

Die mächtigen Dynastien und ihre Monarchien und Aristokraten kamen allmählich zu einem Ende. Die dominanten sozialen Kräfte blieben Nationalismus nach außen und Klassenkampf innen. Schon zu Beginn hatten sich die führenden Köpfe der revoltierenden Masse in die kommunistischen Hardliner und ihre konziliantere Variante, die Sozialisten, aufgespalten. Beide konfrontierten das Bürgertum, aber selten gemeinsam. Dieser Konflikt dominierte die frühen Jahre des 20.Jahrhunderts, unterbrochen vom Ersten Weltkrieg. Demokratie blieb noch für geraume Zeit im Hintergrund von Interessen. Auch wenn allgemeine Wahlen eingeführt wurden[7], auch das Wahlrecht für Frauen, blieb der Demokratisierungsprozess durch Faschismus und Wirtschaftskrise unterbrochen. Die Politik der Zwischenkriegsjahre war schon bald von Bürgerkriegen geprägt, zuerst 1922 in Italien mit dem Marsch auf Rom - als ob die Menschen davor gewarnt werden sollten, dass Demokratie ohne externe Ressourcen, Staatsverschuldung und Wirtschaftswachstum nicht gedeihen kann. Nach Deutschland und Österreich wurden Bürgerkrieg und Faschismus nach Spanien getragen. Das letzte Land, das in dieser Reihe folgen sollte, war Griechenland mit seinem Bürgerkrieg ab 1944, der gleichzeitig den Beginn des Kalten Krieges markiert. Sehr rasch verwirklichten sich also am europäischen Kontinent Schwachstellen und Fehler demokratischer Prozesse: Chaos ging über in Bürgerkrieg und Diktatur, letztlich in den unvermeidlichen Zweiten Weltkrieg (in USA und Großbritannien war die Situation in mehrfacher Hinsicht anders). Nach dem Krieg musste man also das Dritte Reich auf den Weg der Demokratie zurückführen, oder jedenfalls das, was man in den späten 1940er Jahren darunter im Westen verstand. Die Diktaturen in Griechenland, Spanien und Portugal allerdings hielten sich noch jahrzehntelang, und die meisten westeuropäischen Länder blieben konstitutionelle Monarchien. Dennoch befand sich die Demokratie nun im Aufschwung, zusammen mit ökonomischer Entwicklung, sozialem Wohlstand und Gesundheitswesen, noch nie dagewesener Fortschritt dank

---

[7] Das allgemeine Wahlrecht für Männer, in Großbritannien 1918 eingeführt, existierte in Deutschland bereits seit 1871 – allerdings mit einem weitgehend machtlosen Parlament.

moderner Forschung und technischer Innovation – aber auch Staatsverschuldung von bisher ungekanntem Ausmaß. Und noch ein bislang unbekannter Faktor war hinzugekommen: der Säkularismus; Religion hörte auf eine Rolle zu spielen.

Zusammen genommen weist diese Entwicklung auf Liberalismus hin – ja noch weiter: auf Individualismus so weit wie irgend erzielbar, der „Wille des Volkes" als eine Art Zusammenspiel der Wünsche aller Einzelnen.

Marx und Engels sahen sich zweifellos auserwählt, die Welt zu verändern – beinahe hätten sie es ja geschafft, und die Geschichte ist in dieser Hinsicht noch keineswegs zuende, auch wenn der russische Kommunismus kollabiert ist. Der Sozialismus, die kompromissbereite Seite der sozialen Wende, ist wahrscheinlich ihr bedeutsamerer Anteil. Während meiner Lebenszeit seit dem Ende des Zweiten Weltkrieges entwickelte sich der Sozialismus zu einer Art Garant für den sozialen Frieden, indem er als Gegenkraft zum Kapitalismus wirkte: der allgemeine Wohlstand war eine Folge der sozialen Marktwirtschaft, ermöglicht und verstärkt durch den Sozialismus. In Großbritannien und USA erreichte der allgemeine soziale Wohlstand das Niveau der west- und mitteleuropäischen Länder nicht. Dementsprechend unterscheiden sich auch die Gewerkschaften zwischen diesen beiden Bereichen der westlichen Sphäre deutlich. Mit Beginn des Sozialismus spielte sich die zwischenstaatliche wirtschaftliche Konkurrenz zwischen dem Britischen Empire, den USA und Deutschland ab: schon 1913 war die Produktivität der Briten von zuvor einem Drittel der gesamten Weltproduktion um 50% gesunken, während die USA die Führung übernommen und Deutschland den zweiten Platz eingenommen hatte. Großbritannien, vielleicht die bizarrste Form von Demokratie, die noch heute eine aristokratische Oberschicht und das „House of Lords" hat, schaffte über die Jahrhunderte seiner Demokratie die Aufrechterhaltung einer eindrucksvollen sozialen Schere: im Jahr 1911 besaß etwa 1% der Bevölkerung 70% des BNP [N130], [N131].

Nach dem Ende des Zweiten Weltkrieges traten schon 1945 viele Staaten den westlichen Initiatoren der Gründung der Vereinten Nationen bei, um das Bemühen um Menschenrechte und Frieden zu einer globalen Anstrengung zu machen. Gleichzeitig wurde jedoch diese Initiative zu einer Demonstration anglo-amerikanischen hegemonialen Machtanspruchs und der selbstverständlichen Erwartung, dass sich der Rest der Welt diesen westlichen Werten fügen würde. Auf diesem Weg wurden die Errungenschaften der europäischen Geistesgeschichte – wenn sie es denn auch tatsächlich war und nicht eher eine andere, weniger gut definierte Kraft - zu einem Vorbild und Verhaltensprinzip für die gesamte Welt stilisiert: in liberalen, rechtsstaatlichen Demokratien zu leben und politische Macht von religiösem Einfluss fernzuhalten. Durch Entwicklung und Einsatz von Kernwaffen hatten die USA jedoch ihre hegemonialen Regeln von Anbeginn als nicht vertrauenswürdig gebrandmarkt und den Kalten Krieg heraufbeschworen, noch bevor der Weltkrieg zuende war. Der Weg durch den Rest des 20. Jahrhunderts war schon damit vorgezeichnet, dass die USA alle modernen Entwicklungen der Nazi-Kriegsmaschinerie umgehend nach Amerika transplantierten. Wieviel von der weiteren Entwicklung auf den hegemonialen Anspruch der USA zurückzuführen ist, und welcher Anteil der berechtigten Eindämmung eines gezielt verfolgten Weltkommunismus, wird wohl niemals zufriedenstellend zu klären sein; die Verzahnung mit den Aktivitäten auf der anderen Seite dieser bipolaren Welt einschließlich der Spionagetätigkeit erlaubt keine rückwirkende Erklärung kausaler Zusammenhänge. Unabhängig von den autosuggestiven Sachzwängen des Kalten Krieges unterhielt der Westen stets mehrere Kriege auf der Welt durch Waffenverkäufe an rivalisierende Parteien – Waffen die heute teilweise direkt auf den Westen zurückzielen.

Während der Zeit des Kalten Krieges kam ein ungleichmäßiger Prozess der Globalisierung in Gang: der Rest der Welt übernahm die Benefizien des technischen und wissenschaftlichen Fortschritts wie selbstverständlich. Gleichzeitig begann jedoch ein komplizierter Vorgang der Ablehnung und Verweigerung westlicher kultureller Einflüsse, die sich aber mit den westlichen Produkten ohnehin schon mit eingeschlichen hatten. So ist die Welt zu einem kulturell inhomogenen und teilweise verworrenen Platz geworden, auf dem sich Kulturkreise gleichzeitig überschneiden und abstoßen: westliche Musiker führen in einer rasch zunehmenden Zahl von neu errichteten Konzertsälen und Opernhäusern des Fernen Ostens westliche klassische Musik auf; von dort überfüllen junge Musiker in ihrer Begeisterung für diese Musik die westlichen Konservatorien. Andererseits wird von der muslimischen Welt die doppelbödige westliche Sozialmoral als „Menschenrechts-Imperialismus" attackiert.

Gleichzeitig bewirkte der Zusammenbruch der UdSSR und des Sowjet-Kommunismus einen rapiden Anstieg der Zahl demokratischer Staaten: um 1960 waren es noch 35 Länder, bis 1990 bereits an die 70. Der Versuch der Einführung von Demokratie in islamischen Ländern löste das derzeitige Drama und die Tragödien aus, die all jene Schwächen und Paradoxien des Systems widerspiegeln und die europäische Entwicklung mit ihren Revolutionen und Bürgerkriegen wie einen unvermeidbaren Prozess wiederholen.

Auch Europa selbst und die EU begann, sich auf die Dämmerung einer alarmierend unstabilen sozialen Lage zuzubewegen. Diese Entwicklung ist einerseits bedingt durch einen dem Verhalten der Stadt-Staaten im antiken Griechenland ähnlichen Unwillen zu einer vernünftigen Einigung auf der Basis gemeinsamer Interessen. Unentschlossenheit, die man wohl besser ehrlich als verbohrten engstirnigen Regionalismus benennen sollte, der dann wieder von Neoliberalen als Nationalismus dämonisiert wird, verbindet sich mit einer politischen Gleichgültigkeit, die Alarmsignale aus allen Ecken der Welt ignoriert. Vom zweiten dominierenden Faktor, der Migration nach Europa, wird in den kommenden Kapiteln noch die Rede sein.

Mehrere philosophische Beurteilungen dieser politischen Entwicklung als einer notwendigen Folge der Geschichte jagten einander im Kreis; sie gingen zum Teil sogar so weit, sich gegenseitig lächerlich zu machen: Bertrand Russell (1872-1970) und Arnold Toynbee (1889-1975) mit ihrer Interpretation der Kritik an der Demokratie im antiken Griechenland, Ortega y Gasset (1883-1955), der Toynbee's Ansichten mit einem zynischen Lächeln verfolgt, Karl Popper (1902-1994), der Platon's Mangel an Integrität und Toynbee's Irrationalität[1] kritisiert und eine Entwicklung in Grund und Boden argumentiert, die als *der* moderne – und mehr oder weniger einzige – Versuch einer Rechtfertigung moderner Demokratie gilt[1]: die Sozialepistemologie. Am Ende blieb eigentlich nichts als die Lobpreisung der theoretischen Qualitäten von Demokratie, die in der Lage wären, die Welt zum besseren zu verändern, wenn nur die Menschen dafür geeignet wären – also stecken geblieben in der Vision vom „Soll-Menschen". Die einzige Alternative hierzu besteht in der traurigen Warnung vor einer düsteren Zukunft angesichts der Tatsache, dass wir Menschen der Herausforderung *eben nicht* gewachsen seien, worauf seit Platon's Beschreibung Viele wiederholend verweisen – von Kant's Engeln und Rousseau's Göttern habe ich bereits erzählt. Manches in der politischen Philosophie verliert sich in theoretischen Erörterungen ohne Berücksichtigung der wirklichen Welt, vor allem vergessend der Ergebnisse biologischer, psychologischer und soziologischer Forschung. Dennoch ergaben tiefreichende Gedanken sehr grundlegende Ergebnisse wie die Feststellung, dass sich liberale Demokratie und Toleranz gegenseitig ausschließen, wenn man davon ausgeht, dass ihr Universalismus, also ihr Anspruch auf alleinige weltweite Gültigkeit, damit allen anderen Vorstellungen intolerant gegenübersteht, ungeachtet dessen, ob jene selbst tolerant oder intolerant sind. Tatsächlich ist diese Form moderner Demokratie ihres despotischen Universalismus wegen a priori defekt mit ihrem Anspruch, dem Rest der Welt zu diktieren was richtig ist und was falsch. Bertrand Russell gibt uns hierzu ein Beispiel: *„Angenommen, jemand behaupte beispielsweise, die Demokratie sei etwas Gutes, doch dürften Menschen mit gewissen Ansichten nicht das Wahlrecht ausüben, so können wir ihn der Inkonsequenz überführen und ihm beweisen, daß wenigstens eine seiner beiden Behauptungen mehr oder minder irrig sein muß."*[29] Ich werde im nächsten Kapitel auf diese inhärenten Systemfehler zurückkommen, besonders das von Popper diskutierte Toleranz-Paradox Platon's. Von Interesse ist hier auch Bertrand Russell's direkte Kritik an Demokratie: *„Plato gehörte einer athenischen Aristokratenfamilie an und wuchs in der Tradition jener Zeit auf, da Wohlstand und Sicherheit der oberen Klassen noch nicht durch Krieg und Demokratie vernichtet waren."* [29] Andererseits zeichnet Russell mit seinen Worten auch wieder ein positives Bild von Demokratie, wenn auch nur bezogen auf einen eng umgrenzten Bereich – ich nannte ihn schon zuvor eine Spielwiese im Hinterhof der Reichen: *"Die Zeit des Perikles entspricht in der Geschichte Athens der victorianischen Zeit in der englischen Geschichte. Damals war Athen reich und mächtig, hatte wenig unter Kriegen zu leiden und besaß eine demokratische Verfassung, die die Aristokraten verwalteten"* [29] und weiter *"Bis zum Sturz des Perikles brachten die Fortschritte der Demokratie einen Machtzuwachs für die Aristokratie mit sich, wie in England während des neunzehnten Jahrhunderts."* [29] Wenn es auch nicht ganz klar wird, auf wessen Seite Russell steht, so drückt er sich zumindest vorwiegend positiv aus, wenn er schreibt: *"Athens Demokratie war, obwohl stark eingeschränkt durch den Ausschluß der Sklaven und Frauen, in einigen Punkten demokratischer als jedes moderne System."* [29]

Die Mehrheit moderner Meinungen über Demokratie war jedoch bis kürzlich ohne Frage positiv, quasi eine Selbstverständlichkeit moderner Politik, wenn auch mit Potenzial für einige Verbesserung: der amerikanische Moral- und Politik-Philosoph John Rawls trug die Locke – Hobbes Debatte und Kant's Argumente weiter und entwickelte *"...eine Theorie der Gerechtigkeit (genannt "Gerechtigkeit als Fairness"), die zwei moralische Prinzipien darlegt".* [3, N48] John Rawls (1921-2002) rollt die Bedeutung des allgemeinen Wahlrechts aus der Perspektive der Individualpsychologie auf: er argumentiert, später darin auch unterstützt vom Philosophen Samuel Freeman, dass der Wille des Volkes in einem demokratischen System davon abhänge, dass die Einzelnen sich darin als Teil davon fühlen und glauben, dass das Wahlrecht für die Selbstachtung essentiell sei, wohingegen jegliches Ranking oder eine Einschränkung des Wahlrechts einer Demütigung gleichkomme und deshalb zu einem Verlust des Interesses an Demokratie und an Politik insgesamt führe.[N49] Diese Ansicht muss allerdings in unseren Tagen fragwürdig erscheinen, wenn man Wahlbeteiligung und Politikverdrossenheit bedenkt. Dazu kommt, dass Rawls davon ausgeht, dass Politiker das Gemeinwohl als ihre primäre Aufgabe ansehen, was keineswegs immer der Fall ist.[N50] Rawls' Regelwerk bringt erneut lediglich ein "Soll-" System hervor, in welchem das Individuum als "Soll-" Individuum erwartet wird. Das System soll eine politische Freiheit gewährleisten, die *"... eine Bedingung für ... Gerechtigkeit [ist], damit der Wert von gleichen politischen Teilnahmsrechten für alle Bürger in gerechter Weise gesichert sei durch Maßnahmen, die den Effekt von Reichtum und sozialer Position und Einfluss auf den politischen Prozess neutralisieren".* [45] Im Gegensatz zu dieser Erwartung zeigt die heutige Realität eine zunehmend weit offene soziale Schere (social divide) auf, in welcher Multimillionäre im Bankensektor ihr Versagen bzw. ihre Fehler mit Steuergeldern belohnt bekommen, in der multinationale Unternehmen Staaten in Geiselhaft nehmen und derzeit etwa die Hälfte der globalen Wertschöpfung kontrollieren.[46] Wir verfangen uns also mit solchen Lösungsvorschlägen in einem System von Erwartungen, ohne tatsächliche Lösung dafür, wie man uns an die Stelle bringen kann, an der uns die Theoretiker brauchen, damit das System funktioniert – schon Rousseau's Anerkennung war an diesem Problem gescheitert, wie zuvor erwähnt. Rawls' "zwei moralische Kräfte" sind ein Beispiel für Vorschläge unter Ausschluss des tatsächlichen menschlichen Verhaltens in der wirklichen Welt.[N51] Betrachtet man die heutige individualistische Gesellschaft, so stellt sich die Frage, wieviele Leute eher wegen der Machtlosigkeit frustriert sind, die sie trotz ihres Wahlrechts verspüren, verglichen mit dem Verlust eines Wahlrechts, das sie ohnehin als weitgehend wertlos empfinden. Somit bleibt die Frage bzw. Suche nach Wegen offen, die mehr Erfolg versprechen als die virtuelle Macht des Wahlrechts, eine Macht, die sich auf den zweiten Blick als Täuschung entpuppt. Ist nicht etwas Wahres an der Annahme, dass das Wahlrecht – sofern überhaupt - nur deshalb eine derart große Rolle für die individuelle Psyche spielt, weil sie im Interesse des Erhalts der Macht von der Klasse der Politiker zu einer solchen stilisiert wurde?

Eine der Voraussetzungen für demokratische Politik ist das Wissen um den „Volkswillen" – ansonsten könnten die Politiker den Willen ihres Souveräns in dessen Namen nicht erfüllen. Genau dies jedoch, dieser „Volkswille", ist bisher ein enigmatischer Begriff geblieben. Nicht nur, dass "Volkswille" nicht *mehr* als eine vage theoretische Vorstellung ist; es verhält sich überdies so, dass der Liberalismus als Ausdruck des Wunschdenkens aller Individuen in die entgegengesetzte Richtung führt als jene, die in der Überzeugung der Jünger der Demokratie zu „Gemeinwohl" führt. Wie soll diese Quadratur des Kreises in der liberalen Demokratie lösbar sein, in der die individuelle Freiheit dem „Volkswillen" entgegensteht, der als Ausdruck von „Gemeinwohl" vorausgesetzt wird, nicht wissend, was "Volkswille" überhaupt sein kann? [N52] Die Frage führt also zurück zu der schon weiter oben aufgeworfenen, ob Philosophie und Wissenschaft herausfinden können, ob eine Volksmasse überhaupt etwas wollen oder wissen kann. Dies zu erfahren wäre eine Voraussetzung für die Beschäftigung mit der Annahme, dass eine Volksgruppe in der Lage sein könnte, Probleme besser lösen zu können als eine Gruppe von Experten oder einer allein. Die Meinung, dass diese Annahme berechtigt sei, vertreten nämlich manche Philosophen des 20. Jahrhunderts:

Kann die Sozial-Epistemologie den Weg weisen?

"Eine Erkenntnis der Erkenntnis würde nur erkennen, daß einer weiß, nicht, was er weiß."[47]
Platon

Der Meinungsaustausch zwischen Menschen kann naturgemäß nur damit beginnen, dass Einzelne etwas wissen oder zumindest glauben, etwas zu wissen. Die Frage, auf welchem Weg individuelles Wissen zu öffentlicher Meinung werden kann ist nicht einfach zu beantworten, insbesondere wenn man gleichzeitig fragt, wo es sich denn befinden könne.[N53] Ich halte es dabei, um es gleich vorab einzugestehen, mit einem Mann, den man in den USA als "Sage of Baltimore" kennt, ein amerikanischer Journalist namens H.L. Mencken, der für einen zynisch klingenden

Kommentar über demokratische Wahlen vielfach zitiert wurde: *"Demokratie ist der erbärmliche Glaube an kollektives Wissen aus individueller Ignoranz"*[*48, N54] Mit diesem Statement wird gleichzeitig auch die Sozial-Epistemologie lächerlich gemacht, und zwar als Prophezeiung zu einer Zeit (ca. 1926), als es die moderne Fassung dieses Wissenschaftszweigs noch gar nicht gab. Diese Kritik wendet sich ganz offensichtlich gegen die Annahme, dass eine Gruppe von Menschen, eine Menge, ein Volk, durch Abstimmen zu einem vernünftigen Ergebnis kommen können, obwohl die Einzelnen die Lösung des Problems nicht kennen – das ist nämlich der Anspruch der Sozial-Epistemologie; wir waren im Zusammenhang mit Condorcet, seinem Theorem und Paradox sowie mit Arrow's Unmöglichkeits-Theorem bereits darauf gestoßen (S. 41 und Anmerkung[N40]) und hatten festgestellt, dass diese Annahme schon aus mathematischer Sicht nur unter bestimmten einschränkenden Vorbedingungen gerechtfertigt ist, die im realen Leben praktisch nie vorkommen[49]. Kurze Definitionen davon sind zum Beispiel „Soziale Rechtfertigung von Vermutungen"[*387] oder "Wissen als Errungenschaft von Gruppen, nicht von Individuen". Angesichts computergestützter Versuche wie „crowd search" und „artificial intelligence" klingen solche Meinungen zwar richtiggehend zukunftsweisend, aber weisen sie denn nicht auch rückwärts, auf unser evolutionäres Erbe? Ähneln sie nicht den in Jahrtausenden und Jahrmillionen aufgesammelten Erfahrungen, dem Wissen von Vogelschwärmen, von Termitenvölkern, der „Weisheit der Natur", wiederauferstanden in Menschenmassen? Nein, vielleicht doch nicht, jedenfalls nicht nur, denn diese „soziale" Definition von Wissen oder Erkenntnis wirbelt unsere Gewissheit durcheinander, in der wir zu verstehen meinten, was „Wissen" denn ganz im allgemeinen sei, schickt uns zurück ins Zwiegespräch mit Sokrates und erinnert uns daran, dass all unser sogenanntes Wissen nichts als ein geistiges Konstrukt von Interpretationen im individuellen Gehirn ist, wovon Michel Foucault [50], Thomas Kuhn und andere [51] ausgehen, das Äquivalent in der Wissenschaft ist der auch von Popper vertretene Standpunkt, dass „Wissen" nicht als „Wahrheit" anzusehen ist sondern als hypothetische Überzeugung auf einem bestimmten Evidenzniveau. Selbstverständlich gibt es Wissen als Ergebnis eines Sozialkontraktes, aber das repräsentiert weder objektives Wissen noch Wahrheit, sondern steht in Büchern wie ein Gesetz, das Macht ausstrahlt und ausübt, an das man sich so lange zu halten hat, bis es novelliert wird. Aber was sollen wir mit der Annahme von Wissen halten, das aus einer Menschenmenge strömt, deren Einzelne davon keine Ahnung haben?
N54A

Aber kehren wir zurück zu unserem Thema und fragen, was das alles mit Demokratie zu tun hat: wie die ursprüngliche Fragestellung bereits verriet, ist die Sozial-Epistemologie eigentlich ein Kind der Idee von Demokratie, geboren aus der Frage, ob wir nicht eher dem Ergebnis von Beratungen in der Gruppe folgen sollten als dem Wissen, der Erfahrung und dem Kommando Einzelner. Die Frage wird aber dort zum essentiellen Problem, wo diese Disziplin so weit geht, dass sie überhaupt jegliches individuelle Wissen in Frage zu stellen beginnt, somit also auch wissenschaftliche Erkenntnis, und die Menschenmenge aufruft zur Frage: sollen wir dieses wissenschaftliche Wissen glauben? Und nach Gespräch, Beratung und Streit soll dann abgestimmt werden, was die Wahrheit oder die beste Lösung sei. Wir erkennen nun, dass sich hier der Kreis schließt und zurück zu Condorcet's Paradox und Arrow's Unmöglichkeit führt; somit beginnt die Debatte über den Wert und Sinn einer „sozialen Rechtfertigung von Wissen" von vorne.

Da ich es mit dem Paradox und der Unmöglichkeit halte, zitiere ich auch gerne andere kritische Stimmen: Karl Popper stand der Soziologie insgesamt sehr kritisch gegenüber, besonders aber jener Strömung, die er im Jahr 1940 als „Soziologie des Wissens" bezeichnete – erst um 1980 wurde sie allgemein als „Sozial-Epistemologie" anerkannt. *„Die Soziologie des Wissens ist nicht nur autodestruktiv, nicht nur ein befriedigender Gegenstand der Sozio-Analyse, sie zeigt auch ein erschütterndes Ausmaß an Unfähigkeit, das eigene Gebiet genau zu verstehen, den sozialen Aspekt von Wissen, oder besser gesagt, die wissenschaftliche Methodik zu verstehen."*[1] Und weiter: *„Ist es nicht eine allgemeine Erfahrung, daß jene, die am überzeugtesten sind, sich von ihren Vorurteilen befreit zu haben, in Wahrheit am meisten in Vorurteile verstrickt sind"* ? *[1]

In der modernen Politik gilt die Sozial-Epistemologie als die Philosophie davon, dass *„... demokratische Entscheidungen in der Regel als kompetent anzusehen sind, auch wenn die Mehrheit der Wähler inkompetent ist"*, wobei man von der Annahme ausgeht, dass *„... es zumindest theoretisch möglich ist, dass die demokratischen Wähler als Kollektiv kompetent sind, obwohl die überwiegende Mehrzahl der Individuen darin politisch inkompetent ist."* *[3] Ein weiteres Problem mit diesem Wissenschaftszweig für die Politik ist, dass nicht unterschieden wird zwischen den vielen verschiedenen Ebenen von Problemen: es gibt Fragen, die einfach nur mit „ja" oder „nein" zu beantworten sind, aber auch andere, äußerst komplexe, abgesehen davon, dass der beste Kandidat für die Lösung aller politischen Probleme der kommenden vier Jahre gewählt werden soll. Noch verwirrender wird es, wenn man davon spricht, dass Menschenmassen sogar „bessere" oder „intelligentere" Lösungen finden könnten, ohne vorher die Zielsetzung und deren Bedeutung genau zu definieren. Wie kann man nur vernünftigerweise annehmen, dass eine Wählerschaft in all ihrer individuellen Unterschiedlichkeit solche Fragen sinnvoll beantworten kann? Zahlreiche Autoren kritisierten die hier angenommene Bedeutung von „öffentlicher" im Sinne von „gemeinsamer" Rechtfertigung, wie auch der zuvor erwähnte Kenneth Arrow mit seinem Theorem der Unmöglichkeit [N72], der einen „mysteriösen" Dialog zwischen dem Individuum als solchem einerseits und dem Individuum als sozialem Wesen andererseits beschreibt. Sobald bei einer Fragestellung mehrere Faktoren für eine Entscheidung zu berücksichtigen sind, ergibt die Abstimmung in einer Gruppe oft ein überraschendes und irrationales Ergebnis, das allen Beteiligten als Einzelpersonen als sinnlos erscheint. Auch der Politikwissenschaftler William Riker zählt sich mit seinem *"mathematischen Beweis der Unmöglichkeit populistischer Demokratie"** zu den Kritikern ebenso wie Amartya Sen und andere [N55].

Zusammenfassend können wir nicht davon ausgehen, dass mathematische Jury-Spiele und Meinungen uninformierter Wähler zu evidenzbasierter Lösung politischer Probleme führen werden, vor allem deshalb, weil es dabei nicht um das Glauben an Wahrheiten geht sondern um Evidenz. „Wahrheit" kommt in unseren Vorstellungsgebäuden der wirklichen Welt nicht vor; nur das „Evidenzniveau" auf der Basis logisch kombinierter tatsächlicher Gegebenheiten zählt. Ungeachtet dessen werde ich im Abschnitt über die politische Philosophie des 21. Jahrhunderts auf diese Problematik und die Frage eventueller weiterer Fortschritte dieser Disziplin erneut zurückkommen müssen.

Demokratie: ein Zwischenstadium

in der Geschichte der Kulturen?

Es mag scheinen, als ob der Lebenszyklus einer Zivilisation oder Kultur in ihrer Geschichte läge wie das Leben eines Individuums in dessen Genen, Essverhalten und sonstigem Gesundheitsbewusstsein: die genetisch diktierte Körperstruktur ist ebensowenig veränderbar wie die Evolutionsgeschichte des Verhaltens, die ihrerseits die Überlebensfähigkeit des Organismus mitbestimmt. So wie sich Rom bis zum Jahr 300 n. Chr. entwickelt hatte, konnte keine Überlebensstrategie der Welt das Reich noch retten, weil es niemanden gab, sie zu repräsentieren und vor allem umzusetzen. Nach Popper's Einschätzung sind „ *..die vier deutlichsten Abschnitte ... bei Platon in dieser Reihenfolge beschrieben: zuerst kommt nach dem perfekten Staat die „Timarchie" oder „Timokratie", die Regierung der Privilegierten, die Ruhm und Ehre anstreben; ihr folgt die Oligarchie, die Regierung reicher Familien; „als nächste in der Reihe wird die Demokratie geboren", das Regiment von Freiheit, die einer Gesetzlosigkeit gleichkommt; zuletzt folgt die „Tyrannis ... die letzte und terminale Krankheit...".* *[1]* Sie endet nach Grayling's Worten in *"revoltierenden Mobs, die das Gesetz der Willkür einführen, bald gefolgt von Anarchie und Chaos, gegen die eine Tyrannei einschreitet und die Kontrolle übernimmt."* [11] Und nochmal aus Popper's Sicht: *"... Platon zielte darauf ab, ein System historischer Perioden zu zeichnen, die vom Gesetz der Evolution bestimmt sind ... dieser Versuch wurde von Rousseau wieder aufgegriffen und von Comte und Mill zur Mode gemacht, auch von Hegel und Marx ... während der Aristokrat Platon diese Entwicklung verdammte, wurde sie von diesen modernen Autoren gelobt ...".* *[1]*

Betrachtet man die Entwicklungsgeschichte eines Staates aus einer anderen Perspektive, so befindet er sich zu einem bestimmten Zeitpunkt seiner Entwicklung in einer definierten Lage, wenn ihn plötzlich ein externes Ereignis trifft: als die Araber im Jahr 650 n.Chr. anrückten, konnten sie die Perser leicht besiegen, denn das Land war ohne Führung im Chaos versunken. In vergleichbarer Weise könnte ein Asteroid oder ein Vulkanausbruch ein Reich in dessen Blütezeit zerstören, ohne dass die interne historische Entwicklung daran irgend einen Anteil hätte. Die Annahme eines intrinsischen Mechanismus, der eine Zirkularität in der kulturellen Evolution erzeugte, lässt also den Einfluss der Umwelt außer

Acht, gleich ob es sich um eine kosmische Ursache oder einen stärkeren Nachbarn handelt.

José Ortega y Gasset erkennt eine andere Form von Zirkularität in der Entwicklung: *"Das Bild vom gesamten historischen Prozeß seit tausend und mehr Jahren hatte sich im griechischen und römischen Bewußtsein nach und nach in immer klarerer Form niedergeschlagen. Es setzt sich aus drei wesentlichen Vorstellungen oder Bildern zusammen. Das erste dieser Bilder ist die Erfahrung, daß jede Regierungsform in sich ihren angeborenen Fehler trägt und deshalb unvermeidlich degeneriert. Diese Degeneration veranlaßt eine Erhebung, welche die Verfassung zerstört, die Regierungsform stürzt und sie durch eine andere ersetzt, die ihrerseits degeneriert und gegen die wiederum eine Erhebung stattfindet und die ebenfalls ersetzt wird."*[52] Für die Beurteilung der ausschließlich internen Entwicklung – ohne die oben angedeutete Möglichkeit externer Faktoren - erscheint dies als eine besonders weise Analyse, die auch mit der Tatsache übereinstimmt, dass jegliches politische System, so wie jedes andere Gedankengebäude, ein hypothetisches Konstrukt sein muss, das nur so lange überleben kann, bis seine Fehler offenbar werden – gerade so wie jede wissenschaftliche Theorie durch neue Erkenntnisse gestürzt wird; es gibt eben kein perfektes System und keine fehlerfreie Theorie, eben keine Wahrheit. Der Standpunkt führt zurück zu Popper's kritischem Rationalismus. Im Jahr 1945 schrieb er, dass *„ .. nur Demokratie einen institutionellen Rahmen gibt, der Reformen ohne Gewalt ermöglicht und damit den Einsatz von Vernunft in politischen Angelegenheiten."*[*1] In diesem Punkt stimme ich allerdings nicht mit ihm überein, und zwar aus folgenden zwei Gründen: 1. Reformen ohne Gewalt gab und gibt es auch in anderen Systemen, werden also nicht durch Demokratie an sich gewährleistet sondern durch die moralische Qualität des politischen Systems. 2. Wenn man Demokratie als die Regierung durch das Volk definiert, so ist der Einsatz von Vernunft nicht a priori gewährleistet, wie u.a. aus der vorangegangenen Besprechung der Sozial-Epistemologie hervorging: denn im Gegensatz zu dieser Erwartung wird das unklare und verworrene Verhalten der Wähler ein Risiko für die politische Stabilität und verhindert nachgerade den Einsatz von Vernunft in der Politik.

Nun, siebzig Jahre nach ihrem Beginn, wird das Bild der modernen liberalen Demokratie immer mehr verzerrt in der flimmernden Luft selbstzerstörerischer Ideen und undulierender Widersprüchlichkeiten. Yasha Mounk, einer der jüngsten Autoren über die Situation der gegenwärtigen

Demokratie, also selbst ein Absolvent dieses modernen Systems, beschreibt in überzeugenden Worten das Siechtum der US-amerikanischen Universitäten in einer kranken Demokratie des Jahres 2018.[4] In seiner weiteren Argumentation betont er, dass Demokratie in Ländern wie USA und Frankreich in Stein gemeißelt sei [4], und spricht von " ... *altgedienten Demokratien überall in der Welt*"* [4], weist aber unmittelbar danach auf deren Zerfall hin und meint später, aus theoretischer Sicht solle man " ... *zurück in die Vergangenheit blicken nach vorangegangenen Abläufen, in denen wohlhabende, stabile Demokratien zu zerbrechen begannen. Das Problem ist nur, dass es solche Beispiele nicht gibt.*" * [4] – Es gibt also keine altgedienten Demokratien, die wir mit der heutigen Form vergleichen könnten.

„Eigentlich stehen die Chancen für die Demokratie nicht schlecht" schrieb Vorländer 2003 [13]; aber zehn Jahre darauf: *„Parteiensystem, Marktwirtschaft, Rechtsstaat und Sozialstaat – das waren wesentliche Garanten für die Stabilität der westeuropäischen und nordamerikanischen Demokratien."*[13] Es wäre interessant zu erfahren, ob der Autor dabei besondere Bedeutung in das Wort „waren" gelegt hat, denn heute wären nur noch wenige Leute bereit, es ohne große Bedenken durch „sind" zu ersetzen. Er erwähnt auch nicht, dass die USA zu keiner Zeit tatsächlich eine volle Demokratie waren, auch nicht, dass sie alle, nicht nur die USA, von Staatsschulden und Ausbeutung der Länder der Dritten Welt lebten, die davor ihre Kolonien gewesen waren. Die Widersprüchlichkeit könnte nicht deutlicher gemacht werden wie mit einem Satz gegen Ende seiner Beschreibung der Demokratie in der westlichen Welt der zweiten Hälfte des 20. Jahrhunderts: *"Demokratien sind immer labile, stets gefährdete Ordnungsformen gewesen."*[13] Damit zeichnet Vorländer ein eindrucksvolles Bild von der verblendeten Sichtweise der politischen Klasse jener Zeit, von einer Welt in Stabilität und Sicherheit, nicht gewahr und auch nicht interessiert an den gefährlichen Schwachstellen im System: die nächste ökonomische Krise, gefolgt von einer Reaktion jener Kolonialwelt, die sie nach der Kolonialzeit mehr oder weniger sich selbst überlassen hatten (soweit sie nicht weiter ausgebeutet wurden), und die schöne Welt begann zu wackeln und zu schwanken, zu zerfallen in Länder, die ihrerseits wieder begannen, sich innerlich zu polarisieren und zu spalten – Demokratie, nun – plötzlich- in der tiefen Krise!?

Die Beobachtung der aktuellen Gegebenheit verschiedener Formen von Regierung im Vergleich zu ihrem offiziell erklärten Zustand vermittelt hin und wieder einen Eindruck, der an Orwell's Beschreibungen von Systemen erinnert, in denen das genaue Gegenteil von dem ablief, was sie zu tun behaupteten: da gab es in der wirklichen Geschichte Monarchen, die nicht etwa absolutistisch regierten, sondern ihrerseits von umgebenden „Beratern" regiert wurden, einzelnen Personen, einer Gang von Oligarchen oder einer ganzen sozialen Schicht. Es gab andere, die als absolute Herrscher weise und umsichtig, zögerlich oder volksnah regierten – Demokratie unterscheidet sich davon nur durch die relativ zeitnahe Austauschbarkeit ihrer Führungspersonen, nicht durch die Qualität ihrer Führer selbst.

Diesen Abschnitt könnte man also mit den Worten zusammenfassen: schon die kurze Geschichte der modernen Demokratie trägt in sich den Samen der Selbstzerstörung, weil ihr Liberalismus die Korruption ihrer eigenen Werte zulässt. Andere Werte sind dazu verdammt, sich gegenseitig zu zerstören; beides werde ich im nun folgenden Kapitel zur Diskussion stellen.

An dieser Stelle möchte ich mich jedoch erneut im Sinne Popper's gegen deterministische Prophezeiungen und gegen die alleinige Wiederholung der Meinungen früherer Denker stellen, wie Popper es in "Der Zauber Platons" [1] verdeutlicht. Es muss Wege zur Umgehung all dieser prophezeiten Unmöglichkeiten geben, und es gibt sie!

Jedoch, um dem Unterfangen zur Suche nach Auswegen Sinn zu verleihen, ist es von entscheidender Bedeutung, die Schwächen des gegenwärtigen Systems im Detail zu kennen. Also werfen wir als nächsten Schritt einen genaueren Blick darauf:

Kapitel II

Demokratie heute

*"Es ist leicht, die Pathologien der Demokratie dar-
zulegen; es ist schwieriger, Einrichtungen zu entwerfen, die sie verbessern."* * 3

*Man rettet die Demokratie nicht, indem man sie
lobpreist oder zwingt, gesund zu erscheinen.*

Prolog

Im vorangegangenen Kapitel haben wir gesehen, dass Demokratie ursprünglich aus einer prähistorischen Form von Beratung und Abstimmung unter älteren Männern entstand, die im antiken Griechenland zu einer Volksbewegung wurde. So gesehen trifft also die Bezeichnung von Demokratie als einem europäischen Phänomen nicht genau zu; vielmehr handelt es sich um ein archaisches Konzept der Menschheit. In ihrer modernen Version entwickelte sich Demokratie allerdings, wiedergeboren als Kind der Renaissance und Aufklärung, nicht genau unterschieden von „Republik", zu einer idealisierten Sicht von Gleichheit und individueller Freiheit, die vergaß, die Phänomene menschlichen Verhaltens als dominanter sozialer Triebkraft zu berücksichtigen. Letztere ist vor allem gleichzusetzen mit Wettbewerb, der eine Hierarchie bedingt mit einem Meinungsführer an der Spitze, einem der regiert, ungeachtet des Namens, den ein momentanes politisches System führt – solange er nicht „Chaos" heißt. Hierarchie und Brüderlichkeit liegen einander in den Haaren, ebenso wie das „Recht auf Leben" – erklärt zum Naturrecht, mit „Krieg" im Widerstreit steht, Krieg, den ein demokratischer Staat einem anderen erklärt.

Die heutige Demokratie ist keine Errungenschaft der modernen westlichen Welt, sondern eine Entwicklungsfolge in ihrer kulturellen Evolution, entstanden nach Revolution und Chaos, die von den Früchten der Entwicklung von Wissenschaft und Technologie lebt, und von Staatsverschuldung und der Ausbeutung fremder Ressourcen.

Nun stellt sich die Frage, ob der Ruf nach Änderung nur ein Gejammer am Rande des Abgrunds ist, oder ein Weckruf und Erkennen, dass rationale Entscheidungen für die Gemeinschaft an der Zeit sind. Nur die unermüdliche Analyse der tatsächlichen Gegebenheiten kann bestehende Möglichkeiten ans Licht bringen:

Spuren von Licht erkennt man am besten in der Dunkelheit

Ist "moderne Demokratie"
eine Regierungsform oder eine politische Ideologie?

Aus allgemeiner Sicht scheint die moderne Demokratie am besten definiert als eine Regierungsform demokratischer Ideologie. Aber halten die Slogans dieser Ideologie, was sie versprechen? „Regierung durch das Volk", „Macht durch Wahlrecht", „Rechtsstaatlichkeit", „Liberalismus und Toleranz", „Schutz der Menschenrechte", „Gewaltenteilung", „Pressefreiheit", und dann noch das Erbe der Französischen Revolution: „Freiheit, Gleichheit, Brüderlichkeit"?

Was hat es mit Unruhen und Spaltung zwischen Teilen von Bevölkerungen westlicher Länder auf sich, die sich als Demokratien bezeichnen, wie Spanien, die USA, Großbritannien, weitere Länder, die sich in immer mehr politische Parteien aufsplittern, keine Mehrheiten mehr bilden können und Staaten zusehends unregierbar werden lassen, wie Italien und andere, die neuerdings sogar Länder wie Deutschland schwächen, das „powerhouse" Europas? Die Wahl von Donald Trump, *"die signifikanteste Manifestation der Krise der Demokratie"* * [4], ist nur eine der unvermeidbaren Folgen der Systemschwächen der Demokratie, die unsere Aufmerksamkeit weckt, ans Tageslicht gezerrt durch eine vorhersehbare Herausforderung der Geschichte.[N56]

Anhand einer Reihe von Beispielen werde ich hier verdeutlichen, dass jene kritischen Urteile und Meinungen über die Demokratie in historischen Texten sich auch heute noch bewahrheiten: sie weisen uns darauf hin, dass Demokratie als Ideologie vom „Soll-Menschen" versagen muss, in der die Menschen von einer bestimmten Art sein müssen, damit das System plangemäß funktionieren kann. Sieht man sich um, so wird deutlich, dass auch die moderne Demokratie bisher nur deshalb überlebt, weil sie nicht wirklich funktioniert. Damit erhebt sich die Frage: wie würde eine wirksame Demokratie aussehen, die deshalb funktioniert, *weil* effektive Demokratie am Werk ist? Das wird das Thema für das dritte Kapitel. In diesem zweiten Kapitel werde ich damit beginnen, die a priori- Schwachstellen zu beschreiben, die auf die menschliche Natur zurückzuführen sind – sozusagen die Diskrepanz zwischen dem „Soll-Menschen" und dem wirklichen Menschen. In einem weiteren Abschnitt werde ich dann a priori ideologische Fehler diskutieren, und weitere Schwachstellen in einem dritten Abschnitt:

Die Schwächen der Demokratie

Demokratie gegen Natur:
Die menschliche Natur als Gegner a priori

Ist denn "Demokratie" nicht ein Ausdruck der Vision des menschlichen Geistes von einem „Mega-Wir", dem Gefühl von Familie, von Sippe und Freundeskreis auf der Ebene einer Nation, der ganzen Welt sogar, verwirklicht im Alltag? Nun, wer von dieser Erwartung ausgeht, tut gut daran, sich einen tieferen Einblick in die tatsächlichen Hintergründe von „Wir-Gefühl" und seinen biologischen Wurzeln zu verschaffen:

Der Faktor Mensch

Der Blick auf die Politik und ihren Dolmetscher und Chronisten, die Politologie, beweist, dass zu viel Bedeutung auf Ideologie und technischen wie auch internen Faktoren liegt: Meldungen und Diskussionen über Politik befassen sich vorwiegend mit sich selbst und den darin tätigen Personen, ihren persönlichen Angelegenheiten und den Streitereien zwischen den Parteien: wer die täglichen Nachrichten mitverfolgt, stellt fest, dass sich mehr als die Hälfte davon mit Politikern befassen; nur ein kleinerer Anteil handelt von den eigentlichen Themen, den politischen Problemen der Gemeinschaft. Die Politik unterschätzt also die wirklichen Belange der Menschen, oder ignoriert sie, ignoriert aber vor allem die eigentliche Ursache aller politischen Belange: die menschliche Natur (die Umweltursachen wie Wetter und Vulkanausbrüche vorerst ausgenommen). Ihre tatsächliche Berücksichtigung in der Politik bekam den Fachnamen „nicht-ideale Theorie", um zu betonen, dass man damit umgehe, wie Menschen wirklich sind, nicht wie sie sein sollten, und nicht einfach nur jede Nichtbeachtung der ideologischen Vorgaben bestraft. Das Problem damit ist nur, dass mir dieser Vorschlag in der Literatur erstmals in einer Veröffentlichung im Jahr 2017 auffiel; das weist direkt darauf hin, dass er in den Köpfen der Menschen überhaupt noch nicht präsent ist, was gleichzeitig den besorgniserregendem Umfang an Hilflosigkeit in der öffentlichen Debatte erklärt. J. Brennan schreibt: *"Philo-*

sophen unterscheiden gerne zwischen "idealer" und „nicht-idealer" politischer Theorie. ... Nicht-ideale Theorie stellt die Frage, welche Einrichtungen angesichts der tatsächlichen Natur des Menschen am besten geeignet wären ... Ich frage also, wie wir über die Teilnahme an Politik und Macht denken müssten angesichts der Tatsache dass wirkliche Menschen tiefgreifende moralische Schwächen und Laster haben und nur einen schwachen Sinn für Gerechtigkeit." * [3]

Kant beschreibt in seiner Publikation über aufgeklärten Absolutismus und Demokratie die republikanische Verfassung sehr entschieden als *"die einzige, welche dem Recht der Menschen vollkommen angemessen, aber auch die schwerste zu stiften ... weil Menschen mit ihren selbstsüchtigen Neigungen einer Verfassung von so sublimer Form nicht fähig wären".* [41, N57]

Was ist „typisch menschlich"?

Der Großteil von dem, was wir so bezeichnen, ist eben gerade nicht typisch menschlich, sondern im Laufe der Evolution tierischen Lebens über Millionen oder hunderte und tausende Millionen Jahre entstanden, abhängig davon, ob bereits irgend ein Anflug von Bewusstheit involviert war.

Die heutige Demokratie basiert auf einer Ideologie ohne Berücksichtigung unseres evolutionsbasierten Sozialverhaltens: dem „Tier im Menschen" wird dabei nicht ausreichend – und vor allem nicht offen – Aufmerksamkeit gezollt. Um Missverständnissen vorzubeugen betone ich gleich hier, dass damit selbstverständlich nicht gemeint ist, jeglichem Instinkt freien Lauf zu lassen. Vielmehr geht es um Gewahrsein, konkrete Kenntnis und danach die Entscheidung, auf welche Weise die Kontrolle oder Kanalisierung erfolgen soll; denn simple Bestrafung hat sich zu oft als Versager erwiesen und obendrein selbst neue Probleme geschaffen. „Wir", „Gemeinschaft", „Gesellschaft" sind keine Erfindungen von Philosophen oder politischen Ideologen, sondern der Evolution. Alle Menschen haben eine haarlose Haut, sie spüren bei Verletzung Schmerz und reagieren in vorbestimmter Weise auf plötzliche Bedrohung, werden hungrig und freuen sich über ihr Lieblingsessen – und sie neigen alle in Gesellschaft von Artgenossen zu instinktivem und ritualisiertem Sozialverhalten. Ein Problem dabei ist, wenn man so will, dass wir uns in unserer Bewusstheit als Individuum erleben, aber gleichzeitig unentrinnbar Teil einer Gemeinschaft sind, selbst wenn wir eines Tages beschließen sollten, von ihr wegzulaufen. Während viele Tierarten alleine aufwachsen und ihr Leben von der Geburt bis zum Tod unabhängig verbringen können, ist das bei uns Menschen anders: ohne Einbindung in eine Gemeinschaft, ihr Fürsorge und Kultur, vor allem auch ihre Sprache, kann man sich die Entstehung eines bewusst denkenden Menschen schwer vorstellen. Wir menschlichen Individuen sind also nicht nur Teil sondern sogar das Produkt von Gemeinschaft. Was wir Menschen als gemeinsame Ziele, als Gemeinschaftsgut bezeichnen würden, existiert in der Evolution schon auf der Ebene der Einzeller: es ist die Intention Leben zu erhalten und weiter zu verbreiten. Das neueste Beispiel einer organisierten multizellulären Struktur sind wir selbst: der menschliche Körper hat übrigens so manches gemeinsam mit einem Staat, wie die Arbeitsteilung und Teilung von Entscheidungsbefugnissen. Allerdings – und dabei mag es sich um eine überlegenswerte Warnung handeln – der Organismus ist weitgehend hierarchisch organisiert, nicht demokratisch.[N58]

Lebende Strukturen, deren Zusammensetzung von der Wissenschaft der Morphologie (Anatomie) studiert und beschrieben wird, befinden sich in der Evolution in einem Entwicklungsprozess – Phylogenese genannt – in dem es außer Degeneration keinen Weg zurück und nach vorne keinen radikalen Neuanfang gibt. Neue Konzepte können also nicht einfach vorangegangene ersetzen sondern nur auf den alten aufbauen. Dieser Vorgang der Phylogenese wird bei der Entwicklung jedes neuen Individuums wiederholt – seiner Ontogenese. Wir alle beginnen demnach als einzelne Zelle und sehen quer durch alle Arten eine Weile lang gleich aus, oder zumindest sehr ähnlich, bis im Laufe des weiteren Embryonalstadiums dann artspezifische Merkmale erkennbar werden. Diese Entwicklung erkennen wir bei unserer eigenen Spezies daran, dass wir anfangs noch einen Schwanz haben so wie alle anderen Wirbeltiere (der dann in Fötalstadium zu einer kleinen Reststruktur verkümmert). Ernst Haeckel hatte dieses Phänomen bei seinen Studien beobachtet und 1868 in einem Bild zusammengefasst, das diese Entwicklung im Vergleich der Embryonen zeigt, beim Fisch, dem Salamander, der Schildkröte, beim Huhn, dem Schwein - und schließlich beim Menschen.[8]

Ich erwähne diese morphologischen Entdeckungen hier nur, um darauf hinzuweisen, dass sich unsere geistigen Fähigkeiten als Folge eben

---

[8] Diese Beschreibung trifft im großen und ganzen auch heute noch zu, auch wenn an Haeckel's Beschreibungen einige Unkorrektheiten festzustellen waren.

dieser Logistik der Evolution entwickelt haben einschließlich der Methodik unserer Hirnfunktion, die uns letztlich zu bewussten Wesen mit dem Gewahrsein unserer selbst werden ließen. Ähnlich der Evolution der Arten, ihrer Anatomie und Physiologie, gibt es auch eine Phylogenese der Hirnfunktion, des Verhaltens einschließlich des Sozialverhaltens. Seit dem Beginn des Phänomens, das wir Bewusstsein nennen, befinden sich unsere spontanen, automatischen Verhaltensmuster mit diesem neuen Aufseher im Widerstreit. Wie ein einzelner Kontrollor sitzt unsere bewusste Aufmerksamkeit inmitten einer Vielzahl ständig ablaufender Automatismen. In einem solchen dauernden Wechsel aus bewusster Kontrolle und spontanen Abläufen entsteht auch unsere individuelle Persönlichkeit, und zwar in ständiger Kommunikation mit der Umwelt, die in erster Linie aus den Mitmenschen besteht. In diesem Spiel gegenseitiger Beeinflussung entstehen Individuum und Gesellschaft in einem ko-evolutiven Prozess. „Gesellschaft" erscheint einerseits als Ansammlung von selbstbewussten Individuen, aber auch als quasi massiges Individuum für sich selbst. In uns einzelnen Menschen läuft ständig eine Konkurrenz zwischen inneren Automatismen, instinktivem Sozialverhalten und bewusster Selbstkontrolle. Der vor-menschliche Automatismus der Instinkte äußert sich als Drang zu handeln, der vom aufmerksamen Bewusstsein als Vernunft gebremst, als Opportunismus kanalisiert oder als Mitgefühl oder Zuneigung zugelassen wird. Insgesamt sind wir letztlich als Person eine Mischung aus genetischer Veranlagung und Umwelteinflüssen, vor allem aus der uns umgebenden Gesellschaft, die wir andererseits mit zunehmendem Alter selbst mitprägen. Es ist immer noch ein Geheimnis geblieben – eine der Henne-Ei Fragen in unserem Versuch, die Welt zu verstehen – auf welche Weise verbales Denken in einer Welt ohne Sprache entstehen konnte, was zuerst kam, die Entstehung der dafür benötigten Hirnregion oder die Kommunikation zwischen Menschen, deren Inhalte wiederum die Menschen in ihrem Denken veränderte. Zweifellos muss sich das Gehirn in einem Prozess der Anpassung an Umweltereignisse entwickelt haben – Teil davon waren, und sind auch heute, die Mitmenschen mit ihren anziehenden und abschreckenden Eigenschaften, vor allem aber die sprachliche Kommunikation. Die gegenwärtigen Menschenkulturen, ihre sozialen und politischen Systeme, Institutionen und Machthierarchien sind der bisherige Endpunkt in diesem Prozess, eine äußerst komplexe Verquickung von intellektueller und instinktiver Aktivität auf individueller und sozialer Ebene, derzeitiger Zustand in der Phylogenese von Hirnstruktur und –funktion wie auch von sozialer Struktur und Funktion.

Als Forscher wie Charles Darwin, Gregor Mendel und Ernst Haeckel das Tor aufstießen zum Nachdenken über die Evolution von Lebewesen und deren Körperformen, begann gleichzeitig auch derselbe Trend bezogen auf Erkenntnis, Verhalten und Hirnfunktion: mit den Studien von Gustave LeBon, José Ortega y Gasset und Sigmund Freud in der zweiten Hälfte des 19. bis ins frühe 20. Jahrhundert, begannen Psychologie und Soziologie. Die systematische Untersuchung der Evolution tierischen Verhaltens folgte nahezu 100 Jahre nach Darwin, Mendel und Haeckel, eingeleitet durch Konrad Lorenz, Donald Campbell, Rupert Riedl und Gerhard Vollmer: die Verhaltensforschung an Individuen, Gruppen und Massen, die vergleichende Verhaltensbeobachtung zwischen Mensch und Tier, resultierte schließlich in der „Evolutionären Erkenntnistheorie", der Erforschung der Evolution unseres Denkens und Verhaltens. CG Jung[53] wies als erster auf mögliche evolutionäre Wurzeln jener Hirnfunktion hin, die wir als den unterbewussten Teil unserer Psyche bezeichnen.

Körperform und –funktion ändern sich durch Adaption und Mutation. Arten werden ausgewählt und ausgemustert nach dem Grad ihrer „Fitness" (obwohl dieser Begriff mit Vorsicht zu verwenden ist, siehe [N58A]). Die funktionelle Anpassung an momentane Zustände und Ereignisse in der Umwelt drückt sich dann als „Verhalten" aus. Damit schließt sich der Kreis zur Hirnentwicklung, ihrer genetischen Determinierung und sozialen Prägung – einerseits ein äußerst komplexes, kaum entwirrbares voneinander abhängiges Wechselspiel von Funktion und Entwicklung, andererseits ein klarer Hinweis darauf, das wir Menschen nicht ausgenommen, sondern Teil davon sind. Während homo sapiens seit zehntausenden von Jahren manche Ähnlichkeiten zu Tieren sehr wohl erkannt hat, konzentrierten sich Ideologien stets eher auf die Unterschiede als auf die Parallelitäten – praktisch alle Erforschung dieser Verhaltensähnlichkeiten und ihrer Geschichte, der Phylogenese, hat in meiner Lebenszeit stattgefunden. Zweifellos kann es keine archäologischen Beweise für phylogenetische Prozesse von Physiologie und mentalen Vorgängen geben: sie muss in Form von Schlussfolgerungen aus der vergleichenden ontologischen Beobachtung erfolgen, z.B. durch vergleichende Beobachtung von Schimpansen-Babys und Menschenkindern. Die Bedeutung der möglichen Auswirkungen unseres neuen Wissens könnte von nachgerade kosmischem Ausmaß sein: in unserer Zeit beginnen sozio-politische Systeme sich aufzulösen und zu zerfallen, während – oder vielleicht gerade weil – beunruhigende Entdeckungen über uns selbst freigelegt werden wie archäologische Funde. Wenn wir also heute Kritik an der modernen Demokratie üben, geht es nicht um Vorwürfe und Anschuldigungen, sondern es geht um den Hinweis auf die Herausforderungen, die wir in zunehmender Zeitnot zu bewältigen haben.

Kultur und kulturelles Gedächtnis

C.G. Jung entdeckte, dass es – ähnlich den Phänomenen der Evolution von Körperformen – auch gemeinsame Charakteristika unserer unterbewussten Erfahrungen zu geben scheint; er nannte sie „kollektives Unbewusstes". Dabei geht es nicht um etwas Spirituelles, das wir zwischen oder über uns gemeinsam hätten, sondern etwas, das wir alle in mehr oder weniger gleicher Form in uns selbst tragen, in unserer Hirnfunktion, unserem psychischen Erleben. Diese Beobachtung hat eine besondere Bedeutung betreffend unser individuelles wie auch unser soziales Leben, weil sie aussagt, dass wir in Bezug auf unsere fundamentale psychische Architektur ähnlich sind, vor allem auch, um damit als Masse psychisch einheitlich auf Ereignisse und Erfahrungen zu reagieren, ein gemeinsamer unterbewusster Bereich des mentalen „Ich". Dieser Umstand schweißt uns bei entsprechender Gelegenheit zu einer Masse mit einheitlichem Verhalten zusammen, die reagiert wie ein Individuum, Massen, als Volk oder Nation über die Jahrhunderte zusammengewachsen in Kulturen, in einem unreflektierten „Wir-Gefühl". Manche Äußerungen davon sind in Sozialverhalten, Gewohnheiten und Traditionen niedergelegt, andere sind nur Phänomene in Augenblicken, ausgelöst wie von Zauberhand.

Das Studium all dieser sozialen Phänomen wurde zum eigenen Forschungsgebiet: der Soziologie. Nach LeBon's einflussreichen Publikationen wurde sie von Halbwachs, Duerkheim, Assmann und anderen entwickelt. Der Bereich des Ursprungs und der Auslöser unserer gemeinsamen spontanen Reaktionen auf Ereignisse, und ihre Auswirkungen auf uns Einzelne, bekam den Namen „Kollektives Gedächtnis".

Kultur drückt die Art des Zusammenlebens einer Nation und die Erlebniswelten von Individuen und Gemeinschaften darin aus, ebenso wie deren Einwirken und Auswirkung auf die Umwelt. In ihren Gewohnheiten und Eigenheiten spiegelt Kultur auch spezielle Umweltgegebenheiten. Um die Unmöglichkeit von Multikulturalismus zu verstehen, ist das Verständnis von „Kultur" zweifellos von Nutzen. Während LeBon durch seine Welt reiste und darüber schrieb, fasste Friedrich Nietzsche seine Ansicht in wenigen Worten zusammen.[N59] Verhaltensforscher Eibl-Eibesfeldt traf das Problem ins Herz, indem er die Einstellung eines arabischen Einwanderers nach Frankreich beschrieb.[N163]

Kulturelles Gedächtnis und Identität werden deutlich ausgedrückt durch Architektur und Straßennamen – letztere markieren auch oft einen Umsturz, wenn sie entweder ein Gedenken unterstützen oder ein anderes auslöschen sollen. Dieses kulturelle Gedächtnis wird auch leicht betrogen, weil wir Menschen, besonders in Massen, leicht manipulierbar sind. Diese verwirrende Zwiespältigkeit wurde selten so deutlich demonstriert wie bei der Verehrung des Serbischen Großreiches, dem sarmatischen Ursprung der polnischen Oberschicht und dem sogenannten autochthonen Ursprung des russischen Volkes, wie von Ascherson beschrieben.[35, N138] Neuer soziologische Studien [54] weisen jedoch auf einen sogar noch komplizierteren Spiegelungsprozess hin, als man dies von den Manipulationen an der eigenen Geschichte eines Volkes vermutet hätte: demnach sei das Gewahrsein gegenwärtiger Abläufe vom Wissen um vergangene Ereignisse abhängig, und umgekehrt sei die Erinnerung an vergangene von den gegenwärtigen beeinflusst und gefärbt. Diktatorische Interessen benötigen immer wieder Korrekturen der historischen Erinnerung und eine Rekonstruktion dessen, was als Wissen zu gelten habe – der extreme Endpunkt solcher Horrorvisionen ist das bekannte Ministerium in Orwell's 1984, in dem die geschriebene Geschichte kontinuierlich den augenblicklichen Bedürfnissen angepasst wird.[55] Die Diktaturen des 20. Jahrhunderts am Vorabend der europäischen Demokratie haben die Anfälligkeit von Menschenmassen breit offengelegt und beweisen, dass, wer sich den geheimen Zugang zum „kollektiven Unbewussten" einer Menge zu verschaffen weiß, sich leicht zu ihrem Herrn machen kann.[8]

Heute reden wir über Manipulation vor allem im Zusammenhang mit Werbung, Medien und Wahlkampagnen[9], in denen die Politiker zu den Zauberlehrlingen ihrer Vorgänger werden, insbesondere der religiösen.

Der gesunde Menschenverstand und seine unbelehrbaren Lehrmeister

Was jedes Kind weiß, was der gesunde Menschenverstand diktiert, ist „Wissen" aus langjähriger Erfahrung aus vielen wiederholt in gleicher Weise abgelaufenen Erfahrungen; manche davon gehen auf Jahrhun-

---

[9] In früheren Jahren waren die Religionsführer die Lehrmeister von ihnen allen; in unserer Zeit wurde sie von der Werbe-Psychologie verdrängt.

derttausende zurück und sind zu Instinkten, gar zu Reflexen geworden, unbewusst zu „Wissen" zusammengesinterte Erfahrung, die als Überzeugung derart tief sitzt, dass wir nachgerade zwanghaft daran glauben und danach handeln müssen. Diese spontanen Überzeugungen, gefühlsmäßig und „aus dem Bauch heraus", sind scheinbar zweifelsfrei richtig und innerhalb eines definierten Gültigkeitsrahmens sogar logisch. In jedem Fall zwingen sie uns dazu, an kausale Zusammenhänge zu glauben, zum Beispiel weil sie gleichzeitig oder zeitnah ablaufen. Wir sind ständig Opfer von automatischem, eigentlich unterbewusstem Denken, aus dem blinde Überzeugtheit resultiert, der gesunde Menschenverstand, oder anderes quasi-Wissen um vermeintlich kausale Zusammenhänge, Überzeugtheit, die uns nicht einmal dann loslässt, wenn der Gegenbeweis vor uns steht – das Gefühl der Überzeugtheit bleibt dumpf in unserem Innern – Konrad Lorenz nannte diese instinktiven Überzeugungen unsere „unbelehrbaren Lehrmeister".[56, N60] Ein Beispiel für reflexartiges Wissen ist die Erwartung des Donners nach einem Blitz; [N61] aber auch der Glaube an die Richtigkeit von Gerüchten zählt dazu:

Der Glaube an Gerüchte

Iss es nicht gleichermaßen faszinierend und niederschmetternd zu sehen, wie leicht sich falsche Gerüchte unter Menschen verbreiten lassen, wie man sie mit gezielter Manipulation aufhetzen und dabei zusehen kann, wie Gerüchte zu Wahrheit werden, nur weil andere es wussten und weiterflüsterten? Viele Unschuldige wurden auf diesem Wege zu Opfern gemacht: die Juden während der mittelalterlichen Pocken-Epidemien, die koreanischen Gastarbeiter im Japan des Jahres 1910 nach dem Erdbeben in Tokyo: beiden Gruppen wurde nachgesagt, sie hätten den Leuten ihre Brunnen vergiftet und müssten deshalb verfolgt und getötet werden. Auch der unauslöschliche mittelalterliche Aberglaube an die Blutschande der Juden ist ein solch evolutionäres „kulturelles Erbe" - auch die Ereignisse 1914 um den Beginn des Ersten Weltkrieges: wegen der Ermordung des österreichischen Kronprinzen in Sarajewo wurde die Bevölkerung durch Gerüchte zum Glauben daran manipuliert, dass alle Serben verdächtig und unverlässlich seien, deshalb müsse gegen Serbien Krieg geführt werden („Serbien muss sterbien" war der Wahlspruch jener Tage). Ähnliche Überzeugungen kamen dort erneut hoch zwischen den Parteien im früheren Jugoslawien, alte Mythen wurden wieder hervorgekramt, um die Menschen in einem Gefühl der Gemeinsamkeit auf Basis fragwürdiger historischer Fakten in einem gefälschten kulturellen Gedächtnis zu vereinen (das von den Türken geschändete serbische Reich musste gerächt werden). [N62]

In heutigen Demokratien werden diese tief verwurzelten spontanen Überzeugungen weiter genährt, in vorurteilsbeladenen Pressemeldungen, psychologischer Manipulation mit Hilfe verschiedener Medien, auch in Form des sogenannten „whistle-blowing", das nicht selten lediglich ungestrafte Denunziation ist. Zusammen mit weiterem instinktivem Verhalten wie Xenophobie und Territorialität erzeugen sie die Vorurteile von heute, gefährlich missbraucht von gegnerischen politischen Parteien – Populismus, den alle praktizieren, nicht nur Jene, die politisch korrekt als solche dämonisiert werden.

Zur Biologie menschlichen Verhaltens

Einer von Konrad Lorenz's Schülern, Irenäus Eibl-Eibesfeldt, befasste sich besonders mit der Evolution menschlichen Verhaltens aus biologischer Sicht, und engagierte sich äußerst stark in der politischen Debatte über die Bedeutung der neuen Erkenntnisse auf diesem Gebiet der Ethologie, blieb jedoch weitgehend ungehört, sofern er dafür nicht schon damals, in den 80er- und frühen 90er-Jahren, als nahezu rechtsradikal und rassistisch kritisiert wurde. Dabei ging es um Themen, die heute noch aktueller geworden sind als sie damals bereits waren: die entwicklungsgeschichtliche Bedeutung von Territorialität (Revierinstinkt und -denken), dem Hintergrund unseres Heimatgefühls, von Patriotismus; Aggression, die dazu gehörigen Abwehrmechanismen und das unauslöschliche Erbe „Sozialhierarchie"; die Ambivalenz von Xenophobie (Fremdenscheu) – sie alle werden Gegenstand der Erörterung in diesem Kapitel.

Bei diesen Formen von Spontan- oder Instinktverhalten handelt es sich um non-verbale Reaktionen auf einen Reiz oder eine andere in unser Gehirn gesandte Information; sie werden deshalb auch „spontan" genannt, weil sie sich abseits unseres Gewahrseins, also der bewussten Kontrolle, abspielen. Manche dieser Reaktionen werden als körperliche Erscheinungen wie Schwitzen, Tränen, Zittern, instinktives Lachen oder als Gesichtsausdruck erkennbar und uns als „emotionale Reaktionen" geläufig; dazu zählt auch, sich traurig zu fühlen, oder glücklich – oder zu Hause. All diese Verhaltensformen und Gefühle können anfänglich nicht unterdrückt werden, denn sie sind ja unbewusst hervorbrechende „Produkte" der Verarbeitungsprozesse in unserem Gehirn. Erst im Moment des Gewahrwerdens, dass in oder mit uns etwas geschieht, dass wir in einen neuen Zustand geraten sind, können wir bewusst mit Unterdrückung reagieren. Emotionen sind die „archaische" Sprache unseres Körpers, Signale an die Individuen in unserer Umgebung, mit denen wir unseren gegenwärtigen – emotionalen – Zustand ausdrücken. Sie lassen gleichzeitig beim Gegenüber eine Deutung zu, welche Motivation oder Handlungsreaktion wahrscheinlich aus diesem emotionalen Zustand resultieren wird – zum Beispiel ein wütender Gesichtsausdruck als Ankündigung von Aggression. Solche zerebralen Prozesse laufen ebenso als Antwort auf innere Signale ab und drücken sich zum Beispiel als Motivationen aus, wie die Suche nach Nahrung bei Hunger etc., die wir auch als triebhaftes Verhalten bezeichnen und als möglichen Beginn sozialer Konfliktsituationen kennen, den Widerstreit zwischen individuellen und sozialen Antrieben. Bei diesem inneren Kampfgebiet handelt es sich ja um Anfang, Gegenwart und Ende von Gesellschaft; hier marschieren auch die Heilsarmeen kultureller Erziehungsbemühungen auf, hier stehen die Stelen und Grabsteine religiöser Erziehung. Soziale Ordnungssysteme entstanden in virtuellen Räumen der kulturellen Evolution über diesem Schlachtfeld „Natur". In diesem wolkigen Gebilde über der biologischen Wirklichkeit entstanden auch Sozialkontrakte, Verhaltensnormen, Traditionen, Gesetz und letztlich „Moral". Im Luftschloss „Demokratie" sollen gleiche Rechte gleichen Zugang zu Ressourcen und gleiche Begrenzung asozialen Verhaltens gewährleisten. Jedoch, die moderne liberale Demokratie verliert in ihrem gleichzeitigen Versuch, maximale individuelle Freiheit zuzulassen, die Orientierung in ihrer moralischen Zwiespältigkeit und lässt Gesellschaften an den Rand des Abgrunds geraten.[N63]

Hirnfunktion, Verhalten, Philosophie - und Politik

Mit unseren als unmoralisch sanktionierten tiefsitzenden Verhaltensautomatismen sehen wir uns ungern konfrontiert; aber sie treten sehr rasch demonstrativ zutage, wann immer sie als erlaubt gelten, und sie werden – wie im Krieg – sogar zu Heldentum. Lust oder Gleichgültigkeit angesichts von Grausamkeit wurde kaum jemals derart herzzerreißend dokumentiert wie in Svetlana Alexievich's Interviews von Augenzeugen und Opfern der Stalin-Ära und des heutigen Russland.[57]

Popper[1] schreibt, dass die Suche nach den zwanghaften Überzeugungen – ich erwähnte sie als Lorenz's „unbelehrbare Lehrmeister" – in der Philosophie eine Geschichte habe: was bei Kant die „Kategorien", ist die in den Wissenschaften untersuchte Systematik für das „unbewusste Denken" im Gehirn (zur Bearbeitung von Lorenz's Sicht der Kant'schen a priori siehe Anmerkungen [N58A, N60]). Kant muss wohl angenommen haben, dass unsere Denkmechanismen auf einer unveränderlichen Basis beruhen. Im Gegensatz dazu meinte Hegel, dass soziale Faktoren, wenn schon nicht das Gehirn insgesamt so doch zumindest dessen Funktionen formen, also unser Verhalten, dass sie also durch die Geschichte einer Kultur bestimmt würden. Marx hingegen glaubte, dass es sich bei dieser Determinante nicht um die soziale Gesamtheit einer Nation handle sondern um ihre sozialen Schichten. Zweifellos unterschieden sie alle drei nicht zwischen einerseits jenen Instrumenten, die allen Menschen in gleicher Weise eigen sind, nämlich den evolutionsbedingten *Fähigkeiten* zur Entwicklung einer Funktion wie etwa von Sprache, Schreiben, Lesen und Rechnen, und andererseits jenen in der Tat durch die Gesellschaft bewirkten Errungenschaften, nämlich die genetisch bedingten Fähigkeiten durch Anlernen mit Leben zu füllen und die Nachkommenschaft tatsächlich sprechen, schreiben, lesen und rechnen zu machen – was bei Tieren, sogar Schimpansen, ein fruchtloses Unterfangen wäre. Nebenbei wären noch jene Fähigkeiten zu erwähnen, die allein durch Einwirken der übrigen Umwelt verwirklicht werden. Nur Kant erkannte ganz klar, dass es einen allen Menschen gemeinsamen Funktionsmechanismus im Hintergrund geben muss, eine dem (unbewussten) Denken innewohnende Methodik zur automatischen Interpretation von Sinneseindrücken, welche am bewussten Ende des Prozesses als spontane Überzeugungen herauskommen, eben jene „unbelehrbaren Lehrmeister". Nur machte keiner der drei Philosophen deutlich, dass diese Hirnfunktionen absolut nichts mit der Zugehörigkeit zu der einen oder anderen Kultur, Nation oder sozialen Klasse zu tun haben. [N64] Der Ansicht von Brennan, es handle sich bei den „unbelehrbaren Lehrmeistern" um eine Art von „bug" in der Software des Gehirns zeigt, dass in der heutigen Ansicht unerwünschtes Sozialverhalten ein Fehler im System sei, nicht natürliches Spontanverhalten.[N67]

Xenophobie und Territorialität

Fremdenscheu - Xenophobie

Der Begriff wirkt nicht selten irreführend, daher ist hier etwas Vorsicht geboten; der deutschsprachige Begriff weist bereits darauf hin: oft wird unter „Phobie" spontan etwas Negatives, ja Krankhaftes verstanden, denn er kommt aus der psychiatrischen Medizin in den allgemeinen Sprachgebrauch und wird deshalb spontan eher mit Begriffen wie „Arachnophobie" – krankhafter Angst vor Spinnen – in Verbindung gebracht. "Xenophobie" kommt jedoch primär aus der Biologie und wird dort als „Scheu" verstanden:

Erste Anzeichen der Unterscheidung zwischen Vertrautem und Fremdem beginnt in der frühen Kindheit als Furcht vor fremden Gesichtern: Eltern freuen sich über das erste Lächeln ihres Babys ihnen gegenüber, und empfingen sogar einen gewissen Stolz, wenn es zu unterscheiden beginnt zwischen ihren vertrauten Gesichtern und jemand Fremdem – das sogenannte „Fremdeln" des Kleinkindes. Aber diese Ängstlichkeit gegenüber Fremden weicht bald einer Ambivalenz, in der sich Neugier und Zuwendung dazumischen. Gleichzeitig wird die Grenze zwischen „ich" und „andere" deutlicher und die Angst nimmt zu, wenn ein Fremder immer näher kommt, bricht schließlich aus in panisch abwehrendem Weinen. Das Ausmaß von Angst oder Neugier hängt von Parametern ab wie Geschwindigkeit der Bewegung, Gesichtsausdruck, aber auch der Größe des Unterschieds zwischen den vertrauten Gesichtern der eigenen Familie und dem fremden Gesicht: je größer der Unterschied desto größer die Angst. Noch eine Weile in der Entwicklung, und diese Reaktion wird differenziert in Abwehr einerseits und Flucht andererseits: Aggression wird zum Ausdruck eines sehr alten Abwehrmechanismus aus der Evolution.

Revierinstinkt - Territorialität

Bei einzeln lebenden Tieren, z.B. Bären, dient er der Verteidigung des Territoriums, das er für seine Versorgung mit Nahrung benötigt. Viele Insekten, Fische, Vögel und Säugetiere verteidigen ihre Reviere „auf Mord und Brand". Bei Herdentieren, die in Gruppen, Schwärmen oder Kolonien leben, wird diese Territorialität „sozialisiert", was bedeutet dass sie sich reduziert auf einen gewissen Raum um den eigenen Körper;

Aggression, die bei Unterschreiten der Minimaldistanz ausgelöst würde, unterbleibt dann nur zur gegenseitigen Pflege und Paarung.

Diese Mechanismen sind nicht nur in archaischen menschlichen Gesellschaften als selbstverständliches evolutionäres Erbe anzunehmen; sie existieren auch heute unvermindert: Territorialität tritt in der modernen Welt in Form von Staatsgrenzen ebenso direkt zutage wie die Reviere mafiöser Verbände. Fremde Gesichter lösen eine spontane Reaktion aus so wie auch in der Kindheit; wenn auch meist verborgen hinter einer Maske der Neutralität, so verrät sie sich hin und wieder doch durch Verhalten wie Vermeiden des Blickkontakts und von größerer Nähe sowie durch Reserviertheit. Dieser spontane „unbelehrbare Lehrmeister" ist dennoch in einer zweiten, nun bewussten, Reaktion kontrollierbar und kann durch Übung und Gewöhnung – z.B. in Großstädten - überhaupt das ursprüngliche Spontanverhalten in Kontrolle halten. Insgesamt bleibt jedoch ein trennender Graben, messbar in Fuß und Metern, abhängig vom Ausmaß der unterschiedlichen äußeren Erscheinung, von den kulturellen Gewohnheiten wie auch vom erkennbaren religiösen Hintergrund.

Die tief verwurzelte Ambivalenz der Xenophobie, diese scheinbar widersprüchliche Mischung von Verhaltensmustern und Emotionen, tritt eindrucksvoll hervor, wenn man diese negativen und abstoßenden Gedanken und Meinungen über Gruppen anderer Ethnizität und Religion [58] vergleicht mit unserer Bewunderung für ferne Kulturen und unseren Wunschträumen von Menschen in fernen Ländern, mit ihrer mysteriösen Erscheinung und ihren fremden Gebräuchen. Was zu weit entfernt ist um zu bedrohen, oder was von vornherein friedfertig wirkt, ist Gegenstand unserer Neugier und zieht uns an. Es gibt kaum Menschen in der westlichen Welt, die nicht davon träumen, auf einer Pazifik-Insel oder in einem Land des Fernen Ostens einen Urlaub zu verbringen, bei Leuten einer fremden Kultur mit ihrem überraschend fremden aber köstlichen Essen. Viele von uns können auch hin und wieder der Traumvorstellung von außerirdischen Wesen nicht widerstehen, ob es sie nicht doch irgendwo geben könnte, und wie sie wohl aussehen mögen. Niemand denkt daran, einen Abwehrwall gegen Außerirdische zu errichten (Asteroide sind hier natürlich nicht das Thema), solange sich nicht eine unmittelbare Bedrohung ankündigt.

Das unmenschlich Menschliche

Wenn wir nun also diese Xenophobie als „unmenschlich" bezeichnen, einmal weil dies derzeit als politisch korrekt gilt, dann aber auch grundsätzlich, weil es sich um Verhalten aus dem tierischen Erbe handelt, dann vergessen und ignorieren wir dabei unsere evolutionären Wurzeln, etwas, das Teil von uns ist wie Mund und Nase. Außerdem schließt eine solche Verbannung eines Teiles unserer selbst auch die positiven Anteile dieser ambivalenten Eigenschaft „Xenophobie", unsere träumende, schnüffelnd- neugierige Sympathie mit den fremden anderen Wesen da draußen in einiger Distanz, die nur zur Gefahr werden, wenn sie eine rote Linie überschreiten und zu nahe kommen.

Viele von uns werden sich heimlich eingestehen, dass wir hin und wieder spontan reserviert reagieren oder sogar innerlich zusammenzucken, wenn wir mit einem fremd erscheinenden Mitmenschen konfrontiert sind, bis wir uns zu besinnen beginnen und unser Verhalten kontrollieren. Nirgendwo in der Literatur wurde Xenophobie in charmantere und berührendere Worte gefasst wie in Schikaneder's Libretto zu Mozart's Zauberflöte: der Vogelfänger Papageno, selbst angekleidet wie mit einem Vogelgefieder, trifft in der Dämmerung Sarastro, den Mohr; beide schrecken zurück in der Überzeugung, dem wahrhaftigen Teufel zu begegnen. Nach einer Weile aber beruhigt sich Papageno und sagt: unter den vielen Vögeln, die ich kenne, sind auch schwarze, warum also sollte es nicht auch schwarze Menschen geben? [24]

Das ist Xenophobie, die biologische Tatsache, Instinkt, entwickelt über Jahrmillionen im Laufe der Evolution, neuerdings politisch nachgerade verfolgt – die Natur antwortet, hält dagegen. Und dies ist Territorialität, sozial akzeptiert als ein Recht auf Distanz und Unversehrtheit - und auf Besitz, ein Recht auf Land mit Zaum drum herum, das von anderen nicht betreten werden darf. Der weise legendäre König Numa aus der Monarchiezeit des frühen Alten Rom machte „private Grenzen" sogar zu einer eigenen Gottheit. [N239]

Trotz allen Verständnisses unserer eigenen spontanen Reaktionen, und unserer Bedachtnahme darauf, bleibt am Ende dennoch diese Tendenz zur Rückkehr in das eigene gewohnte Milieu, dem Verbleib darin und zu einem gewissen Abstand vom gewohnten Milieu Anderer, das uns selbst fremd ist. „Kultur" gewinnt in diesem Zusammenhang die Bedeutung auch von „gewohntem Umfeld" mit all seinen Komponenten. Wir vermissen es in der Fremde, leiden unter Heimweh. All dies ist ebenso Tatsache, und Teil von Xenophobie und Territorialität.

Ethnische Xenophobie

Aus dieser biologischen, genauer ethologischen, Sicht ist das Fremdeln zwischen Menschen verschiedener Ethnien gar nichts anderes als eine der Ausdrucksformen von Xenophobie – ich werde „Ethnien" als „Rassen" bezeichnen müssen, um die Diskussion über den modernen Begriff von „Rassismus" führen zu können. Ideologien des Multikulturalismus und der Multi-Ethnizität bekämpfen diese faktische Gegebenheit nachgerade wütend, dämonisieren sie als „Rassismus" und stempeln sie auf der Ebene der politischen Korrektheit zu „asozialem Verhalten". Einige von ihnen gehen sogar so weit, diese Erscheinungsform der Xenophobie dem historischen Phänomen der Rassentheorien gleichzusetzen, die ja der eigentliche Ursprung dessen sind, was ursprünglich als Rassismus bezeichnet wurde. Darin wurden einzelne Rassen als anderen überlegen erklärt, wie beispielsweise bei Gobineau [59] oder Chamberlain [60], und daraus der Schluss gezogen, dass man sie voneinander trennen solle – Rassendiskriminierung. Die neo-liberalen Ideologen unserer Tage vermengen also - bewusst oder in naiver Überzeugtheit (beides ist gleich gefährlich) – das biologische Faktum mit einem gesellschaftlichen Mythos, wie er auch im Dokument der UNESCO von 1950 beschrieben steht. [61]

Dabei sehen Menschen in ihrem Alltag ethnisch homogener Gemeinschaften, dass sich das Phänomen der Xenophobie nicht auf Menschen fremder Ethnien beschränkt, dass es vielmehr für Alle mit fremdem, „abnormem" Aussehen oder Verhalten gilt: der Unterschied ist lediglich, dass wir dann nicht mehr von Fremdenhass sprechen sondern von Stigmatisierung oder Mobbing – und wieder wird dabei die "Schuld" den Ausgestoßenen zugeschoben, denn nicht wir haben sie stigmatisiert. Wer immer sich abnorm verhält oder etwas anders aussieht, um ein gewisses Ausmaß zu viel von der "Norm" abweicht, wird ausgegrenzt, sei es wegen Körpergröße, genetischer Störungen wie Down Syndrom, Narben am Kopf oder bekannter Krankheiten wie Epilepsie oder Zustand nach operiertem Hirntumor – es bedarf also keiner ethnischen Unterschiede, um Xenophobie auszulösen.

Ohne besondere Kultivierung geht dieser Kampf zwischen Natur und Ideologie immer weiter, in Allen von uns, und die Natur hat letztlich noch immer gewonnen, sorgfältig verborgen vor der „öffentlichen Meinung", überall: es zeigt sich an Ungerechtigkeit, Separation und Segregation, am Umgang mit Menschen fremder Ethnien im Alltag eines „Gastlandes", als das es sich heimlich stets fühlt.

Es geht also um Xenophobie, die quasi schon mal vorbeugend als Abwertung und Hass kategorisiert wird. Dementsprechend beschreibt Stephens-Davidowitz[58] Xenophobie als "implizites Vorurteil", nennt sie dann aber „verborgenen expliziten Rassismus", anscheinend weil er selbst darauf fixiert ist, der Natur mit ideologischer „politischer Korrektheit einen schlechten Geruch anzuheften. Dabei ist Xenophobie, und ihre Ausdrucksform zwischen Rassen, die ethnische Xenophobie, aus biologischer Sicht keineswegs gleichzusetzen mit "Rassenhass":

Rassenhass

Es besteht ein fundamentaler Unterschied zwischen der "ethnischen Xenophobie", die heute als "Rassismus" dämonisiert wird, und tatsächlichem "Rassenhass". Ein Gegenargument ist die jedermann zugängliche Alltagsbeobachtung, dass "Fremdenhass" keineswegs auf Menschen grundverschiedener Ethnien beschränkt bleibt, sondern ebenso zwischen Leuten gleicher oder ähnlicher Ethnizität. Hass zwischen Ethnien hat zwei Ursachen: die eine ist nationalistisch-manipulative Ideologie, die Massen gegeneinander aufhetzt. Die andere ist die Folge von Multikulturalismus, dem ideologischen Zwang zum Zusammenleben von Menschen unterschiedlicher Kulturen, die gar nicht miteinander leben können oder wollen – also eine Folge von dem, was diese Ideologen selbst verursachen, um es sodann anderen schuldhaft vorzuhalten.

Menschliche Xenophobie ist nicht die Ursache von Hass sondern ihr Opfer. Denn Hass ist eine andere, neue emotionale Qualität, die nicht auf ethnischen Unterschieden beruht. Und noch etwas neues: Hassgefühl ist nur im menschlichen Bewusstsein möglich, auch wenn seine ursprünglichen Wurzeln zurückreichen zum Instinkt der Aggression, so ist er dennoch nur im Reich menschlicher Bewusstheit möglich:

Aggression und Hass

Aggression ist der Begriff für einen allgemeinen Abwehrmechanismus zum Schutz der eigenen Person und des beanspruchten Territoriums um diese Person herum; sie wird aktiviert im Moment da ein Eindringling eine rote Linie überschreitet. Die Emotion „Aggression" wurde an der Tierwelt umfassend studiert, an Insekten, Fischen und vielen weiteren Spezies. Hier taucht allerdings bald der Begriff „hassen" auf, schafft damit einerseits vorerst Verwirrung, in einem zweiten Gedanken jedoch Klarheit, weil sie dem Ursprung des Hasses an die Wurzel des Verständnisses kommt: wenn ein Vogelschwarm einen fremden Eindringling oder Raubvogel durch Warnschreie zu verscheuchen sucht, auch durch Scheinattacken oder tatsächliches Hacken und Picken, nennt dieser Vorgang sich im anglo-amerikanischen Sprachgebrauch „mobbing"; das deutsche Wort hierfür ist „Hassen". Es stammt offenbar aus dem uralten Sprachschatz des „Jägerlateins". Das Erkennen der Reichweite solcher Verhaltensformen in die Tiefe des Brunnens der Evolution ist für uns Menschen in erschütterndem Ausmaß verunsichernd: Schimpansen und andere Arten drücken ihren Abwehrmechanismus durch Blecken der Zähne aus – es ist der Ursprung unseres Lachens; auf einen ersten Gedanken überraschend, ist diese Entdeckung auf weitere Überlegung dazu nicht mehr gar so überraschend, aber nicht weniger erschütternd, wenn wir bedenken, wie oft „Lachen" bedeutet, jemand direkt auszulachen oder in einer Gruppe über dritte, abwesende Personen lachend abschätzig zu reden – immerhin auch das Verständnis von „Mobbing" im deutschen Sprachverständnis ein Teil davon.[324]

„Hassen" reicht in diesem Zusammenhang aber noch wesentlich weiter, führt in Richtung „Grausamkeit" und zwingt uns, noch tiefer in den Abgrund zu blicken: denn der Ursprung des Verhaltensmusters reicht in der Evolution wohl noch weiter zurück, dort wo es um Töten zum Nahrungserwerb gegangen war; töten beginnt sich aber dann für weitere Zwecke als Methode zu verselbständigen: wenn wir dabei zusehen, wie sich Ameisen in ihren Kriegen gegenseitig in Stücke schneiden, so ist das ein bizarres aber distantes Spiel. Wenn dann ein Experimentator eine fremde Ratte in den Käfig einer anderen Sippe setzt, deren Mobbing und letztendlichen Mord beobachtet, spürt sich das schon ziemlich grausam an, bleibt aber wenigstens noch typisch tierischer Instinkt, noch dazu bei ohnehin meist verhassten Biestern[325]. Wenn wir dann aber erfahren, dass es der unterschiedliche Geruch ist, der die Tiere dazu bewegt, und bedenkt, welche Rolle es spielt, dass manche Menschen einander „nicht riechen" können (abgesehen vom Hinweis auf Seilschaftsdenken mit dem Begriff „Stallgeruch"), dann rückt dieses Verhalten schon bedenklich nahe ans „unmenschlich-Menschliche". Und wenn letztlich ähnliche Verhaltensabläufe mit mörderischen Kriegen zwischen Schimpansen zur Sprache kommen, wird es für unsere Vorstellungen von Sozialmoral und Definitionen von „Menschlichkeit" allzu erniedrigend und beschämend, als dass man diese Erkenntnisse nun konkret zum Anlass hätte nehmen können, damit zum Zweck der Schaffung neuer Konzepte für Erziehung und Sozialordnung umzugehen.

Diese Verleugnung bringt uns aber nicht weiter. Fakt ist, dass Aggression und Hass als evolutionäres Erbe tief in uns verwurzelt sind, dass es sich um spontan hervorbrechende Emotionen handelt, die entschiedener und konkreter Bemühungen in der Erziehung bedürfen, die weit über gegenwärtige Konzepte von Erziehung hinausgehen, die auch in der politischen Welt von Sozialordnung offeneren Umgang mit den Tatsachen erfordern. Hier liegt der Schlüssel zur Stabilität von Gesellschaften; für keine andere ist dies bedeutsamer als für eine liberale Demokratie, die meint, ihre Stabilität durch einen möglichst großen Umfang an individueller Freiheit gewährleisten und diese biologischen Fakten gleichzeitig ignorieren oder verleugnen zu können.

Ratlos stehen Politik und Gesellschaft vor Ausbrüchen von Gewalt und Hass, verweigern weiterhin die Einsicht gegenüber dem nun faktisch greifbaren Wissen um die Zusammenhänge in den Tiefen der Psyche von Individuen und Massen, ziehen Scheuklappen und Lügen vor in der Hoffnung, damit davonzukommen. Aber damit treibt die Gesellschaft ihre eigenen Nachkommen in die Falle, konfrontiert sie mit der Doppelbödigkeit ihrer Moralität, der Widersprüchlichkeit zwischen der Erwartung gegenüber ihrer Jugend und ihrem eigenen Verhalten: Mord ist Mord aber kein Mord, je nachdem, ob die Mehrheit schreit oder die Moral angerufen wird, ob die Masse „Krieg" schreit oder Frieden meint fordern zu können. Mörder sind Mörder oder Helden, je nachdem. Immer waren nur die Anderen die Barbaren, selbst stand man für die Moral und verabscheute jene Untaten, hasste und hasst sie. So stehen wir vor den Scherben unserer eigenen Moralvorstellungen von gut und böse, der Diskrepanz zwischen Sollen und Mögen, und zeigen immer auf die Anderen, wenn es um „Hass" geht. Am Boden der psychischen Wirklichkeit ist also kein Unterschied zwischen Fremdenhass in heutigen liberal-demokratischen Gesellschaften einerseits, und „unmenschlich-menschlichem" Verhalten in Kriegszeiten andererseits: Hass-Slogans, offen oder verdeckt, verbreitet von Ideologen und Parteiführern, lassen Xenophobie in Hass umschlagen und Menschenmassen von einem Moment zum anderen zu Massenmördern werden. Gibt es bessere, verständlichere Argumente, um unseren Nachkommen die Vorgänge in den Weltkriegen des 20. Jahrhunderts zu erklären?

Aber wir wollen es nicht übertreiben mit selbstvernichtenden Urteilen: in einem friedlichen, fairen Umfeld ist Hass keine hervorstechende menschliche Eigenschaft, sie benötigt einen externen Auslöser. Heute, unter uns, finden wir ihn unter Jenen, die von der Gesellschaft ausgeschlossen oder an den Rand gedrängt und benachteiligt wurden, wir finden sie auch bei manipulierten Massen, Opfern der missbräuchlichen Anwendung von Wissen über die Funktion unseres Unterbewusstseins. An diesem Punkt des Missbrauchs entsteht Hass auch auf neuen Wegen: Macht in hierarchischen Gruppen, missbraucht zum Zweck des gegenseitiger Vorwürfe, Konkurrenz, die sich im Drang zur Macht umwandelt in Hass, geformt von Arroganz und Verachtung der Stärkeren gegenüber den Schwächeren, von immer und immer wieder erlebter Enttäuschung auf der Seite der Schwächeren, denen der Zugang zu Ressourcen und Erfolg verwehrt wird. Nicht ausreichend von Erfolg gekrönter Ehrgeiz von Führern wird zu Hass gegen Konkurrenten, der sich auf die jeweiligen Anhänger überträgt, jene mitunter gehirnlosen Massen, die wie in einem Trancezustand folgen.

Hass des Fremden, oder Hass des ethnisch Fremden als eine seiner Ausdrucksformen, ist also eine neue Qualität auf der Ebene menschlicher Bewusstheit, grundverschieden von Xenophobie, einer Scheu vor dem Fremden, auch wenn beide in der Evolution ähnlich tief verwurzelt sind. Der heute weithin gebräuchliche Ausdruck „Rassismus" vermischt diese beiden Begriffe, bewusst oder unwissentlich, und verwischt damit das Bild, vertut die Chance auf klärende Offenheit und Veränderung in der Gesellschaft.

„Hass" als aggressive Form der Ablehnung bis hin zur tätlichen Gewalt ist, wie wir feststellten, die Entladung der aufgestauten Aggression gegen eine Unterdrückung, Ausgrenzung und Erniedrigung – Rache, die sich wie ein krankhafter Zwang ohne konkretes Ziel Luft macht, als Selbstzweck (dabei muss man auch bei „Rache" zwei Formen unterscheiden[N272]). Im Vergleich dazu wird in modernen soziologischen

Studien, beispielsweise zufolge der „Theorie realer Gruppenkonflikte"[365], lediglich nach Konkurrenzdenken um Prestige, Macht und Einkommen unterschieden, Territorialität und Xenophobie werden außer Acht gelassen. Die Rolle politischer und ökonomischer Unzufriedenheit ist natürlich zu berücksichtigen, doch handelt es sich dabei in der Regel um ein vorgeschobenes Argument, weil die Menschen fürchten, beschimpft und verleumdet zu werden, wenn sie von ihrer Redefreiheit Gebrauch machen und sagen, was sie denken. Konkurrenz um Arbeitsplätze unter ethnisch ähnlichen Menschen wie Briten und Polen ist daher vorwiegend auf eine Abstraktion von Territorialität zurückzuführen, die nichts mit „Fremdsein" gemein hat. Dieselbe Reaktion würde ausgelöst, schickte man plötzlich die Walliser in den Nordosten von England, um dort den Angestammten die verbliebenen Arbeitsplätze streitig zu machen.

Fremdenhass hat in Europa zwei unterschiedliche Ursachen, abhängig von regional unterschiedlicher Entwicklung seit dem Ende des Zweiten Weltkriegs:

Im Osten, besonders im Osten Deutschlands, beeinflusste die Dauerokkupation durch das kommunistische Russland die Entwicklung xenophobischen Verhaltens: das Verhältnis begann als weithin unbeschränkter Hass russischer Soldaten gegenüber der ostdeutschen Bevölkerung; die Deutschen hatten begründete Angst vor den Russen; massive Übergriffe hatten eine verständliche Langzeitwirkung. Annäherung versuchte man von russischer Seite das gesamte halbe Jahrhundert hindurch zu unterbinden. So entstand in der ostdeutschen Seele ein kompliziertes Gemisch von Vorurteilen gegenüber Fremden, das seitens der Besatzer durch den Widerspruch zwischen dem Bild von Bruderschaft und Freundschaft im Kommunismus einerseits, andererseits aber durch die Dauerpräsenz als überlegene Besatzungsmacht geprägt war.[371] In diesem Fall waren also offenbar die Ostdeutschen die Ausgegrenzten und Unterdrückten im eigenen Land, ein Zustand, der sich bei manchen Bürgern der gegenwärtigen Generation als genereller Fremdenhass ausdrückt, ein dumpfes Vorurteil, das sich nicht mehr nur als Fremdenfeindlichkeit, sondern eben als deren pathologische Variante ausdrückt: Hass. Fremdenfeindlichkeit in den anderen osteuropäischen bzw. früheren sowjetischen Satellitenstaaten scheint direkt zu korrelieren mit dem Maß, in dem sie gegen das Sowjet-Imperium eingestellt waren: Ungarn,

Polen und die damalige Tschechoslowakei haben etwa in dieser Reihung am deutlichsten Widerstand gezeigt.

In Westeuropa ist Fremdenhass ein äußerst seltenes Phänomen. Der Begriff ist deshalb so weit verbreitet, weil er medial in zunehmend schlampiger, oder bewusst polarisierender Absicht, immer mehr mit Xenophobie vermengt wird. Wann immer im Westen von "Fremden-hass" und "Rassismus" geredet und geschrieben wird, ist meist Frem-denausgrenzung der Fall. Denn auch im Fall von Ausgrenzung ist der Begriff „Feindschaft" nicht gerechtfertigt. Vielmehr ist es Ausdruck des entschiedenen Wunsches nach Distanz.

Diese Ausgrenzung von Immigranten fremder Kulturen entwickelte sich nach verschiedenen Studien am deutlichsten in Belgien, gefolgt von Dänemark, Deutschland, Frankreich und Österreich.[365] Bei Vergleichs-studien zwischen verschiedenen Ländern wurde aber oft der äußerst schwerwiegende Fehler gemacht, dass nicht zwischen den Herkunfts-ländern und Ethnien der Immigrantenpopulationen in den Gastländern unterschieden wurde, kurz, man unterschied nicht zwischen fremder Nationalität, Rasse und Kultur (ein Franzose in der Schweiz galt also in gleicher Weise als Migrant wie ein Angolaner in Belgien). Da obendrein die Begriffe „Fremdenfeindlichkeit" und „Rassismus" synonym verwen-det werden, macht man einen Österreicher, der keine Schweizer mag, zum Rassisten; außerdem wird ihm Feindseligkeit unterstellt, obwohl er lediglich eine Vorliebe für Deutsche gegenüber Schweizern ausdrückte. An der Frage des Umgangs in westlichen Gesellschaften mit Xenophobie und Territorialität hat sich die Polarisierung zwischen liberaler Ideo-logie einerseits und Chauvinismus, Patriotismus sowie völkisch-kultu-reller Identität entzündet. Da sich demokratische Politik, mit Liberal-ismus geschmückt, dem ersteren Lager anschließen musste, begann sie sich unweigerlich von der anderen Gruppe der Bevölkerung ihres je-weiligen Landes zu entfernen. In der Sorge um ihre Glaubwürdigkeit wird aus der Öffentlichkeitsarbeit für politische Korrektheit politische Polarisierung, betrieben von der Politik, gegen einen Teil des eigenen Volkes, einen Teil, den die rechte Seite ungläubig über den Glücksfall mit weit geöffneten Armen unter ihre Fittiche nimmt. Die biologische Wirk-lichkeit menschlichen Spontanverhaltens darf aus der Sicht der liberalen Ideologie nicht existieren, daher wird sie stigmatisiert: jegliche Xeno-phobie wird daher in verdrehter politischer Korrektheit forciert mit medialer Unterstützung als unmoralische Feindseligkeit, und in noch schlimmerer Begriffsverwirrung als Rassismus bezeichnet. Diese medial verstärkte Konfrontation verhetzt biologisch natürliches Spontanver-

halten als extremistisch.[366] Die deutsche Zeitschrift "Der Spiegel" leistet sich hierbei in manchen Artikeln besonders markante und aussage-kräftige Fehler: da ist in einem Artikel über eine wissenschaftliche Studie, die sich mit heutigen Formen von Xenophobie und Territorialität befasst, von "fragwürdigen Ängsten" die Rede;[368] und "Vorbehalte ge-genüber Ausländern" laufen in der Rubrik „Ausländerfeindlichkeit" in direkter Verbindung mit dem Begriff „Rassistische Einstellung";[370] in einem anderen Artikel wird „Alltags-Rassismus in den USA" in der Rubrik „Fremdenfeindlichkeit" angeboten – der dominierende Alltags-rassismus existiert in den USA seit Jahrhunderten und betrifft den Kon-flikt zwischen den weißen und schwarzen Bürgern des Staates.[369]
Es handelt sich um einen fatalen Prozess der Polarisierung um jeden Preis, in dem ein selbstmörderischer Liberalismus gegen Andersmeinen-de Stimmung macht. Dabei wird sogar das eigene Lager verraten, indem man vor Zorn den rationalen Gedankengang verlässt und die zu verteidi-gende Demokratie selbst aktiv in Gefahr bringt.

Leider ist von derart überspitzter Berichterstattung und inkorrekter Verbalisierung auch die UNO nicht ausgenommen: in einem aktuellen Bericht ist von einem "Klima des Extremismus" in Europa die Rede.[367] Es kann nur kontraproduktiv sein, wenn eine UN-Kommissarin Politiker als Extremisten beschimpft, die als demokratisch gewählte Repräsentanten ihrer Wähler für ein Europa der weißen Menschen kämpfen. Auf diese Weise wird kein Kampf beendet, sondern provoziert. Nur das konstruk-tive Gespräch auf der Basis von nachprüfbaren Fakten, an die sich alle Gesprächspartner halten, kann helfen, diese Form von menschlicher Aggressivität zu beherrschen – am Weg über Polarisierung und Hetze hat sie schon oft genug zu kriegerischen Auseinandersetzungen aller Art geführt.

Zurückkommend auf meinen Vorschlag in der Einleitung, zu versuchen, das „Unmenschliche" am „Menschlichen" aufzuspüren und darzustellen, um sodann Wege zu deren Kontrolle vorbereiten zu können, greife ich gleich hier „Territorialität" und „Xenophobie" als Modelle dafür auf, um zu untersuchen, ob und wie deren Übergang in Hass und Mord nochmal besser verstanden werden könnte, dieses fürwahr „unmenschliche" Gesicht dieser menschlichen Instinkte:

Ein Beispiel des Auswuchses von Xenophobie in nachgerade organisierten und sogar legalisierten Hass und Mord ist das „Massaker von Paris", eine Tat der Pariser Polizei am 17. Oktober 1961[326, 62]: während die Pariser in den Kinos der Champs Elysées saßen, demonstrierten einige tausend Algerier draußen auf der Straße für die Befreiung ihres Heimatlandes aus dem Status einer Kolonie. Die Polizei griff sie an, tötete und verwundete hunderte von ihnen, lud sie auf Lastwagen, transportierte sie ans Ufer der Seine und warf sie in den Fluss, gleich ob tot oder lebendig. Als die Leute aus den Kinos wieder zurück auf die Straße kamen, war alles Blut schon weggewaschen und der Müll beseitigt; manche mögen zwar etwas verwundert gewesen sein, dass die Gehwege an diesem schönen Herbstabend nass waren, darüber hinaus aber wurde das Ereignis jahrzehntelang konsequent totgeschwiegen. Das Schweigen in Öffentlichkeit und Medien war zwar ein Zeichen von Scham, aber auch von Überzeugung, dass man keine unangepassten Immigranten dort haben wollte – die Einheimischen waren ohnehin nicht direkt involviert, aber sie waren xenophobisch im Sinne von fremdenscheu mit der oft dazugehörigen Distanz und inneren Ablehnung. Der Hass sprach aus den Angehörigen der Polizei, die wehrlose Menschen mit eigenen Händen quälten und sogar ungestraft töten konnten. Wie oft in der Geschichte wurde solches unmenschlich-Menschliche nicht schon mit der Erklärung beiseite geschoben, man habe nur Befehle ausgeführt.

Der aktuellste Fall ist „IS", oder „ISIS", der aktive Arm des Islamismus, ein weiteres Beispiel von Umschlagen der Xenophobie in Hass. In diesem Fall gelang der Umschwung durch Hasspredigten extremistischer Imame während der Freitagsgebete, allerdings auch durch das vorerwähnte Phänomen der Reaktion auf Ausgeschlossensein von der Gesellschaft: viele der Kämpfer waren und sind junge Menschen aus demokratischen europäischen Ländern, wo sie an der verlogenen Doppelzüngigkeit zwischen liberaler Zivilgesellschaft und deutlich demonstriertem Nichtdazugehören zerbrochen und zu diesen in die Wirklichkeit des Alltags gesprungenen Schreckgespenstern menschlicher Gemeinschaft geworden waren. Dazu kam zweifellos einiges an Einschwören durch etablierte Extremisten, abgesehen vom eher seltenen Phänomen krankhafter Sadisten, die in solchen Horden stets willkommen und besonders hilfreich waren.

In dem halben Jahrhundert seit dem Massaker von Paris ereigneten sich in vielen Ländern der Welt vergleichbare Untaten an Immigranten aus fremden Kulturen mit ihren fremden Sitten, oder einfach nur ihrem fremden Aussehen. Viele Male ist Xenophobie in Fremdenhass umgeschlagen: am 29. Mai 1993 setzten vier junge Deutsche das Haus einer türkischen Familie in Solingen in Brand, fünf Menschen starben, einige weitere wurden verletzt. Mittlerweile hat Xenophobie aber bereits eine neue Dimension angenommen: verschiedene Gruppen von Immigranten bringen ihre eigenen Formen davon gegeneinander mit, oder auch ihren zu Hause gelernten Hass gegen Gruppen im Gastland: Muslime attackieren Juden in europäischen Ländern, in Deutschland, in Frankreich (die traurige Berühmtheit des Bataclan in Paris mit seinem jüdischen Besitzer blieb kein Einzelfall, weil gleichzeitig auch in einem jüdischen Geschäft gewütet wurde). Es geschah zu jeder Zeit in der Menschheitsgeschichte, es geschah jüngst im früheren Jugoslawien, gestern in Myanmar und Bangladesh: Xenophobie zwischen Gruppen verschiedener Kulturkreise, umgeschlagen in Hass und Grausamkeit. Der bekannteste Fall von ethnischer Xenophobie über Jahrhunderte ist der Konflikt zwischen den weißen europäischen Immigranten und ihren damaligen, aus Afrika eingeschleppten Sklaven. Jetzt sind sie beide Bürger desselben Heimatlandes. Rezente Untersuchungen ergaben, dass das Land heute wie seit Anbeginn geteilt ist in ethnische Untergruppen, eine Wirklichkeit, die stets so gut wie möglich unter dem Teppich gehalten wird, öffentlich angeprangert und inkriminiert, aber stillschweigend omnipresent.[58]

Zurückblickend auf die Grausamkeiten unter Ameisen und Ratten sollten wir eines nie vergessen zu bedenken: nicht die Natur ist grausam, nur die Menschen, denn Grausamkeit ist ein Akt des Bewusstseins.

Xenophobie und ethnischer Hass sind Ursprung weltweit ungelöster Probleme. Ihre hauptsächliche Gefahr liegt im Mangel an Unterscheidung zwischen dem unauslöschlichen Instinkt, der Xenophobie, und dem nackten Hass, der die Xenophobie für seine Zwecke missbraucht. Während Verbrechen aus Hass ein klar definierter Begriff ist, bleibt die Xenophobie ignoriert und für ideologische Ziele zur Rekrutierung parteiischer Mitläufer missbraucht.

Leider ignorierten manche Politiker die seit Jahrzehnten verfügbaren wissenschaftlichen Erkenntnisse, die erklären, dass Xenophobie außer ihrer Ambivalenz zusätzlich in mehrere Stufen unterteilbar ist, deren erste drei direkte Folgen des evolutionären Erbes sind. Forscher warnen seit längerer Zeit, dass ihre Unterdrückung die Aggression nicht verhindert sondern fördert und letztendlich in Hass umschlagen lässt. Statt Verständnis für die Realität zu zeigen, ignorierten Politiker all das Wissen und verteilten hunderte und tausende Migranten fremder

Kulturen mitten unter ländliche Gemeinden in Zentraleuropa, bis ein zunehmender Anteil der Bevölkerung sich um politische Parteien mit einem extrem rechten Flügel zu scharen begannen. Die Lage ist in den USA nicht anders, obwohl dort Xenophobie schon von vornherein deutlicher erkennbar, nämlich an der Segregation der schwarzen Bevölkerung. Die Feststellung, wonach in den USA „*die Zunahme der Latino- und Muslim – Bevölkerung ... besonders rasch zugenommen*" * 4 habe, weist auf die wahren Ursache der Xenophobie hin: Fremdheit an sich, unabhängig von Ethnizität, hier eine Mischung von Ethnizität und Religion. Es ist also in erster Linie die fremde Kultur, die den Eindruck von Fremdheit auslöst, ungeachtet der Religion, solange sie nicht nach außen getragen wird. Was Ethnizität anlangt, so spielt der Grad der Unterschiedlichkeit im äußeren Aussehen natürlich die bekannte Rolle.

Die Tatsache, dass Xenophobie am höchsten in Gebieten mit geringer Immigration ist, weist auf die instinktive Natur hin, weil sie verdeutlicht, dass dort die Menschen gewohnt sind, in einer geschlossenen Gesellschaft miteinander zu leben – in modernen Großstädten haben die Menschen meist von vornherein keine gemeinsame Kultur mehr. Trotzdem hat es den Anschein, dass die Wirkung terroristisch aktiver Muslime auch dort – und vielleicht sogar mit größerer Wirkung als auf dem Land – zu einer deutlich zunehmenden Marginalisierung der muslimischen Bevölkerung führt: "*In den Vereinigten Staaten glauben die Leute, dass 17 Prozent der Bevölkerung Muslime seien; nach besten Schätzungen sind es jedoch nicht mehr als 1 Prozent. In Frankreich glauben die Leute, 31 Prozent seien Muslime; tatsächlich sind es 8 Prozent.*" * 4

Nach der Xenophobie wollten wir auch die Territorialität genauer auf ihre unmenschliche Seite untersuchen: wenn wir „Territorialität" wegen ihres animalischen Ursprungs als unmenschlich einstufen, dann stehen wir aber vor der Frage, wie wir diesen Instinkt „zivilisieren" wollen, vor allem, auf welche Weise wir politische Selbstverständlichkeiten wie Staatsgrenzen, Pässe, Visa, Aufenthaltsrechte begründen wollen.

Ein Beispiel von "unmenschlichem" menschlichen Verhalten im Zusammenhang mit Immigration ist Patriotismus. Das Problem dabei, oder besser gesagt die Komplikation, ist, dass er häufig mit dem Begriff „Nationalismus" vermischt wird. Demnach sagen Leute „Nationalismus", wenn sie eigentlich von Patriotismus sprechen. Aber lassen wir diese Komplikation noch für einen Moment beiseite und stellen wir uns die

Folgen einer Masseneinwanderung von Menschen aus der Türkei nach Deutschland vor, wo sie deutsche Staatsbürger werden aber eine starke Bindung an ihr Heimatland behalten, nicht nur in Gedanken sondern auch in ihrem öffentlichen Verhalten, das sie in Form von Teilnahme an Großveranstaltungen in Deutschland dokumentieren, auf denen türkische Politiker in türkischer Sprache Reden halten und dabei aggressive Kritik an Deutschland üben. Gleichzeitig würden diese türkisch-stämmigen Leute in Deutschland territorialisierendes Verhalten zeigen, würden also Wohnungen, Häuser und Grundeigentum erwerben und damit in Konkurrenz zu deutschstämmigen Mitbürgern treten, während türkische Politiker die Ängste der Letzteren schüren, indem sie die Türkischstämmigen dazu animieren, auf ihre türkischen Wurzeln stolz zu sein, dies auch zu zeigen und sich möglichst stark zu vermehren; bald würden sie ohnehin die Mehrheit in Deutschland stellen. Dabei kennen sie selbstverständlich die demographischen Voraussagen mehrerer Autoren [21, 63], wonach dies in der Tat in näherer Zukunft eintreten könnte. Der resultierende Konflikt besteht dann darin, dass das Verhalten Deutschstämmiger, ihr Land abzuschotten, keine Immobilien an Einwanderer zu vermieten oder zu verkaufen, von öffentlicher Seite als politisch unkorrekt stigmatisiert wird, besonders von politischen Parteien mit antinationalistisch liberaler Einstellung. – Ein derartiges Szenario spielt sich derzeit in einer Reihe europäischer Länder ab. Dieses instinktive Verhalten eines zunehmenden Teiles der Bevölkerung von Ländern hätte besser nicht einfach ignoriert oder stigmatisiert werden sollen (letzteres beschleunigt noch dazu den Prozess der Polarisierung). Hier drückt sich die menschliche Spielform von Territorialität aus, ein Prozess, den man professionell hätte bearbeiten können und sollen. In Kapitel III werde ich auf das Thema der „inhumanen" menschlichen Territorialität zurückkommen, vor allem, wie man damit umgehen könnte.

Zusammenfassend ist die Zwiespältigkeit bei der Xenophobie – und in gewissem Umfang auch der Territorialität – charakterisiert durch ein simples Prinzip: Distanz. Während größere Distanz Neugier weckt, löst zu große Nähe Angst und Abwehraggression aus. Dieses tiefsitzende Verhaltensmuster, teilweise sogar festgelegt als neuraler Reflex, der nur zum Zweck der Paarung, partnerschaftlichen Pflege und gemeinsamer Mahlzeiten unterbrechbar ist, verlangt unbedingt entsprechende Berücksichtigung in der Sozialordnung. Ethnischer Hass ist ein anderes Problem, das von Xenophobie klar zu trennen ist, anstatt es für populistische Spiele in politischen Machtkämpfen zu missbrauchen.

Die Quelle der Macht – und die Dominanzfalle

Macht an sich gibt es nicht außer als metaphysische Vorstellung. Aus der Sicht menschlicher Gesellschaft ist „Macht" ohne etwas darum herum oder davor eine absurde Vorstellung, weil der Begriff doch soziale Beziehungen und Struktur repräsentiert. „Macht" beschreibt demnach das Verhältnis zwischen einem Individuum oder einer Gruppe gegenüber einem oder einer anderen. Nach Canetti's Analyse menschlicher Psyche ist Macht ein tief im Individuum verwurzeltes Gedankenkonstrukt.[N65] In unserem gegenwärtigen Zusammenhang können wir unsere Überlegungen jedoch auf den sozialen Aspekt begrenzen:

Ohne Sozialstruktur herrscht Chaos. Im Kosmos bewirken die Kräfte Beziehungen und Abhängigkeiten, die wir Menschen als Ordnung oder als Gesetze bezeichnen. In der Biosphäre ist es die gegenseitige Abhängigkeit der Kreaturen, die uns einen Sinn von Ordnung in der Natur vermittelt. Die Kraft, die soziale Ordnung durch gegenseitige Abhängigkeit schafft, nennen wir „Macht"; sie schafft eine Rangordnung – Hierarchie – zunächst auf der Basis physischer Kraft, wobei Beherrschung und Unterordnung die Rangreihe bewirken. Dieser Prozess ist tief in den Individuen verankert, bis hinunter in deren Hormonhaushalt. Tiere kämpfen für einen Rang in dieser Hierarchie, bis ihre Kraft sie auf einen Platz bringt, den sie als Endpunkt akzeptieren, der dann auch als Sättigung ihres Dranges wirkt (obwohl der Platz hin und wieder verteidigt werden muss). Man sollte vor allem die biologische Tatsache nicht unterschätzen, dass dieses Verhalten auch hormonell geregelt ist, eine Körperfunktion, welche Individuen in einen emotionalen Zustand zwingt: der Sieg in einem Kampf erhöht den Blutspiegel männlichen Sexualhormons, reduziert aber gleichzeitig das Niveau des Adrenalins und befriedet damit das Tier in der erzielten Rangposition.

Im Bewusstsein des Mannes jedoch änderte sich „Macht" zu einer neuen Gegebenheit: der Zuwachs an Selbstwertgefühl durch Erfolg wird, bewusst erlebt, zu einem Selbstzweck, einem Ziel für sich selbst. Ein Spiel oder einen Kampf zu gewinnen, eine Prüfung erfolgreich zu bestehen, führt zur entsprechenden Änderung im Hormonhaushalt, die aber gleichzeitig als positive Rückkoppelung wirkt. Als Ergebnis davon erfährt jedoch der Machtimpuls wegen seiner Bewusstheit keine Sättigung wie bei Tieren, wird zum Genuss als Selbstzweck und damit Quelle von Selbstschädigung und sozialem Risiko.[21]

Einzelne Führer können dieses Machtspiel auf der globalen Ebene im Namen ihrer Nationen betreiben und dadurch die Menschheit in eine fatale Falle manövrieren. Kernwaffen sind angesichts dieser „Dominanzfalle" ein gefährliches Spielzeug. Die Entwicklung während des Kalten Krieges zeigt, wie sehr der Wahnsinn gegen Ende dieses Spiels zu dominieren beginnt, wo dann der Tod Aller zum wahrscheinlichsten Endpunkt in einem Prozess irrationaler Rationalität wird.

Da es sich hier um ein Männer-dominiertes Feld handelt, tritt unweigerlich die Frage auf, ob nicht weibliche Führung sicherer in eine friedliche Zukunft leiten könnte. Blickt man zurück in die Geschichte, tut sich jedoch ein breites Spektrum unterschiedlicher Erscheinungen auf zwischen Kleopatra, Queen Elizabeth I., Kaiserin Maria Theresia, Katharina der Großen, Evita, Mao's Frau Chiang Ching und anderen. Die Frage bleibt offen, ob nicht Verhalten wie aus der Brutpflege und einer weiblicheren Form von Territorialität aktiviert werden könnten; jedenfalls scheint es, dass die Vernetzung zwischen diesen Faktoren und Aggression, pro-sozialer Einstellung und anderen Verhaltensmustern komplizierter ist als der menschliche Verstand auf der Ebene rationaler Überlegungen zu durchschauen vermag. Daher könnte es sein, dass wir mit der Hilfe von Big Data und Artificial Intelligence einen sichereren Ausweg aus dieser Dominanzfalle finden werden, bestimmte Sicherheitsvorkehrungen vorausgesetzt – ich werde im Kapitel III darauf eingehen.

Selbstverständlich basiert die menschliche Sozialhierarchie nicht mehr allein auf physischer Kraft: längst haben geistige Fähigkeiten die körperlichen weitestgehend ersetzt. Allerdings gibt es neben diesem Mechanismus der "Hackrangordnung" noch ein weiteres Macht-generierendes Phänomen: in Gruppen oder großen Ansammlungen von Menschen spielen Masse und Struktur ein seltsames Spiel: die Macht einer Masse rekrutiert sich zunächst aus ihrer Mächtigkeit im Sinn von Volumen, Größe, Anzahl. Eine Menschenmenge repräsentiert also gegenüber einem Individuum schon allein daraus Macht. Auf welchem Wege sich diese Macht von einer Masse auf ein Individuum als Führer überträgt, bleibt ein Geheimnis; wahrscheinlich ist es in Verbindung mit dem Selektionsprozess in der Hierarchie, wo unterbewusste Faktoren wie Vertrauen und Sympathie eine Rolle spielen, indem sich eine Illusion von pro-sozialer Führerschaft von der Menge auf die erwählte Führerfigur projiziert.

100

In der Geschichte begann Macht stets in und um eine Menschenmenge, mit einem hierarchischen Netzwerk von Abhängigkeiten und einer charismatischen Führerfigur im Zentrum: so auch in der rezenteren Geschichte: Mussolini's Marsch auf Rom, Mao's Großer Marsch, - im Gegensatz dazu begann und endete der Sturm auf die Bastille im Paris des Jahres 1789 in einer chaotischen Episode der französischen Geschichte, weil eine Menschenmasse ohne Führung ein hirnloses Monster in seinem Endstadium ist. Napoleon Bonaparte zähmte und strukturierte es wieder. Dieses Ereignis weist jedoch ebenso auf die Notwendigkeit eines Gegenüber aus der Sicht der anderen Seite: Macht ohne Masse ist wie ein König ohne Königreich. Interessanterweise betitelte Canetti sein Buch "Masse und Macht" – diskutierte darin aber nicht diese unmittelbar gegenseitige Abhängigkeit zwischen der Macht und der Menge, auf welche diese Macht anzuwenden ist (obwohl er dafür eindrucksvolle Beispiele anführt.[64, N66]

Macht ist aber nicht nur eine Folge von Aggression und Konfrontation; sie kann auch als Folge einer fürsorglichen Tätigkeit, einer pro-sozialen Einstellung und Wirkung entstehen, ein Vorgang, den ich einem gesonderten Abschnitt behandeln werde (S. 116).

Von Seilschaften, Hierarchie und sozialem Zusammenhalt

Kultur erscheint als die Oberfläche einer kulturellen Evolution in der Gegenwart, verwurzelt in ihrer Geschichte und in jedem Individuum dieser Kultur. Das ist es, was es für uns so schwer macht, unsere Kultur zu verlassen und in einer fremden Fuß zu fassen, entgegen allen Behauptungen von einem Zusammenfluss der Kulturen [65] und angeblicher Irrelevanz von kultureller Identität. Existiert aber „Wir, das Volk" tatsächlich? – „Wir, das Volk", vereint und trotzdem unabhängige und gleichrangige Individuen"? Jede Gruppe von Menschen kristallisiert innerhalb von Minuten wenn nicht Sekunden in eine Hierarchie aus, sobald sie zusammenkommt. José Ortega y Gasset schaffte die eindrucksvollste Vorausschau auf das moderne wissenschaftliche Verständnis der Ethologie, als er, wie auch LeBon und andere feststellte, dass Hierarchie eines der wesentlichen Elemente sozialen Zusammenhalts ist: *"Die Funktion von Ordnung und Danachachtung ist in jeder Gesellschaft von fundamentaler Bedeutung. Sobald dieser Umstand nicht länger klar und eindeutig ist, wird alles unsauber und mühsam. Sogar das Allerinnerste jedes Individuums wird ... gestört und verfälscht. Weil der Mensch in seiner innersten Struktur ein soziales Wesen ist, wird er durch Veränderungen in seiner individuellen Natur gestört ...* [66]

Ob demokratische Entscheidungen im antiken Griechenland tatsächlich der Entscheidung selbstbestimmter, informierter Individuen entsprangen, bleibt nach der Schilderung des Thukydides (S. 21) über die Rolle von Perikles fragwürdig. Eines der neuzeitlichen Äquivalente ereignete sich kürzlich in Armenien: ein Mann im Zentrum der Aufmerksamkeit, früherer Journalist, wird auf den Schild gehoben und von Hunderttausenden zum Premier gekürt: wissen sie, was sie damit tun, kennen sie seine Qualifikation, oder folgen sie lediglich dessen Gefolge? Ein ähnliches Beispiel ist der frühere Kricket-Star Imran Khan als Regierungschef in Pakistan. Sicher ist dabei eines: eine Führerfigur im Zentrum.

Selbst mit Prüfmaßnahmen gegen Demagogie und Massenhysterie gäbe es dennoch stets Meinungsführer im Zentrum von Entscheidungsprozessen, und Anhänger die dem Initiator folgen, dem Führer. Oder etwas positiver ausgedrückt: auch Demokratie funktioniert nur auf diesem Weg der evolutionär bedingten „natürlichen" Hierarchie. Dementsprechend hatte schon Aristoteles eine Mischung von Demokratie und Oligarchie empfohlen. Dies ist die Version, wie wir sie heute erleben, wenn auch in der Form zeitlich begrenzter Regierungszyklen.

Wir alle leben in zwei Welten, der Welt des Liberalismus, wenn nicht sogar Libertinismus, kontrolliert durch Rechtsstaatlichkeit und Ordnungsprinzipien, aber vermischt mit, wenn nicht diktiert von, der Welt archaischen Sozialverhaltens: jede demokratische Gruppierung hat eine natürliche Führungsfigur, einen Meinungsführer, jede demokratische Menge wünscht sich insgeheim eine starke Führungsperson, die für Ordnung sorgt und von einem Nimbus umgeben ist. Im Sinne von John Locke sind wir trotz einer Gesellschaft mit „positivem Gesetz" alle noch in einem „Naturzustand" als unserem eigentlichen Zustand, wohingegen die Erwartung aus der Rechtsstaatlichkeit, dem „positiven Gesetz", unserem „Soll"-Status entspricht. Demnach trifft wohl zu :

"Wir, das Volk" ist illusionäre populistische Demagogie.

Wirkliches gesellschaftliches Leben basiert auf Instinkt, nicht Intellekt, wenig verstanden, wenn überhaupt. Einer der modernen Versuche zu verstehen, was eigentlich vor sich geht, ist die vorerwähnte soziale-Epistemologie – wenig erfolgversprechend, wie ich auch noch später zu diskutieren haben werde. „Wir, das Volk" existiert nur als volatiles Gefühl von Zusammengehörigkeit, einem archaischen Muster von

Masseverhalten, tief verwurzelt in einer Mischung aus genetischer und kultureller Evolution. In erster Linie und die meiste Zeit über sind die Menschen eines Landes verstrickt in einen multilateralen kalten Krieg der sozialen Schichten, Religionen, Berufsgruppen, Clubs, politischen Parteien und anderen Gruppierungen, frei zugänglich oder geheim wie die Freimaurer und tausende weitere, im Kampf gegeneinander um Macht und Ressourcen. „Wehre dich und kämpfe für deine eigenen Interessen, oder du wirst nicht bekommen was dir in dieser Gesellschaft zusteht" ist der weit verbreitete Appell in den heutigen liberalen Demokratien. Nicht nur politische Parteien kämpfen gegeneinander in einem kalten Krieg, es wurde ein offener kalter Krieg zwischen vielen wenn nicht allen Interessensgruppen auf der Straße: wer sich in größeren Gruppen zusammenrottet und mit plakativer Werbung mehr mediale Aufmerksamkeit erregt, hat größere Chancen auf Durchsetzung der eigenen Interessen, sei es bessere Bezahlung für Lehrer oder Minenarbeiter, oder sei es für bessere Pflege in Altenheimen, Patienten in Krankenhäusern – aber sind sie deshalb am Ende tatsächlich erfolgreicher? Gilt nicht doch letztlich die stille Macht des Kapitals als Regler?

"Wir, das Volk .. " als Einleitung zu einer Verfassung wie jener der USA ist ein irreführendes, künstliches intellektuelles – und wenn man will – philosophisches Konstrukt, das bestenfalls als Identität nach außen funktioniert, um zu definieren, „was wir *nicht* sind" und „gegen *wen* wir sind", oder als Zeichen gefährlicher Massenpsychose, Beginn der Kristallisation um ein autokratisches Zentrum. Der Ökonom Nadarajan Chetty studierte die Amerikaner anhand ihrer Steuerunterlagen und kam zu dem Schluss: *"Die USA beschreibt man besser als eine Ansammlung von Gesellschaften."* *[58]

Das gesellschaftliche Leben in diesen westlichen Demokratien ist durch ihre vielgesichtige Struktur äußerst komplex geworden, jedoch folgt es im Grunde im Ablauf seines Alltags dem archaischen Muster von Familie, Sippe und Seilschaften. Wohin auch immer man schaut in einer Gesellschaft, die Sippe ist der Kern menschlichen Zusammenlebens, sei es als Großfamilie oder Seilschaft. Der Historiker V. Valentin nannte es den *"Zauber der Stammeseinheit"*.[37] Die nächste Stufe der Entwicklung der Sozialstruktur nach der Bildung von Sippen und Stämmen wurde im Alten Rom lehrbuchmäßig durch die Vereinigung der drei Ur-Stämme vorgeführt.[N21] Noch heute ist die Situation ähnlich, nur ist die Vermischung von Interessensgruppen wesentlich komplexer geworden.[N68]

In der heutigen demokratischen Politik senden Kommunen Vertreter als Repräsentanten in die regionale Regierung, diese wiederum Vertreter in die Nationale Versammlung: jedes Mal entstehen neue Seilschaften.

Dies gilt ebenso für Ökonomie, Juristerei, Wissenschaft und jeglichen anderen Bereich menschlichen Gesellschaftslebens – und wahrscheinlich noch schlimmer zwischen ihnen[N69] - es gibt nur Seilschaften in archaischer Zusammenarbeit, alles andere ist idealistische Erwartung, Wunschdenken mit Hinblick auf den „Soll-Menschen" als Mitglied von „Wir, das Volk". Was „Gesellschaft" genannt wird, ist in Wahrheit nichts als ein komplexes Netzwerk konkurrierender Gruppen und Seilschaften. Es beginnt schon im kindlichen Schulalter, wie die Kindergeschichte vom „Krieg der Knöpfe" [N69A] deutlich vor Augen führt, setzt sich fort in jugendlichen Gangs und Gruppen aller Art, bis in die Parlamente mit ihren streitenden Parteien. Bis heute ist der gesellschaftliche Mensch trotz Psychologie, Soziologie, Politologie usw. weitgehend undurchschaubar geblieben; seine Kultivierung hat sich im Laufe der kulturellen Evolution nicht verbessert, bestenfalls verändert zu immer versteckteren Kampfstrategien (man bedenke nur die Cyber-Kriminalität als Beispiel); Claude Lévi-Strauss kam zur Überzeugung, sie sei mit jeder neuen Religion sogar schlechter geworden.

In welche Gruppe auch immer man schaut, sie sind alle strukturiert nach dem archaischen Modell mit ihren Wortführern und Anhängern, eine evolutionär bedingte Sozialhierarchie. Die Komplexität rührt daher, das wir alle in vielen verschiedenen Interessensgruppen vertreten sind. Aber lassen wir uns nicht täuschen: es gibt keine friedvolle Gemeinschaft ohne hierarchische Ordnung, sei es in der Demokratie oder einem anderen System. Aldous Huxley führte in seiner "Brave New World" [67] eine Sozialhierarchie wieder ein, die dem mittelalterlichen Ständestaat ähnelt. Zu der heutigen Komplexität kommen noch weitere Faktoren wie ethnische, kulturelle Absonderung in Randgruppen, die etwas wie einen Staat im Staate entstehen lassen.

Das autonome Individuum und die Meute

Über 90% unseres individuellen Verhaltens ist spontan, das dazugehörige „Denken" [N67,] automatisch, instinktiv, kontrollierbar nur durch nachträgliche bewusste Korrektur, durch „Nach-Denken" – diese letztere neue Errungenschaft in der Evolution befindet sich in einem Spannungsfeld, einem Sperrfeuer ausgesetzt, an dem zwei weitere

Kräfte beteiligt sind: einmal den eben erwähnten Automatismen, die unser bewusstes Ich in jedem Augenblick abgelenkter Aufmerksamkeit überlisten, und zum anderen die drängenden Instinkte, die uns dazu überreden, ihnen ohne weiteres Überlegen zu folgen. Als soziale Wesen werden wir aber auch noch von einer weiteren Kraft bedrängt, die uns auffordert, alle Bedenken beiseitezulassen und uns der Gruppe anzuschließen – Aldous Huxley schrieb dazu: "*Das Aufgehen in der Masse ist das bekannteste Gegengift für eigenständiges Denken.*" [68] Menschen aller Ethnien und Nationen haben diesen Hang zum "Wir-Gefühl". Damit hat die Evolution dem Menschen aber ein zweischneidiges Schwert in die Hand gegeben: die eine Seite davon bewirkt, dass Menschen in engerem Kontakt miteinander immer dichtere Kommunikation entwickeln und darin immer bessere Überlebensstrategien erfunden werden, die sogleich wieder von Allen genutzt werden können. Die andere jedoch enthemmt uralte Instinkte, in deren Erfahrung das Zusammenrotten in einer Menge mehr Sicherheit und insgesamt höhere Überlebenschancen bietet. In dieser Meute werden aber die neuen Denkkräfte aktiv, die bei den Vorfahren noch nicht existierten: in ihr verbreiten sich Motivationen, individuellen Instinkten entsprungen, in rasender Geschwindigkeit, und machen die Meute zu einem machtvollen, grausamen Ungeheuer, das in ungehemmter Gier auch den eigenen Untergang betreiben kann, wenn sich darin keine vernünftige Lenkkraft entwickelt. So wird das selbstbestimmte Individuum in einer Meute vom friedlichen Bürger zum gedankenlosen Monster ohne Empathie, sadistisch und mordlustig, das „Wir-Gefühl" zu bestialischem Gruppenverhalten, Wachs in den Händen derer, die zu manipulieren verstehen. Grausamkeit des Bürgers, in der Meute aus dem Verborgenen des Unterbewusstseins hervorgelockt, ist Teil der „unmenschlichen Menschlichkeit" unabhängig von jeglicher Rasse, Religion oder Nation.[N70] Verhalten in der Masse bedeutet das Aufgeben kritischen Denkens zum Nutzen undefinierter Phänomene, geleitet von synchronisierter Massenemotion, die oft in Ungerechtigkeit, Wahnsinn und Grausamkeit ausufert, in tranceartigem Zustand wellenförmig aufbraust und verebbt, ausgelöst durch ein Gerücht, manipuliert von einem charismatischen Führer oder einer unbekannten dunklen Macht. Nietzsche schrieb dazu: "... *jenes „wilde Tier" ist gar nicht abgetötet worden, es lebt, es blüht, ... schon in jedem Erkennenwollen ist ein Tropfen Grausamkeit*". [N71]

Blickt man in die Biologie um eine Erklärung, erwächst ein neues Problem mit einer neuen Frage, weil „ ... *das Resultat von Gruppenentscheidungen, die für die Einzelnen „gut" sind, ... sich oft als für die*

Gruppe „nicht gut" [erweisen], und umgekehrt". [69] Die Erklärung hierfür liege eher an „ ... *Konflikten zwischen individueller Rationalität und Gruppenoptimum als an evolutionären Gründen."* Der zweite Teil dieses Satzes ist aber ein Widerspruch in sich selbst, denn „Gruppen-Optimum" kann nur das Ergebnis eines evolutionär entstandenen Prozesses sein. Unter einer Vielzahl von Untersuchungen zeigen zum Beispiel Beobachtungen an Ameisen und Fischen, dass Entscheidungen und Verhalten in Massen von reflexartigen oder instinktiven Faktoren abhängen, Programmen der Hirnfunktion, die im Laufe der Evolution im Hirnstamm entstanden, dem ältesten Anteil des Zentralnervensystems. Beispiele hierfür sind „bleib zur Sicherheit im Schatten" oder „folge deinem (oder deinen) Nachbarn". In der Menge neigt der Mensch als dazu, seine geistigen Fähigkeiten abzulegen und in unreflektiertes Instinktverhalten zurückzufallen.

In der Zusammenschau weisen Theorien darauf hin, dass mathematische (ordinale versus kardinale Präferenzen) wie auch evolutionäre Faktoren beim Verhalten und Entscheidungsfindungen von Menschenmassen eine Rolle zu spielen scheinen – obwohl ich nach wie vor den Begriff „Entscheidung" in diesem Zusammenhang in Frage stelle, weil damit ein bewusster Akt bezeichnet wird, der bei Massen nicht möglich ist, wie zuvor besprochen. Die Konsequenz daraus wäre zu sagen, dass „das Volk" niemals etwas entscheidet, sondern dass Ereignisse geschehen, spontan oder durch Manipulation.

Und mit dieser Information kehren wir nun zurück in die politische Arena „Demokratie": das ist gerechtfertigt, denn auf solche Weise geschehen Wahlen. Die Theoretiker der „Sozialwahltheorie" haben dazu verständlicherweise eine positivere Meinung – aber darauf komme ich später nochmal zurück. [N72]

In der Tat also ist es eine zweischneidige Angelegenheit mit dem menschlichen Individuum und seiner Rolle in einer Gruppe oder Meute: auf der einen Seite Gefühlswärme und Sicherheit, auf der anderen gedankenlose, bestialische Grausamkeit – und beide sind dem Gebrauch und Missbrauch durch mediale Manipulation ausgesetzt. Wir alle kennen die harmlose Seite des Phänomens vom Kino: im selben Augenblick lachen oder heulen wir alle los, wenn Ereignisse in einer Geschichte auf die methodisch richtige Weise präsentiert werden, gefangen in den tiefsten Schichten spontan-emotionalen Verhaltens, dort, wo wir alle gleich sind. In der Menge verhalten wir uns in der Regel betont konform, selbstkritische Kontrolle weitgehend abgeschaltet. Wenn wir dann aus diesem Trance-artigen Zustand erwachen, ist es oft schon zu spät für eine Korrektur. Diese Achillesferse der Evolution zu missbrauchen ist lebensgefährlicher Zynismus für alle. An dieser Stelle entscheidet sich das Schicksal der Menschheit.

In der Demokratie liegt das große Risiko der Bildung anonymer Massen, deren Entscheidungsqualität einige Stufen unter den Denkfähigkeiten von uns Einzelnen liegt. Nur ein Individuum ist in der Lage, unbewusste und instinktive Phänomene kritisch zu bedenken. Massen im Sinne von Elias Canetti [64] sind irrational, instinktgeleitet, weniger tolerant aber nicht weniger grausam als jedweder Führer. Massenphänomene können aus der Mischung von Demokratie und freien Medien besonders gefährliche Folgen erwachsen lassen. Diese Gefahren aus dem Massenverhalten bleibt in der Ideologie von Demokratie vollkommen unberücksichtigt - wird allenfalls in der politischen Praxis missbraucht. Die Debatte hierüber ist so alt wie die Demokratie: einerseits die positive Meinung von der „Weisheit der Masse" – die Sozialepistemologie ist hierfür ein Beispiel – andererseits die Angst davor, im Wahnsinn einer Meute unterzugehen, wie es Heraklit von Ephesos wütend beschrieb[1].

LeBon schrieb über Meuten und ihre Führer: *"Nicht die Regierung, sondern der Charakter der Völker bestimmt ihre Schicksale"* [8] und *"Parlamente nehmen Gesetze und Vorlagen an, die jedes Mitglied einzeln ablehnen würde. Einzeln genommen waren die Männer des Konvents aufgeklärte Bürger mit friedlichen Gewohnheiten. Zur Masse vereinigt zauderten sie nicht, unter dem Einfluss einiger Führer die offenbar unschuldigsten Menschen aufs Schafott zu schicken ... Aus den vorstehenden Beobachtungen ist zu schließen, daß die Masse dem alleinstehenden Menschen intellektuell stets untergeordnet ist."* [8] Und schließlich: *"Die Masse ist eine Herde, die sich ohne Hirten nicht zu helfen weiß. Sehr oft war der Führer zuerst selbst ein Geführter, der selbst von der Idee hypnotisiert war"*. [8]

In Wahlen geht der Gehalt rationaler Argumentation oft verloren, nicht selten bis zum Niveau statistischen Unsinns. Scheinbar sinnvolle Entscheidungen aus engstirniger Sicht können sich auf einer weiteren Ebene als töricht und sogar gefährlich erweisen – sie wurden „in rationaler Weise irrational" genannt (der Ausdruck wäre auch umkehrbar). Jedenfalls weisen viele Beispiele auf soziale nonsense-Entscheidungen hin (siehe S. 216). Welches Ergebnis erwartet man von Demokratie, wenn das Volk die Freiheit hat, irrationale politische Entscheidungen zu diktieren?

Die Menschen sind nicht durchwegs selbstkritische und selbstbestimmte demokratische Bürger; viele wollen Helden und folgen Führern, die ihre Träume und Erwartungen verkörpern, umgeben von einem Nimbus. Sie kommen aus dem Sport, der Musik oder dem Film – einige von ihnen machten sogar ihren Weg bis in hohe politische Ämter, wie Schwarzenegger und Reagan in Kalifornien, oder der Führer von "Cinque Stelle" in Italien. Heutzutage kommen unter denen, die " .. *so eingeschätzt werden, dass sie angesehen genug sind um einen Eintrag in Wikipedia zu rechtfertigen ... etwa 30 Prozent aus Kunst und Unterhaltung, 29 Prozent aus dem Sport, 9 Prozent aus der Politik und 3 Prozent aus Wissenschaft und Forschung.*"*58 Schon der "genius loci" hat eine große Wirkung. 58 An LeBon's Worte aus 1895 darf auch hier erinnert werden (siehe S. 8 und S. 167f) Wir sind auch nicht "situationsabhängige Feinde"* 3 sondern unterschiedliche Sippen und Seilschaften auf der Basis des evolutionären Erbes. Friedlich nebeneinander lebende Stämme werden schlagartig zu Feinden, wenn einer des anderen Grenzen missachtet, in welchem Zusammenhang und Sinn immer man dies verstehen will: Land, anderer Besitz, traditionelle Besitztümer wie einen Brunnen, konkurrierende berufliche Karrieren. N73

Einer der großen Fehler in der Diskussion um demokratische Ideologie war stets, von Demokratie als einer Union von „Wir, das Volk" zu sprechen, dessen Einzelne sämtlich einer Meinung und alle selbstbestimmt seien – vorbei an der Wirklichkeit. Demokratie war schon immer geprägt von Klassenkampf, der mit jedem Jahrzehnt zunimmt, neuerdings jährlich (wenn auch nicht mehr im ursprünglichen Sinn sondern als Kampf der Interessensgruppen). Migration beschleunigt den Prozess weiter, weil eine Seite sie begrüßt und befürwortet, die andere aber ablehnt und bekämpft – in praktisch allen demokratischen Ländern der westlichen Welt. Migranten wecken die Suche der Angestammten nach ihrer eigenen Identität, um sich von ihnen abgrenzen zu können. Dies heizt die Auseinandersetzung zwischen anti-liberalen Nationalisten, angeführt von den offiziell so benannten Populisten, und den auch bereits alternden „liberalen Anti-Nationalisten" weiter an; beide Seiten bedienen sich deutlich populistischer Sprache, um die andere Seite anzugreifen.

Einerseits ist Demokratie selbst die Ursache des Konflikts, andererseits weist sie die Menschheit in eine – vielleicht die einzige – mögliche

Zukunft. Auf der einen Seite die Erwartung eines "Soll-Menschen", auf der anderen die Erinnerung an die gute alte Zeit, da Sippen noch ohne gegenseitige Ausbeutung miteinander lebten, Traum von der alten Freiheit ohne Machtmissbrauch, wieder gleich und brüderlich: sie alle sind irreale Wünsche, der Traum aus der Französischen Revolution: liberté, égalité, fraternité - Freiheit, Gleichheit, Brüderlichkeit.

Demokratie ist mit Hinblick auf diese Ziele fehlerhaft. Und ich sage „fehlerhaft", nicht ungeeignet. Zweifellos wäre es töricht zu leugnen, dass die Menschen in westlichen liberalen Demokratien Freiheiten genießen, die vielen Menschen in autokratischen Systemen und Unterdrückungs-Regimen versagt bleiben. Überdies leben die Menschen in ihren heutigen Demokratien in deutlich größerer Freiheit und Gleichheit als in ihren früheren Monarchien, obwohl der Unterschied zwischen früheren Monarchien und denen des späten 18. und 19. Jahrhunderts größer ist als der Unterschied zwischen den letzten Monarchien und heute. Hier erhebt sich jedoch die Frage, *in welchem Umfang* Freiheit und Gleichheit heute tatsächlich existieren, und vor allem, ob sie nicht in Gefahr sind, leichtfertig aufs Spiel gesetzt, oder a priori gefährdet durch die intrinsischen Probleme mit dem Konzept von Demokratie. Diese Faktoren will ich im folgenden Abschnitt genauer untersuchen, beginnend mit dem Credo der Französischen Revolution:

Brüderlichkeit: Empathie, Sympathie und Altruismus

Niemals wurde „Brüderlichkeit" so laut gebrüllt wie anlässlich von Revolutionen, nie waren Brüder und Schwestern so grausam zueinander. „Wir, das Volk" in Brüderlichkeit – gibt es nicht; ein Appell von Protagonisten des „Soll-Menschen". Der republikanische Traum begann als Krieg zwischen Parteien, die einander mit diktatorischen Regeln übertreffen wollten. Insgesamt erinnern „Brüder" und „Beginn" an die biblische Allegorie von den ersten Brüdern in dieser Welt: Kain und Abel. Die Maschine von Dr.Guillotin[N73A] steht dafür als Mahnmal. Die Russen konnten eine solche Maschine nicht gebrauchen, sie brachten Millionen ihrer Genossen um – nur die Chinesen übertrafen sie noch darin, um etwa Faktor fünf.

Aber natürlich gibt es auch diese Brüderlichkeit im positiven Verständnis des Begriffs – obwohl sie schon immer auch etwas Ambivalentes an sich hatte (im Kampf um Futter sterben immer wieder schwächere Tiere im Vogelnest neben ihren durchsetzungsstärkeren Geschwistern): wahrscheinlich ist die spontane Entstehung von Banden zwischen Individuen aus frühen Formen von Bindung erwachsen, die aus der elterlichen Brutpflege und aus Fortpflanzungsverhalten kommen, Bindung, die sehr tief in alten neuronal vernetzten Verhaltensmustern verwurzelt ist: bei verschiedenen Tierspezies wird es durch Botenstoffe wie Oxytocin, Vasopressin und Prolaktin ausgelöst, die über Kommando des vorderen Hirnstamms (Zwischenhirn, lat. diencephalon) von der Hirnanhangsdrüse (Hypophyse) in die Blutbahn ausgeschüttet werden. Bei uns Menschen ist zwar eine direkte Abhängigkeit unseres Verhaltens von der Konzentration dieser Botenstoffe im Blut noch umstritten; dennoch merken wir selbst, wie tief Sympathie und Bindung an unbewussten Abläufen in uns sitzen – physiologisch handelt es sich um Instinkte, die in entwicklungsgeschichtlich alten Hirnregionen gesteuert werden wie der Riechsinn; daraus erklärt sich umgekehrt, wenn wir jemanden "nicht riechen können".

Aber wie sieht es mit "Brüderlichkeit" jenseits unmittelbar persönlicher Bindung aus, mit den Brüdern und Schwestern Mitbürger, mit den „Nächsten", die der Christenmensch lieben soll wie sich selbst – kurz, mit der Zuwendung an Andere, Fremde außerhalb des familiären Umfeldes im allgemeinen, auch „Empathie" genannt, oder "Altruismus"?

Im Zusammenhang mit „Altruismus" gibt es aus genetischer Sicht keine Spezies, also so etwas wie „Einer für Alle", oder Jeder ist für Jeden da. Es gibt nur opportunistische Programme, meint der Biologe Richard Dawkins in seinem Buch "Das egoistische Gen (The selfish gene)",[70] keinen Altruismus – es soll also keine selbstlose Zuwendung außerhalb von Familie und Sippe geben, keine Brüderlichkeit, nur Seilschaften und Opportunismus. Immerhin gibt es diesen diskreten Vorgang, ich würde ihn „Evolution der sozialen Interaktion" nennen: Austausch von Informationen, Zusammenspiel, Symbiose, Hilfe auf Gegenseitigkeit und anderes für das Überleben nützliche Verhalten. Darüber hinaus wird seit langem die Frage diskutiert – und sie erhebt sich auch angesichts mancher persönlichen Erfahrung – ob es „Empathie" nicht doch tatsächlich gibt, oder ob das nur Semantik ist: handelt es sich dabei um Wohltätigkeit im Sinne von Almosen, oder ist es ein Äquivalent zum Altruismus? Um Missverständnisse zu vermeiden: „Altruismus" bedeutet nicht nur, *mit* einem und *wie* ein betroffenes anderes Individuum zu *fühlen*, sondern auch dafür zu *handeln*, ohne opportunistischen Hintergedanken, keine versteckten anderweitigen Motive – gibt es das?

Die Neurowissenschaft ist auf der Suche nach so etwas wie „intrinsischem Altruismus", möglicherweise im Bemühen, von der deprimierenden Vorstellung wegzukommen, dass wir nichts anderen als nur Opportunisten wären, und eine geistige Qualität zu finden, die sich über diese autonomen Programme aus der Evolution erhebt, sie bekämpft, während sie ja doch weiter von ihnen leben müsste – des Menschen „Halbschlechtigkeit des Herzens" [36].

Es gibt Empathie, sagt Frans de Waal [71], und hat uns das auch mit seinen Experimenten an Primaten gezeigt. Andere meinen wieder, das hänge nur davon ab, wie man den Begriff definiert; oft wird er mit „Altruismus" vermischt, der eindeutig nicht dasselbe bezeichnet. So schreiben die Autoren eines wissenschaftlichen Übersichtsartikels: *"Es gibt wahrscheinlich fast ebenso viele Definitionen von Empathie wie es Leute gibt, die an diesem Gebiet arbeiten."* [*72, N74] Was ich in unserem Zusammenhang hier mit dem Begriff „Empathie" meine, wird in der modernen Forschung auch als „emotionale Empathie" bezeichnet: damit beschreibt man eine Art Instinkt, der uns als Gefühl bewusst wird, in der gleichen Situation zu sein wie das Wesen da vor uns. Zweifellos kann niemand von uns wissen, *was* ein anderes Individuum fühlt; möglich ist nur unsere Erinnerung an das eigene Gefühl in einem Moment, da wir in einer vergleichbaren Lage waren, während wir aus der Miene des Gegenüber Zustand und Gefühl zu erraten suchen – raten deshalb, weil ein emotionaler Ausdruck ja auch gespielt sein könnte, zum Beispiel von einem Schauspieler, der einen Gefühlsausdruck darstellt. Dieses Raten wird auch als "theory of mind" bezeichnet.[73] Empathie kann also nur als eine Form von diagnostischem Mechanismus beginnen mit dem Ziel, ein Umweltphänomen zu verstehen, in diesem Fall dann eben den Zustand, in dem sich ein anderes Individuum vor uns befindet. Für diesen diagnostischen Vorgang verwendet das Gehirn die gleichen neuralen Netzwerke wie wenn man dieses Gefühl selbst in einer anderen, eigenen Situation bekäme, tatsächlich ein „Nachempfinden" also, ausgelöst angesichts der anderen Person. Wir fühlen dann also aus der Erinnerung, wie wir es selbst an eigenen Erfahrungen gelernt haben.[74]

Moderne bildgebende Verfahren zeigen dementsprechend, dass in beiden Situationen die gleichen Hirnareale aktiv werden, gleich ob selbst erlebt oder mitgefühlt. Dieser Ablauf im Gehirn heißt auch "... *„shared affective neural networks", die aktiviert werden, wenn wir unsere eigenen Emotionen fühlen wie auch bei der Beobachtung anderer in diesem Gefühl."*[*72] Die Genauigkeit dieses meines diagnostischen Vorgangs hängt dabei von meiner Lebenserfahrung ab, oder, wie es die Autoren ausdrücken: *"Man sollte beachten dass die Voraussagegenauigkeit von der Ähnlichkeit zwischen dem Erfahrungsrepertoire des „empathizer" und des Gegenübers"* [*72] abhängt. Wie gesagt hängt es ohne Zweifel auch von der Aufrichtigkeit des Gegenübers ab [N75].

Die andere Form von Empathie, die „kognitive Empathie", arbeitet mit der Vorstellung vom Gefühl des Gegenüber ohne direkten Kontakt.[74] Die entsprechende pro-soziale Reaktion könnte zum Beispiel ein Beitrag zur Entwicklungshilfe sein, nachdem man von einer Umweltkatastrophe erfahren hat, oder in Fairness. Im Gegensatz dazu bedeutet Sympathie, dass man den emotionalen Zustand eines Gegenüber erkannt und verstanden hat, jedoch selbst nicht mitfühlt: Ich habe (und zeige eventuell auch) Verständnis für den emotionalen Zustand eines Gegenübers, teile ihn jedoch nicht.

Alle diese Funktionen basieren auf einer Art Komparator-Maschine im Gehirn, die nach vergleichbaren Ereignissen in der eigenen Erfahrung sucht; sie hat auch einen eigenen Namen bekommen: "perception - action-mechanism".[74] Dahinter können wir allerdings eine noch fundamentalere Funktion erkennen, die erklärt, auf welche Weise wir überhaupt Phänomene der Umwelt verarbeiten: wir stellen nämlich eine Beziehung her zwischen uns und einer Erscheinung in der Umwelt, stellen deren für uns relevante Bedeutung fest; dadurch machen wir jegliche Erkenntnis zu einem „anthropomorphen Konstrukt".[N76]

Empathie ist also nicht gleich Altruismus, wie wir ihn finden wollten; allerdings kann Empathie altruistisches Handeln auslösen, so meinen jedenfalls manche. Aber ist diese unterbewusste Identifikation mit dem Gegenüber, diese Vorstellung davon, in der gleichen Situation zu sein wie das Gegenüber, die im englischen als "empathizing" bezeichnet wird, ist diese nicht doch opportunistisch, zum Beispiel in tiefster Seele basierend auf Selbstmitleid, das diese Empathie hervorruft? Wollen wir uns nicht einfach nur nicht selbst in jener Situation sehen und vorwegnehmen, dass wir jene Unterstützung erwarten von anderen erwarten, die wir nun deshalb zu geben bereit sind? Viele von Ihnen kennen wahrscheinlich das Experiment mit Rhesus-Affen, das zeigt, wie ein Affe besseres Futter ablehnt und protestierend zu schreien beginnt, wenn er beobachtet, dass das Tier neben ihm schlechteres bekommt, und zwar so lange, bis auch das andere das bessere Futter erhält – ist das Empathie, Altruismus? Oder opportunistischer Protest über einer Ungerechtigkeit, deren nächstes Opfer man selbst sein könnte? Außer diesen genannten Möglichkeiten gibt es noch das Almosen-Argument: das Gutmensch-Gefühl. Ich stimme auch der Meinung zu, dass *"... die [Erwartungen von] empathische[n] Antworten auch [Angst vor] persönliche[r] Überlastung bedeuten und deshalb anstatt Hilfe selbstbezogenes Verhalten auslösen, zum Beispiel Vermeidung oder Davongehen",*[*72] was nichts anderes bedeutet als dass jemand angesichts einer verletzten Person selbst in einen Schockzustand geraten oder derart in Angst versetzt werden kann, dass er unfähig zu jeglicher Hilfe wird. In einer aktuellen soziologischen Theorie wird argumentiert, dass eine *„Ko-Evolution zwischen genetischer und kultureller Evolution verantwortlich sei für das Auftreten solcher dubezogenen Werte, weil man Geschmack zu finden begann an Kooperation, Fairness und Bestrafung, an der Fähigkeit Empathie zu zeigen und an Charaktereigenschaften wie Ehrlichkeit, harter Arbeit, Respekt und Loyalität".*[* 75] Zweifellos haben wir alle solche Eigenschaften erlebt; aber sind sie wegen – oder trotz – liberaler Demokratie weiter entwickelt? Das Forschungsfeld ist neu, in Bewegung und auch „en vogue".[N77]

Zusammengefasst ist die Frage weiterhin in Diskussion, ob Altruismus eine der möglichen Motivationen für Empathie ist; ebenso gut könnte es „nichts anderes" als Verhalten in Erwartung einer Erwiderung sein, von „Reziprozität" – ausgenommen einiges Verhalten gegenüber engen Angehörigen, „kin-selection" genannt und anderen genetisch bedingten Mechanismen zugeordnet (z.B. Brutpflege) [76].

Aber Vorsicht: Reziprozität, die Erwartung von Gegenleistung, muss nicht so negativ gesehen werden, wie dies spontan in unseren Ohren klingt – auf keinen Fall:

Empathie, Altruismus – und Brüderlichkeit

Immerhin schafft Reziprozität friedliche Koexistenz auf der Basis gegenseitigen Verständnisses und Einverständnisses. Und das, was als Empathie zwischen Tieren beschrieben wurde, trägt auch den Namen „reziproker Altruismus", und zwar für Mensch und Tier. Aus der Sicht der Evolutionsforschung gilt der Vorgang als anerkannt, wenn die Kosten für den Geber dabei geringer sind als der Nutzen für den Empfänger [N78]. Dieses Verhaltensmuster ist im übrigen eng verbunden mit den „tit-for-tat"- Regeln (wie du mir, so ich dir) in der Spieltheorie [N79]. In der Evolution wurde dieser Mechanismus wegen des Aufkommens der Möglichkeit zu täuschen zwiespältig. Wir kennen es bereits vom Verhalten bei Vögeln wie Saatkrähen; aber im menschlichen Bewusstsein hat es sich inzwischen einen unvergleichlich breiten Raum geschaffen. Zusätzlich kompliziert wird der gesamte Vorgang durch die Tatsache, dass Altruismus auch zwischen fremden Individuen funktionieren kann, einfach weil sie einander zugeneigt sind, und nochmal komplizierter, wenn man erkennt, das Altruismus in Aggression umschlagen kann [N80]; und schließlich wird dieses altruistische System noch weiter kompliziert: wenn sich erst einmal *"Freundschaft, moralistische Aggression, Schuld, Sympathie und Dankbarkeit als Regulatoren ... entwickelt haben, wird die Selektion ein Verhalten favorisieren, mit dem diese Charakterzüge vorgetäuscht werden, um damit das Verhalten des Gegenüber zum eigenen Vorteil ausnützen zu können".*[*76] Das verblüffende daran ist, dass all dies auf der Basis genetischer Selektion entstandenes instinktives menschliches Verhalten ist, in welchem reziproker Altruismus *"als ein genetisches System der Anerkennung angesehen werden kann, in dem die Tendenz vorherrscht, erwiderte Hilfe als Erkennungszeichen zu betrachten, an dem reziproke Altruisten einander erkennen."* [* 77]

Ich würde an dieser Stelle fast wetten, dass Sie nun, nach diesen Zitaten aus der Forschung, erst gar nicht mehr wissen wollen, um wieviel weiter tief hinunter in unser Seelenleben die Forschung bereits gedrungen ist, seit die hier oben zitierten Arbeiten vor 60 Jahren gemacht wurden, und dass Sie stattdessen viel lieber gesichert wissen wollen, dass jeglicher

Missbrauch mit all diesem Wissen verlässlich verhindert wird. Dennoch werde ich auf das Thema im Zusammenhang mit Big Data und Artificial Intelligence in Kapitel III nochmal kurz zurückkommen.

Um aber mein Argument von weiter oben nochmal zu betonen: wir brauchen dieses Wissen nicht als die Entdeckung von etwas Negativem in uns betrachten: Reziprozität, Gegenseitigkeit, kann letztlich resultieren in der Anerkennung von Gleichheit, gleichen sozialen Pflichten und Rechten, Fairness abseits von allen Instinkten und Emotionen. Unsere Psyche in alle Elemente ihrer Evolution zu zerlegen bedeutet nicht, dass wir daraus nur schuldbewusst alle „negativen" tierischen Wurzeln ernst nehmen: wir haben die Möglichkeit, ihre Folgen zum Vorteil unseres Sozialverhaltens weiter zu kultivieren. Außerdem: je mehr wir über die Wurzeln eines Verhaltensmusters Bescheid wissen, desto weniger können wir von automatischem Denken und Verhalten einfach hinweggefegt und in Massenphänomenen manipuliert werden, dazu befähigt, uns auf ein Niveau gleicher Rechte für alle Seiten zurückzunehmen [N81].

Braucht also eine „gesunde" Gemeinschaft überhaupt die romantische Vorstellung vom Individuum, das sich selbst vollständig in Humanität für andere aufgibt? Reicht es nicht aus, ist es nicht sogar hilfreicher und im Sinne der Gemeinschaft nützlicher, die Erwartungen in einem Gleichgewicht zu halten und von der Art, wie wir gebaut sind, sogar zu lernen? „Empathie" ermöglicht uns zu erkennen und sogar mitzufühlen, in welchem Zustand andere sich befinden; dies gewährleistet, dass die anderen umgekehrt meinen Zustand erkennen können. Der Romantizismus wurde wahrscheinlich zusammen mit der Ideologie des „Soll-Menschen" eingeführt und damit die Verteufelung anstatt der Beherrschung jener evolutionsbedingten Eigenschaften, die wir als asozial einstufen. Betrachten wir Opportunismus als Eigenschaft auf der Ebene gleicher Rechte, so sehen wir, dass er eine nachgerade notwendige Eigenschaft für gleichberechtigte soziale Koexistenz ist – warum als dämonisieren?

Diese Gegenseitigkeit – reziproker Altruismus – hält unsere Koexistenz in einer Balance, in gleicher und gegenseitig anerkannter Würde [N266]. War und ist das nicht der Traum von Brüderlichkeit? Bis zum heutigen Tage missbrauchen wir diese Eigenschaft, indem wir sie einerseits als schlechte Eigenschaft verdonnern, andererseits aber mehr als unseren fairen Anteil nehmen, wann immer sich eine Gelegenheit bietet, oft genug auf mehr oder weniger subtil betrügerische Weise. Wir verstehen aber auch, dass reziproker Altruismus eine mögliche Wirklichkeit im

Sozialverhalten ist, wenn wir unsere Nachkommen in diesem Sinn erziehen. Es ist im Prinzip tit-for-tat, oder besser tit-for-two –tats im Spiel „Häftlings-Dilemma", unter der Annahme, dass es mehr als eine Spielrunde geben wird, auf jene Weise, die uns allen auf längere Sicht das beste Resultat bietet. In *diesem* Fall wäre es durchaus angebracht, auf rationale Weise irrational zu sein, es zahlt sich aus, und das durchschnittliche menschliche Gehirn ist dazu durchaus in der Lage.[N79]

Neueste Forschung im Bereich der "Computational Social Science" weist auf ein Phänomen hin, das dort „Netzwerk-Reziprozität" genannt wird: im Prinzip geht es dabei um Imitation von Verhalten durch wiederholte Beobachtung bei Nachbarn. Ein Beispiel ist reziproker Altruismus, der als upstream- oder downstream-Reziprozität beobachtbar ist.[346] Insgesamt besteht das Phänomen darin, dass Nachbarn einander Verhalten und Gewohnheiten abschauen und dadurch Gruppen ähnlichen Verhaltens in einer Art Ko-Evolution bilden – zweifellos einer der Faktoren bei der Entstehung von Kulturen.

Man könnte diesen Abschnitt mit den Worten zusammenfassen, dass reziproker Altruismus, so wie viele andere Hirnfunktionen, aus sehr alten Verhaltenselementen der Evolution aufgebaut ist, nützlich und hilfreich zum Erreichen aller Ziele, die in ehrgeizigen Ideologien entworfen wurden, nur leider mit dem Fehler, dass just jene Funktion als asozial in die Verbannung geschickt wurde, die geholfen hätte, das Ziel zu erreichen.

Pro-soziale Einstellung

Es gibt aber noch einen anderen interessanten Instinkt in diesem Zusammenhang, einen, von dem wahrscheinlich alle anderen sozialen Verhaltensmuster abstammen: pro-soziale Einstellung wird als Gegenspieler zur Aggression angesehen, könnte auch eine späte Entwicklung von Dawkin's egoistischem Gen sein; sie beginnt bei Wirbeltieren als Brutpflegeverhalten (erste Anzeichen davon sind bereits bei Insektenvölkern zu beobachten), könnte daher als Schutz des Überlebens der eigenen Gene in der nächsten Generation verstanden werden, demnach unabhängig von der Aggression entstanden. Mit diesem freundlichen, lebenserhaltenden und pro-sozialen Verhalten entwickelte sich also eine von allen anderen Verhaltensformen unabhängige Kraft im tierischen Leben. Aspekte aus diesem Brutpflegeverhalten wurden dann in Signale von Friedlichkeit, Fürsorge, Besorgtheit, Anteilnahme und Zuneigung zwischen erwachsenen Individuen umgewandelt. Als Beispiel folgt hier nochmal eine für uns modernen Menschen überraschende Beobachtung: der Kuss wird von Biologen als Anpassung verstanden, der von der Fütterung übertragen wurde – „Kuss-Fütterung" ist in einer Reihe von menschlichen Kulturen eine alte Tradition im Übergangsstadium vom Säugen zum selbständigen essen, abgewandelt von der tierischen Fütterung zum Beispiel von Jungvögeln. Auch Fürsorge unter Familien- und Stammesmitgliedern ist eine Abwandlung vom Brutpflegeverhalten. Letztlich kann Fürsorge auch auf höhere soziale Ebenen übertragen werden, bis hin zur Führungsperson einer Nation, die Verantwortung und Besorgtheit um das Wohlergehen des Volkes als Verpflichtung empfindet. Dominanz wird in diesem Zusammenhang in der Human-ethologie als „fürsorgliche Dominanz" bezeichnet, die aus einer herausragenden Fähigkeit hervorgeht, andere zu unterstützen, mit ihnen zu teilen und sie zu trösten hervorgeht. Von Untersuchungen an Schimpansen weiß man, dass sogar jene Form von Dominanz, die aus Konkurrenzkampf unter Anwendung von Gewalt hervorgeht (dem üblichen Verhalten in der Sozialhierarchie), in pro-soziale Führerschaft münden kann.[21] Auf das menschliche Äquivalent dieses Vorgangs komme ich in Kapitel III zurück.

Zur Gleichheit:
alle Menschen sind NICHT gleich geschaffen

"Wir erachten diese Wahrheiten als selbstverständlich: dass alle Menschen gleich erschaffen sind; dass sie vom Schöpfer mit unveräußerlichen Rechten bedacht wurden; dass dazu Leben, Freiheit und das Streben nach Glück zählen."
Unabhängigkeitserklärung (Virginia Bill of Rights)
Thomas Jefferson, Benjamin Franklin, 1776

"Alles, was uns wichtig ist, ist ungerecht verteilt: Reichtum, Schönheit, Intelligenz, Gesundheit ... nur das Gefühl von Ungerechtigkeit ist gerecht verteilt" [364]
Dieter Nuhr, Kabarettist

Beeinflusst von John Locke's natürlichen Rechten und von Rousseau's entsprechender Interpretation davon[12], wurden diese Worte mit geringen Veränderungen in die "Declaration of Rights" der Massachusetts Constitution der USA von 1780 übernommen: *"Alle Menschen sind frei und gleich geboren und haben gewisse natürliche, wesentliche und unveräußerliche Rechte; ..."* Tausende Bürger der USA erlitten seither durch diesen Staat die Todesstrafe.[N82, N31]

Der Hintergrund des Anspruchs

Die Debatte hatte als Statement aus der wissenschaftlichen Sicht des 17. Jahrhunderts begonnen, mit Argusaugen von der Religionsmacht beobachtet und eingeschränkt. Schon allein die Annahme, alle Menschen seien gleich, musste vom politischen Machthaber striktest untersagt werden, hing doch seine Macht mit von der Versklavung seiner Bürger ab, den Untergebenen. Die Feststellung, „als natürliches Recht frei und gleich geboren" zu sein, muss man daher heute als nachgerade todesmutige politische Aussage verstehen, weniger als „natürliches Recht" aus wissenschaftlich- biologischer Sicht. Der tatsächliche Hintergrund des politischen Wunsches und Willens für Gleichheit rührte von den ungleichen Rechten für Menschen unterschiedlicher sozialer Schichten in einem Ständestaat. Als Folge drängten Missgunst, Eifersucht und Groll auf gleichen Zugang zu Ressourcen, also eine Forderung *nach* Gleichheit, nicht Bestehen auf dem Anspruch *von* bestehender Gleichheit. Der Ruf nach „Gleichheit" wurde zur Forderung von unterdrückten Klassen, die eine Schwäche an den Regierenden über ihnen zu spüren begonnen hatten. Es war der Beginn des Klassenkampfes, der in Demokratie endete. Darin blieb und bleibt der Klassenkampf das dominierende Phänomen: ein Kampf um die Verteilung der Ressourcen.[N83]

Mehr als bei den beiden anderen Credos der Französischen Revolution und ihrem demokratischen Traum kollidieren bei „Gleichheit" die biologischen Fakten mit dem politischen Anspruch. Diese politischen Ideologen in der Morgenröte des sozialen Wandels beriefen sich auf Locke's Feststellungen; dabei vergaßen sie jedoch, zwischen dem Anspruch *von*, und der Forderung *nach*, Gleichheit zu unterscheiden.[N84] Die Forderung nach Gleichheit ist eine berechtigte politische Idee mit dem Ziel, den Menschen gleiche Rechte zuzusprechen, nicht aber Gleichheit an sich. Im Gegensatz zu dieser berechtigten Forderung ist der Hinweis auf das Vorbestehen von Gleichheit als Geburtsrecht unbegründbar. Im wirklichen Leben sind wir, basierend auf unserem genetischen und sozialen Erbe, weder frei noch gleich – sogar noch schlimmer, denn diese beiden tendieren dazu gegeneinander zu arbeiten, wie dies auch der französische Politikwissenschaftler Jean-François Revel[78] beschrieb[N85].

Nur im Rahmen eines Sozialkontraktes, somit also auf einer politischen Ebene, können wir einander unter Bezugnahme auf die biologischen Fakten und Beschränkungen teilweise frei und gleich machen.

Das biologische Argument gegen den Anspruch von Gleichheit

Von der biologischen und psychologischen Warte sind wir Menschen weder frei noch gleich: allem voran sind wir nicht gleich, weil wir uns genetisch in vielfacher Hinsicht voneinander unterscheiden: unleugbar haben wir unterschiedliche Talente und Eigenschaften: Geschlecht, körperliche Kraft, intellektuelle Fähigkeiten, psychologische Wirkung der äußerlichen Erscheinung, Selbstbewusstsein, „Charisma". Unterschiedliche geistige Fähigkeiten sind schon Gegenstand von Platon's Kritik an Demokratie, wie in Kapitel I besprochen. Außer dem Geschlecht verursachen weitere genetische Faktoren Anfälligkeiten zu unterschiedlichen Krankheitszuständen. „Natürliche" Positionen in der Sozialstruktur, zum Beispiel Führungstalent im Gegensatz zu Mobbing-Opfern schaffen insgesamt einen Unterschied im Rang in der sozialen Hierarchie; die Entstehung einer Sozialhierarchie haben wir als evolutionsbedingten Prozess erkannt. Hierarchische Gesellschaftsordnung wurde zwar auf der Ebene menschlicher Bewusstheit zum Zweck der Entwicklung komplexer Sozialsysteme neu erfunden, baute jedoch auf dem evolutionären Erbe auf und bleibt von ihm dominiert: denn es funktioniert weiterhin mit einem Entscheidungsträger an der Spitze einer hierarchischen Pyramide und der entsprechenden Befehlsleiter nach unten – den Einfluss von Wahlen als Entscheidungsfindung besprechen wir an anderer Stelle noch in ausreichendem Umfang. "Macht" wurde darin zum Selbstzweck, moralisch auf alle möglichen Weisen umschrieben. Eine der herausragendsten ist wohl der Herrscher im Zeitalter des Absolutismus, der sich selbst als ersten Diener des Staates bezeichnet - Nietzsche nannte es „die moralische Heuchelei der Befehlenden" [79] (teilweise könnte er damit unrecht haben, wenn man die bessere Hälfte des Menschen und seine "pro-soziale Einstellung" bedenkt.

Zusätzlich zu diesen tatsächlich bestehenden Ungleichheiten schafften es zwischenzeitlich opportunistische Kräfte der Gesellschaft, in verschiedenen Bereichen eine Art von künstlicher Ungleichheit zu erzeugen: eine ist die Behauptung, Intelligenz hänge von sozialer Herkunft und Rasse ab; eine andere besteht darin, weibliches Geschlecht mit geringerer Intelligenz zu verknüpfen: zahlreiche Studien haben mittlerweile den Unsinn daran aufgedeckt und nachgewiesen, dass gerade in diesen Bereichen kein Unterschied besteht; im Gegensatz dazu wurde nachgewiesen, dass gleiche Chancen auf Zugang zu Bildung der Schlüssel ist.

In der Zusammenschau dieser Argumente und der heutigen Situation liberaler Demokratie sind sogar beide Ansprüche eine Illusion, jener von vorbestehender Gleichheit ebenso wie die Forderung nach sozialer Gleichheit. Aus biologischer Sicht kann lediglich die Forderung *nach* teilweiser Gleichstellung aufrechterhalten werden, nicht jedoch unter Bezugnahme auf einen natürlichen Zustand *von* Gleichheit. Das letztere Argument wurde dennoch im 20. Jahrhundert in der sozialistischen politischen Ideologie weiterhin aufrechterhalten.

Die berechtigte politische Forderung nach Gleichheit

– und ihre Probleme

Die biologisch bedingten Unterschiede zwischen Menschen können und werden also nur teilweise kompensiert werden: Männer und Frauen sind biologisch unterschiedlich – keine Demokratie der Welt hat sie bis heute bezogen auf den Einfluss der Hormone auf Verhalten und emotionellen wie körperlichen Zustand gleichzumachen vermocht –gottseidank. Ich werde hier nicht auf die Herausforderung für die künftige Politik betreffend die mögliche Tendenz zur Vermeidung von Schwangerschaft eingehen, im Sinne von Aldous Huxley's Surrogat-Schwangerschaft,[67] noch auf die Änderung der traditionellen Familienstruktur [N86].

Frauen mussten um ihre Rechte gegen ihre demokratischen Männer kämpfen, sogar in Ländern mit einem Anspruch auf viel längere Tradition in Demokratie als alle anderen. In ihrem mehr als gerechtfertigten Kampf um ihre politische Gleichstellung überschritten sie allerdings an einigen Punkten eine rote Linie; einer war die Forderung während der Abtreibungsdebatten: „Mein Bauch gehört mir", im Sinne von mir allein, war während Demonstrationen auf vielen Plakaten zu lesen – sie vergaßen dabei die beiden anderen, die in diesem Drama mitbeteiligt sind. Insgesamt artete die Forderung nach Gleichstellung immer mehr in einen Machtkampf auf Kosten der traditionellen Familienstruktur aus. Die selbstzerstörerischen Folgen dieser Entwicklung innerhalb der liberalen Demokratie spiegeln sich mittlerweile in einer zunehmenden Erziehungskrise wider: die Kultur eines demokratischen Sozialsystems hängt von der Verbesserung der Erziehung ab, aber Liberalismus zerstört ihre Basis.

Rousseau schien eine Art Automatismus gesehen zu haben, dank dessen Gleichstellung aus gesetzlichen Rechten erwachsen würde. Aus seinen Erläuterungen wird jedoch nicht klar, durch welche konkreten Ereignisse *"physische Ungleichheit, wie die Natur sie zwischen den Menschen festgelegt hat"*, nunmehr umgewandelt werden könne in *"...eine Gleichheit, die moralisch und legitim ist, so dass Menschen, die an Kraft oder Intelligenz ungleich sein mögen, allesamt gleich werden durch Konvention und gesetzliche Rechte"*[*12] - ein ideologisches Konstrukt, das die Wirklichkeit trotz deren Benennung ignoriert. Spontanes, unbewusstes Sozialverhalten lässt sich nicht durch Aufstellen von Gesetzestafeln aus der Welt schaffen, noch können sie unterschiedliche Eigenschaften wie Intelligenz oder Kraft ausgleichen – gleiche politische Rechte als Bürger sind selbstverständlich eine andere Sache, obwohl auch hier viele

Grenzen der Gleichstellung existieren; der Zugang zu verschiedenen Berufen ist eine davon.

„Chancengleichheit" ist eines der irreführenden Versprechen der modernen Demokratie, insbesondere von ihrer sozialistischen Seite. Daher ist Erziehung in das Verständnis von „Freiheit" und „Gleichheit" in der Sozialpolitik unabdingbar, wenn Demokratie als Sozialsystem glaubwürdig bleiben und insgesamt überleben will. Aus dieser Perspektive erweist sich der Liberalismus in der Demokratie, jene treibende Kraft zur Befreiung des Individuums von seinen sozialen Einschränkungen, als destruktive Kraft, solange eine neue Ordnung nicht eingeführt ist.

Gleichheit in der Demokratie: der ideologische Fehler

Wenn ich vorhin die Forderung nach politischer Gleichstellung als gerechtfertigt bezeichnete, so muss ich nun eingestehen, dass selbst dies eine schwierige wenn nicht gar unerreichbare Zielsetzung ist: denn Ressourcen lassen sich nicht von Chancen und Fähigkeiten jeglichen Ursprungs trennen. Aber diskutieren wir zunächst die Basis der Erwartung: was bedeutet „gleich"? "Demos"[10] ist *"eine Art von gleich sein"*,* schreibt Christiano in der Stanford Encyclopedia of Philosophy[32]: *"... der Begriff 'Demokratie'... bezieht sich ganz generell auf eine Methode für Gruppenentscheidungen, die durch eine Art von Gleichheit unter den Teilnehmern in einem entscheidenden Stadium des Entscheidungsprozesses charakterisiert ist."** Was genau ist "eine Art von Gleichheit", und wer ist "Gruppe"? [N87] Was sollen wir unter "Gleichheit" als einem fundamentalen Dogma der Demokratie verstehen? Ich stelle praktisch eine rhetorische Frage, wissend dass es so gut wie unmöglich ist, sie klar und in einer verwendbaren Form zu beantworten: wenn man auf das Thema Gleichheit im Sinne von Gleichberechtigung, Ressourcen und Möglichkeiten zu sprechen kommt, gibt es so viele Meinungen wie Befragte, meint auch Brennan[3].

Heutige Demokratien versuchen, ihre Bemühungen um Gleichberechtigung durch ostentative Maßnahmen wie spezielle Parkplätze für Behinderte hervorzuheben, durch Zulassung von Frauen zum Militär und durch Betonung der Unterstützung gleichgeschlechtlicher Ehe. Aber können uns solche künstlich geschaffenen Möglichkeiten tatsächlich gleich machen?

---

[10] "Die Bevölkerung einer Demokratie als einer politischen Einheit." English Oxford dictionary.

Gleichheit in der Demokratie gilt für Wähler – während der Wahl – ausschließlich. Sobald sie in ihren Alltag zurückkehren, sind auch ihre biologischen und sozialen Unterschiede wieder bei ihnen: soziale und politische Faktoren schaffen selbst Ungleichheit, sehen wir nur auf die Arbeitsteilung.[32] Sie bedeutet, in Gesellschaft Macht an andere abzugeben und einander in dieser Ungleichheit zu vertrauen. Sie könnten jetzt argumentieren, dass wir die Rechtsstaatlichkeit haben, vor der wir alle gleich sind - nun, haben wir sie, und sind wir vor ihr gleich? „Gleichheit vor dem Gesetz" wird von vornherein durch eine Anzahl von systemimmanenten Faktoren zerstört – Ich werde darauf in einem eigenen Abschnitt dieses Kapitels zurückkommen ("Das Gesetz", S. 170)

Es hat den Anschein, dass manche Menschen die Rolle und das Selbstverständnis des Individuums in politischen Systemen missverstehen: wie zuvor erwähnt, wird das Wahlrecht offenbar zu einem wichtigen Anteil des Selbstwertgefühls, das den Eindruck vermitteln soll, „niemand steht über mir", ohne die Tatsache zu bedenken, dass ohnehin Politiker für und über ihren Kopf hinweg entscheiden und eine eigene Klasse bilden. Im politischen Verständnis von „Gleichheit" gibt es also eine Reihe von Fehleinschätzungen; viele davon werden in der politischen Arena anderweitig oder gar missbräuchlich verwendet, Begriffe wie „Machtverteilung", „Gleichberechtigung", „Chancengleichheit" werden fehlinterpretiert und zweckentfremdet eingesetzt; oftmals verursachen sie mehr Verunsicherung und Chaos als Ordnung. Ihre Bedeutung hängt von einer Reihe von Faktoren ab, die der Wortzusammenhang selbst nicht vermittelt: Chancengleichheit hängt von einer Reihe genetischer und sozialer Faktoren ab, Gleichheit, verstanden als Chancengleichheit, führt manchmal zu abstrusen Missverständnissen: im US-amerikanischen Zivilgesetz bedeutet Schadenersatz in medizinischen Kunstfehlerprozessen, dass Gleichheit in Form von Dollars hergestellt werden soll: geschädigte Patienten erhalten zweistellige Dollarmillionenbeträge zugesprochen, die sie in mehreren Leben nicht verdient hätten – aber macht dieses eine Querschnittsgelähmten wieder gehen oder zumindest „gleich" wie normal gehende Mitmenschen? Nur „Chancengleichheit in vernünftigem Umfang" kann das Ziel mit dem Slogan „Gleichheit" sein, obwohl der Umfang durch den Ausdruck „vernünftig" immer noch verschwommen bleibt. Nicht einmal „Gleichberechtigung" setzt sich in demokratischen Systemen durch: das Recht auf Leben, das dort in Stein gemeißelt steht, gerät in Widerspruch zum Gesetz (Todesurteil, Abtreibung, Kosten im Gesundheitswesen, Militärdienst).

Einige abschließende Gedanken zur politischen Philosophie von „Gleichheit" habe ich in Anmerkung [N88] zusammengefasst.

Abschließend werfe ich noch die Frage auf, ob die Menschen tatsächlich überhaupt gleich sein wollen - und ob die demokratische Realpolitik die Gleichberechtigung der Bürger anstrebt [N89]. Menschen bewundern und verehren manche, die sie zu ihre Helden auserkoren haben, stellen sie auf ein Podest; Führer, Vorbilder. Und sie wollen nicht gleich sein wie sie, im Gegenteil, sie wollen dass sie für sie aus der Masse herausragen.

Freiheit

Das Wort, das im Zusammenhang mit Demokratie am häufigsten verwendet wird, ist „Freiheit". Deshalb nennt man die moderne westliche Demokratie „liberal". Aber was meinen die Leute damit? Frei wovon?

Die Forderung nach Freiheit geht zurück auf die Zeit der Leibeigenschaft, dieses Wort umschreibt die Tatsache etwas verschämt, dass es auch mitten in Europa bis vor nicht zu langer Zeit noch die Versklavung der eigenen Bevölkerung gab: meine Großeltern konnten mir noch erzählen, dass deren Großeltern aus der Zeitung von der Aufhebung der „Leibeigenschaft" in anderen westlichen Ländern erfuhren (siehe Jahreszahlen auf S. 39). Wieder ist die Berufung auf einen Anspruch, abgeleitet aus einem angeblichen Naturrecht, als politische Forderung zu verstehen, als einen Aufschrei gegen Unterdrückung und Willkür. So wie es sich mit der Gleichheit verhielt, ist auch die Forderung *nach* Freiheit verständlich und gerechtfertigt, insbesondere aus der historischen Perspektive, und der Hinweis auf einen Anspruch auf Freiheit als Naturrecht irreführend, weil wir aus biologischer Sicht nicht frei sind, sondern gebunden an unsere Körperlichkeit und die damit verbundene soziale Vernetzung:

Das biologische Argument gegen den Anspruch auf

„Freiheit von Geburt an" als Naturrecht

Es ist allzu offensichtlich, dass wir a priori nicht frei sind; „Freiheit durch Demokratie" ist daher eine falsche Erklärung (und eine Illusion) aus den folgenden vier Gründen:

1- Unsere Gedanken, Ideen und Handlungen sind nicht frei von den körperlichen Bedingungen, die unser Gehirn am Leben erhalten. Wir hängen also von grundlegenden Erfordernissen ab, die unser Körper erfüllt bekommen muss. Die wiederum basalste Abhängigkeit hierbei ist die von den Genen in jeder unserer Körperzellen, allesamt Kinder einer ersten Zelle, die ohne andere, die Eltern, nicht entstanden wäre. Die Gesamtheit unserer genetischen Eigenschaften ist ein Diktator, der in erster Linie darauf bedacht ist, sich selbst in einer nächsten Generation fortzupflanzen. Somit hängt seit der Existenz sexueller Vermehrung das Individuum zumindest intervallweise von einem weiteren Individuum ab (von zweien für seine eigene Entstehung). Im menschlichen Leben ist dieser Diktator ziemlich dominant, ausgedrückt in Erwartungen und Ritualen der Werbung auf der Partnersuche, verbunden mit einer Unzahl sozialer Traditionen, die allesamt im Mittelpunkt des menschlichen Lebens stehen. Auch hier unterliegen wir zu einem überwiegenden Teil dem Diktat der Hormone und anderer körperlicher Verfassungen. Wieviele von uns sind in dieser Hinsicht frei?

2- Der Mensch wird nicht frei geboren sondern vollkommen abhängig von anderen, sogar von deren Willkür [N90], und bleibt ein Leben lang in irgend einer Weise abhängig. Die Abhängigkeit individueller Existenz schlechthin habe ich bereits erwähnt – ohne „Interdependenz", gegenseitige Abhängigkeit, gibt es keine Menschheit.

3- Das neugeborene Individuum ist a priori nicht frei, ist Teil – und sogar Produkt – von Gesellschaft, ihrer Sprache, der Basis bewussten Denkens, anfänglich also vollkommen abhängig – die Geschichten von Wolfskindern sind ein Beispiel dafür, dass der Sprössling ohne Gesellschaft und Kultur kein vollwertiger Mensch werden könnte: die Kultur und deren Evolution machte uns zu verbal denkenden Wesen (seiner selbst gewahr zu sein ist wohl schon ein Erbe von früheren Wirbeltieren wie Vögeln, Affen und einigen Meeres-Säugern).

4- Im weiteren Lebensverlauf bleiben wir "interdependent", voneinander abhängig, im Zusammenhang mit Fürsorge für Kinder, Verwandte, Alternde; in gleicher Weise sind wir im beruflichen Leben fast immer und überall voneinander abhängig. Ein Blick in unser heutiges Alltagsleben zeigt uns also ganz klar, dass wir a priori im Sinne eines biologischen Faktums interdependent sind.

Damit sind von vornherein Freiheit und Gleichheit eingeschränkt - sämtlich eigentlich ziemlich triviale Argumente; es ist nur nicht politisch korrekt, sie offen anzusprechen.

Das philosophische und politische Verständnis von "Freiheit"

Vernünftigerweise muss man also festhalten, dass die soziale Koexistenz selbst von perfekt selbstbestimmten Individuen einer Organisation und Logistik für die Funktion ihres Sozialsystems mit Regeln bedarf, welche die individuelle Freiheit und Unabhängigkeit einschränken. Demnach kann das politische Verständnis von „Freiheit" nur darin bestehen, nicht in irgendjemandes persönlichem Besitz zu sein – und hier kommt sogleich die erste Einschränkung: außer in der des Staates in besonderen politischen Situationen wie Krieg – jedoch abhängig zu

bleiben von den anderen „freien“ und „gleichen“ Anderen in der Gesellschaft, beginnend mit der Familie. Wir haben „Freiheiten“, so müsste es
bezeichnet werden, aber nicht „Freiheit“, wir sind nicht frei, nicht unge-
bunden von jeglichem sozialen und politischen System, in dem wir leben.
Diese triviale Gegebenheit wurde in einer Reihe philosophischer Konstrukte verzerrt und verwischt, vor allem in jenen, die zur Entwicklung
demokratischer Systeme führten.

Um es nochmal zu betonen: ebenso wie für Gleichheit kann auch für
Freiheit nur die politische Forderung für einige Freiheiten gelten, vor
allem aber sollte sie als moralische Pflicht daran erinnern, dass es sich
um die Möglichkeit handelt, sich aus freien Stücken für die Teilnahme an
der eigenen Gesellschaft zu entscheiden; im Rahmen der Erziehung zu
reziprokem Altruismus wird diese Freiheit befriedigender als der Traum
von unerreichbarer, vollkommener Unabhängigkeit. Dazu muss ebenso
noch einmal betont werden, dass dieser Ruf nach Freiheit aus einer Zeit
absolutistischer Monarchie und Sklaverei kommt, an deren Beginn die
Christliche Kirche zusätzlich massiven Einfluss und Macht ausübte.
Daher hatten ja auch Philosophen vorwiegend die politische Forderung
im Sinn, als sie vom Naturrecht aus philosophischer Sicht sprachen. Aber
auch hier waren Kritik und Bedenken nicht fern:

Der irische politische Philosoph Edmund Burke, und Moses Mendelsson,
der „Deutsche Sokrates“ und "Jüdische Luther", Freund von Gotthold
Ephraim Lessing, machten kritische Bemerkungen über „Freiheit“ und
„Brüderlichkeit“, und über Demokratie im allgemeinen, aus Sorge um
eine Entwicklung in Richtung Mediokratie und Regierung des Mob.

Wie in Kapitel I besprochen, war John Locke der Begründer der Idee von
diesen Naturrechten und schrieb: *"Alle Menschen sind von Natur aus
gleich in diesem Recht, wonach jeder Mensch das gleiche Recht auf seine
natürliche Freiheit hat, ohne dem Willen oder der Autorität jegliches
anderen Menschen unterworfen zu sein; da alle gleich und unabhängig
sind, soll keiner dem anderen nach dem Leben oder seinem Besitz
trachten."** – wie zuvor begründet, könnte ich die Aussage akzeptieren,
dass „Jeder gleich aber interdependent, anfänglich vollkommen abhängig“, nicht aber „unabhängig“ sein kann. Hätte John Locke Zugang zum
heutigen Wissen über Evolution, Phylogenese und Ontogenese gehabt,
er hätte seine Naturrechte wahrscheinlich gedanklich anders eingeord-
net, aber dass er sich politisch wesentlich anders ausgedrückt hätte, ist
aus seiner Situation jener Zeit nicht vorstellbar – inzwischen ist aus jener
„blackbox“, welche die Naturgesetze für ihn noch dargestellt haben

müssen, zu einer Büchse der Pandora geworden[N91]. Rousseau folgte in Locke's Fußstapfen, als er den "Sozialkontrakt", schrieb, allerdings nur um sich zu beklagen, dass eben diese natürliche Freiheit in der Gesellschaft verloren geht [N92]: *"Der Mensch wird frei geboren, und überall liegt er in Ketten. Der Eine glaubt sich der Herr der anderen und bleibt dennoch mehr von einem Sklaven als all jene. Wie konnte es nur zu dieser Veränderung kommen? Ich weiß es nicht".*[*12] Der erste Satz beinhaltet zwei Belange: einer ist die Feststellung, das der Mensch frei geboren sei, der andere stellt fest, dass er nicht frei ist. Rousseau sieht sich selbst unfähig, das Problem zu lösen, wahrscheinlich deshalb, weil er ohne kritisches Hinterfragen von Locke's irreführender Aussage ausgegangen war: der Mensch ist eben nicht frei, wie eben argumentiert, sondern Teil einer vorbestehenden Sozialordnung, die ihrerseits bereits Teil des „Naturgesetzes" ist, nämlich des evolutionären Erbes an Sozialverhalten[N93].

Der Fehler im System der Ideologie von Demokratie besteht hier darin, dass sie einerseits für sich beansprucht, Freiheit zu garantieren, während sie diese am anderen Ende schon wieder weggenommen hat, denn das gleiche Recht, in der Gesellschaft in Freiheit zu leben, existiert nicht, wie die beiden Beispiele verdeutlichen: 1- Ein pazifistischer Bürger, Mitglied einer Minderheit, die gegen Krieg wählte, wird von seiner demokratischen Regierung gezwungen Soldat zu werden und im Krieg sein Leben zu riskieren oder zu verlieren für eine Idee, die er mit der Mehrheit nicht teilt [N94]. Worin also besteht der Sinn des Wahlrechts eines jungen Amerikaners in der zweiten Hälfte des 20.Jahrhunderts: als Soldat nach Vietnam geschickt in einen Krieg, der während des Kalten Krieges als notwendig oder zumindest zum Zwecke der Erhaltung der Hegemonialmacht nützlich erachtet wurde. 2- Ein Bürger begeht ein Verbrechen und wird vom demokratischen Rechtsstaat zum Tod verurteilt. Eine Diskrepanz zwischen demokratischer Realpolitik (das politische Versprechen ist natürlich im Sinne des Philosophen) und Philosophie besteht zweifellos darin, dass der Philosoph im ersten Beispiel ein irreführendes Versprechen konstruiert und im zweiten darauf pochen kann, dass Freiheit die Freiheit zur Selbstkontrolle sei. Aber wie kann der politische Philosoph gleichzeitig unter Berufung auf ein Naturrecht eine politische Forderung für ein Recht erheben, das er dann durch Rechtsstaatlichkeit annulieren lässt? [N95]

Die Liberalismus-Falle der Demokratie:
populistische Lüge von der Freiheit

Demokratie erlaubt freie Fehlinterpretation des Freiheitsbegriffs, weil das Konzept eine Quadratur des Kreises zwischen individueller Freiheit bei deren gleichzeitiger Begrenzung durch die Gesellschaft verspricht, ohne eine Lösung dafür anzubieten, wie das bewerkstelligt werden solle (die pragmatische Lösung der Realpolitik wird nicht als Lösung angeboten sondern praktiziert: Bestrafung durch das Gesetz).

Anfangs verstand der Mensch – bis dahin Subjekt, Tributpflichtiger oder direkt in Leibeigenschaft – die neue Freiheit als Befreiung von der Unterdrückung. Das befreite Individuum geht dann aber – in der heutigen liberalen Demokratie - in einem zweiten Schritt gleich weiter durch zur Einstellung, nunmehr von jeglicher sozialer Einschränkung frei zu sein – eine fatale Entwicklung, nun da sowohl religiöse als auch säkulare Moral in der Erziehung praktisch nicht mehr vorkommen und das Gesetz als einziger Hüter der Sozialordnung übriggeblieben ist. [N96]

Wir sehen die Folgen überall: Leute, befreit von ihren sozialen Traditionen und ihrem religiösen Hintergrund, frei von befehlender Dominanz, frei von gegenseitigem Respekt. Und trotzdem: sind sie, sind wir, frei? Werbeslogans wie "Hol' dir was dir zusteht", "Ich bin doch nicht blöd, ich nehm' mir einfach, Geiz ist geil .. „ stehen repräsentativ für die gegenwärtige Sozialmoral und deren rapide Zersetzung. Die weitere Befürwortung von Befreiung, sogar von sozialen Traditionen und Gebräuchen als Teil der liberalen Demokratie ist politischer Populismus, der bewusst das Missverstehen von Demokratie als Plattform für asoziale persönliche Freiheit oder freies asoziales Verhalten in Kauf nimmt. Es gibt keinerlei offizielles Instrument, um gegen den weiteren Verfall vom Liberalismus in den Libertinismus vorzugehen, weil die politische Führung der zunehmend sozial amoralischen, schlecht erzogenen, hedonistischen Wählermehrheit folgt.

Die liberale Demokratie verführt das Individuum, sich selbst vom Interessenskonflikt zwischen ich und du zu befreien und einfach in diesen Hedonismus auszubrechen, Freiheit als Befreiung von der Selbstbeschränkung misszuverstehen, von sozialer Verantwortung, von Religion, der Hüterin des Gewissens (so formulierte es einst Joseph Ratzinger, Papst Benedikt XVI. – jetzt sind beide in Pension).

Wie kann man „Gleichberechtigung" als realistisch erachten, ohne einiges Aufgeben von individueller Freiheit zu erwarten? – und das geht angesichts unserer Kenntnisse über die menschliche Natur nicht ohne Erziehung. Vor destruktiver Eigensucht als Quelle sozialer Spannungen und Ursache der Kurzlebigkeit von Demokratie wurde bereits zur Zeit von deren Erfindung in der Antike gewarnt. [N97]

Reichtum und Wohlstand sind wahrscheinlich keine besonderen Anreize für pro-soziales Verhalten, eher für das Gegenteil, nämlich für immer weiter sich steigernde Ichbezogenheit. Paradoxerweise machen sie die Menschen in der Regel auch nicht zufriedener sondern zunehmend unzufrieden, gleichzeitig abgekoppelt von der Gesellschaft; „social cocooning" – Kokonisierung wurde zu einem Modewort.

Der Trick mit der realpolitischen Demokratie ist, sozusagen, dass sie „autokratische Dominanz" durch „Rechtsstaatlichkeit" ersetzt, die legendäre amerikanische „rule of law", eine Art depersonalisierte Dominanz. Deshalb kann Demokratie auch a priori keine „Non-Dominanz"[3] bieten, weil nun das Gesetz uns beherrscht, uns, das Volk, den Souverän, zusammen mit der politischen Klasse, welche diese Gesetze in unserem Namen macht. „Non-Dominanz", oder „Freiheit", ist also in Wahrheit a priori definiert als „externe Selbstbeschränkung" am Umweg über das Gesetz, nicht aber als das behauptete Gegenteil, nämlich Befreiung von externer Kontrolle – nicht einmal vom Despotismus einer Wählermehrheit, der wir nicht angehören.

Die Tatsache dass wenige jener Freiheiten, welche die realpolitische Demokratie zu bieten behauptet, auch tatsächlich im wirklichen Leben ankommen, veranlasst zur generellen Frage: was hat sich eigentlich in den vergangenen 50 Jahren dank der Demokratie gebessert – unabhängig vom wissenschaftlichen und technischen Fortschritt, abzüglich der Wirkung der Staatsverschuldung, und abzüglich der fortgesetzten Ausbeutung der früheren Kolonien? Soziale Gerechtigkeit kann man in Zeiten eines zunehmenden „social divide" schlecht als Erfolg der Demokratie werten. Was in der Tat geschah, ist der endgültige Ersatz religionsbasierter Regeln durch säkulare Gesetze, die ironischerweise ihrerseits wieder auf den alten religiösen Regeln fußen. Gesetzesbruch wird zweifellos mit wesentlich weniger offensichtlicher physischer Gewalt geahndet – wieviel davon stattdessen auf die psychische Seite gewechselt hat, wäre Gegenstand einer interessanten Untersuchung, die zu weit von unserem Thema wegführen würde. Jedenfalls handelt das Gesetz selbst gegen Prinzipien der Demokratie, wie ich im entsprechenden Abschnitt weiter unten darlegen werde. Mit anderen Worten, aber in allem Ernst, erweist sich die liberale Demokratie, politisch ausgeführt als „der Rechtsstaat", in mancher Hinsicht als absurd.[N98]

"Freiheit" gibt den Starken, den Reichen, den Mächtigen die Möglichkeit, die Schwachen und Armen zu unterdrücken – alltägliche Ungleichheit von heute: zunehmender „social divide", Geiselnahme des Staates durch das Kapital.

Was genau ist "Freiheit" als ein Bürgerrecht?

Freiheit könnte man definieren als "Befreiung von politischer Unterdrückung, nicht aber von sozialen Abhängigkeiten". Was bedeutet nun die Macht und Freiheit des Bürgers für Redefreiheit in einer Gesellschaft, in der politische Korrektheit das Verhalten dominiert – und andere Ansichten dämonisiert? Was bedeutet „Volksverhetzung", beispielsweise durch politische Aktivisten, im Rahmen dieser Demokratie, in der freie Meinungsäußerung zur „Streitkultur" gehört, zu der auch freie subliminale kommerzielle und politische Werbung gehört? Ist die westliche liberale Demokratie nicht das politische System einer Gesellschaft, in der „Liberalismus" definiert ist als *die Freiheit zu glauben was die Mehrheit glaubt, was die öffentliche Meinung erlaubt*"? *3

Über Autonomie als Quelle der Schwäche von Demokratie

Um es in wenigen Worten zusammenzufassen: was sich der Einzelne von Demokratie erwartet ist „Autonomie", Befreiung von jeglicher Beschränkung, soweit und solange es die Umweltbedingungen zulassen. Demokratie gibt es heute, weil sie maximalen Individualismus erlaubt, also Autonomie. Schwäche sozialer Einrichtungen ist demnach eine Eigenschaft von Demokratie, und zwar in zunehmendem Umfang. Demokratie war die Folge des einhelligen Wunsches von Massen von Individuen, von Unterdrückung befreit zu werden; dabei wurde jedoch nicht bedacht, dass Unterdrückung nur entweder durch Selbstbeschränkung oder durch ein neues System von externer Beschränkung ersetzt werden konnte, nämlich „das Gesetz" bzw. die Rechtsstaatlichkeit, die eine ähnlich beschränkende Wirung haben würde.
Die politische Schwäche demokratischer Regierungen bedingt das Abgleiten in immer mehr Liberalismus in Richtung Chaos. Autonomie und Individualismus gehen Hand in Hand mit zunehmendem sozialen Desinteresse. Der Staat, das politische Land, wird zunehmend vereinsamt, ein unverteidigter, offener Bereich. Die Tragödie für Liberale in dieser Situation ist, dass sie sich der Tatsache nicht bewusst zu sein scheinen,

dass Staaten nur existieren, solange sie von einer Menschenkultur bevölkert werden, von einer Gesellschaft, die von dem Gefühl einer gemeinsamen Identität zusammengehalten wird, und noch wichtiger, einer Gesellschaft von Menschen die verstehen, dass ihr „Gemeinwohl" dasjenige ist, was sie selbst dazu beisteuern. Individualismus und Autonomie sind genau auf der entgegengesetzten Seite, sie repräsentieren eine zerbrechende und letztlich gebrochene Gesellschaft [80] – der Britische Ex-Premier David Cameron hat sein Land eine solche „broken society" genannt.

Gesellschaft und Kultur sind nur solange selbsterhaltende Systeme, wie sie auf dem Fundament ihrer biologischen Herkunft bleiben: wie zuvor ausgeführt, würde das Individuum ohne das menschliche Umfeld mit Sprache und anderen kulturellen Inhalten erst gar kein Mensch werden können. Individualismus und Autonomie stehen für eine fatale Entwicklung aus dieser Gesellschaft heraus, weg von Gemeinschaft, Kultur und Menschenleben. Ohne Gesellschaft kein menschliches Leben. So einfach und selbstverständlich ist das. Autonomie scheint dagegen eine fatale Verirrung der menschlichen Bewusstheit in selbstvergessener Hybris zu sein: ebenso wie diese Bewusstheit nicht ohne ihre Wurzeln im menschlichen Körper existieren kann [N227], beginnt das Individuum ohne Gesellschaft nicht einmal zu leben, kann nicht autonom ohne diese Gesellschaft überleben, in der es wurzelt. Autonomie existiert in gesundem Zustand in der wirklichen Welt nicht länger als eine Generation. Innerhalb seiner Gesellschaft steht dieses „autonome" Individuum in Wahrheit ständig unter dem Einfluss der Meinungen und Wirkungen anderer; durch die Wirkung seines tatsächlichen Inneren ist es auch Ausdruck seiner eigenen vegetativen Zustände, hormonellen Regelung und unterbewussten Hirnfunktionen. Letztlich erkennt dieses Individuum, dass seine sogenannte Autonomie nichts anderes ist als eine wahnsinnige Traumvorstellung von einem Leben nur für sich alleine, in dem Freude und Genuss zum ausschließlichen Selbstzweck werden. Diese Vorstellungen und entrücken das Individuum in eine andere Welt, bis es erwacht, hungrig, elend und einsam – eine Szene die an Spielsüchtige an ihren Computerspielen erinnert.

Das aus der Gesellschaft in den Hedonismus auswandernde Individuum schafft aber für die eigene Spezies insgesamt ein existenzielles Problem: denn es lässt die Nachkommen orientierungslos zurück; die dramatische Zunahme psychischer Störungen bei jungen Menschen in westlichen Ländern ist ein schrilles Warnsignal [N86], das ob des Alltagslärms der Sachzwänge ebenso überhört wird, wie die dunstige Eintrübung des

Himmels ob der Umweltverwahrlosung kaum wahrgenommen wird. Diesen Prozess des kulturellen Niedergangs im Hedonismus hat Claude Lévi-Strauss sehr eingehend studiert und in "Traurige Tropen" beschrieben.[383]

Falsch verstandene Autonomie führt direkt in den kulturellen Verfall und letztlich das Verschwinden der Menschen selbst innerhalb weniger Generationen, sofern sie nicht in anderen, fremden Kulturen aufgehen. Bisher hat sich die Demokratie als zu schwach erwiesen, eine Kultur zusammen- und am Leben zu erhalten. Im Gegenteil: die Verteidigung kultureller Identität und Patriotismus werden populistisch dämonisiert und obendrein fälschlich als Nationalismus und Rassismus gebrandmarkt.

Es scheint dass in unserer Zeit ein weiterer Faktor diese Entwicklung beschleunigt: Wohlstand. Es scheint auch, dass Individualismus und Autonomie dominieren, solange die Leute sich nicht aus Not und Elend voneinander abhängig fühlen. Bankgeschäfte, „Helicopter-money", die Erfindung von riesigen Krediten und die unglückliche Verbindung zwischen demokratischen Politikern und genialen Bankern mit deren Idee, ganze Staaten mit Schulden zu überlasten – sie sind der Ursprung dieses geborgten Wohlstands (außer den anderen zuvor genannten Faktoren).

In ihrer "Autonomie" werden immer mehr Menschen, besonders in Großstädten, einsam und gelangweilt (soweit sie nicht überarbeitet sind). Die Bewegung der „Zivilgesellschaft" in Mitteleuropa anlässlich der Massenimmigration aus dem Nahen und Mittleren Osten war eine typische Demonstration von Menschen, die an einem derartigen Ereignis teilnehmen wie an einem Festival, glücklich über die Abwechslung. Der Umschwung folgte nach wenigen Wochen und Monaten wie schon früher in der Geschichte (siehe die Ereignisse 1956 während der Ungarn-Krise).

Zusammenfassend muss man zu diesem letzten der Träume der Französischen Revolution sagen: wir sind nicht frei. Freiheit zu deklarieren wie dies im Rahmen der politischen Ideologie von Demokratie geschieht, ändert daran nichts. Aber der Unterbau unseres vermeintlich bewussten Handelns und Entscheidens birgt noch weitere überraschende Einblicke für unser Verständnis von Freiheit, wenn wir Willensentscheidungen untersuchen – eine Fragestellung, die im Zusammenhang mit unserem Wahlverhalten in der Demokratie relevant ist: wie frei ist unser freier Wille?

Freiheit und freier Wille

Wieviel – oder wie wenig [10A] – von unserer persönlichen Freiheit in Autonomie basiert tatsächlich auf dem Phänomen, das wir „freier Wille" nennen? Die Ausgangslage ist generell, dass über 90 Prozent unseres Verhaltens spontan erfolgt, automatisch also, unbewusst, auf der Basis autonom arbeitender Programme wie des vegetativen Nervensystems – daraus resultiert erst recht die Frage nach unserem freien Willen:

Als die Neurologen Kornhuber & Deeke[81] im Jahr 1965 ihr "Bereitschaftspotential" in EEG [11] -Ableitungen entdeckten, begann allmählich eine Debatte darüber, wie wir das Phänomen „freier Wille" zu verstehen haben. Als dann aber der Neurowissenschaftler Benjamin Libet [82] seine Experimente publizierte, welche zeigten, dass unser Gehirn bereits entschieden hat, bevor uns unsere eigene Entscheidung zum Handeln überhaupt bewusst wird, da brach eine Welle von Publikationen und Diskussionen aus mit der Frage, ob es denn überhaupt etwas gäbe, das man „freien Willen" nennen kann. Die Debatte führte insgesamt zu verstärktem Interesse an der Erforschung von Hirnfunktionen weit unter der Ebene unseres Bewusstseins. Diese Ära der „Neuromanie" gipfelte in Sternberg's "My Brain made me do it" [83] – was soviel bedeutet wie: ich kann nichts dafür, mein Gehirn hat mir gesagt, ich muss das jetzt tun. Man kann sich vorstellen, dass derartige Aussagen aus den Kreisen der Wissenschaft auf Rechtsphilosophen und Juristen in den Gerichten nicht ohne Reaktion blieben. Was aber bedeutet dies nun für die Vorstellung von uns als selbstbestimmtem Individuum und Bürger in einer demokratischen Gesellschaft wirklich, für Politik, und für Rechtsprechung?

Wenn wir es recht bedenken, so wissen wir doch ohnehin auch selbst, dass wir viele Entscheidungen gefühlsmäßig treffen, „aus dem Bauch heraus" – gut, man kann sie oft zuvor noch kritisch überprüfen, aber wie häufig tun wir das lange im voraus, ganz bewusst geplant? Und wie oft werden sie beeinflusst, wenn nicht gar durch andere Faktoren schon von vornherein entschieden, auch durch Manipulation? Man könnte daraus schließen, dass freier Wille zweifellos immer dann existiert, wenn wir Entscheidungen im voraus wohl bedacht und erwogen haben; somit kann also seine Existenz nicht generell bezweifelt werden. Durch Selbst-

---

[10A] mit Ausnahme jener Zeit, zu der wir selbstvergessen in einer Masse aufgehen (siehe auch nochmals in [N99])

[11] Elektroenzephalographie, Aufzeichnung der hirnelektrischen Aktivität.

erziehung können wohl viele unserer Handlungen dem freien Willen untergeordnet werden, sogar manches an Spontanverhalten. Geht man aber in der Analyse eine Ebene weiter und untersucht die Gründe für die Entscheidungsgründe, wird wiederum klar, dass unsere Meinungen und Überzeugungen ein Gemisch von eigenen Überlegungen und Einflüssen von außen sind; David Precht hat dieses Gemisch ja bereits mit dem Titel seines Buches „Wer bin ich, und wenn ja, wieviele" einleuchtend angedeutet.

Zusammenfassend habe ich in den vorangegangenen Abschnitten intrinsische Fehler am Konzept von Demokratie beschrieben, Fehler am politischen Webeplan, die bedingen, dass das System von vornherein nicht halten kann was es verspricht. Denn der Mensch ist schon aus Gründen seines biologischen Unterbaues nicht in der Lage, den Anforderungen zu entsprechen, die für ein Funktionieren von Demokratie Voraussetzung wären. Demnach ist umgekehrt die demokratische Ideologie keine Grundlage für ein stabiles Sozialsystem, weil sie die entscheidenden biologischen Faktoren, die Hintergründe asozialen Verhaltens, entweder überhaupt nicht oder nicht ausreichend, zumindest nicht erfolgreich berücksichtigt. Vielfach werden sie stattdessen ignoriert, verdeckt oder stigmatisiert als etwas unstatthaftes, krankhaftes oder gar kriminelles, anstatt offen damit umzugehen im Sinne von „auch 'unmenschliches' ist menschlich", also müssen wir dafür intelligente Lösungen finden. Denn das Problem löst sich nicht von selbst, nur weil wir „Demokratie und Rechtsstaatlichkeit haben". Die Diskussion um Lösungsvorschläge wird uns im dritten Kapitel beschäftigen.

Philosophie und Lebenswirklichkeit:

Die ideologischen Schwächen von Demokratie

Je tiefer wir in unsere Alltagswirklichkeit und in das Wissen um unser individuelles und Gruppenverhalten blicken, desto klarer sehen wir, wie sehr politische Ideologien und Praktiken sich auf ihre eigenen System-funktionen fokussieren und darüber das wesentliche der menschlichen Natur missachten[11] - jedenfalls soweit damit das Gemeinwohl gemeint ist. Damit treten weitere systemische Schwachstellen [3] dort zutage, wo es darauf ankäme, den „Faktor Mensch" gezielt im Sinne des Gemein-wohls zu berücksichtigen, so wie dies in archaischen Kulturen mit weni-gen Sippen und Stämmen zur Harmonisierung des Zusammenlebens geschah, nun aber mit der Herausforderung, dass es um eine Massen-gesellschaft von Millionen Mitgliedern geht. Schon bisher haben wir den Eindruck gewonnen, dass der häufigste Fehler in politischen Ideologien darin bestand, einen „Soll-Menschen" vorauszusetzen oder davon auszu-gehen, dass die Ideologie schon allein einen besseren Menschen ent-stehen lassen würde; als dritte Variante wird erwartet, dass wir Menschen als Erwachsene die intellektuelle Entscheidung treffen wür-den, von nun an Mitglieder in einem neuen System zu werden und unsere gesamte Lebenseinstellung radikal zu ändern. In diesem Spannungsfeld zwischen Istzustand und Soll-Mensch entstanden in der Geschichte schon abstruse Verhaltensweisen, vorwiegend im Rahmen von Religion: die mittelalterlich Selbstgeißelung des Sünders ist ein Beispiel. [N68, N100]

Werfen wir also einen Blick auf solche unerfüllbaren Erwartungen im Konzept von Demokratie, jene Fehler im ideologischen Webeplan, welche notwendig zu Defekten im Gewebe führen müssen, also den a priori Schwachstellen demokratischer Ideologie (die Beschreibung wei-terer, sich aus diesen a priori ergebenden Fehlern, folgen sodann in einem Abschnitt danach):

Die a priori - Schwächen demokratischer Ideologie

Den Ausdruck „inhärent" oder „intrinsisch" kann man aus philosophischer Sicht auch mit "a priori" benennen; ich verwende ihn im Zusammenhang mit Schwachstellen im ideologischen Konzept von Demokratie sowohl intuitiv als auch im philosophischen Sinn. Intuitiv ist damit auch „von vornherein" gemeint, weil eine Ausgangslage das Ergebnis unvermeidbar und notwendigerweise vorausbestimmt, und zwar nicht nur im Sinne einer theoretischen Annahme, sondern einer der Anlage innewohnenden Bedingung. Eine mehr philosophisch orientierte Definition habe ich in Anmerkung [N101] zusammengefasst. Demnach birgt Demokratie inhärente Fehler, wie sie sich an folgendem Beispiel offenbaren: Demokratie als „Regierung durch das Volk" beinhaltet die Möglichkeit, dass Wähler die Freiheit haben, einen Autokraten zu wählen und damit ihre Regierung und die Demokratie abzuschaffen.

Ich werde im folgenden sechs Gruppen von Schwachstellen beschreiben:
- Die Paradoxien der Toleranz
- Fehler im Wahlsystem
- "Das Volk" regiert sich nicht selbst
- Demokratie basiert auf einem virtuellen „Soll-Menschen"
- Selbstzerstörung durch Anonymisierung der Macht
- Selbstzerstörung durch ihre eigenen Regeln und Werte

Die Paradoxien der Toleranz in demokratischen Systemen

"Toleranz" ist zweifellos einer der bezeichnendsten Ausdrücke für das Zeitalter der Aufklärung. Für Friedrich Schiller käme dazu wohl auch "Gedankenfreiheit".[N102]

Popper's Diskussion von Platon's Paradox der Toleranz

Auf den ersten Blick mag diese Überlegung als Haarspalterei erscheinen. Bedenkt man sie jedoch aus der Sicht von Rechtsstaatlichkeit und internationalen Beziehungen, kommt man daran nicht vorbei: denn Toleranz entpuppt sich bei genauerem Hinsehen als scheinbar unlösbarer Knoten, wie Karl Popper es 1945 in seinem Buch „Die offene Gesellschaft und ihre Feinde" erläutert: *Wir sollten* [im Sinne von „müssten eigentlich"; Anmerkung des Autors] *im Namen der Toleranz ... das Recht fordern, Intoleranz nicht zu tolerieren. Wir müssten verlangen,* *dass jegliche Bewegung, die Intoleranz predigt, sich außerhalb des Gesetzes stellt, und wir müssten die Anstiftung zur Intoleranz als kriminell verfolgen, auf die gleiche Weise wie Anstiftung zum Mord, zu Entführung oder zur Wiedereinführung des Sklavenhandels".*[*1] Als ein Beispiel aus der Gegenwart weise ich auf eine Entwicklung, die ich als „Islam-Liberalismus Falle" bezeichne: liberale Demokratien brüsten sich mit ihrer Forderung nach Religionsfreiheit. Nun ist der Islam eine Religion, jedoch wird er von vielen eher als intolerantes Sozialsystem denn als nur eine Religion bezeichnet. Diese Behauptung wird hin und wieder durch Auseinandersetzungen und Zusammenstöße im Zusammenhang mit Verhalten und Kleidung in der Öffentlichkeit unterstützt. Manche Muslime kommen in westliche demokratische Länder und fordern dort die angebotene Religionsfreiheit ein. In einem praktizieren sie damit aber gleichzeitig ihr traditionelles Sozialsystem: Zwangsehe, inakzeptables Sozialverhalten (Verweigerung der im Westen üblichen Kontaktnahme mit westlichen Frauen, Verweigerung der Integration in westliche Schulen). Einige fordern sogar Sharia zu praktizieren, ihr eigenes Rechtswesen, und argumentieren dabei, dass es aus der Sicht ihrer Religion nicht akzeptabel ist, unter einem anderen Rechtssystem zu leben als dem ihren, was der Schaffung eines Staates im Staate gleichkäme. Christiano's Argument geht hierzu in die gleiche Richtung, indem er die Intoleranz von der anderen Seite beleuchtet, wenn er schreibt: *"... man behandelt andere nicht wirklich als gleich, wenn man darauf besteht, Verhaltensprinzipien aufzuerlegen, welche sie vernünftigerweise nicht akzeptieren können ...".* *[*32] Das genau ist es aber, was in einer liberal-demokratischen multi-ethnischen Gesellschaft mit Bürgern unterschiedlicher Religionen geschieht oder jederzeit geschehen kann und damit direkt in diese Paradoxie bzw. die Islam-Falle führt. Befolgt man die Regel, Intoleranz nicht zu akzeptieren, zerstört man die Gleichheit vor dem Gesetz in der Rechtsstaatlichkeit. Die weitere Argumentation von Christiano löst das Problem in keiner Weise; es schwelt in einer Reihe europäischer Länder in vollem Umfang weiter: *"Ich muss also weiter in einer Gesellschaft leben, die mit meinen Ansichten nicht übereinstimmt, und sie unterstützen. Es ist nicht klar, warum das weniger Kontrollverlust über die Gesellschaft sein soll als für jene, die in einer Gesellschaft leben müssen, die teilweise von Prinzipien regiert wird, die sie nicht akzeptieren."* *[*32]

Ähnliche Probleme können innerhalb eines Landes auftreten, wenn die Unterschiede zwischen Interessengruppen ein Niveau erreichen, dass sie das Verständnis für die Sinninhalte der anderen Seite verloren haben, weil sie tatsächlich nicht mehr verstehen, was die andere Seite tatsächlich meint mit dem was sie sagt.[N103]

Außer diesem Toleranz-Paradox hat Popper ähnliche Paradoxien identifiziert betreffend Freiheit, Souveränität und die Freiheit, die Mehrheitsregel zu bekämpfen.[N104]

Der westliche Universalismus bedeutet Intoleranz

Westliche liberale Demokratien beanspruchen für sich, ein besseres wenn nicht das beste politische und moralische System zu sein, und setzen ihre Regeln und Ansichten weltweit ein, zum Beispiel auf dem Weg über die UNO. Dabei ist dieser westliche demokratische Universalismus anderen System gegenüber intolerant, gleich ob diese anderen selbst tolerant oder intolerant sind, und versucht, ihnen seine dem Christentum entlehnten Werte zu diktieren. Menschenrechte sind jeweils Teil des Sozialkontraktes einer Nation. Dementsprechend provoziert jeglicher Universalismus einen Zusammenprall unterschiedlicher kultureller Bereiche. Dabei handelt es sich zwar um ein weiteres Beispiel von Platon's Toleranz-Paradox, es ist jedoch bedeutend genug um in einem gesonderten Abschnitt behandelt zu werden: in seinem Universalismus bezieht sich der Westen auf seine Demokratien und fordert damit praktisch die Einführung der Demokratie in allen anderen Ländern der Welt, wobei er gleichzeitig jegliche andere Staatsform ablehnt, vor allem solche, die ähnlich intolerant gegen andere Systeme sind wie er selbst (siehe auch UN auf S. 11). Dieser westliche Universalismus versucht auch zu diktieren, dass fundamentalistisch-islamische Parteien in nicht-europäischen Staaten nicht zugelassen werden dürfen, wie in Algerien in der jüngeren Vergangenheit,[N105] während er gleichzeitig in seiner neo-liberalen Einstellung verlangt, dass Menschen aus Kulturen mit intolerantem System den demokratischen Liberalismus in seinen eigenen Ländern ausschöpfen dürfen. Westliche Demokratien sind also letztlich ebenso intolerant wie jene anderen Systeme, die sie als intolerant kritisieren. Diesen westlichen Universalismus hat bereits Nietzsche im Jahr 1886 in seinem Buch „Jenseits von Gut und Böse" kommentiert, aus heutiger Sicht in nachgerade prophetischer Weise, als *Englische Moralität*.[N106] Huntington hatte sich in *seiner* Kritik am westlichen Universalismus auch auf Arthur Schlesinger' Worte bezogen: "... *die einzige Quelle von Ideen wie zum Beispiel individuelle Freiheit, politische Demokratie, Verfassungsstaat, Menschenrechte und kulturelle Freiheit ... sind europäische Ideen ... diese Konzepte sind nicht universell, aber sie sind einzig-*

artig".[84] Zweifellos beginnt das schwierigste Problem mit der Toleranz, sobald der Westen darauf besteht, sein Verständnis von Menschenrechten im Bereich fremder Kulturen umzusetzen. Das Problem hat zwei Hauptaspekte: der eine ist die eigene Glaubwürdigkeit, der andere der Konflikt zwischen moralischem Anspruch und staatlicher Souveränität:

Zur Glaubwürdigkeit des westlichen Universalismus –

und seinem Toleranzanspruch

Wie relevant ist der Anspruch universalistischer Demokratie auf „Menschenrechte Western-style" aus heutiger globaler Sicht? Die Inhalte der europäischen Geistesgeschichte sind zum allgemeinen Prinzip für den Westen geworden. Unter der anglo-amerikanischen Hegemonialmacht wurde sie erneut – nach dem alleinigen britischen Anspruch des 19. Jahrhunderts – zum allgemeinen Verhaltensprinzip für den Rest der Welt stilisiert, das liberal-demokratische Sozialsystem mit Gewaltenteilung und Trennung zwischen Religion und Staat zum Maß aller Dinge gemacht; die freie Marktwirtschaft kommt stillschweigend mit dazu, fast unbemerkt, jedenfalls unkontrolliert, und wird zum Auslöser der Globalisierung, natürlich im Verein mit den technischen Entwicklungen im Bereich Mobilität, Kommunikation und Digitalisierung von Information. Der Rest der Welt übernimmt diese zivilisatorischen Errungenschaften wie selbstverständlich, verwehrt sich jedoch gegen jegliche Eingriffe in die jeweiligen eigenen kulturellen und politischen Belange und verweist nebenbei auf die moralische Doppelbödigkeit im Westen selbst. Und tatsächlich ist der Westen reich an einer Vielzahl von Moralitäten, die mit zweierlei Maß gemessen werden. Als ein Beispiel am Rande haben die USA ihre Teilnahme am Internationalen Gerichtshof zurückgezogen (außerdem auch Israel)[85, 86] – als Beispiel der universal gültigen Menschenrechte? Die Angelegenheit führt direkt zurück in die seit den 1990er Jahren nicht endende „Huntington-Fukuyama-Debatte: *"... Huntington's tiefreichendster Angriff auf den Liberalismus besteht wahrscheinlich in seiner Persistenz, mit der er den globalen Anspruch der Demokratie als typischen Zug der westlichen Kultur bezeichnet, nicht als universale Wahrheit im Sinne von Fukuyama".* [14]

Unter den vielen anderen Doppelbödigkeiten, die wir ohnehin Alle kennen, findet sich die fortgesetzte Ausbeutung von Entwicklungsländern unter dem Deckmantel von Entwicklungshilfe und der Waffenhandel mit Kriegsgebieten und Anwärtern darauf. Es führt also nicht weiter, wenn der Westen auf politische und moralische Prinzipien pocht, die er selbst nicht befolgt. Huntington fügt dem noch weitere Argumente hinzu.[N107] Es ist daher nicht unplausibel anzunehmen, dass es der westlichen Demokratie aus diesen Gründen noch nicht gelungen ist, alle anderen vom Ziel einer Welt als Demokratie von Demokratien zu überzeugen, einer Welt, in der Menschen und Staaten einander nach den Regeln nationaler Demokratie behandeln – abgesehen von den Schwächen der Demokratie selbst, die sie zum Hindernis auf dem Weg der Überwindung der großen ideologischen Differenzen zwischen den Blöcken machen – auch deshalb also der Aufruf zur Erneuerung der Demokratie.

Dabei hat der westliche Universalismus eine noch viel längere Geschichte, denn sie reicht zurück in das Zeitalter der Entdeckungen und des Kolonialismus seit dem Ende des 15. Jahrhunderts. Der letzte historische Hinweis darauf vor dem Beginn der Zeitgeschichte ist vielleicht ein Memorandum, das zwischen 1939 und 1940 in New York geschrieben wurde; es trägt den Titel "The City of Man, A Declaration of World Democracy" und hat u.a. auch Thomas Mann zum Autor. Aus dem Inhalt: " ... the City of Man muss viel mehr sein als eine Liga der Nationen oder ein Zusammenwachsen der Kontinente. Es muss die Nation der Menschen sein, verkörpert im Universalstaat, dem Staat aus Staaten. Die Nationalstaaten schafften in der Tat kein dauerhaftes Gerüst für ein Zusammenleben. Sie entwickelten sich aus dem Verfall der Einheit des Alten Rom. Sie zogen Gewinn aus dem Zerfall der mittelalterlichen Einheit Europas. Sie sind dazu bestimmt, in einer neuen, künftigen Einheit wieder zusammenzuwachsen".*[87] Offensichtlich beeindruckt von den Ereignissen jener Tage (die deutsche Armee hatte soeben Frankreich besiegt), vergaßen die Autoren ganz auf all jene anderen Zivilisationen und deren kulturelle Wurzeln abseits von Europa und dessen Amerika; sie alle müssten Staaten als Teil dieses Universalstaates werden. Der Text besagt auch, dass diese „City of Man" eine „Diktatur der Menschlichkeit" werden müsse. Man fragt sich, ob diese „City of Man" nicht eher doch eine „City of Mann" geworden war, und die Macht der Ereignisse die Wortwahl mitzuprägen geschafft hatte: „Diktatur" wird hoffentlich auch aus der Ecke der „Menschlichkeit" keinen Bestand haben, besonders, solange letztere nicht eindeutig differenziert ist von unklaren Emotionen. Noch kurz davor waren amerikanische Zeitungen voll von Kommentaren im Sinne von „Ausländer raus" gewesen. Heute, achtzig Jahre später, gehen neue angehende Supermächte, ein entfremdetes Russland, und Führer der Islam-dominierten Welt, jeweils ihre eigenen Wege, und die anglo-amerikanische Welt scheint ebenfalls zurückzufinden zu neuem „Non-Universalismus".

Das Dogma der staatlichen Souveränität
und das Dogma der Menschenrechte

Die staatliche Souveränität versperrt dem Schutz der Menschenrechte und damit der Mission der Toleranz als globaler Forderung den Weg. Wer bestimmt, was im Fall der Verletzung der Menschenrechte in einem Land den Vorrang haben soll? Ist es 1- die Charter der Vereinten Nationen, welche die Souveränität der Staaten schützt, *"basierend auf dem Prinzip der souveränen Gleichheit aller Mitglieder"** [88], oder 2- der *"Schutz der Menschenrechte weltweit"** entsprechend der Charter der UNHRC (United Nations Human Rights Council) [89] ?

Ein Beispiel: der Westen, vor allem Europa, kritisiert die Türkei wegen ihrer Verwandlung in einen demokratisch gewählten autokratischen Staat, der die Menschenrechte massiv verletzt. Die Türkei antwortet: „Das geht euch nichts an". Das Spiel mit den Souveränitäten ging weiter, als Österreich beschloss, Moscheen zu schließen und Imame auszuweisen, weil deren finanzielle Unterstützung durch den türkischen Staat gegen österreichisches Recht ist: die Türkei protestiert. Österreich antwortet: „Das geht euch nichts an".

Noch ein Beispiel: Präsident Trump appelliert während seiner Rede vor der UNO Hauptversammlung an die Charter, wonach die Souveränität der Staaten und die Sicherheit ihrer Bürger das oberste Prinzip ist. Um der Bedrohung zu entgegnen, die von den Regimen von Nordkorea, Iran und Venezuela ausgehe, droht Trump unmittelbar darauf, Korea zu zerstören und die beiden anderen Länder unter Missachtung von deren Souveränität und der Sicherheit von deren Bürgern anzugreifen.

Dritte Beispiel: nochmal Trump, gewählter Präsident eines demokratischen Staates, fordert zuerst zu freundlicher Nachbarschaft zwischen souveränen Staaten und deren unterschiedlichen Kulturen auf, nur um unmittelbar darauf den Sozialismus als Gefahr zu bezeichnen, der vernichtet gehört.

Viertes Beispiel: Präsident George W. Bush boykottiert während seiner Amtszeit die Tätigkeit des UNHRC.

Revel wies auf eine weitere Facette dieser Paradoxie hin: damit, dass der Westen undemokratische Regime zum Zwecke des Erreichens seiner demokratischen Ziele unterstütze, *"... hatten sich die Demokratien aus freien Stücken zu Gefangenen einer im Grunde unüberwindlichen Schwierigkeit gemacht".*[78, N107A]

In vergleichbarer Absurdität wie die von Revel beschriebenen Schutzmaßnahmen verlor der Westen dann anderseits junge Staaten - ihre

143

früheren Kolonien – an Sowjet-Russland, weil ihre früheren Besitzer nun deren Souveränität respektierten, aber noch keine freien demokratischen Wahlen zuließen, während die Sowjets ihnen Angebote machten und damit deren Tendenz weg von den früheren Herren unterstützten.

Der wahrscheinlich deutlichste Hinweis auf das Dilemma ist aber die UN-"Agenda 2030", "Sustainable Development Goals – SDG" : es geht um 17 Punkte dringend erforderlicher Agenda für die Zukunftsfähigkeit [N4] der menschlichen Zivilisation, welcher 195 Staaten im Jahr 2015 zustimmten. Das Problem dabei ist nur, dass man offen ließ, wer jeweils für welche der einzelnen Tätigkeiten verantwortlich sein sollte, wer welche Kosten übernehmen würde [12,46], und schließlich, was zu geschehen hätte, wenn ein Staat die Bemühungen der übrigen 194 verhindert. Ich weise hier nur auf einen der Punkte, um zu verdeutlichen, in welcher Lage sich die Welt von uns Menschen derzeit konkret befindet: Punkt Nr.8 betrifft Fragen der Menschenwürde. Anfang 2018 trampelten die USA über den gesamten Bereich von Würde und Rechten, indem sie auf einen Schlag das Klimaabkommen und praktisch sämtliche bestehenden Handelsverträge in Frage stellten.

Globale Herausforderungen lassen sich nur auf der Basis globalen guten Willens meistern. Die Tatsache, dass Menschenwürde und –rechte [N266] von der staatlichen Souveränität in Schutzhaft genommen werden können, legt das Dilemma überdeutlich bloß.

Toleranz und die Intoleranz der Mehrheitsregel

Das Dogma der Regierung der Mehrheit schlägt das Dogma der Toleranz und kann zu Despotismus führen. Mehrere westliche Staaten sind jüngst in diese Falle geraten und sehen sich nun vor einer zweigeteilten Bevölkerung: Spanien, die USA, Großbritannien, und auch alle Länder mit wachsenden Rechtsparteien. Widersprüche sind aber auch auf anderen Ebenen eingewoben; zusammen ergibt das ein wirres Bild: die zur Zeit der Aufklärung eingeführte Unabhängigkeit der Politik von der Religion ist insoferne relativiert, als in einer Demokratie Alleinregierungen von Parteien vorkommen, deren Werte von der christlichen Religion geprägt sind. Gewinnt eine „Christliche Volkspartei" bei Wahlen die absolute Mehrheit, kann sie eine muslimische Minderheit mit christlich fundierten Gesetzen konfrontieren – Kreuze an Wänden öffentlicher

---

[12] Das jährliche Budgetdefizit der Agenda wird mit etwa einer Billion Dollar beziffert (siehe auch Literaturzitat oben)

Einrichtungen waren wiederholt Gegenstand von Debatten, auch die Genehmigung zum Bau von Moscheen. Diese Situation ist aber auch umgekehrt denkbar: gewinnt eines Tages eine muslimische Partei in einem europäischen Land, könnte sie das Sharia-Gesetz zulassen oder insgesamt einführen, sie wäre in der Lage, den Bau von Moscheen ohne Beschränkungen zu genehmigen (der türkische Präsident Erdogan scheut sich nicht, in seinen Reden Europa diese Zukunft zu prophezeien).

Fehler in den Wahlsystemen

Thomas Hobbes schrieb 1651: "*... kein Einzelner macht einen Unterschied zum Ausgang von Entscheidungen*".*[32] Im Jahr 1910 verfasste Herbert Spencer ein Pamphlet (das er allerdings später teilweise revidierte) mit den Worten "*Ein Mensch ist nicht deshalb weniger Sklave, weil er einmal pro Wahlperiode einen neuen Herrn auswählen darf*".*[90] Debatten über Sinn und Wert von Wahlen sind seither nicht verstummt, und das Interesse an ihrer Beteiligung hat bezeichnende Wendungen genommen. „Wählen" – eine Stimme für jeden einzelnen Bürger eines Staates: es galt und gilt als entscheidende Errungenschaft der Einzelnen in einer Gesellschaft und wird als lebenswichtiges Signal der Gleichheit betrachtet – ist es das? Ist „wählen" tatsächlich ein Ausdruck menschlicher Würde als Bürger, und der Selbstachtung[3], und hängt daran tatsächlich Macht, nicht nur eine "*naive Theorie von Demokratie*"?*[3] Handelt es sich nicht nur um ein Abzeichen aus der Frühphase der modernen Demokratie, das damals als Symbol für Gleichheit getragen wurde und mittlerweile überflüssig ist? Werden Selbstachtung und Würde tatsächlich erst durch Demokratie erworben? Waren diese Qualitäten in den Monarchien des 19. Jahrhunderts tatsächlich nicht existent oder zumindest derart schwach, dass sie allein den Ausbruch von Revolutionen erklären können, oder ist diese Forderung nach Wahlrecht eine Krankheit, die von der Demokratie selbst verbreitet wurde? [3 , N108, N266]

Das Ergebnis einer kritischen Analyse der Literatur über heutige Wahlsysteme und deren Relevanz steht jedenfalls in deutlichem Widerspruch zu der Bedeutung, welche ihnen die politisch korrekten Interpretationen verleihen. Aus der Analyse lassen sich folgende 10 inhärente – a priori-Systemfehler ableiten:

1- Wähler sind für Wahlen nicht qualifiziert, müssen sich aber binden
2- Kandidaten können für ihr Amt ungeeignet sein
3- Mehrheit diktiert Minderheit, verletzt damit Freiheit und Toleranz
4- Wähler können einen Autokraten wählen
5- Demokratie erlaubt Manipulation der Wählerschaft
6- Wahlregeln schaffen eine regelwidrige Vorselektion
7- Wähler können ihre Interessen *zwischen* statt *in* Parteien finden
8- Wähler können eine Partei aus unterschiedlichen Gründen wählen
9- Amtsperioden korrumpieren Langzeitstrategien
10- Koalitionen sind ein Wahl-Nonsense

Ad 1- Wähler sind nicht qualifiziert, müssen sich aber rechtlich an das Wahlergebnis binden: Wir, die normalen Leute in einem Staat, verstehen die Mehrzahl der Details politischer Probleme nicht. Damit ist nicht gemeint, dass wir zu dumm seien, sondern dass wir die Einzelheiten, die wahren Hintergründe, aus den Medien nicht entnehmen können. Die Tatsache, dass unter der Aufsicht von Politikern, die von inkompetenten und irrationalen Wählern gewählt wurden, viele kompetente Entscheidungen fallen, spricht für einen systemunabhängigen Prozess; denn die Beamten treffen durchschnittlich meist vernünftige Entscheidungen, gleich in welchem System sie arbeiten, solange sie nicht Stellung oder gar Leben riskieren, wenn sie den Befehlen in einem autokratischen Regime nicht folgen. Außerdem ist zwischendurch doch immer wieder ein rettendes Phänomen am Werk: *"Durchschnittliche Bürger sind wahrscheinlich in der Lage, eine gute Theorie von politischer Kompetenz zu entwickeln, obwohl sie außerstande sind, ihre Theorie anzuwenden"*.*³ Das Argument trifft den Punkt, dass Wähler zwar ein ziemlich verlässliches Gefühl dafür hätten, was recht und gut für sie ist, die Voraussetzung für eine richtige Entscheidung wäre aber, dass sie in vollem Umfang über die Hintergründe informiert sind, was meist nicht der Fall ist; außerdem können sie nicht wissen, ob ein Kandidat die Rolle tatsächlich ausfüllen kann, die erforderlich ist, um ein Zielversprechen in Politik umzusetzen.

Überdies macht die Möglichkeit zu fast unbegrenzter Manipulation (siehe auch Punkt 5) allgemeine Wahlen eher zu einem politischen Risiko als zu einem stabilisierenden Faktor. LeBon's diesbezügliche Beobachtungen sind, wie zuvor zitiert, nicht ermutigend. Unter der Annahme, dass "wählen" bedeutet, dass Entscheidungen von großer politischer Tragweite daraus resultieren, stimme ich Aussagen in der rezenten Literatur zu, das unsere individuelle Stimme bedeutungslos ist: *"Ohne die*

146

Fähigkeit, intelligent am politischen Geschehen teilzunehmen, kann man seine Stimme nicht dazu nutzen, seine Ziele voranzubringen, noch kann man behaupten, man nähme an einem Prozess vernünftiger Beratung unter Gleichen teil". [32]

Was drückt unsere Stimme aus, wenn wir Politiker oder politische Parteien wählen? Meist wählen wir als Ergebnis eines unbewussten Prozesses, schwer hinterfragbarer Gefühlen wie Sympathie, Eindruck von Vertrauenswürdigkeit, Vermittlung eines Gefühls von Sicherheit, vermischt mit einigen opportunistischen Motiven; dies macht aus Wahlen ein Glücksspiel, wie professionelle Wahlprognosen immer wieder zeigen: sie irren sich oft in erstaunlichem Umfang. Somit können Wahlen zur sinnfreien Überraschung werden, die lediglich momentane Befindlichkeiten oder Sensitivitäten widergeben, beispielsweise das Wetter am Wahltag (weil die Leute bei Regenwetter lieber zu Hause bleiben), oder einen kleinen, zeitlich in hinterhältiger Präzision von einer Partei gegen den Hauptkontrahenten plazierten Skandal.[N109] Wenn wir eine politische Partei wählen, repräsentieren wir damit in aller Regel unsere gesellschaftliche Position oder Klasse; damit wäre eine Wahlmehrheit im Grunde nichts anderes als die Größe einer sozialen Klasse. Dies galt zumindest bis kürzlich. Neuerdings gerät diese Situation aus mehreren Gründen aus den Fugen: viele neue Berufe lassen sich dem herkömmlichen Modell von „Arbeiter" oder „Akademiker" nicht mehr klar zuordnen. Zusätzlich verlieren – auch wegen der inhärenten Schwächen der Demokratie, nicht nur wegen externer Faktoren – die traditionellen Parteien an Boden, eine Vielzahl von neuen Orientierungsversuchen drücken sich in Parteigründungen aus, obwohl sich dadurch die Zersplitterung nur noch verschlimmert.

Brennan erläutert und diskutiert die "Kompetenz" von uns Wählern anhand einer Reihe von Beispielen aus der Literatur, um weiter zu betonen, dass die Mehrzahl der Wähler politisch inkompetent ist, unwissend, desinteressiert, parteiisch oder unentschlossen, weit entfernt von objektiv, obwohl viele in der Meinung wählen, sie entschieden sich im Interesse dessen, was sie als Gemeinwohl verstehen.[3, N110] Es geht nicht darum, von den Wählern ein unrealistisches Expertentum in Politologie zu verlangen; am Boden der Tatsachen erhebt sich vielmehr umgekehrt die Frage nach dem Sinn allgemeiner Wahlen, da die Mehrzahl nicht wirklich weiß, was sie tut. Und noch schlimmer: Studien und Statistiken weisen aus, dass die Leute im Schnitt nicht daran interessiert sind, was sich in der Politik tut, solange die Dinge in ihrem Land im großen und ganzen zu ihrer Zufriedenheit laufen. Dies fasst Brennan mit dem Satz zusammen: *"Die meisten Wähler sind nicht dumm, es ist ihnen einfach nur egal."*[*3]

Letztlich kommt zur Frage unserer Kompetenz als Wähler noch hinzu, dass wir schon von vornherein unser Einverständnis [3] zu einer Regierung gar nicht geben können, weil eine solche Regierung zur Zeit der Wahl gar nicht existiert. Nach der Wahl sind die Politiker und Parteien mit vielen neuen Problemen konfrontiert, die vor der Wahl noch nicht existierten und deshalb gar nicht Gegenstand eines Wahlprogramms sein konnten, nicht einmal in einer „was-wenn"- Formulierung. Gewählte Politiker müssen nun entscheiden, aber ohne die Zustimmung ihrer Wähler. Sicher, es gibt Umfragen, aber sie unterliegen einerseits keinen klaren Regeln, andererseits aber all jenen Schwächen, unter denen das gesamte Wahlsystem leidet. Mit der Wahl ist also alles andere geschehen als die Zustimmung der Wähler zu dem, was die Politiker nun machen; es sieht eher nach einem Trick aus, der die Menschen in die Falle eines politischen Systems lockt: wählen macht uns also nicht frei, sondern es bindet uns gesetzlich an die Befolgung von Gesetzen, mit denen wir eventuell nicht einverstanden sind. Durch die Wahl verkaufen wir also gewissermaßen unsere Seele an eine Regierung. In manchen Ländern geht dieser Zwang noch einen Schritt weiter: in Australien und in Bolivien herrscht gesetzliche Wahlpflicht, mit der man als Bürger eventuell nicht einverstanden ist, die aber dazu zwingt, sich verbindlich den Gesetzen einer Regierung zu unterwerfen, mit der man nicht einverstanden ist. In der Zusammenschau dieser Problematik kann also „wählen" faktisch nicht bedeuten, dass man ein Einverständnis gibt, weil ja noch nichts existiert, dem man zustimmen könnte, dass dieser Akt des Wählens aber rechtlich als Zustimmung angesehen wird. Diese rechtliche Bedeutung der Wahl eines Bürgers entspricht also einer Unterschrift zu einem Kaufvertrag, in dem kein Preis steht, und obwohl man eigentlich gar nichts kaufen wollte. In der Medizin muss der Patient vor Beginn einer invasiven Behandlung sein Einverständnis schriftlich geben und auch bestätigen, dass er über die Möglichkeiten und Risiken aufgeklärt wurde und dies auch verstanden hat. In der modernen Demokratie gehst du hin und wählst; ohne Information betreffend den möglichen Ausgang (es könnte zu einer inakzeptablen Koalition kommen, mit der man sich niemals einverstanden erklärt hätte). Ein vernünftiger Politiker würde wohl sagen: wie könnte ich denn Auskunft über mögliche Ergebnisse mit meiner Regierung geben, wo ich doch nicht weiß, was die Zukunft bringt? In der Tat vernünftig. Aber was bedeutet dann allgemeines Wahlrecht als Basis moderner Demokratie heute anderes als Selbstbetrug?

So wie für die meisten Webfehler der modernen Demokratie gibt es auch für das Problem sinnloser allgemeiner Wahlen Lösungen; ich werde sie im dritten Kapitel besprechen.

Zusammenfassend ist Politik zu kompliziert für einen kompetenten Standpunkt, weil für den Durchschnittsbürger viel zu zeitraubend. Der Lösungsvorschlag der repräsentativen Demokratie ist nicht hilfreich, weil sie das Problem nur auf die Ebene von Parteiprogrammen verschiebt. Daher sind wir, die derzeitigen Wähler, nicht kompetent, im Sinne unseres eigenen Interesses zu wählen. Dadurch wird allgemeine Wahl von vornherein unsinnig. Besonders angesichts des breiten Desinteresses der Wählerschaft, von sinnfreien oder katastrophalen Wahlergebnissen, die ganze Länder spalten, uns aber andererseits rechtlich binden, erhebt sich in der Tat die Frage, ob die politischen Systeme in westlichen Ländern nicht einer grundlegenden Änderung bedürfen.[N111]

Ad 2- Wer identifiziert ungeeignete Kandidaten? Manche der heutigen Politiker haben überhaupt keine berufliche Ausbildung; Minister und Ressortleiter wechseln oftmals die Plätze in Regierungen, von Gesundheit zu Finanzen, von Wissenschaft zu Verkehr. Es gibt keinen Selektionsprozess betreffend deren berufliche und moralische Qualifikation. Manche der politologischen Beobachter vertreten den Standpunkt, dass allgemeine Wahlen samt und sonders nichts anderes bewirken, als dass inkompetente Wähler inkompetente Politiker wählen.[3]

Die Verfassung der USA enthält theoretisch ein Instrument zur Kontrolle des „Faktors Mensch", indem sie, wie es dort heißt, Leidenschaft mit Leidenschaft ausbalanciert. Es versagt jedoch, weil die Auswahl geeigneter Kandidaten - eine Voraussetzung für die regelrechte Funktion des gesamten demokratischen Systems - nicht gewährleistet wird.[91] Eignung wird zwar vorausgesetzt – man könnte sie als eine Art moralische Aristokratie beschreiben – sie wird jedoch nirgendwo klar definiert. Nun könnte man in zynischer Weise sagen, dass dies auch der Grund dafür sei, dass diese Eignung nicht wirklich überprüft wird. Dies demonstrierte denn auch das "Electoral College" der USA, eine Einrichtung zur Aussonderung ungeeigneter Kandidaten[11], mit der Wahl von Donald Trump zum Präsidenten – so meinen viele Millionen Menschen: bei formaler Betrachtung hätte das Forum der Delegierten des College intervenieren können und müssen.[92] Bedenken wurden jedoch beiseite geschoben, weil es der Republikanischen Partei wichtiger war, wieder an die Macht zu kommen, als ihren demokratischen Pflichten nachzukommen. Theoretisch – und zwar nach Artikel 25 des Annex zur Verfassung - könnte, und sollte, auch der Vizepräsident gegebenenfalls den Präsidenten offiziell als unfähig erklären, indem er die Zustimmung von Kabinett und/oder Congress einholt. Dies ist nicht geschehen. Stattdessen wird nun der Präsident nahezu täglich in Fernsehkommentaren, Artikeln, sowie in Büchern, beschimpft und verhöhnt. James Comey, bis kürzlich Direktor des FBI, nannte seinen Präsidenten in einem TV-Interview einen Lügner, der die amerikanischen Werte betrügt und für dieses Amt moralisch ungeeignet sei.[26]

Ad 3- Die Diktatur der Mehrheit: Demokratie wird unumgänglich fundamentalistisch, sobald Parteien für die Umsetzung ihrer Ziele kämpfen, ihrer Parteiprogramme. Die Siegerpartei muss im Interesse ihrer Wähler versuchen, ihre Versprechen einzulösen. Damit zwingt sie die Verlierer, ihrem Programm zu folgen. Mehrere Länder sind deshalb zunehmend im Aufruhr mit wiederholten Massendemonstrationen, weil der zurückgelassene Teil der Bevölkerung sich weigert, dieser verwirrenden Widersprüchlichkeit von Demokratie zu folgen, die umschlägt in eine Diktatur der Mehrheit, oder der gewählten Regierung – Spanien und Griechenland sind Beispiele, ganz zu schweigen von Staaten, die zwar Wahlen haben, deren Regierungen aber kaum den Namen "demokratisch" verdienen. Abstimmungen zwecke Ermittlung von Mehrheiten sind eine a priori Quelle der Ungleichheit für die Minderheiten.[32] Wenn sie obendrein keine Chance auf Vergrößerung haben, können sie auf Dauer Verlierer bleiben, werden damit aber zum Unruheherd. Nicht nur sozial Gruppen, auch geographische Regionen können in diese Rolle verfallen (Süditalien, Ostdeutschland) – mittlerweile ein Thema in der EU, die droht, in West und Ost, Nord und Süd zu zerfallen. Die Armen in Regionen mit zurückgebliebener Infrastruktur und geringen Chancen auf Arbeit sind dann die gefährlichsten Minderheiten für eine Demokratie. Viele Bürger in solchen Gegenden weigern sich, weiter Mitglieder in einer solchen Gesellschaft zu spielen und wählen nicht mehr. Mehrheitsregierungen als Ergebnis derzeitiger Abstimmungsmethodik polarisieren und spalten jene Gesellschaft, die "Demokratie" eigentlich zusammenführen und –halten wollte. Demonstrationen und Streiks repräsentieren im Grunde antidemokratisches Verhalten, weil Demonstranten ablehnen, und besonders Streikende, der Mehrheitsregierung Folge zu leisten.[N112] Mehrheitsregierung schafft damit ein Klima der Ungerechtigkeit, in dem sich Minderheiten als Verlierer und bestenfalls als Almosen-empfänger in der eigenen Gemeinschaft fühlen müssen und die Sieger zu ihren Feinden werden.

Die demokratische Rechtsstaatlichkeit arbeitet zusätzlich Toleranz und Freiheit entgegen; dies zeigt das Beispiel Spanien besonders deutlich, wo die Katalanen als Minderheit ihre Staatsregierung direkt des Despotis-mus beschuldigen.[N113] Letztere wiederum beruft sich auf die Regeln der Demokratie und Rechtsstaatlichkeit und sperrt Protestierende ins Gefängnis. Ein herausragendes Beispiel von demokratischem Wahl-Nonsense ist der Brexit.[N114] Und es gibt reichlich weitere Beispiele rezenter erfolgreicher Wahlmanipulation und derart lächerlich kleiner Unterschiede in den Stimmenzahlen, deren Folgen in Form sogenannter Mehrheiten die ganze Welt zu erschüttern begannen, Wahnsinn, der nur noch durch zusätzliche Zweifel an Wahlergebnissen überboten werden kann, Zweifel, die jegliches Wahlergebnis endgültig reif für den Papier-korb machen: am 8. November 2016 wählten 48,2% der US-Amerikaner für Hillary Clinton, 46,1% für Donald Trump; wegen des „speziellen" Wahlsystems (siehe Gerrymandering) wurde Trump zum Sieger erklärt. Im Januar 2018 sprachen sich 55% der Befragten gegen Trump's Tätigkeit aus (im Dezember 2017 waren es über 60% gewesen) [93].

Neben den a priori-Fehlern birgt die Forderung nach Wahlrecht noch eine weitere Fehlerquelle, die durch die gleichzeitige Forderung nach Freiheit entsteht: hier geht es nochmal um das Wahlrecht als Teil des Selbstwertgefühls, das eine Voraussetzung für die Selbstbestimmung des Individuums sein soll, des Individuums als Teil des Souveräns, des Volkes [94]. Die Schwachstelle hat sogar zwei Anteile: der eine betrifft die Tatsache, dass es keine Evidenz dafür gibt, dass das Wahlrecht irgend einen Effekt auf unsere Selbstbestimmung hätte – ganz im Gegenteil. Zu wählen bedeutet für uns nichts anderes als dass unsere „Selbstverwal-tung" in einen Topf zusammen mit Millionen anderer Selbstregierer geworfen wird. Das Ergebnis ist statistischer Unsinn, reines Spiel mit dem Zufall, vollkommen abgekoppelt von unserem Recht auf Freiheit. Natürlich hatten wir die Freiheit, unsere Meinung zu äußern, das blieb aber ohne direkte Konsequenz. Hatten wir Pech in diesem Spiel, dann wurden wir Opfer im zweiten Teil dieses Systemfehlers: denn wenn eine andere Partei gewann als die von uns selbst gewählte, dann kann die Siegerpartei uns Gesetze auferlegen, mit denen wir nicht einverstanden sind – wo ist nun unsere Freiheit und unsere „Selbstregierung"? Hatte Demokratie hier nicht etwas anderes versprochen? Nun, die Sache ist die, dass die Ideologie von der Freiheit nur dann gilt, wenn Alle – und ich meine tatsächlich Alle – alle Bürger des Landes mit einer Lösung einverstanden sind. Aber Lösungsvorschläge werden wir im dritten Kapitel besprechen.

Das fundamentale Problem dabei sitzt leider noch etwas tiefer und bringt die verballhornte Logik ans Tageslicht: „Wir, das Volk", diese Einheit, spaltet sich selbst, indem wir abstimmen und erlauben, dass sich eine Mehrheit bildet und dem Rest von „Wir", der verbleibenden Minderheit, ihre Ziele aufzwingt. Dieser selbstzerstörenden Widersprüchlichkeit hat Rousseau noch eine weitere Ebene der Unmöglichkeit hinzugefügt, indem er definiert, „Wir, das Volk" sei gleichbedeutend mit „Allgemeinem Willen" [volonté générale], einem theoretischen Konstrukt, das Alle von uns zwingt, uns stets als von diesem Allgemeinen Willen repräsentiert zu sehen – eine Unmöglichkeit, die einer Quadratur des Kreises gleichkäme. Genau an diesem Problem entgleiste die Französische Revolution zum Terror der Robespierre'schen Jakobiner mit ihrem demokratischen Totalitarismus [342] – eine Gefahr, zu der Demokratie a priori neigt.

Ad 4- Die Wählerschaft könnte für einen Autokraten stimmen: die Mehrheitsregel der Demokratie arbeitet gegen sich selbst, weil die Mehrheit die Demokratie abschaffen könnte, indem sie einen Diktator wählt - oder einen König. Dieser Fehler steckt auch in der Feststellung von John Locke, wonach *"... die Gesellschaft in die Richtung gehen muss, in welche die größere Zahl von Personen sie zu gehen wünscht".*[*95] Typische Beispiele hierfür finden sich in der Geschichte Frankreich's gleich zu Beginn ihres tiefgreifenden sozialen Umbruchs: Napoleon Bonaparte, zuerst Revolutionsführer, endet als verehrter und umjubelter Kaiser. Aber auch in der Zweiten Republik geschah es nochmal: Louis Napoleon wurde von verschiedenen Parteien deshalb gewählt, weil er der Neffe von Napoleon Bonaparte war. Und das Risiko verwirklichte sich umgehend: ähnlich wie in der heutigen Türkei wurden gegnerische Parteien und deren Zeitungen verboten (deshalb wanderte ja Karl Marx 1849 von Paris weiter nach London); nach einem Putsch im Jahr 1851 machte sich Louis Napoleon zum Regenten auf Lebenszeit und imitierte seinen Onkel, indem er sich im Jahr darauf selbst zu Kaiser Napoleon III. krönte – dieses zweite Kaiserreich dauerte bis 1870, als Frankreich den Krieg gegen Deutschland verlor.

In unseren Tagen verdeutlicht sich diese Verwundbarkeit der Demokratien an Polen, Ungarn und der Türkei; manche meinen, auch die USA seien davon nicht weit entfernt. Was die übrigen angeht, so liegt die Gefahr im Desinteresse und der Trägheit der Menschen in ihrem Wohlstand.[N115]

Ad 5- Demokratie erlaubt Manipulation der Wählerschaft: Wahlausgänge können ganz einfach nur das Ergebnis erfolgreicher Manipulation sein, wie schon Platon in Buch 6 seiner „Republik" meinte: *„Also wird der Staat regiert von sehr schlecht ausgearbeiteten Ideen, welche von Experten in Manipulation und Massenaufrufen verwendeten, um an die Macht zu kommen."*[*32] Wirkung und Möglichkeiten moderner Massenmedien für Manipulation, etwa durch Streuen falscher Gerüchte – jüngst erhielten sie den Namen „fake news", die umgehend offiziell umbenannt wurden in „alternative truths" [alternative Wahrheiten] und bei Wahlen ihren Erfolg zeigen (nicht die Inhalte und Fakten zählen, sondern die Methode der psychologischen Steuerung über unser Unterbewusstsein). Ein rezentes Beispiel mit derzeit ungewissem Ausgang ist die Falschinformation über die Kosten des Verbleibs in der EU im Rahmen des Brexit-Referendums. Manipuliert aus allen möglichen Richtungen wählen die Menschen eine Illusion, das wohlpräparierte Image eines Kandidaten, nicht viel anders als beim Einkaufen im Supermarkt oder anderen Geschäften, stets wählen wir Träume und Erwartungen, selten einfach nur rationalen Bedarf, verführt von subliminaler Werbung und anderen psychologischen Tricks. Deshalb kann mit Hilfe gezielter Werbung, oder weil die Menschen sich einen starken Führer wünschen, eine demokratische Wahl in Diktatur enden. Zusammen genommen zeigt sich erneut, dass sich Demokratie an ihren eigenen Regeln vernichten kann. Außerdem erfüllt die moderne Demokratie damit sozusagen ihre eigene Erwartung nicht, indem sie jene Erwartung, die sie in die Menschen setzt, nämlich der Souverän zu sein, selbst verhindert, jedenfalls solange sie diese professionellen Werbemethoden in der Politik erlaubt; denn damit ist der Manipulator der Souverän, nicht das Volk.

Ad 6- Wahlregeln schaffen eine regelwidrige Vorselektion, zum Beispiel durch verfassungsmäßige Einschränkungen des aktiven oder passiven Wahlrechts – ein weiteres Beispiel von Platon's Paradox: wenn man eine Gruppe vom Wahlrecht ausschließt, weil sie die geltenden Bestimmungen oder Traditionen missachtet. Ich hatte schon zuvor den Kommentar hierzu von Bertrand Russell zitiert (siehe S. 57) [29]

Ad 7- Wähler können ihre Interessen zwischen, anstatt innerhalb von, Parteien finden, verteilt auf die Programme mehrerer Parteien – was sollen sie dann wählen? Ein Beispiel aus der Sicht amerikanischer Politikwissenschaft: "...*das aufgeklärte US-Publikum stimmt mit einigen Vorschlägen der Demokraten überein, und in einigen anderen mit den Republikanern, und lehnt die Standpunkte sowohl der Demokraten als auch der Republikaner bei nochmal anderen Themen ab.*" * [96] Das System kann also durch seine Regeln von vornherein verhindern, dass ein Bürger sich durch rationale Überlegung für eine Partei entscheiden kann.

Ad 8- Wähler können eine Partei aus unterschiedlichen Gründen wählen: die Regel, wonach politische Parteien in der liberalen Demokratie die Interessen ihrer Wähler vertreten, birgt den inhärenten Widersinn, dass Wähler einzelne Parteien aus einander widersprechenden Motiven wählen können. Dadurch macht Demokratie das Parteiensystem ebenso absurd wie die Wahlen – und spaltet Parteien und Gesellschaft.[3] Diese Absurdität tritt heute zutage, wenn traditionelle Parteien behaupten, dass ihre an Rechtsparteien verlorenen Wähler gar nicht wegen deren Programm wählten sondern gegen ihre alten Parteien, dann die Wähler quasi schützen und nur die Rechtspartei zu dämonisieren suchen, während die Wähler gegen die traditionellen Parteien auf die Straße gehen und Schlachten gegen die Polizei des Staates schlagen. So entsteht ein wirrer Populismus-Tango, in dem die Demokratie unterzugehen droht.

Ad 9- Amtsperioden korrumpieren Langzeitstrategien: Regierungs-wechsel führen nicht selten zu kostspieligen Strategiewechseln in wichtigen politischen Bereichen und behindern oder blockieren Pläne, deren Umsetzung wesentlich mehr Zeit in Anspruch nimmt als nur eine Wahlperiode: das britische Gesundheitswesen ist diesem Machtspiel der Parteien schon mehrfach in die Hände gefallen und daran fast zerbroch-en; die Reform des US-Gesundheitssystems, kaum von Obama in Angriff genommen, wurde von Trump umgehend erneut geändert. Pläne zur Verbesserung der Situation der Langzeitarbeitslosen, in Österreich kaum eingeführt, wurden wenige Monate später von der neuen Regie-rung anulliert. Auf diese Weise können manche Ressorts mit demokrati-schen Mitteln arbeitsunfähig werden. In Zusammenschau mit den ande-ren inhärenten Systemfehlern, besonders auch dem Wissen um sinn-leere Wahlergebnisse, kann es schwer fallen, dem Eindruck eines Irrenhauses zu entgehen, das der Gefahr ausgesetzt ist, einem Autokraten in die Hände zu fallen.

Ad 10- Koalitionen sind ein Wahl-Nonsense: Koalitionen sind sozusagen Mehrheiten zweiter Ordnung; mit der Wahl der Bürger haben sie nichts mehr zu tun, denn die Entscheidungen sind dem Souverän in doppelter Hinsicht vollkommen entzogen. Einmal weiß ein Wähler nicht, was mit seiner Stimme gemacht werden wird bzw. welche Zustimmung mit dem Wahlzettel letztendlich gegeben wird – ein „Persilschein" mit der Möglichkeit, dass nach der Wahl eine unvorhergesehene Koalition gebildet wird, auf die der Wähler zunächst keinen Einfluss mehr hat. Wenn also die bisherigen Ursachen für Absurdität und Nonsense noch nicht ausgereicht haben, die Freiheit, Koalitionen zu bilden macht dieses Fass voll.

Andererseits hat dieser Unsinn auch eine positive Seite für die Zukunft: je öfter wegen immer mehr immer kleinerer Parteien Koalitionen von immer mehr Parteien erforderlich werden, desto näher rückt die Einsicht, das man sich gleich von vornherein auf die besten Lösungen im Sinne des Gemeinwohls einigen kann, denn die Alternative ist nur noch das Zerbrechen des Staates in viele starrköpfige Gruppen, die einander feindlich gesinnt und ohnehin kein Staat mehr sind.

"Das Volk" regiert sich nicht selbst

Warum diese Aufregung? – könnten Sie sich jetzt fragen. Selbst wenn "Demokratie" nicht so genau definiert ist, so wird dennoch allgemein verstanden und breit anerkannt, dass damit „die Macht dem Volk" gemeint ist, und dass dies darauf hinweist, dass sich das Volk in der Tat selbst regiert und dass es der Souverän ist.

Nun, blättert man im Text zurück zur Statistik der EIU, bleibt von dieser oberflächlichen Ansicht wenig übrig; bei genauerem Hinsehen wird sogar klar, dass sich das Volk von vornherein unmöglich selbst regieren *kann*, wobei noch gar nicht untersucht ist, ob es das überhaupt *will*. Ich werde meine Argumente hier in diesen drei Abschnitten besprechen:

1 "Macht des Volkes", "Regierung durch das Volk" ist logischer Unsinn
2 Die Menschen wollen Führung, nicht politische Macht für sich selbst
3 Selbst-Kontrolle gilt für das Individuum, nicht die Gesellschaft

Ad 1- Ein erstes Argument gegen die Absicht einer "Regierung durch das
Volk", "Selbstverwaltung" und vor allem „Macht des Volkes" weist
auf einen logischen Fehler, einen romantischen Traum, der durch die
Aufklärung nicht wahr wurde: „Regierung" basiert auf Hierarchie, nicht
auf Gleichheit. Selbstverwaltung wäre theoretisch vorstellbar, jedoch
wieder nur in einem hierarchischen System.[N116]

Diese neue Ordnung leitet über in eine repräsentative Regierungsform,
einer Republik, in der Repräsentanten des Volkes oder Teilen davon die
Regierungsentscheidungen treffen. Demokratisch wird sie in dem Umfang, in dem die Bürger das Wahlrecht erhalten – ich betone *erhalten*,
weil sich in keiner Demokratie „das Volk" in „Selbstregierung" dieses
Wahlrecht genommen, sondern es in Schritten von seinen Repräsentanten, den neuen Machthabern, erkämpft hat, Sozialschicht für Sozialschicht, zuletzt die Frauen. In Schritten haben sich also Schichten des
Volkes – und nicht das gesamte Volk in einem – das Recht von seinen
eigenen Repräsentanten erkämpft, die Entscheidungsmacht über die
Regierungsgeschäfte ihren Repräsentanten auf Zeit zu übertragen. Was
also stattfindet, ist, dass sich Volk und Repräsentanten, die Politiker, die
Macht teilen: die Einen haben die Macht, die Repräsentanten zu bestel-
len, die Anderen die Regierungsmacht, die sie auf ihre Wähler zeitbe-
grenzt ausüben dürfen. Das Volk regiert und verwaltet sich also nicht
selbst, sondern es lässt sich auf Zeit regieren und verwalten. Diese Teilung der Macht ist Ausdruck von Misstrauen, jedenfalls aber von Vor-
sorge zur Schadensbegrenzung im Fall von Machtmissbrauch. Dieses
Misstrauen ist ein intrinsischer Kern der Selbstzerstörung dieser Form
von demokratischem System, weil es ein ständiges einander Umschlei-
chen in einem undefinierten Gerangel um die Anteile der Macht ausdrückt, ein gerade eben noch nicht erneut ausgebrochenes Chaos. Sein
einziger Stabilisator ist der Wohlstand.

Jedoch, nicht einmal der Anteil an Macht, der dem Volk zusteht, ist
einfach nur „Macht", denn „das Volk" war und ist nicht *ein* Körper, wie es
Hobbes und Rousseau und viele andere erdachten und theoretisch
konstruierten, sondern das zuvor besprochene Gemisch von Clans und
Schichten, die untereinander im Kampf um Privilegien und Ressourcen
stehen. Diesen Kampf übertragen nun die Wähler auf ihre Repräsen-

tanten: regiert nur die Partei einer absoluten Mehrheit, so sind wir wieder beim Problem des Diktats der Mehrheit, regiert eine Koalition, so beginnt der Kampf der Volksschichten als kalter Stellvertreterkrieg auf der Ebene der Regierung. In keinem dieser Fälle hat "das Volk" die „Macht", noch regiert es sich selbst. Nur das Individuum kann sich selbst teilweise beherrschen.[N117]

Nicht einmal ein Referendum ist eine direkte Machtdemonstration „des Volkes", sondern entweder ein vordefinierter Vorschlag von Politikern, der Anhänger findet, oder von einer Minderheit, die ihr Gruppeninteresse verfolgt. Massendemonstrationen sind nicht primär ein Ausdruck der Macht des Volkes, sondern ein Aufstand gegen die Regierung, der zeigt, dass die Demokratie nicht funktioniert.

Aber das Hauptargument gegen die Behauptung einer „Selbstverwaltung" oder „Regierung durch das Volk" steht schon ganz am Anfang der Geschichte von Demokratie mit der Frage: von wem stammt die Verfassung? Mit Sicherheit nicht vom Volk. Die Wähler regieren sich nicht selbst, weil sie die Konzepte und Gesetze für die Regierung nicht selbst geschaffen haben, sondern die "Gründungsväter" ihres neuen politischen Systems.[N117A] Nicht nur die Gesetze zum Schutz der Verfassung, sondern auch die Verfassung selbst wird also von der Regierung und den Gründungsvätern gemacht – ein Szenario, in dem das Volk in einem von der Politik genau abgesteckten Bereich Demokratie spielen darf. Das Volk als Souverän ist also vergleichbar mit machtlosen Monarchen in einer konstitutionellen Monarchie. „Regierung des Volkes" ist a priori nicht möglich, weil ohne Verfassung nicht regiert werden kann. Wenn die Menschen zum ersten Mal wählen, existiert das System mit seinen Gesetzen bereits; sie wurden nicht gefragt, was *sie* wollten. Die Wähler – nicht einmal das Volk, denn es ist ja keine Einheit, wie wir wissen – haben also nur die Macht, zwischen vorbestehenden konkurrierenden Parteien als Machthabern zu wählen, und das Volk bleibt von vornherein ein Souverän ohne Land.

So wie die demokratische Verfassung, werden auch ihre Gesetze nicht vom Volk selbst bestimmt sondern von einem Machthaber. Und wenn "das Gesetz" erst einmal existiert, *wer* bestimmt dann *worüber* im Rechtsstaat? Das grundlegende Prinzip von Rechtsprechung wird oftmals auf den Kopf gestellt: Stellen sie sich diesen Satz als Grundsatz für ein Rechtswesen vor: *"Das Primäre ist der Mensch, das Sekundäre ist die Rechtsidee".*[97] Die Wahrheit ist: sobald die Macht der Rechtsprechung einen Menschen trifft, kommt zuerst das Gesetz, dann irgendwann auch der betroffene Mensch; nicht selten kommt der Mensch unter die Räder eines für sich selbst agierenden Gesetzes, wird zum Objekt, mit dessen Hilfe dem Gesetz Genüge getan wird, nicht dem Recht. Oft wird ein Leben schon mit einem unsubstanziierten Verdacht zerstört.[N117B]

In der Zusammenschau der Frage, wer in der Demokratie regiert und die Macht im Staate innehat, wird in gewissem Umfang ein Widerspruch klar: das Volk regiert sich nicht selbst sondern wird regiert oder lässt sich regieren, solange der Wohlstand Ruhe garantiert, aber es übt dennoch aus seinem Bauch heraus eine Macht auf seine Machthaber aus. Eine ähnliche Meinung wie LeBon betreffend den Charakter eines Volkes (S. 107f) hatte zuvor schon Montesquieu 1734 in seinem Werk über das Römische Reich geäußert ("Considérations sur les causes de la grandeur des Romains et de leur decadence" – Gedanken über die Ursachen der Größe des Alten Rom und seines Niedergangs). Karl Popper meinte, dass die heute vorgezogenen Definitionen von Demokratie falsch und die Fragen falsch gestellt seien: weder regiere das Volk, noch eine Mehrheit, nur eine Regierung könne tatsächlich regieren "... *und die Bürokratie, also Beamte, die schwer oder überhaupt nicht zur Verantwortung gezogen werden können.*" [27]

Ad 2- "Das Volk" will nicht Macht sondern Führung: Demokratie begann als neue Macht, welche mit Monarchie und Autokratie Schluss machen wollte – nun sind aber 75% der Demokratien in westeuropäischen Ländern weiterhin Monarchien; sie nennen sich "Monarchie", "Königreich" oder "Fürstentum", als Ausdruck einer verwickelten Unentschlossenheit: Königreich der Niederlande, Königreich von Belgien, Königreich von Spanien, Königreich von Norwegen, Königreich von Schweden, Königreich von Dänemark, Fürstentum Monaco, Fürstentum Liechtenstein, Vereinigtes Königreich von Großbritannien. Könige, Königinnen und Prinzen werden ersucht, zu besonderen Anlässen Reden im Fernsehen zu halten, moralischen Rat zu geben und jedenfalls zu versuchen oder vorzugeben, für das Volk moralische Vorbilder zu sein. Nicht-europäische Autoren scheinen diesen wichtigen Hinweis aus unserer evolutionären Vergangenheit zu missverstehen oder zu ignorieren.[3] Die Menschen vermitteln den Eindruck, dass sie einerseits wünschten, sie hätten ein verehrungs- und vertrauenswürdiges Idol, also halten sie sich eines; gleichzeitig aber misstrauen sie ihm, also nehmen sie ihm die Macht. Die Geschichte Frankreichs ist ein typisches Beispiel für dieses widersprüchliche hin und her. Im Verlaufe der Revolution von 1789 waren Macht und Freiheit des Volkes unmittelbar gefolgt von dessen Grausamkeit gegen sich selbst, und von Hilflosigkeit und Orientierungslosigkeit gegenüber der eigenen Freiheit, somit von einem sofortigen Rückfall in Autokratie. Weitere vier Anläufe waren notwendig, um zu einer stabilen Form von Demokratie zu gelangen – aber ihre Präsidenten verhalten sich mitunter noch heute wie Könige. Was die Abtrünnigen des British Empire betrifft, die USA, so sind ihre Präsidenten nicht weit entfernt von der Macht von Autokraten, wie zuvor besprochen.[25] Letzten Endes könnte man sich damit trösten zu sagen, dass Demokratie ohnehin nur weiterläuft, weil sie in Wahrheit nicht funktioniert:[N118, 3, S.198] ihre tatsächliche Funktionsfähigkeit bezieht sie unter Umgehung der Ideologie aus einem natürlichen Verhältnis zwischen charismatischen Führern und dem Volk. So beschrieb Thukydides die athenische Demokratie zur Zeit des Perikles (S. 21), so drückten es auch der deutsche Soziologe Max Weber und der österreichische Ökonom Joseph Schumpeter aus – wir werden ihm im Zusammenhang der „Eliten-Theorie" wieder begegnen. Die Auswahl von Führern resultiert nach Schumpeter's Ansicht aus einem Konkurrenzverfahren, in dem der Wähler als homo oeconomicus[13] agiert, was man auch als Auswahl von Politikangeboten verstehen kann, die von Politikern wie auf einem Bauchladen präsentiert werden (siehe auch Anmerkung [N145]).

Zusammenfassend bedeutet Regierung in der Demokratie nicht Selbstverwaltung durch das Volk und nicht brüderliche Gleichheit; Verhaltensmuster aus der Tiefe der Evolution herrschen vor, so wie in jedem anderen Regierungssystem. Die tatsächlichen sozialen Triebkräfte der Geschichte sind auch hier hierarchische Strukturen, Territorialität, Seilschaftsdenken und Xenophobie. Auch die oft zu beobachtende, mit den Regierungsjahren zunehmende Hybris von politischen Führern weist auf die Tendenz hin, in den alten, evolutionär definierten Verhaltensmustern zu verharren – oder zu ihnen zurückzukehren; eines davon ist das Fortbestehen natürlicher Hierarchien, ein weiteres der Volkswunsch nach Führerfiguren. Die Geschichte ist voll davon.[N119] Moderne liberale Demokratie hat daran von vornherein nichts ändern können und wollen, weil sie nicht mit dem Anspruch auf Selbstverwaltung durch das Volk angetreten ist, sondern mit dem Wunsch, die Macht von den Vorgängern zu übernehmen, und weil das Volk ohnehin in Wahrheit nicht Macht will, sondern Führung sucht, und ansonsten so lange wie möglich von der politischen Verwaltungsarbeit unbehelligt bleiben möchte.

Ad 3- Selbst-Kontrolle gilt für das Individuum, nicht die Gesellschaft: im Sinne von Popper's Kritik bin ich hier der Auffassung, dass die Fragen falsch gestellt sind. Wäre es so, dass wir individuelle Selbstkontrolle meistern, stellt sich allerdings die Frage, ob wir dann noch politische Ideologie brauchen.[N119A] Man wird die Frage in Richtung zu einem Plan für Erziehungsmethoden verschieben müssen, meine ich, also einem Plan zur Einführung der Nachfolgegenerationen in eine Kultur selbstkontrollierter Menschen – auch dabei handelt es sich um eine Kernthema für das dritte Kapitel. Denn im Zentrum aller sozialpolitischen Probleme steht nichts anderes als der einzelne Mensch: der Ursprung sozialer Auseinandersetzungen liegt nur in uns selbst, Ausdruck eines Kampfes im Individuum: ein Preis der Bewusstheit ist die Entdeckung des Selbstzwecks; nur wir Menschen können – bewusst – um des Genusses willen genießen, alles andere um uns darüber vergessen, Eltern, Familie, alle die mich lehrten zu sprechen und damit zu denken und meiner Bewusstheit bewusst zu werden. Wir sind in der Lage, sie alle zurückzulassen und in hedonistischer Vorstellung von Selbstverwirklichung und Selbstbefriedigung zu schwelgen. Sie alle dafür innerlich zu verlassen, für meinen eigenen Vorteil, meine Macht und alles weitere: das ist der Feind im Kampf um sozialen Frieden. Nur ich selbst kann ihn bezwingen. Politische Ideologie ist hierfür eine wertlose Krücke oder eine Zwangsjacke, wie die Geschichte lehrt. Schon gar nicht Selbstverwaltung des Volkes als *erster* Schritt – sie ergibt sich von selbst als letzter Schritt. Alles andere ist Lüge, Betrug und Selbstbetrug. Die ideologische Erwartung in der Demokratie ist, dass wir schon wären, was wir aber doch erst unterwegs sind werden zu können. Die gegenwärtige Form von Demokratie muss deshalb von vornherein notwendig versagen, denn sie braucht den noch nicht existenten „Soll-Menschen" – der jedoch nicht zurechtgehämmert sondern nach erzieherischer Starthilfe aus sich selbst erwachsen ist.

Demokratie basiert auf einem virtuellen "Soll-Menschen"

*"Nach breiter Meinung ist der Großteil der normativen demokratischen Theorie nicht vereinbar mit dem, was wir vernünftigerweise von Bürgern erwarten können ." * [32]*

Mit diesem Begriff meine ich keineswegs, dass Menschen in ihren Gesellschaften nicht erzogen werden sollen, keineswegs und ganz und gar im Gegenteil: der „Soll-Mensch" ist ein theoretisches Gebilde als Resultat einer sozialpolitischen Ideologie, die den Menschen eigentlich ignoriert, die ihn nur als das existieren lässt, was übrigbleibt, wenn die theoretischen polit-systemischen Erfordernisse erfüllt sind.

Bezogen auf Demokratie ist mit "Soll-Mensch" gemeint, dass vom Bürger erwartet werden muss, anders zu sein als er tatsächlich ist, damit Demokratie auch wirklich funktionieren kann. Das Problem dabei ist, dass es keine effektive Erziehung in dieses System gibt. Diese Rolle übernimmt das Rechtswesen: man rechnet einfach mit der abschreckenden Wirkung von Gesetzen und Verurteilungen anstelle von Erziehung. Wäre niemand in der Lage, die Gesetze zu befolgen, würden alle Bürger im Gefängnis enden. Zwischen diesen beiden Polen, dem perfekten „Soll-Menschen" und dem mehr oder weniger schlecht erzogenen Individuum, das die Gesetze nicht befolgt, tut sich die breite Grauzone des wirklichen Lebens auf: einerseits wird nicht jede Gesetzesübertretung von einem Polizisten gesehen, andererseits erlaubt sich die Rechtsprechung mitunter Urteile von kafkaeskem Niveau; nicht selten wird dabei Schuldhaftigkeit erst im nachhinein definiert.

Die politische Philosophie macht daraus ein moralisches Problem, also einen Vorwurf, dass die Menschen nicht so sind wie es die Ideologie von ihnen erwartet – Hinweis auf einen unlösbaren Konflikt zwischen *soll* und *ist*, der wieder in Richtung Systemzwang führt und die Gegebenheit des „Faktors Mensch" aus biologischer Sicht weiterhin ignoriert oder ausblendet. Diese Beobachtung genügt bereits, um viele Probleme im sozialen Leben zu erklären, weil menschliches Verhalten nicht von seinem Ursprung her gesehen und dann entsprechend intelligent ausgetrickst wird, sondern einfach verboten, verpönt und inkriminiert. Dies gilt oft auch in der internationalen Politik, wo allzu oft mit Mystifizierung und Dämonisierung politischer Gegner gearbeitet wird anstatt mit professionell vorbereiteten Strategien, die auf menschliche Verhaltensmuster von Politikern nicht polarisierend wirken, sondern gemeinsamen Interessen als Basis für konstruktive Beziehungen eine Chance geben.

Der Soll-Mensch ist auch Voraussetzung für die politische Betätigung des Bürgers: wie zuvor besprochen, wird erwartet, das alle Bürger in der Lage sind, als Wähler kompetent zu sein, obwohl alle wissen, dass dies in der Regel nicht der Fall ist. Wie soll Demokratie funktionieren, wenn von vornherein Allen klar ist, dass sie unter den tatsächlich gegebenen Voraussetzungen eben nicht funktionieren kann? – aber hier geht es in erster Linie darum, auf die apriorische Natur solcher Systemfehler hinzuweisen, zu zeigen, dass auch dieser falschen Voraussetzung wegen Demokratie von vornherein nicht funktionieren kann. Auch hier ist Brexit ein treffendes Beispiel: die Briten sollten in der Lage sein, kompetent einzuschätzen, welche Folgen daraus für sie selbst und ihr Land erwachsen würden; manche Politiker haben dies Schwäche im System bewusst für ihre eigenen Zwecke und zum Schaden ihres Landes und des allgemeinen Glaubens an die Vorteile von Zusammenwirken anstatt Isolationismus missbraucht.

Die theoretische Grundlage dieser "Soll-Mensch" – Erwartung ist zum Beispiel Kant's selbstbestimmter Mensch,[N119B] der in der wirklichen Welt natürlich nicht existiert. Dies ist der Grund für die Notwendigkeit, ein äußeres Bild, einen Negativ-Abdruck des Soll-Menschen herzustellen: das Gesetz als Ersatz und Korsett, das den Menschen von außen, oder, wenn man will, von oben herab kontrolliert und in Schach hält. Damit offenbart Demokratie gleich einen weiteren a priori Fehler in ihrem System: Gesetze haben eine despotische Wirkung und zerstören das Versprechen von Freiheit.

Ähnliche Hoffnungen und Zweifel befassten auch Denker in jüngerer Zeit [98], während sich die Demokratie in der wirklichen Welt des Liberalismus in die Gegenrichtung bewegte und damit die zunehmend skurrile Situation gleichzeitig zunehmenden Libertinismus und Hedonismus, andererseits eines neuen Puritanismus, hervorrief. Die heutige Konsum- und Spaßgesellschaft ist nicht weit von der Philosophie des klassischen Utilitarismus[32] entfernt, mit einer liberalen Demokratie zu ihren Diensten, möglichst jegliche Befriedigung von Wünschen zu gewährleisten, welche dann den Verlust des Sinnes für Fairness und Gleichheit der Menschenwürde nach sich zieht.

Diese Entwicklung ist einer meiner Gründe für die Überzeugung, dass die gegenwärtige Form von Demokratie gefährlich ist, weil zu viele Leute blind an die Robustheit ihrer Kontrollinstrumente und damit an ihre Stabilität glauben, während sie in Wahrheit vor ihren Augen zerfällt – ich hatte bereits auf die Worte von David Cameron (S. 132) hingewiesen, der sich nicht scheute, sein Land, das ansonsten stets als die älteste und stabilste Demokratie der Welt gepriesen wird, als „broken society" zu bezeichnen[80]. Grayling's Vorschlag zur Verbesserung der Lage ist kein Vorschlag zur Veränderung der Demokratie, sondern ein Ruf nach dem „Soll-Menschen": *„Mein Vorschlag in dieser Sache ist ebenso einfach wie kontrovers. Er besagt, dass die Lösung ... jener Denker, die ich zuvor diskutierte, richtig ist und auch funktionieren würde, vorausgesetzt sie wird richtig eingesetzt ..."*[*11, N121] – nicht allzu vielversprechend, wenn man die Entwicklung der vergangenen Jahrhunderte und die gegenwärtige Lage bedenkt, denn der Punkt ist stets derselbe: unser evolutionäres Erbe hat sich sogar in den letzten etwa 50.000 Jahren nicht merklich verändert. Prognosen jener Denker sind auch nicht allzu positiv, wenn wir an Kant's und Rousseau's Staat von Göttern und Engeln denken. Und Denker wie Jürgen Habermas bezweifeln sogar, dass der gesunde Menschenverstand, den er im Sinne der zuvor besprochenen „unbelehrbaren Lehrmeister" von Konrad Lorenz richtig als das Produkt unseres evolutionären Erbes darstellt, dass dieser gesunde Menschenverstand durch unser kritisches Nachdenken überwindbar ist, weil *„...auch diese avanciertesten Ansätze ... daran zu scheitern [scheinen], dass der Begriff von Zweckmäßigkeit, den wir in das darwinsche Sprachspiel von Mutation und Anpassung, Selektion und Überleben hineinstecken, zu arm ist, um an jene Differenz zwischen Sein und Sollen heranzureichen ..... Wird sich der Common sense am Ende vom kontraintuitiven Wissen der Wissenschaften nicht nur belehren, sondern mit Haut und Haaren konsumieren lassen?"* [98, N122]

Erneuerung nicht als "Soll-Demokratie"!

Vorländer meint, in Anlehnung an John Locke[95], *„Der demokratische Staat sollte das leisten, was seine Bürger von ihm erwarten und einfordern".*[13] Auch diese Umkehr ins Liberalistische rettet die Demokratie nicht, im Gegenteil, meine ich. Dazu gibt es die beiden schon zuvor diskutierten Argumente vorzubringen: ich wiederhole meine Argumentation betreffend die Gefahr des Abgleitens vom Liberalismus über Libertinismus an dieser Stelle nicht, sondern erinnere nur daran. Das zweite Argument besteht aus der Erinnerung daran, dass es "die Bürger", "das Volk" nicht gibt. Besonders wer beginnt, Leute nach ihren Wünschen zu fragen, öffnet eine Büchse der Pandora mit ebenso vielen Forderungen wie Personen. Gemeinsame Interessen im Sinne des Gemeinwohls lassen sich nicht durch direkte Volksbefragung erkunden, sondern durch kritische Beobachtung und Analyse. Das Problem liegt hier nicht an der Erkennbarkeit gemeinsamer Interessen, sondern an der moralischen Integrität derer, die daran im Interesse des Gemeinwohls arbeiten. Wir befinden uns deshalb in einer Krise der Demokratie, weil deren Konstruktion diesen kalten Krieg der Parteien erzwungen hat, die um Erwartungen und Forderungen der Bürger streiten. Die Lösung liegt zwischen „Soll-Mensch" und „Soll-Demokratie", also auch nicht dort, wo Habermas "... *die zivilisierende Rolle eines demokratisch aufgeklärten Common sense* [sieht], *der sich im kulturkämpferischen Stimmengewirr gleichsam als dritte Partei zwischen Wissenschaft und Religion einen eigenen Weg bahnt"* [98, S.13], jedenfalls nicht *nur* dort, sondern auch bei den Fakten, besehen im Lichte tatsächlich gemeinsamer Interessen, jenes Gemeinwohls, das der Einzelne in seinem Alltag – oder in einem verzerrten Weltbild – gelegentlich oder grundsätzlich zu bedenken vergessen mag.

Selbstzerstörung durch Anonymisierung der Macht

Die Entwicklung kritischer Bewusstheit in der Evolution verschob die Ausübung von Macht von physischer auf mentale Überlegenheit. Physische Gewalt ist zwar weiterhin im Einsatz, ihr Erfolg benötigt aber den zusätzlichen Einsatz überlegener Strategie und Logistik. Globalisierung und Technologie erlauben nun deren weitgehend heimlichen Einsatz, in Darknets und komplexen Webs, betrieben als Labyrinth, das dem Täter zumindest ermöglicht, ausreichend weit vor seinem Verfolger, oft genug sogar vollkommen unerkannt zu bleiben. Im modernen Krieg kommen Dronen und Raketen zum Einsatz, die es schwer machen, den Aggressor zu identifizieren, aber Cyber-Angriffe sind für ihn sogar noch sicherer und ebenso gefährlich.

Im Frieden des zivilen Lebens wird das Machtspiel mit Psychologie gespielt, mit Meinungsumfragen, data-mining und halblegaler Ausbeutung massenhafter Daten. Schutzmaßnahmen durch die demokratische Politik geraten darin zusehends ins Hintertreffen, werden Opfer des eigenen Liberalismus und weitgehend reaktiv, soweit sie nicht selbst im Zwielicht zwischen Schutz des Gemeinwohls und Eigeninteresse stehen. Demokratie, das System mit „dem Volk" als Souverän, verlangt Politiker mit Führungsqualitäten, aber möglichst wenig Macht – eine unmögliche Aufgabe. Regierung bedeutet jedoch Ausübung von Macht, Zugang zu den Einrichtungen der Gemeinschaft, um Ordnung schaffen und halten zu können. Die Lösung in dieser Politik-internen Quadratur des Kreises musste in der Anonymisierung liegen, sei es durch Lüge oder durch Verbergen. Aus dieser Entwicklung ergeben sich drei Folgen:

1- Unwahrhaftigkeit der Politik
2- Rechtsprechung, die verborgene absolute Macht
3- Das Kapital, der stille Diktator

Die Demokratie war damals ausgegangen, die unterdrückende politische Autorität zu beseitigen; stattdessen hat sie aber diese Autorität nur in die Anonymität verborgen, im „Gesetz" und im Kapital, und dissimuliert ob der Tatsache, dass „Geld" die Macht hinter beiden ist. Die Verteilung der Ressourcen wird durch eine neue Form von Aristokratie anonymisiert, die Neureichen, entstanden hinter der freien Marktwirtschaft. Demokratie beendet den „social divide", die Einkommensschere, nicht, vielmehr unterstützt sie den Prozess indirekt, indem sie sich von Vertretern der Wirtschaft abhängig macht, die ihrerseits Politiker als Strohmänner ihrer Machtposition unterstützen. Darüber hinaus fehlt ihnen die Möglichkeit, machtvoll regulierend einzugreifen. Politiker sind in diesem System mehr oder weniger gezwungen, ihre Wahrhaftigkeit aufzugeben und ihre verbliebene Macht unter den Augen der freien Presse so gut wie möglich zu verbergen. Nicht der König, der Diktator oder Fürst ist mehr der Diktator, sondern ein abstraktes Prinzip: „Das Gesetz", und hinter ihm das Geld – die depersonalisierten Despoten.

Die a priori Unwahrhaftigkeit der Politiker

In der demokratischen Politik geht es a priori nicht um die Macht des Volkes, Freiheit, Gleichheit und Brüderlichkeit, sondern um die Macht der politischen Parteien und ihrer Führer; bestenfalls also geht es um die Macht einer Gruppe der Bevölkerung, die übrigen zu dominieren. Grob gesprochen geht es also ganz einfach um Macht, nicht um das Gemeinwohl. Es geht darum, Macht auszuüben, obwohl man ursprünglich ausgezogen war, sich von solcher Macht zu befreien, sich selbst zu verwalten und frei zu werden für eine Selbstbestimmung. Der letzte Teil hiervon war allerdings nie im Plan der demokratischen Politik, übrigens auch nicht in dem der Bürger, die davon nur den individualistischen Anteil wollten, abgesehen vielleicht noch von einem gewissen Quantum Kontrolle über andere, oder besser gesagt Kontrolle darüber, dass bloß niemand mehr über mich Kontrolle haben kann. Ein inhärentes Risiko an der liberalen Demokratie ist also ihr Anreiz zur Nachlässigkeit betreffend Selbstkontrolle – man kann es auch Moral nennen. Damit arbeitet das System gegen seine eigene Zielsetzung.

Demokratische Politiker waren von Anfang an in dieser Falle gefangen: man sollte pro-sozial politisch tätig sein, also im Interesse des Gemeinwohls; aber um dorthin zu kommen, muss man gewählt werden; um gewählt oder wiedergewählt zu werden, muss man aber unpopuläre Themen meiden und nicht selten leere aber populäre Versprechungen machen; der Zweck muss die Mittel so lange heiligen, bis die Wahrhaftigkeit dahin ist. Ein Beispiel ist die westliche Entwicklungshilfe zur Agenda 2030: hier zahlen die Signatarstaaten 10% vom zugesagten Finanzvolumen [46], wagen aber ihren Wählern nicht klar zu machen, dass eigentlich eine Steuererhöhung oder eine äquivalente Maßnahme erforderlich wäre, um das Ziel einer Stabilisierung der Entwicklungsländer zu erreichen. Auch eine effektive Kontrolle der Steuervermeidungstaktiken multinationaler Konzerne wird – wegen deren Macht – nicht in Angriff genommen – beide Maßnahmen würden vielen Menschen in den westlichen Ländern einiges von ihrem Wohlstand nehmen, entweder Einkommen oder Dividenden von Aktien. Die Politiker hängen nach beiden Seiten in Abhängigkeitsverhältnissen und sind in einem Teufelskreis gefangen, weil niemand vernünftige Argumente hören will. Es ist eben wie es LeBon's Worte vernichtend wahr ausdrücken: *"Wer sie zu täuschen versteht, wird leicht ihr Herr, wer sie aufzuklären sucht, stets ihr Opfer."* [8]

Politische Parteien haben zwei Seiten: ihre Außenseite repräsentiert ihren Dienst für den Souverän, die Innenseite aber die Interessen ihrer führenden Mitglieder: Eigeninteresse für Jobs während und nach ihrer politischen Tätigkeit, Transfer in Aufsichtsräte und Konzerne, die „ihre" Partei finanziell unterstützen und ihre Interessen am Umweg über Lobbyisten gewahrt bekommen.

Politiker umschiffen oft die Wahrheit, die Medien verbreiten die Inhalte; aber die Menschen erspüren die Unwahrhaftigkeit: ihre Reaktionen wie „Lügenpresse" werden stigmatisiert und nach Möglichkeit unterbunden – raten Sie von wem. Die Folge ist der stufenweise Kollaps der traditionellen Parteien; die Bürger überraschen ihre Politiker mit Emigration in neue Parteien an deren rechtem und linken Rand oder in völlig neue Ideenbereiche. Wieder gilt LeBon's Wort: *"Nicht die Regierung, sondern der Charakter der Völker bestimmt ihre Schicksale".*[8]

Unaufrichtigkeiten von Politikern sind nicht fern unserer Vorstellbarkeit, aber lügen sie mitunter aus gutem Grund? Jedenfalls scheint es dabei Abstufungen zu geben: so sagte EU-Kommissionspräsident Jean-Claude Juncker in einem TV-Interview sinngemäß: immer wenn es ernst wird, muss der Politiker lügen – zweifellos eine jener Einschätzungen aus der wirklichen Welt von heute, in der Politiker die Wähler als das nehmen, wofür manche Politikwissenschaftler sie halten, nämlich als uninformiert, selbstinteressiert und politisch desinteressiert; außerdem weiß der Erfahrene um die Gefahr einer in Angst außer Kontrolle geratenden Meute.

Ungeachtet all dessen müssen sie auf Stimmenfang gehen, um wiedergewählt zu werden; das führt zur nächsten Schwachstelle: das Wahlsystem setzt etwas voraus, was ansonsten als unmoralisch gilt: den Missbrauch der Gelegenheit, denn viele Politiker geben nur den Volksvertreter, bis sie gewählt sind; dazu machen sie falsche Versprechungen, argumentieren entgegen ihre eigene Überzeugung, um den Willen des Volkes zu bedienen, auch wenn damit das Gemeinwohl aus einer Langzeitperspektive beschädigt wird, und verlassen den Pfad der Wahrhaftigkeit, indem sie diesen Willen als ihre eigene Überzeugung darstellen. Wenn sie dann mehr oder weniger heimlich gegen diesen Willen des Volkes agieren, tun sie dies zum zweiten Mal (auch wenn die Handlung diesmal im Sinn des Gemeinwohls wäre, zerstört sie das Vertrauen), und ein drittes Mal, wann immer sie aus ihrem Amt einen persönlichen Vorteil ziehen. Die Entscheidung darüber, ob ein nach der Wahl gebrochenes Versprechen in der Welt der Realpolitik als Wahllüge bezeichnet werden muss, überlasse ich jedoch Ihnen. Etwas anders verhält es sich wohl mit einer neuen Dimension, die kürzlich von der Trump-Administration in die Politik eingeführt wurde und sich „alternative Wahrheiten" nennt.

Den Kern des Problems um die Wahrhaftigkeit bildet aber wahrscheinlich jene a priori-Schwäche, der kein Politiker entkommt: demokratische Politiker müssen vermitteln, dass die Macht beim Volk liege und die Politik nur Diener sei, wissend, dass es anders ist. Die Wähler können nur eines: wählen. Die Politiker sind danach für ihre Legislaturperiode frei zu tun, was sie als "das Richtige" erachten.

Letztlich müssen Politiker auch deshalb ihre Aufrichtigkeit einbüßen, weil auch sie nur Menschen mit all dem besprochenen evolutionären Erbe sind. Daher können sie im bestehenden System die theoretischen moralischen Anforderungen nicht perfekt erfüllen; sie werden Seilschaften bilden, Plätze in hierarchischen Gruppen einnehmen, ihr eigene Karriere bedienen, Gruppenzwang und anderen Machteinflüssen unterliegen. *„Aus diesem Grund,"* so schreibt LeBon, nehmen *"... Parlamente ... Gesetze und Vorlagen an, die jedes Mitglied einzeln ablehnen würde. Einzeln genommen waren die Männer des Konvents aufgeklärte Bürger mit friedlichen Gewohnheiten. Zur Masse vereinigt zauderten sie nicht, ..."* [8] Grayling beschreibt die Situation im Britischen Parlament, um auf den Abbau der Idee von Demokratie durch seine Politiker hinzuweisen: er erzählt von der Rolle der „party whips", das sind jene Parteimitglieder, die im Parlament eine Art Polizei für die Einhaltung des Gruppenzwangs bei Abstimmungen spielen („whip" bedeutet auf deutsch immerhin „Peitsche"): *"Sich dem Whip zu widersetzen wird als äußerst ernste Angelegenheit angesehen ... das ist Drangsalierung und Zwang ... dies ist gestattet, weil sich das Parlaments-Revier außerhalb des Bereichs der Landesgesetze befindet, so dass innerhalb der Grenzen des Palastes von Westminster die Parlamentsmitglieder viele Dinge straffrei tun können, für die sie außerhalb eingesperrt werden würden".*[*11] Und er schreibt weiter:

"Die "Drei Bs " der Whips, Bestechung, Erpressung und Mobbing [engl.: "bribery, blackmail and bullying"] *, wie die Parlamentsmitglieder es selbst nennen...".*[11] Und er führt auch ein Beispiel an, nämlich die Vorgänge während der Brexit-Debatte nach dem Referendum: *"Die Mehrheit der Parlamentarier aller Parteien war zur Zeit des EU-Referendums im vorangegangenen Jahr für den Verbleib in der EU gewesen. Aber sie wurden gezwungen* [engl. „whipped"]*, das Gesetz zum Auslösen von Artikel 50 zu unterstützen ... viele von ihnen teilten mit, dass sie wussten, dass es falsch, katastrophal für das Land, gegen ihre eigene Überzeugung war, und nicht das, was sie sich gewünscht hätten. Jedoch, sie stimmten gegen besseres Wissen und gegen ihre Einschätzung der Lage ..."* * [11] Euractiv [99] hält fest, dass das britische System keine richtige Demokratie sei – einerseits ist klar, was gemeint ist, andererseits braucht man aber auch nicht ignorieren, dass das Land nach wie vor eine konstitutionelle Monarchie ist.

Betrachtet man dieses Spiel der Parteien, so kann man sich nur damit beruhigen, dass es „das Volk" ohnehin nicht gibt, außer für kurze Momente von „Wir-Gefühl", in denen sie alle ein Gefühl der Zusammengehörigkeit ergreift und in Schwingung versetzt wie der Klang einer Kirchenglocke, bis die Vibrationen wieder abgeklungen sind und sie wieder in ihre Sippen und Seilschaften zerfallen, und zurückkehren in den kalten Krieg zwischen ihnen, ohne Gedanken an ein Gemeinwohl – ich werde später darauf nochmal zurückkommen. Zuerst aber wollen wir mit jenen Repräsentanten fortfahren, die für verdeckte, anonymisierte Macht stehen, und als nächsten Punkt die Rolle der Rechtsprechung untersuchen, der heimlichen absoluten Macht über uns Bürger: das Gesetz.

"Das Gesetz":

Rechtsprechung, die heimliche absolute Macht in der Demokratie

"Um Menschen Gesetze zu geben, bedarf es der Götter."*
Jean-Jacques Rousseau[12]

Wie aber entstehen sie tatsächlich? An dieser Stelle gibt Rousseau sozusagen an Montesquieu ab, der feststellt: *"Zur Geburtsstunde von Gesellschaften schaffen die Regierenden der Republiken Einrichtungen, und danach formen diese Einrichtungen die Regierenden".**[100] Obwohl dies nicht meine Zielsetzung mit diesem Abschnitt ist – außer im Fall von politischer Intervention zum Zweck parteipolitischer Machenschaften - erwähne ich, dass manche im Zusammenhang mit Rechtsprechung von Missbrauch und Korruption reden, wie auch Rousseau *"... der Missbrauch der Gesetze durch die Regierung ist ein geringeres Übel als die Korruption der Gesetzgeber ...".** [12]

„Das Gesetz", die „Rechtsstaatlichkeit" hat sich zunehmend gegen die Idee von Demokratie gewandt, indem es letztendlich zu einer Art Despot des Gemeinwohls wurde, der im Auftrag der Gesellschaft gegen ihre eigenen Mitglieder und letztlich gegen sich selbst agiert: der Nonsense und Terror, der daraus resultieren kann, wurde mit dem weithin anerkannten Begriff „kafkaesk" betitelt. Dieses Gesetz bewacht nun den beklagenswerten Mangel an gesellschaftlicher Erziehung, den schon Friedrich Nietzsche moralisch kategorisiert hat.[N123]

„Das Gesetz", die Rechtsprechung, wird als Autorität erlebt und dargestellt; tatsächlich demonstrieren dies die Rechtsprecher, indem sie sich selbst auf ein Podest setzen, bekleidet wie zu einer religiösen Zeremonie, und für sich selbst als Repräsentanten des Gesetzes erhöhten Respekt fordern. Treten sie ein, müssen sich alle erheben wie früher in der Kirche beim Eintritt des Priesters. „Autorität" bedeutet in diesem Zusammenhang, dem lateinischen Wort „autoritas" entlehnt, eine Art von Führerschaft, welche zu einer geistigen Führerschaft im Sinne der sozialen Verantwortlichkeit wird,[101] also in der Tat ein säkulares Äquivalent zur religiösen Autorität – und ein Ersatz nun, da religiöser Glaube kein sozialer Machtfaktor mehr ist.[52] Infolgedessen erlebt „das Gesetz" nachgerade eine Wiederauferstehung im Sinne seiner Bedeutung im Alten Rom, nämlich einer quasi metaphysischen Autorität. Das irdische Bild davon zeigt allerdings nichts als selbstgerechten Spruch, der ab und an von der machthabenden politischen Mehrheit stammt. Schwerwiegende Kritik an der Rechtsprechung in der Demokratie erfahren wir bereits aus dem Griechenland der Antike im Zusammenhang mit dem Prozess gegen Sokrates.[N124] Es ist interessant zu beobachten, dass die Gesetze, solange Abgeordnete sie in der Schmiede der Parlamente bearbeiten und beschließen, nicht als etwas autoritatives empfunden werden sondern als etwas demokratisches. Erarbeitet sie aber eine Gruppe von ausgewählten Experten in einer Epistokratie oder Oligarchie, so gelten sie als elitär und autoritär. Im Gericht werden sie alle in gleicher Weise zur Autorität, denn Rechtsprechung ist autoritär, gleich ob in einem demokratischen oder in einem autokratischen Staat, nur dass sie in der Demokratie als demokratisch empfunden wird [3] - aber nur von nicht direkt Betroffenen, denn Rechtsprechung *ist* Macht; in manchen demokratischen Systemen absolute Macht, in anderen von der politischen Macht infiltrierbar – in beiden Fällen ein Widerspruch zum Konzept von Demokratie und eine inhärente Schwachstelle. Eine weitere ist der Mensch selbst, von dem Objektivität erwartet wird: wieder begegnen wir dem „Soll-Menschen", diesmal in der Richter-Robe. Blicken wir also in die Hintergründe der „Rechtsstaatlichkeit" moderner demokratischer Systeme, sehen wir den einzelnen Bürger verfangen in einem fünf-fachen Dilemma von unterwürfigem Vertrauen und Glaubwürdigkeit:

1- Rechtsprechung ist unkontrollierte absolute Macht
2- Rache und Bestrafung unschuldiger Angehöriger
3- Irriges Vertrauen auf Objektivität
4- Keine Gleichheit vor dem Gesetz für den Einzelnen
5- Unterstützung statt Verhinderung von Protektionismus

1- Ist Montesquieu's Gewaltenteilung verwirklicht, oder ist die absolute Macht lediglich in die Ecke der Rechtsprechung verschoben?
In unseren heutigen liberalen Demokratien ist "das Gesetz" der nicht deklarierte Diktator. Die Justiz stellt den "primus inter pares", den Herrscher, aus sich selbst erwachsen nach der Gewaltenteilung. Die anderen Gewalten sind nicht auf dem gleichen Niveau, und nicht unabhängig. Die Legislative händigt die Gesetze an die Judikative aus und wird damit selbst zu deren Untergebener. Jedoch, selbst wenn die einzelnen Gesetzeshüter als Personen auch selbst dem Gesetz unterliegen, das Gesetz selbst ist es nicht, und die Gesetzeshüter als solche ebenfalls kaum. Stattdessen ist diese Rechtsstaatlichkeit die im System verbliebene absolute Macht, ähnlich der Priesterschaft im Gottesstaat: Rechtsprechung bleibt

auch in der Demokratie unabhängig (theoretisch), selbstgerecht, absolutistisch und unkontrollierbar, gerade so wie in jedem anderen politischen System. Dies drückt sich in den folgenden zwei Umständen aus: a) die Gesetze selbst unterliegen der Interpretation der Richter in zweifacher Hinsicht: zum einen hinsichtlich der Bedeutung des Gesetzestextes und zum anderen betreffend die Beurteilung eines vorliegenden Tatbestandes. Insoferne ist jedes Gerichtsurteil subjektiv, in gewisser Weise willkürlich, letztlich unangreifbar und daher absolutistisch; b) Rechtsprechung ist selbst nicht justiziabel [13]: es gibt kein Meta-Gesetz für das Gesetz, weil dies in eine endlose Kette führen würde. „Das Gesetz", Repräsentant des Staates, hält über seine eigenen Fehler nicht Gericht, in kafkaesker Weise selbstgerecht und unnahbar in seinem unlogischen Gemisch von objektiven Regeln und subjektiver Einschätzung. Nur wenn Richter für falsche Urteile in gleicher Weise beurteilt würden wie die gewöhnlichen Bürger, käme Ordnung in dieses System. Stattdessen ist ein Fehlurteil meist nur Pech für das Justizopfer. Diese Situation in der Rechtsprechung ist vergleichbar mit der Schmerzlosigkeit des Gehirns. [14] Die Schwäche in diesem System liegt also in der Gefahr, dass *"das Rechtswesen zu einem machtvollen Instrument zu seinem eigenen Schutz gemacht werden kann"*[*1], wie es Karl Popper ausdrückte, aber auch zum Schutz der Macht seiner demokratischen Führer, wie dies am Beispiel Italiens unter Berlusconi zu sehen war und derzeit in der Türkei und in Polen praktiziert wird – und in den USA? Dieser potenzielle Selbstschutz der Legislative, also der regierenden Politiker, ist insoferne eine a priori Schwachstelle der Demokratie als die Regierungsmehrheit das Gesetz in ihrem politischen oder sogar persönlichen Interesse ändern kann.

Diese Situation wird weiter kompliziert durch die Tatsache, dass die Staatsanwaltschaft die Interessen des Staates vertritt, nicht nur die des Gesetzes. Damit können öffentliche Interessen gerechtfertigte private Forderungen überrollen. Die Staatsanwaltschaft kann sogar ökonomische Interessen des Staates vor dem Gesetz zu schützen trachten. Dies

---

[13] de jure, von Rechts wegen, gäbe es hierfür Regeln; sie sind aber nicht dafür gemacht, ernsthaft angewandt zu werden: wenn ein Beschuldigter oder Angeklagter versucht, einen Richter wegen Parteilichkeit oder Befangenheit abzulehnen, kommt der Richter aus dem benachbarten Saal, um zu verkünden, dass hierfür kein Grund bestehe. Dabei handelt es sich dann um ein unangreifbares, endgültiges Urteil.

[14] Im Gehirn selbst gibt es keine Schmerzsensoren (diese müssten überdies auch wiederum über solche verfügen und so fort, in einer endlosen Kette).

findet viele Male nach größeren Katastrophen wie Flugzeugabstürzen statt, wenn die finanzielle Lage und das Renommee nationaler Airlines auf dem Spiel stehen.[119] Der Diesel-Skandal ist in Europa bisher ein weiteres Beispiel.

Nicht nur Staatsanwaltschaften, auch Arbeitsgerichte sind ein Beispiel, etwa in Deutschland: in ihrer regionalen Oberhoheit können sie die politischen Interessen der Landesregierung gegen ihr eigenes Gesetz durchsetzen – und sie tun es. In anderen Szenarien erlaubt die Justiz Selbstjustiz und „legalisierte Lynchjustiz", indem sie Gutachter einer Berufsgruppe zum Schutz eines Mitglieds oder gegen ein zu mobbendes Mitglied ihres Verbandes einsetzt (siehe dazu auch Abschnitt 5, S. 178).

In einigen Ländern entscheidet ein Verfassungsgericht, ob ein Gesetz, verabschiedet vom Gesetzgeber, als der parlamentarischen Mehrheit, verfassungswidrig sei oder nicht. Dementsprechend hat kürzlich das österreichische Verfassungsgericht ein neues Gesetz der Regierung betreffend die finanzielle Unterstützung von Flüchtlingen wieder aufgehoben. Umgekehrt können, wie etwa in Deutschland oder den USA, Regierungen ein gerichtliches Veto durch Änderung der Verfassung abblocken.[3] Auf diese Weise könnten Regierungen ein demokratisches System in eine andere Regierungsform umwandeln, wie dies derzeit in Polen befürchtet wird. Einige Politologen sind der Auffassung, dass solche gerichtlichen Überprüfungen mit Demokratie nicht vereinbar seien.[3] In dieser Machtspirale führt sich Demokratie jedenfalls ein weiteres Mal ad absurdum, indem sich das System selbst als unverlässlich oder inkompetent erklärt, denn andernfalls wäre eine gerichtliche Überprüfung der Legislative nicht erforderlich. Wie kann eine Regierung als kompetent angesehen werden, wenn sie dem Verdacht ausgesetzt ist, ihre Verfassung nicht zu kennen? Grayling weist auf einen weiteren Schwachpunkt am Beispiel des britischen System hin und erwähnt die "Orders in Council". Dabei handelt es sich um die Macht der Regierung, *"Gesetze ohne Einbeziehung des Parlaments ... zu erlassen"**, ähnlich der früheren Macht der Könige. Dabei nimmt er Bezug auf Lord Hailsham QC und dessen Definition des britischen Systems als einer „Wahldiktatur".[11]

Zurückkehrend zur verfassungsgerichtlichen Revision von Gesetzen kann man sagen, dass „das Gesetz" seine Rolle ändert und „der Staat" wird. Erklärt man diese Revision als wider die Demokratie, wird der Staat, repräsentiert von den regierenden Politikern, zu seinem eigenen Richter. Jedenfalls ist „das Volk" nicht länger „der Staat"; die Macht liegt nicht beim Volk sondern beim Staat und seinen Gesetzen. Oder in anderen Worten: in der Demokratie wird die Diktatur an die Richter übergeben. Richter und Gerichte sind per Definition Diktatoren. Durch ihre Rechtsstaatlichkeit verwandelt sich die Demokratie selbst in eine Diktatur ihrer Gesetze, ohne dabei auf den Sinn des Vorgangs zu achten. Beherrschen auf dem Wege des Gesetzes ist Ausübung von Macht, nicht Sinnstiftung. Andernfalls würde man das Schicksal der Angehörigen Verurteilter berücksichtigen. Kinder- und Jugendstrafrecht ist eine weitere Schande des Rechtsstaates in einer Reihe demokratischer Länder: eine Gesellschaft, die nicht in der Lage war, ihre Kinder zu erziehen, bestraft diese anstatt sich selbst. Fassen wir zusammen:

Die Gewalten in der Demokratie sind dissoziiert, nicht geteilt, und remonopolisiert aber anfällig auf ihre eigene Vernichtung. Politiker unterstützen die Industrie, um Arbeitsplätze zu retten; Gerichte vernichten Arbeitsplätze, indem sie Industrielle wegen irreführender Produktwerbung inkriminieren. Politiker versprechen gleiche Rechte der Bürger; Gerichte weisen berechtigte Forderungen einzelner Bürger zum Schutz des Staates und seiner Einrichtungen wie des Gesundheitswesens ab. Politiker erlassen Gesetze; Gerichte heben sie als verfassungswidrig wieder auf. Gerichte inkriminieren und verurteilen Politiker; Politiker als werdende Autokraten suspendieren unabhängige Richter. Solange die Demokratie noch nicht zur Autokratie abkippt, übt die Justiz in ihr absolute Macht aus, aber nur bis dahin. In doppelter Hinsicht sorgt also Demokratie für die Zerstörung ihrer eigenen Ideologie und Existenz.

2- Rache und Bestrafung unschuldiger Angehöriger: hier soll nicht die Rede sein von Fällen, in denen nur der Ausschluss aus der Gesellschaft in Frage kommt. Auch die Frage des Drogenmissbrauchs soll hier außen vor bleiben, obwohl auch dabei vieles zur Verbesserung der Situation zu sagen wäre. Ich spreche Aspekte der modernen Rechtsprechung an, die auf Rache weisen. Gerichte vermitteln manchmal den Eindruck „legitimierter Lynch-Justiz", begleitet von allwissender Presse, die das Denken von Richtern und Juroren vorwegnimmt und invadiert. Viele Beschuldigte und Angeklagte sind Zurückgelassene, Außenseiter der Gesellschaft von Kindheit an, nie tatsächlich sozialisiert; wenn sie kriminell werden, fragt niemand nach den Hintergründen und Ursachen, Eltern oder anderen Erziehern, geschweige denn von deren Verantwortung. Sogar Kinder, selbst Opfer dieser Gesellschaft, werden von Gerichten zu Kriminellen gestempelt und in Gefängnisse gesteckt, aus denen sie dann verlässlich als echte Kriminelle wiederkehren. Sogar Säuglinge verurteilter Mütter wandern mit ins Gefängnis und sehen das Leben zuerst durch Gitter.

Zugegeben, in manchen Ländern hat sich während der letzten etwa 30 Jahre vieles gebessert, aber immer noch spiegelt sich in vielen Urteilen die Rache der Gesellschaft. Vieles davon ist Tradition, Routine, Gleichgültigkeit und Gedankenlosigkeit – sicher handelt es sich nicht um Brüderlichkeit und Übernahme einer Teilverantwortung der Gesellschaft in Fällen fehlgeschlagener Erziehung, sicher auch nicht um die Wahrung der Menschenrechte: man denke nur an die Angehörigen Verurteilter, ihre Kinder und Ehepartner, dank der Rechtsstaatlichkeit und bigotter Strafjustiz öffentlich gebrandmarkt, obwohl unschuldig [N124A]. Ich spreche hier auch nicht die Todesstrafe an, obwohl auch sie nichts als Rache ausdrückt. Zweifellos würde die Resozialisierung mehr an öffentlichen Ressourcen beanspruchen, aber auch eine adäquate Erziehung, die prophylaktische Seite davon. Wo ist hier der demokratische Anspruch auf Chancengleichheit geblieben? Wie könnten diese Mängel nicht als inhärente Schwächen der liberalen Demokratie gelten müssen, wenn Freiheit bedeutet, dass ein Teil der Gemeinschaft einfach zurückgelassen wird?

3- Irriges Vertrauen auf Objektivität: nach ersten Hinweisen oben habe ich hierzu die folgenden drei Argumente :

    a- Gerichte sind subjektiv
    b- "Mit ... Wahrscheinlichkeit" ist wahrscheinlich falsch
    c- Mehrheitsvoten sind irrational

3a- Gerichte, also Richter und Schöffen, denken und handeln ebenso subjektiv wie jeder andere Mensch: die Justiz unterstellt und nährt den Glauben an ihre Objektivität; damit vertuscht sie die Tatsache, dass ein Urteil das Ergebnis der „freien Beweiswürdigung" von Richter oder Gericht ist, nicht aber der objektiven Anwendung eines Gesetzesparagraphen. Das Gesetz kann sich nicht selbst anwenden; Personen der Justiz müssen den Tatbestand einschätzen und einem Gesetzesparagraphen zuordnen, der ihrer Meinung nach hierzu passt. Diese Meinung hängt häufig davon ab, wie glaubwürdig Aussagen von Zeugen eingeschätzt werden, und was insgesamt geglaubt wird – was tatsächlich geschehen ist, weiß z.B. nur der Täter. Interpretation und Glauben, also Subjektivität, stehen oft im Mittelpunkt eines Entscheidungsprozesses, wann immer nicht einfach nur ein Beweisstück einen einfachen Tatbestand klar nachzeichnet. Häufig bleiben dann immer noch die Zuordnung zum Gesetz und Strafmaß Gegenstand subjektiver Einschätzung. Gesetze werden von Menschen interpretiert und angewandt, die selbst Opfer ihres evolutionären Erbes sind; Entscheidungsfindung wird beeinflusst von unbewussten Faktoren, abgesehen vom Risiko der Bestechung und anderer Einflüsse wie politischer Intervention – letzteres eine wohlbekannte Entität mit konkreten Beispielen. Die a priori Nichtexistenz von Objektivität geht – abgesehen von ihrer Unmöglichkeit aus philosophischer und psychologischer Sicht – auch aus den Diskussionen um „epistemische Ungerechtigkeit" im Zusammenhang mit Sozial-Epistemologie hervor.[N125]

3b- "Mit überwiegender oder an Sicherheit grenzender Wahrscheinlichkeit" ist ein Urteil, das auch falsch sein kann: die Einführung von Wahrscheinlichkeit bedeutet eine Annahme ohne Beweis und deutet auf eine Willensrichtung hin, nämlich zu verurteilen im Sinne eines Rachegedankens. Die Missachtung des verbleibenden Zweifels widerspricht dem Dogma "in dubio pro reo"[15], dieser theoretischen Sicherheitsmaßnahme der Rechtsprechung. Stattdessen müssen Angeklagte in einem solchen Fall jene Geschichte als neue Wahrheit akzeptieren, die ihnen das Gericht im Urteil vorschreibt. In einem Sozialsystem von angeblich lauter freien Brüdern und Schwestern, wie der Demokratie, wäre faire Beurteilung anstelle rachsüchtiger Verurteilung angebracht angesichts der Tatsache, dass Fehleranfälligkeit auf beiden Seiten der Gerichtsbank existiert.

3c- Mehrheitsvoten sind irrational: Abstimmungen können zu falschen Ergebnissen führen, wie in Kapitel I (S. 41f) beschrieben:
Marquis de Condorcet wurde selbst eines der frühen Opfer seines Theorems, als es sich in den Händen eines Bürgertribunals der Französischen Revolution in ein Paradox wandelte und ihn Freiheit und Leben kostete.

Wie in der Politik, so erwartet die demokratische Ideologie auch in der Rechtsprechung objektives Handeln auf erhöhtem moralischen Niveau. Im wirklichen Leben aber gibt es diesbezüglich keinerlei Kontrolle; sie sind sämtlich die gleichen normalen Leute wie Sie und ich, vor allem eben auch Opfer des „Faktors Mensch", Mitglieder in Gruppen, abhängig in und von Gruppen, beeinflusst von Medien und anderen Quellen. *"Aus diesem Grunde,"* schreibt daher LeBon, *"... sprechen Schwurgerichte Urteile aus, die jeder Geschworene als einzelner mißbilligen würde ... ."* [8]

---

[15] Lat. für "im Zweifel für den Angeklagten"

4- Keine Gleichheit vor dem Gesetz für den Einzelnen:
   zwei Argumente hierzu:

   a- Beschuldigte/Angeklagte müssen sich den Rechtsstaat leisten
      können
   b- "In dubio pro reo" ist a priori ausgeschaltet

a- Viele Bürger müssen dieses Beispiel selbst erleiden, wenn sie versuchen, sich gegen einen mächtigen Gegner wie ein großes Industrie-
unternehmen ihr Recht zu erstreiten: hier wird Geld zu Macht, wenn
man sich keinen prominenten Anwalt leisten kann, der Gerichte schon
allein mit seinem Ruf einschüchtert. Oftmals lehnen Gerichte Ansuchen
um Prozesskostenhilfe ab; damit riskiert ein Kläger eventuell seine
Existenz; dies kann einem auch in der Rolle als beklagter Partei
geschehen. Wie kann sich ein unschuldiger junger Familienvater als
Bauernopfer in einer Polit-Affäre zu seiner Verteidigung gegen eine
geifernde Staatsanwaltschaft und servile Richter wehren, wenn ihm
gleichzeitig Prozesskostenhilfe verwehrt wird? Soll er das Haus verkaufen, die Kinder in ein Waisenheim geben? Manche Anwälte würden
ihm dazu raten. Begleitet von gleichermaßen serviler oder noch aggres-
siverer Sensationspresse, die täglich zum Angriff bläst, sind schon so
manche Bürger Opfer dieser Art von Rechtsstaatlichkeit in der Demokratie geworden.

b- Das Gebot "in dubio pro reo" wird nicht selten schon im Vorfeld durch
   die Medien ungestraft vernichtet und sogar regelmäßig vom Staat
selbst missachtet, indem die Staatsanwaltschaft die Presse über ihre
Untersuchung informiert. Wie jedermann weiß, kann schon ein veröf-
fentlichter Verdacht eine Lebensperspektive ruinieren, bevor ein Verfahren überhaupt begonnen hat, weil "semper aliquid haeret"[16]. Welche
Bedeutung hat der Spruch "in dubio pro reo" noch, wenn der Staat einen
Bürger eines unbewiesenen Vergehens beschuldigt? Derselbe Staat, der
dazu angetreten ist, in demokratischer Weise alle Bürger in gleicher
Weise zu schützen, also auch Vorverurteilung zu vermeiden, tut es sogar
selbst mit Hilfe seiner Staatsanwaltschaft: wenn diese Einrichtung nur
im Fall erwiesener Vergehen anklagt, sind keine Gerichtsverfahren mehr
erforderlich; wenn nicht, verliert der Bürger seinen Schutz, und obendrein wird die Regel "in dubio pro reo" gebrochen, weil eigentlich niemand Gerüchte über mögliche Schuld verbreiten dürfte, solange keine

---

[16] Lat. für "es bleibt stes etwas hängen"

177

Schuld erwiesen ist. Behauptung, Verdacht und Anklage zerstören Freiheit, Recht auf Privatsphäre und mitunter Leben.

Hier ein Beispiel aus der britischen Demokratie: Ken Davidson bezieht sich in seinem 2016 erschienen Buch auf den Bericht einer Untersuchungskommission der britischen Regierung, den sogenannten Leveson report, in dem es um die Aufklärung der Vorgänge in einem Fußballstadium mit Toten und Verletzten ging *"… der das Verhältnis zwischen Polizei und Presse im Detail erläutert. Insbesondere darf man sich fragen, warum es 27 Jahre dauerte, bis die Opfer des Hillsborough-Desasters einiges an Recht bekamen. Und dann können sie zu ersinnen versuchen, wie es um Himmels willen sein kann, dass die Familien der Opfer nur selten, wenn überhaupt, an Rechtshilfe kamen, während die Anwälte der verantwortlichen Einrichtungen vom Staat mit Steuergeldern bezahlt wurden".*[80] Solchen Offenbarungen kann ich mich mit meiner eigenen beruflichen Erfahrung aus dem Bereich der Gutachtertätigkeit für Gerichte anschließen: dort wurde die Entscheidung über Prozesskostenhilfe für geschädigte Patienten, die das staatliche Gesundheitswesen (NHS) verklagen wollten, von Angestellten einer anderen staatlichen Einrichtung in enger Zusammenarbeit mit Vertretern des NHS bearbeitet, die speziell dazu ausgebildet wurden zu verhindern, dass der Staat sich in einem Prozess gegen sich selbst schädigt.

5- Unterstützung statt Verhinderung von Protektionismus: Gerichte beauftragen regelmäßig Gutachter in speziellen Fällen, Bauingenieure im Fall zivilrechtlicher Bauprozesse, Verkehrsexperten nach Unfällen und so fort. In vielen Fällen stellen sich Gutachter schützend vor ihre Berufskollegen; das Beispiel von den Krähen bedarf keiner Erläuterung; immerhin könnten sie selbst eines Tages in die Situation der beklagten Partei geraten und wären dann ihrerseits von der Gunst von Berufskollegen abhängig. Außerdem gibt es eine zunftmäßige Berufsehre, vor allem aber Versicherungen, deren Interesse Gutachter gut bezahlt. Richter folgen dann allzu oft solchen schriftlichen und mündlichen Gutachten und übernehmen sogar Teile davon wörtlich in ihr Urteil [17]. Als Gutachter über Jahrzehnte in Haftpflichtprozessen auf der Seite geschädigter Patienten tätig, kann ich versichern, dass dieser Selbstschutz von Berufsgruppen von Gerichten alltäglich unterstützt wird.[N125A]

---

[17] „wie der Gutachter N.N. überzeugend darlegte …".

In der Justiz der USA beauftragt der sogenannte "Daubert-factor"[18] den Richter, die Validität einer gutachterlichen Aussage auf der Basis seines eigenen Allgemeinverständnisses zu überprüfen; dabei handelt es sich um einen gut gemeinten theoretischen Versuch, solche Machenschaften zu unterbinden. Denn weit gefehlt: nirgendwo als in USA wird berufliche Verbrüderung derart professionell betrieben, denn Universitätskliniken schließen gegenseitige Hilfsabkommen und gehen füreinander als Gutachter zu Gericht. Im Gegensatz zu den USA, wo diese Tätigkeiten lediglich ein Machtspiel um Geld sind, gilt am europäischen Kontinent vielfach die Regel der ungeschriebenen Gesetze zum Schutz der eigenen Gilde, gleich ob handwerklich oder akademisch. Mögliche, realistische und angeblich sogar wahre Geschichten aus dieser Welt zwischen Justiz, Politik und Wirtschaft werden unter Verwendung anderer Namen in einer Kriminalgeschichte aus der deutschen Szene berichtet [102].

Rechtsprechung in der westlichen liberalen Demokratie unterstreicht, dass Freiheit nicht Freiheit ist, sondern aus den Löchern im Maschengitter des Gesetzes mit seinem absolutistischen Regiment von Verboten besteht. Letztere wurden eingeführt zum Ersatz fehlender Selbstbeschränkung des Einzelnen, zum Außengerüst als Hinweis auf die erwartete Gestalt des „Soll-Menschen": so wurde aus den Zehn Geboten der Christenheit ein komplexes Opus von tausenden Gesetzen zur Kontrolle der letzten Winkel und Schlupflöcher der menschlichen Natur. Das Gesetz ersetzt nicht nur die Zehn Gebote sondern auch die Kultur mit ihren Verhaltensriten, Ortega y Gasset's *soziale Polster*. [N95]

Diesem Absolutismus des Gesetzes steht der Liberalismus der modernen Demokratie gegenüber, eine weitere soziale Schere, die sich immer weiter öffnet und die Gesellschaft zu zerreißen droht. Daher stellt sich die Frage, ob ein Staat tatsächlich auf der alleinigen Basis solcher Rechtsstaatlichkeit überleben kann, als Ersatz von Lebensregeln aus der Religion. Auch im Alten Rom war „das Gesetz", wenn auch gehütet wie eine metaphysische Macht, nur ein kleiner Teil des Götterhimmels.

---

[18] Basierend auf der Entscheidung des US-Supreme Court in der Sache Daubert v. Merrell Dow Pharma Inc.

Das Kapital, der stille Diktator

Die heutigen Demokratien sind in letzter Instanz eine Folge der Reaktionen auf die Industrielle Revolution. Darin inbegriffen war die Geburt des freien Kapitalismus, der wegen seines Geburtsortes auch den Namen „Manchester-Kapitalismus" trägt. Wie zuvor besprochen resultierten die ursprünglichen sozialistischen und kommunistischen Reaktionen letztlich auch in der Entstehung der modernen liberalen Demokratien. Die Ironie der Geschichte ist, dass die Demokratie selbst den Manchester-Kapitalismus unterstützte: die freie Marktwirtschaft. Dadurch betreibt die Demokratie ihre Selbstvernichtung in einem a priori determinierten Prozess, weil sie erlaubt, dass ein immer größerer Anteil der Ressourcen in immer weniger Händen zusammenkommen. Letztlich schafft sie damit eine neue Version jenes Sozialsystems, das sie ursprünglich beseitigen und selbst ersetzen wollte. Bedeutet dies, dass der Kapitalismus all dies nur zu einem Spiel gemacht hat, indem er über „die ganze Sache mit Demokratie" stets die Kontrolle behalten hat? In gewissem Umfang wohl doch:

Die liberale Demokratie wurde selbst ein „business case", bei dem die Staaten zu Opfern des ungebändigten Kapitalismus wurden. Die freie Marktwirtschaft hat sich innerhalb weniger Jahrzehnte zur mächtigsten selbstzerstörerischen Toleranzfalle dieser Liberalität entwickelt. Geld und Macht sind bekanntlich untrennbare Entitäten in dieser Welt – außer für die demokratische Politik, so wollte es scheinen: sie drucken Geld, aber sie enden letztlich dabei, selbst von Banken Kredite aufzunehmen und von den globalisierten Industrien in Geiselhaft genommen zu werden. Die Meinung, dass "... *es möglich [war], Demokratie und Kapitalismus miteinander kompatibel zu machen*", und dass "*die soziale Demokratie ... nun den Kapitalismus gleichermaßen effizient und human gestalten zu können [schien]"* [13] ignoriert aus der Sicht dieser Entwicklung die Tatsache, dass seit dem Ende des Zweiten Weltkriegs das genaue Gegenteil geschehen war: der Kapitalismus nahm wieder Fahrt auf, entwich auf die globale Ebene und formt nun die demokratischen Systeme nach seinen Bedürfnissen, hält sie, wie bereits beschrieben, umzäunt auf einer Spielwiese seines Hinterhofes. Die kapitalistische Wirtschaft beeinflusst, oder beherrscht gar, politische Entscheidungen sowie öffentliches und privates Leben, macht Alltag und Kultur abhängig vom Kapital, alles „*vermarktet mit metaphysischem Pathos*"*[103]. Diese Entwicklung hat auch schon seit einer Reihe von Jahrzehnten einen akademischen Namen:

Ökonokratie. Der Begriff setzt den Schlussstein zu einer Kreisbewegung des Manchester-Kapitalismus rund um die Welt, weil er 2016 in englischer Sprache als Buchtitel „The Econocracy"[105] einer Ökonomen-Gruppe aus Manchester breite Aufmerksamkeit auslöste. Der Begriff „econocrat" stammt vom Buch eines britischen Journalisten aus 1976 [337]; seine Bedeutung löste aber auch in Deutschland bald Reaktionen aus.[N125B]

Diese beherrschende Rolle wurde auch als „Imperialismus der Ökonomie" bezeichnet.[334] Earle et al. definieren Ökonokratie als eine Gesellschaft, "... *in der politische Ziele nach ihrer Auswirkung auf die Wirtschaft definiert werden; sie wird als eigenständiges System mit seiner eigenen Logik verstanden ...*"* [105] Andrew Haldane, der Chefvolkswirt der Bank of England, meint, der Brexit sei Ausdruck eines Kampfes zwischen Demokratie und Ökonokratie, weil die Mehrzahl der anerkannten Ökonomen vom Brexit-Votum abgeraten hätten.[336]

Die Politiker rechtfertigen ihre Abhängigkeit mit dem Argument, dass freie Marktwirtschaft und Wirtschaftswachstum durch Schaffung von Arbeitsplätzen und Generierung von Steuereinkünften Ursprung und Motor des Wohlstandes seien. Bei ihrer Unterstützung der Marktwirtschaft werden sie so lange mit dem versprochenen Erfolg unterstützt, bis die Nachteile dieses Mechanismus zu überwiegen beginnen. Einer dieser negativen Faktoren ist der social divide, der zwingend zum Instrument der Selbstzerstörung werden muss, weil dieser Liberalismus gegenüber dem Kapital die Reichen bevorzugt und dadurch der Rest immer mehr verarmen lässt: also der a priori Fehler an dieser Ecke der demokratischen Ideologie.

Slogans wie "Produktivität" und "Kosten-Nutzen-Faktor" sind unter den Pflastersteinen auf dem Weg der Demokratie zum Gulag des Kapitalismus. Dort werden die Bedingungen elegant umflort als "quantitative ease" und „neoklassische Ökonomie". Der Kapitalismus umschlingt und höhlt den Staat, der unter dem neoliberalen Slogan „schlanker Staat" immer größere Anteile seiner administrativen Aufgaben an Privatunternehmen abgibt und Politiker zu „politischen Unternehmern" werden lässt. [20]

Die Macht des Kapitals schleicht sich auch unbemerkt in alle Winkel des öffentlichen Lebens und privaten Denkens, indem sie Fragen und Bedenken über Medien zerstreuen lässt, die sie kontrolliert oder überhaupt besitzt (Berlusconi in Italien, Murdoch in USA und Großbritannien): drei Aktivitäten stechen daraus besonders hervor:

Die Zunahme des social divide in den westlichen Ländern wird überdeckt und neutralisiert durch die Nachricht, dass die Armut in der Welt immer mehr zurückgeht[338]. Dabei bleibt unbeachtet, dass der weltweite Rückgang extremer Armut von 44% auf 15% zwischen 1990 und 2012 vor allem auf Ostasien begrenzt ist, nämlich von 1 Milliarde auf 147 Millionen; außerdem wird Armut in Dollar ausgedrückt ohne Rücksicht darauf, dass in manchen Regionen Geld eine sehr geringe oder gar keine Rolle spielen könnte.

Kapital und Politik profitieren gemeinsam von den stolzen Nachrichten über Wachstum und Prosperität der Wirtschaft, allerdings in der Hoffnung, dass niemand beachtet, dass davon wieder nur die Reichen profitieren, während Firmengewinne oft durch Rationalisierung erzielt werden, die Arbeitsplätze kostet und Verarmung schafft.

Als dritte Aktivität wird die Grüne Bewegung einvernahmt, die als ökologische Weltbewegung - ecolocracy oder ecocracy - die Welt davor bewahren will, durch Umweltverschmutzung unbewohnbar zu werden („Ökolokratie"): das Ziel dabei ist, die Menschen durch Slogans über die immer grüner werdende Industrie zu beruhigen, zu versichern, dass alles Machbare getan werde, während hinterrücks weitergemacht wird wie bisher, sozusagen Manager der nahenden Umweltkatastrophe, die die Menschen mit sanfter Hand an den Rand des Abgrunds führen wie die Lemminge, und zwar gerade so, als wären sie dann nicht auch selbst davon betroffen.[104, N126]

Ökonokratie und einvernahmte Ökolokratie sind autodestruktive Strategien, mit denen Industrie, Politik und Bevölkerungen einvernehmlich mit voller Geschwindigkeit auf den Abgrund zurasen. Während Polit-Philosophen über Freiheit und Fairness diskutieren, sortiert der Kapitalismus in ihrem Rücken eine immer kleinere Zahl von immer mächtigeren Superreichen aus, die sich die Macht über die Welt aufteilen.[N127] Demokratie wird in diesem Prozess zunehmend erfolgreich vom Kapital missbraucht und sanft versklavt, ihre Politiker sind teils hilflos, teils selbst beteiligt.

Der soziale Friede im Westen der Nachkriegsjahre ist einem noch nie dagewesenen durchschnittlichen sozialen Wohlstand zu verdanken, und insoferne auch der Demokratie, als sich in diesem System die Staaten in einem ebenfalls noch nie gesehenen Umfang verschuldeten. Mit diesen Bankkrediten haben die Politiker ihren Bürgern den Wohlstand als ihre Leistung verkauft, verpackt als politisches Geschenk. Dieser Wohlstand gleicht dem eines von uns, der sein Konto überzogen hat und einen

Kredit aufnimmt, um die Schulden abzuzahlen. Schon dieser geliehene Wohlstand aber ist zum Großteil eine Folge der Fortschritte von Wissenschaft und Technik, nicht von demokratischer Politik – abgesehen von der fortgesetzten Ausbeutung von Entwicklungsländern. Auch diese Ausbeutung erweist sich zunehmend als Kredit, dessen Rückzahlung nun schrittweise eingefordert wird, von jedem Kontinent auf seine Weise, Afrika, und China als Repräsentant des Fernen Ostens.

Bisher jedenfalls hat die liberale Demokratie in dieser Atmosphäre geborgten Wohlstands zugelassen, dass wenige Individuen aus Banken und Industrie den wirklichen Reichtum ganz leise beiseite schafften. Das moderne Bankenwesen ist eine Art von neuer karibischer Piraterie, bei der Investmentbanker einander virtuelle Werte im Takt von Picosekunden wegschnappen – eine neue Bedeutung des Slogans „Zeit ist Geld". Niemand bezweifelt nun mehr, dass der Balanceakt zwischen Nationalbanken und private-sector Banken für das Gemeinwohl gefährlich ist. Das demokratische System will aus dem letzten Banken-crash gelernt und Rettungsnetze zur Vermeidung eines weiteren oder noch tieferen Falls vorbereitet haben. Bisher haben dafür immer die normalen Steuerzahler herhalten müssen, nachdem die Täter ihre Beute in Sicherheit gebracht und die Staaten unbemerkt schon längst als Geiseln genommen hatten.[105] Gleichzeitig haben Banken, Handel und Industrie freie Hand, im Interesse des Wirtschaftswachstums die Wünsche der Bürger mit abwegigen psychologischen Tricks zu wecken und auszuschlachten, die Menschheit in eine Konsumgesellschaft zu verwandeln, die ihre Lebensziele wie hypnotisiert nur noch in der Anschaffung von Geld und Gegenständen sieht. Dabei wachsen Global Players in ökonomische Dimensionen, die den Umfang großer westlicher Staaten übersteigen. Darunter gibt es Banken, deren Macht über die jeglicher Justiz hinausgewachsen ist, die also über dem Gesetz stehen: Justizministerien schachern mit Banken über mögliche Lösungen, Verhandlungen, in denen sich Banken als die mächtigere Seite erweisen, indem sie Milliardenstrafen zahlen, um der für alle anderen gültigen Justiz zu entkommen. Der gefährlichste Aspekt dieser Macht ist aber wahrscheinlich das diskrete Dienstverhältnis zwischen dieser Finanzwelt bzw. ihren Bankstern und einzelnen führenden Politikern: der britische HSBC-Chef Stephen Green (jährl. Bonuszahlungen ca. 7 Millionen britische Pfund), der auch ein anglikanischer Priester ist, wurde 2010 Handelsminister in David Cameron's Kabinett.[361] Friedrich Merz, Aufsichtsratsvorsitzender des globalen Vermögensverwalters BlackRock, einem Finanzgiganten, der Billionenbeträge verwaltet und jährlich zweistellige Milliardensummen an Einkünften verbucht, der auch Pensionsfonds in staatlichem Auftrag verwaltet, kandidiert in Deutschland für den Posten des Parteivorsitzenden der CDU – US-Präsident Trump's Hintergrund kennt die ganze Welt. Die Folgen der Geldwäscheskandale der HSBC (Hongkong-Singapore Banking Corporation) aus dem Drogenhandel 2012 in den USA – von Beträgen weit über 100 Milliarden US-Dollar ist dabei die Rede - und seit 2017 in der Schweiz und anderen Ländern wie Belgien, Argentinien, Indien und Spanien[360] zeigen, dass der Demokratie auf dieser Ebene außer ihrer selbstzerstörerischen Kraft auch noch externe Mächte gegenüberstehen, deren Ideologie mit langmütiger Strategie den Westen sich an sich selbst aufhängen und gleichzeitig von außen aussaugen könnten: China, der tausendköpfige Drache[392], will offenbar Mehrheitsaktionär der HSBC werden; zusätzlich entwickelt sich die HSBC zu einem Brückenkopf der chinesischen Wirtschaft im Westen.[N127A]

Derzeit hält das Kapital auch die Entwicklungsländer noch in neo-kolonialistischer Weise als Bankkunden in Geiselhaft, teilweise verdeckt durch scheinbar harmlosen Handel, manchmal sogar als Entwicklungshilfe. [N128]

Am Ende dieses Prozesses steht der endgültige Kontrollverlust der Politiker und das soziale Chaos,[N129] wenn jetzt nicht mit starker Hand politisch Kontrollmechanismen zum Schutz des Gemeinwohls eingeführt werden. Zu diesem Schluss kam auch die Manchester-Gruppe mit ihrer Studie.[105]

Die digitale Welt: Desillusion und Absolutismus

Ernüchterung, wenn nicht sogar ein leises Frösteln, durchzog die Atmosphäre auf der Re:publica 2018, der jährlichen Konferenz über digitale Medien in Berlin. Der Skandal um Facebook und Cambridge Analytica zwang eben endgültig, die Schattenseiten von Brave New Digital World ernst zu nehmen, und zwar nicht wegen der Angst vor Big Brother, dem Staat, sondern angesichts der eiskalten Ausbeutung durch die Mächtigen der kapitalistischen Welt: es ist die Sorge, dass die Unsichtbaren uns nackt im Spiegel unserer täglichen Aktivitäten sehen, es ist das Bewusstwerden des Umfangs von Werbung, der uns ständig aus allen Ritzen entgegenstiert und –tönt, das sich Umdrehen nach denen, die schon fast alles von uns im voraus wissen; plötzlich macht diese Bewusstheit auch Strippen sichtbar, die für das vorher meist unterbewusste Gefühl von assistierter Bewegung gewoben wurden und drohen, uns endgültig zu Marionetten der Marktwirtschaft, zu Opfern ihres digitalen Absolutismus werden zu lassen.

Sie machen uns sogar zu Werbeträgern ihrer Produkte und haben es geschafft, dass die meisten noch dazu stolz darauf sind, die Labels begehrter Marken wie lebende Litfass-Säulen umherzutragen und dafür auch noch zu bezahlen. Unbedarft verkaufen sich junge Leute über Beauty- und andere Kanäle, verführt von der teuflischen List der Markt-strategen, die die Jugend vergleichbar zur Rauschgiftsucht in den Hedo-nismus treiben – es ist sonst niemand mehr da, der wagt, sie zu erziehen. Sie abonnieren Video-Kanäle, um sich narzisstisch im Netz zu präsen-tieren, während sie gleichzeitig für Produktwerbung missbraucht werden; sie ändern ihr Verhalten und ihre Lebensziele, um vorge-gaukelten Scores wie der Zahl der Betrachter ihrer Clips oder ihrer „Freunde" auf Facebook nachzujagen. Marktstrategien durchdringen die gesamte westliche Gesellschaft, dringen in unser Innerstes vor und erdreisten sich schlussendlich noch, uns zum letzten Schritt zu ermun-tern: vermarkte dich selbst! Individuum und Gesellschaft bewegen sich immer weiter weg von sich selbst, während die Politik hilflos zusieht, wie die Macht des Geldes die letzten Schlupflöcher sozialer Ordnung in atem-beraubender Unverschämtheit mit ihren Kontrollinstrumenten block-iert. In dieser späten Phase einer rasenden Entwicklung überwiegt die ängstliche Sorge, ob die demokratische Gesellschaft überhaupt noch in der Lage sein wird, sich rechtzeitig von diesem jüngsten seiner Zauber-lehrlinge zu befreien.

Mithilfe der professionellen Werbestrategien, die wie Computerviren ganz heimlich zu einem dominanten Erziehungsinstrument mutieren, machen sich die Kapitalisten zu anonymen Diktatoren - ich werde darauf in einem späteren Abschnitt zurückkommen (S. 355). Zu noch größerer Sorge veranlasst der Blick zwischen den Nebelfetzen der verdeckten Machenschaften einer anderen – kollektivistisch- politischen Macht, die sich anschickt, ihrerseits den Zauberlehrling zu ihrem Sklaven zu machen, die Haie zu verschlingen, die in ihrem Teich schwimmen.

Demokratie hat den social divide nicht gestoppt sondern verstärkt

Die westliche liberale Demokratie ist gerade mal 60 bis 70 Jahre alt. Während dieser Zeit ist die soziale Schere in noch nie dagewesenem Umfang geöffnet worden: immer weniger Leute besetzen einen immer größeren Anteil am Gesamtvermögen von Völkern.[106] Nach der Forbes-Liste besitzen die zehn reichsten Leute der Welt etwa 500 Milliarden US-Dollar (6 davon sind US-Amerikaner, 1 Spanier und 1 Mexikaner).[107] Diese Entwicklung nahm nach dem Ende des Zweiten Weltkrieges wieder Fahrt auf, blieb aber längere Zeit weitgehend unbemerkt, konnte sich hinter dem verbergen, was die 68er-Jugend als „Establishment" zu hassen versuchte, bis sie selbst Teil davon wurde. Erst in neuerer Zeit wird den Menschen die geheimnisvolle Macht der Reichen langsam klarer, und auch, wie machtlos, ja ausgeliefert dagegen das Sozialsystem liberaler Demokratie mit seinem Anspruch auf Gleichheit ist.

Immer wieder werden Anwendungsforschung und Entwicklung in der Medizin zum Beispiel: gemacht wird, was sich in erster Linie lohnt, nicht, was hilft.[N129A] Stiftungen sind stets eine zu späte Erkenntnis jener Reichen, die selbst Opfer wurden.

Der social divide ist Ausdruck des evolutionären Erbes für Sozialordnung: der rücksichtslose Große und Starke stellt sich über den schwachen Kleinen und weist ihm Demokratie als Spielwiese zu. Politiker können dabei nur mitspielen, teils, um wenigstens einige Arbeitsplätze zu retten (soweit sie nicht ohnehin mit ganzen Fabriken in Billigländer abgewandert sind), teils zur Absicherung der eigenen kleinen Macht. Die Einkommen von Bossen in Bankwesen und Industrie zeigen, dass nicht die Bürger durch Demokratie ihre Freiheit gewonnen haben, sondern der schamlose Kapitalismus. Dieses politische Verhalten mitten in Demokratien ruiniert die Sozialmoral und verursacht den social divide.

Ist politische Kritik solcher Art von der Seite der Linken berechtigt, oder ist sie nur ein letzter Nachhall des Klassenkampfes aus dem 19. Jahrhundert? Wie stets sind Fakten die letztlich zielführenden Denkhilfen; dies zeigt auch eine Analyse von Erkenntnissen aus unserer Geschichte: immerhin ist der social divide nichts Neues; vielmehr war er schon immer einer der Auslöser von Revolutionen. Das interessanteste am historischen Überblick ist vielleicht nicht so sehr der social divide an sich, als der Einfluss von Revolution und von Demokratie auf seinen Verlauf über die Jahrhunderte. Werfen wir also einen Blick auf diese Entwicklung im Land mit der längsten Tradition von Demokratie: während der letzten 200 Jahre blieb der Besitzanteil der reichsten 10% der britischen Bevölkerung weitgehend stabil; die soziale Schere klaffte um 1910 am weitesten auf, ging in der Ära der Weltkriege zusammen, begann sich aber seit 1980 wieder zu öffnen.[N130] Blicken wir 700 zurück, so sehen wir eine konstante Zunahme des social divide, die nur durch zwei große Ereignisse unterbrochen wurde: eines war die Serie von Pest-Epidemien ab ca. 1350, das andere die Weltkriege des 20. Jahrhunderts.[N131, N132] Demokratie hat diesen Prozess nicht unterbrochen (siehe auch Abschnitt "Ausverkauf" auf S. 223). Der soziale Friede hängt zwar insgesamt vom relativen Unterschied im Besitzstand ab: entscheidend ist jedoch das Ausmaß der absoluten Armut: sie bringt eine Sozialstruktur zur Explosion.

Die Zusammenschau ergibt also, dass Demokratie den Prozess der Konzentration von Reichtum in immer weniger Händen nicht unterbrechen konnte. Obwohl der divide in den westlichen Ländern im Durchschnitt weniger krass ist als in anderen Kulturkreisen, bleibt doch der letztendliche Effekt von Demokratie auf die globale Entwicklung mehr als fraglich, besonders bei Betrachtung der Situation in Russland, China und Indien, aber vor allem angesichts des rücksichtslos ausbeuterischen westlichen Kapitalismus gegenüber dem Rest der Welt. Die einzige Veränderung im Westen war der Ersatz der Aristokratie durch die Neureichen.

Das kapitalistische Märchen vom ewigen Wachstum ist Wahnsinn

Sich diesem Irrglauben anzuschließen, ist der gefährlichste Fehler der liberalen Demokratie, weil sie damit sich selbst und die gesamte Gesellschaft in „irrationaler Rationalität" diesem Götzen vom ewigen Wirtschaftswachstum opfert. Die Mehrheit der Bevölkerung hat die Bedeutung von „Gemeinschaft" in diesem Wahn verloren, weil sie dem kapitalistischen Locken naiv und gierig folgte. Die Reichen haben selbst keinen Überblick, folgen lediglich ihrer Gier ohne Rücksicht auf ihr eigenes Ende: denn sobald weniger Menschen die noch so aggressiv beworbenen Produkte kaufen können, beginnt die Wirtschaft zu schrumpfen.[46] Es ist das gleiche triviale Phänomen wie ausbeuterisches Bankenwesen: wenn die Bank für jeden Dollar, Euro oder sonstige Währung, die wir in die Hand nehmen, wie beim Kreditkartenkauf oder Geldwechseln, ihrerseits eine Gebühr einhebt, so wird letztlich alles Geld nur noch bei der Bank sein. Endpunkt und Stillstand dieses raffenden Prozesses sind also direkt abzusehen. Es ist ein Sog, der alles Umgebende verschlingt, nur um dann zu enden.

Der Mahlstrom des Kapitalismus

Immer weniger Industriegiganten verschlingen hunderte von kleinen Firmen, eine immer kleinere Zahl dieser Riesen diktiert den Markt. Ein typisches Beispiel ist Amazon [N132A]: das Unternehmen ist mittlerweile größer als jede Bank jemals war. Zahlreiche ähnliche Modelle dominieren zunehmend den globalen Markt. Das Hauptproblem mit diesen

Schmarotzern an der Gesellschaft wie Amazon, Facebook etc. ist der Schaden, den sie den nationalen Ökonomien durch ihre Steuerflucht zufügen, eine Summe, die auf 385 Milliarden US-Dollar jährlich geschätzt wird, der dreifache Betrag der globalen Entwicklungshilfe.[46] Dieser Mahlstrom, der immer weniger Giganten überleben macht, wird zur Überlebensfalle, denn die Gefräßigkeit der Giganten wird zur Krankheit: Macht, geschöpft aus Reichtum, ist aus pathophysiologischer Sicht nahe an einer Suchtkrankheit angesiedelt; ausgelöst durch die positive Verstärkung aus Erfolg und bewusstem Genuss, gerät das Verhalten in einen Kreislauf, der immer wieder nur Erfüllung sucht, ohne jedoch durch Sättigung beruhigt zu werden, und verkommt in selbstzerstörerischem Selbstzweck. Canetti meint, die Suchtkrankheit sei in Wahrheit eine paranoische Krankheit, die darauf abzielt, der letzte und alleinig Überlebende zu werden. Die rechte Erkenntnis im gerade noch rechten Moment ist von kritischer Bedeutung – ich komme auf S. 467f darauf zurück.

Common wealth und das schwarze Loch „Kapitalismus"

Der Kapitalismus frisst die Welt auf und die Demokratie mit ihr, erlaubt Demokratie nur noch, solange sie den Liberalismus, oder noch besser Libertinismus, zulässt, weil er gut für das Geschäft ist. Darüber entwickelt sie sich zum Despotismus des Volksbauches, der weit offen heraushängt, allen Methoden moderner Werbemanipulation frei zugänglich für offenherzige Wegbeschilderung zur Befriedigung von Instinkten, nahezu ohne jegliche moralischen Schranken und Rücksichtnahme auf andere. Aber immer mehr dieser „anderen" bleiben zurück, müssen für das kompensieren, was die Reichen übriggelassen haben – für eine Weile nur, wie die Geschichte der Revolutionen lehrt. Demokratie ist nur auf einer Spielwiese im Hinterhof der wirklichen Welt erlaubt; die Regenbogenpresse vermittelt Einblicke in das Leben der neuen Aristokraten. Die Menschen bewundern sie weiter für all das, was sie mit ihrem Leben machen können, eine ambivalente Bewunderung. Demokratie, der Traum von allgemeinem Wohlstand – common wealth – ist ein Traum geblieben, die Assoziation mit dem Commonwealth nicht zufällig: Der Traum hatte mit Oliver Cromwell's „Commonwealth of England" begonnen und lebte weiter in Hobbes' "Leviathan". Die Briten haben gegenüber ihren Untertanen mit der wahren Absicht nie hinterm Berg gehalten, besonders in den Kolonien. Ihr „Commonwealth" war ein Finanzimperium der wirklichen Welt der Politik, das die Aristokraten und einige andere Händler reich machte und den Rest der Bevölkerung in mehr oder weniger bescheidenen Verhältnissen oder bitterer Armut zurückließ. Ich will damit keineswegs behaupten, dass die anderen Kolonialmächte sich wesentlich anders verhielten – mit Ausnahme der Niederländer zu Hause – ich spreche hier nur den Anspruch „common wealth" an.[N133]

Kann die liberale Demokratie ohne Kapitalismus überleben, oder kann sie nur dank des Kapitalismus? Ich werde unter „Staatsverschuldung und Ausverkauf" auf S. 223 darauf zurückkommen.

Selbstzerstörung durch die eigenen Regeln und Werte

"Das tragische Paradox auf dem Weg in die Autokratie ist, dass die Mörder der Demokratie die eigenen Einrichtungen der Demokratie benützen – schrittweise, sanft, und sogar legal – um sie zu töten." *[28]

Wie andere politische Ideologien, so verbirgt auch die Demokratie die Defekte an der Gesellschaft, die sie eigentlich heilen sollte, nämlich all das Asoziale am einzelnen Menschen. Bestenfalls aber heilt sie diese Defekte derart unvollständig, dass die Wirkung eher gefährlich als heilsam ist: denn Demokratie verleugnet das Fortbestehen archaischer Verhaltensmuster wie die von politischer Korrektheit, Seilschaftsdenken und dem Vorherrschen von Hausverstand statt Evidenz. Die heutige Tendenz scheint also gegenläufig zu jener zu sein, die Revel 1983 sah: *"Es ist eine alte Zwangsvorstellung bei den Feinden der Demokratie ... eine schleichende Verwandlung aller demokratischen Regime in autoritäre Regime voraussagen zu müssen. ... Ein Blick auf die Welt, wie sie ist, widerlegt diese Theorie. Die Demokratie ist weniger denn je von innen bedroht, dafür mehr denn je von außen".*[78] Aus momentaner Sicht kann diese Einschätzung nur aus einer Übertönung der Wirklichkeit durch die Angst vor dem Kommunismus entstanden sein – aus der Sicht einer mittelfristigen Prognose erschiene sie heute angesichts mancher Strategie China's nachgerade prophetisch. Derzeit allerdings - und bei dieser Verlaufsgeschwindigkeit vielleicht überhaupt – ist die Demokratie von innen her bedroht. Daneben verwischt der Kapitalismus nationale Grenzen und bewirkt das schleichende Verschwinden von Demokratie als Macht auf der globalen Bühne. Demokratie schützt nicht vor den Folgen der inneren Gleichgültigkeit und dem Universalismus nach außen, sondern verstärkt diese inhärenten Risiken. Mit ihren Eigenschaften vernichtet sie sich selbst innerhalb kurzer Zeit und endet in Chaos und Terror, wenn die Warnsignale weiterhin ignoriert bleiben. Unter ihnen ragen die folgenden fünf Regeln besonders heraus:

a- Fragwürdige Gewaltenteilung
b- Mehrheitsvoten spalten die Gesellschaft durch Polarisierung, Dämonisierung, Despotismus der öffentlichen Meinung, der zu Aggression und Unruhe führt,
c- Einkommensschere (social divide) als Folge kapitalistischer freier Marktwirtschaft
d- Liberalismus, der unhaltbaren Multikulturalismus stützt
e- Manipulation durch Politik und Medien

Ich werde hier vorwiegend nur die ersten beiden Argumente diskutieren, weil die übrigen im Rahmen vorangegangener Abschnitte ohnehin bereits weitgehend besprochen wurden:

a- Fragwürdige Gewaltenteilung. Die drei bis vier Gewalten sind keineswegs sicher voneinander separiert: Politiker sind in engem Kontakt mit Medien, Justiz und Exekutive. Als ein Beispiel ist der Präsident der USA oberster Befehlshaber des Militärs, er ernennt Richter des Supreme Court; zwar abhängig von der Zustimmung des US-Senats, ist er dennoch der Strippenzieher in der Justiz, wenn seine Partei die Mehrheit hat; überdies wird er dann zum Herrn der Legislative. Gewaltentrennung? Sieht man auf die Reihe der Kriege der USA im 20. Jahrhundert, fragt man sich, worin der Unterschied zu den Kriegen der Monarchen des 19. Jahrhunderts besteht.
Eine der herausragenden Schwächen dabei ist wohl das System der schon zuvor angesprochenen Staatsanwaltschaften, die als Hüter staatlicher Interessen schon im Vorfeld vernichten, was die Justiz zu schützen beauftragt ist. Politiker können auf diesem Weg die Justiz beeinflussen, indem sie Untersuchungen veranlassen oder einstellen, in manchen Fällen sogar, indem sie Prozessverläufe ganz direkt und kaum verheimlicht dominieren, z.B. in Deutschland. Prominente oder führende Politiker entwischen immer wieder rechtlicher Verfolgung: was um Himmels willen kann eine Amnestie wegen guter Führung für Berlusconi im Jahr 2018 bedeuten, wenn er wegen Amtsmissbrauchs vom passiven Wahlrecht ausgeschlossen ist – er war nicht im Amt, als er die Amnestie bekam, also worin bestand die gute Führung? Aber politisch geleitete Rechtsprechung ist so alt wie die Rechtsprechung selbst. Das älteste bekannte Beispiel in der Demokratie ist der Prozess des Sokrates. Ein Beispiel aus der modernen Geschichte Frankreichs ist die Affäre Dreyfus.

b- Mehrheitsvoten spalten die Gesellschaft: die polarisierende Wirkung von politischen Parteien und deren sogenannte Beratungen habe ich zuvor erörtert, ebenso wie das Paradox, in welches eine Mehrheit bezüglich ihrer Toleranz geraten kann, wenn ihr Verlangen nach politischer Korrektheit die freie Meinungsäußerung blockiert und Minderheiten in Defensive und Polarisierung drängt. In Indien, der größten Demokratie der Welt, ist die Lage der Muslime gegenüber der hinduistischen Mehrheit eines der vielen Beispiele in der heutigen politischen Wirklichkeit.[N134] Migration und kulturelle Entfremdung sind eine weitere Quelle der Polarisation vor allem in europäischen Ländern, wenn die tonangebenden politischen Parteien den Multikulturalismus zur politisch korrekten Haltung erklären und damit die Gegenreaktion in rechten Lagern anstacheln. Zusätzliche Polarisierung bewirkt dann die Haltung der angestammten Bevölkerung gegenüber sozial intoleranten muslimischen Gruppen, besonders der politische Islam. Dann agieren Multikulturalisten, die von ihnen so benannten Populisten und die segregierten Immigranten gegeneinander.

Wie zuvor erwähnt, besteht eine weitere Schwachstelle in dem philosophischen Konzept der „teilweisen Einigung", was so viel bedeutet wie eine „öffentliche Rechtfertigung" für politisches Handeln[108] selbst dann, wenn keine eindeutige Einigung zustandekam. Ebenso wie der andere Vorschlag einer „überlappenden Übereinstimmung"[109] verfängt sich Demokratie hier in einer Falle, die darin besteht, dass der „Faktor Mensch" angesichts solcher als undurchsichtig empfundenen Lösungsversuche regelmäßig umgangen oder unterwandert werden. Der a priori- Ausdruck dieses Unwillens, Einigungen zu erzielen, ist schon in der Bildung von Parteien im voraus verkörpert; stattdessen wird gestritten, sei es um ideologische, kulturelle oder ökonomische Belange, meist um letztere zur Zementierung des kalten Krieges im Klassenkampf. Dieses liberal-demokratische System herrscht in den westlichen Ländern erst seit wenigen Jahrzehnten, und schon sind die negativen Konsequenzen von Regierungen auf der Basis „schwächerer Varianten von Konsens" sichtbar, beispielsweise in Form von Koalitionen, die sich so recht und schlecht über Legislaturperioden schleppen und jede Gelegenheit zur Drohung eines Bruchs nutzen. Vor allem aber kommen die Reaktionen der Verlierer in diesem System zu tragen, die sich um neue Parteien scharen und nun allesamt gegeneinander kämpfen. Inzwischen sind Länder geteilt über irrational gebildeten, aber starrköpfig verteidigten Meinungen. Fakten werden wegen Parteidogmen ignoriert. Die einzige zielführende Lösung erscheint mir, den Vorschlag von Rawls von "überlappendem Konsens"[32, 109] an dessen anderem Ende anzupacken, nämlich nicht dort zu beginnen, wo Interessen sich überlappen, sondern dort, wo das Interesse Aller vollkommen übereinstimmt. Der daraus erwachsende Gemeinschaftssinn hilft später leichter über Interessenskonflikte. Mehrheiten spalten, gemeinsame Interessen einen.

Selbstvernichtung durch die eigenen Werte

> „Eine reiche Nation, die ihre Seele verliert, ist eine Kultur von Toten … Ökonomische Systeme, die im wirklichen Leben ihren eigenen Zielen zuwiderhandeln, können selbst nichts anderes hervorbringen als Nichts und Zerstörung ".[78]

> Aaron Jean-Marie Lustiger, Erzbischof von Paris 1982

Demokratie, Gleichheit und Fundamentalismus

Jegliche Festlegung fundamentaler Werte kommt aus einer Überzeugung, die auch in der Politik in einer Art Fundamentalismus endet.[N135] Diese Einsicht führt zu einer fatalen Schwäche der derzeitigen Demokratie: sobald die Wahl zwischen alternativen Optionen ansteht, bilden sich Parteien darum, beide überzeugt, im Recht zu sein. Sie beginnen zu streiten und entfernen sich zunehmend voneinander. Aggressionen entstehen, sobald eine Minderheit ohne Ausweg zurückbleibt. Mehrheiten verhalten sich staatsintern auf die gleiche Weise wie die westliche Demokratie in ihrem Universalismus auf der globalen Ebene: wer die Macht hat, diktiert die Moral. Der Rest der Welt nennt es den westlichen „Imperialismus der Menschenrechte". Innerhalb spaltet sie die Nation aus Überzeugtheit von den eigenen Werten, so wie sie jede politische Partei vor sich her trägt. Dieser Prozess gegeneinander gerichteter Überzeugtheiten bewirkt das Überwiegen von Misstrauen gegen das ursprüngliche Grundvertrauen in Gemeinschaften, den Zerfall ihrer gemeinsamen Werte oder deren unvermeidbaren Abbau durch systemimmanente Paradoxien. Hier sind sieben Beispiele davon:

1- Halbherziger Imperialismus der Menschenrechte: wo ist der Neo-liberalismus und der nach außen getragene Menschenrechts-Imperialismus eines Staates, dessen Polizei und Militär – wissentlich aber verdeckt – rechtsorientierte und unverhohlen fremdenfeindliche, wenn nicht sogar rassenfeindliche Angehörige hat?

2- Verwahrlosung des Gemeinwohls: viele Tätigkeiten im Sinne des Gemeinwohls bleiben im Schatten der Öffentlichkeit, werden privaten und anderen – eventuell sogar undemokratischen – Einrichtungen wie NGOs und Wohlfahrtsverbänden überlassen.

3- Kollateralschaden bei Militäreinsätzen: militärische Aktivität demokratischer Länder – sei es direkt oder am Weg über Waffenlieferungen – nimmt die Tötung unschuldiger Menschen als „Kollateralschaden" billigend in Kauf, ein Vorgang, den ihre ethischen Grundwerte nicht zulassen. Wo bleibt hier John Locke's "natürliches Recht auf Leben" [N31], wenn ein demokratischer Staat wie die USA oder Großbritannien seine Soldaten in einen Krieg wie in Vietnam oder Irak senden?

4- Die Todesstrafe ist legalisierter Mord: Tötung ist in den meisten Ländern der Welt ein Kapitalverbrechen. In manchen demokratischen Ländern aber nimmt sich der Staat die Freiheit, manche ihrer straffällig gewordenen Mitbürger zu töten und begeht damit in zweifacher Hinsicht einen Fehler: einmal widerspricht es den eigenen ethischen Grundwerten, zweitens ist diese Bestrafung nach ihrem eigenen Gesetz ein Verbrechen, für das die Durchführenden nach dem Gesetz des Landes selbst die Todesstrafe verdienen.[3] Eine weitere Paradoxie jener natürlichen Rechte, welche die Demokratie repräsentiert und verteidigt – außer wenn sie davon Ausnahmen macht.

5- Politische Korrektheit blockiert Tatsachen: politische und soziale Tätigkeit verlangt mehr Aufrichtigkeit und weniger Druck auf politische Korrektheit, die öfters einer kollektiven Lüge oder mangelnder Wahrhaftigkeit gleichkommt.

6- Liberalismus gestattet kulturelle Verwahrlosung, Hedonismus zerstört die Gemeinschaft: Demokratie verkommt zu einer Kultur negativer menschlicher Eigenschaften mit Diffamierung und Verleumdung durch die freie Presse. Die freie Marktwirtschaft schafft ein Klima von Gier, Gewinnsucht und Ausbeutung. Demokratie unterstützt die Entwicklung zum Hedonismus als „Selbstverwirklichung", der die Familie als Kern der Gesellschaft unterwandert. Die Folgen sind Verlust sozialen Zusammenhalts, „broken society" [80] und dramatische Zunahme psychischer Störungen in der jungen Generation.

7- Halbherzige Säkularisierung: westliche politische Parteien repräsentieren Ideologien, die auf christlichen Werten basieren, jetzt „säkularisiert" als „westliche Werte" oder schlicht „unsere Werte" (siehe auch Abschnitt Demokratie und Religion auf S. 236f.

Soweit also jene Systemschwächen, die ich der demokratischen Ideologie selbst zuspreche, sie demnach als inhärent oder a priori bezeichne, weil sie als inhärente Eigenschaften zu destruktiven Kräften werden, sobald Demokratie eingeführt wird. Es gibt jedoch eine Reihe weiterer, teilweise vermeidbarer Fehler, die jedoch ignoriert bleiben und sich deshalb als autodestruktive Gefahren gegen die Demokratie selbst wenden. Ich werde sie im nächsten Abschnitt besprechen:

Weitere Schwachstellen der liberalen Demokratie

Diese weitere Kritik ist wiederum nicht gemeint als Attacke gegen die Demokratie mit dem Ziel, die damit eingeführten gut gemeinten Absichten zu zerstören, noch, irgendwelche Personen in Misskredit zu bringen, die sich politisch um ihr Funktionieren bemühen. Nein. Meine Liste weiterer kritischer Bereiche ist lediglich als fortgesetzte Warnung gemeint, dass Änderungen erforderlich sind, um zu vermeiden, dass diese im guten Willen vorgenommenen Anstrengungen versagen, weil Desinteresse und Nachlässigkeit vieler von uns Bürgern gegen ein System arbeiten, das sich – zumindest bisher – als besser erwies als alle Vorgänger in der Geschichte. Und besonders von einem historischen Standpunkt scheint sich eine frühe Warnung als die einzige Möglichkeit zur Vermeidung einer Katastrophe zu erweisen, weil einfach jede Reaktion zu einem Zeitpunkt zu spät käme, zu dem ein nahendes Unglück für Alle sichtbar geworden ist. Eines der dramatischsten Beispiele der neueren Geschichte ist wohl die Übernahme Österreichs durch das Nazi-Regime im März 1938, die nur deshalb innerhalb effektiv weniger Stunden stattfinden konnte, weil die politischen Führer unfähig - und auch nicht willens – waren eine Einigung über ihr sogar gemeinsames Interesse zu finden, welches darin bestand, die Souveränität des Landes nicht zu verlieren. Ähnliche Muster werden in unserer Zeit auch aus dem Verhalten der türkischen Führung sichtbar, die Deutschland mit zynischem Lächeln warnen, dass die demographische Entwicklung bald zu einer Übernahme des Landes durch die türkisch-stämmige Bevölkerung ermöglichen würde. Die allerjüngste Stärkung rechtsgerichteter Kräfte in Europa, die an die Macht drängen, weisen noch auf eine weitere Gefahr: die Destabilisierung des sozialen Friedens durch Polarisierung zwischen Bürgern und Immigranten, sogar zwischen Gruppen der europäischen Bevölkerung. Aber sehen wir uns diese weiteren Schwachstellen an:
1- Diktatur der Mittelmäßigkeit
2- Die Illusion von "Gemeinwohl"
3- Der kalte Krieg der Parteien
4- Die Politiker: Pro-soziale Führungsqualität und Verantwortlichkeit
5- Das Volk: Volkswille, Toleranz und Selbstbetrug
6- Staatsschulden und Ausverkauf: Kultur- und Technologieausverkauf
7- Liberaler Anti-Nationalismus unterstützt Identitätsverlust
8- Demokratie und Multikulturalismus sind unvereinbar
9- Die freie Presse fällt der Demokratie in den Rücken

Ad 1- Mediokratie: Diktatur der Mittelmäßigkeit

Eine der Sorgen um die liberale Demokratie ist ihr Hang, durch ehrliches Bemühen um Angleichung und Chancengleichheit in eine Kultur der Mittelmäßigkeit zu verfallen, in der Demokratie allmählich zu einer Mediokratie wird [19]: dabei sprechen wir von einer sanften Art von quasi-Diktatur einer Art von neuen Art von Proletariat, einer Mischung von Wohlstandsverwahrlosung und Verwahrlosung z.B. in Arbeitslosigkeit oder relativer Armut. Vor allem aber handelt es sich um eine säkulare, ichorientierte, also hedonistische und libertinistische Gesellschaft, die in moralisch und kulturell verfällt, ein System, in dem die Politiker dem „Volkswillen" folgen, der, geleitet von kurzsichtigen gemeinsamen Interessen, in gefährliche Fallen geraten kann.

Das Vorherrschen der Interessen und Haltungen der kleinen Leute auf politische Entscheidungen ändert die Gesellschaft. Ich erinnere laute Stimmen während der sozialistischen Alleinregierung im Österreich der ersten 1970er Jahre, dass man die finanzielle Unterstützung kultureller Einrichtungen wie der Salzburger Festspiele und der Wiener Staatsoper einstellen solle, weil der durchschnittliche österreichische Bürger an diesem elitären Getue nicht interessiert sei. In einer Mediokratie ist eben alle Kultur reduziert auf die Ebene der Masse der Mehrheit, wie dies zum Beispiel Fabian Tassano beschreibt[110], eine Welt, in der moderne Volksmusik und Fußball die Hauptabendprogramme zu füllen haben.

Nach einer Studie des US-National Bureau of Economic Research liegt die Gefahr darin, "… *dass eine politische Partei absichtlich nur noch mittelmäßige Politiker auswählen könnte, obwohl sie durchaus bessere Leute verfügbar hätte, die gerne Politiker werden möchten. Wir sind der Meinung, dass dieses Ergebnis dazu beitragen kann zu erklären, warum sich die politische Klasse in vielen Ländern aus mittelmäßigen Leute zusammensetzt".*[111, N135A] Die Sorge ist berechtigt, dass mittelmäßige Politiker eine ebensolche Wählermehrheit vertreten und damit den Prozess in Richtung einer Mediokratie beschleunigen könnten. Man könnte sogar einen Schritt weiter gehen und argumentieren, dass Parteien eben deshalb mittelmäßige Politiker in ihre Führungspositionen geben, weil diese am besten die Gefühle einer mediokren Wählermehrheit politisch umzusetzen vermögen. Der französische Philosoph Dominique Lecourt:"

---

[19] Eine soziale Hierarchie, in der das Mittelmaß überwiegt, „Regentschaft des Mittelmäßigen" (Webster's Third New International Dictionary)

"Es gab eine Zeit, da lauwarmes Wasser in unserem Land nicht populär war! Heute schwimmen wir darin. Und alle Intellektuellen, die gedanklich einem Projekt zur Änderung der Gesellschaft näherzutreten beabsichtigen, werden als suspekt angesehen, potenziell gefährlich oder Träumer. ... Meiner Meinung nach wurde die Ära der Meisterdenker [damit meint er Althusser, Lacan, Foucault, Derrida] abgelöst von einer der 'Mittelmäßigen'.*"* Und der Autor fährt fort mit einer Beschreibung der Situation in Frankreich seit den 1968ern: „Du hast die Wahl zwischen geschmeidi-gem Asketizismus und mildem Hedonismus".*[112] In diesem Frankreich der Post-68er, im Neoliberalismus, wurde es normal, die Welt nicht länger zu interpretieren und zu verändern; man glitt in die Mittelmäßigkeit.[N136]

Die Wirkung dieser Art von Politik auf das britische Schulwesen seit 1945 hat Ken Davidson kritisch untersucht: er beschrieb die Schulkinder als Opfer und Versuchskaninchen von Erziehungsexperimenten der Regierung "in einer Kultur, die Lehrer wie Maschinenwärter behandelt, die ihre Tage damit verbringen, ihre Programme in Erwartung des nächsten Besuchs der Kontrollbehörde [Ofsted] abzuspulen..." und darüber in Mittelmäßigkeit zu enden und dabei den Mangel an vertikaler Mobilität (gleiche Chancen für Kinder aus unteren Gesellschaftsschichten) unverändert zu lassen: "Von vertikaler Mobilität zu sprechen bedeutet nichts anderes als eine Huldigung der Hoffnung".*[80, N137] Demokratie birgt eben diese gefährliche Schwäche, dank derer "... jegliche Regierung, die ihrerseits wieder leicht ersetzbar ist, sich darum bemüht, zufriedenstellend tätig zu sein [gemeint für eine mediokre Wählerschaft]",[113] gefährlich deshalb, weil auf der Kehrseite dieser Münze eine spezielle Form von Populismus steht [20]. Diese Politik, die dem Willen des Volkes selbst dann folgt, wenn er selbstschädigend ist, ja zerstörerisch, handelt meist aus Ignoranz oder Gleichgültigkeit auf dem Weg in die Mediokratie und deren sehr wahrscheinlich nicht demokratische Nachfolger. Eine der größten Gefahren in der Demokratie ist wahrscheinlich die politische Korrektheit als Quelle der Mediokrität, Meinungsterror als Ausdruck einer instinktiv empfundenen Zusammengehörigkeit, die ein Gefühl von Sicherheit nach innen vermittelt, gleichzeitig aber gemeinsame Abwehr gegen alles Fremde hervorruft. Unweigerlich denkt man an eine kleine mittelalterliche Stadt mit ihrem Geraune von Gerüchten und ihrer kleingeistigen Mentalität. Richtig ist darin, was die Mehrheit als „recht" erklärt, sogar, wenn die

---

[20] Im Gegensatz zur politisch korrekten Zuordnung von "Populismus" durch heutige Liberale - ich bezeichne sie als "Anti-Populismus-Populisten", wie ich in einem separaten Abschnitt ab S. 276 weiter ausführen werde.

Menge durch Manipulation verführt wurde – der direkte Weg in Autokratie und Diktatur. Natürlich wird politische Korrektheit schon allein durch Gesetze und Verordnungen ausgedrückt; in erster Linie bewirkt dies aber der Gesinnungsterror ungeschriebener Gesetze. Ein rezentes Beispiel ist die Migrationskrise im Jahr 2015 in Deutschland und Österreich: die „Willkommenskultur" der Zivilgesellschaft wurde zum offiziellen Zwang; wer Immigranten nicht öffentlich herzlich willkommen hieß, war engherzig und niederträchtig, rassistisch und zweifellos Sympatisant wenn nicht gar Mitglied einer rechtsradikalen Gruppierung. Im Herbst 2015 wurden Mitarbeiter mancher öffentlichen Einrichtungen offiziell dazu aufgefordert, ihre positive Einstellung gegenüber Immigranten und ihren Willen, sie willkommen zu heißen, kundzutun. Wenige Monate später war ein drittel der Bevölkerung heimlich oder zumindest im stillen gegen diese Willkommenskultur eingestellt; mittlerweile überwiegen eindeutig Meinungen gegen freie Immigration. Politische Korrektheit widerspricht dem Prinzip der Meinungsfreiheit, sie ist oft tatsächlich diktatorisch, gesetzesähnlich, bewacht von den Medien, und führt zu einer Art nationalem Mobbing, aber auch zu Mobbing im kleinen Kreis, zu Gesinnungsterror, der die Gesellschaft in absurde Situationen treiben kann, wie dies zum Beispiel Hans Christian Andersen in seinem Märchen "Des Kaisers neue Kleider" beschrieb. Eine solche Szene wurde aber bereits in einem Gedicht eines unbekannten Autors aus dem 18. Jahrhundert beschrieben[114]:

Vor Zeiten gab's ein kleines Land,
Worin man keinen Menschen fand,
Der nicht gestottert, wenn er redte,
Nicht, wenn er gieng, gehinket hätte;
Denn beydes hielt man für galant.
Ein Fremder sah den Übelstand;
Hier dacht' er, wird man dich im gehn bewundern müssen;
Und ging einher mit steifen Füßen.
Er gieng, ein Jeder sah ihn an,
Und alle lachten, die ihn sahn,
Und jeder blieb vor Lachen stehn,
Und schrie: Lehrt doch den Fremden gehen!
Der Fremde hielt's für seine Pflicht,
Den Vorwurf von sich abzulehnen.
Ihr, rief er, hinkt! Ich aber nicht;
Den Gang müsst ihr euch abgewöhnen.

Das Lärmen wird noch mehr vermehrt,
Da man den Fremden sprechen hört.
Er stammelt nicht; genug zur Schande!
Man spottet sein im ganzen Lande.

Dabei ist es nicht allein die „Mehrheit", die das Diktatorische bewirkt, es ist die politische Korrektheit selbst, die Gesinnung der einzelnen, die immer mehr Leute im öffentlichen Leben terrorisiert: ein falsches Wort, und deine Karriere könnte ruiniert sein. Dieser Gesinnungsterror im heutigen Deutschland wird in zahlreichen Publikationen angemerkt. Die Grenze beginnt instabil zu werden zwischen „demokratisch" und dem, was eher beginnendem Despotismus entspricht, wenn „freie Meinungsäußerung" das System mit der Absicht attackiert, es zu zerstören: ist publizistische Tätigkeit gegen Gesinnungsterror Hexenjagd gegen Demokratie? *„Die Hetze gegen rechts ist in den staatlich beeinflussten Medien allgegenwertig".*[115] Das spanische Drama um Katalonien ist nicht weit von solchem Gesinnungsterror entfernt: ist Äußerung des Wunsches einer ewigen Minderheit nach mehr Autonomie illegal, ja kriminell? Jedenfalls sitzen dafür Leute im Gefängnis und warten darauf, dass „das Gesetz" darüber entscheidet, was demokratisch sei und was nicht. Wenn die Briten jedes Jahr im November ihrer Gefallenen aller Kriege gedenkt, wird es praktisch obligatorisch, in der Öffentlichkeit den „poppy", eine Mohnblüte aus Stoff oder Plastik, wie ein Abzeichen anzustecken, wenn man vermeiden will, als Staatsfeind oder ignoranter Ausländer angesehen zu werden – interne Kritiker begannen es im Jahr 2017 als „Poppy-Stalinismus" zu benennen.[116]

Politische Korrektheit innerhalb eines Kulturkreises kann in der heutigen globalisierten Welt erhebliche Irritation und Gefahr bedeuten, und sogar in zweifacher Hinsicht, wenn dieser Kulturkreis die Welt der westlich-liberalen Demokratien ist: Andere durch Satire zu beschmutzen war erlaubt als Teil von Demokratie, bis satirische Bilder des Propheten Mohammed Terrorattacken verursachten, Tod und politischen Aufruhr. Islamische Länder wiesen auf die moralische Doppelbödigkeit und Respektlosigkeit des Westens. Sobald sie verfügbar wurden, füllten sich die sozialen Medien mit Verunglimpfung und offenem Hass. Mittlerweile säubern sie an die 7000 Spezialisten bei Facebook täglich, während unterschwellige kommerzielle und politische Werbung weiterhin allgemein akzeptiert bleibt.[117]

Eines der Signale, die mich mit am meisten irritieren, sind die sogenannten „sensitivity readers" in der Publikationsindustrie: von Autoren wird erwartet, dass sie jeglichen Text vermeiden, den irgend eine Gruppe der Gesellschaft für politisch unkorrekt, beleidigend oder sonst etwas halten könnten – soll nur noch publiziert werden dürfen, woran eine Mehrheit interessiert ist und was sie zu wissen erlaubt? Der Filmemacher David Lynch soll eine Gruppe von Testpersonen nach ihrer Meinung betreffend die interessantesten Episoden seines Lebens befragt haben, bevor er seine Memoiren mit dem Titel "dreamworlds" schrieb. Erzählt uns hier nicht jemand einen Albtraum aus Orwell's [21] Welt? Sollten unsere Kinder nicht auch von einer Orwell'schen stalinistischen Wirklichkeit der korrigierten Geschichte [N138] erfahren, um die Gefahr? [N139]

Hoffnung allein wird da nicht helfen, auch nicht Nostalgie; es wird ziemlich entschiedener Anstrengung in der Erziehung bedürfen – und gewiss nicht nur der heutigen liberalen Demokratie – um zu vermeiden, was Nietzsche als *"diese Moral der Mittelmäßigkeit"* beschreibt und meint: *"sie darf es ja niemals eingestehn, was sie ist und was sie will!"* [N140]

Ad 2- Die Illusion von "Gemeinwohl"

" ... *die Erosion des politischen Gemeinwesens in den westlichen Demokratien wurde begleitet von Anzeichen dafür, dass die Gesellschaft selbst in Gefahr ist."*
*118

Die politische Struktur einer Gesellschaft ist bereits Ausdruck des kulturellen Zustandes einer Nation und dessen Folgen: „Erosion des politischen Gemeinwesens" weist also für sich selbst schon auf eine „broken society" hin. Diese Beobachtung erläutert ein weiteres Mal, dass es die gegenwärtige Form von Demokratie selbst ist, mit ihrem Individualismus, Desinteresse an Politik und Gesellschaft, die diesen sozialen Verfall und die daraus resultierende Selbstzerstörung verursacht.

---

[21] Orwell's Roman "1984" enthält die Beschreibung der Ereignisse im Ministerium für Wahrheit, dessen Aufgabe es ist, die Geschichte ständig umzuschreiben und der momentanen Situation politischer Opportunität anzupassen.

Die Überschrift zu diesem Abschnitt ist bewusst provokativ; denn es gibt natürlich noch ein „Gemeinwohl". Meine Frage hier betrifft dessen Zustand, weil es doch die Kultur eines Volkes repräsentiert, all die Traditionen im täglichen Umgang miteinander, aber auch ihren Ausdruck, den die Einzelnen beitragen, sei es Kunst, Politik oder Sozialarbeit.

Was ich mit dem Titel ansprechen will ist der Mangel an politischem Sinn für das Gemeinsame, dann auch der weitgehend fehlende Sinn für das „Gemeingut", „die gemeinsamen Güter" im Staat, die nur als „Staatseigentum" empfunden werden wie früher ein fürstlicher Besitz.

Ein Teil dessen, was die englisch-sprachigen Philosophen als „common good" in der Demokratie bezeichnen, ist wohl auch eine Atmosphäre, die durch einen politischen Gemeinschaftsgeist entsteht und eine Willenskundgebung beinhaltet, dass man tatsächlich in einem Land zusammen leben und zusammengehören will. Außer kurzen Momenten von Gemeinschaftsgefühl und Zugehörigkeit herrscht jedoch heute die politische Realität eines kalten Krieges der Parteien um Anerkennung, Macht und Ressourcen. Von Gemeinwohl ist nicht viel übrig, nur das gemeinsame Schlachtfeld für Streitereien zwischen den Gruppen mit divergierenden Ansichten. Derzeitige demokratische Systeme führen zu keinem Verhalten, das man angesichts der wirklichen Probleme als vernünftig bezeichnen könnte, und auch nicht im Sinne des Gemeinwohls. Ein Beispiel hierfür ist die ökologische Situation: hier zeigen zu viele Parameter summarisch auf ein Verhalten, das zur Katastrophe führt. Drastischere Maßnahmen wären geboten,[119] sind jedoch in einem demokratischen System gegenwärtiger Bauart mit seiner Abhängigkeit von kapitalistischen Zwängen und Wahlerfolgen nicht möglich (politisch korrekt: "nicht vermittelbar").

Der zweite Punkt betrifft die Frage der "gemeinsamen Güter", dem „Gemeingut" im Staat: sie existieren als ein idealisiertes Bild aus der Zeit der Entstehung eines demokratischen Systems oder dem Ende des vorangegangenen Zeitalter von etwas gemeinsamem. Damals sollte der Besitz von der herrschenden Klasse genommen und vom revoltierenden Volk gemeinsam übernommen werden. All diese Schlösser und Paläste, Gemälde und Skulpturen, und vor allem das Land, gehören jetzt dem Volk - oder nicht? Ganz oft eben nicht. Und soweit es doch der Fall wäre, hat „der Staat" sie übernommen. Was Alle besitzen, gehört in Wahrheit niemandem: dieses Gemeingut wird zum Zahlenwerk in Statistiken, die nichts mit dem Empfinden der einzelnen Bürger zu tun haben. Selten, wenn überhaupt jemals, werden sie von ihren Eigentümern, dem Volk, gepflegt und beachtet: öffentliche Parks und Gärten, Straßen und Ränder von Autobahnen. Die Pflege einiger dieser Güter wird mit unserem Steuergeld bezahlt; sie sind nicht gemeinschaftlich, sie sind „öffentlich", gehören nicht mir. Achtlosigkeit, Desinteresse, Gleichgültigkeit und Missbrauch [22] prägen das Bild. Gemeinsames Interesse wird geweckt, wenn der Zugang zu öffentlichen Gütern verwehrt wird: dann werden sie als öffentlich eingefordert. Ansonsten sieht der einzelne Bürger sie als „Staatseigentum"; niemand hat das Gefühl, dass ein Teil davon sein Eigentum, oder wir Miteigentümer wären. Einzelne mögen jedoch denken: ist die Autobahn für mich nützlich? Wenn ja, dann bin damit einverstanden, wenn nein, dann erachte ich es als verschleudertes Steuergeld. Ein Beispiel ist die widersprüchliche Geschichte der Familie Bundy aus Bunkerville, Nevada, die seit 1993 einen Rechtsstreit gegen eine Gebühr führt, die der Staat einhebt, wenn Bürger ihr Vieh auf wildem staatseigenen Grasland weiden lassen. Ihre Vertreibung erinnert an die schottischen „Highland clearances", als Großgrundbesitzer ihre Bauern vertrieben, um das Land für einträglichere Schafzucht zu verwenden. Ähnlich ist die Lage im Süden Russlands, wo Oligarchen Land in Besitz nehmen [120], Zustände wie bei der amerikanischen Mafia der 1930er Jahre.[N141]

Jegliche Erörterungen vom „Gemeingut" oder „Gemeinwohl" in der politischen Philosophie gehen an den wirklichen Gefühlen der Bürger vorbei. Ehrlicher wäre es, die Begriffe durch „gemeinsame Interessen" zu ersetzen, wie dies schon Rousseau in seinem „Gesellschaftsvertrag" vorschlug.[N142] Das einzige gemeinsame Ziel in der gegenwärtigen Demokratie ist ungestörter Hedonismus; es gibt kein gemeinsames ideologisches Ziel im Denken der einzelnen Bürger.

Moderne Demokratie: der diskrete Charme der Oligarchie der Reichen, und Gleichgültigkeit bei der Masse der Bevölkerung?

---

[22] Dass "Gemeingut" niemandem gehört, ist eine weit verbreitete Einstellung, so am Arbeitsplatz im öffentlichen Dienst: warum also nicht etwas mit nach Hause nehmen, da es ohnehin niemandem gehört.

Ad 3 - Der kalte Krieg der politischen Parteien

"Amerikanische Politiker behandeln ihre Rivalen nun als Feinde, schüchtern die freie Press ein und drohen damit, die Wahlergebnisse nicht anzuerkennen." * [28, N143]

Die Demokratie verursacht - und fördert seit Anbeginn (siehe "factions" der USA) - die Bildung von Interessensgruppen, die sich in politischen Parteien zusammenfinden. Diese Parteipolitik spaltet die Gesellschaft statt sie zu einen. In den USA begann Parteipolitik im Jahr 1800 bzw. 1830, als die "factions" zu Fraktionen wurden. Ähnliche Entwicklungen hatte es schon davor gegeben, sobald eine pyramidale Hierarchie zusammenbrach. Zur Zeit Cromwell's waren es die "Roundheads", die "Cavaliers" und die "Levellers".

Der kalte Krieg der Parteien ist also eng mit Demokratie verbunden – in Selbstvergessenheit: sobald der König weg ist oder tot, beginnt der Kampf um Macht und Ressourcen. Dieser Kampf ist älter als die Demokratie und erklärt damit ihre schizophrene Natur: "Wir, das Volk" beschließen "Selbstverwaltung für das Volk durch das Volk", aber wir kämpfen gegeneinander als Stämme und Parteien.

Ein Grund für diese Entwicklung liegt in der Überzeugtheit jedes einzelnen Meinungsträgers angesichts einer Vielfalt und Unterschiedlichkeit der Meinungen.[N135] Jegliches Begründen führt in die Falle der Verteidigung einer Position, und allzu oft wird dabei die eigentliche Zielsetzung aus den Augen verloren. Interessensgruppen liegen in einem kalten Krieg gegeneinander, der von den politischen Parteien als Stellvertreterkrieg geführt wird. Und nicht zuletzt ist da noch "... *der korrodierende Effekt des Geldes auf das politische System* ..." * [121]

Dieser kalte Krieg hat sich mittlerweile sogar bis innerhalb der Parteien ausgebreitet, sie in Lager zerteilt und damit die traditionellen Parteien von innen her geschwächt, wenn nicht bereits vollkommen ruiniert: immer mehr kleinere Gruppen verteidigen ihr Standpunkte immer unverhohlener, immer selbstvergessener bezogen auf ihre ursprüngliche Herkunft: "Wir, das Volk". Eine Mischung aus Dogmatismus und Beliebigkeit gewährleistet die Zunahme des Chaos und des Unwillens, überhaupt noch miteinander zu sprechen, außer unter äußerst restriktiven Bedingungen, oder als "deal" innerhalb der politischen Klasse auf Kosten des Gemeinwohls.

Untersucht man das Verhalten der Parteien ganz allgemein, dann stehen sowohl ihr innerparteiliches Verhalten als auch die Außendarstellung in Frage, zunächst: wie demokratisch sind eigentlich die Parteien selbst? In einem seiner letzten Interviews sagte Karl Popper dazu: *"Alle unsere Demokratien sind keine Volksregierungen, sondern Parteiregierungen. Das heißt Regierungen der Parteiführer; denn je größer eine Partei ist, um so weniger ist sie einig, um so weniger ist sie demokratisch, um so weniger Einfluß haben die, die für sie stimmen, auf die Parteiführung und auf das Parteiprogramm".*[27]

Dass ich mit meiner Meinung von Demokratie als Plattform für diesen kalten Krieg keineswegs allein stehe, hat bereits das Eingangszitat zu diesem Abschnitt gezeigt. Die British "Foundation for Law, Justice and Society"[388] geht sogar noch einen Schritt weiter und nennt den Parteien krieg der Briten einen *"mörderischen Krieg"*, weist also direkt auf die Selbstvernichtung innerhalb der Demokratie hin. Auch der politische Psychologe Shawn Rosenberg[118] betont, dass demokratische Parteipolitik stets die Unterschiede zwischen Teilen der Bevölkerung hervorheben und dadurch zur Selbstzerstörung beitragen.

In der westlichen Welt liberaler Demokratien ist Politik in manchen Ländern zu einer Sportart des Machtspiels degeneriert; ein Großteil publizierter politischer Tätigkeit befasst sich mit persönlichen Angelegenheiten und Interessen von und zwischen Politikern; viele Partei-Agendas beinhalten vergleichsweise uninteressante Belange tatsächlicher Politik, stattdessen reichlich Geschichten, die sich mit den Politikern selbst befassen. In seiner Kritik des Partei-"politicking" in den USA schreibt Grayling, *"...die Gegnerschaft zwischen Republikanern und Demokraten ist derart heftig, dass des öfteren das gesamte Land durch ihre gegenseitige Feinseligkeit paralysiert wird."* [*11] "Gerrymandering"[23] - der Ausdruck steht für die trickreiche Verschiebung von Distriktgrenzen zum Zweck der Wahlmanipulation, ist in den USA, Großbritannien und Australien weit verbreitet: dazu werden mathematische Modelle eingesetzt, nicht im Sinne demokratischer Fairness, sondern für Tricksereien zwischen den Parteien: *"Gerrymandering hat in den Vereinigten Staaten eine lange und wenig populäre Geschichte. Es ist der Hauptgrund dafür, dass das Land ... unter den westlichen Demokratien in einem Index aus*

---

[23] Ein Begriff, der sich zusammensetzt aus dem Namen des Governors von Massachusetts im Jahr 1812, Elbridge Gerry, und dem Tier Salamander, um jene verschlungenen Staatsgrenzen als Folge der mathematischen Tricksereien zu beschreiben.

2017 hinsichtlich Wahlfairness an letzter Stelle [rangiert]... man hat bisher nie ein eindeutiges ... Maß dafür gefunden, dass ... dieses Vorgehen eine Linie überschreitet zwischen akzeptabler Politisiererei und einem Verstoß gegen die US-Constitution ... inzwischen sind Auseinandersetzungen auch im ... Vereinigten Königreich und in Australien aufgetreten ....".[122]

In Großbritannien verwendet man für diesen Schritt von den Wahlkreisen auf die nationale Ebene das sogenannte FPTP-System (First Past The Post).[N144] Es bedeutet, dass jeweils der Kandidat mit den meisten Stimmen MP (Member of Parliament) wird, unabhängig davon, wieviel Prozent der Wählerschaft eines Wahlkreises dessen oder deren Partei ausmacht. Diese potenzielle „Non-Repräsentation" der Wählermehrheit kann sodann im Parlament noch durch die zuvor erwähnten „Party-Whips" verstärkt werden, wenn MPs gezwungen werden, für Gesetze zu stimmen, mit denen sie selbst nicht einverstanden sind.[11, N145] In anderen Ländern wie in Italien als prominentem Beispiel gehen Medien-Mogule in die Politik und geben eine „full-screen" - Vorstellung von Missbrauch der Demokratie: " ... *Kandidaten für demagogische Politik* [wohl gemeint Populismus] *sind Eigentümer von Zeitungen, welche die Interessen ihres Eigentümers fördern*...".*[11] Wieder andere beginnen damit zu sagen, was die Mehrheit hören will, in der Sprache die sie verstehen, um damit ihr "electioneering" zu verstärken, psychologisch fundierte subliminale Manipulation, und "hyper-targeting", die modernste Form individuell zugeschnittener Werbe-Manipulation: "*Der Einsatz von hyper-targeted Wähler-Medien, mit großteils oder vollkommen getürkten Versionen der Wahrheit, um kleine Gruppen von Wählern zu beeinflussen*... ".*[11, 123] Die gute alte Manipulationsmethode, Wiederholung einer Information, um den unvermeidlichen Lernprozess im Gehirn zu seiner Arbeit zu zwingen, schafft unauslöschliche Erinnerungsspuren, die zu Wünschen und Meinungen werden. Sie alle dienen dem Ziel gewählt oder wiedergewählt zu werden – dringliche Probleme des Landes, des Kontinents oder Welt spielen dabei eine bestenfalls sekundäre Rolle.[11] All diese Tricks von Manipulation und Missbrauch der Medien sind erlaubt in diesem kalten Krieg, wo falsche Anschuldigungen dazu dienen, gefährliche Gegner auszuschalten. Außer dieser Manipulation der Wählerschaft hört man dank Bestechung und undeklarierter Parteienfinanzierung auch auf individuelle Interessen, wobei Lobbying mitunter ein Niveau erreicht, das einen stillschweigenden Wechsel des politischen Systems zu einer anonymen Plutokratie anzeigt.[11, N146]

In der Folge dieser halsstarrigen machtorientierten Partei-Politisiererei werden ganze Länder polarisiert und gespalten, wie USA, Spanien und

Großbritannien; in anderen Ländern wie Deutschland führte der sture Egozentrismus zuerst zum politischen Stillstand und schließlich zu einer Agonie von Parteiengezänk, die das nahe Ende von Demokratie ankündigt.[N147]

Blickt man hinter die Kulissen von Polarisierung und Spaltung, findet man Aktivitäten wie gegenseitige Dämonisierung der Parteien, vor allem aber Attacken gegen demokratisch gewählte rechtsgerichtete Parteien, die einen Teil der Wählerschaft repräsentieren, und zwar zwischen 10% und über 30% in einigen europäischen Ländern (Frankreich, Niederlande, Deutschland, Italien, Österreich, Schweden). Die traditionellen Bürgerparteien ruhten nicht, die Führer von Rechtsparteien als Populisten und Rassisten zu attackieren, vergaßen dabei aber zu bedenken, dass sie damit einen Teil ihrer eigenen Bevölkerung verteufeln; Anti-Populismus Populismus. Dementsprechend verloren sie in den letzten wenigen Jahren immer mehr an Wählern und Vertrauen, besonders deutlich im deutschen und österreichischen Wahljahr 2017. Damit wird eine weitere Schwachstelle aufgedeckt, nämlich eine zusätzliche Quelle der Polarisierung als Folge des Mehrheits-Despotismus: der zuerst ignorierte, dann dämonisierte Bevölkerungsteil wird nicht nur zum Gegenpol, sondern tendiert dazu, aggressiv zu werden – der zuvor besprochene Entstehungsmechanismus von Hass. Aggressivität erscheint hier als Endpunkt eines notwendigen Entwicklungsprozesses der heutigen Demokratie, ausgelöst durch ihre inhärenten Eigenschaften: „Wir, das Volk", zerteilt sich in Parteien im alten Klassenkampf, polarisiert durch gegenseitige Dämonisierung – das Ende dieser Kettenreaktion weist zurück an den Anfang der 1930er Jahre Europas, als Länder in Einparteiensysteme und Diktatur verfielen. Popper drückt es in klaren Worten aus, wie das Zitat am Beginn meines Vorwortes zeigt.

Es gibt jedoch einen Lichtblick, einen bemerkenswerten Trend in die Gegenrichtung und Aussicht auf eine bessere Zukunft: die Gesellschaften zerfallen in immer kleinere Gruppen und Parteien. Wahlen in einer zunehmenden Zahl von Ländern konfrontieren ihre Wähler mit langen Listen von Kandidaten ohne Aussicht auf eine Mehrheit.[N148] Immer mehr Parteien werden zur Kooperation gezwungen, wenn überhaupt eine Regierung zustandekommen soll. Daraus resultiert die Frage: warum nicht von vornherein Einigung über soziale Fragen anstreben, bei denen sich Alle einig sind? – das Thema wird uns im dritten Kapitel beschäftigen. Vorerst setze ich hier die Analyse von Politikern und deren Wahlvolk um einen Schritt weiter fort:

Ad 4- Die Politiker: Führungsqualität und Verantwortung

Platon's Kritik an der Demokratie beinhaltet auch einen systembedingt zwingenden Selektionsprozess für unqualifizierte Politiker, meint Christiano, und schreibt "*... Jene, die nur Experten für Wahlsiege sind und sonst nichts, werden letztlich die demokratische Politik dominieren. Demokratie neigt dazu, diese Form von Expertise auf Kosten jener zu fördern, die für eine adäquate politische Führung erforderlich ist*".* [124]

In unseren – des Volkes – Köpfen herrscht ein sonderbarer, geheimnisvoller Widerstreit: einerseits will die Mehrheit, dass die Politiker unsere privaten Interessen über die der gemeinsamen stellt, aber andererseits beschuldigen wir eben diese Politiker dafür, keine richtige Führungskraft zum Schutz des Gemeinwohls zu zeigen. Und in der Tat handeln die meisten demokratischen Politiker nicht im Interesse des Gemeinwohls, sondern reagieren auf die Wünsche und Forderungen der Wähler oder Lobbyisten: Politiker in liberalen Demokratien tun, was die Wähler von ihnen verlangen. Leute, die den Blick über den weiteren politischen Rahmen ihrer eigenen Grenzen nicht haben, erwarten ihn von den Politikern, lassen sie aber nicht entsprechend handeln. Folglich sind Demokratien ihrer Natur nach regionalistisch, weil das Zusammenspiel zwischen Politikern und Wählern auf regionale und nationale Belange fokussiert ist und die kontinentalen und globalen Herausforderungen sich von selbst lösen lassen möchten, gleichzeitig aber von den Folgen dieser Irrationalität unbehelligt gelassen zu werden verlangen. Insoferne also sind Politiker selbst Opfer des Systems, solange sie ihre eigenen, weiterreichenden Einsichten dem Volk nicht mit aller Kraft überzeugend zu vermitteln suchen.

Die politische Klasse ist eine Partei für sich

In vielen Ländern besteht außer dem Klassenkampf noch eine zweite Kluft: die Politiker bilden ihre eigene Klasse, die der Regierenden gegenüber dem Volk, den Regierten, die eigentlich der Souverän sein wollten. Die Klasse der Politiker hat ihre eigenen, landesabhängigen Regeln, wie ein Stamm unter und gegen andere Stämme. Kandidaten, die den Wählern für Führungsrollen angeboten werden, rekrutieren sich fast ausschließlich aus den Reihen der Vollzeit- Parteifunktionäre. Die Wähler entscheiden also zwischen Parteikandidaten, nicht zwischen „ihren" Kandidaten; ein bedeutsames Problem der Vorselektion in der Demokratie, die vor allem Parteitreue garantiert und die eigentlichen politischen Aufgaben hintanstellt, vor allem auch die moralischen Verpflichtungen gegenüber dem Wahlvolk. Wie schon zuvor bemerkt, sind die angebotenen Kandidaten in manchen Ländern auch nicht die besten sondern jene aus dem mittelmäßigen Bereich: in den USA rekrutieren Lobbying-Firmen im Auftrag der Parteien Leute; die besten bleiben Lobbyisten, die ein höheres Einkommen erzielen als die Politiker. Auch die am wenigsten geeigneten bleiben Lobbyisten. Demnach gilt: *"...wenn hier ein Gleichgewicht existiert, dann ist es einzigartig und bedeutet ein Gleichgewicht in der Mittelmäßigkeit"*.*[111] Darüber hinaus verstärken Parteiführer diesen Effekt, indem sie nur noch schwächere Kandidaten in höhere Funktionen nehmen, um ihre eigene Macht nicht zu gefährden. Durch diesen Prozess werden allerdings Kandidaten mit herausragenden pro-sozialen Eigenschaften nicht ausgeschlossen; jedoch ist es in hohem Maße unwahrscheinlich, dass ein führender Politiker Maßnahmen überlebt, die nicht mit der Parteilinie übereinstimmen. Daher gilt dennoch:

Demokratie unterdrückt pro-soziale Führungsqualitäten

Pro-soziale Eigenschaften (siehe S. 116) von Politikern werden in der Demokratie nicht gefördert, weil die Machtspiele innerhalb und zwischen den Parteien sie behindern. Partei-Interessen unterbinden auch mittel- und langfristig wirkende Visionen von Politikern. Allerdings können Langzeitstrategien aus den oben genannten Motiven ebenso von der Wählerschaft verhindert werden. Das Gemeinwohl geht also zwischen den Interessen von Parteien und Wählern verloren, auch weil führende Politiker in aller Regel in dieser Falle gefangen bleiben.
Wie zuvor besprochen, stammen unsere pro-sozialen Eigenschaften aus dem evolutionären Erbe, übertragen in die funktionelle Struktur von Familie und Clan, aber nicht unbedingt darauf beschränkt; wahrscheinlich spielt auch Territorialität eine Rolle: sobald eine besonders pro-soziale Führungsbegabung eine ganze Nation, Land und Leute als ihren Bereich betrachtet, kann er oder sie dafür sorgen wie für die eigene Familie; dann gehört sozusagen das ganze Land zur Familie. Die wohlbekannte Kehrseite dieser Gabe sind Machtmissbrauch und Ausbeutung ganzer Länder durch einen regierenden Clan, wie wir aus der Zeitgeschichte Afrikas und des Nahen und Mittleren Ostens wissen. Damit stehen wir vor dem Dilemma, dass Demokratie einerseits durch Einführung von Misstrauen gegenüber jeglicher Dominanz und wenigstens teilweises Funktionieren der Gewaltenteilung diese archaische Form der

Ausbeutung unterbindet, sich damit aber andererseits die Chance auf einen fürsorglichen und vernünftigen Führer nimmt, wie Dante und schon Platon sie sich wünschten. Die Tatsache, dass die Demokratie selbst die Ausbeutung, verkleidet als Kapitalismus, erst recht wieder durch die Hintertür hereinlässt, zeigt uns, dass gegenseitiges Misstrauen den Gemeinschaftssinn nicht verbessert sondern zerstört. Die derzeitige Demokratie bleibt in dieses Dilemma verstrickt – und hier erweisen sich wieder LeBon's Beobachtungen als richtig, dass letztlich doch wieder das Volk regiert: entweder die Wählerschaft verjagt die politische Führung, weil sie nicht befolgt, was der Volksbauch diktiert, oder sie degeneriert zu einer Marionette des Volkswillens oder seiner Vermischung mit Parteieninteressen und Diktat des Kapitals.

Es gibt bisher keine Präventivmaßnahme gegen Machtmissbrauch

Demokratie soll dazu dank der Gewaltenteilung in der Lage sein. Aber gewählte Politiker werden für ihre Entscheidung kaum jemals zur Verantwortung gezogen; allenfalls werden sie nicht wiedergewählt, Machtmissbrauch aber wird nur strafrechtlich geahndet oder als Vorwand für Verleumdung genutzt. Niemand macht die britischen Politiker für ihre Lügen anlässlich der Brexit-Kampagne verantwortlich; ohne diese Fehlinformation wäre das Referendum eventuell anders verlaufen. Es hat sich überdies als eines der bemerkenswertesten Beispiele von Nonsense-Wahlen in einem demokratischen Land erwiesen: uninformierte und teilweise desinformierte Wähler sollten über die Zukunft ihres Landes entscheiden, statt dass Experten hierfür Evidenz bereitstellen und Politiker dies auf einer rationalen Basis tun. Dass in diesem System über die schwerwiegenden Konsequenzen für ein ganzes Land ausschließlich emotional, misstrauisch und isolationistisch abgestimmt werden konnte, ist in der Tat ein herausragendes Beispiel für die Schwächen der liberalen Demokratie von historischem Ausmaß. Das Ergebnis wurde in diesem Fall verursacht durch politische Desinformation – jedenfalls keine Spur von pro-sozialer Führung.

Demokratische Parteien, ihre Programme und ihre Verantwortlichkeit

Erinnern Sie sich an dieses Zitat? „ … *innerhalb der Grenzen des Palastes von Westminster [können] die Parlamentsmitglieder viele Dinge straffrei tun... , für die sie außerhalb eingesperrt werden würden*".*[11] Niemand macht Politiker für ihre Programme und ihre politischen Taten verantwortlich – so etwas wie „politische Behandlungsfehler" gibt es nicht. Wo ist dabei die Macht des Volkes? Wozu dient die vierte Gewalt im Lande, wenn daraus fast nie Konsequenzen folgen – außer in extremen Ausnahmefällen. Aber hinter Daniel Ellsberg und Watergate ist gleich wieder der Alltag eingekehrt, und man hat auf beiden Seiten gelernt: Edward Snowden wird noch als Verbrecher weltweit verfolgt, die Panama Papers werden schon seidenweich behandelt. Der britische Fall von Tony Blair und den "weapons of mass destruction" könnte ein Weg in die richtige Richtung werden, aber auch hier wurde letztlich niemand zur Verantwortung gezogen. Stattdessen sind einige Länder zu heimlicher Oligarchie entartet. Grayling's Aussage ist daher gültig, wonach diese Form der britischen Regierung keine Demokratie mehr sei und daher auch nicht legitim.[11] Dennoch muss man sich fragen, inwieweit solche Statements hilfreich sind, denn es stellt sich die Frage: wer nimmt überhaupt Notiz davon, wer zieht Konsequenzen, wenn der eine oder andere Aspekt einer heimlichen Oligarchie offen sichtbar wird, oder wenn man ihn sogar medial kritisiert aber politisch professionell in eine Duftwolke von Korrektheit hüllt? Ist dies nicht die wahre Situation vieler westlicher Länder? [N149]

Das diesbezügliche Argument, dass Macht korrumpiert, behandelt das Problem nur teilweise – Lord Acton hat ohnehin gesagt: *"Macht neigt dazu zu korrumpieren, aber absolute Macht korrumpiert absolut".*[*11] So klar wie diese Worte ist die daraus folgende Frage: ist absolute Macht in den Händen von Oligarchen, eines Parlaments, einer Regierung jeglichen Typs nicht absolute Macht? Zählt nicht eher die Methode der Machtkontrolle als der Name eines politischen Systems, „Diktatur" oder „Demokratie"? Hin und wieder handelt es sich ja doch um Monarchie auf Zeit: oft entscheidet nicht der Volkswille und nicht das Programm einer regierenden Partei sondern die Chemie zwischen politischen Führern, die sich wie Monarchen verhalten – und auch so handeln. Das Argument der zeitlichen Begrenzung für Regierungen in der Demokratie relativiert sich beim Vergleich mit einer Reihe Römischer Kaiser.[N150]

Könnte man nicht auch "Untätigkeit" als Machtmissbrauch bezeichnen? Sie sind unsere Vertreter, von denen wir erwarten, dass sie besser informiert sind, kompetenter und sachkundiger in Angelegenheiten der Politik und des öffentlichen Interesses. Wenn wir auf unsere Welt schauen, sehen wir katastrophale Verschmutzung der Meere, gefährliche Verpestung von Land und Luft [N151]. Wir sehen, dass einige demokratisch gewählte Führer ihre Industrie gegen demokratische Regeln verstoßen lassen, dass Politiker nicht willens oder nicht in der Lage sind, die Politik gegen die freie Marktwirtschaft zu verteidigen. Wir erleben, dass ein libertinistischer Lebensstil nach Sodom und Gomorrha Art einreißt, und dass Politiker nur tätig werden, wenn es darum geht, gewählt zu werden. Stattdessen sollten Politiker dafür verantwortlich gemacht werden, Entscheidungen ausschließlich evidenzbasiert zu treffen und immer handeln zu müssen, wenn es erforderlich ist – ein weiteres Thema für Kapitel III.

Politiker sind direkte Vertreter einer Interessensgruppe, aber auch ständig massiven Bemühungen von Lobbyisten ausgesetzt – eine weitere Möglichkeit, Demokratie zu charakterisieren; sie trägt den Namen „Pluralismus der Interessensgruppierungen" (engl. "interest group pluralism") [32]. Damit wird der gegenwärtige Kuhhandel der Interessen beschrieben, bei dem die Reichen die Gewinner sind, weil sie am besten in der Lage sind zu bestechen und Politiker an der langen Leine zu halten. In den USA sind die Ausgaben für Lobbying zwischen 2000 und 2010 von 1,5 auf 3,5 Milliarden Dollar gestiegen.[4] Die Story über die Teilnahme der Clintons auf Trump's Hochzeit blinkt dabei wie ein heller Stern am Himmel der wirklichen Welt: „dependence-corruption" [125], Korruption durch Abhängigkeit, wird dieser Motor der Demokratie auch genannt.[N152] Viele Politiker nutzen ihre Position als Selbstbedienungseinrichtung für ihre spätere Berufstätigkeit; uns Allen sind Nachrichten vom Wechsel der Politiker in Positionen der Industrie geläufig, oder in Aufsichtsräte, an deren Schaffung sie sogar selbst beteiligt waren.

Die heutige liberale Demokratie ist ein verworrenes Gemisch von eigennütziger Debattier-Oligarchie auf Zeit mit einigen Kommissionen als Feigenblatt, in der das Wahlvolk die Macht hat, eine Riege von quasi-Oligarchen durch eine andere zu ersetzen.

Politische Parteien vertreten in ihrem kalten Krieg gegeneinander mittlerweile oft nicht einmal mehr die Interessen einer Volksgruppe sondern ihre eigenen oder die ihrer Anführer. Dementsprechend zerfallen ganze Länder zusammen mit ihren traditionellen Parteien: im Deutschland des Jahres 2018 spielt die Mehrheitspartei von Bayern eine Abwandlung des Kampfes der Katalanen gegen ihre Bundesregierung; ihr Argument ist, dass sie die Politik der Regierung in der Migrationskrise nicht länger tolerieren könne. Die deutsche CDU ist in sich selbst gespalten ebenso wie Spaniens und Kataloniens Regierungen, ebenso wie die Republikaner der USA und die britische Tory-Partei. In der Art und Weise, wie liberal-demokratische Regierungen heute regieren, nähern sich die Länder zusehends einem Zustand der Unregierbarkeit. Alles in allem scheint das Spiel nach den Regeln des amerikanischen Modells der "factions" ihrem Ende nahe, dem vorprogrammierten Zerfall der Staaten.

Das Führungs-Paradox

Führung ist Teil – und Folge – einer hierarchischen Sozialstruktur. Als Teil der liberal-sozialistischen Ideologie wurde Hierarchie aber systematisch von oben nach unten durch alle sozialen Schichten abgebaut. Während der 1968-Bewegung wurde das demokratische Instrument von Entscheidungsgremien mit Stimmrecht in Industrie, Universitäten und praktisch allen übrigen öffentlichen und privaten Einrichtungen eingeführt. Überall ersetzten allgemeine Abstimmungen die hierarchisch-elitären Entscheidungen früherer Jahre. Kritik von seiten individueller und Gruppen-Interessen entthronten Autorität. Partnerschaftlicher Führungsstil wurde zum neuen sozio-politischen Modell, überhaupt *das* Instrument moderner Demokratie auf Bürgerebene, nicht mehr nur in der Politik, sondern auch in jedermanns täglichem Leben. Schüler und Studenten kritisieren ihre Lehrer, Arbeiter ihre Bosse. Mobbing nach oben ist in manchen Bereichen des öffentlichen Lebens Mode geworden – außer in der Justiz. Inzwischen berichten 25% der Lehrer, dass sie der Gewalt von Schülern ausgesetzt sind. Hierarchie und Autorität werden erfolgreich untergraben; damit allerdings zerfallen funktionierende Sozialstrukturen und die Führung in ihnen. Schon gegen Ende des 20. Jahrhunderts wurden deshalb erste zögernde Stimmen nach Führung und Eliten hörbar; mittlerweile gibt es wieder den Namen „Elite-Universität", um den sich Anwärter streiten können. Und in der Politik?

Führungspersonen sind weiterhin in der Falle: man kann die Unsicherheit an der Kleidung der Männer erkennen: „Ich bin einer von euch" sagt der populäre Politiker – eigentlich ja auf politisch korrekte Weise populistische Politiker, aber lassen wir das vorerst beiseite – damit, dass er seine Krawatte ablegt und seinen Kragenknopf am Hemd sogar in sehr förmlicher Öffentlichkeit öffnet. Diese Öffentlichkeit erwartet nun aber wieder starke Führung, die auch sichtbar ist – eigentlich war sie immer gefragt geblieben, man sollte es nur nicht merken. Was also tun, wie sich verhalten? Krawatte ab, oder doch wieder an?

Schon nach 10 oder 20 Jahren hatten die Menschen schon wieder genug gehabt von dieser „Ich bin einer von euch"-Welle. Die Leute wollen wieder Helden als Führer, die den Mut haben, aus der grauen Masse Mittelmäßiger herauszuragen – aber diese Leute wollen weiterhin, dass die starke Führung bewirkt, was der Volkswille wünscht. Die Falle erweist sich als doppelte Falle: zuerst sollen die Führer es nicht mehr zeigen, dann doch wieder, nun aber sollen die neuen Führer das Volk auf eigenen Wunsch in die Falle der Mediokratie treiben. Also wieder das vorprogrammierte Ende der modernen liberalen Demokratie.

Ad 5- Das Volk: Volkswille, Toleranz und Selbstbetrug

"Das Volk versteht das meiste falsch,
aber es fühlt das meiste richtig"
Kurt Tucholsky [126]

Die Rolle des Volkes ist geheimnisvoll, widersprüchlich und letztlich doch bestimmend – ich habe es in den vorangegangenen Abschnitt wiederholt hervorgehoben. „Das Volk" gibt es nicht wirklich – und darin stimme ich mit Margaret Thatcher aus einer ethologischen Warte überein: [N150] es gibt in der Tat nur Individuen, Familien und Sippen, aber nicht „das Volk", mit Ausnahme jener kurzen Episoden virtueller Zusammengehörigkeit, oft in manipulativer Massenpsychose oder Bedrohung von außen. Vor allem gibt es keinen „Volkswillen" [N52], das Volk regiert sich daher nicht selbst (S. 155). Wenn also Politiker einem „Willen des Volkes" folgen, der einem Mehrheitsvotum entspricht, folgen sie einem schwer definierbaren statistischen Ergebnis, entstanden aus Ignoranz oder durch Zufall, sicher nicht evidenzbasiert, potenziell gefährlich und autodestruktiv. Und dennoch geschieht letztlich, was die Menschen wünschen, nicht bewusst, auch nicht als momentane Menge, sondern weil ein unbekanntes Massenphänomen sie in eine neue Zukunft weht. Dort erwachen sie in einer neuen Welt, aber nicht, von der sie geträumt hatten. Es geschieht als Folge der kulturellen Entwicklung eines Volkes und seines Charakters, unter bestimmten Bedingungen, die aber nicht vorhersehbar sind, somit also unter unbestimmten Bedingungen. Also erneut im Sinne von LeBon: *"Nicht die Regierung, sondern der Charakter der Völker bestimmt ihre Schicksale."* [8]

Die Gefahr der Selbsttäuschung und Gleichgültigkeit

Entscheidungen durch Wahlen als Ausdruck des Volkes als Souverän – Rousseau hatte sie als Ausdruck des „Allgemeinen Willens" aus dem einheitlichen Volkskörper verstanden – bergen das Risiko, fehlerhaft, irrational und selbstschädigend zu sein. Daher wären evidenzbasierte Entscheidungen vorzuziehen. Täglich begegnen wir unvernünftigen Gruppenentscheidungen, besonders in unserer Zeit der sozialen Medien; hier einige Beispiele:

1- Frauen in einer Stadt protestieren in einer öffentlichen Demonstration gegen das Angebot der lokalen politischen Verwaltung, sie könnten bei ihrer Kinderbetreuung zwischen zwei Angebotsvarianten frei entscheiden, nämlich entweder die Kinder kostenfrei in die Tagesstätte zu bringen, oder sie zu Hause selbst zu betreuen und dafür einen Bonus ausbezahlt zu bekommen. Das Angebot erschien ihnen als Erniedrigung ihrer Würde und Beleidigung der erworbenen Frauenrechte, als Rückschritt in ein altes Sozialmodell.

2- Politiker waren außerstande, den Grad von Smog und Feinstaubbelastung in einer Stadt durch Fahrverbote zu reduzieren, weil die Bürger in einer Abstimmung dagegen waren.

3- Eine Volksmenge protestierte gegen die Entscheidung einer Klinik, die künstliche Beatmung eines todkranken Kindes mit schwerer Hirnschädigung und ohne Überlebenschancen einzustellen, und forderte den Transfer in eine Klinik im Ausland, wo eine Behandlung ohne Erfolgsaussichten angeboten wurde.

4- Die Menschen eines Landes protestierten gegen die Impfung ihrer Kinder wegen Gerüchten um die Gefahren von Impfung im allgemeinen. Ligen von Impfungsgegnern gibt es seit der Einführung erster Versuche mit Pocken-Impfung durch Edward Jenner.[127]

Die Rolle der sozialen Medien

Dieses Thema ist eng mit der Sozial-Epistemologie (siehe z.B. S. 59, Anmerkung [N186]) verbunden, also mit der Frage nach der Relevanz von Meinungen großteils nicht speziell gebildeter Leute, deren Wissen geprägt ist von ungefilterten Informationen aus dem Netz. Diesbezügliche Ansichten und Untersuchungen erhalten derzeit große Aufmerksamkeit.[128]

Die modernen sozialen Medien sind keine Voraussetzung für das Zusammentreffen von Menschengruppen oder –massen; sicher aber wirken sie als Beschleuniger, so wie sie auf soziale Brennpunkte wie ein Vergrößerungsglas und eine Brennlinse einwirken. Solche Ansammlungen sind jedoch oft nichts als ein Ausbruch eines irrationalen Massenphänomens ohne jegliche kritische Bedachtnahme auf ein tatsächliches Ereignis, berufen sich vielmehr eher auf Gerüchteküche und Flüsterpropaganda, stürzen lediglich die soziale Ordnung in ein Chaos – alles geht schneller, spiegelt aber nur die alte Irrationalität. Meuten sind rasch und leicht erregbar, das Monster ohne eigenes Gehirn gerät ohne guten Grund in Rage; der wahre Hintergrund und Auslöser bleibt oft unbekannt oder unbeachtet. Nie zuvor war es daher leichter, Sinn auf Knopfdruck umzukehren in Wahnsinn. Darüber hinaus ergeben Analysen von "chats" auf sozialen Medien, dass diese gegenseitige Versicherung von Überzeugungen innerhalb gleichgesinnter Gruppen *"extreme politische Spaltung [hervorrufen muss]"*.*[58] Der gefährlichste Aspekt der sozialen Medien ist jedoch, dass sie wirken wie Nektar in Blumenblüten für Bienen: die Leute genießen die Lust am scheinbar geheimen Zugang zu Themen und Optionen, von denen sie niemals zugeben würden, dass sie daran interessiert sind – teilweise werden sie dazu mit subliminalen psychologischen Tricks verführt. Auf der anderen Seite sitzt verborgen eine Armee von Spionen, die tatsächliche Motivation mit diesen neuen Diensten: wie wir alle wissen, durchsuchen sie den riesigen Datenberg, der sich bei ihnen ansammelt, werten ihn aus und verkaufen ihr Wissen an Händler, die damit wiederum unser Kaufverhalten zu steuern versuchen.[58] An diesem Punkt verweist der Datenforscher Stephens-Davidowotiz auf die Worte von Tristan Harris, seinerseits ein Beobachter derer, die uns beobachten: *"Tausende von Leuten sitzen auf der anderen Seite des Bildschirms, deren Job es ist, deine Selbstkontrolle zu brechen."* *[58]

"Wir, das Volk" – demonstrieren gegeneinander und streiken

Streik gibt es in Europa wahrscheinlich seit 494 v. Chr.: damals organisierten die Plebejer den Auszug aus der Stadt Rom und marschierten mit Menenius Agrippa auf den benachbarten Hügel; er war ihr Unterhändler, vergleichbar mit Sprechern heutiger Gewerkschaften. Der Beginn des Klassenkampfes wurde durch beiderseitige Zugeständnisse wieder beruhigt. „Streik" bedeutet zunächst ein Versagen der Demokratie: eine Partei herrscht über die andere, letztere droht mit dem Ausstieg aus der Gesellschaft. Streik und Demonstrationen sind Maßnahmen zur Verdeutlichung fehlender Einigkeit nahe am fehlenden Willen, überhaupt noch miteinander zu reden. Mit Streik wird betont, dass eine Einschränkung, Pflicht, Regel oder Gesetz für einen Teil der Gemeinschaft nicht tragbar ist, meist verordnet von einer dominierenden Mehrheit oder deren Vertretern, manchmal von einer dominierenden Minderheit wie den Kapitalgebern. Verbunden mit Straßenaufmärschen, eskalierte Streik immer wieder zu Straßenschlachten, bei denen Polizei und Militär gegen die Streikenden vorgingen – der britische „Great Unrest" im Jahr 1912 und die Streiks der „Teamsters" von Chicago im Jahr 1905 mit 21 Toten und 416 Verletzten sind Beispiele.

Die weitere Entwicklung der Demokratie im 20. Jahrhundert zeigt: je mehr Wohlstand desto geringer der Wille, zur Gesellschaft beizutragen, also umso mehr Gleichgültigkeit; sie zeigt aber auch: je größer die Masse relativ Armer in zunehmendem social divide, desto mehr bricht die Gesellschaft auseinander, endet der Waffenstillstand im Klassenkampf. Die Wohlstandsphase wird in einem Märchen treffend dargestellt, in dem ein Dorf durch einen Zauberspruch reich geworden ist: der Müller mahlt das Korn nicht mehr, der Bäcker bäckt kein Brot, der Schuhmacher streikt. Das soziale Leben kommt zum Stillstand, weil sich Alle sagen: ich bin doch nicht blöd, für euch zu arbeiten, ich bin jetzt reich. Das Märchen hat ein happy end, weil die Bewohner einsehen, dass sie sich damit selbst schaden, und schließlich zur Vernunft kommen.

Revel schreibt dazu: "*Eine berühmte Stelle bei Tocqueville , und hier hat ihm die Geschichte inzwischen recht gegeben, ist die Feststellung, daß eine Gesellschaft sich umso heftiger gegen die Autorität auflehnt, je höher der Bedürfnissättigungsgrad*".[78] Dies mag für Streiks in Zeiten des größten Wohlstandes gelten. Mein Eindruck ist, dass gegenwärtig eher ein Aufbegehren von Minderheiten vorherrscht, die erkannt haben, dass die Politiker derart schwach geworden sind, dass sie auf jeden Wunsch von Minderheiten eingehen, um gewählt zu werden.

Streiks kosten westliche Demokratien Milliarden, Demonstrationen in einer Debatte um Gleichberechtigung für alle Bürger bewegen sich in Richtung einer Trennung durch Exodus. Was ist der Wert eines demokratischen Prozesses, wenn als Ergebnis davon ein Teil damit droht, die Gesellschaft zu verlassen? Und wann hört er endgültig auf sinnvoll zu sein, wenn wir auf demokratischer Abstimmung bestehen, nur um danach weiterhin im Streit miteinander zu bleiben, wie Christiano fragt: "*Sollen wir diese Fragen durch eine höherrangige Prozedur entscheiden? Und wenn weiterhin keine Einigung erzielt wurde, müssen wir dann nochmal in einen demokratischen Wahlgang gehen? Diese Ansicht scheint in eine endlose Reihe zu münden*".[*32]

Volkswille und Toleranz sind oft unvereinbar

Wie die meisten sozialen Einrichtungen ist auch Toleranz keine Erfindung der Demokratie: die Geschichte ist reich an Berichten über Bemühungen von Monarchen, mehr Toleranz einzuführen, woraufhin ihr Volk hinter ihrem Rücken nur mit noch mehr Grausamkeit gegen Fremde vorgingen und dabei sogar die Strafandrohungen ignorierten [N153]. Der Massenmord im Jahr 2015 in San Bernardino, Kalifornien, ist ein Beispiel aus unserer Zeit: Stephens-Davidowitz schildert die Geschichte eines „shit-storm" von "kill Muslims" in den sozialen Medien unmittelbar nach Bekanntwerden des Namens des Täters, Tashfeen Malik, der eben muslimisch klingt. Das „gemeinsame Unbewusste" des Volkes wurde jedoch erst richtig losgelassen, als Präsident Obama im TV einen Appell an die Bürger richtete, in welchem er von Toleranz und gegenseitigem Verständnis sprach: die Anzahl der aggressiven Texte in den sozialen Medien stieg noch während der Rede auf das doppelte der vorherigen Zahl an.[58] Immer wieder bestätigen sich die Beobachtungen von LeBon und Canetti, dass am Ende das Volk der Boss und Politik weit davon entfernt ist, das Untier „Menschenmasse" zu bändigen, diese geheimnisvolle Seele des Volkes und ihres Willens. Zu komplex, um vollkommen verstanden zu werden, braucht sie einen Führer der sie gleichzeitig zähmt und mit ihr jongliert. Urplötzlich bellt und faucht das Biest, droht über die sozialen Medien, wischt die Presse mit einer Handbewegung beiseite und jagt den Führer in der Arena umher.

Auch Tocqueville's Paradox weist auf Intoleranz hin: die Verringerung sozialer Ungerechtigkeit resultiert nicht in größerer Toleranz; vielmehr erhöht sie die Empfindlichkeit für immer geringere Ungerechtigkeiten. Toleranz ist keine natürliche Kraft wie Liebe oder Sympathie – aber Reziprozität wäre eine solche! Der Appell für Toleranz ist Ruf nach dem „Soll-Menschen", der den "Faktor Mensch" ignoriert, jenes Wesen, das Erziehung und weise Führung braucht.

Ad 6- Staatsverschuldung und Ausverkauf:
Spätfolgen der liberalen Demokratie

Autonome Demokratie?

Das moderne demokratische Volk neigt dazu, eine Gesellschaft auf der Basis individueller Empfindlichkeiten zu werden, die sich unter dem Slogan zusammenfindet: „Wir Alle wünschen uns soviel wie möglich für mich allein". Das ist ein teures Verhalten. Die Frage ist also, wie lässt es sich finanzieren? Bislang, so will es scheinen, war es nur durch Staatsverschuldung und Ausbeutung anderer Länder möglich – über das Kolonialzeitalter hinaus (Ausbeutung hat neuerdings auch noch eine neue Wiese gefunden: Deutschland wird zunehmend von anderen westlichen Nationen wegen Ausbeutung kritisiert, weil seine Tüchtigkeit einen zu großen Handelsüberschuss bewirkt). Es scheint also noch nie eine autonome Demokratie gegeben zu haben – übrigens nicht einmal im antiken Griechenland, wie Bertrand Russell es beschreibt [N154]; daraus wird klar, dass sich der Hinweis der Abhängigkeit von Sklaventum und Kolonien auch auf den europäischen Kolonialismus bezieht – und dessen moderne Version in unseren Tagen; man denke nur an Beispiele wie die abgeholzten Regenwälder Indonesiens, die südamerikanischen Monokulturen von Sojabohnen und viele weitere Beispiele in der Dritten Welt. Daher bleibt die Frage offen, wovon diese Demokratie überleben will.

Betrachtet man die Geschichte und die gegenwärtigen Daten, so wird offenbar, dass Demokratie vom Wohlstand lebt, also abhängt, Wohlstand, der durch geborgtes Geld erzielt wird. Es bleibt zweifelhaft, ob ein Überleben auf dieser Basis für längere Zeit möglich ist.

Staatsverschuldung: der Weg ins Desaster?

Dieser Abschnitt bringt uns zurück zu dem Argument, dass die Menschen in den westlichen Demokratien in wahrscheinlich noch nie dagewesenem Wohlstand leben, aber nicht wegen der Demokratie, sondern wegen des wissenschaftlichen und technischen Fortschritts, und weil die Regierungen die Staaten in einem Ausmaß verschuldeten, das ebenfalls einzigartig in der Geschichte ist. Diese Form von politischem System mag funktionieren, solange die Mehrheit im Wohlstand lebt und solange keine wesentlichen Problem auftreten. Tom Christiano weist auf *"Amartya Sen, der zum Beispiel argumentiert, dass „ bisher in keinem unabhängigen Land mit demokratischer Regierung und relativ freier Presse jemals eine Hungersnot aufgetreten ist"*[129]. Ich befürchte nur, dass bei dieser Aussage nicht berücksichtigt ist, dass moderne Demokratien noch nie durch eine fundamentale Krise gehen mussten, um ihm recht-geben zu können. Die Frage bleibt also offen, ob Demokratie nur funktio-niert, solange diese Staatsverschuldung bestehen bleibt, also Wohlstand auf Pump. Gegenwärtig haben folgende Länder eine Verschuldung in Prozent des BNP (Bruttonationalprudukt) von über 100%: Belgien (109%), Zypern (111%), Griechenland (196%), Spanien (107%), Italien (138%), Portugal (135%) und USA (107%) – (Japan 251%, Russland 20%, China 45%), unter den größeren europäischen Ländern hat Frankreich 100%, Großbritannien 81%, Deutschland 66%. (Daten: Nationaldebtclocks[130]) Diese neue Welle von Verschuldung begann mit dem sogenannten "Nixon-shock" und dem Ende des "Bretton-Woods"-Systems um 1972 und endete schließlich in der Finanzkrise von 2008.[N155]

Bedenkt man den Verlauf der Geschichte insgesamt, ergibt sich mit einiger Wahrscheinlichkeit, dass unser sozialer Friede enden würde, sobald der social divide ein kritisches Niveau erreicht, oder sobald eine zusätzliche Bedrohung wie eine weitreichende Epidemie die Maschine-rie der täglichen Versorgungsketten destabilisiert. Die träge und nach-lässige bürgerliche Mitte dieser Länder ließ eine Zunahme der extremen Linken und Rechten in einem Umfang zu, der diese Länder mühelos destabilisieren könnte. Der Grund für diese Zunahme ist ihr Ausschluss aus der politisch korrekten Mitte. Ich erwähnte bereits den Exodus der Plebejer im Alten Rom; Cicero berichtet hierzu, dass schon damals Staatsverschuldung der Anlass gewesen sei. Immer wieder wurde Staatsverschuldung schon in früherer Zeit kritisiert: David Hume schrieb 1752: *„ entweder die Nation muss die öffentlichen Schulden tilge oder die Schulden werden die Nation vernichten".*[131] Und der schottische Ökonom Adam Smith im Jahr 1776: *„Die enorme Zunahme der Staatsverschuldung, die gegenwärtig alle größeren Staaten erdrückt und wahrscheinlich deren Ruin bewirkt, ist überall von derselben Art".*[132] Und schließlich 1795 Immanuel Kant*: "Es sollen keine Staatsschulden in Beziehung auf äußere Staatshändel gemacht werden ...weil der... Staatsbankerott manche andere Staaten unverschuldet in den Schaden mitverwickeln muß ...."*[41] Karl Marx poltert 1867: *"Federale Staatsverschuldung ist das Credo des Kapitals".*[133, N156]

Mehrere politologische Gruppen bestätigen die theoretische Annahme und Sorge, dass eine ökonomische Krise die Demokratie rasch destabilisieren könne[134, 135] und damit eine unmittelbare Bedrohung darstelle.[N157] Es wird angenommen, dass Demokratie unter einem gewissen Niveau allgemeinen Wohlstands nicht überlebt [24], und auch, dass Demokratien in ärmeren Ländern nicht entstehen. Dagegen bleiben sie in wohlhabenden Ländern stabil, solange ein ausreichendes Wohlstandsniveau nicht in Gefahr ist und die Leute selbstzufrieden hält.

Neo-Kolonialismus ist neben Staatsverschuldung als Quelle geborgten Wohlstands anzusehen. Das erste Beispiel ist das antike Athen zur Zeit des Attischen Seebundes. Es hat den Anschein, dass Demokratie stets etwas kostet, ein Preis, den nicht ihre Bürger zahlen. Diese These kennt allerdings eine Ausnahme, wie unsere Tage zeigen: sobald alte Verhaltensmuster wie Territorialität und Xenophobie durch massive Immigration aufgerüttelt werden, rufen die Leute nach einer starken führenden Hand zum Schutz ihres Status, ganz gleich wie groß der Wohlstand ist.[N158]

Die andere häufige Frage ist, ob es fair ist, den nachfolgenden Generationen solche Schulden ungefragt aufzulasten. Einige argumentieren, dass mit diesem Geld Werte geschaffen werden, die Generationen überdauern. Dennoch: vieles von der mit Krediten bezahlten Infrastruktur überlebt nur eine Generation lang.

Überblicken wir diese Informationen, müssen wir eingestehen, dass jegliches politische System stabil bleibt, solange die Bürger unbehelligt in Wohlstand leben – was automatisch impliziert, dass sie nicht in Angst und Terror leben sondern in Sicherheit. Somit sind wir zurück zur Erkenntnis, dass Demokratie eine trügerische Illusion ist: der social divide nimmt weiter zu wie bisher, und die Leute bleiben nur selbstgefällig in Ruhe, solange die Reichen ihnen ein ausreichendes Wohlstandsniveau zubilligen. Aber täuschen wir uns nicht: hier ist nicht "das Volk" der Diktator, sondern das Kapital, das diskret von hinter dem Vorhang die Fäden zieht.

Wie wir aus der Geschichte Roms und Griechenlands wissen, neigen die Reichen im Fall einer Massenimmigration zum Verrat am Volk, um die eigene Haut zu retten – allerdings nur um danach dennoch mit unterzugehen.

---

[24] Im Gegensatz dazu fallen Diktaturen nicht regelmäßig, sobald der Wohlstand steigt.

Die technischen und kulturellen Attraktionen des Westens:
Sieg oder Ausverkauf des Universalismus ?

Die westlichen Länder begannen ihre global dominierende Rolle – oder Diktatur – dank ihrer wissenschaftlichen und technischen Überlegenheit, die in der modernen Zeit in erster Linie von multinationalen Konzernen vermarktet wird. Ihr Credo ist Profit, idealerweise mit Bruttogewinn gleich Nettogewinn. Fabriken werden zunehmend in Billiglohnländern errichtet. Traditionelle westliche Industrien werden an aufstrebende Länder verkauft, wenn daraus Profit zu schlagen ist. Beide Maßnahmen verstärken den Trend zu Arbeitslosigkeit durch zunehmende Automatisierung noch weiter. Man könnte einräumen, dass die Beschäftigung von Menschen in Entwicklungsländern und Unterstützung ihrer Industrie als Entwicklungshilfe gesehen werden könnte; jedoch, solange der Profit daraus wieder nur den westlichen Investoren zufließt, beschleunigen diese Maßnahmen nur zwei Entwicklungen: den social divide, und den Ausverkauf des Westens. Die erste davon ist selbsterklärlich; die zweite resultiert aus dem Verkauf von Expertise, die von Europa an China[136] oder an arabische Länder abgegeben wird, und zwar wiederum in zweifacher Weise: einmal bleiben die Profite diesmal in jenen Ländern, zum anderen geht im Westen schrittweise die Expertise verloren, wenn die Produktion eingestellt und Spezialarbeiter nach Hause geschickt werden, ohne ihr Wissen an die nächste Generation weiterzugeben; außerdem kommt die technische Weiterentwicklung auf dem entsprechenden Gebiet zum Stillstand – die Stahlindustrie ist ein Beispiel. Was die High-Tech-Industrie anlangt, scheinen die USA gegenüber China [136, 137] besorgter und restriktiver zu sein als Europa. Zweifellos sind die Meinungen hierüber ebenso geteilt wie über Präsident Trump's Maßnahmen. Die liberale Demokratie höhlt sich selbst aus, indem sie der Industrie gestattet, ihre Systeme auszubeuten, indem sie die Arbeitslosigkeit verursacht und dann die Steuerzahler für die Kosten aufkommen lässt. Immer einen Schritt voraus in der Globalisierung, vermeiden sie selbst Steuern soweit irgend möglich und lassen die Politik als hilflose Zuseher der Zerstörung stehen. Und noch nicht genug: viele dieser Politiker gleiten schließlich hinüber in profitable Jobs bei dieser Industrie, manchmal sogar noch während ihrer Tätigkeit im Amt. Ausverkauf der Demokratie auf allen wichtigen Ebenen der Ökonomie und Sozialmoral.

Zum Thema "Ausverkauf" gesellt sich noch eine weitere Sorge, die eng mit dem vorherigen Thema der Mediokratie zusammenhängt: es geht um die Frage, inwieweit die westliche – europäische – Kultur die Welt erobert so wie ihre Wissenschaft und Technik, oder ob sie dorthin abwandert und von dort eines Tages re-interpretiert zurückkommen wird. Zweifellos war der Handel schon seit Jahrtausenden ein Vehikel für kulturellen Austausch. Aber wir stehen am Beginn einer Ära von verwirrender Vermischung von Kultur, Zivilisation und Macht von globalem Ausmaß. Ich habe den Eindruck, dass Musik in diesem Prozess eine Vorreiterrolle spielt; ein bedeutender Hinweis dafür ist China's Ideologie: Mao Tse Tung's Ehefrau durfte sich während der Revolution mit kulturellen Belangen befassen. In diesem Zusammenhang wurden westliche Musikinstrumente gekauft und dann in chinesischen Firmen kopiert. Damit spielte man Militärmusik auf westliche Art, zunehmend aber auch chinesische Volks- und Kunstmusik. Als Mao das Chinesische Zentralkonservatorium für Musik errichten ließ, beauftragte er die Organisatoren mit den Worten: *„Bezüglich der Musik ist es möglich, ausländische vernünftige Regelungen zu übernehmen und ausländische Musikinstrumente zu nutzen..."*, doch der Kern seines Auftrags lautete: *„ Das Westliche für das Chinesische nutzbar machen"*. Diese neue Musik musst „national" sein.[138] Auch Huntington bezieht sich auf diese Haltung Chinas : *"In China hieß in den letzten Phasen der Ching Dynastie die Parole Ti -Yong, "Chinesische Bildung als grundlegendes Wertesystem, westliche Bildung zu praktischen Zwecken."* [84]

Als Herbert von Karajan während seiner Konzertreise durch China mit den Berliner Philharmonikern im Jahr 1979 zu der enormen Zahl junger Chinesen gefragt wurde, die Begeisterung und Interesse an der westlichen Musik zeigten, sagte er: *"Wir sehen nur die Spitze des Eisberges und werden sehen, wie viele Musiker noch von hier kommen werden."*[138, S.139] Mittlerweile kommen mehr als die Hälfte der Studenten an einigen Musikhochschulen Europas und der USA aus dem Fernen Osten, nicht nur aus China, sondern auch Japan und Korea. Der Dirigent Kurt Masur wiederholte mir gegenüber im Jahr 2016 in einem persönlichen Gespräch:*" Wenn wir nicht sehr aufpassen, werden in 50 Jahren nur noch chinesische Orchester die Beethoven Symphonien spielen."* In einem früheren Interview hatte er gesagt, dass uns Europäern bald chinesische Orchester zeigen würden, wie man Beethoven zu spielen hat, wenn wir nicht sehr achtgeben.[138, S.139]

Eine zunehmende Zahl eindrucksvoller Musikhallen und Opernhäuser werden in China gebaut, und westliche Dirigenten und Solisten führen dort Werke der westlichen klassischen Musik auf, viele davon in der Hoffnung, ihre Aufnahmen davon auf diesem riesigen Markt verkaufen zu können. Umgekehrt treten immer mehr Interpreten aus dem Fernen Osten in westlichen Ländern auf. Ihre Darbietungen hängen davon ab, wie tiefreichend sie sich mit der europäischen, französischen, italienischen, österreichischen, deutschen Kultur und Mentalität auseinandergesetzt haben. Eine zunehmende Zahl von Preisen internationaler Wettbewerbe gehen an sie, und eine steigende Zahl von Juroren kommen aus fremden Kulturen. Manche im Westen fragen sich, wieviel von dieser „Europäischen Kultur" in ihren Ursprungsländern überhaupt noch lebendig ist. Diese zwiespältige Entwicklung ist in der Tat mitunter für westliche Gemüter verstörend: soll man sie als Siegeszug im Sinne der westlichen Polit-Philosophie bezeichnen (wie etwa Fukuyama[139]) und glauben, dass die westliche Kultur in den Fußstapfen der zivilisatorischen Errungenschaften am Ziel sei? Oder ist es ein kultureller Ausverkauf wie der zuvor beschriebene technisch-ökonomische? Letztlich sollte man wahrscheinlich die Bedeutung einer kulturellen Ära insgesamt nicht überschätzen und bedenken, dass Kultur einer Evolution unterliegt. Dies würde bedeuten, dass frühere Traditionen aus Nostalgie beibehalten, aber dennoch von den neueren Errungenschaften überlagert werden. Somit könnte eines Tages daraus eine globale Menschenkultur entstehen, vorausgesetzt dass guter Wille, die bedeutungsschwerste Weisheit für unser Überleben, die aggressiven Emotionen beschwichtigen und dadurch weltweiten Frieden als ihre unabdingbare Grundlage schaffen kann.

Diese Hoffnung auf eine Fusion der Kulturen in ferner Zukunft bedeutet aber nicht, dass man sich nicht vor einer unfreundlichen Übernahme durch eine intolerante Supermacht in Acht nehmen müsste. Ich hatte versprochen, in diesem Buch in Übereinstimmung mit Karl Popper keine Prognosen als Anhaltspunkt zu nehmen oder gar selbst welche abzugeben. Aber an diesem Punkt komme ich nicht umhin, zumindest eine Sorge auszusprechen: an rezenten Entwicklungsschritten in den westlichen Demokratien lässt sich erkennen, dass der Westen selbst durch seine Gier, moralische Doppelbödigkeit und Käuflichkeit sich dem aufsteigenden Riesen in Fernost an einer Schlinge der Abhängigkeit anbietet, die er selbst mit jeder Bewegung enger um sich zieht. Dadurch bleibt die selbstverschuldete Gefahr präsent, dass der Westen durch selbstinitiierte externe Kräfte untergeht, bevor er von innen her zerfällt.

Ad 7- Liberaler Anti-Nationalismus:
eine Schwachstelle der Demokratie

Die schrecklichen Erfahrungen während der beiden Weltkriege des 20. Jahrhunderts regten westliche Politiker dazu an, nun endgültig internationale Institutionen mit dem Ziel zu schaffen, die Welt in Frieden zu vereinen und Abkommen zur Wahrung der Menschenrechte zu treffen. Der hysterische Nationalismus zu Beginn des Ersten Weltkriegs und die darauffolgenden Diktaturen in mehreren europäischen Ländern lösten nach dem Zweiten Weltkrieg anti-nationalistische Bewegungen aus. Anti-Nationalismus wurde sogar zu einer übertrieben starken politischen Kraft mit einem Hang zum Gesinnungsterror. Darüber vergaß man zwischen Nationalismus und Patriotismus zu unterscheiden, oder, um den Eindruck des Theoretisierens hier einmal beiseite zu schieben und zugleich einen ersten Schritt hin zum evolutionären Ursprung beider Begriffe zu machen: Nationalismus von Heimatliebe zu unterscheiden.

Nationalismus und Patriotismus

Patriotismus – oder eben Heimatliebe – findet innerhalb und zwischen Individuen einer Nation oder Kulturregion statt und drückt sich vor allem als Heimatgefühl aus, das die gewohnte geographische Region und Kultur umfängt. Den Anteil an Territorialität dabei drückt der Wille aus, diese Heimat als Territorium, das man mit anderen teilt, aufgebaut und eingerichtet hat, notfalls auch zu verteidigen – das ist Patriotismus. Außenseiter können sich unweigerlich durch ihr Nicht-dazugehören zurückgesetzt fühlen, obwohl Gastfreundschaft auch in Kulturen weit verbreitet ist, deren Menschen Patrioten sind. Immerhin gibt Gastfreundschaft auch die Gelegenheit, einander in seiner Fremdheit in freundlicher Atmosphäre für eine Weile neugierig zu beobachten, auch, um Erfahrungen auszutauschen.

Dagegen ist Nationalismus eine von vornherein abwehrende und auch abschätzige Haltung zwischen Nationen und Kulturkreisen, die nicht selten in Hassausbrüchen endet. Nationalismus ist auch eine Demonstration von Macht und Stolz, meist verbunden mit dem Ausdruck von – auch kultureller - Überlegenheit. Diese aufdringliche Präsentation ist wohl eine vorwiegend männliche Eigenschaft, die nicht weit weg ist von der Bereitschaft, sich zu duellieren.

Somit drückt Patriotismus nach außen die Ambivalenz der Xenophobie und der Territorialität aus, während Nationalismus einen aggressiven Territorialanspruch ausdrückt, der aus seinem Überlegenheitsanspruch durchaus auch Übergriffe auf fremdes Territorium rechtfertigt. Seine defensive Seite beschränkt sich auf verbale Angriffe der als Gegner bezeichneten umgebenden Nationen; da diese aber auch die eigene Aggressivität stimulieren, schlagen sie leicht um in tätlichen Hass und kriegerische Auseinandersetzung.

Der Effekt der Globalisierung

Gleichzeitig mit der Entwicklung der Nationen in der Nachkriegs-Ära begann die Globalisierung, die wegen sprunghaft ansteigender Mobilität und Kommunikationstechnik die Welt allmählich zu verändern begann. Bürgerlicher Wohlstand führte zu Massentourismus. Zu meiner Kinderzeit lebten die Stämme auf Neu-Guinea noch in der Steinzeit; heute drehen solche Völker mit TV-Sendern Dokumentationen über ihre alten Bräuche. Immer mehr Probleme ließen sich nicht mehr national lösen, erforderten globale Lösungen. Die Welt begann zusammenzuwachsen und „kleiner" zu werden. Nach dem Ende des Kalten Krieges zwischen dem Sowjet-Block und den NATO-Ländern nahm die Europäische Union zusehends Gestalt an und weitere multinationale Kooperativen entstanden. Diesem Trend der Globalisierung, dominiert vom Westen im Sinne des zuvor besprochenen westlichen Kapitalismus und politisch-kulturellen Universalismus, begann in den letzten Jahrzehnten überall und zunehmend eine dumpfe Angst vor Identitätsverlust entgegenzuwirken. Nicht-westliche Kulturen begannen ihren Unwillen zu demonstrieren, der Erwartung einer „Verwestlichung" zu folgen; manche verwehrten sich scharf dagegen in der Meinung, sie diktiert zu bekommen. In wieder anderen begann der zunehmende Einblick in den Reichtum des Westens die Entscheidung zu reifen, dem eigenen Elend zu entfliehen und auf Wanderschaft in Richtung westliche Länder zu gehen. Diese Welle von Massenmigration, intervallweise verstärkt durch Flucht aus Kriegsgebieten, spülte in Menschen westlicher Länder die alten Instinkte wie Xenophobie und Territorialität wieder frei; sie verlieren in der eigenen Heimat Halt und Orientierung in der Angst, dies alles würde ihnen nun weggenommen – viele werden wieder Patrioten, andere wieder Nationalisten.

Der Effekt der Migration

Diese sich ausbreitende soziale Änderung in Europa und USA kollidiert nun mit dem anti-nationalistischen Dogma der Nachkriegsjahre, verankert in den traditionellen Bürgerparteien der Mitte und linker Orientierungen. Größtenteils unbewusst erleben nun die Menschen in westlichen Ländern diesen Zusammenstoß zwischen liberaler Demokratie und den vergessenen und verdrängten evolutionären Wurzeln ihres sozialen Verhaltens. Dementsprechend rücken sie in dieser Angst in zwei Gruppen zusammen und gegeneinander, die einen zur Verteidigung ihrer Heimat, die anderen gegen diesen altmodischen Begriff, mit dem manche der entwurzelten Zuzügler in Großstädte oder andere Umzügler nichts mehr anzufangen wissen – die Intellektuellen darunter denken nach, was eigentlich ihre Identität ist.

Draußen, zwischen den Kulturkreisen, signalisiert eine anti-westliche Einstellung in muslimischen Ländern, in China und Russland, dass andere Kulturen keinesfalls gewillt sind, den Westen ihre Welt ideologisch erobern zu lassen, nur weil ihre Technologie dies tat. Auch wenn Wissenschaft und Technik die Kulturen durchsetzen und langsam, im Verlaufe von Jahrzehnten und vielleicht Jahrhunderten die Welt zuletzt zusammenführen werden, so muss dennoch heute diese abweisende Reaktion der nicht-westlichen Kulturen als ein Klammern an ihre eigene kulturelle Tradition verstanden und akzeptiert werden. Sie mahnt den Westen, respektvoller zu sein - im übrigen tut er gut daran einzusehen, dass die zunehmende Macht östlicher Riesen, ihrer Nachbarn und Mitläufer ohnehin bewirkt, dass sie gegen den westlichen Missionsdruck immun werden und über Demokratie und Menschenrechte ihre eigenen Standpunkte vertreten. Dadurch wird die Welt neuerdings wieder in Lager gespalten, fast genau wie dies Huntington in seinem "Kampf der Kulturen" (orig. Clash of Civilizations") [84] beschreibt – Kulturkreise auf Basis der alten Religionen. Die Tatsache, dass sich Demokratie als politisches Sozialsystem theoretisch weltweit zunehmender Beliebtheit erfreuen kann, ändert daran wenig[N159], wie die Ereignisse in den Ländern Nordafrikas und des Nahen Ostens zeigen. "Clash" gewinnt im Zusammenhang der jüngsten Ereignisse und angesichts der konträren Bewegungen von Globalisierung und identitärer Abgrenzung rund um die Welt eine neue Bedeutung: man gerät aneinander. Dies gilt international ebenso wie innerhalb der Nationen. Dementsprechend verhalten sich manche Menschen in den westlichen Ländern gegenüber ihren Immigranten so, wie manche der östlichen Länder sich gegenüber dem westlichen Universalismus verhalten: sie alle zeigen, dass eine Einvernahme durch fremde Kulturen nicht toleriert wird und eine Reaktion provoziert, deren überwiegender Ursprung patriotisch ist, mit einem nur geringen Anteil an Neo-Nationalismus.

Folglich erfreuen sich Rechtsparteien in allen westlichen Einwanderungsländern der Emigration ihrer Bürgern weg von ihren traditionellen bürgerlichen und sozialistischen Parteien, so wie "Cinque Stelle" in Italien mit ihrem Slogan: "Prima gli Italiani", oder LePen's «Front National» mit der Forderung «La France pour les Français» ; und selbstverständlich US-Präsident Trump's "America First". Dort und in anderen Ländern verwenden führende Politiker der traditionellen Parteien Argumente der „Populisten" für ihren eigenen Populismus, den „Anti-Populismus Populismus" – sind sie alle sich tatsächlich nicht im klaren über den Ursprung dieses Slogans? [N268]

Das Problem für die liberale Demokratie ist jetzt ihr ideologisches Dilemma: die traditionellen Parteien sind selbst populistisch geworden – natürlich nur soweit sie es nicht ohnehin schon immer waren, indem sie ihre Wähler dazu manipulierten, im Sinne der Parteieninteressen zu wählen. Sie gehen in die Offensive, indem sie Teile ihrer eigenen Bevölkerung denunzieren und dämonisieren, als „Neo-Nationalisten" und sogar als „Rassisten"; die politische Führung der Rechtsparteien beschimpfen sie als Populisten und vergessen dabei, dass sie selbst diese neuen Probleme auf dreifache Weise in Gang gesetzt haben, weil Anti-Nationalismus 1- in Identitätsverlust mündet, 2- jenen Neo-Nationalismus provoziert, den sie ausgezogen war zu verhindern, 3- ein Anziehungspunkt für autokratische Führung ist.[N160]

Um diesen Abschnitt abzuschließen: es wird klar, dass die liberale Demokratie eine starke Ideologie von Anti-Nationalismus in sich trägt, der irrigerweise den Patriotismus miteinschließt. Dadurch steuert sie mit Gewalt gegen archaisches Verhalten der Menschen just dort, wo die Natur besonders unflexibel und halsstarrig ist, weil es mit Angst verknüpft ist. Die Reaktion der Menschen auf Anti-Nationalismus löst also in diesen Tagen das genaue Gegenteil des angestrebten Zieles aus, nämlich Patriotismus und Neo-Nationalismus. Die Stigmatisierung von Patriotismus und naturgebundener Xenophobie hat ganze Nationen tief zu spalten begonnen.

Gleichzeitig mit der Unterdrückung von Patriotismus durch politisch forcierten Anti-Nationalismus demonstriert eine wachsende Zahl von Immigranten ihren Unwillen, sich in westlich - demokratische Gesellschaft zu integrieren, grenzt sich ihrerseits ab und lebt in einer separaten Welt. Bis vor wenigen Jahren galt „Multikulturalismus" als der erklärte politisch korrekte Lebensstil der modernen westlichen Welt; neuerdings aber geben konservative Politiker hierzu immer mehr vorsichtige Kommentare ab, und einige von ihnen übernahmen vernünftige Standpunkte von Rechtsparteien in ihr eigenes Parteiprogramm, nachdem sie zuvor den Multikulturalismus als politisch nicht länger haltbar erklärten, nicht einmal für die liberale Demokratie, wie wir im nächsten Abschnitt sehen werden:

Ad 8- Multikulturalismus in der westlichen Demokratie

Um Missverständnissen vorzubeugen muss man vorausschicken, dass die Unmöglichkeit von Multikulturalismus nichts mit Demokratie zu tun hat, dass Demokratie an dieser Unmöglichkeit aber auch nichts zu ändern vermochte.

Dieses komplizierte Verhältnis ist insoferne wieder charakteristisch für selbstgeschaffene Probleme, wie sie der Demokratie eigen sind, weil einerseits Liberalismus nachgerade zu Anti-Nationalismus und Freigabe jeglicher Grenzen außer den vom Gesetz befohlenen zwingt, andererseits aber das Toleranz-Paradox genau diese Erwartungen a priori zunichte macht. So sieht sich die Demokratie nun konfrontiert mit ihrer inhärenten Widersprüchlichkeit ebenso wie sozusagen mit dem gegen sie demonstrierenden „Faktor Mensch", die ihr nun beide erklären, warum sie scheitern musste mit ihrer Absicht, es besser zu machen als vorherige soziale Konzepte der Geschichte:

Schon die Pax Romana im multinationalen Imperium basierte auf einem Pseudo-Liberalismus, der nur durch Steuerabgaben und andere Leistungen geregelt wurde. Jeglicher Anflug von Ungehorsam gegenüber diesen Abkommen bestrafte Rom mit gnadenloser Brutalität. Verschiedene islamische Reiche tragen den Nimbus von Multikulturalismus und Toleranz; auch dort war der Friede aber nur durch Geld und Separation gewahrt: Nicht-Muslime mussten eine Fremdensteuer zahlen, die ihnen ein Dasein als Bürger zweiter Klasse in einem kurzlebigen, instabilen sozialen System ermöglichte. Der Ruf von weiser und toleranter Regierung dort stützt sich auf wenige Ausnahmen, die man heute als brain-drain von Experten bezeichnen würde [24], einen Opportunismus auch, der Ähnlichkeiten mit der Aufnahme von NS-Parteimitgliedern in die US-Forscher-Gemeinschaft der ersten Nachkriegsjahre hat. Das multinationale, fast gesamteuropäische Reich Karls des Großen überlebte seine eigene Lebenszeit nicht und basierte in erster Linie auf einer mittelalterlich- christlichen Sozialordnung, in welche die Mitglieder mit militärischer Gewalt hineinintegriert wurden, einer Gewalt, die mehr Brutalität ausstrahlt als es die maurischen Reiche in ihren Kalifaten und Sultanaten taten. Außerdem vergesse man nicht zu erinnern, dass Versuche von Herrschern für mehr Toleranz fast regelmäßig fehlschlugen. [N153]

Noch heute, da ich dies schreibe, und wenn Sie es lesen, ereignen sich Bürgerkriege und andere Auseinandersetzungen in verschiedenen Ecken der Welt zwischen Volksgruppen unterschiedlicher Ethnizität oder Religion, jedenfalls unterschiedlichen kulturellen Hintergrunds, gegenwärtig immer noch zwischen Singhalesen und Tamilen in Sri Lanka, zwischen Hindus und Muslimen in Indien, zwischen Muslimen und Christen in Pakistan, zwischen Ureinwohnern und Immigranten in Nordamerika, ja sogar zwischen islamischen Sekten wie Sunnis und Schiiten, oder politisierten Parteien wie Hamas und Fatah in Palästina.

Massenmigration ist ein globales Phänomen, keineswegs neu (im 19. Jahrhundert emigrierten Millionen Europäer nach Amerika), aber neuerdings dramatisch zunehmend: 175 Millionen im Jahr 2000, 232 Millionen 2013. Im Jahr 2014 betrug allein die Zahl der Flüchtlinge, ohne „Wirtschaftsmigration", über 13 Millionen. Zweifellos ist Migration nicht nur ein Problem von Demokratien, aber sie sind auf besondere Weise betroffen: Rosenberg schreibt dazu: "*Die Massenmigrationen des 20. Jahrhunderts haben die westlichen Gesellschaften in eine Kollage von Gruppen verwandelt, deren jede ihre eigenen Normen für Verhalten und soziale Identität darstellt. ... Es kam zu einer Balkanisierung der Gesellschaft, wo soziale Zugehörigkeit, Werte und Vertrauen zunehmend nur auf die eigene ethnische, rassische und religiöse Gruppe begrenzt sind. ... in multikulturellen Gesellschaften ist der Sinn für Gemeinschaft schwach und kulturelle Gemeinschaftlichkeiten sind dünn gesät* " [118]

Nimmt man "Toleranz" zum Ausgangspunkt einer kritischen Debatte über Demokratie, so ist man konfrontiert mit ihrer inhärenten Schwachstelle, Platon's Paradox der Intoleranz der Toleranz selbst: die westliche Demokratie ist selbst in ihrem Universalismus intolerant, ja fundamentalistisch was ihre Werte betrifft. Andere Kulturkreise reagieren aggressiv auf diese Haltung, manche laut wie arabische bzw. muslimische Länder, andere leise wie China; der Vorwurf lautet auf "Menschenrechts-Imperialismus"[25]. Die Menschenrechte stellen dabei aber nur einen Teil des Gesamtproblems dar.

In der politologischen Debatte nach dem Zusammenbruch des Sowjet-Imperiums erklärte der US-amerikanische Politologe Francis Fukuyama den Westen zum Sieger und damit die westlichen kulturellen Werte als global gültig. Diese „universalistische" Sicht war zweifellos bezogen auf die globale Verbreitung und Anerkennung westlicher zivilisatorischer Errungenschaften, die wiederum nur einen Teil des Gesamtproblems berücksichtigt – und zwar ungerechtfertigterweise. Denn Modernisierung hat zwar – und tut dies weiterhin – die gesamte Welt verändert, aber die Menschen verehren immer noch Kühe in Indien und Ikonen in Russland, essen ihre traditionellen Gerichte, leben ihr traditionelles Leben in ihren Kulturen, selbst mit TV im Haus und einem Auto oder Motorrad vor der Tür. Die technische Modernisierung ist global ubiquitär soweit erschwinglich und praktikabel. Aber Demokratie gibt es in der Hälfte nicht-westlicher Länder, in 25% der islamischen und in 0% der arabischen Staaten.

Huntington wurde international bekannt für seinen Artikel und das darauffolgende Buch mit seiner Warnung vor einem erneuten Zusammenstoß der Kulturen als plausiblere Alternative zum Universalismus. Diese Sorge hatte der deutsche Soziologe Dieter Senghaas schon zuvor geäußert, zuerst im Jahr 1993, dann publiziert im Jahr 1994. Senghaas stellte diese Frage in seinem Kapitel " *Droht ein internationaler Kulturkampf*" in seinem Buch "*Wohin driftet die Welt?*" [140]

Unabhängig von diesen Diskussionen in den 1990er Jahren waren diese westlichen Werte aber bereits längst als weltweit anzuwendende Regeln in den Dokumenten und Deklarationen der Vereinten Nationen von 1948 zementiert; auf ihre Inhalte weisen heute westliche Politiker anlässlich von Staatsbesuchen zum Zweck von Handelsverträgen – auch Waffenverkäufe um Milliardenbeträge nicht ausgeschlossen – mehr oder weniger und zunehmend leise und verschämt hin.

Mittlerweile sind Konflikte entlang der alten Religionsgrenzen Teil der täglichen Nachrichten, beginnend mit Nahost, der Geburtsregion aller drei mosaischen Religionen, über Ukraine und den Rest der russischen Südgrenze zu islamischen Ländern bzw. islamistischen Interessens-

---

[25] Besonders einige arabische Länder bezeichnen die Versuche einer universalistischen Verwestlichung als „Menschenrechts-Imperialismus", engl. „human rights – imperialism".

gruppierungen. Schließlich hat sich auch eine teils sanft-weich sich gebende, teils brutal-terroristische Version davon mitten in die europäischen demokratischen Länder gesetzt und auch in USA und Russland Fuß zu fassen versucht, dort jeweils mit den grauenhaftesten von all diesen Attacken.

Diesen Trend gegensätzlicher Entwicklungen hat Revel schon 1983 mit entwaffnender Präzision beschrieben : *"Einerseits trifft es zu, daß wir im Zeitalter der Massen und eines global village leben, in den Sitten und Moden immer gleichartiger werden. Andererseits leben wir parallel dazu im Zeitalter des Sieges der Minderheiten, des Nebeneinanders aller möglichen Moralvorstellungen, und diese Tendenz wirkt der andern entgegen".*[78]

Während die Arbeitsmigration zwischen europäischen Ländern keine relevanten sozio-politischen Probleme verursacht hatte, tat dies die Immigration von Muslimen aus Türkei und anderen islamischen Regionen sehr wohl, und tut dies auch weiterhin, und zunehmend. Die liberale Demokratie ignorierte die zunehmenden Spannungen über Jahrzehnte [N161], bis schließlich die Migrationskrise des Jahres 2015 die gesamte Malaise in die öffentliche Arena katapultierte, diesmal endgültig ohne Chance auf weitere Vertuschung.

Was Empathie für Flüchtlinge betrifft, so muss man klar sagen dürfen, dass Mitleid und Mitfühlen allein diesen Millionen nicht helfen wird [141]; das Verhalten gegenüber solchen Krisen hat Ähnlichkeiten mit der klinischen Medizin: dort nützt Mitleiden allein ebenfalls keinem Patienten, sondern nur die richtige therapeutische Strategie. Gleichermaßen verlangen humanitäre Katastrophen und Massenflucht effektive Versorgungsstrategien. Wenn im Jahr 2015 eine Million Menschen in ihrer Not auf der Suche nach Hilfe einen Kontinent überqueren, kann man diesbezügliches Totalversagen schwer leugnen. Seit dieser Krise haben viele Autoren auf die politische Inaktivität hingewiesen, besonders, dass die Warnsignale seit 2011 zu keinerlei effektiven Maßnahmen geführt hatten. Dieser Hintergrund ist mittlerweile allen Interessierten ausreichend klar.[N162, N196]

Der intolerante Islamismus ist nun in den demokratischen europäischen Ländern, die gegen Intoleranz intolerant sein sollen, eingenistet. Dort erleichtert der Liberalismus die Festsetzung intoleranten religiösen Verhaltens als Teil der liberalen Religionsfreiheit. Die Folge ist zunehmend fordernde Haltung: 1- wir können eure westlichen Regeln aus religiösen Gründen nicht einhalten, 2- Eure Toleranz bedeutet, dass ihr euch an unsere Gewohnheiten ebenso zu adaptieren habt wie ihr erwartet, dass wir uns an die euren adaptieren. Was nun ? – Ich werde diese Diskussion in Kapitel III wieder aufnehmen. Vorerst aber wollen wir noch etwas tieferen Einblick in die gegenwärtige Situation nehmen: die westliche demokratische Politik neigt dazu, der Immigration und eigenen Entfremdung liberal gegenüberzustehen. Die Leute aber, ihr Wahlvolk, handeln zunehmend gegen diesen Liberalismus, und sehen sich nach jemandem um, der bereit ist, aus ihren Sorgen und Ängsten politische Konsequenzen zu ziehen.

Wie zuvor besprochen, warnen Evolutionsbiologen und Ethologen seit Jahrzehnten mit zunehmendem Unbehagen vor einer derartigen Entwicklung. Dabei weisen sie auf ihre Arbeiten hin, aus denen hervorgeht, dass evolutionär geerbtes Verhalten bei Unterdrückung, Stigmatisierung und Dämonisierung mit Zunahme der Aggressivität und Umwandlung von Xenophobie in Hass führen kann. Es hilft nicht weiter, jetzt Debatten aufgrund von demographischen Prognosen zu führen anstatt vernünftig mit den Leuten über ihre Reaktion auf eine politische Korrektheit zu reden, die versucht davon zu überzeugen, dass es keine Rolle spiele, welche Menschen welcher Ethnizität in ihrem Heimatland letztlich als Mehrheit überleben würden, eine politische Einstellung, die Eibl-Eibesfeldt in seinen politischen Schriften als unverantwortlich und letztlich als politischen „Ethnosuizid" bezeichnete.[21, N163] Wir werden also letztlich nicht darum herumkommen, die triviale Wirklichkeit vor unseren Augen zu akzeptieren:

Die Idee einer multikulturellen Gesellschaft ist ein Widerspruch in sich

Wenn Sie nun, um zu widersprechen, auf multi-ethnische Gruppen und Gesellschaften verweisen, die in anderen Gegenden der Welt friedlich miteinander leben, dann greife ich die Debatte gerne auf, möchte aber zuerst eine Bemerkung von Neal Ascherson zitieren, eine Stelle, an der er auf die Tatsache hinweist, dass eine geringste Imbalance genügt, um friedliche Nachbarn in Feinde zu verwandeln – das frühere Jugoslawien ist nur ein Beispiel hierfür; es gibt zahllose davon entlang der südlichen Grenze der früheren UdSSR – er schreibt: " ... *Die demokratische politische Auseinandersetzung, die von ungeschulten Menschen verlangt, Partei zu ergreifen und das Geschehen als Wettbewerb zwischen Gegnern zu begreifen, trifft solche Gemeinschaften an ihrer versteckten Bruchlinie: an ihren ethnischen Grenzen. Und so spalten sie sich auf, wenn auch oftmals zunächst widerwillig. Die vertrauten Nachbarn mit ihrem merkwürdig riechenden Essen und der seltsamen Sprache werden plötzlich zum Teil der fremden und feindlichen Macht. ... Anders gesagt, alle multi-ethnischen Landschaften sind zerbrechliche Gebilde."* [35] ... ganz zu schweigen von Regionen mit Menschen, die überhaupt nicht an Fremde in ihrer Heimat gewöhnt sind.

Migration und „kulturelle Entfremdung" wirken sich zunehmend polarisierend auf die Gesellschaft europäischer Länder aus, und auf die Atmosphäre zwischen ihnen. Sehr spät, in der Tat, - wahrscheinlich zu spät – haben manche traditionell bürgerlichen und sozialistischen Parteien ihren Multikulturalismus als politisch korrekte Haltung zu hinterfragen begonnen. Schon lange hatten sich inzwischen Rechtsparteien zur Abwehr der Immigration gebildet. Dass der Osten Deutschlands dabei im Mittelpunkt steht, erstaunt nur jene, die der Evidenz bisher und weiterhin den Rücken zu kehren beschlossen haben: Statistiken zeigen schon lange, dass die Abwehr dort am größten ist, wo die wenigsten Immigranten hinkommen. Die abgeschottete DDR hat nun einmal nicht an der innereuropäischen Arbeitsmigration teilnehmen und sich auch nicht seit fast einem halben Jahrhundert mehr oder weniger an türkisch-stämmige Mitbürger gewöhnen können. Jetzt nimmt die Polarisierung angesichts sozial intoleranter Muslim-Gemeinden und deren zunehmend aktivem politischen Islam an zwei Fronten sichtbar zu: unbekehrbare Multikulturalisten gegen „Populisten", Muslime gegen diese beiden Parteien in ihrem neuen Heimat- oder Gastland.

Ein Kommentar zu Religion, Macht und liberaler Demokratie

Prolog

Religionen erklären und ordnen die Welt, schaffen dadurch Sinn, und weisen den Menschen ihren Platz zu. Damit existierte ein Rahmen für Individualverhalten, Sozialverhalten und Sozialordnung. Erziehung zum rechten Verhalten, genannt Moral, und Verwaltung der Ordnung, die Politik, wurden zu jenen beiden Aufgaben für ein Sozialwesen, aus denen neue Hierarchie erwuchs, und damit Macht. Die Geschichte dieser Macht hängt vom Anspruch ab, den die verschiedenen Religionen aus dieser Aufgabenstellung ableiten. Im Gottesstaat beanspruchen die Religionsführer die allübergreifende Macht und vergeben Ordnungsmacht. Im Islam ist das bis heute so geblieben. Im Christentum war der Machtkampf zwischen Oberhoheit und Ordnungsmacht dadurch vorbestimmt, dass der Papst den Kaiser zu seinem Hüter der Ordnungsmacht degradierte. Nach Jahrhunderten einer kompliziert sich verwebenden Auseinandersetzung um die Oberhoheit war mit der Ära der Aufklärung die Zeit gekommen, da der Kaiser endgültig die absolute Macht über beide Aufgaben beanspruchte und nun seinerseits den Religionsvertretern noch einige Macht zur Erziehung in die Moral überließ, außer der Macht über die Vertretung des Himmelsreiches auf Erden – aus dem Stellvertreter Gottes war ein Botschafter geworden. Der neue Erbe dieses Kaisers ist das Volk; der Souverän, nun selbst der absolute Herrscher. Aber dieser Herrscher ist noch Kind. Ihr Stellvertreter und Repräsentant ist die Klasse der Politiker, der Demokraten. Die Politiker, die Dienstnehmer des Volkes in der repräsentativen Demokratie, haben als ersten Akt eine neue Weltordnung als Ersatz für die alten Aufgaben geschaffen, jene alte „Erziehung zur Moral" und „Verwaltung der Ordnung". Diese neue Weltordnung heißt: „das Gesetz". Die Aufgabenverteilung zur Verwaltung des Gesetzes trägt den Namen „Gewaltenteilung". Das Gesetz machen die Demokraten selbst (Legislative); die Macht über dessen Umsetzung und Einhaltung haben sie zwei Ämtern übertragen, der Judikative und der Exekutive. Auf die Frage, wo in dieser neuen Weltordnung die Erziehung zur Moral geblieben ist, antworten sie: "das Gesetz ist Moral und Erziehung in einem". Das Kind lernt diese Ordnung in der Schule und versteht sie nicht. Der Repräsentant regiert weiter, hat aber selbst übersehen, dass ihn sein Geldverwalter betrogen und nun selbst die Macht übernommen hat. Inzwischen ist das Kind auch ohne die alte Erziehung aufgewachsen und hat zu spüren begonnen, dass etwas nicht stimmt in seinem Reich.

Alle Sozialsysteme in unserer Geschichte, die längere Zeit überdauert haben, stützen sich auf eine Religion; ihre Gesetze sind den Dogmen der Religion entnommen. Die säkulare liberale Demokratie ist in Gefahr, von einer Macht übernommen zu werden, die es schafft, das Vertrauen der Menschen mit verführerischer Überzeugungskraft zu gewinnen, die einer Religiosität entspricht oder sie erfolgreich simuliert. Daraus erwächst ein neues Gesetz, das wieder Allgemeingültigkeit für sich beansprucht und die Kette von Polarisierung und Konflikt fortsetzt. Denn jede missionarische Religion oder ihr Nachahmer schöpft Macht aus dem Anspruch, die alleinig seligmachende zu sein. Wenn also die Ideologie von Liberalität darin bestehen soll, Menschen in eine Gemeinschaft zusammenzuzwingen oder sie in der falschen Hoffnung zusammenkommen lässt, die nach verschiedenen Regeln leben wollen, dann ist sie a priori zum Scheitern verurteilt, weil sie auch hier wieder eine Quadratur des Kreises einführt. Lösungsansätze habe ich in Kapitel III, S. 362 zusammengestellt. Hier kann ich vorwegnehmend schon sagen:

Deklarierte Säkularisierung allein wird das Problem nicht lösen

„Säkularisierung scheint also zu den Bedingungen erfolgreicher Demokratie zu gehören." [13] Der Autor unterscheidet hier nicht zwischen Säkularisierung der Politik und jener der Gesellschaft. Die brennende Frage heute lautet: was geschieht zwischen einer religiösen Gemeinschaft und ihrer säkular-demokratischen Regierung? Sie wird mit einem Blick in die muslimische Länder wie Ägypten beantwortet. Ein anderer moderner Trend ist „säkulare Religion": religiöse Traditionen werden als „lifestyle" weiter gepflegt und genossen, derzeit noch von Manchen in Erinnerung an die Festtage zu den „heiligen Zeiten" in der Kindheit; deren ursprüngliche Bedeutung ist weitgehend vergessen. Ähnlich dazu verwenden politische Parteien weiterhin christliche Regeln als „christliche Werte". In Deutschland nennt sich die derzeit dominierende Partei „Christlich-Demokratische Union", CDU, die zusammen mit der bayerischen CSU (Christlich-Soziale Union) in Wahlen geht. Beide kommen nicht umhin, ihre „Grundwerte" trotz Säkularisierung als „christlich" zu bezeichnen. In Frankreich sind das "Centre Démocrate", CD, und "Centre Démocratie et Progrès", CDP, die Parteien der "Christlichen Demokratie"[142]. In der EU ist die "Europäische Volkspartei", (EVP, engl. EPP), die Partei der europäischen Christdemokraten, vereint in einer "supra-nationalen" Partei oder „transnationalen Union".[143] Demnach gilt: auch wenn *„In den USA ... eine, von Thomas Jefferson sogenannte 'wall of separation' [exis-*

tiert], die es dem Staat verbietet, sich mit einer Religion zu identifizieren,
zugleich aber religiöse Äußerungen, auch im öffentlichen Raum, erlaubt"[13],
so basieren ihre Gesetze dennoch auf christlichen Werten, so wie auch in
den europäischen Ländern.

Demokratie und Islam

Dieses Thema hat mehrere Aspekte: einerseits die Ansichten westlicher
Demokratien über den Islam und muslimische Länder, und umgekehrt
die Sichtweise der Muslime, die in demokratischen Ländern des Westens
leben; schließlich die Meinung der Menschen in islamischen Ländern
über Demokratie. Die Beschreibung des Historikers Paul Nolte hierzu:
"Wo muslimische Zuwanderer zu Staat und Demokratie auf Distanz gehen,
liegt das weniger an ihrer Religion als an ihrer sozialen Marginalität" [144]
öffnet eher den Blick auf die Komplexität der Problematik, als dass
daraus eine klare Antwort ablesbar wäre; die Frage nach Ursache und
Folgen führt lediglich zurück zum Beginn der Diskussion und erinnert an
die Statistiken über Demokratie im Islam.

Islam bedeutet „Unterwerfung": Hunderte, Tausende, Hunderttausende
beugen sich zu Boden um gesagt zu bekommen, wie sie zu leben haben,
auch wenn ihre eigene Lebenserfahrung und ihre Überlegungen sie auf
eine andere Wirklichkeit hinweisen – eine schizoide Lebensführung, die
allen fundamentalistischen Religionen anhaftet, sei es Islam, Christentum, Judaismus, Hinduismus oder andere: sie alle sind von selbst dazu
vorbestimmt, mit liberaler Demokratie zusammenzustoßen. Machtpoli-
tiker erspüren, auf welche Weise sie Religion für ihre Zwecke missbrauchen können:

Der Koran, und muslimische Politiker wie Erdogan, verkünden, dass es
einem gläubigen Muslim nicht gestattet ist, zwischen Islam und
Islamismus zu unterscheiden. Von dort ist es nur noch ein ganz kleiner
Schritt zum politischen Islam. Manche unterstützen die Politik Erdogans,
obwohl sie deutsche Bürger sind – eine Bewegung, die vergleichbar ist
mit dem Wiederaufleben islamischer Parteien in Ländern des Nahen
Ostens und Nordafrikas – Huntington hat es so genannt, weil es sich um
die Wiederbelebung einer Aktivität in der Kolonialzeit des 19. Jahrhunderts handelt. Und in diese Richtung drängen türkische Politiker:
solange es die Ökonomie ihres Landes zulässt, schüren sie die Polarisierung in den westlichen Demokratien, z.B. Präsident Erdogan mit den
Worten: *"Was sie auch tun, es ist umsonst. Die Zukunft Europas werden*
unsere fünf Millionen Brüder formen, die sich aus der Türkei dort ange-

siedelt haben"... "Für Europa, dessen Bevölkerung altert, dessen Wirtschaft erlahmt und dessen Kraft versiegt, gibt es keinen anderen Ausweg." [63,145] Zitat aus seiner Rede in Köln im Jahr 2008: „ ... niemand kann von Ihnen erwarten, Assimilation zu tolerieren. Niemand kann von Ihnen erwarten, dass Sie sich einer Assimilation unterwerfen. Denn Assimilation ist ein Verbrechen gegen die Menschlichkeit." Und "Es gibt keinen Islam und Islamismus. Es gibt nur einen Islam. Wer etwas anderes sagt, beleidigt den Islam". Und schließlich: „Die Minarette sind unsere Lanzen, die Kuppeln unsere Helme, die Gläubigen unsere Armee." [63] Oder aus einer Rede von Ministerpräsident Yildirim: "Ich möchte, daß Ihr Euren Pass der Republik Türkei und Eure Identität mit Stolz tragt".[146] Des weiteren rief er sie dazu auf, Deutsch zu lernen und von ihrem politischen Mitspracherecht in Deutschland Gebrauch zu machen. Letzteres geschieht in der Tat, wie die Versuche zeigen, „Türkenparteien" in verschiedenen europäischen Ländern zu etablieren: NBZ in Österreich, Turgay Taşkiran's Türkische Liste, in Frankreich UDMF (L'Union des démocrates musulmans français) und PMF (Partie des musulmans de France), in den Niederlanden die DENK-Partei, weitere in Spanien, Griechenland und Bulgarien, mittlerweile mehr als 10 Parteien muslimischer Gründung.[147]

Gemeinsame Demonstrationen von Christen und Muslimen gegen islamistischen Terror werden das Problem des Terrorismus nicht lösen; im Gegenteil: sie verstärken die Polarisierung zwischen der etablierten und integrierten Gruppe und jenen, die sich ausgeschlossen fühlen und von selbst nicht zurückkommen. Nur Bemühungen um Integration oder endgültiger Ausschluss können Abhilfe schaffen, und das kann schwierig oder sogar unmöglich sein, weil man nicht alle „Euro-Muslime" auf die Seite der Christen bringen kann. Manche Muslime betreiben ihre eigene Segregation von der angestammten Bevölkerung, ziehen in Vierteln zusammen und demonstrieren ihre unterschiedliche Identität durch Kleidung und Verhalten. Dort rekrutiert der Extremismus seine Terroristen.[148]

Die Politik reflektiert häufig Ratlosigkeit: in Deutschland definierten drei Politiker derselben Partei das Verhältnis ihres Landes zum Islam folgendermaßen: 1- Der Islam gehört zu Deutschland, 2- der Islam gehört nicht zu Deutschland, 3- der Islam ist nach Deutschland gekommen. In einer Publikation des Bundesinstituts für politische Bildung (BPB) steht zu lesen: "... die Geschichte der Demokratie hat gezeigt, dass für ihre Nachhaltigkeit eine gemeinsame politische Kultur auf der Basis einer Gesellschaft mit gemeinsamen Erfahrungen und Erwartungen seiner Bürger erforderlich ist."[13] Es sieht also nicht nach Lösungen aus.

Die islamistische Seite des Problems:

ATIB (Avrupa Türk-İslam Birliği, Union der Türkisch-Islamischen Kulturellen Verbände in Europa) in den Niederlanden und in Österreich, in Deutschland und Frankreich namens DITIB. In diesen Ländern ist die Organisation Milli Görüş, und vor allem die Süleymanci-Bewegung, bekannt als *"eine ideologische ebenso wie eine politische und religiöse Organisation"*.[149] ATIB Austria in Wien war kürzlich in den Medien wegen des Vorwurfs der Indoktrinierung von Kindern in eine islamistische Richtung; in diesem Zusammenhang wurde berichtet, dass solche Aktivitäten auch von anderen europäischen Ländern bekannt seien. Diyanet, die türkische Verwaltung für Religionsangelegenheiten, soll allein in Deutschland an die 1000 Moscheen finanzieren und auch deren Imame bezahlen.

Demokratie *im* Islam

In einer Reihe von Ländern wird versucht, einen fundamentalistischen Gottesstaat mit Hilfe der Demokratie zu errichten; in einigen von ihnen findet die Huntington-Fukuyama-Debatte innerhalb des zerrütteten Landes statt, innerhalb des Kulturkreises, zwischen säkularer Politik und Gottesstaat, jedenfalls gefangen zwischen dem Wunsch nach Freiheit und Hass auf den westlichen Kultur-Imperialismus. Huntington beobachtete dazu: *„Das generelle Unvermögen liberaler Demokratie, in muslimischen Gesellschaften Fuß zu fassen, ist bereits ein ganzes Jahrhundert lang, seit Ende des 19. Jahrhunderts, ein kontinuierliches, immer wiederkehrendes Phänomen"*.[84] Aber hier kommt die Erklärung dazu: *"...93% der interviewten Indonesier, Pakistanis und Ägypter meinten, dass eine Muslim-Gemeinde auf Koran und Sunna fußen müsse, daher also nicht auf einem Mehrheitsvotum, sondern nur auf dem Gesetz Gottes"* *[150] Dieser widersprüchliche Prozess ist umso verwirrender, als gleichzeitig eine zunehmende Zahl von Muslimen ihr Land verlassen und nach Europa kommen wollen, nur um hier dann ihren eigenen Unwillen kennenzulernen, ihre Kultur auch tatsächlich hinter sich zu lassen. Die Probleme von der darauffolgenden Abschottung von ihrem Gastland werden durch den demographischen Faktor weiter verschärft:

Die liberale Demokratie und der demographische Faktor

Obwohl die Angst immer weniger faktische Unterstützung bekommt, dass die angestammte Bevölkerung von Immigranten überflügelt werden könnte, weil sie mehr Kinder bekommen, so bleibt doch richtig, dass ein nur 50%-iger Unterschied in der Nachkommenzahl schon innerhalb weniger Generationen einen substanziellen Unterschied bewirkte: wenn 20% der Bevölkerung Migranten sind, würde jedes dritte Neugeborene einen Migrationshintergrund haben.[151] Jedoch war schon im Jahr 2006 der Unterschied nicht 50% sondern 25%, und dies gegenüber 100% im Jahr 1979 [152, 153]. Diese Entwicklung weist also eindeutig in Richtung einer Anpassung der Migranten an die westliche Gesellschaft. Andererseits wird davon das Argument noch nicht ausgeräumt, dass muslimische Frauen deutlich mehr Kinder bekommen als Mütter anderer Migrantenfamilien.[153] Ein anderer Punkt ist, dass die Mehrzahl der neuen Immigranten zwischen 20 und 40 Jahre alt ist und männlich.[154] Einige weitere Argumente hierzu habe ich in Anmerkung [N164] zusammengefasst.

Nun könnte sich mancher Bürger fragen, ob wir, der „Souverän" des Landes, jemals gefragt wurden, ob wir mit dieser furchterregenden Entwicklung „zu Hause" konfrontiert werden wollten. Diese Frage könnte gefolgt werden von einer weiteren, die AC Grayling [11] stellte – allerdings gesehen im Licht unsere Problematik um Migration und Demographie: *"welche Art von Wahlrecht sollten die Wahlberechtigen haben?"** [N165] Das Schicksal eines Landes könnte künftig von der Häufigkeitsverteilung von Ethnien und Religionen abhängen: wären Muslime in einem christlich geprägten europäischen Land in der Mehrheit, könnten sie für einen Erdogan auf Lebenszeit stimmen. Eine Muslim-Partei als Vertreter einer Volksmehrheit in Großbritannien könnte das Land zu einem Teil der Türkei, oder Hindus es zu einem Teil Indiens werden lassen. Jedenfalls zeigen diese theoretisch vorgestellten Szenarien ein weiteres Risiko der Schwachstelle im Wahlsystem einer liberalen Demokratie auf längere Sicht: demographischer Wandel. Wir leben heute in der Ära genau dieses Wandels. Das demokratische System hat darauf als Antwort nur gegenseitige Dämonisierung der Parteien. Die Ratlosigkeit, die aus diesem Geschrei gegenseitiger Vorwürfe im politischen Chaos spricht, erklärt die Unruhe, Angst und zunehmende Aggressivität in Teilen der Bevölkerung. Der Beginn dieses Prozesses liegt natürlich schon eine Weile zurück, erkannt, aber damals ignoriert.[N166]

Demokratie, Migration und die Europäische Union

Die EU ist blockiert und ruhiggestellt, konfrontiert mit der Tatsache, dass nahezu alle westeuropäischen Staaten mit Ausnahme der Višegrad-Gruppe in ihrer eigenen Widersprüchlichkeit zwischen Liberalismus und Rechtsbewegungen zu überleben suchen. So wie die einzelnen Länder gespalten sind, so ist auch die EU in eine Ost- und eine Westseite gespalten. Obwohl: die Konfusion ist noch weitaus komplexer, weil inzwischen eine geographische Mittelachse (Bayern, Österreich, Italien) entstanden ist und die Nord-Süd Divergenzen fortbestehen. Außerdem spielen variable Gruppen von Anti-Nationalisten und Populisten auf allen Seiten und in vielen Ländern schillernd gegeneinander, während Europa auf der Weltbühne nachgerade täglich an Boden verliert, weil es seine Position nicht nutzt. Gegenüber diesem Migrationsdilemma herrscht weiterhin Ruhe in sturer Verbunkerung der Gruppen, daher Entschlusslosigkeit der EU, unterbrochen von halblauten Ankündigungen und nicht einmal halbherzigen Maßnahmen. Das stille Chaos herrscht vor allem, weil nicht einmal die westlichen Länder eine klare Strategie betreffend „Wirtschaftsflüchtlinge" zustande bringen, intern ebenso wenig wie auf EU-Ebene. Phasen von Meldungen über menschliche Katastrophen auf dem Mittelmeer wechseln mit medialem Stillschweigen; nur wer die Statistiken mitverfolgt, bekommt einen annäherungsweisen Überblick, wann die Medien schweigen, weil nichts passiert ist, und wann Stillhalten das politische Gebot der Stunde ist. Immer neue Routen nach Europa werden getestet in der Hoffnung, auf Gedeih und Verderb durchzukommen und in dem Registrier- und Ab-schiebe-Chaos Glück zu haben.

Viele liberale Politiker beschränken sich darauf, die Medien zur Dämoni-sierung von Rechtsparteien zu motivieren, weil jene die Abschiebung von Wirtschaftsflüchtlingen forcieren wollen. Grob gesprochen ist ein Wirtschaftsflüchtling jemand, der eines Tages in deinem Haus auftaucht und dich wissen lässt, dass er beschlossen hat, bei dir wohnen zu bleiben, weil es hier viel besser ist als bei sich zu Hause. Rechtsparteien starten den Populismus-Tango ihrerseits, indem sie auf jene zeigen, die vor deiner Haustür sitzen und warten, bis du in die Arbeit fährst. Deine Angst ist der Erfolg der Populisten – welcher Seite auch immer- jedenfalls stachelt der Erfolg der Rechten wiederum den Zorn der Liberalen in ihrer Verbohrtheit an.

Ja. Welches Stimmrecht sollten die Menschen haben? Die Frage erhält in diesen demokratischen Gesellschaften tatsächlich zunehmende Bedeutung und liefert weiteren Stoff für Kapitel III. Hier wollen wir uns zunächst noch mit der nächsten – und letzten der von mir benannten Schwachstellen befassen: dem Problem der Meinungs- und Redefreiheit, der Presse und der sonstigen Medien:

Ad 9- Die freie Presse fällt der Demokratie in den Rücken

Von Pressefreiheit und Zensur in der Demokratie

"Freie Presse" ist der erklärte unabhängige Informationskanal für den Souverän, das Volk. Seine Rolle erklärt sich selbst durch seine Stellung als der vierte Pfeiler der Demokratie, die vierte der geteilten Gewalten. Hier werde ich versuchen, einiges Licht auf die Unabhängigkeit von den anderen drei im wirklichen Leben zu werfen; und auf Manipulation, die scheinheilig und mit unschuldigem Gebahren unter missbräuchlicher Nutzung der menschlichen Natur gespielt wird.

Der gegenwärtige Stand

Zensur in der Demokratie

Es ist ein scheinbar widersinniger Ausdruck aus der Sicht politisch korrekten Verständnisses von Pressefreiheit in der heutigen Demokratie. Aber täuschen wir uns nicht: Zensur hat nie geendet, nirgendwo in der Welt. Nehmen wir Großbritannien als Beispiel: die heutigen gesetzlichen Beschränkungen umfassen nationale Sicherheit, Blasphemie, Obszönität, Bedrohung oder Belästigung, Rassismus usw.[155] Zusätzlich gibt es positive und negative Rechte: freie Meinungsäußerung ist zum Beispiel ein negatives Recht: es ist also Ihnen verboten, mich am freien Publizieren zu hindern, außer ich verstoße gegen einen der obigen Punkte; in diesem Fall könnten sie ein positives Recht bekommen, mich am Publizieren zu hindern. Es gibt eine Reihe weiterer Gesetze, die im Westen im Durchschnitt ähnlich sind. [N167]

Die globale Perspektive

Wie viele andere Bereiche des öffentlichen Lebens, so unterliegen auch die Medien Verordnungen und Empfehlungen der Vereinten Nationen bzw. ihrem entsprechenden Department, in diesem Fall als Teil der Menschenrechte.[N168] Die EU ist dabei eine Art Zwischeninstanz: sie kopiert diese Regeln der UNO mehr oder weniger und gibt sie als EU-Verordnungen an die Mitgliedsstaaten weiter, obwohl diese ohnehin schon als Signatarstaaten direkt zur Einhaltung verpflichtet sind.[N169] Das Problem mit diesen Regeln ist auch hier, wie ganz allgemein mit der UNO, dass viele davon westliche Werte repräsentieren mit der wiederholt besprochenen universalistischen Erwartung gegenüber allen Nicht-Westlichen. Pressefreiheit ist demnach eines der kritischen Themen, weil sie eng mit Demokratie verbunden bzw. sogar Teil ihres Konzeptes ist. Der Zwiespalt reicht hier tief, sehr tief, tief genug um in der Kluft zwischen den Kulturkreisen auch gleich die ganze innere Zwiespältigkeit westlicher Werte und Interessen ans Licht zu fördern und massive Konflikte auszulösen: die dänische Affäre um die Mohammed-Karikaturen 2005/06 und die Attacke auf die Redaktion der Zeitschrift Charlie Hebdo im Jahr 2015 sprechen für sich; auch die Situation der Presse in der Türkei. Die Organisation „Reporter ohne Grenzen" teilt mit: „ *Länder, die sich brüsten, Demokratien zu sein und die Gesetze zu respektieren sind nicht mit gutem Beispiel vorangegangen, weit gefehlt. Pressefreiheit wird allzu oft einer übertrieben weiten Auslegung von Interessen der nationalen Sicherheit geopfert. Dies weist auf einen besorgniserregenden Rückzug demokratischer Gepflogenheiten hin. Darunter hat der investigative Journalismus oft zu leiden.*" [156]

Colour distribution in 2018

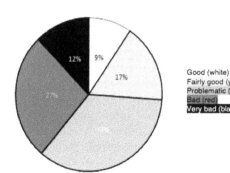

Good (white)
Fairly good (yellow)
Problematic (orange)
Bad (red)
Very bad (black)

Abb. 2: Welt-Pressefreiheits-Index 2018. Quelle: Reporters Sans Frontières (Reporter ohne Grenzen) mit freundlicher Genehmigung [156]

Der Zwiespalt:

Blickt man zurück auf die Geschichte von staatlicher Zensur und Gedankenkontrolle, so wird klar, dass die freien Presse in der Demokratie "... *eine bedeutende Rolle als Hüter der Macht des Volkes [spielt], für welche sie frei von jeglichem dominanten politischen oder staatlichen Einfluss bleiben muss.*" * [157, N170] Zweifellos ist eine schrankenfreie neutrale, respektvolle und schrankenfreie Berichterstattung von wesentlicher Bedeutung – mit Ausnahme jenes Anteils der Information, der aus gutem Grund der Geheimhaltung unterliegt. Unglücklicherweise aber wird die Balance zwischen den Rechten von Regierung und Volk, so wie sie durch die freie Presse gewährleistet werden sollte, im wirklichen Leben nicht gewahrt: Pressefreiheit entartete in freie Denunziation auf Verdacht und Zerstörung individueller Lebensperspektiven – „hat X dieses Verbrechen begangen der nicht?" wurde zum Stil der freien Medien. Auf der politischen Ebene unterstützen diese Medien Parteilichkeit und Polarisierung durch „Meinungsvielfalt", obwohl für den letzteren Effekt selbstverständlich nicht nur die Presse allein verantwortlich ist. Dennoch schließt schon die Erlaubnis ihrer Verbreitung eine Manipulation mit ihrer selbstzerstörerischen Wirkung auf die Demokratie nicht aus.[N171]

Medien und Manipulation

Information, Wissen - selbst eine Macht –, der Inhalt der Medien also, ist Gegenstand der freien Meinungsäußerung und damit Teil der vierten Gewalt im Staat, erklärtermaßen unabhängig. Aber ist sie das?

Im wirklichen Leben, unter wirklichen Menschen, wird vieles von dem, was über die Medien an die Leute kommt, als Tatsache geglaubt, formt Meinungen, manipuliert sie daher in eine Richtung. Nachrichten, Infotainment und Unterhaltung bieten nahezu grenzenlose Möglichkeiten zur Manipulation, die von allen Zugangsberechtigten verwendet oder missbraucht werden kann, sei es durch Meinungsäußerung über benachbarte Nationen, Kontinente oder Mächte. Sie können die gleichen Methoden benutzen wie die kommerzielle oder politische Werbung, und manchmal überlappen sich dort die Interessen. Das Argument, dass "*es hier* [gemeint im Zusammenwirken zwischen Presse und Politik] *keine großartige Verschwörung [gibt] - da ist einfach nur Kapitalismus*" *[58] trifft eindeutig nur teilweise zu und hilft nicht weiter. Im Verständnis der Denker der Aufklärung sollte Demokratie eben gerade nicht in Verbindung mit Manipulation stehen, sondern die Menschen von Bevormundung befreien, sei sie religiös oder säkular. Dementsprechend sollte die

Presse frei sein, um Fakten zu berichten, nicht Meinungen oder Empfehlungen, und vor allem auch nicht schräge Verdächtigungen. Das Denken zu den Informationen sollten die Reporter den Menschen überlassen müssen – denn sie sind nicht dumm, sie sind lediglich anfällig auf unterschwellige Manipulation. Die liberale Demokratie versagt also an diesem Punkt, indem sie zulässt, dass die Bürger solcher Manipulation ausgesetzt werden.[N172] Das autodestruktive Element daran ist leider wieder ein a priori, weil diese Form von Demokratie davon lebt, diesen Missbrauch selbst zu begehen. Wenn die Medien selbst Opfer solcher Eigeninteressen der Politik werden, geschieht dies meist mit dem Argument, dass es um der öffentlichen Sicherheit willen geschehe, so meinen die „Reporter ohne Grenzen". [158, N173]

Die Medien spielen also eine zwiespältige Rolle in der Gesellschaft: keinesfalls bleibt sie im Rahmen ihres gesetzlichen Auftrages zur neutralen Berichterstattung relevanter Informationen. Damit soll aber auch nicht behauptet werden, es gäbe keine neutrale Berichterstattung und keine unabhängige Presse, keineswegs. Die Überschau des Ganzen ergibt lediglich eine dunstige Informationslandschaft, in der die Bürger dem Risiko der Desinformation und irreführenden Meinungen ausgesetzt werden können und keine Möglichkeit haben, die Wahrhaftigkeit und Richtigkeit hinter Informationen zu überprüfen. Sie haben lediglich die Wahl zwischen glauben und nicht glauben, werden dabei aber allzu leicht Gefangene ihrer eigenen Hirnfunktionen, irregeleitet durch Manipulation.

Medien und Wissen

Vergessen wir nicht, dass es der Liberalismus des demokratischen politischen Systems war, der uns in diese gegenwärtige Lage der Verunsicherung mit fraglichen oder falschen, gar gefälschten, Nachrichten manövriert hat. Aus der heutigen Sicht einer Welt mit ihrer Vielfalt an Missbrauchspraktiken verstört die nachfolgende Aussage aus der modernen Philosophie: *"... ob eine Informationsquelle akzeptablen Standards genügt, hängt von der Absicht ab, für die sie genutzt wird".** [42] Wo gibt es in der heutigen Welt eine Institution, die vor der Publikation einer Information überprüft, in welcher Absicht sie erfolgt, und welche der Gewalten des Staates definiert, was akzeptabel ist? Welche Presse ist frei, wenn sie durch diesen Prozess der Gedankenkontrolle gehen muss?

Eine Möglichkeit des medialen Missbrauchs für den Informationstransfer ist die „Schleichwerbung", also die psychologisch professionelle Beeinflussung des menschlichen Unterbewusstseins, dem das Glauben an einen Wissensinhalt überzeugend übermittelt wird: ein Beispiel für Menschen in westlichen Ländern ist die Nachricht in den westlichen Medien betreffend die Darstellung von angeblichen Fakten in den russischen Medien (der Fall „Lisa": ein russisches Mädchen, angeblich in Deutschland vergewaltigt; der Fall Skripal: Vergiftung von Spionen in Großbritannien sind eine reine Erfindung des Westens, um Russland zu attackieren etc.)

Eine weitere Sorge ist die Verlässlichkeit von Wissensinhalten: besonders im Zusammenhang mit der Diskussion um "Wikipedia" und vergleichbaren Informationsquellen entspricht die potenziell unrevidierte Verbreitung von Informationen dem billigenden Inkaufnehmen vorsätzlicher Desinformation. Was genau soll der Sinn von Informationen sein, die nicht breit anerkanntem Wissen entsprechen oder sogar klar als private Außenseitermeinung erkennbar sind? Welchen Sinn hat Information, die uns Bürger dazu zwingt zu überprüfen, ob sie Unsinn ist oder tatsächlich zutrifft – dies gilt auch für manche Dokumentarberichte im TV. Dieses Informationszeitalter droht in einer Mischung von Infotainment, unverlässlichem Gekritzel und Wissen auf dem bestmöglichen Niveau von Evidenz unterzugehen.

Epilog zu Pressefreiheit und Demokratie

Es ist entweder Gesellschaft, oder es ist nichts. Da ist entweder Verpflichtung, oder es herrscht Chaos. Freiheit ist in einem dauernden Dilemma, weil die Befreiung von Unterdrückung in Verpflichtung mündet, sozialer Verantwortlichkeit also. Mit anderen Worten, solange es eine soziale Ordnung gibt, ist da immer auch Pflicht, sei es als Folge der Unterdrückung durch eine übergeordnete Macht, sei es aus Gehorsam gegenüber der selbst auferlegten sozialen Verantwortlichkeit aus reziprokem Altruismus. In diesem Abschnitt ging es um die Frage, ob die freie Presse in der liberal-demokratischen Gesellschaft ihre Verantwortlichkeit tatsächlich wahrnimmt, oder ob sie nicht ihre Freiheit wissentlich missbraucht in der Annahme, dass die Menschen im Unwissen um die wahre Bedeutung ihrer Freiheit den Missbrauch nicht bemerken werden. Die Freiheit, zu kritisieren, öffentlich zu verdächtigen, durch Vorauswahl zu manipulieren und durch unterschwellige Parteinahme, die Freiheit, zu polarisieren und zu spalten, die Freiheit, öffentlich lächerlich zu machen, zu verurteilen: ich meine dass all dies dazu dient, den Mäzen dieser Freiheit umzubringen: die Demokratie.

Die Schwächen moderner Philosophie um Demokratie

Das 21. Jahrhundert in der rezenten Literatur

Einige philosophische Ansätze zur Besprechung von Demokratie klingen wie eine besorgniserregend konfuses – und streckenweise kafkaeskes – Fortsetzen und weiter Aufdröseln post-diktatorischer Nachkriegsideologien, das jegliches Hierarchische und Autoritative ängstlich meidet und kaum positive Aspekte zu sehen wagt. Folgt man Christiano, so *"... bezieht sich [der Begriff Demokratie] ganz allgemein auf eine Methode zur Gruppenentscheidung, die durch eine Art von Gleichheit zwischen den Teilnehmern in einem essentiellen Stadium der kollektiven Entscheidungsfindung charakterisiert ist".** [32] Verglichen mit dem engen sozialen und moralischen Korsett der mosaischen Religionen muss also die Definition moderner Demokratie – vage wie sie ist und anfällig auf vielschichtige moralische Interpretation - wie eine Selbsterklärung all der Desorientiertheit und Verunsicherung der heutigen Menschen erscheinen, vor allem der Jugend. Blickt man in Details, wird es gar nicht konkreter: im Gegenteil, es entsteht eher der Eindruck einer Wiederbelebung der Atmosphäre rund um den Turmbau zu Babel: die Menschen zanken sich zu seinen Füßen, plappern, ohne einander zu verstehen, versuchen verzweifelt, Ordnung und Sinn zu erkennen in einem Chaos von gleichermaßen selbstgerechten und manipulierbaren Individuen, die sich in ihrem Ausdruck des Unwillens, irgendeine Einschränkung ihrer Freiheit zu akzeptieren, einer zunehmend brüsken Sprache bedienen. Mutlose und weitgehend unerspießliche philosophische Versuche, im Getümmel dieses Chaos Ordnung durch „normative Demokratie" aufrecht zu erhalten, um die Frage beantworten zu können, *"... wann und warum Demokratie moralisch wünschenswert ist"*, und um *"... moralische Prinzipien als Leitlinien für das Design demokratischer Einrichtungen"* zu entwickeln. Dabei verlässt sich die Philosophie auf *„Politikwissenschaft, Soziologie und Ökonomie"*, *"... um diese konkrete Anleitung geben zu können".** [32] Das Ergebnis ist eine Reihe alter und neuer –ismen, dazu „soziale Epistemologie" und „beratende Demokratie", weiters „Elite-Theorie", „Pluralismus der Interessensgruppen", „Neo-Liberalismus", und letztlich auch „Utilitarismus" unter der Annahme, dass sich die Leute ohnehin nur noch für ihr privates Fortkommen interessieren. Diese neuen Ansätze versuchen entweder, auf dem wackeligen Grund alter, fragwürdiger und begrenzt anwendbarer mathematischer Modelle für möglicherweise aussagekräftige Gruppenentscheidungen aufzubauen, oder es handelt sich um die Wiederholung alter Kritik an der Praktikabilität und Zukunftsfähigkeit von Demokratie. Die Mehrzahl der neuesten Publikationen betreffen jedoch Warnungen ihres Untergangs und bevorstehenden Versagens, wie schon deren Titel unmissverständlich darlegen: Achen & Bartels: "Democracy for Realists" [159], Azmanova & Mihai: "Reclaiming Democracy"[160, N176], O. Höffe: "Ist die Demokratie Zukunftsfähig?" [161], L. Diamond: "Facing up to the Democratic Recession" [162], Jason Brennan: "Against Democracy" [3], Y. Mounk: "The People vs. Democracy" [4], D. van Reybrouck: "Gegen Wahlen"[15], J. Earle et al.: "Econocracy" [105], A.C. Grayling: "Democracy and its Crisis" [11], F. Karsten, F. Beckmann: "Beyond Democracy" [163], Y. Hofstetter: "Das Ende der Demokratie"[164], S. Levitsky, D. Ziblatt: "How Democracies Die" [28], C. Crouch: "Coping with Post-Democracy" [165]. *"Ein Stimmengewirr von Kritik und empfohlenen Alternativen hat in den vergangenen Jahrzehnten seit der Mitte des 20. Jahrhunderts zugenommen..."* [*11, N265]. Einige Autoren sehen in der Demokratie eine intolerante säkulare Religion, als Glauben an den "*... Gott der versagt hat*"* (orig. "The God that Failed") [166], und repräsentieren den "Anti-Liberalismus".

Einige dieser Ansichten erweisen sich als ziemlich übereinstimmend: ich begann mit der Lektüre an Brennan's Buch wenige Tage nachdem ich einen Vortrag zum Thema „Die Schwächen der Demokratie" gehalten hatte; dort hatte ich meine Einleitung mit den Worten begonnen, dass ich für das Auditorium den advocatus diaboli spielen würde, um Argumente für die anschließende Diskussion über Verbesserung der Demokratie vorzustellen. Schon in seinem Vorwort schreibt Brennan: "*Zumindest braucht die demokratische Theorie jemand, der den advocatus diaboli spielt* ", und weiter "*... Demokratie ist ein von Schwächen durchsetztes Instrument*".*[3] Einige der Schwachstellen, die ich in diesem Kapitel besprochen habe, kommen auch in Grayling's Zusammenfassung der Hauptschwächen moderner Demokratie vor: "*Es gibt drei Gründe, warum die repräsentative Demokratie es nicht geschafft hat, dem Anspruch ihrer Konstruktion gemäß zu funktionieren*".*[11, N177]

Die heutige Diskussion scheint einige Ähnlichkeit mit jener vor etwa 170 Jahren zu haben, als heftige Auseinandersetzungen darüber stattfanden, ob die Gesellschaft eine radikale Änderung entsprechend dem kommunistischen Konzept benötige, oder doch besser nur eine friedliche, sozialistische, Korrektur von innen her. Es gibt aber dennoch einen fundamentalen Unterschied: die „Radikalisten" von heute wollen selbst keine Revolution nach russischem Muster mehr sondern eher eine schritt-weise Strategie entsprechend Popper's Vorschlag (siehe S. xii und An-merkung[N207]).

Kommunisten und Sozialisten waren damals ohne Konsens auseinan-dergegangen. Die ersteren blieben, was sie schon anfangs anstrebten, bis sie sich zu einem kollektivistischen Äquivalent des westlichen Kapi-talismus wandelten. Die letzteren halfen dabei mit, ihre Gesellschaften in Demokratien umzuformen, indem sie Politik zu einem offenen Klassen-konflikt werden ließen. Nun, nach dem Ende des Kalten Krieges, scheinen sie ein drittes Mal gegeneinander anzutreten. Nun aber ist es individualistischer gegen einen kollektivistischen Kapitalismus, zer-brechende oder schon zerbrochene halbherzige Demokratien gegen riesige Menschenmassen, die ihre Identitäten stolz gegen den westlichen Imperialismus verteidigen. Dieser wird zunehmend zersetzt von zwei Kräften: innerlich durch den säkularen Libertinismus, in dem sie ihre Identitäten zu verlieren drohen, und universalistische Erwartungen nach außen, durch die er die Schwächen und Paradoxien der Demokratie weiter entblößt. Wie wollen Philosophen die Demokratie so bewahren, wie sie derzeit ist?

Konzepte für eine Gesellschaft

"Um die Argumente [betreffend Demokratie] *... zu beurteilen, müssen wir eine Entscheidung über die Vorteile der unterschiedlichen Prinzipien und Konzepte von Menschheit und Gesellschaft treffen, von denen sie aus-gehen."* *[32]

Tun sie das denn überhaupt? Gehen „Menschheit" und „Gesellschaft" von irgendwelchen Prinzipien und Konzeptionen aus? Liegt hier nicht ein grundsätzlicher Irrtum vor? Sind nicht unsere evolutionären instink-tiven Muster von Sozialverhalten jene „Prinzipien", von denen wir aus-gehen? Wenn es irgendetwas Neues gibt mit dem Beginn menschlicher Bewusstheit, dann ist es doch der Konflikt zwischen „ich" und „die ander-en", der nun auf der politischen Ebene zu konkurrierenden Ideologien weitergedacht wird, der individualistischen gegen die kollektivistische. Letztlich ist ja Demokratie selbst bereits dieses Schlachtfeld zwischen Individualismus und Kollektivismus: Demokratie, von den Einzelnen verstanden als Verwirklichung der individuellen Freiheit, während die Ideologie dahinter kollektivistisch war: „Wir, das Volk". Wir, das Volk in der liberalen Demokratie, sind uns einig in der Vorstellung von individualistischer Freiheit als der besten und einzig richtigen Form von Sozialsystem, welches verlangt, dass wir einander durch Gesetze einschränken; sie mögen uns letztlich soweit eingrenzen, dass wir uns auf einer Ebene mit den Kollektivisten treffen, Rücken an Rücken, beide am gleichen Platz im Kampf darum. Irgendwann gleichwertige ideologische Positionen? Haben wir tatsächlich noch nicht verstanden, dass das Individuum nichts ist ohne seine Gesellschaft, kein Mensch ohne andere?

Demokratie hat die Menschen entgegen mancher Annahmen nicht aktiver an der Gesellschaft engagiert gemacht; im Gegenteil: Studien ergaben, dass die objektive Qualität der Meinungen einzelner Bürger nicht zugenommen hat; stattdessen nahmen Unwissen, Desinteresse und Gleichgültigkeit immer mehr zu.[N110]

Die Ökonomische Theorie der Politik (engl. "public choice theory") versucht entgegen normativen Ansätzen, tatsächliches Verhalten zu beschreiben und warnt vor einer Form von Demokratie, die zu schwach ist, sich gegen Ausbeutung zur Wehr zu setzen;[N129] derzeit setzt sie sich immerhin, wie wir festgestellt haben, nicht nur nicht zur Wehr, sondern betreibt die Ausbeutung ihrer selbst sogar aktiv, indem sie unbegrenzten Kapitalismus zulässt und sogar fördert, die Ursache für soziale Ungleichheit, den social divide. Gleichzeitig aber befindet sie sich inmitten ihrer eigenen Widersprüchlichkeit gefangen, da sie doch eigentlich für "Gleichheit" einstehen wollte, nicht für Ungleichheit. Riker und Dworkin stimmen mit mir in der Meinung überein, dass der Anspruch auf Gleichheit eine der a priori Schwächen von Demokratie ist.[167]

Utilitarismus

Bei dieser Richtung handelt es sich wahrscheinlich um eines der tragischesten Opfer unter den Vorschlägen zur Schaffung des „Soll-Menschen“: die philosophische Idee war ursprünglich gewesen, in Anlehnung an Kant's kategorischen Imperativ jede Handlung als „gut“ zu bezeichnen, wenn sie für so viele Menschen wie möglich das größtmögliche Gut darstellt. Diese Definition wurde jedoch in opportunistischer Weise umgekehrt, neu definiert und damit „vermenschlicht“: "gut" ist, was für *mich* gut ist“; damit war der Utilitarismus der Philosophie umgemünzt in Hedonismus. John Stuart Mill wird nachgesagt, dass er diese Konversion in die Politik getragen und damit auf eine soziale Ebene gehoben habe; er änderte die Definition weiter ab auf: "gut" im Sinne von 'richtig gehandelt' ist, was der größtmöglichen Anzahl von Menschen das größte Ausmaß an Glück verschafft“, eine Definition, die auch unter dem Namen „Sozial-Hedonismus" [351, N178] bekannt wurde. Vieles von der gegenwärtigen hedonistischen Kultur, gefördert von der freien Marktwirtschaft und ihren psychologischen Werbemethoden, verbirgt sich hinter dem unverfänglich wirkenden Ausdruck „Utilitarismus" [32]. Dabei zielt diese polit-philosophische Sichtweise auf nichts anderes als genau das: maximale Ausbeutung erreichbarer Ressourcen – selbst wieder Opfer der kapitalistischen Ausbeutung [N178] - für die Befriedigung von Wünschen, auch mit „Spaß-Gesellschaft" benannt.

Mit der größte Selbstbetrug in der Demokratie besteht jedoch in der Verleugnung von Hierarchie und Eliten; stillschweigend geschieht in Wahrheit und neben dem politisch korrekten egalitären Verhalten immer schon die „naturgesetzliche" hierarchische Strukturierung jeglichen Gesellschaftslebens; die politische Philosophie führt sie unter dem Begriff „Eliten-Theorie":

Eliten-Theorie (Konkurrenztheorie)

Christiano fasst zusammen: *"Entgegen den Argumenten um Freiheit und Gleichheit lehnt die Eliten-Theorie ganz einfach die Annahme der Möglichkeit ab, dass Bürger als „Gleiche" an der Gesellschaft teilhaben können. Die Gesellschaft muss von Eliten regiert werden, und die Rolle der Bürger ist lediglich, einen sanften und friedlichen Wechsel der Eliten zu gewährleisten".*[*32] Und unter Hinweis auf Schumpeter: *"Der Wahlvorgang ist gewöhnlich nichts anderes als ein ziemlich friedlicher Vorgang des Beibehaltens oder Auswechselns der Regierenden".*[* 168] Das einzige, was die Leute tun, ist wählen, um die Fortsetzung ihres Wohlstandes durch Balancieren der Macht zwischen den konkurrierenden Parteien zu gewährleisten. Der Ruf nach Wandel begann erst, als die Politiker durch die externe Einwirkung der Massenmigration herausgefordert wurden und versagten. In dieser Situation ist die Sorge besonders gerechtfertigt, dass Eliten ihre Macht missbrauchen könnten: Apathie, Unwissen und Zweifel bilden den Nährboden für Demagogen, den Platz der schwachen Demokratie einzunehmen und zur Bühne für einen Kontest charismatischer Parteiführer zu machen oder sich gleich in der Rolle eines Autokraten zu üben, sobald nur noch eine Partei übriggeblieben ist, oder einfach loszulegen, weil es ihnen leicht gemacht wird: *"... hohe Bürgerbeteiligung neigt dazu, schlechte Gesetzgebung durch Demagogen hervorzubringen, um wiederum für diese schlecht informierten und übermäßig emotionalen Bürger ansprechend zu sein. Sie blicken auf diese mutmaßliche Uninformiertheit der Bürger ... als etwas ganz vernünftiges und vorhersagbares. Sie erachten also diese mutmaßliche Apathie der Bürger in*

modernen Staaten als äußerst wünschenswertes soziales Phänomen."[32]
Die andere Gefahr besteht im Verlust der politischen Kontrolle durch mediale Verstärkung der individualistischen Ansichten der Leute: *"Die neoliberalen Anforderungen bedeuten eine äußerst schwerwiegende Einschränkung der Demokratie selbst "* weil *"sie bedeuten, dass man viele der gegenwärtigen staatlichen Funktionen auf den Markt transferieren und den Staat auf die Unterstützung grundlegender Eigentumsrechte und Freiheiten beschränken soll".*[32] Damit sind die Gefahren des Neo-Liberalismus beschrieben, die sich inzwischen bereits zu verwirklichen begonnen haben:

Neo-Liberalismus

Neo-Liberalisten [169] bemängeln, dass die Eliten-Theorie der gleichen Kritik ausgesetzt sei wie jegliche Form von Oligarchie und Autokratie: Missbrauch im Umgang mit Macht und Ressourcen würde das Gemeinwohl und letztlich den Staat schädigen. Statt einer Beamten-Elite sollten die öffentlichen Einrichtungen von Privatfirmen betrieben werden, die auf dem Weg freier Angebote rekrutiert werden. Die Neo-Liberalen berücksichtigten in ihrer Ideologie nicht, was inzwischen bereits deutlich als Schaden sichtbar geworden ist: auch diese Privatfirmen könnten öffentliche Ressourcen ausbeuten. Und in der Tat, nachdem Länder wie Großbritannien Staatsbetriebe wie Gefängnisse, Wohlfahrtseinrichtungen, Staatsbahnen, Energieversorgung und andere staatliche Einrichtungen privatisiert hatten, sind nun Schäden in enormer Größenordnung sichtbar geworden. Riesige Konzerne hatten sich gebildet, groß genug um kleinere Länder nachgerade zu beherrschen, jedenfalls in Geiselhaft zu nehmen, fast so mächtig wie internationale Großbanken nach dem Muster von HSBC. Neo-Liberalismus ruiniert die Demokratie, weil private Interessen sie aushöhlen. Da Neo-Liberalismus auch die freie Marktwirtschaft und damit den Kapitalismus fördert, trifft am Ende die Bürger eine teilweise verdeckte Steuererhöhung: die vom Staat für seine öffentlichen Einrichtungen Beauftragten arbeiten nicht billiger als zuvor die Verstaatlichten, weil sie Geld verdienen wollen und obendrein ihren Aktionären Dividenden auszahlen sollen. Die dadurch bedingte Verteuerung von Dienstleistungen und Produkten trifft also die Bürger direkt (z.B. Postgebühren, Bahntickets) und indirekt über eine unvermeidliche Steuererhöhung.

„Die Bürgerschaft als Entscheidungsträger" (engl. "choosers of aims") wirkt wie ein letzter schwacher Hoffnungsschimmer aus der Ecke jener politischen Philosophen, die noch eine Möglichkeit zur Rettung des liberalen Konzeptes von Demokratie sehen wollen. Aber auf welchem Weg soll ermittelt werden, "... *welchem Ziel die Gesellschaft zustreben soll, um dann die Frage nach der Methode, die zu diesem führt, Experten zu überlassen?*"*[170] Man müsste also die Leute fragen, meinen die Philosophen dieser Strömung, was sie eigentlich wollen. Daraus entstehen jedoch gleich zwei neue Fragen: wer soll genau welche Fragen stellen? Damit sind wir zurück bei Kant und seiner Sorge, dass genau diese Situation verlässlich Berater auf den Plan rufen würde, die ratlosen Leuten klar machen würden, was es ist, das sie sich wünschen. Eine a priori Schwäche von Demokratie zeigt ihre Folgen: die Menschen, die sich aus der Unterdrückung durch religiöse und säkulare Ratgeber und Herrscher befreien wollten, stellen fest, dass sie ohne diese Führung die Orientierung verloren haben. Nicht alle Ziele waren falsch; nur haben die Führer ihr Amt missbraucht. Wenn wir uns nun Erziehung und Erwartungshorizont der durchschnittlichen Bürger vorstellen – individuelle bzw. familiäre Sicherheit und Wohlstand als das zentrale wenn nicht einzige Ziel, bezogen auf ein umschriebenes geographisches Areal – würden Sie ernsthaft dieser philosophischen Strömung folgen und wissen wollen, was passieren würde, wenn man die Einzelnen um die Zielsetzung für den Staat befragen würde? Ich jedenfalls habe noch nie eine Talkshow oder andere Diskussion erlebt, bei der Bürger, Politiker und alle Arten von Experten teilgenommen haben, die nicht in einem Chaos gegensätzlicher Meinungen geendet hätten.

In der Reihe aktueller Konzepte der Polit-Philosophie ist auch das tagespolitische Gezänk um Personen und Interessen vertreten, elegant verpackt in der Bezeichnung:

Pluralismus der Interessensgruppen

Dieser Posten in der Buchhaltung der politischen Wissenschaft und Philosophie repräsentiert ganz einfach den kalten Krieg im Lobbying der Seilschaften um die politischen Parteien, oder gleich direkt deren eigenen. Der britische Autor Roald Dahl[171] hat das Vorgehen als Kettenreaktion von Bestechungen beschrieben. Christiano drückt es etwas weniger direkt aus: "*So gesehen ist Demokratie nicht die Regierung der Mehrheit sondern eher die Regierung von Minderheits-Koalitionen. Taktik* *und Gesetz werden in der Demokratie durch Feilschen zwischen Inter-essensgruppen entschieden."* [*32]

In einigen Fällen wurden Staaten selbst Aktionäre oder Eigentümer von Firmen und machen Geld mit den Bürgern als Kunden – ein lächerliches Nullsummenspiel. Hiermit sind wir nun im Chaos der realen Demokratie angekommen, einem Marktplatz von Feilscherei und Bestechung, Politi-siererei und Trickserei – ebenso haben Kritiker die Demokratie seit ihrem Anbeginn beschrieben.[N179] Interessensgruppen-Pluralismus hat auch zur Folge, dass sich Politik auf regionale Interessen reduziert und Außenpolitik vernachlässigt, die globalen Herausforderungen und anderen komplexen zwischenstaatlichen Probleme; sie fallen den global tätigen finanziellen Eliten und Wirtschaftsautokraten in die Hände.

Die am meisten umstrittene soziale Theorie scheint jedoch die „Sozial-Epistemologie" zu sein, eine Methodik, der wir schon zur Zeit ihres Beginns um die Französische Revolution begegneten:

Sozial-Epistemologie

Wie in Kapitel I besprochen, halten Sozial-Epistemologen an "Aggrega-tionsregeln" fest, die von der Sozialwahltheorie abgeleitet werden. Sie werden für Mehrheits-Abstimmung eingesetzt und können zu logisch inkonsistenten, verwirrenden Ergebnissen führen.[69, N180, N72] Hier werde ich nun Vorschläge und Ideen dazu aus der rezenten Literatur zusam-menfassen und diskutieren: sie zielen darauf, die derzeitige Form von Demokratie zu retten, indem sie uns, die Wähler, in größerem Umfang einbinden. Als Grundlage dienen dazu die damaligen mathematischen Theorien zusammen mit modernen Methoden der Meinungsumfrage. Dieses Vorgehen ist, wie wir wissen, zwiespältig. Es verlässt sich darauf, dass Abstimmungen unter sogar unwissenden Menschenmassen sinn-volle Ergebnisse bringen könnten, die sogar aussagekräftiger seien als Expertenanalysen. Was also bedeutet diese Methode nun, 220 Jahre nachdem Condorcet seine Theoreme veröffentlich hat? Offensichtlich wird „Sozial-Epistemologie" [26] den anderen Sichtweisen menschlicher Erkenntnisfähigkeit gegenübergestellt, so auch der „Evolutionären Er-kenntnistheorie". Man versucht weiterhin Wege zu finden, auf denen Gruppen oder Massen von Menschen Probleme lösen können, „die Wahr-heit aufspüren", um ein funktionierendes Gesellschaftssystem zu ent-

---

[26] also „Soziale Erkenntnistheorie" im Gegensatz zu Erkenntnis, Wissen, das im Verlaufe der genetischen Evolution entstanden ist.

wickeln. Kurz gesagt geht es der Wissenschaft und der politischen Philosophie darum herauszufinden, ob und wie Massen an Wissen herankommen können, und zwar besser als Individuen, als Führungspersonen oder fachliche Eliten. Bezogen auf Demokratie geht es nun darum, wer wählen soll und warum, und um Beratung als einigender Kraft, die zu gemeinsamen Lösungen führt. Diese Vorgehensweise klingt geläufig, solange man „Wahrheit" durch das ersetzt, was damit nur gemeint sein kann, nämlich „Wissen", und auch das „Wissen" selbst nochmal als „Hypothese" deklariert, die auf der Basis rationaler Argumente und kritischer Analyse erarbeitet wurde. Hier jedoch besteht das Interesse darin, individuelles kritisches Denken durch Beratung und Abstimmung in Gruppen zu ersetzen. Demnach wird Sozial-Epistemologie auch als „Erkenntnis aus Massen" definiert, gewonnen durch instinktive Überzeugung aus einem „gemeinsamen Unbewussten", oder als ein Phänomen, das sich aus der Verteilung von Meinungen in dieser Masse ergibt, oder sogar als Ergebnis einer Beratung über wissenschaftliche Fragen unter Durchschnittsbürgern, die darin kein Expertenwissen haben. Einfach ausgedrückt fragt die öffentliche Beratung nach den Regeln der Sozial-Epistemologie Fragen wie: „sollen wir, das allgemeine Publikum, dieses oder jenes wissenschaftliche Wissen glauben, kurz: diese Evidenz?" Ein derartiger Anspruch muss unweigerlich Zweifel über den Sinn solcher Versuche auslösen, die aus biologischer Sicht allzu nahe liegen und auch von einer Reihe von Politikwissenschaftler ausgedrückt werden.[N181] Unter anderen kommt Brennan, auch unter Hinweis auf weitere Autoren, zu dem Schluss, dass *"Diese Theoreme [gemeint soziale Epistemologie] zeigen, dass Demokratie nur dann zu sinnvollen Lösungen führen kann, wenn gewisse Bedingungen eingehalten werden. Bei all denen, so meine ich, sind diese Bedingungen jedoch nicht erfüllt. Diese ... Theoreme sind mathematische Kuriositäten, [die] uns wenig über Politik in der wirklichen Welt [sagen]"*.[*3] Er meint, dass eine Gruppe von Fachleuten zu einem besseren Ergebnis kommt als Nicht-Fachleute oder gemischte Gruppen, und empfiehlt deshalb als Alternative die Epistokratie oder andere evidenzbasierte Entscheidungsprozesse.[N182] Als ein Beispiel weist er auf das Hong-Page-Theorem, bei dem nur kompetente Wähler an Entscheidungen teilnehmen anstelle allgemeiner Wahlen. Dabei müssen mindestens 5 Bedingungen erfüllt werden, die sämtlich nur durch eine Gruppe von Experten erfüllt werden können, niemals aber von einer Menschenmenge.[N183] Insgesamt also hält Brennan in Übereinstimmung mit anderen Autoren die Theorie der Sozial-Epistemologie für fehlerhaft.[N184]

Auch aus der Sicht bisheriger politischer Erfahrung muss diese sozial-epistemologische Argumentation als weitgehend fruchtlos erscheinen, schon allein aus dem Wissen, dass solche Menschenmassen keine Demokratien hervorbringen; vielmehr werden sie hineingeboren, sind eigentlich sogar darin wie in einer Falle.[N185] Außerdem sind sie gar nicht tatsächlich involviert, noch am Gemeinwohl besonders interessiert. Ihr Dissens über divergierende Interessen wird durch Gespräche nur noch vertieft aus dem Drang heraus, recht zu behalten und zu obsiegen. Meine eigene Kritik zur Sozial-Epistemologie habe ich Anmerkung [N186] zusammengefasst; die Kritik an der Sozial-Epistemologie der Wissenschaft in Anmerkung [N187] und jene an der Epistemologie der Sozialmoral in Anmerkung [N188].

Zusammenfassend weisen die derzeitigen Theorien darauf hin, dass mathematische wie auch evolutionäre Faktoren für das Verständnis von Entscheidungsprozessen in Menschenmassen eine Rolle spielen, wobei ich einschränkend festhalte, dass der Ausdruck „Entscheidung" in diesem Zusammenhang falsch gewählt ist, weil wir mit „Entscheidung" einen Bewusstseinsakt meinen, der nur in einem individuellen Gehirn stattfinden kann und deshalb in einer Menge unmöglich ist. Folglich sollte man eigentlich deutlich klarmachen, dass „die Leute" oder „das Volk" niemals etwas entscheiden, sondern das z.B. eine Wahl zu einem Ergebnis führt (Ausdrücke wie „der Wähler hat entschieden" sollten daher als unsinnig vermieden werden). Am ehesten kann man ein Wahlergebnis mit dem Flug eines Vogelschwarms oder der Funktion eines Termitenbaues vergleichen, wo jeweils ein Individuum nichts vom Gesamtplan wissen kann, weil es ihn nicht gibt. Mehrheitsvoten bleiben auch in unseren Tagen irrational, selbst wenn einzelne Stimmen Ausdruck rationaler Überlegung sind. Soweit also das verwirrende Ergebnis der Untersuchungen im Zusammenhang von „Wahrheitsfindung" durch Volksmassen mit der Sozialwahltheorie im Rahmen des Theorems der Sozial-Epistemologie. Damit sind wir eigentlich wieder zurückgeworfen zum Anfang der Soziologie, als LeBon 1895 schrieb: *Die parlamentarische Regierung faßt ... das Ideal aller modernen Kulturvölker in sich zusammen. Es bringt den psychologisch falschen, aber allgemein anerkannten Gedanken zum Ausdruck, daß eine Vereinigung von vielen Menschen im gegebenen Falle fähiger ist, eine kluge und unabhängige Entscheidung zu treffen, als eine kleine Anzahl".[8]

Werfen wir abschließend einen Blick auf „Wahrheitsfindung" in den beiden größten Weltreligionen, dem Christentum und dem Islam, so erkennen wir, dass Beratung sie nicht zusammengeführt hat; stattdessen haben sich beide in eine Vielfalt von Sekten zerstritten und sogar Kriege gegeneinander geführt.

Fassen wir zusammen, was der Überblick moderner Theorien der politischen Philosophie zur Demokratie ergab, so müssen wir wohl feststellen, dass sie weiterhin als Ideologien dastehen, die versuchen, das soziale Problem auf rationalem Weg durch Kategorisieren erforderlichen Verhaltens zu lösen, also sozusagen mit dem „Soll-Menschen" Schach zu spielen, aber weiterhin den „Faktor Mensch" außer Acht lassen. Die von Condorcet abgeleiteten mathematischen Modelle als einzige Ausnahme beschreiben und verwalten das gegenwärtige Problem, lösen es aber nicht. Wieder und immer wieder sind wir Menschen mit dieser Beobachtung konfrontiert, dass unsere angestammten Verhaltenseigenschaften in der demokratischen Politik im großen und ganzen ignoriert bleiben - soweit sie nicht ausgenutzt und missbraucht werden. Ein weiteres Mal müssen wir erkennen, dass eine richtige Demokratie für wirkliche Menschen noch immer der Verwirklichung harrt. Meine eigene Schlussfolgerung daraus ist, dass Demokratie nur überleben kann, wenn wir Evidenz ("Evidenz" als sachlich richtigeren Ersatz für "Wahrheit") über Mehrheit stellen. Für die heutigen politischen Entscheidungsträger bleibt die Frage bestehen: sollen sie weiterhin eher dem „Willen des Volkes" als den tatsächlichen Erfordernissen folgen, oder doch besser der Evidenz? Ist die Stimme des Volkes die Stimme der Rettung nach der Art einer epiphanischen Enthüllung im Sinne des christlichen Pfingstwunders, oder ist es nichts als nur sinnleeres Gestammel?

Volksdebatte: Geplapper zu Füßen des Turmes von Babel?

Deliberative Demokratie

Wir kennen sie von den täglichen Talkshows. Und von den Parlamentsdebatten. Sie sind die Repräsentanten dieser Wirklichkeit.

Das Grundproblem, sozusagen ein a priori Widersinn, besteht darin, dass einerseits eine Einigung die einzige hilfreiche Entscheidung ist, dass aber andererseits die Hauptmotivation der Teilnehmer ihre Eigeninteressen (engl. "self-interest assumptions" [32]) sind, auch dann noch, wenn sie in gutem Willen vorgetragen werden. Beratung bleibt also letzten Endes immer ein Konflikt zwischen Interessensgruppen und führt zur Bildung von Meinungslagern, somit zu weiterer Polarisierung, und zwar solange nicht Basisregeln gemeinsamer Interessen bestehen, bevor eine Beratung beginnt (in einer Demokratie z.B.: "wir sind ein Volk und wollen zusammenbleiben und nicht gegeneinander schimpfen und kämpfen").

Dennoch: aus politisch korrekter Sicht erfreut sich „Deliberative Demokratie" zunehmender Akzeptanz – und weckt sogar neue Ewartungen[3]: aber sogleich muss wieder gewarnt werden, denn die Frage ist: wessen Erwartungen? Wir sitzen also zu Hause am Sofa und sind eingeladen, uns angelegentlich einer politischen Talkshow selbst eine Meinung zu bilden – das ist Teil dieser Philosophie. Nur: woraus wird diese Meinung im Durchschnitt bestehen? Mit dieser Frage sind wir zurück beim vorherigen Thema der Medien und ihrer Verantwortung, der Möglichkeit der Manipulation durch Vorselektion usw. Ist es nicht so, dass die Zuschauer über ein politisches Thema nur *das* wissen und daher ihre Meinung aus *dem* Informationsumfang bilden können, den sie aus diesen Medien darüber erfahren haben? Die Teilnehmer an einer Talkshow zum Beispiel kommen nicht zufällig ins Studio; sie sind vorher ausgewählt worden. Was sie sagen werden, beschäftigt ein Millionenpublikum. Wenn Denker wie Jürgen Habermas [98] im Zusammenhang mit deliberativer Demokratie gerne in den Vordergrund gestellt werden, dann vorwiegend wegen eines Missverständnisses: Habermas spricht von einer diskursiven Klärung von Fragen unter Fachleuten, nicht in der unwissenden allgemeinen Bevölkerung.[374] Daher ist der Hinweis von Brennan auf Habermas und Cohen [172] irreführend, dass nach deren Meinung „sich das beste Argument durchsetzen soll". Denn das Argument gilt nur unter der Voraussetzung, dass die Diskutanten wissen, wovon sie reden; eine Bedingung, die für öffentliche Debatten bisher wohl grundsätzlich nicht vorher überprüft wird.

Kehren wir zurück von diesen theoretischen Erwartungen und Vorgaben in die heutige wirkliche Welt, so sind wir wieder im Ringkampf der Meinungen zwischen verfeindeten Gruppen. Das „Wortgefecht" drückt aus, was geschieht, nämlich dass der Faustkampf durch Argumente ersetzt wurde. Wir sind also zurück bei den archaischen Verhaltensmustern aus unserem evolutionären Repertoire.[N189] Kurz gesagt: die deliberative Demokratie krankt an ihrer hilflosen Schwäche gegenüber instinktiven, zwingend sich hervordrängenden Verhaltensmustern von Menschen in Beratungsgruppen, Rhetorik und Überredung ausgeliefert, Sympathie, Abneigung, Charisma, Sex Appeal und anderen spontanen Regungen. Im heutigen politischen Betrieb gibt es kaum Instrumente zur objektiven Ermittlung von Evidenzniveaus in einer Frage, und vor allem zu deren obligatorischer Beachtung. Beratung funktioniert in erster Linie in Form von Ansprachen mit dem Ziel der Überredung und Manipulation, weniger als Erörterung der Lösungsmöglichkeiten angesichts eines objektiven Sachverhalts.

Das Machtspiel zwischen Evidenz, Meinung und Überredung

Wann immer geredet wird, ist es zunächst Kommunikation zwischen Individuen, nicht zwischen Gruppen. Zuerst fixiert sich in einer Runde von Gesprächspartnern innerhalb von Sekunden instinktiv eine hierarchische Ordnung. Inhalte kommen danach. Dabei geht es weniger um das Gemeinwohl als um opportunistische Motive. Bei Gesprächen in der allgemeinen Öffentlichkeit hängt das Verhalten vom Thema ab; nachfolgende Abstimmung ist im Ergebnis entweder vollkommen sinnfrei und zufällig, oder sie ist ein Spiegel dessen, was die Teilnehmer aus Medien oder anderen Quellen an Informationen erhalten und geglaubt haben, also auf die eine oder andere Art beeinflusst. Das Ergebnis spaltet die Teilnehmer in Verlierer und Gewinner. Das Ergebnis von Beratung und Wahl hat also getrennt, nicht geeint. Die Gewinner können in der Politik ihre Lösung durchsetzen, auch wenn sie damit in fataler Weise falsch liegen. Wurde ein Deal abgeschlossen, so geschah es zwischen Meinungsführern, nicht zwischen den Gruppen; das Gemeinwohl bleibt dabei meist außen vor. Dies gilt in aller Regel auch für die Faktenlage - die Evidenz.

Wann immer sich Gruppen aus der allgemeinen Öffentlichkeit zusammenfinden, um für ein gemeinsames Ziel politisch zu kämpfen, so hängt nach neuen Studien ihr Erfolg von ihrem finanziellen Niveau ab. Das

Statement "... *öffentliche Beratung ist von essenzieller Bedeutung für die Festsstellung der Wahrheit betreffend den besten Weg zur Verbesserung des Gemeinwohls*" * 42 klingt vielversprechend, muss aber leider eher als eine zynische Bemerkung verstanden werden, um das tatsächliche menschliche Verhalten in Gruppen lächerlich zu machen. Redefreiheit in Beratungen als Quelle von Wahrheit im Interesses des Gemeinwohls ist derzeit ein theoretisches Ideal, dem im wirklichen Leben Instinkte und deren Ausblühungen in der menschlichen Bewusstheit entgegenwirken. Eine Stimme wird nur gehört, wenn es die Stimme einer geborenen Führernatur ist, nicht aber, weil es die Stimme der Wahrheit ist, der faktischen Situation. LeBon hat es klar formuliert, Sie erinnern sich: "... *sie .. ziehen es vor, den Irrtum zu vergöttern, wenn er sie zu verführen vermag. Wer sie zu täuschen versteht, wird leicht ihr Herr, wer sie aufzuklären sucht, stets ihr Opfer.*" 8

Das Gemeinwohl als Ware ist meist das Interesse einer Person oder Partei, der gesamten Gesellschaft hingegen nur in äußerst seltenen Fällen von Not oder Gefahr. Aus dieser Perspektive müssen Sätze wie jener mit Verweis auf Adam Smith als äußerst naiv gelten: "*Genau so wie Adam Smith's "unsichtbare Hand" gewährleistet, dass die besten Produkte aus freier Konkurrenz erwachsen, so wird auch eine unsichtbare Hand bewirken, dass die besten Ideen hervorkommen, wenn alle Meinungen frei konkurrieren dürfe*".* 42 Vergessen wir nicht, dass erfolgreiche Sozial-Epistemologie im amerikanischen „bible girdle" bedeuten würde, dass eine Kreationisten-Mehrheit den Schülern beibringen würde, die Welt sei vor 5000 Jaren erschaffen worden! Und vergessen Sie nicht zu bedenken, dass es sogar jetzt bereits geschieht: trotz eines Urteils des US-Supreme Court im Jahr 1968, wonach "... *der Staat kein legitimes Interesse [hat], irgendeine oder alle Religionen vor Meinungen zu bewahren, die sie verachten*" * 173, sind weiterhin dutzende von Prozessen anhängig mit dem Versuch, die Lehre von der Erschaffung der Welt anstelle der Evolutionstheorie in die Lehrpläne zu bekommen; mittlerweile - man dabei die Absicht bereits hinter der neuen Bezeichnung „intelligent design" statt „Erschaffung der Welt".

Warum hat sich ein noch nie dagewesener social divide mitten in der Ära der „deliberativen Demokratie" entwickeln können? Die westliche Welt hat mitgeholfen dabei, dass weltweit 1% der Menschen mehr besitzen als die restlichen 99%.174 Wo ist das Gemeinwohl in den westlichen liberalen Demokratien? Die Frage ist: glauben "die Leute", dass, diese Entwicklung die richtige Antwort auf die Frage nach dem „Gemeinwohl" ist?

Warum ist „Beratung" eine Lieblingsfunktion der Demokratie geworden, und warum ist sie autodestruktiv? Weil Demokratie bedeutet, den Willen des Volkes zu befolgen, also deren Meinung, "unsere" Meinung, das, was sie glauben. Was sie aber glauben, ist ihr Bauchgefühl, ungeprüft auf versteckte „unbelehrbare Lehrmeister" (siehe S. 79), zwingendes Glauben an Zusammenhänge, tief im Brunnen der Evolution entstanden, die mit dem gegenständlichen Entscheidungsvorgang nichts mehr zu tun haben, eventuell selbstschädigend sind. Und schlimmer noch: Beratung erzeugt mehr Spaltung und Polarisierung als Zustimmung und Übereinkunft.[58] Einige weitere Kritik der Literatur zur deliberativen Demokratie habe ich in Anmerkung [N190] zusammengestellt.

Zusammenfassend kann Beratung im Rahmen der deliberativen Demokratie von vornherein nicht die Lösung zur Erhaltung der Demokratie sein, weil nicht allen Ernstes alle die Millionen Menschen in diesen Ländern eingebunden werden könnten. Außerdem müssten alle Wähler dabei über alle politischen Belange frei von jeglicher Manipulation informiert werden. Alle rationalen Überlegungen im Zusammenhang mit Beratung weisen auf zahlenmäßig begrenzte Gruppen von Fachleuten, nicht auf die heute übliche allgemeine Wahl und nicht auf Entscheidungsfindung durch fachlich unkundige Politiker. Beratung ist nicht frei von denselben instinktiven sozialen Verhaltensmustern, wie sie in jedem anderen sozialen Milieu ebenfalls vorherrschen, im Gegenteil: Beratung ist ein Forum für die Gemeinschaft, die Ebene rationaler Überlegung zu verlassen und in die Dynamik von Hierarchie, Überredung von Zuhörern, Meingsmache, Gewinnern und Verlierern zurückzufallen. Das Ergebnis von öffentlichen Beratungen ist nicht durch Fakten fundiert, sondern von Glauben und Verführung und durch Polarisierung von Interessensgruppen. Beratungsrunden unter Wählern würden nicht herausfinden, was Politiker nach den Wahlen mit ihrem Land machen werden. Solche Meinungen von Bürgern finden in der Regel nicht den Weg in Parteiprogramme, und wenn sie es tun, dann sind wir zurück zum Problem der Sinnhaftigkeit der Vorschläge: Vorschläge aus dem Volk sind nicht schon allein deshalb sinnvoll, weil sie aus dem Volk kommen. Ergebnisse von Umfragen spiegeln lediglich den Informationsstand der Befragten, den ihnen die Medien vermittelt haben. Diese Strategie fängt alle Beteiligten in einen geschlossenen Kreislauf von Argumenten und Ansätzen ein; der einzige Ausweg ist der ehrliche Umgang mit Fakten, mit der Evidenz hinter Meinungen, Hoffnungen und Plänen. Redefreiheit und Beratung als Quelle von „Wahrheit" oder „Optimum" sind ein idealistischer Traum, dem im wirklichen Leben das instinktive Verhalten von Menschen in Gruppen entgegenwirkt.

Viele Abkommen in der Geschichte, die als Geben und Nehmen zwischen ungleichen Partnern abgeschlossen wurden, endeten nach kurzfristigem Frieden in fortgesetzten Konflikten und Auseinandersetzungen. Einigung zwischen Interessengruppen ist immer noch am besten auf der Basis von Fakten erzielbar, von verfügbarer Evidenz, von der Alle im gemeinsamen Interesse ausgehen, ohne jegliche hierarchische Positionen der involvierten Parteien, jedoch unter Berücksichtigung aller Interessen und Motive aller Beteiligten.

"Demokratie überlebt nur, weil sie nicht funktioniert"

Ein Ausblick und letzte Gedanken zu den Mängeln der Demokratie

Ich habe diesen Satz aus Brennan's Buch [3] gewählt, weil er in der Tat sowohl die fatale Bedeutung der Mängel und Schwächen für die Überlebensfähigkeit der gegenwärtigen Demokratie hervorhebt als auch die dominierende Rolle des nicht eingeplanten „Faktors Mensch".

Sie könnten nun die Frage einwerfen, warum denn in der Tagespolitik alles letztlich besser läuft, als man dies angesichts all der Schwachstellen selbstschädigender Prozesse erwarten müsste. Teilweise ist dieser Eindruck wohl damit begründbar, dass Politiker, einmal im Amt, des öfteren vernünftigere Entscheidungen treffen, als dies uninformierte Wähler erwarten oder sogar wünschen würden. Dass solche Maßnahmen insgesamt nicht ausreichen, zeigen die vielen Beispiele in diesem Kapitel. Aus diesem Grund können wir die Frage, warum das Leben trotzdem fast normal läuft, nur damit beantworten, dass es die Menschen sind, die alles *trotz* Demokratie am Laufen halten, und zwar kraft der alten, parallel zur neuen Sozialordnung unbeirrbar weiter funktionierenden archaischen Mechanismen des Sozialverhaltens.[N93] Damit wird der Wert der derzeitigen Form von Demokratie als „zukunftsfähigen" politischen Systems nur noch mehr in Frage gestellt, als wir dies durch die Beschreibung aller Versagensursachen tun konnten, der Illusionen, falschen Hoffnungen und Überzeugungen, durch die Demaskierung all der selbstgerechten Glorifikation.

Die gegenwärtige Demokratie weist zahllose inhärente Schwachstellen auf – aus biologischer wie aus ideologischer Sicht – und aus weiteren Gründen; sie ist illusionär, in Gefahr und deshalb gefährlich für alle Bürger, uns. Sie ist nicht praktikabel, weil sich ihre Regeln teilweise gegenseitig aufheben und dadurch die Selbstzerstörung wegen ihres Betriebes bedingen, sei es durch die Wahl eines Autokraten oder wegen Polarisierung und Spaltung durch Benachteiligung zurückgelassener Minderheiten. Bestenfalls kann man sagen, dass liberale Demokratie hilflos gegen Manipulation von innen und außen ist; ohne eine Systemänderung wird sie daher bald als kurzlebiges Phänomen verschwinden. Demokratie erscheint nicht als „Regierung durch das Volk" sondern als kalter Krieg politischer Parteien, Interessensgruppen, Seilschaften und Clans, in dem das politische System immer nur auf Missbrauch und Ausbeutung des Gemeinschaftsgutes reagiert, aber nie proaktiv Gefahren vorbeugt. Ein irritierendes Gemisch von zunehmendem Libertinismus einerseits, und diktatorischem Puritanismus der Rechtsstaatlichkeit andererseits prägt das Bild. [N174] Paradoxerweise wird diese Demokratie, ein Sozialsystem gegen Machtmissbrauch, letztlich als Diktatur der Rechtsstaatlichkeit enden. Mehr als in jedem anderen Sozialsystem wird die Einschränkung durch Regeln und Gesetze als Verlust der Freiheit empfunden.

Demokratie, wie wir sie heute kennen, ist eine Spätfolge des gefährlichen Aufstandes der Massen um Freiheit, chaotisch, desorganisiert, in Wahrheit ziellos.[N175] Was erwarten wir von ihr in der Zukunft?

Endzeitliche Szenarien?

Post-Demokratie

Frühe Anzeichen dieser Bewegung gehen zurück in die 1990er Jahre, als der britische Soziologe und Politikwissenschaftler Colin Crouch Diskussionen initiierte und Texte publizierte [165], basierend auf der Ansicht, dass *"Eine post-demokratische Gesellschaft eine solche ist, die alle Einrichtungen der Demokratie weiterhin hat und nutzt, in welcher sie aber zusehends zu einer formalen Hülle werden. Die Energie und der innovative Drive sterben in der demokratischen Arena aus und wandern ab in kleine politisch-ökonomische Zirkel".* [175] Der Autor sieht uns einer Post-Demokratie entgegensteuern, aber noch nicht darin leben. Ähnliche Kritik geht auch aus den anderen kritischen Publikationen hervor, die ich am Eingang zu diesem Abschnitt aufzählte (S. 250). Einige davon beschreiben uns allerdings bereits in einer schizoiden Situation zwischen einer Position bereits außerhalb, während wir trotzdem noch immer glauben, Demokratie „zu haben". Wieder andere sehen uns in Gefahr, und das Ende der Demokratie unmittelbar bevorstehend. Soweit ihr Schwerpunkt nicht auf Lösungsversuchen liegt, handelt es sich nur um jene Prophezeiungen, an denen Popper seine deutliche Kritik ausdrückte (S.291). Unleugbar bleibt, dass sich hier ein düsterer Blick auf unsere Zukunft zu festigen beginnt, wenn wir nicht eine Atmosphäre des festen Willens für eine Änderung zum Besseren schaffen.

Die Spirale der Polarisierung

Das Ziel der heutigen Realpolitik in der liberalen Demokratie ist nicht Übereinkunft auf rationaler Basis, sondern der Sieg einer Seite über die andere(n). Polarisierung ist also Teil und Folge dieses Systems, die unweigerlich zur Spaltung führt, nicht zur Einigung: *"... wenn sich eine Sache aus dem Studium des Niedergangs* [von Kulturen] *klar zeigt, dann dies, dass Polarisierung Demokratien töten kann".*[28] Eine andere Quelle ist die kapitalistische freie Marktwirtschaft, die den social divide erzwingt, und damit den Aufstand der Zurückgelassenen, sobald das Wohlstandsniveau eine kritische Untergrenze erreicht. Eine dritte Quelle der Polarisierung ist die anti-nationalistische Ideologie des Multikulturalismus, die in die Falle der Toleranz-Paradoxie führt (S. 138): sobald die Immigration von integrationsunwilligen Leuten aus fremden Kulturkreisen ein kritisches Niveau erreicht, löst sie Xenophobie und die Angst vor kultureller Entfremdung aus, die als nationalistisches und rassistisches Verhalten gebrandmarkt wird und die Gesellschaft in drei Gruppen polarisiert: die Immigranten, die Anti-Nationalisten und die sogenannten Nationalisten. Diese Polarisierung wird durch die Aktivitäten der politischen Parteien in ihrem kalten Krieg gegeneinander noch verstärkt. Dazu kommt dann eine weitere Kraft, wenn Immigranten durch Gründung eigener Parteien ihre gesonderte politische Vertretung beginnen. Parteigebundene Presse heizt dieses Klima weiter auf. *"Die Schwächung der demokratischen Normen wurzelt in extremer parteigebundener Polarisierung"*. *28 Es ist mittlerweile bereits eine allgemeine Erfahrung in der westlichen Welt geworden, dass zusätzliche Einwirkungen von außen, terroristische wie auch politische, Funken in diese brandgefährliche Situation werfen.

Chaos am Ende des Liberalismus

Zwei unterschiedliche Entwicklungen führen ins Chaos: Aufstand und kultureller Niedergang. Die Ursachen für rezente Erhebungen in der westlichen Welt hängen von den jeweiligen subkulturellen Gegebenheiten ab: einige rekrutieren sich aus einer zunehmend intransparenten Mischung Zurückgelassener, politischer Extremisten der Linken und Rechten, die einander mitunter an identen Interessen zu erkennen beginnen: wiederholte Unruhen in London und Paris, aber auch in Hamburg und anderen Städten lösten Polizeiaktionen und gerichtliche Verurteilungen aus, welche die Polarisierung durch ihre teilweise ausnehmende Härte weiter verstärken und die an den Rand der Gesellschaft Gedrängten oder ganz Ausgeschlossenen noch weiter distanzieren und konfrontative Positionen nachgerade bedingen. In Deutschland zeigen Demonstrationen, Paraden und Straßenschlachten neben einer Mischung von Randgruppen noch eine neue, zusätzliche Kategorie: Immigranten, die entweder für ihr Ursprungsland oder gegen einen von dessen Feinden demonstrieren; eine aggressive rechts-extreme Muslim-Gruppierung wurde kürzlich verboten. In den USA ist die Situation wegen der langen Tradition von Rassendiskriminierung von Grund auf unterschiedlich. Immer wieder erinnern Unruhen und Krawalle an Bürgerkrieg. Meist sind diskriminierende Übergriffe der Polizei und deren Aktionen am Rande oder im Bereich der Kriminalität der Auslöser.

Einige Vorfälle wie die Geschichte der Bundy family[N141] erinnern an eine Situation, die Brennan [3] an seinem Land als Ähnlichkeit zu einem Polizeistaat beschreibt; die McCarthy-Ära der Kommunistenverfolgung ist ein weiteres Beispiel.

Eine Gesellschaft, in der Liberalismus zu Libertinismus entartet, in der Einzelne immer weniger einsehen, wozu es überhaupt Beschränkungen und Gesetze geben soll anstelle unlimitierter individueller Freiheit, die alles und jeden respektlos behandelt, entwickelt das „Jeder-gegen-Jeden"-Phänomen als Endstadium. In einer hedonistischen Gesellschaft mit dem einzigen Ziel individueller Selbstverwirklichung kommt der Tag, da jeder Andere dein Feind wird, weil er deiner Selbstverwirklichung auf die eine oder andere Art im Weg steht. Brennan schreibt dazu: *"In einer Demokratie ist nicht mehr irgendein bärtiger Geselle in einem Schloss als der verantwortungslose Regent auszunehmen, sondern es ist fast Jeder, den ich sehe ... ich habe Grund, meine Mitbürger zu hassen ..."*.*[3] Ein Hedonist hasst jeden anderen Menschen, meint er, weil sie etwas von ihm wollen, seine Teilnahme, seine Selbstbeschränkung; sie beschränken seine grenzenlose Freiheit und werden damit zu seinen Feinden. *"Eine der abstoßenden Eigenschaften der Demokratie ist, dass sie die Anderen um mich herum zu Feinden meines Wohlgefühls macht. Meine Mitbürger üben Macht über mich auf riskante und inkompetente Weise aus. Dies macht sie zu meinen gesellschaftlichen Feinden"*.*[3] Den Niedergang erkennt man an noch nie dagewesener Gewalt in Schulen, der Schüler gegeneinander, aber auch gegen ihre Lehrer; vor allem aber erkennt man ihn am Verlust gegenseitigen Respekts ganz allgemein. Dieser kulturelle Niedergang äußert sich auch in der Möglichkeit zu freier Denunziation, die so wie ihr ehrbarer Gegenspieler ebenfalls „Whistleblowing" heißt: praktisch jede Berufsgruppe erleidet heutzutage eine Phase der Verleumdung und Verunglimpfung in den Medien. Die junge Generation wächst bereits in einer Gesellschaft fast ohne sozialen Zusammenhalt auf.

Selbstzerstörung auf allen Ebenen

„..jedes Jahr kommen 80 Millionen [zur Weltbevölkerung] – also einmal Deutschland– dazu. Die dank der Digitalisierung sehen, wie das Leben im reichen Europa ist".[176]

Entsprechend ihrer inhärenten Paradoxie zerstört sich jede liberale Demokratie von innen durch ihre Verfassung selbst, und öffnet sich gleichzeitig der Zerstörung von außen. Das liberale Prinzip geht zusammen mit der Demokratie unter.

Liberalismus gestatted Immigration in einem Umfang, der die Nation überfordert und sie dem Risiko aussetzt, ihre Kultur zu verlieren – und ihren Staat: die Prophezeiungen und den Mechanismus des Umsturzes eines westlich-demokratischen Landes mit seinen christlichen Wurzeln in einen muslimischen Gottesstaat haben wir zuvor erörtert. Immerhin zwingt das liberale Prinzip die Demokratie dazu, Mehrheiten das Diktat über Minderheiten zu gestatten. Aber dieses Prinzip „Liberalität", die heutige Fassung von dem, was ursprünglich Toleranz hieß, wird gleichwohl Opfer der Paradoxie, indem sie in Intoleranz gegen eine immigrierte Minderheit umschlägt, die „intoleranten Anderen", die sich ohnehin auch von selbst abschotten.

Gleichzeitig verändert die Liberalität die eigenen Bürger zu libertinistischen, hedonistischen Fremden, Feinden des Gemeinwohls. Die Maßnahme gegen drohendes Chaos ist „das Gesetz"; es wird zum intoleranten Wächter sozialer Gewohnheiten jeglicher Art: aber asoziales Verhalten zwingt zur Schaffung eines immer komplexeren Netzwerkes von Gesetzen, um Liberalität zu umgrenzen und einzuschränken. So fängt sich der Liberalismus selbst in einer Falle aus Libertinismus und Puritanismus.[N191]

Andererseits werden lokale Traditionen zunehmend gesetzlich gegen Fremdes geschützt: Kleidung, Verhalten, fremde Rechtspraxis – der Zusammenprall von Kulturen in einer absurden multikulturellen Gesellschaft, die den Begriff "multi-" aus ihrem Milieu verbannt. Die liberale Demokratie verfängt sich in ihren eigenen Regeln und verliert die Orientierung.[N196]

Widerstreitende Interessensgruppen sehen ihre Chancen steigen: sobald eine Gruppierung an der Regierung ist, die einen ausreichenden Anteil der Bevölkerung hinter sich gebracht hat, erlässt sie Gesetze zur

Beendigung des liberalen Prinzips. Damit hat dann das „Wir" vom Beginn der Demokratie ihr eigenes Ende verwirklicht.

Vergleichbar besorgniserregend ist es in der EU, der Demokratie der Demokratien mit dem höchsten Anspruch, demokratisch zu sein, während sie gleichzeitig der Kritik ausgesetzt ist, sich ziemlich autokratisch zu verhalten: einerseits ist sie still und unentschlossen; andererseits irritiert sie mit despotischen Tendenzen: der Direktor der FRA (European Fundamental Rights Agency) O'Flaherty schlug vor, gegen Diskriminierung von Muslimen in Europa Strafrecht einzuführen, z.B. im Zusammenhang mit geringeren Chancen auf einen Arbeitsplatz wegen Bekleidungsfragen. Ich bin nicht bereit anzunehmen, dass sich 75% der Muslime in Europa gut integriert fühlen, wie dies aktuelle Umfragen der FRA vermitteln wollen[N197]. Wie sollte eine derartige Statistik die tatsächliche Stimmung reflektieren, wenn an die 30% der angestammten Bevölkerung zu Rechts-Parteien tendieren? [177]

Despotisch anmutende Aktionen verstärken die Polarisierung – und die Distanzierung der EU-Länder voneinander, wenn man die Annahme von Migranten zu befehlen versucht, unabhängig von guten Argumenten, die vorgebracht werden könnten.

Demokratie gegen Globalisierung?

Dieser Abschnitt befasst sich nicht nur mit einem US-amerikanischen Präsidenten, der eine drohende Umweltkatastrophe ignoriert oder gegen internationale Handelsverträge agiert. Da kommt noch mehr:

Die moderne Globalisierung begann um die Zeit der Gründung der Vereinten Nationen (UNO) – das Zeitalter der Entdeckungen und der Kolonialismus als eigentlicher Anfang ist hier nicht Thema - aber beides ging von Europa bzw. dem Westen aus. Die Aussichten sind jetzt allerdings trübe: nach 70 Jahren sind die Vereinten Nationen keineswegs vereint (siehe S. 11); die Länder sind hierarchisch geordnet nach ihrer militärischen und finanziellen Macht. Die traditionelle Hegemonialmacht USA, stets herausgefordert von Russland (sei es das kommunistische oder kapitalistische), begann sich zurückzuziehen und neuen Isolationismus zu demonstrieren. Viele demokratische Staaten bewegen sich heute in diesem Sinne rückwärts aus einer politischen Globalisierung, weniger in die Isolation als in eine multilaterale Blockbildung. Kulturen folgen ihrem Naturgesetz und kapseln sich von der Umgebung ab wie Zellen am Beginn des Lebens. Typische Beispiele wie die Mauern von Athen, Rom und China, wie auch die Haltung Japans am Beginn des 17. Jahrhunderts weisen auf dieses in der Evolution hervorgebrachte Phänomen des Sozialverhalten von Clans und Stämmen in ihrer Territorialität und Xenophobie, weitergetragen auf die Ebene von großen Nationen und deren Kulturalisation. Demokratische Nationen machen heute deutlich, dass ihre politische Ideologie mit Gleichheit, Freiheit und Brüderlichkeit mit der Folge der Definition von Menschenrechten ein Paradox schafft, wenn diese Ideologie nicht generalisiert und global angewandt wird. Daher verraten Länder wie Großbritannien, die USA, einige Višegrad – Staaten und andere mit ihren neo-nationalistischen Tendenzen sich selbst und die humanistischen Werte der ganzen westlichen Sphäre, wenn sie sich globalen Verantwortlichkeiten verschließen, obwohl sie nicht leugnen können, Teil davon zu sein. Eines der kompliziertesten Beispiele ist Israel, das sich zum Nationalstaat der Juden macht und damit die arabischen Mitbürger zu einer Minderheit zweiter Klasse degradiert, während es gleichzeitig den Palästinensern ihren eigenen Nationalstaat verwehrt.

Zuende des Kalten Krieges schadenfroh auf Russland als früheren Feind und das besiegte Land zu blicken, musste zwingend eine Reaktion auslösen: die Menschen in diesem geographisch größten Land der Welt wollen als gleich anerkannt und als eine der größten Mächte mit ähnlichen Migrationsproblemen wie der Westen[178] respektiert werden.[N197A]

Der Westen demonstriert weiterhin eine arrogante Machtpolitik gegenüber Russland statt einer Politik von Verständigung, Entspannung und Entgegenkommen. Die Schicksale früherer Doppelagenten werden rasch vergessen, die feindliche Atmosphäre bleibt. Heimliche finanzielle Unterstützung pro-westlicher Gruppen in der Ukraine durch die USA heizen die Polarisierung an einer Front weiter an, die ohnehin dort bestand ebenso wie in Ex-Jugoslawien. Gleichermaßen löst die westliche Arroganz gegenüber China Nationalstolz und defensive Haltung im chinesischen Volk gegenüber dem Westen aus. Huntington hatte darauf hingewiesen und weitgehend recht behalten. Der Westen ist es, der Stimmung für einen neuen Kalten Krieg machte, anstatt seine Macht für diplomatische Bemühungen um friedliche globale Koexistenz zu nutzen. Dabei ist die Frage, wer Atommacht sein darf und wer nicht, sicher ein zweischneidiges Schwert in der Hand des universalistischen Westens. Jedenfalls werden die Bürger der westlichen Staaten bezüglich der Gründe für diese risikoreiche Weltpolitik ihrer Führungen nicht informiert; vielmehr unterstützen die Medien ihre Regierungen oft mit manipulativ-parteiischen Berichten zur Lage der NATO-Osterweiterung und der Menschen, die zum Westen dazugehören möchten, jedoch von Russland daran gehindert würden. Insoweit dadurch die Völker die Politik ihrer Regierungen unterstützen, geht es zurück in Richtung 1914.

Ohne einen neuen gemeinsamen Impuls der westlichen Staaten mit der Demonstration von Verantwortung und Respekt für alle anderen Nationen riskieren sie zusammen mit der zwiespältigen Missionierung ihrer liberalen Demokratien unterzugehen. Der Grund, warum ein derartiger Schritt bisher nicht möglich war, liegt in eben dieser Zwiespältigkeit des gegenwärtigen Konstruktes dieser Demokratien, dem zufolge sie nicht entsprechend den eigenen Regeln handeln, weder intern noch untereinander, und auch nicht nach außen gegenüber anderen politischen Systemen und Kulturkreisen. Wenn alle Demokratien in enger Zusammenarbeit mit gemeinsamer Zielsetzung ihre gemeinsamen Regeln auch gegenüber anderen Nationen anwenden würden, könnte Demokratie als Sozialsystem erfolgreicher globalisiert werden als jegliche Versuche um einen Weltkommunismus.

So gesehen ist der westliche demokratische Kulturkreis im Jahr 1989 nicht der Sieger am Ende des Kalten Krieges, sondern beladen mit der Aufgabe, die Welt für eine richtige Demokratie zu gewinnen, indem sie innerhalb und zwischen den Staaten vorgelebt wird. Ich werde weiterhin darauf dringen zu akzeptieren, dass Europa jener Kulturkreis ist, der die Aufgabe hat, diesen Impuls durch seine eigene Vereinigung auf der Basis einer wirklichen Demokratie von Demokratien und Öffnung zur Welt zu geben.[24]

Es ist kein Geheimnis, dass andere Stimmen vor der Möglichkeit neuer Kriege warnen (in Wahrheit hatten sie zu keiner Zeit aufgehört), aber ich werde im dritten Kapitel zeigen, dass zwischen Fukuyama's Ende der Geschichte durch automatische globale Verwestlichung einerseits, und Huntington's Zusammenprall der Kulturen andererseits, ein dritter Weg möglich ist, der eine friedliche Koexistenz ohne Zwang zum „Soll-Menschen" und ohne Machtmissbrauch ermöglicht.

Demokratie:
die Idee konfrontiert mit der aktuellen Lage

Prolog

Seit ihrem Beginn, und bis in unsere Tage, ist Demokratie ein Licht der Hoffnung und Erwartung am Horizont der wirklichen Welt. Der Hauptgrund für ihre Entstehung ist jedoch ein Missverständnis, entstanden aus einem Spiegelbild, einer Spiegelung menschlicher Überlegung: Denker erdenken eine Welt bevölkert von „Soll-Menschen", die in Gedanken möglich ist, aber in der Wirklichkeit versagt. Herrscher früherer Tage beauftragten Priester, die Seelen zu erziehen, damit sie in die Welt passen. Andere meißelten ihre Gesetze in Stein. Die Seelen entflohen den Gefängnissen ihrer Erzieher, die Menschen verjagten ihre Herrscher; seither sind sie auf der Suche nach neuen Führern. Der Kampf zwischen Freiheit und Gemeinsamkeit findet in allen von ihnen statt. In ihrem Spiegelbild sehen sie ihn als etwas draußen, erleben ihn in der Außenwelt.

Geht die Demokratie unter? *"Es ist eine Frage, von der wir dachten, dass wir sie nie stellen würden"*, schreiben Levitsky and Ziblatt in ihrem Buch "Wie Demokratien sterben"* . *"Aber jetzt wenden wir uns damit an unser eigenes Land ... Die Erosion unserer demokratischen Normen begann in den 1980er- und 1990er- Jahren und ging seit 2000 immer schneller."* *28
Die Risiken und Faktoren der Selbstzerstörung, die in diesem Kapitel besprochen wurden, sind in der gegenwärtigen Tagespolitik in voller Aktion:

- Politik aus Demoskopie, die dem Bild des "Common Sense" im Rückspiegel folgt, unklaren Meinungen, verzerrt durch Ideologie und Kommerz.
- Politik, die der Moral der freien Marktwirtschaft folgt oder sich selbst dazu macht.
- Diktatur der Ökonomie, angetrieben von globalisierenden Profis der Konsumversklavung.
- Unkontrollierte soziale Medien, die Informationen aus Wissensquellen in dunstigen Glauben umwandeln.
- Moralischer Verfall in Libertinismus, der verruchten Schwester des Liberalismus.
- Fehlende Erziehung in soziales Verantwortungsbewusstsein.

274

Die Menschen scheinen in eine Phase von Demokratie eingetreten zu sein, die Montesquieu als „Geist der extremen Gleichheit" bezeichnete, eine Gesellschaft, in der sich alle dazu autorisiert fühlen, " *alles selbst in die Hand zu nehmen, anstelle des Senats zu debattieren, anstelle der Beamten zu handeln und anstelle der Richter zu urteilen* ", wenn Freiheit zu Zügellosigkeit wird, in der Freiheit bedeutet, dass erlaubt ist, was nicht verboten ist, und Zügellosigkeit egozentrisches Verhalten ohne Rücksicht auf Andere.[11] Vor allem drückt Montesquieu's Satz die Erwartung aus, dass niemand mehr über mir zu stehen hat; die „Regierung durch das Volk" bin „ich". Das ist es, was wir heute in den freien Medien mitverfolgen können, wenn führende Politiker sich in der Diskussion vor einzelnen Bürgern in der Diskussion auf Augenhöhe rechtfertigen sollen, während Millionen misstrauisch und argwöhnisch zusehen, oder ein weiteres Mal um den Finger gewickelt werden. Wir sehen es in den sozialen Medien und in der Filmindustrie, die nicht mehr ohne „Soft-Pornographie" auszukommen scheint.

Moderne Demokratie: in wessen Auftrag?

Politik für die Menschen – oder für die Politiker?

Haben einige Politiker und Medien im Auftrag der Ökonomie die Demokratie in Geiselhaft genommen? Hier gibt es offenbar zwei Perspektiven: bezogen auf jene, die ein Land wegen ihrer finanziellen Macht effektiv regieren und die Politik als Zuträger benützen, gibt es nur eine Oligarchie nahe an Kleptokratie. Die Politik selbst wirkt oft als in sich geschlossenes System, ohne Kontakt zu ihrem sozialen Auftrag [11], oder wie Filmemacher, die einen Film über Filmemacher und Filmstars drehen.

Der Populismus-Tango

Der Ausdruck "Populismus" begann in der Sprache der Politik aufzu-
tauchen als „Rechts-Populismus", ursprünglich um damit alte Nazi-
Ideologie zu dämonisieren, die sich weiterhin in politischen Parteien der
Gegenwart Österreich's, Deutschland's versteckt hält. Als jedoch ähnliche Bewegungen in Frankreich, den Niederlanden, Italien und anderen
europäischen Ländern entstanden, wurde auch der Begriff „Neo-Nationalisten" eingeführt, um sie weiter zu attackieren. „Rechtspopulisten"
bedienten die Sorgen und Ängste der Menschen angesichts der Immigranten aus fremden Kulturen und konnten damit eine immer größere
Zahl von Wählern der etablierten Parteien abfischen, deren neo-liberales
und anti-nationales Credo so lange die politisch korrekte Bühne besetzt
hielt, bis die Zuschauer wegblieben. Bis dahin aber - und auch weiterhin
vor kleinerem Auditorium – befleißigen sie sich vergleichbarer verbaler
Methoden wie die Dämonen: Populismus ist also kein Phänomen der
Rechten, sondern ein allgemein übliches politisches Verhalten unabhängig von der Orientierung:

Der Fundamentalismus und Populismus der Liberalen

Einige Liberale in den heutigen Demokratien scheinen zunehmend blind
zu sein für das entstehende Chaos: *"Keine Gruppe in der Gesellschaft darf
so mächtig werden, dass sie andere Gruppen und Minderheiten beherrschen oder unterdrücken kann."* [13] Wie stellt sich eine bürgerliche Partei
die Möglichkeit einer Verständigung mit ihren Wählern vor, wenn einerseits ein Bundestagspräsident in dem obigen Sinn über Minderheiten in
der modernen Demokratie spricht und im nächsten Moment ein früherer
Parteivorsitzender aufspringt, um in hasserfülltem Ton einem anderen
Parteivorsitzenden zuzuschreien: *"Sie gehören auf den Müllhaufen der
Geschichte"*,[339] wenn dann ein anderer Abgeordneter in eben solchem
Ton ruft: *"Hass macht hässlich; schauen Sie in den Spiegel"*.[340] Sind diese
denn keine hetzerischen Worte, die darauf abzielen, das Wahlvolk zu
verschrecken, ein Feindbild zu schaffen von dieser Minderheit im Parlament, die es zu verteufeln gilt? Wo ist hier die deliberative Demokratie,
die respektiert, dass Parlamentsabgeordnete vom Volk gewählt sind so
wie sie selbst, und dass sie zusammen gekommen sind, Einigungen im
Interesse des Gemeinwohls zu finden? Wie darf der Bürger die eingangs
zitierten Worte nun verstehen, wonach keine Gruppe andere beherr-

schen oder unterdrücken dürfe? Haben Einparteienregierungen in europäischen Ländern nicht die Verlierer dominiert, in Frankreich, Deutschland, Großbritannien usw.? Die Liberalen beleidigen und verteufeln jene, die sie Populisten nennen, selbst auf populistische Weise, um sich zu rächen dafür, dass die Populisten sie als unfähig beschimpfen. Jede Partei verteidigt ihre Ideologie zunehmend fundamentalistisch, überzeugt und aggressiv – ein Verhalten übrigens, das ich bezogen auf zwischenstaatliches Verhalten als „Nationalismus" beschrieben habe. Der US-amerikanische Präsident hat es in seiner Rede an die UNO-Vollsammlung 2018 noch einmal sehr klar gemacht, dass das Verhaltensmuster immer dasselbe ist, gleich ob zwischen Individuen, Parteigruppen oder Parteien innerhalb der Nationen, oder zwischen den Nationen: es ist stets selbstzerstörerisches Eigeninteresse. Wenn Nationen ihr Eigeninteresse voll der Selbstüberzeugtheit, aggressiv verfolgen, das Volk dazu demagogisch aufgehetzt wird, so heißt die Methode „Populismus" und diese fundamentalistische Doktrin „Nationalismus" – es Patriotismus zu nennen, ist entweder naiv oder bewusst irreführend.

Mit welcher Rechtfertigung vor sich selbst verteidigt eine liberale Mehrheit ihre anti-nationalistische Doktrin, ihren eigenen Populismus gegen eine "Noch-Minderheit", wenn sie doch selbst jeglichen „Staatsdirigismus" verbieten will? Was ist liberale Demokratie, wenn die Hetze der Liberalen gegen die „Gefahr von rechts" nicht „Populismus" genannt werden darf, weil die Liberalen diesen Begriff bereits den Rechten zugewiesen haben?

Der Populismus der Liberalen reflektiert ihre Existenzangst, ihr unbestimmtes Gefühl von der selbstauffressenden Kraft des Liberalismus in der Demokratie – und vom uneingestandenen Wissen, dass der Staat zuende ist, wenn jede Minderheit ein Vetorecht bekommt.

Aus dieser Falle führt auch die Hoffnung nicht, dass *„Je mehr Macht auf viele Institutionen verteilt wird, desto größer ist das demokratische Kaliber eines Systems"* [13], denn es führt nur zurück in das Chaos des „Interessensgruppen-Pluralismus".

Moderne liberale Demokratie ist auch nur Populismus

Wer also ist in den heutigen Demokratien populistischer: Jene, die von allen anderen als „Populisten" beschimpft werden, weil sie Wähler fangen, indem sie die archaischen Ängste der Menschen ansprechen und ihre Gefühle und Wünsche politisch spiegeln? Oder sind es die Namensgeber, weil sie die von ihnen benannten Populisten dämonisieren und ihrerseits mit populistischer Demagogie und Hetzreden Ängste in den Menschen wecken, sie würden eines Tages Opfer der Populisten werden?

Unsinnige Wahlergebnisse sind insgesamt nichts als die Folge jenes Populismus, der in der heutigen Demokratie als selbstverständlich gilt – nur ist er eben nicht Allen gestattet. Demokratie wird Opfer ihres eigenen Populismus, dessen sich alle Parteien in ihren aggressiven Streitereien gegeneinander befleißigen. Was anderes als Populismus ist es, wenn sie ohne Moral die Stimmen aller erreichbaren Minderheiten fangen? [N191]. Worin liegt der Unterschied zwischen den Parteien, wenn sie alle, sobald sie regieren, die Wünsche des Volkes umsetzen? Mounk beschreibt diesen Vorgang, indem er Demokratie definiert als *"ein Set von verbindlichen Einrichtungen, die populäre Ansichten in politische Maßnahmen umsetzen "* [*4] Seine Definitionen lassen auch den Versuch einer Quadratur des Kreise einfach erscheinen, wenn er meint, dass diese Strategie *"die Rechte des Einzelnen ebenso schützt wie sie populäre Ansichten in politische Maßnahmen umsetzt"*[*]. Das Ergebnis dieser populären – meiner hier vorgebrachten Ansicht nach populistischen – Strategie ist zum Beispiel, dass Trump Präsident wurde und das Land zweigeteilt ist. Dazu hat Mounk nun die Sorge, dass Demokratie aus diesem Grund in der Krise sei. Aus dem Gesamtzusammenhang geht jedoch hervor, dass Demokratie neben anderen Ursachen ihrer populistischen Strategie wegen in der Krise ist. Er kritisiert sodann *„wie tiefreichend unliberal eine Menge der Energie hinter dem Aufstieg des Populismus ist... Um die Natur dieses Populismus zu verstehen, müssen wir erkennen, dass er ebenso demokratisch wie unliberal ist"*.[*4] Sind liberale Demokraten, die ihre Mitbürger dämonisieren, weil sie eine Rechtspartei wählen, sind sie liberal, sind sie demokratisch? Wenn *"Das Versprechen, der unverfälschten Stimme des Volkes Ausdruck zu verleihen ... das zentrale Anliegen des Populismus [ist]"*,[*] und wenn Populismus weiterhin bedeutet, *"in den Worten von Jan-Werner Müller einen Anspruch auf das 'moralische Monopol der Vertretung' zu erheben"*,[*4] wo ist dann die dämonisierende Tätigkeit der Liberalen einzuordnen, wenn sie die Wähler glauben machen wollen, dass moralische Politik das sei, was die Liberalen versprechen, und, wovor sie warnen?

Als eine der Gefahren des Populismus für die Demokratie führt Mounk Angriffe gegen die Pressefreiheit an. Dabei stützt er aber mit seinem Beispiel zu Verdeutlichung seiner Ansicht unfreiwillig mein Argument, denn er weist im Zusammenhang mit der Brexit-Debatte auf den

Londoner "Daily Telegraph" hin, der als Parteizeitung der Konservativen auch den Spitznamen "Torygraph" trägt. Er zitiert also die Zeitung der Konservativen als Paradebeispiel für Populismus. Hiermit bestätigt er, dass Populismus nicht nur die politische Methode derer ist, die als „Populisten" gebrandmarkt wurden, sondern eine der Waffen im kalten Krieg aller Parteien in dieser Form von Demokratie. Sie alle wollen nur an die Macht, und um daran zu kommen, setzen sie populistische Methoden ein. Für diese Parteien ist die Migrationskrise nicht eine tatsächlich anzupackende Herausforderung, sondern eine Chance, ihre Widersacher umso aggressiver populistisch zu attackieren.

In Griechenland findet in diesen Zeiten eine andere Art kalten Kriegs statt: Muslime streiten dort miteinander; die einen bestehen darauf, dass ihre Volksgruppe ausschließlich nach dem Gesetz der Sharia kontrolliert wird, die anderen wollen die Leute selbst wählen lassen, ob sie nach griechischem Gesetz oder dem der Sharia leben wollen[179] – wer von beiden zerstört hier die Demokratie? Die Liberalen, oder die Illiberalen, oder jene, die zwischen beiden die Wahl offen lassen wollen? Sprechen wir hier von Rassismus, oder von der *"Desintegration der liberalen Demokratie in zwei neue Formen von Regime: illiberale Demokratie und undemokratische Liberale"* *[4], obwohl sie sich wohl allesamt in der Falle der Toleranz-Paradoxie befinden?

Die Frage hier ist doch wohl: wer soll das Sagen haben, das Volk oder das System, das sich „liberale Demokratie" nennt? Was, wenn das Volk für „illiberale Demokratie" stimmt? Wird dann das Volk aus dem Land gejagt, oder vom Rechtsstaat der liberalen Demokratie ins Gefängnis gesperrt, damit die liberale Demokratie sauber bleibt? Will die liberale Demokratie als das verstanden werden?

Haben die liberalen "Anti-Populismus"- Populisten etwas anderes im Sinn als ihre Macht? Wer erhebt in diesen Tagen die Stimme für Einigung, für Klarheit und Evidenz? Wer von den guten "Anti-Populismus"- Populisten fragt die bösen Populisten, was sie eigentlich denken und meinen zu wollen – nicht ihre Politiker, sondern die Leute, die sie wählen? Warum, wie der Politologe Jan-Werner Müller [180] meint, spielen "illiberale Demokraten" aus der Sicht der Toleranz-Paradoxie in die Hände böser Populisten? Sie sind doch lediglich Demokraten, die sozusagen intolerant gegenüber Intoleranten sind, z.B. abweisend gegenüber Muslimen, die sich in ihre Demokratie nicht einfügen wollen, die auf demokratischem Boden ihr eigenes, separates Sozialsystem errichten wollen und das Gastland mehr oder weniger ignorieren.

Seit Immigration von Menschen mit fremdem kulturellen Hintergrund in den 1970er Jahren ein – wenn auch konsequent verstecktes – Problem wurde, hat man weitgehend ignoriert, dass der neue Populismus eine Folge evolutionären Erbes im Sozialverhalten ist: die zuvor besprochenen Muster von Territorialität und Xenophobie. Sie zu dämonisieren wird nicht weiterhelfen – hat es schon in der Geschichte nicht, warum also sollte es nun zu etwas anderem als Polarisierung führen, im Unwillen, das Faktische zu akzeptieren: daher mein Vorschlag: nicht dämonisieren, sondern offen bearbeiten – es wird ein Hauptthema im dritten Kapitel.

Es ist erschütternd mitanzusehen, wie sehr sich Leute mit neuen Vorschlägen in der Politikwissenschaft ehrlich um eine friedliche Zukunft bemühen, aber über den theoretischen Konstrukten den „Faktor Mensch" ausklammern, obwohl sie die faktische Situation selbst beschreiben: *"... sogar in Fällen, in denen die demokratischen Anstrengungen der Populisten aufrichtig gemeint sind, bleiben sie dennoch eine Gefahr für die Demokratie."* * [4] Es ist schon aus diesem Satz offensichtlich, dass das Problem an der Demokratie selbst liegt, nicht am Populismus, wenn man die Populisten bereits als demokratisch identifiziert hat: Demokratie zerstört sich selbst durch den polarisierenden Populismus ihrer Parteien.

"Anti-Populismus"- Populisten: Dämonisieren *ist* Populismus

In diesem Prozess rasch zunehmender Polarisierung und des Niedergangs von Demokratie - und des sozialen Friedens ganz allgemein- spielen die Medien eine bedeutende Rolle. Hin und wieder spielen sie dabei ein bizarres Spiel, indem sie Widersacher gegeneinander hetzen und sich selbst über der Frage verwirren, welche der gegensätzlichen Argumente nun eher als „demokratisch" gelten können. Oft genug demonstrieren sie ganz offen ziemlich unverhohlenen Hass gegen Rechtsparteien und dämonisieren ihrerseits deren Führungsriege; dabei vergessen auch sie, dass sie damit bedenkenlos gegen jenen Teil der eigenen Bevölkerung schießen, der diese Parteien wählt. In Deutschland werden Akademiker im TV wie Kriminelle behandelt, wenn sie ihre Redefreiheit nutzen und ihre Position vorzubringen versuchen – Ausnahme ist dabei das Bundes-

land Bayern, der „Freistaat" seit 1871 [27] (formal seit 1918), wo die – zumindest bisher – führende CSU „keinen Platz rechts von sich frei lässt"
und dementsprechend in der Immigrationspolitik eine der Rechtspartei
AfD weitgehend ähnliche Position einnimmt. Österreich wird von der
liberalen Politik gleich insgesamt marginalisiert, nicht nur eine Partei,
weil Bundeskanzler Sebastian Kurz mit seiner „Neuen ÖVP" mit jenem
Teil seiner Argumente – so wie jene der CSU Bayern's - weitgehend mit
denen sogenannter Populisten übereinstimmt. Anderswo waren traditionelle Wähler der Mitte an Rechtsparteien abgewandert, weil die
Bürgerparteien ihrer Länder weiterhin ablehnten, vernünftige Argu-
mente von Rechts selbst zu übernehmen. Was den Österreichern zum
Schaden gereichte, blieb den Briten erspart, weil dort die Konservativen
ihre Anleihe von ihrer Rechtspartei UKIP erfolgreich verbergen konnte.
Niemand könnte behaupten, Frankreich's Präsident Macron hätte seine
Wahlen gegen Marine Le Pen nicht mit Hilfe von „Anti-Populismus"-
Populismus gewonnen. Und der Premier der Niederlande Mark Rutte
setzte in seinem Wahlkampf gegen Geert Wilders den populistischen
Aufruf an Migranten ein: "integriert euch oder geht!'

Auf der internationalen Ebene spielen die westlichen liberalen Demokratien dasselbe Spiel wie zu Hause; ihrem kalten Krieg der Parteien verfallen, verwenden sie auch dort ihr kriegerisches Vokabular wie „Wahl-
schlacht", „Sieg" und „Niederlage" und stigmatisieren jeden Vermitt-
lungsversuch als absurd. Die NATO-Staaten verhalten sich in ihrem Vorgehen gegen Russland wie eine Gruppe des Ku-Klux-Clan, der entschlossen ist, den schwarzen Mann auf ein Gerücht hin zu hängen. Folg-
same Medien sehen sich zur Zurechtweisung von Ländern wie Bulgarien,
Griechenland, Luxemburg, Malta, Österreich, Portugal, Slowakei, Zypern,
und Slowenien legitimiert, weil sie sich weigerten, anlässlich einer
Agentenaffäre in Großbritannien – damals noch ohne jegliche Beweise -
gegen Russland zu stimmen. Die medial geschaffene Atmosphäre ähnelte
jener zu Beginn des Irak-Krieges, als Alle aufgefordert wurden, gegen die
Massenvernichtungswaffen militärisch einzutreten, die dann niemand
fand. Nur ganz wenige Politiker wagen es, so wie der frühere deutsche
EU-Kommissär Günter Verheugen, gegen solche Hetzen aufzustehen, das
Schweigen zu brechen und die internationale Gemeinschaft zu kritisieren für dieses Verhalten wie das einer aufgehetzten Meute in einem

---

[27] Die Konsequenzen dieser halb-unfreundlichen Übernahme Bayerns durch
Preußen sind noch heute sichtbar und spürbar.

totalitären Staat. Mit dem UNO-Migrationspakt des Jahres 2018 verhält es sich nicht wesentlich anders.

Populismus ist Betrug an sich selbst und dem Gemeinwohl

Verfolgt man das Problem zurück bis an seinen Ursprung, so gerät man bis zum Beginn dokumentierter Gedanken: Konfuzius (500 v. Chr.) schreibt man den Hinweis auf den Kampf zwischen „ich" und „du" zu, und die Notwendigkeit, zwischen beiden zu einer Harmonie zu finden, nicht nur innerhalb deiner selbst. Fünfhundert Jahre später versuchte Jesus von Nazareth dich dazu zu bewegen, den „Anderen" das gleiche zuzubilligen, das du dir selbst erlaubst. Alle menschlichen Erkundungen abseits dieser fundamentalen Erkenntnis versuchen, einen Weg zur Umgehung dieses Grundauftrages zu finden, durch Selbstbetrug, Selbstbelügung, einen inneren Populismus, der dich überredet zu tun und ungehemmt als gut zu befinden, was dein Köper zu tun dich drängt, und sei es, dass du den Nächsten neben dir tötest.

Die Weisheit am Rat zur Harmonie liegt in der Gegenseitigkeit (Reziprozität) der Anerkennung von Respekt und Würde: der Mensch soll nicht einfach nur „Soll-Mensch" sein, gehorchen, was ihm aufgetragen, sondern selbst erkannt haben, dass „das gleiche Recht für Alle" Ursprung von Frieden und Harmonie ist.

Mord und unerkannter Selbstmord an einem Sozialsystem

*„Populisten reklamieren für sich, die Stimme des wirklichen Volkes zu sein. Sie glauben, dass jeglicher Widerstand gegen ihre Regeln nicht legitim sei. Und so geben sie allzu oft der Versuchung nach, die Opposition zum Schweigen zu bringen und ihre rivalisierenden Machtzentren zu zerstören."** Einmal mehr unterstützt Mounk [4] mit seiner Feststellung die Tatsache, dass Alle tun, was er nur einer Seite zuschiebt, und was alle Parteien gegeneinander schreien – wenn Sie das Zitat nochmals lesen und anstelle „Populisten" irgendeinen Parteinamen einfügen, stimmt das Zitat dann nicht weiterhin? Auch die spanische Regierung wird damit zum Populisten – macht sie nicht die katalonischen Politiker mundtot, indem sie der Justiz übergeben und von jener ins Gefängnis gesteckt werden? Trifft der Vorwurf nicht jede demokratische Regierung, die sogenannte Populisten selbst und mit Hilfe der Medien mundtot zu machen bemüht ist, um sich der Rivalen zu entledigen? Wenn ich den

rauhen und aggressiven Ton in den Parlamenten quer durch den Westen mitverfolge, frage ich mich, wer als Non-Populist übrigbleibt.

"Die liberale Demokratie ist alle Dinge für alle Menschen ... es ist diese Chamäleon-artige Eigenschaft, die der Demokratie zu ihrer einmaligen Stabilität verhalf". *[4] Ist sie all dies wirklich? Stellt nicht der Autor selbst diese Stabilität in Frage und beschreibt, wie sie vom Volk in einem Selbstbedienungs-Staat niedergestreckt wird? [N192]

Es ist naiv zu glauben das Problem sei nur der Autokrat, der versucht, die Macht zu ergreifen. Das Problem ist die Demokratie selbst, ihre Schwachstellen und vielen Türen, die sie zerstörerischen Kräften offenhält.[4] Es sind die *Bürger*, die für Dinge stimmen, die ihnen Populisten versprechen, nicht die Populisten – sie brauchen nicht vorzutäuschen, des Volkes Stimme zu sein: sie *sind* es! Die Geschichte wird weiter ihren Lauf nach oben und nach unten und in Kreisen nehmen, solange wir es nicht schaffen, in guten Zeiten eine neue Kultur zu bilden, die Menschen in soziale Verantwortlichkeit zu erziehen, zu Mitgliedern, die zur Gemeinschaft beitragen anstatt von ihr zu konsumieren. Die Herausforderung besteht also nicht darin, die bösen Populisten zu schlagen und die Autokraten, sondern die kranke Demokratie zu kurieren, die Ursache von Populismus und Autokratie.

Dennoch muss man klarstellen, dass es in der Tat einen substanziellen, beachtenswerten Unterschied gibt zwischen dem Populismus der Parteien um die Mitte, welche die Rechtspopulisten als solche beschimpfen, und den Rechtsparteien: einige von ihnen, besonders in Deutschland, machen den Eindruck, immer mehr auf Aggression zu setzen und letztlich den sozialen Frieden endgültig aufzukündigen. Ihre Gefahr liegt nicht so sehr darin, sich als Vertreter der Interessen des Volkes darzustellen. Ihre Gefahr kommt von dem Hass, den sie mit ihren Reden schüren. Aber sowohl die Menschheitsgeschichte als auch unser psychologisches Wissen zeigen uns, dass dämonisierendes Ausgrenzen das Problem nicht lösen wird. Im Gegenteil: Gesichter und Gesten im Parlament machen den Unerwünschten überdeutlich, dass sie nicht erwünscht sind; sie werden marginalisiert und oder ignoriert, Verhalten, das jenem gegenüber der Bevölkerungsgruppe der Zurückgelassenen entspricht. Damit löst es aber auch die gleichen Reaktionen aus: sie werden sich mit Verursachung von unverhältnismäßigem Schaden rächen. Anstatt sich selbstgerecht und selbstgefällig zu geben, sollten die „Non-Populisten" ihre eigene populistische Dämonisierung einstellen und endlich im Interesse des Gemeinwohls handeln und damit Agitatoren der Rechten den Wind aus den Segeln nehmen. Es ist bittere Ironie geworden, dass es politisch korrekte Mode in Europa geworden ist, jene bürgerlichen Parteien mit Argwohn zu behandeln, die es bereits geschafft haben, den Rechtsextremen den Wind aus den Segeln zu nehmen – Österreich ist ein solches Beispiel.

Wenn es dem Westen nicht gelingt, die Menschen aus ihrer von Kant so bezeichneten selbstverschuldeten Unmündigkeit zu befreien, könnte eine sonderbare Mischung östlichen kollektivistisch-kapitalistischen Totalitarismus die Menschheit erfassen und in einen dieser friedlichen Albträume führen.

Das Ende des demokratischen Klassenkampfes: Wirklicher Demokratie entgegen?

"In Wirklichkeit ist der Staat nichts anderes als eine Maschine zur Unterdrückung einer Klasse durch die andere, und dies gilt für eine demokratische Republik um nichts weniger als für eine Monarchie."

Friedrich Engels [1]

Der Klassenkonflikt ist älter als die Demokratie; er hat die Innenpolitik des 19. Jahrhunderts dominiert, also lange bevor erste moderne Demokratien am europäischen Kontinent nach schmerzvollen Episoden entstanden. Seither hat sie aber nicht vermocht, ihn zu beenden. Man könnte also sagen, dass Demokratie bis heute gar nicht richtig verwirklicht ist. Durch eine Reihe von Jahrzehnten haben die sozialistischen Parteien in Europa einen Klassenkampf gegen das Bürgertum aufrechterhalten; wo immer sie regierten, hatten demokratische Einrichtungen auf staatliche Anordnung eingeführt zu werden, begleitet von einer sanften Hexenjagd auf Eliten – 1968 war ein Jahr von "Revolution-light". Demokratie in Europa war insgesamt "Klassenkampf-light" im Vergleich zum Kommunismus. [N193]

Aber lassen wir uns nicht deprimieren und hypnotisieren durch diesen Blick auf die europäische Gesellschaft des 19. und frühen 20. Jahrhunderts. Denn Wandel ist am Horizont: zwei Aspekte sprechen dafür: der eine ist das Auftreten neuer Parteien, die sich um Inhalte formierten, nicht mehr um Ideologien: schon in den 1970er Jahren wurden überall im Westen "Grüne" Parteien gegründet, die sich für die Erhaltung der Umwelt als ein Hauptanliegen für unser Überleben einsetzten. Der zweite Aspekt trat vor allem im Jahr 2017 in Deutschland auf und setzt sich seither kontinuierlich fort: der kalte Krieg der Parteien, der als Fortsetzung des Klassenkampfes zu verstehen ist, beginnt sich in einer Desintegration der traditionellen Parteien totzulaufen: dieser Prozess ist auch in einer Reihe anderer Länder zu beobachten, vor allem auch in Großbritannien, wo nicht nur das Land, sondern auch die beiden großen Parteien in tiefen Meinungsunterschieden auseinanderbrechen. In Frankreich regiert ein Parteiloser, in anderen Ländern entstehen neue Parteien.

Steht das Ende der Parteipolitik vor der Tür?

Viele Parteien und deren Splittergruppen erheben den Anspruch, für *alle* Menschen des Landes da zu sein. Dementsprechend brauchen sie alle nichts anderes zu tun, als im Sinne des Gemeinwohls tatsächlich in gemeinsamer Anstrengung für alle Bürger tätig zu werden – mit Betonung auf gemeinsam. Sie brauchen sozusagen nicht mehr gewählt zu werden; sie sind schon da. Das einzige, was sie für ihre Glaubwürdigkeit brauchen, ist guter Wille- und eben Zusammenarbeit. Nicht mehr der Kampf für einen Teil der Bevölkerung ist das Ziel, sondern die gemeinsame Lösung von Problemen, die Alle betreffen. Der Unterschied zwischen dem Klassenkampf unter dem Deckmantel von „Demokratie" mit der Aufschrift "Wir-das Volk" wäre eine problemorientierte statt einer ideologischen Politik. Interessensgruppierungen um konkrete soziale Probleme würden eine völlig andere Struktur und Einstellung haben als die herkömmlichen Repräsentanten sozialer Klassen, die es ohnehin zum Teil gar nicht mehr gibt. Die Interessengruppen werden sich auch ändern und jedesmal um neue inhaltliche Herausforderungen neu strukturieren. Dadurch wird die Bildung von Patt-Situationen, wie sie sich derzeit verfestigen, nicht mehr möglich sein.

Wäre man ehrlich, man müsste eingestehen, dass Demokratie überhaupt erst beginnen kann, wenn der Klassenkampf zuende ist und die Menschen beginnen, gemeinsame Interessen über widerstrebende Interessen zu stellen.

Ich stelle diese Bemerkung als Schlussstein an das Ende dieses Kapitels, weil sie in eine mögliche, wenn nicht sogar plausible, Zukunft weist, eine mögliche, wirkliche Demokratie – wir werden uns im folgenden Kapitel eingehend damit befassen.

Zusammenfassung und Ausblick

Die Gründungsväter der modernen Demokratie meisterten die Quadratur des Kreises nicht: der Konflikt zwischen Befreiung hinein in die individuelle Freiheit einerseits, und Beschränkung eben dieser individuellen Freiheit durch die Gesellschaft andererseits, ist ungelöst. Bedenkt man Sorgen und Kritik während der letzten etwa 250 Jahre, würde niemandem einfallen, diese Demokraten in ihrem guten Willen dafür verantwortlich zu machen. Nun aber, mehr als 250 Jahre nach diesen ersten mutigen Schritten, müssen wir uns eingestehen, dass keine ernsthaften Bemühungen um die Erhaltung der Demokratie als Dauereinrichtung gemacht wurden.

Eine Vielzahl von Systemschwächen stellen die Glaubwürdigkeit und Praktikabilität liberaler Demokratie als politischer Dauereinrichtung in Frage. Inkonsequente Strategien und Widersprüchlichkeiten machen die Schwierigkeit verständlich, Demokratie ernsthaft zu definieren, denn sie ist weder eine konsistente Ideologie noch Regierungsstrategie. Einige der Systemschwächen sind derart tiefreichend und selbst Teil der Funktion von Demokratie, dass man von a priori Schwächen sprechen muss, systemimmanenten Fehlern. Fundamentale Dogmen wie Freiheit, Gleichheit und Brüderlichkeit sind aus biologischer Sicht nicht praktikabel; andere wie Toleranz und allgemeines Wahlrecht sind autodestruktiv, wie das Paradox der Toleranz, welches zur Intoleranz zwingt, oder die Wahl als Option zur Abschaffung der Demokratie selbst. Damit Demokratie wie geplant und erwartet funktionieren kann, müssen sie offenbar alle neu definiert werden, indem die menschliche Natur darin ihren Platz findet, anstatt sie zu ignorieren und zu stigmatisieren. Als Folge dieser Systemschwächen beginnen in unserer Ära die soziopolitischen Konstrukte der Demokratie zu schwanken und drohen mit zunehmender Geschwindigkeit zu zerfallen, während – oder vielleicht gerade weil – all die beunruhigenden Entdeckungen über die menschliche Natur in eben dieser Ära stattfinden. Wenn wir heute Demokratie kritisieren, sind damit nicht Vorwurf und Unterstellung gemeint, sondern der Hinweis auf Herausforderungen, die mit zunehmender Geschwindigkeit auf uns zukommen.

Wenn Demokratie geschaffen wurde, um Machtmissbrauch und andere asoziale Eigenschaften zu verhindern, das sogenannte „allzu-Menschliche" oder auch „Inhumane" an uns, dann ist sie eben defekt, weil sie den Rückfall in alte Gefahren und die Entstehung neuer Risiken zulässt. Viele

Menschen haben mittlerweile ein vages Gefühl, dass ein Wandel ansteht, aber der große Masterplan hierfür ist – noch- nicht in Sicht. Die Menschen warten auf Visionäre – wahrscheinlich dir größte Gefahr der Demokratie und für ihr Überleben gleichermaßen.

Der Grund liegt darin, dass Politik bisher nicht über rationale Argumentation funktioniert, sondern auf unbewussten, emotionalen Pfaden. Wenn wir, das Volk, tatsächlich unsere Macht ausüben wollen, dann wären wir gut beraten, ab jetzt unsere rationalen Argumente einzusetzen, die Ergebnisse solchen Denkens in individuellen Gehirnen zu nutzen und den Beginn einer Ära evidenzbasierter Politik ohne Manipulation und ohne Ausbeutung zu unterstützen.

Demokratie heutiger Prägung ist dabei, sich an drei Folgen seiner Kultur selbst zu strangulieren: 1- Industrie und Ökonomie nehmen die Politik in die Geiselhaft einer entstehenden „Korporatokratie", 2- Öffentliche Beratungen im Wohlstand polarisieren die Gesellschaft in einem kalten Krieg der Parteien, der nur friedlich bleibt, solange der Wohlstand anhält, 3- Neo-Kolonialismus transportiert die Produktion nach draußen und führt innen zum ökonomischen Niedergang.

Die Tatsache, dass Kapitalismus einen social divide verursacht, ist keine spezifische Folge von Demokratie; es geschieht auch in allen anderen Systemen. Diese Entwicklung in der Demokratie weist lediglich darauf hin, dass auch sie nicht fähig ist, diese Entwicklung zu unterbinden.

Wenn das Gewahrsein dieser Entwicklung keine Änderung im Gleichschritt mit ebenso drängenden Maßnahmen gegen menschengemachte Umweltprobleme bewirkt, - und hier werde ich nun nicht jenen Fehler machen und mit einer weiteren Vision prophetischer Horrorszenarien aufwarten, wie es Karl Popper kritisiert, sondern stattdessen Änderungen in Richtung eines rettenden Schlupfloches der Evolution vorschlagen: die konsequente kulturelle Evolution. Das Schlupfloch besteht in der Verwendung unserer geistigen Fähigkeiten zur intelligenten Einzäunung und Kanalisierung unseres nachteiligen evolutionären Erbes an Sozialverhalten im Interesse des Gemeinwohls.

Zynismus oder besserwisserische Haltungen ohne Taten im Interesse des Gemeinwohls gleichen träger, unaufrichtiger Selbstaufgabe.

Wenn wir soziale Unruhen wegen genetischer und kultureller Ungleichheiten erfolgreich vermeiden wollen – anders als in Aldous Huxley's Horrorvision von Brave New World, in der Gammas in ihren blauen Overalls glücklich sind Gammas zu sein und für die Anderen die manuelle Arbeit zu machen, weil sie dazu genetisch verändert und in ihrem Verhalten konditioniert wurden wie Versuchstiere – wenn wir dies vermeiden wollen, dann müssen wir aufhören, uns selbstzufrieden darauf zu verlassen, dass wir „Demokratie haben", als Sicherheit vor allem künftigen Unbill.

Es ist an der Zeit, uns nicht länger von Ideologien für Götter, Engel und Übermenschen entführen zu lassen – und nicht länger blind für die Paradoxien in unseren politisch korrekten Verständnis von Demokratie.

Vielleicht brauchen wir eine neue Art von Toleranz und Offenheit, um unseren westlichen universalistisch-intellektuellen Imperialismus aufzugeben, der von China mit mildem, stillen und geduldigen Lächeln verfolgt wird, von Russland mit eifersüchtigem Blick, gierig darauf, teilzuhaben, oder besser noch, alles zu besitzen; oder von Afrika mit seinem zunehmend gierigen Neid, seinen Anteil zu bekommen, und von den muslimischen Ländern mit ihrem abschätzigen Hass.

Wie ich wiederholt hervorgehoben habe, ist mein Ziel mit diesem Buch nicht nur Kritik, sondern auch Warnung anhand der Analyse bedrohlicher Probleme als Vorbedingung für Lösungsansätze. Ich stimme mit Brennan überein, dass *es leicht ist, die Pathologien von Demokratie bloßzulegen; es ist schwieriger, Einrichtungen zu entwerfen, die etwas an ihr bessern.*"[3] Nun denn, machen wir diesen nächsten Schritt und besprechen wir Ideen für Lösungen:

Kapitel III

Demokratie und die Zukunft der Menschheit

*"Wenn wir einen Menschen fragen, was die Zukunft für die Menschheit bereit hält, können wir dann mehr erwarten als den Spruch des Wahrsagers?" * 1*

Karl Popper

Einleitung

Was denken Sie selbst darüber? Sind sie zufrieden mit der Welt so wie sie ist? Wenn Sie in einer der westlichen Demokratien leben, oder zumindest in einem Land, das sich als demokratisch bezeichnet: sollte alles bleiben wie es ist? Sollte es künftig überhaupt noch Demokratie geben? Sind Sie unbeeindruckt geblieben von all den Systemschwächen und Paradoxien im vorangegangenen Kapitel? Und wie denken Sie über die Schlussfolgerungen der EIU [16] und anderer, dass es überhaupt nur wenige Demokratien gibt, die diesen Namen auch wirklich verdienen? Und schließlich, wie stehen Sie zu den zahlreichen düsteren Prognosen aus der rezenten Fachliteratur, die auf S. 250 aufgezählt stehen?

Es scheint in der Tat, dass einfach zu viele Zeichen auf Veränderung stehen: politische Parteien, die in manchen Ländern mit ihren Bürgern Versteck spielen oder sich aus Ratlosigkeit effektiv verstecken, andere schicken politische Gegner hinter Gitter, wieder andere tanzen den Populismus-Tango vor den Augen eines irritierten Europa. Länder wie die USA demonstrieren bereits in der Wirklichkeit, was eben noch sorgenvoll theoretisch als Stolperstein für die Demokratie erwogen worden war: dass aus Wahlen ein Kandidat resultieren kann, den mehr als die Hälfte der Bevölkerung für inkompetent hält. Und schließlich führen einige Regierungen ihre Länder aus der Demokratie zurück in – oder zumindest nahe an – Absolutismus und Autokratie, wie in der Türkei, Polen und Ungarn. Die Warnung der EIU, dass Demokratie insgesamt in Gefahr sei, wird direkt vor unseren Augen Wirklichkeit. Es ist also nur allzu offensichtlich klar geworden, dass sich etwas ändern muss, wenn wir unsere Welt in Frieden und Wohlstand bewahren wollen. In diesem Drama ist die Demokratie gleichzeitig in Gefahr und selbst Teil der Gefahr. Gibt es Möglichkeiten, sie in ihrer derzeitigen Form durch Verbesserungen und Reformen am Leben zu erhalten, oder ist es zu spät für Flickwerk?

Die Gesellschaften sind insgesamt gut beraten zu überdenken, was sie eigentlich wirklich sind und sein wollen, eigentlich als unumgängliche Notwendigkeit für ihr Überleben. Die resultierende Einstellung wird über Änderungen entscheiden, die notwendig sind, um der Gesellschaft Sinn und Bedeutung wiederzugeben. Teilweise könnte es durch intelligente Erziehungsstrategien zur Überlistung jener menschlichen Eigenschaften gelingen, die wir „asozial" oder „unmenschlich" nennen, um den alten Kreislauf des gegenseitigen Verdammens und Beschuldigens und damit des Kampfes zwischen Individuum und Gesellschaft und zwischen Gruppen zu unterbinden. Mein Ausgangspunkt für diesen Vorschlag – und mit dieser fixen Idee stehe ich gewiss nicht allein – ist die Vorstellung, dass sich unsere geistigen Fähigkeiten im Laufe der Evolution nicht nur zum Zweck flexiblerer Anpassung an Umweltbedingungen und deren Ausbeutung entwickelt haben, sondern auch zum Zweck der Kontrolle von asozialem Verhalten durch intelligente Erziehung.[N198] Dies bedeutet, neue Wege jenseits der Strategien der Väter der modernen Demokratie im 18. Jahrhundert zu beschreiten, Straßen die weder nur mit Ideologien gepflastert sind, noch die menschliche Natur als unerziehbare Realität darauf weiterkarren, gebändigt nur durch die Gitterstäbe rächender Strafe. Die Lösung könnte eben genau im gegenteiligen Ansatz liegen, nämlich darin, unser rasch zunehmendes biologisches und psychologisches Wissen über unsere eigene Natur für intelligente Selbstkontrolle zu nutzen. Eine Vielzahl privater und öffentlicher Initiativen zeigen schon jetzt, dass die vorbeugende Vermeidung von asozialem Verhalten nur eine Frage von gutem Willen ist, der politisch durch entsprechende Förderung von Sozialarbeit umgesetzt werden müsste.[N199]

In diesem abschließenden Kapitel werde ich- nach einer allgemeinen Diskussion – Vorschläge zur Verbesserung der Demokratie aus der gegenwärtigen Literatur präsentieren; sie werden neben Popper's Strategie des schrittweisen Vorgehens auch Aufrufe zu radikaler Veränderung beinhalten, wie zur Epistokratie, aber auch die Fortsetzung der Sozial-Epistemologie und deliberativen Demokratie, Kritik am Neo-Liberalismus und der Eliten-Theorie. Schließlich werde ich meine eigenen Vorschläge vorstellen, die drei größere Bereiche von Änderungen umfassen:

1- Grundeinstellung zur Gesellschaft: Neudefinition der politischen Bedeutung von Freiheit, Gleichheit und Brüderlichkeit; Rückkehr zu einer Gesellschaft, die ihrer Pflicht gewahr ist, ihren Nachkommen Orientierung durch Erziehung in ihre Kultur zu geben, einschließlich ihrer moralischen Werte wie Vertrauen, soziale Verantwortlichkeit, Respektieren der Menschenwürde [N266] und Gleichwertigkeit auf reziproker Basis.

2- Generelle politische Strategien: Verfassung "von unten" mit Schwerpunkt auf gemeinsamen Interessen und Bedürfnissen; Erklärung der Beendigung des Klassenkampfes; Separierung zur Vermeidung von

Polarisierung und dämonisierendem Populismus; Begrenzung des Kapitalismus; Neutralisierung von Macht durch evidenzbasierte Politik; Prinzip der jeweils niedrigst-möglichen Entscheidungsebene; Kontrolle manipulativer Prozesse; Entscheidungsfindung durch Einigung auf der Basis vorhandener Evidenz (Konklave ohne Abstimmung).

3- Struktur politischer Institutionen: abgestufte Expertenkammern (lokal, regional, national, supra-national), Administratoren und Diplomaten, repräsentatives Staatsoberhaupt. Politische Parteien nur begrenzt auf Zeit und Inhalte, nicht Ideologien.

Was politische Philosophen und Wissenschaftler über die Zukunft der Demokratie sagen

"Ein Hauch von Melancholie umgibt die Zukunft der Demokratie." [181]

Demokratie heilen?

Zurück zur Frage angesichts der besprochenen Systemschwächen: lässt sich die gegenwärtige Form von Demokratie durch Korrekturmaßnahmen aufrechterhalten, oder ist ein tiefer reichender Wandel unvermeidbar? Welcher Weg führt aus dem Dilemma zwischen dem egozentrischen „ich" und dem ambivalenten „du", zwischen Instinkten, Glauben und Evidenz in einer sozio-politischen Kultur, zwischen individueller Freiheit und dem „Gemeinwohl" von uns, „dem Volk"?

Es scheint als hätten wir Menschen uns kürzlich selbst aufgegeben, in dem Moment niedergeschmettert, da uns die Wissenschaft den Spiegel unserer Kreatürlichkeit vorhält, durch den hindurch wir in die evolutionären Tiefen unserer Kreatürlichkeit blicken, Tiefen die das Oberflächenbild für immer verändern: nun, da wir gewahr werden, dass wir unserer selbst fast nie wirklich gewahr sind, stattdessen in einer Weise handeln, die wir gerne "spontan" nennen, um nicht eingestehen zu müssen, dass damit "instinktiv" gemeint ist, könnten wir in der Tat entmutigt sein. Wir könnten auf unsere Abhängigkeit von dieser Kreatürlichkeit verweisen und uns gewissenlos genießend darein fallen lassen, befreit von Verantwortung.

Vor dieser Veränderung zur Fähigkeit der Selbstbewusstheit *war* der Mensch sein Kampf zwischen Kreatürlichkeit und Geist; nun, gewahr dieses inneren Kampfs, *sind* wir nicht mehr nur dieser Kampf, sondern *haben* ihn in unserer Bewusstheit vor uns stehen.[N227] Durch ihn bekämpfen wir uns selbst, solange wir dem Widersinn nicht Einhalt gebieten. Aber unter dem Eindruck des Ausmaßes der entdeckten Abhängigkeit des Geistes von seiner Kreatur laufen wir Gefahr, Kontakt zu unserem eigentlichen „ich" zu verlieren, diesem bewussten, bedenkenden, kreativen Wesen, aus der Vergangenheit kommend und eigentlich stets planend in der Zukunft lebend, oder Plan und Erinnerung vergleichend, fähig, die Dinge durch völlig neue Strategien zu ändern, aber auch fähig, uns selbst als soziale Wesen zu vergessen. Ist die Angst vor dem Niedergang eine Folge der Isolation in Hedonismus, ein Gefühl unterzugehen ohne diese sozialen Bande – immer mehr Singles in Städten, alleinerziehende Mütter, Patchwork-Familien, Großeltern in Alters- und Pflegeheimen, Einsamkeit zwischen oberflächlichen oder ganz virtuellen Kontakten? Ist Untergang eine Folge verlorener Visionen von Weiterleben im Jenseits, von einem zerstörten Himmel, herabgezerrt auf die Erde? Diese Dinge hatten immer mit Politik zu tun, entweder mit Politik als Auftragnehmer für die soziale Ordnung, die sich aus dem kosmischen Gesamtbild ableitete, oder weil die Stellvertreter auf Erden sie selbst zu Politikern machten.

Bewegt sich alles nur in unausweichlichen Kreisen? Sollten wir uns einfach fatalistisch den Wahrsagern Popper's ergeben und geschehen lassen was kommt, also auch Rousseau's trockenem Kommentar: " *Wenn Sparta und Rom untergingen, welcher Staat könnte hoffen auf ewig zu bestehen?* " [12] Dabei ließ Rousseau wenigstens die Tür offen zu der Frage, was sie denn falsch gemacht haben könnten, dass sie untergingen – und in der Tat: sie machten viele schwerwiegende Fehler. Was also können wir aus ihren Fehlern lernen? Der größte Fehler, den wir jedenfalls machen können, ist die Geschichte als irrelevant zu missachten unter Annahme, dass die menschliche Natur sich in den letzten zwei- bis dreitausend Jahren ohnehin nicht geändert habe. Aber es geht um nichts als dies: hier sind wir mit unserer Natur, vorbestimmt durch Gene, aber auch begabt mit geistigen Fähigkeiten. Veränderung und Kontrolle jenseits der genetischen Evolution und der kosmischen Umwelt hängen von Information ab, von Wissen, Verstehen und wohlbedachtem Handeln. Was wir also tun können, ist dies alles zusammenzunehmen und zu beobachten, welche nächsten Schritte vom Standpunkt verfügbarer Evidenz am ehesten Erfolg versprechen. Daher ist für uns jetzt die Frage:

Was erwarten wir von der gegenwärtigen Demokratie, und gibt es ausreichende Wahrscheinlichkeit für eine positive Entwicklung? Soweit die vorangegangene Analyse eine Antwort erlaubt, ist die Antwort nein.

Was also muss sich ändern?

Nun, wenn wir Demokratie als eine Geisteshaltung verstehen wollen, dann wäre guter Wille als Grundhaltung einander gegenüber ein guter Beginn – und eine, die an Staatsgrenzen nicht Halt machen darf. Damit sieht es wieder nach einer globalen Mission aus, ähnlich der des frühen Christentums, der einzigen missionarischen Religion mit globalem nicht-politischem Anspruch. Was aber sollte die Substanz dieser neuen Mission sein? Zuallererst braucht die gegenwärtige eine innere Erneuerung, um global akzeptabel zu werden. Wenden wir uns also diesem Auftrag zu:

Bisher scheint das einzige Ziel die wiederholt angesprochene Quadratur des Kreises gewesen zu sein, individuelle Freiheit mit deren Einschränkung durch Gesetze und der Erhaltung des Gemeinguts zu verbinden, den „Soll-Menschen" sozusagen als Negativabdruck der Gesetze entstehen zu lassen. Wahrscheinlich hatten die Gründungsväter erwartet, dass die Kirchenväter auch weiterhin für die Bildung der Seelen sorgen würden. Diese Erziehung ist inzwischen seit längerer Zeit ersatzlos gestrichen. Um die Bildung eines sozialen Verantwortungsbewusstseins für das Gemeingut hat sich seit Anbeginn niemand ernsthaft gekümmert. Die derzeit zerbrechende, in manchen Ländern bereits zerbrochene Gesellschaft ist die notwendige Folge des ungelösten Konflikts zwischen der individuellen Freiheit, missverstanden als jedermanns Recht auf die Verwirklichung aller Träume, und dem Gemeinwohl, basierend auf einer fairen Gesellschaftsordnung.[N200]

Auch Popper's „Offene Gesellschaft" ist eine Zukunftsvision für eine Version des „Soll-Menschen", sogar noch etwas schwerer gemacht, weil sie ein friedliches Zusammenleben von Ethnien und Kulturen erhofft – ein sozialer Vulkan, auch vergessend, dass selbst „die kritischen Fähigkeiten des Menschen" [1] leichtes – wenn nicht unvermeidliches – Opfer von „Glauben" werden, diese Macht, in der alle Menschen gleich sind.[N201] *„ ... wir müssen unser letztendliches Ziel festlegen, oder den Ideal-Staat, bevor wir an die praktische Arbeit gehen können. Nur wenn dieses Ziel wenigstens in groben Umrissen festgelegt ist, ... nur dann können wir die besten Wege und Methoden für die Verwirklichung zu erwägen beginnen und einen Plan für die praktische Umsetzung zeichnen ... Dies ist, kurz gesagt, der methodologische Ansatz, den ich utopisches engineering nenne "* [1] schreibt Karl Popper. So wie er, widerspreche auch ich utopistischen Änderungsversuchen, hart erkämpft durch Revolution. Stattdessen empfehle auch ich, so wie Popper, ein schrittweises Vorgehen.[N202]

Die Vision von „Erfüllung" in unserem Bewusstsein, die Idealvorstellung von einem Ziel, sie ist die Quelle für Probleme in der Politik: der Traum, das Bild von einer Zukunft, der wir Alle zustreben sollen, darin liegt der Kern des Problems, weil nämlich Alle von uns ein anderes Bild davon haben, die Vorstellung von einer ganz eigenen, privaten Zukunft, gleich ob säkularen oder religiösen Ursprungs, erdgebunden oder metaphysisch. Aus politischer und philosophischer Sicht scheint der „Ideale Staat" ein Äquivalent der Vorstellung vom Himmelreich zu sein, eine Art von irdischem Jerusalem in Frieden und Wohlstand als Simulacrum des himmlischen Jerusalem der mosaischen Religionen. Der Gottesstaat mit seinen von Gott gegebenen Gesetzen für soziale und individuelle Verhaltensordnung, mit einem kosmischen Weltbild vom Uranfang bis in die Ewigkeit, diese Art von Staat ging in Europa in der zweiten Hälfte des Mittelalters zuende, als nach der *„majestätischen Mittagsstille"* [341] die Schrecken von Pest und Hungersnöten hereingebrochen waren. In der muslimischen Welt begann die Befreiung mit dem „Arabischen Frühling"; nach dem Umsturz in Libyen, Tunesien, Ägypten und Irak ist nun Syrien seit Jahren in Krieg und Umbruch, und Anzeichen von Unruhen werden in Saudi Arabien und Iran sichtbar. Jegliche Entschlossenheit zu einem *„letztendlichen politischen Ziel, oder Idealstaat"* ist daher das Gegenstück zur liberalen Demokratie. Jede utopische politische Definition eines Endpunktes für die menschliche Gesellschaft auf der Erde – sei es religiös oder säkular – markiert den Weg vorwärts in die Vergangenheit, verantwortlich für Spaltung statt Einheit, wie wir in ausreichendem Umfang aus der Geschichte der Religionen und Himmelreiche auf Erden wissen.[N203]

Die politischen Architekten scheinen verstanden zu haben, als sie die gegenwärtige liberale Demokratie entwarfen. Sie versuchten das Problem ehrlich zu lösen, blieben dabei aber in der Weise naiv, wie sie den „Faktor Mensch" ignorierten: sie hatten zwar gelernt, dass Endziele aus sozialpolitischer Sicht keine realistische Option sind sondern nur für individuelle Lebensplanung. Sie hofften die Religionsfalle durch Religionsfreiheit im Sinne der Idee einer freiheitlichen Gesellschaft zu umgehen, Freiheit sogar für alle Religionen – und deren Kulturen, individuelle Freiheit insgesamt. Darin aber lag der naive Irrtum: sie waren damit zurück in der Ideologiefalle der Toleranz-Paradoxie und versuchten, den „Soll-Menschen" als Negativ-Abdruck der Gesetze einzuführen, indem sie die menschliche Natur ignorierten, statt sie mit einzubinden. Was heute in den Demokratien nach Art der amerikanischen Federalists [N204B] geschieht, ist also die Folge der Schaffung eines liberal-demokratischen Staates, in dem Erziehung als Angriff auf die persönliche Freiheit gilt – ein inhärenter Systemfehler zur Selbstzerstörung. Die liberale Demokratie, die unweigerlich zu Individualismus und seinen Konsequenzen führt, ist entlarvt als lediglich eine weitere Utopie, bei der man diesmal zu bedenken vergaß, dass Individualismus die Regentschaft des Individuums bedeutet, das seine eigene Lebensader ignoriert: die Gesellschaft; das kurzlebige Reich, in dem es nur Könige und Königinnen gibt.

Liberalismus ohne die entsprechende Erziehung ist jene Kraft, welche die labile Balance zwischen egozentrischem und sozialem Verhalten zerstört. Schlecht erzogene Individuen an der langen Leine lassen Andere im Stich und zurück. So beginnt Demokratie in Selbstzerstörung gegen ihre eigenen Ziele zu wirken; ihre Gründungsväter hatten den Automatismus nicht erkannt. Ich sage dies alles, weil uns mittlerweile die Psychologie lehrt, was der Alltag bei genauem Hinsehen schon über die Jahrhunderte hatte erkennen lassen: wer die menschliche Natur missachtet und die rachsüchtige Reaktion der von der Gesellschaft Zurückgelassenen, den bestraft die Natur dafür, dass er sie aus seinen Idealen auszusperren trachtete. Die Folge ist Polarisierung am Beginn des Endes.

Daher kann die Konsequenz für eine Demokratie nur sein: die Utopie-Lektion ist gelernt, Endziele sind Privatangelegenheit, nicht Aufgabe der Politik, einschließlich Erwartungen, Hoffnungen und Träume. Sie sind für ein demokratisches Konstrukt nicht hilfreich, auf lange Sicht für überhaupt kein Sozialsystem nützlich; ein liberaler Staat, der sein Haus auf den Träumen seiner Bürger baut, indem er versucht, zuerst das Dach zu errichten, wird keinen Erfolg haben. Individuelles Vergnügen und Selbstverwirklichung als Endziele einer Gesellschaft kündigen deren bevorstehendes Ende an. Gebäude stehen auf ihrem Fundament, sie hängen nicht vom Himmel. Dementsprechend sind werdende und wiedergeborene Staaten gut beraten, zuerst ihr Fundament zu bauen. Dabei ist zu bedenken, wen das Gebäude beherbergen soll: Menschen, nicht „Soll-Menschen", aber auch nicht des Menschen Träume – dass alle Nationen bereits auf dem Fundament oder den Ruinen ihrer Religionen stehen, den „religiösen Werten",[N205] bedarf der genauen Prüfung, was davon Museum der kulturellen Evolution werden soll, und was Werte von gemeinsamem Interesse repräsentiert. Grundlegende soziale Werte sind nicht notwendigerweise in Religionen verwurzelt, aber Religionen sind oft auf und um sie herum entstanden, wie der Konfuzianismus und Buddhismus für die Kulturen des Fernen Ostens zeigen; vor allem Naturreligionen reichen mitunter tief in die Dimensionen unserer Einbindung in Biosphäre und kosmische Kräfte.

Meine Schlussfolgerung, und daher die Basis für meine Vorschläge, wird sein, ein neues Fundament zu bauen, nicht einen neuen Himmel. Blicken

Sie zurück auf die Sätze über Religion, können Sie erkennen, dass die Perspektiven plötzlich himmelhoch aufragen.[N206]

Wird Popper's Strategie des *„schrittweisen sozialen Engineering"*[*][1] einen guten Startpunkt bieten? Bedenken wir die ziemlich grundlegenden, und vor allem inhärenten, Systemschwächen der gegenwärtigen Demokratie, dann ist zumindest zweifelhaft, dass schrittweise Ausbesserungen am derzeitigen Fundament ausreichen würden.[N207] Also werfen wir einen Blick auf Meinungen und Vorschläge von Autoren in den letzten Jahren:

Demokratie für das 21. Jahrhundert?

Alle archaischen – und die meisten neueren – politischen Systeme begannen aus einer evolutionär basierten sozialen Hierarchie, nur wenige entstanden auf der Basis eines philosophischen Konzeptes, wie der Kommunismus und - die moderne Demokratie. Dennoch gaben Philosophen der Demokratie niemals wirklich gute Noten, warnten eher einstimmig vor ihrer Kurzlebigkeit. Warnungen, Proteste und Neustarts zurück in frühere Modelle begannen fast unmittelbar nach dem Anfang der modernen Demokratie und auch während ihres Verlaufs über Jahrzehnte des Glaubens an ihre Stabilität, daran, Demokratie „zu haben".[N208] Nur wenige Stimmen im 20. Jahrhundert klangen positiver und hoffnungsvoll, diskutierten Wege zur Verbesserung, wie Karl Popper, der gleichzeitig Kritik an der alten Kritik übte, anstatt sie ein weiteres Mal zu wiederholen. Es gibt weitere Konzepte zur Verbesserung der gegenwärtigen, gefährlichen Lage; ich stimme nicht mit allen überein, war aber vorwiegend an der Frage interessiert, ob sie überhaupt empfehlen, Demokratie fortzusetzen:

Während Grayling nicht effektiv mit Vorschlägen für Veränderungen kommt, schlägt Brennan "Epistokratie als sinnvollere – und vor allem ehrlichere – Alternative als politische Lösung in einer Situation vor, in der die Gesellschaften immer komplexer, die Wähler aber immer inkompetenter, desinteressierter und der Manipulation ausgesetzt werden. Er argumentiert, dass die Qualität politischer Lösungen mit kleineren

301

Gruppen von Experten oder zertifizierten Wählern besser werden müsste, wohingegen das allgemeine Wahlrecht weitgehend nutzlos sei. Epistrokratie beschreibt er als abgewandelte Demokratie, in der ein umschriebener Wahlkörper von Experten die Entscheidungen trifft.[N209] Alternativ dazu schlägt er einen Wählerpass vor, oder eine Lizenz, die interessierte Leute erwerben, indem sie eine Prüfung über basale Kompetenz und soziale Verantwortung ablegen. Als weiterer Vorschlag erwägt er die Möglichkeit, je nach Kompetenzniveau mehrere Stimmen zu haben.[3] Brennan diskutiert dabei auch die Möglichkeit: *"… um arme und benachteiligte Bürger zur Wahl zu motivieren, könnte die Regierung Anreize bieten … jeder, der sich als Wähler qualifiziert, bekommt die Möglichkeit, eintausend Dollar von der Steuer abzuschreiben."* [*3]

Die Mehrzahl der Vorschläge geht in diese Richtung: weniger Menschen sollten im Entscheidungsprozess involviert sein. eine der vorgeschlagenen Lösungen ist die in Kapitel II beschriebene „Eliten-Theorie" (S. 253 und siehe z.B.[32]), wie sie schon von Schumpeter und danach von A. Downs diskutiert wurde: dabei wird sozusagen eine moderne Version von Platon's und Hobbes' Vorschlag präsentiert, nur dass im modernisierten Konstrukt der Entscheidungsträger nicht mehr der König ist, wie im "Leviathan", sondern eine Pyramide von Expertengruppen. Ich werde später in mehr Detail argumentieren, das ein derartiger Vorschlag nur akzeptabel sein kann, wenn die Expertenvoten von entsprechender Evidenz untermauert und durch entsprechende Rechtfertigung und Haftung abgesichert sind.[N210]

Ch.H. Achen und L.M. Bartels argumentieren in ihrem Buch "Democracy for Realists" [159], dass politische Entscheidungen auf der Basis regionaler kultureller Identität getroffen werden sollten. Leider würden solche Interessensgruppen wohl einen Graben zwischen Teilen der nationalen Bevölkerung eher vertiefen, wenn dabei das Allgemeingut bzw. Gemeinwohl nicht im Vordergrund steht. Hier bleibt also die Frage offen, auf welchem Weg man zu sinnvollen Lösungen kommt, ohne Teile der Gesellschaft zurückzulassen, vor allem aber, ohne den weiteren Überblick auf internationale und globale Interessen zu missachten.

Mounk's Verbesserungsvorschlag besteht in der Forderung, dass wir *"dringend einen Plan für eine bessere Zukunft entwickeln müssen".*[*4] Manche könnten dies als „empty box" bezeichnen, andere könnten daran eine Büchse der Pandora befürchten: solche Pläne waren in der Büchse der Bolschewiki und der Jakobiner unter Robespierre.[340] Im Zusammenhang mit seiner Forderung, dass man die Ökonomie stabilisieren müsse[4], fand ich keinen Hinweis auf „social divide", Mindesteinkommen und Einkommensobergrenze – eine fundamentale Unmöglichkeit in der liberalen Demokratie: welches soll das höhere Gut sein: Freiheit oder Gleichheit? Wie kann ein System erwarten, ernst genommen zu werden, wenn es hierzu verkündet: Freiheit!?

In der Politik Vertrauen wiederherzustellen ist nur mit Aufrichtigkeit möglich, die durch Evidenz glaubhaft gemacht wird. Vor allem würden wohlbedachte Entscheidungen, schrittweise umgesetzt, Unruhen und Revolutionen verhindernd, einiges an Verständnis unserer Geschichte verdeutlichen. Im Gegensatz dazu wird der Aufruf zu Massenprotesten gegen die erklärten Populisten [4] die Welt in Chaos und Bürgerkrieg mit ungewissem Ausgang für unsere Kinder schlittern lassen. Mounk beschreibt zwar zuerst die Schwächen und Strukturdefekte der Demokratie, und, warum sie nicht funktioniert, verlangt danach aber dennoch, dass die Leute auf die Straße gehen sollen, sie zu veteidigen.[4] Er beschreibt ein gescheitertes System, will es aber dennoch bewahren. Ich meine, die Verteidiger der Demokratie sollten sich stattdessen mit ihren Opponenten zusammensetzen und über Veränderung sprechen, denn das ist es, was sie an gemeinsamem Interesse haben: beide Seiten wollen Veränderung! Dieses Argument gilt für die heutigen polarisierten Gesellschaften insgesamt: beide Seiten wollen einen Wandel. Ist also nicht die einzige vernünftige Konsequenz, sich zusammenzusetzen und die Änderungen zu listieren, die sie alle wollen?

Was ich äußerst schätze ist Mounk's besondere Beachtung notwendiger Erziehung, obwohl ich auch meine, dass entsprechende Erziehung die Gestalt der derzeitigen Demokratie automatisch verändern würde: "… *der beste Weg, um die liberale Demokratie zu verteidigen, bleibt immer der gleiche: die Aufgabe ernst zu nehmen, die Kinder zu Bürgern zu erziehen".*[*4] Die Bedeutung der zweiten Satzhälfte kann man gar nicht überschätzen; aber stellen Sie sich bitte für einen Moment die Konsequenzen davon vor, dass die Kinder und Jugendlichen alles über diese Strukturschwächen und Widersprüchlichkeiten in der derzeitigen Demokratie verstehen lernen müssten, ganz zu schweigen vom Liberalismus, der obendrein dazukommt – in jedem Fall ist Erziehung essenziell für die Erhaltung jeglicher Kultur, das Nest zum Überleben der Kultur-Menschheit. Um zu überleben, müssen die Menschen über ihre zwiespältige Natur lernen, und sie verstehen: ihre Eigennützigkeit trotz ihrer vollen Abhängigkeit von ihrer Gesellschaft.

Mounk stellt sein vordergründiges Anliegen bereits in den Titel seines Buches: "The People vs. Democracy", aber er befasst sich dann nicht damit; die Menschen leben ihre Demokratie nicht. Demokratie überlebt nur, weil sie nicht wirklich funktioniert, aber die Menschen spüren nur, dass irgend etwas für sie nicht stimmt, und deshalb wollen sie einen Wandel. Obwohl es so etwas wie „das Volk" nicht gibt, drückt sich das durch das Volk aus, ebenso wie niemand die Geschichte macht – sie geschieht wie ein Gewebe am Webstuhl.

Und doch meine ich eben, dass unsere geistige Kapazität für mehr geschaffen ist als nur unseren Instinkten zu mehr Erfolg zu verhelfen und Erfolgsbilanz zu ziehen: und zwar in der Fähigkeit, zwischen „ich" und „du" auf dieser neuen, bewussten Ebene eine Harmonie zu erwirken, indem sie zwischen tolerablen und intolerablen sozialen Eigenschaften unterscheidet, manche Eigenschaften zulässt und kultiviert, die anderen intelligent überlistet, dort, wo das „ich" sich selbst und seine Gemeinschaft, deren Teil es ist, schädigt.

Aber letztendlich beschreibt Mounk [4] mit der Entdeckung seines freien Willens eine weitere essenzielle Erkenntnis: obwohl unser Gehirn den Großteil dessen automatisch abwickelt, das wir selbst zu machen oder zu denken glauben – ich hatte das Phänomen auf S. 134 besprochen -, bleibt uns diese eine, tatsächlich menschliche Fähigkeit: wir können das Geschehene kritisch analysieren und für die Zukunft vorausplanen, eine „was-wenn"-Strategie vorbereiten und dafür sorgen, dann im entscheidenden Augenblick, dem Moment der Wahrheit, nicht fehlzugehen, sondern das Vorausgeplante zu tun. Was nun politische Entscheidungen anlangt, glaube ich zwar nicht, dass *"Wir… etablierte Parteien dazu drängen [können], bei einem ehrgeizigen Programm mitzumachen, das es ermöglicht, das Versprechen der liberalen Demokratie auf eine bessere gemeinsame Zukunft für Alle zu erneuern."* * [4] Diesen Aufruf halte ich für vergebliches Bemühen. Ein solcher Aufruf kommt von den sogenannten Populisten: er wird aber von den Etablierten nicht im Gespräch mit ihnen im Sinne des Versprechens der Demokratie zerredet, bis nur mehr der Plan für eine bessere gemeinsame Zukunft übrigbleibt, sondern er wird von den Etablierten von vornherein genauso heftig bekämpft, wie die Populisten die Etablierten bekämpfen. Der gute Wille fehlt eben auf beiden Seiten. Nicht die Populisten bauen die Demokratie ab, sondern in erster Linie jene, die ihre schwindende Macht verteidigen, anstatt für das Gemeinwohl in der Demokratie zu kämpfen. Besonders in den USA, wo größtenteils nur Millionäre den Weg in die Politik schaffen, reißt die politische Klasse das System nieder und höhlt es aus, bis es in sich zusammenfällt. Die Populisten, hochstilisiert zu Aggressoren gegen die mutigen Verteidiger der Demokratie, sind nur die Erben eines sterbenden Systems.

Keane's *"Monitory Democracy"* ist, direkt übersetzt, eine "ermahnende" Variante neo-liberaler Demokratie, die ich als politisch korrekte Misstrauens-Demokratie verstehe; Keane versteht sie als von selbst, sozusagen natürlich entstandene Form von Demokratie der nächsten Generation, in der zwei verschiedene Arten von Institutionen außerhalb der Politik tätig sind, einerseits Nicht-Regierungs- oder „Non-Governmental" Organisationen, NGOs, die dem Treiben der Politiker auf die Finger sehen, sie kontrollieren und kritisieren; andererseits Organisationen und Firmen, die im Auftrag der Regierung deren Geschäfte erledigen. Es handelt sich also teilweise um Kontrolle der Regierung aus Misstrauen, zum anderen Teil um die neo-liberale Attitüde des schlanken Staates, der so viel wie möglich privatisiert und „outsourced". Es ist ein selbstregulierender Betrieb, welcher zweifellos auch der Philosophie des „Interessensgruppen-Pluralismus" (S. 255) mit seinem Getrickse entspricht und wohl auch einer jener Funktionen, welche die Alltagsfunktion der Gesellschaft trotz Demokratie aufrechterhalten helfen. Dazu gehören außer Einrichtungen wie „Bund der Steuerzahler", „Stiftung Warentest", „Rechnungshof", auch Einrichtungen wie Gewerkschaften. Praktisch in allen Ländern des Westens gibt es eine Vielzahl solcher Einrichtungen, auch in den USA, wo Institutionen des „Privatsektors" für – oder quasi als - Regierungsbehörden arbeiten[4]. Dieser Betrieb läuft aber weitgehend parallel und unabhängig von der Machtpolitik der Parteien, die nur eingreift, wenn Unregelmäßigkeiten publik werden. Manche Länder, wie Italien mit seinen dauernden Regierungswechseln, oder andere mit langem Interregnum wie Spanien, sind ein Beispiel für die Meinung, dass diese Form von Demokratie auch ohne Regierung funktioniert. Aber die Frage ist eben, ob man dabei von geordneter Funktion sprechen kann. Ist diese „Monitory"-Misstrauens-Selbstregulierungs-Gesellschaft eine Demokratie? Sprechen wir von stabiler staatspolitischer Strategie oder von einer Vielzahl von Notbehelfen, um die repräsentative Demokratie halbwegs am Laufen zu halten, wobei Nicht-Regierungseinrichtungen das Regierungsgebäude gerade noch vor dem Einsturz bewahren? Eine Reihe von Katastrophen wie die des britischen „Carillion" Konzerns wurde rasch wieder aus dem Fokus öffentlicher Aufmerksamkeit gezerrt, weil sie allzu deutlich die existenzielle Schwachstelle dieser Strategie freilegen: Selbstbedienung der Privatwirtschaft am öffentlichen Gut und neo-liberale Misswirtschaft, Versagen der „neoklassischen Ökono-

305

mie (S. 181). Damit lässt sich die Frage nicht mehr vermeiden: wer kontrolliert in einem solchen System die Masse jener Kontrollore, die den Staat zu kontrollieren oder zu bedienen angeben? Wer, wenn nicht der investigative Journalismus, überprüft hier noch die Wahrung der öffentlichen Interessen, und wer macht die Kontrollore verantwortlich? Entscheidend betreffend die Krise der Demokratie ist jedoch die Feststellung, dass diese Art zu regieren – oder eben andere die Arbeit machen zu lassen – den Westen in den vergangenen etwas 20 Jahren nicht vor seiner zunehmenden Destabilisierung und einzelne Staaten vor ihrer tiefen Spaltung bewahrt hat. Im Gegenteil: der Prozess der Desintegration hat sich in den letzten 5-10 Jahren dramatisch beschleunigt. Die für die Systemstabilität entscheidenden Kontrollmechanismen funktionieren nur der Theorie. Donald Trump wurde Präsident der USA. Ungeeignete Kandidaten geraten in allen möglichen Ländern in den Wahlprozess. „Checks and balances" sind ein Schlagwort aus der Zeit der Gründung der USA, auf dem westliche Demokratien jeweils auf ihre Weise ruhen, ohne darauf zu achten, ob das Prinzip überhaupt funktionieren *kann*. Ein zentraler Mechanismus auf der Basis von Evidenz und Vertrauen fehlt seit Anbeginn. „Monitory democracy" mit ihren selbstregulierenden Kontrollen ähnelt eher einem „Super-Neo-Liberalismus" als einem neuen Ansatz für eine stabile Demokratie.

John Keane's sieben Regeln für die Demokratie der Zukunft befassen sich sämtlich mit der Bedeutung von Geschichte. Dies führt jedoch nur zurück zu Kant's Aufruf: wenn denn eines Tages alle Menschen aus ihrer selbstverschuldeten Unmündigkeit erwacht wären: welchen Schluss würden sie daraus ziehen, was würden sie wollen? Rasch wären die Berater zur Stelle, ihnen zu erklären, was es ist, das sie schon immer aus ihrer Gesellschaft machen wollten. Die offene Frage nach einer Lösung bleibt also für "das Volk" und seine Demokratie offen. Denn unter den Milliarden Menschen auf der Welt werden nur wenige ein elitäres Schulsystem genießen können, wie es Keane vorschwebt. Die Mehrheit wird der Manipulation aus allen Richtungen ausgesetzt bleiben – das Überleben würde davon abhängen, welchen Einflüsterern sie folgt. Die Stimme des Faktischen, der Evidenz, dessen, was Sache ist, sie sollte die lauteste Stimme werden, von der alle Bürger, die selbst ihre Stimme in der Öffentlichkeit zu erheben gedenken - gleich ob mündlich oder schriftlich - vorher nachweisen sollten, dass sie deren Inhalt verstanden haben.

Auch international geht die Debatte um Lösungen weiter, eher mehr als weniger aufgeheizt im Vergleich zum Ende des 20. Jahrhunderts. Weiter geht es um die Forderung des Westens nach universeller Akzeptanz ihrer Weltsicht; diese Auseinandersetzung war deutlich aus den Diskussionen um die Ansichten von Fukuyama und Huntington abzulesen. In der Auseinandersetzung zwischen verschiedenen Kulturkreisen kann es aber doch nur um gemeinsame Interessen gehen, und darum, dass die Einzelnen in den Kulturen dies auch verstehen: wo keine gemeinsamen Interessen im Vordergrund oder am Beginn stehen, dort gibt es auch keinen Willen für gegenseitiges Verständnis und Toleranz – wir sind damit beim Thema der Gegenseitigkeit (Reziprozität) als sozialem Prinzip, verwurzelt in der Evolution; ich werde darauf ab S. 324 im Detail eingehen.

Die Frage ob Gleichberechtigung zu fordern sei, sollte zuerst auf der individuellen Ebene gestellt werden: abhängig vom bestehenden Sozialkontrakt, der Verfassung, könnte ich Anspruch auf *mehr* ebenso erheben, wie ich auf Gleichstellung verzichten könnte. Letzteres könnte man als metaphysisch angesiedelte Meinung aus religiöser oder ihr ähnlicher Sicht bezeichnen; was der Westen an solch freiwilligem Verzicht auf Gleichheit verdammen oder verlachen würde, könnten aber die Menschen einer anderen Kultur verteidigen. Der Westen jedoch verteidigt seinen Standpunkt autoritativ.[N211]

Demokraten sollten von der Geschichte wahrscheinlich vor allem diese eine Lektion zur Kenntnis nehmen: missionarischer Universalismus ist die Quelle von Konflikt und Krieg. Toleranz kann nicht bedeuten, Allen Toleranz zu verordnen, schon gar nicht Menschen außerhalb des eigenen Systems. Intoleranz gegenüber anderen Kulturen führt zu deren Dämonisierung – internationale Polarisierung und Konflikt sind der natürliche nächste Schritt.

So wie die Toleranz zwischen den Kulturen, ist auch die Machtverteilung innerhalb von Gesellschaften Gegenstand weiterer Debatten: Philosophen wie David Estlund meinen zum Beispiel, dass Wissen in einer Demokratie nicht als Privileg verwaltet werde dürfe, damit niemand daraus einen Machtanspruch über andere ableiten kann, der über das Maß an Macht hinausgeht, das alle anderen Menschen übereinander ausüben. Brennan stimmt zwar in diesem Punkt mit Estlund überein, schlägt aber die Einführung eines „Anti-Autoritäts-Grundsatzes" vor, womit er meint, dass inkompetente Leute vom Wahlrecht ausgeschlossen werden sollten.[3] Wir sehen daraus, in welch verwirrender Weise Toleranz und Gleichheit zusammenspielen, wenn es um die Frage geht, ob Ungleichheit durch eine Art von Toleranz „gleichgemacht" werden soll – was von manchen in Frage gestellt wird.

Und es kommt noch mehr Kritik auf neue Vorschläge zu, durchaus konstruktive Kritik, welche sofort zu ersten möglichen Verbesserungen und Lösungen führen könnten, wenn man sie nüchtern bedenkt:

Christiano [32] weist auf die vielleicht härteste Kritik an Demokratie hin: *"Wenn die Bürger all dieses Wissen* [gemeint umfassendes politisches Wissen, um als Wähler kompetent zu sein] *haben sollen, dann müssten wir ganz allgemein die Arbeitsteilung in der Gesellschaft aufgeben",* [32] weil praktisch alle Bürger zu Politikern würden, eine Lösung, die nur im antiken Griechenland möglich war, wo die Sklaven die Arbeit zur Lebenshaltung für sie machten. Diese Ansicht stimmt auch mit Brennan's und meiner eigenen überein, und zwar in doppelter Hinsicht: wenn man diese Forderung aufstellt in der Überzeugung, nur direkte Demokratie sei akzeptabel, dann kommt sie einem Eingeständnis gleich, dass Demokratie für eine komplizierte moderne Gesellschaft nicht tragbar ist. Folglich müssten jene Mitglieder der Gesellschaft die politischen Entscheidungen herbeiführen, die jeweils auf dem in Frage stehenden Problemgebiet Fachleute sind. Weiters resultiert daraus, dass Demokratie in eine Art von Epistokratie gewandelt werden müsste, wie sie von Brennan vorgeschlagen wird, auch deshalb, weil gewählten Politikern oft die Fachqualifikation fehlt. Ich würde allerdings noch einen Schritt weiter gehen und eine noch weiter subspezialisierte Form von Epistokratie vorschlagen, als Brennan dies beschreibt. Christiano argumentiert, dass den Politikern nur die Funktion eines Verwalters zukommen sollte, während das Volk nur die generelle Zielsetzung für die Gesellschaft bestimmt.[3] Ich habe mich schon zuvor gegen eine solche Lösung ausgesprochen, weil ich meine, dass „das Volk" nicht Träger einer generellen Zielsetzung sein kann – Wahlen wie das Brexit-Referendum zeigen die Unsinnigkeit überdeutlich und legen nahe, solche Entscheidungen einem Verfahren zu überlassen, in dem Fachleute die Evidenz liefern.

Verhandlungen um *„konkurrierende Bedürfnisse und Forderungen"* [*11] dürften nahe an der Sozial-Epistemologie angesiedelt sein; dass sie Erfolgsaussichten hätten, wird durch den immer schneller steigenden social divide zusammen mit Kürzungen von Leistungen für Sozialeinrichtungen ziemlich klar widerlegt. Insgesamt scheint Grayling seinen eigenen überzeugenden Beschreibungen der Systemschwächen in der Demokratie zu widersprechen, wenn er dann doch wieder die Vorteile hervorhebt: zu sagen, dass eine Verbesserung im System einen zufrie-

denstellenden Job machen könnte, ist zwar eine theoretische Möglichkeit, kann aber die Krise nicht verlässlich aufhalten und rechtfertigt
nicht, weiterhin für die gegenwärtige Form von Demokratie zu werben.
Und wenn er dabei von „Systemen" [11] spricht, erinnert dies erneut an
Ideologie zur Zähmung des „Soll-Menschen" und an Feilschen um Kompromisse. Die Qualität dieses „Systems" der gegenwärtigen liberalen
Demokratie wird nach der Art Churchills als *"bei weitem das am wenigsten schlechte aus einer großen Zahl schlechter Systeme"** bezeichnet.
Gleichzeitig beschreibt er den Zusammenbruch dieses Systems vor unseren Augen. Sein Lösungsvorschlag besteht aus Verbesserungen am
bestehenden *System*, nicht z.B. Erziehung seiner Bewohner. Erziehung
würde aber die Gesellschaft von innen heraus verändern, wie Keane dies
so treffend mit den Worten ausdrückt: *"Die Leute müssen in ihrem
eigenen Inneren Demokratien werden".** [5]

Wer heute für globale Fairness eintritt, sollte nicht vergessen, dass dies
bedeutet, den Aufwand für den eigenen westlichen Lebensstandard
einzuschränken, sich weniger leisten zu können, weil Güter aus heutigen
Entwicklungsländern dann teurer würden. Darin liegt wohl auch eine
Erklärung für die Spaltung sozialistischer Parteien.[N212] Demokratische
Politiker können durchgreifende Maßnahmen in diese Richtung nicht
wagen, wie wir feststellten, weil sie die Zustimmung ganzer Interessensgruppen verlören, und damit ihre Posten. Wer aber außer trotzdem
mutig im Hintergrund tätigen Politikern wie der Deutsche Gerd Müller [46]
wird den egozentrischen Westen auf eine überlebensfähige Spur lenken
– kann es die Initiative vernünftiger Bürger mit Politikern leisten, die in
Beratungen Lösungen ausdebattieren und dann auch durchsetzen?

Beratung und Entscheidung in der deliberativen Demokratie?

Durch Beratung im Sinne der Sozial-Epistemologie ist Demokratie dabei,
durch kulturelle Evolution aufzugeben, was die genetische Evolution
geschaffen hat: kritisches Denken, Problemlösung in Sekunden, wozu die
Evolution nach dem Ausschlussverfahren Jahrmillionen gebraucht hätte.
Derzeitige politische Debatten beschränken sich auf gegenseitiges Niederreden und Beschimpfen, Überreden und Machtgewinn durch verbale
Schlachten. Beratungssitzungen führen nicht zu Konsens sondern zu
steigendem Dissens. In Debatten differenzieren sich die Parteien und

distanzieren sich voneinander. Jede Seite versucht, über die andere(n) zu gewinnen, nicht aber, Einigung zu erzielen. In Deutschland, in Großbritannien und in anderen Ländern sitzen Parteien oder deren Gruppen in unterschiedlichen Ecken der politischen Arena, kaum bereit, überhaupt noch miteinander zu reden. Hier ist also die deliberative Demokratie bereits nahe ihrem Ende, aufgehalten nur noch durch gegenseitiges Halten an der Macht zwischen Parteien und einzelnen Spitzenfunktionären – das Gemeinwohl ist entweder von sekundärer Bedeutung oder Grund für den Abbruch der Gespräche. Die Idee von *"verstärkter Demokratie"* (engl. *enhanced democracy*) mit *"mehr öffentlichen Beratungen"* in öffentlichen Appellationsgerichten, die politische Entscheidungen ungültig machen können[3] wäre zweifellos eine weitere, noch weniger realistische, dafür aber gefährliche Option, das Ende der Demokratie mit einer chaotischen Szene einzuleiten: wenn wöchentlich die parlamentarischen Entscheidungen von Bürgergerichten wieder aufgehoben werden, sind wir zurück bei der Französischen Revolution – sie winkt uns aus der Geschichte mit der Warnung vor den Grausamkeiten, die aus solchem Zusammenbruch des Sozialwesens resultieren. Andererseits könnte man diese archaischen Verhaltensmuster unterbinden, indem man Beratungen von Entscheidungsprozessen trennt. Und noch eine weitere Kritik an der Sozial-Epistemologie weist auf einen positiven Aspekt, wie der Politologe Christian List in einer Zusammenfassung rezenter Studien berichtet: *"Wenn die Stimmen aller einzelner Wähler perfekt korreliert sind oder nur die Meinungen einer kleinen Gruppe von Meinungsführern spiegeln, dann ist ihr kollektives Urteil nicht besser als das einer kleinen Gruppe voneinander unabhängiger Individuen".*[*43] Damit wird nochmal auf das Paradox von Condorcet verwiesen (siehe S. 41) und die Situation einer kleinen Gruppe von Experten beschrieben, deren Beurteilung zumindest nicht schlechter ist als eine öffentliche Wahl durch uninformierte oder manipulierte Bürger; dies bedeutet auch, dass das Expertenurteil wesentlich besser ausfiele, wenn es ausschließlich auf der Basis verfügbarer Evidenz gefällt wird. Auch wenn ich nicht vollkommen im Sinne direkter Epistokratie argumentieren werde, so weist diese Information doch im Sinne meines Vorschlags in Richtung einer evidenzbasierten Politik, wie ich in diesem Kapitel noch ausführen werde. Ich stimme also weiterhin der Ansicht nicht zu, dass öffentliche Beratung irgendwann die bestmögliche Lösung für ein bestehendes Problem liefern könne; ich empfehle, sich stattdessen an Fakten zu halten, wann immer sie verfügbar gemacht werden können. Beratungen sind ausschließlich unter folgenden zwei Voraussetzungen sinnvoll:

1- zwingende Berücksichtigung verfügbarer Fakten, 2- Bevor eine Entscheidung getroffen wird: Berücksichtigung der Folgen für die *andere* Partei, wenn der Vorschlag der *einen* Partei umgesetzt würde.

Insgesamt könnte eine entscheidende Strategie darin liegen, den Mut zu fassen und Beratung von vornherein von Entscheidung zu trennen – ich werde diesen Vorgang weiter unten näher erörtern.

Neo-Liberalismus:
eine neue Welle des Fundamentalismus gegen "Populismus"?

Liberalisten – wir haben es zuvor festgestellt – sind nicht deshalb weniger fundamentalistisch als ihre Gegner, die Populisten, weil sie sich jetzt „Neo-Liberalisten" nennen, noch sind sie selbst weniger populistisch.

Neo-Liberalismus, der Protagonist für freie Marktwirtschaft, frei wachsende multiethnische und multikulturelle Gesellschaft, schlanken Staat und Privatisierung staatlicher Obliegenheiten, ließ zu, dass der Staat selbst zu einem Business wurde, indem die Regeln des Kapitalismus die demokratische Politik bestimmen. Politiker werden selbst zu Geschäftsleuten, oder Arbeitgebern, oder sogar verdeckte Angestellte von Firmen (deutschen Politikern wurde dies wiederholt bezogen auf ihre Autoindustrie vorgeworfen). Colin Crouch, Protagonist der Post-Demokratie, kritisiert die Entwicklung mit den Worten: *"Ebenso wie Ökonomie ... vom Staat [abhängt], kann sie selbst andererseits die Politik beeinflussen. In einer Demokratie kann man Reichtum schwer daran hindern, auf die Politik Einfluss zu nehmen. ... Der ideologische Sieg des Neoliberalismus hat uns viel zu sehr von einer Ökonomie abhängig gemacht, die ihrerseits wieder nur zum Teil vom Markt diktiert wird, vielmehr aber von den Konzernen. ... Diese Entwicklungen werden nicht nur der Demokratie zum Problem, sondern auch der Marktwirtschaft".* [182]

Liberalisten wie Mounk bleiben Neo-Liberalisten, solange sie nicht entschieden Maßnahmen gegen den social divide fordern. Was sonst sollte eine Feststellung bedeuten wie diese: *"Die erste Lektion ist die große Bedeutung von Einheit".* [4] Ich stimme zu, aber wo ist im social divide Einheit? Letztere steht auch nie am Anfang, sondern ist das Ergebnis am Ende eines mühevollen Prozesses. Die moderne Demokratie war, wie wir gesehen haben, nicht einmal in ihren besten Tagen eine Einheit von „das Volk", sondern stets Bühne für einen Klassenkonflikt, den die Parteien in ihrem kalten Krieg für sie führen – ganz zu schweigen von Konflikten zwischen Gruppen verschiedenen kulturellen Hintergrunds oder unterschiedlicher Ethnien. Die erste Lektion ist daher jene aus der

Geschichte, dass es in einer liberalen Demokratien gegenwärtiger Prägung bei dem von ihr geschaffenen kulturellen Umfeld niemals eine Einheit geben wird. Im Gegenteil: der kalte Krieg der Parteien schafft die hier immer wieder angesprochene Polarisierung, die sich in einem labilen System, das vom Wohlstand abhängig ist, als umso gefährlicher erweist. Eine ökonomische Krise, eine Umweltkatastrophe oder eine Epidemie würde wahrscheinlich genügen um das zu zerstören, was in aller Selbstzufriedenheit als stabiles System galt. Alle Aufstände in der Geschichte führten zu Schlächtereien zwischen Parteien. Bevor sich ein politisches System auch nur annähernd dort finden kann, wo unkritische Träumer die gegenwärtige Demokratie schon heute sehen, wo alle Menschen Einheit zeigen, und ich meine Alle, müssen auch wirklich Alle das wollen – aber an diesem Punkt schließt sich der Kreis der Argumentation wieder einmal und dreht sich um das Kant'sche und auch das konfuzianische Argument betreffend Freiheit: es geht darum, dass die Einzelnen gelernt haben müssen – nicht sich vollkommen von ihrem Egoismus und ihrer Unmündigkeit zu befreien, denn dazu müssten Alle Heilige werden, sondern vielmehr – ihr asoziales Verhalten intelligent zu überlisten. Die Zukunft der Demokratie liegt also nicht in der Demokratie selbst sondern in den einzelnen Bürgern, sich selbst zu verstehen und darzustellen, zu sein, wie Keane schrieb, und zu lernen, eine faire Balance zu wahren. Daher sollte die nächste Lektion darin bestehen, damit aufzuhören, die Menschen mit dem Versprechen einer Besserung ihrer Lebensbedingungen zu betrügen. Stattdessen müsste gleichzeitig der social divide essenziell reduziert und bessere Lebensbedingungen zur Herausforderung gemacht, nicht als politisches Geschenk oder als Anspruch zugeteilt werden. Damit meine ich natürlich nicht eine Herausforderung gegeneinander, sondern gegen sich selbst, die verfügbaren gleichen Startmöglichkeiten zu nutzen. Die Armen sind nicht dumm, sie sind lediglich die Zurückgelassenen in einem unfairen sozialen Konstrukt – wie der „social entrepreneur" Bill Strickland so wundervoll ausdrückt: "Der einzige Unterschied zwischen den Armen und den Reichen ist, dass die Armen kein Geld haben".[183]

Liberalismus-Populismus: Tanz oder Krieg?

Gegenseitige Dämonisierung bis zum Ende?

"Wenn die Verfechter eines aggressiven, exklusionären Nationalismus den Sieg davontragen, dann wird der Traum von einer liberalen, multi-ethnischen Demokratie langsam absterben".*4

Das Problem mit diesem Ausspruch ist, dass es sich dabei *schon immer* nur um einen Traum gehandelt hat. Multi-ethnische, besonders aber multikulturelle Gemeinschaften haben fast nie existiert, nirgendwo auf Erden, mit extrem wenigen Ausnahmen. Die heutigen mulit-ethnischen Gesellschaften begannen auseinanderzufallen, sobald sie begannen gebildet zu werden. Der Liberalismus wird im Rahmen seiner neoliberalen Welle weiter verteidigt, entgegen jeder Vernunft. In einer rezenten Diskussion in den britischen TV-Nachrichten (BBC-2)[28] wurde Großbritannien vom Moderator und zwei Bürgern unterschiedlicher Ethnien als liberales Land gepriesen, indem sie eine berühmte Rede von Enoch Powell, einem früheren Verteidigungsminister des Schattenkabinetts im Jahr 1968, als typisch „rassistisch" beschimpften. Powell hatte, ähnlich zu Sarrazin in Deutschland, vor der Infiltration des Landes durch fremde Ethnien gewarnt, und vor dem Risiko, dass diese eines Tages die Mehrheit der Bevölkerung im Land bilden könnten. Er wurde damals unverzüglich aus seiner Position entfernt. Während Millionen von Freitag-Abend Zombies in ihrem Halbschlaf vor dem TV-Gerät von den drei Leuten indoktriniert wurden, wie liberal die Briten und ihre multi-ethnische Gesellschaft des Jahres 2018 sei, wurde kein einziges Wort darüber verloren, dass das Land seit den frühen 1970er Jahren die Immigration massiv reduziert und 2015 ihre Grenzen dicht gemacht hat, als der europäische Kontinent von einer Immigrationswelle überrascht wurde und seither mit der Herausforderung kämpft. Das Gallup Institut hatte damals, 1968, eine 74%ige Zustimmung der Briten mit dem Inhalt von Powell's Rede herausgefunden; Arbeiterstreiks hatten in der unmittelbaren Folge für Wochen angehalten. Der Slogan auf ihren Transparenten war: *"wir sind keine Rassisten, sondern Vertreter der britischen Arbeiterschaft".** [184] Viele waren damals der Ansicht, dass der Sieg der

---

[28] Broadcast am 13. April 2018

Konservativen bei den Wahlen im Jahr 1970 auf die Initiative von Powell zurückzuführen war.[185]

Multi-Ethnizität wurde in den europäischen Ländern für einige Jahrzehnte mehr oder weniger stillschweigend toleriert, Probleme wurden politisch konsequent unter dem Teppich gehalten; als man wegen erster offener Konflikte dazu nicht mehr schweigen konnte, wurde daraus das politisch korrekte Paradigma des „Multikulturalismus" gemacht. Zehn bis zwanzig Jahre später kam man nicht umhin, die eigene Naivität in irgend einer Form einzugestehen und erklärte in mehreren Ländern den Multikulturalismus offiziell für gescheitert.[N213] In ihrer Hilflosigkeit fielen die Politiker wieder zurück in eine Schweigephase. Damit war die Stunde der sogenannten Populisten gekommen; sie erklärten sich zu den Repräsentanten jener schweigenden Masse, die ihren Patriotismus und ihre Fremdenscheu politisch verstanden wissen wollte und öffentlichen Umgang mit dem Gemunkel um demographischen Wandel wünschten.

In den USA war die Situation von Anfang an anders: nach der Vertreibung und Dezimierung der einheimischen Urbevölkerung wurden die Vereinigten Staaten zur Nur-Einwanderer Gesellschaft. Sie alle hatten ihr heimatlich-kulturelles Umfeld zurückgelassen; in der Neuen Welt aber scharten sie sich wieder in „communities" ihrer Religion oder heimatlichen Nation zusammen. Einige von ihnen begannen nach Generationen, in Städten schneller als in ländlichen Regionen, zu verschmelzen in eine neue Zivilisation mit Kernelementen ihrer europäischen Wurzeln. Diese Art von multikultureller Wirklichkeit – die ich hier keineswegs mehr als typisch für die USA erwähne sondern als Beispiel für typisch menschliches Verhalten im allgemeinen - diese Wirklichkeit kennen wahrscheinlich Alle von uns, auch aus persönlicher Erfahrung, so wie auch ich sie von vielen Ländern aller Kontinente kenne.[N213A] Ist der Integrationsprozess der Kulturen in den USA ein kontinuierlicher Prozess? Blickt man in das heutige Erziehungswesen, stellt man sogar einen gegenteiligen Trend fest: die Zahl der nach Kulturen getrennten Schulen hat sich im ersten Jahrzehnt des 21. Jahrhunderts verdoppelt.[4]

Nicht Dämonisierung von sogenanntem Nationalismus[4] hilft das Problem zu lösen, sondern Respekt vor, und sinnvolle Regelung der, öffentlichtlich nicht vermeidbaren kulturellen Territorialität. Tief in unseren Herzen genießen wir den kleinen – oder großen – kulturellen Unterschied während Urlaubsaufenthalten als prickelnden Charme. Und seien wir ehrlich: irgendwo bedauern wir auch das zunehmende Wegschmelzen dieser Unterschiede in der globalen Annäherung und Durchsetzung dieser verschiedenen Welten.

Nationalismus, die Bezeichnung für Spannungen zwischen Nationen, ist nicht so sehr ursprünglich kultureller Nationalismus als politisch geschürt, medial aufheizte Eifersucht, und Hass auf der Basis abwertender, abschätziger und beschuldigender Gerüchte und Mythen. Wenn Mounk von *"Domestizierung des Nationalismus"**4 spricht, würde ich eher empfehlen, kulturelle Territorialität zu respektieren.

Betreffend „Rassismus" bedarf es hier nicht eines über das bisher Gesagte (S. 88f.) hinausgehenden Kommentars, außer vielleicht eines Zitates aus Mounk's Buch über ein Urteil des US- Supreme Court: *"Die Methode zur Beendigung der Rassendiskriminierung besteht darin, nicht mehr auf der Basis verschiedener Rassenzugehörigkeit zu entscheiden."** 4 Das menschliche Sozialverhalten wird sich nicht ändern, solange Intelligenz für nichts Besseres verwendet wird als das – aber ich werde hier auch meine Kritik an der Justiz nicht wiederholen. Wissenschaftlich sind die Wurzeln von ethnischer Xenophobie reichlich erforscht. Was in Politik und Gesellschaft politisch korrekt als „Rassismus" beschimpft wird, ignoriert dieses Wissen und vermischt – teilweise sogar absichtlich – alle drei Möglichkeiten der Vermischung: des ideologischen Rassismus, der ethnischen Xenophobie und des Rassenhasses. Dadurch wird die heutige Diskussion dieses Themas unnötig – von einigen wenigen in nachgerade krankhafter Weise hasserfüllt - verkompliziert und ideologisch aufgeheizt. Zweifellos bleibt dennoch die Herausforderung, wo man die Linie eines Kompromisses zwischen unleugbar physischem Unterschied als Quelle gegenseitiger Ablehnung und sozio-politischer Gleichberechtigung ziehen soll. Bisher war die Antwort meist: Trennung; und Absonderung, wenn nicht anders möglich. Mit wenigen Ausnahmen. Als ich in den 1980er Jahren eingeladen wurde, an der Ostküste der USA eine Professur anzunehmen, führte man mich tagelang in die Gesellschaft ein und bemühte sich sehr freundlich, mir auch bei der Beschaffung eines Hauses behilflich zu sein; dabei wurde ich jedoch sehr entschieden darauf hingewiesen, wo man als Weißer lebte und wo eindeutig nicht. Das betraf übrigens nicht nur Wohnviertel schwarzhäutiger Bürger; als Nachkriegs-Deutschsprachiger habe ich bei privaten Einladungen auch erlebt, dass Nachbarn aus der Nachbarschaft eines jüdischen Wohnviertels die Veranstaltung verließen, als sie von meiner Herkunft erfuhren.

Es wird also nicht helfen, wenn man „rassistisches Verhalten" pauschal, ohne die oben vorgenommene Differenzierung, *„aggressiv an den Pranger stellt"* und *„Rasse und Identität ... in das Zentrum des Rechtssystems"*[*4] rückt – erinnern wir uns nur an das Bemühen verschiedener Herrscher in der Geschichte, mehr Toleranz unter ihren Völkern zu erwirken[N153] : es ist jeweils das Volk, das entscheidet, und seine Kultur; nur Erziehung zu Verständnis kann helfen, und Akzeptieren des unvermeidbaren Anteils an unserem evolutionären Erbe. Demnach wird es nichts nützen, Heimatgefühl und andere evolutionäre Wurzeln zu vergessen und von uns im Zusammenhang mit pauschal dämonisierendem *„Nationalismus"* als von *"... einem halb wilden und halb domestizierten Tier "* [*4] zu sprechen. Vielmehr ist das längst gängiges Wissen, und obendrein Mode geworden, von uns als intelligentem Tier zu sprechen, allerdings ohne gleich zu betonen, dass wir intelligent genug wären um in eine friedliche und stabile Kultur hineinerzogen zu werden – wenn sie denn stattfindet.[N600]

Auch Mounk räumt ein, dass schrankenlose Migration nicht tolerabel ist; gleichzeitig aber verteidigt er liberale Demokratie mit ihrem anti-nationalistischen Wunschdenken für freie Migration und multikulturelle Gesellschaft, die man nun eben umbenannt hat in „multi-ethnisch" – allerdings wiederum pauschal, ohne den wesentlichen Unterschied zu berücksichtigen. Letztlich aber sieht auch er, dass die liberale Demokratie nicht umhinkommt, von ihrer Ideologie abzurücken: *"Einige Abweichung von ihren bevorzugten Grundsätzen mag daher notwendig sein, wenn sie die stärksten Antriebe der Ernüchterung über ihrem politischen System ansprechen wollen. Da gibt es keine einfachen Lösungen ."*[*4]

Post-Neo-Liberalismus:

oder besser: Kritik am Neo-Liberalismus als der gestrigen Antwort der Liberalisten auf die Herausforderungen von morgen.

Liberalisten und Neo-Liberalisten scheinen zu glauben, dass trotz aller Kritik und Bedenken die liberale Demokratie wert ist verteidigt und aufrechterhalten zu werden, und zwar in einem Kampf gegen Korruption und Populismus, blind und taub für ihren eigenen Populismus. Mounk [4] als einer ihrer Repräsentanten erwähnt in seiner Analyse weder die Gefahr der Mediokratie, noch stellt er seine eigene Beobachtung der Tatsache bei seiner Schlussfolgerung in Rechnung, dass liberale Demokraten untereinander gar nicht demokratisch sind. Er fordert keine Änderung an bestehenden Demokratien, sondern will Staaten wie Ungarn und Polen zum früheren Zustand zurückführen. Dabei beachtet er nicht, dass die eigentliche Herausforderung derzeit darin besteht, die Demokratie als überlebensfähige Selbstverwaltung auf der Basis gemeinsamer Interessen zu bewahren, indem man jene Faktoren ändert, die dazu führen, dass derzeitige Demokratien von innen her selbst zerfallen, anstatt die bereits zerfallenden in den gegenwärtigen Zustand der noch halbwegs funktionierenden zurückzuführen. Mounk führt kein überzeugendes Argument an, warum liberale Demokratie erhalten werden sollte; das Argument, Demokratie sei sozusagen gut, weil Populismus schlecht ist, überzeugt nicht. Er wägt auch nicht ab, um welchen Preis aus der Sicht der gesamten Weltbevölkerung der bisherige Wohlstand im Westen entstanden ist, auch nicht, wieviele Kriege z.B. die USA auf Kosten vieler junger ihrer Bürger diese Situation stabil gehalten haben. Dieser Wohlstand ist nicht einem perfekten System namens liberale Demokratie zu verdanken. Er hatte und hat seinen Preis. Nun beginnen die Menschen des Westens eine Unruhe und Angst zu spüren, von der sie nicht wissen, woher sie rührt. Sie könnte von einem unbestimmten Gefühl stammen, dass sie etwas zurückzugeben haben. Nur wenn die Menschen im Westen dies verstanden und entsprechend zu handeln begonnen haben werden, wird Demokratie in ihren Herzen angekommen sein.

Die Verstaatlichung von Industrie und Diensten ist kein Phänomen der Demokratie sondern des Sozialismus; dementsprechend war sie in den USA weithin unbekannt. In europäischen Ländern gab es Wellen von Verstaatlichung besonders während sozialistischer Regierungen in Frankreich (Mitterand ab 1982), und Großbritannien (Attlee ab 1946); in Deutschland und Österreich blieben die Hauptversorger im Bereich Verkehr und Energie nach dem Zweiten Weltkrieg weiterhin verstaatlicht. Im Jahr 1989 erklärte sich der Kapitalismus zum Sieger im Kalten Krieg. Während der 1990er Jahre – mit Ausnahme des britischen Thatcherismus bereits in den 1980ern – wurde die Privatisierung der Verstaatlichten Teil der Ideologie des Neo-Liberalismus - die ökonomische Krise von 2008/2009 wird als Folge davon interpretiert.[N155] Im Jahr 2016 wurde es schließlich politisch korrekt, den unreglementierten Kapitalismus und die freie Marktwirtschaft kritisch zu beurteilen, besonders das, was auch „Marktfundamentalismus" genannt wird [N214] – damit wird der Neo-Liberalismus schrittweise demaskiert als die Ideologie der Unterstützer von brutalem Kapitalismus und des naiven Glaubens an Globalisierung. Heute steht die liberale Demokratie betrogen um eines ihrer Haupt-Dogmen da – bisher ist sie damit hilflos in der Krise. Die Pläne für die Zukunft sind bereits im Scheitern begriffen. Ein Beispiel ist das britische Dilemma des zuvor erwähnten Carillion Konzerns, der private Betreiber einer Vielzahl staatlicher Einrichtungen, ist bankrott. Auch werden Forderungen für die Re-Nationalisierung der Bahn und der Wasserversorgung, der Post, des Energiesektors und anderer Dienste laut. Der neoliberale Slogan, dass Privatisierung der Verstaatlichten "the right thing to do" sei, verliert an Unterstützung. Dies geschieht nun auch mit der neoliberalen „multi-ethnischen Gesellschaftspolitik. Die Hand am Ruder der Brexit-Bewegung hat etwas nationalistisches an sich. Ernstzunehmende multi-ethnische Sozialpolitik mag eines Tages wieder einkehren. Jetzt ist die Zeit des Post-Neoliberalismus.

Die Zusammenfassung all dessen kann nur bedeuten, dass es niemandem hilft zu sagen, dass besorgte liberale Demokraten zurecht Populisten dämonisieren. Die derzeitige Demokratie ist insgesamt labil, den Anforderungen nicht gewachsen, und benötigt massive Änderungen. Daher schlage ich vor, diesen politischen Tango der gegenseitigen Scheinbedrohung und Selbstdarstellung im Alleingang aufzugeben und stattdessen gemeinsam im Interesse des Gemeinwohls auf der Basis von Vernunft und Tatsachen zu handeln. Es zählt zu den Aufgaben der Politik, den Bürgern die Gründe für notwendige unpopuläre Maßnahmen derart verständlich zu machen, dass sie auch tatsächlich verstanden und daher mitgetragen werden können. Die Leute sind nicht dumm, sie wollen nur nicht belogen werden, nicht enttäuscht und nicht einfach zurückgelassen.

„Delegative" oder „flüssige" Demokratie?

Diese Form von Wahlbeteiligung begann mit Vorschlägen in den 1960er Jahren: Bürger sollten von zu Hause aus an ihrem TV-Gerät sitzend an Parlamentswahlen teilnehmen können. Die heutige Spielform davon sieht vor, z.B. auch unter dem Namen "Civicracy" [186], dass die Wähler ihre Stimme an politische Repräsentanten abgeben, die ihre Meinung politisch vertreten, z.B. ob der Bau einer Moschee zugelassen oder eine neue Hochgeschwindigkeitstrasse für die Bahn gebaut werden soll. Bei einer folgenden Wahl könnten die Wähler den Repräsentanten wechseln je nachdem, wer ihre Meinung vertritt. Alternativ dazu kann „delegative Demokratie" bedeuten, dass man sich selbst zum Repräsentanten macht, wenn man die Stimmen anderer für eine bestimmte Sache bekommt.[187] [188] [189]

Dieses Konzept hat mittlerweile in mehreren Ländern als „Piratenpartei"
Einzug gehalten, z.B. in Deutschland, Österreich, Frankreich, Norwegen,
den Niederlanden und Italien; dabei werden verschiedene Software-
Systeme und Methoden in den sozialen Medien teil routinemäßig teils
experimentell eingesetzt.

Die Sorge hierbei ist, dass Leute nicht ausgeschlossen werden dürften,
die schlichtweg arbeiten und daher keine Zeit für dauernde politische
Betätigung wie im antiken Athen haben. Damit ist auch das Problem
verbunden, dass die Möglichkeit jeglicher Vorselektion dabei ausge-
schaltet werden müsste, die besteht, solange keine repräsentativen
Wählerverteilungen zustandekommen. Auch müsste gewährleistet sein,
dass die Tätigkeit der Repräsentanten für ihre Wähler in irgend einer
Form kontrollierbar ist; dieses Problem steigert sich in unvorstellbare
Dimensionen, wenn man bedenkt, dass auch geplant wäre, eine ganze
Kette von Niveaus von Repräsentanten zu schaffen. Auch die Frage der
Kompetenz der Wähler ist bei diesen Vorschlägen nicht gelöst und damit
das Problem der Berücksichtigung von Aspekten wie der Faktenlage,
Fairness, Interessenskonflikt, Berücksichtigung der Auswirkung einer
Entscheidung auf die Zusammenhänge auf weiterer geographischer
Ebene, national und international. Mit anderen Worten, es gilt hier,
Provinzialismus zu vermeiden.

Der größte Vorteil von delegativer oder flüssiger Demokratie ist ihr
Ansatz, Demokratie zu einer Politik der konkreten Inhalte zu machen
und damit Ideologisierung und parteipolitisches Gezänk an den Rand zu
drängen. Das Konzept verliert jedoch wieder an Attraktivität, wenn es
nur innerhalb einzelner konventioneller politischer Parteien eingesetzt
wird.

Ist Demokratie insgesamt das richtige soziopolitische System zur Entwicklung von Strategien? Etablierte Politiker handeln immer weniger,
immer zögerlicher. Gruppen, die als rechtsextrem, rassistisch und nationalistisch gebrandmarkt werden, von denen aber der Großteil nur
patriotisch ist, nehmen einen immer größeren Anteil der Wählerschaft
ein.

Was wäre, wenn wir es mit Popper hielten und vereinbarten, dass wir, Völker der westlichen Welt, keinen Gesamtzusammenbruch erleben wollen, sondern jetzt eine Veränderung in kleinen steten Schritten fordern? Was, wenn wir sogar noch einen Schritt weitergingen und sagten, dass das Fundament, die jeweilige Verfassung, einer Grund-überholung bedarf, welche all die inhärenten Systemschwächen der gegenwärtigen Demokratie berücksichtigt, um drohenden fatalen Konsequenzen zuvorzukommen?

Genau dies habe ich im weiteren Verlauf dieses Kapitels vor: ich werde in einem ersten Abschnitt damit beginnen, einige Möglichkeiten für einen generellen kulturellen Wandel vorzuschlagen, gefolgt von Veränderungen an gesellschaftlichen Strategien, und in einem dritten Abschnitt mit Strukturänderungen an den politischen Institutionen abschließen.

Damit erhebt sich die Frage, ob nach vielen mutigen Erneuerungen die Demokratie noch so aussehen wird wie bisher, ob sie überhaupt noch erkennbar sein wird, überhaupt noch Demokratie?

Ich werde zeigen, soweit dies nicht schon aus den bisherigen Analysen hervorgegangen ist, dass: nein, die gegenwärtige Form von Demokratie wird nicht mehr existieren, schon allein deshalb, weil mit wenigen Ausnahmen künftig keine der derzeitigen überhaupt noch ernsthaft als „Demokratie" anerkannt werden. Aber: ja, vorausgesetzt wir verwenden einfach den Namen weiter für die neue Form des Zusammenlebens, in der missverstandene Erwartungen von Freiheit korrigiert und natürliche sowie soziale Ungleichheiten anerkannt sind und dadurch eine ehrlichere, weniger voreingenommene Brüderlichkeit entstand.

Wir erleben in diesen Tagen einen kulturellen Niedergang der westlichen Welt [29], verursacht durch missverstandene Freiheit, missinterpretierte Gleichheit, und indem Brüderlichkeit von Freiheit ausgetrickst wurde. Gott wurde in säkularen Gesellschaften für tot erklärt, gleichzeitig aber seine Gebote zu unseren Werten erklärt. In missverstandenem Freiheitsdenken werden Sicherheit und Ordnung zum bürgerlichen Recht erklärt, der Staat zu jedermanns Diener, kulturelle Werte als ausgedient - um wodurch ersetzt zu werden?

---

[29] Vor einhundert Jahren versuchte Oswald Spengler seine Leser davon zu überzeugen, dass der Titel seines Buches "Der Untergang des Abendlandes" ein Missverständnis gewesen sei.

Entstellte Ansichten der Einzelnen von Freiheit verursachen Chaos, während sie gleichzeitig Ordnung und Sicherheit fordern, eine weitere Quadratur des Kreises.

Ich stimme zu, dass Teile meiner Vorschläge in Richtung Moralismus tendieren. Damit aber stell ich die Frage: was ist für Sie Moral? Wie ich an mehreren Stellen von Kapitel II darlegte, verstehe ich Moral als Teil des Gesellschaftsvertrages, als Vereinbarung, was in einer Gesellschaft als akzeptables oder erwünschtes Sozialverhalten gilt, Verhalten, das in Jahrzehnten und Jahrhunderten zu Gewohnheiten, Brauchtum, Traditionen, Konventionen wurde, und auch zu Mode als kurzlebigem Geschwister. Wenn Sie dies als Moral akzeptieren, und als deren Geschichte innerhalb der Demokratie, und wenn Sie weiterhin in Frieden, Ordnung und Sicherheit leben wollen, aber gegen meinen Vorschlag sind, schrittweise Änderungen zur deren Gewährleistung einzuführen, dann sind Sie sich selbst eine Erklärung schuldig. Für jeglichen Vorschlag, den Sie daran ändern und durch einen anderen ersetzen, bin ich jederzeit offen und interessiert. Ich verspreche, sie für eine weitere Auflage des Buches in Erwägung zu ziehen. Für dieses Mal halte ich es, außer Popper's Vorschlag einer schrittweisen Strategie, mit John Keane's Appell (wenn auch in seiner erneuerten Form):

*"Die Menschen müssen innerhalb ihrer selbst Demokratien werden "** [5]

Die Bereiche des Wandels

Einstellung & Erziehung

Politische Strategien & Strukturen

Jegliche öffentliche Tätigkeit ist Politik. Daher sind alle Bereiche Teil der Politik. Sie wird aber einen weiten Bogen zwischen der anfänglichen Zielsetzung und ihrer täglichen Praxis abdecken müssen. Dies wird für die Dauer der Entwicklung in einem Wandlungsprozess ein Spannungsfeld erzeugen. Zuallererst benötigt eine kranke und zerbrochene Gesellschaft einen Wandel in der Grundeinstellung der Bürger zu ihrer Gemeinschaft. Er wird erzielt durch Erneuerung der Erziehung, die ihrerseits im Grundgesetz verankert sein soll. Letzteres ist nicht gemeint als Zielsetzung für den Idealstaat (Popper's "Utopian engineering" Strategie[1]), sondern als Zusammenfassung grundsätzlicher strategischer und moralischer Ecksteine, einschließlich der Feststellung, dass die Gesellschaft von jedem Bürger eine Willenserklärung erwartet. Definition von Moral bedeutet nicht, dass ein „Soll-Mensch" sofort erwartet wird. Stattdessen soll der „Faktor Mensch" in einer Weise berücksichtigt werden, die sich von den historischen Modellen der amerikanischen Federalists und der französischen Jakobiner unterscheidet, denn beide haben wegen ihres irrigen Umgangs mit unserem evolutionären Erbe versagt, wie zuvor besprochen.[N36, N204]

In einem zweiten Schritt wird die neue moralische Einstellung wichtiger Teil der Erziehung. Dazu muss von vornherein klar sein, dass von Erwachsenen nicht erwartet werden kann, ihre fundamentalen Spuren der Erziehung und ihre Grundeinstellungen zu ändern. Dennoch sollten sie gleichermaßen im Sinn der Erziehungsinhalte auf professionelle Weise über unsere menschlichen Verhaltenseigentümlichkeiten und deren Fallen für friedliches Zusammenleben informiert werden. Somit soll weder eine Strategie von „nur individueller Erziehung" noch einer ausschließlichen „Änderung des rechtlichen Regelwerks zwecks Formung des Verhaltens" verfolgt werden, sondern beide Wege gleichzeitig und stets abhängig von der verfügbaren Faktenlage.

In einem dritten Schritt – und wahrscheinlich vielen kleinen Schritten dazwischen – kann das politische System geändert werden, basierend auf mehr Vertrauen und weniger rechtlichem Despotismus und Sanktionen dank der veränderten Grundeinstellung der Menschen.

Wandel der generellen sozialen Einstellung

Gesinnung, Haltung und Einstellung sind drei ähnliche Begriffe zur Bezeichnung der Voraussetzung für bewusste Selbstkontrolle des Individuums als Teil der Gesellschaft, gleich ob im privaten oder öffentlichen Rahmen. Daher sprechen wir von „Sozialmoral", „Moral" oder "Ethik" im allgemeinen als Ergebnis der Erziehung in eine Kultur. Bevor ich die einzelnen Punkte davon diskutiere, wird es erforderlich sein, unser Verständnis von der Entstehung moralischer Standards in Gesellschaften nochmal kurz anzusprechen:

Die Grundstruktur von Sozialmoral

"Moral" ist grundsätzlich die Substanz eines Gesellschaftsvertrages und Teil der Kultur. Die Entwicklung des Gesellschaftsvertrages ist Teil der kulturellen Evolution, die ihre tiefen Wurzeln in einer non-verbalen Übereinkunft zwischen archaischen Prähominiden oder sehr frühen menschlichen Verbänden hat. Ich würde annehmen, dass diese Wurzeln in grundlegende Verhaltensmustern wie Brutpflege, Xenophobie, Territorialität etc. eingebettet sind, wie in Kapitel II beschrieben. Obwohl darin nicht die einzige Quelle von Moral liegen kann, sehe ich keine Vielzahl von Ethiken im Sinn von "pluralistischer Ethik".[N215] Aus der biologischen Sicht würde man eher zwei Formen erkennen: die eine angesiedelt in den Instinkten, wie dies Gehlen postuliert,[190] angelehnt an Konrad Lorenz's "unbelehrbare Lehrmeister";[56] die andere verankert in Überlegungen unserer kritischen Bewusstheit, wie sie im modernen Menschen entstanden ist. Die Folge aus dieser letzteren wäre z.B. Kant's kategorischer Imperativ.[191, 30] Eine einzige Art von Moralität, wie sie Voltaire in seinem geometrisch- ideologischen Konstrukt annimmt, kann zwar postuliert werden, wird jedoch zum Opfer der menschlichen Natur in der wirklichen Welt, solange Instinkte und zwanghaftes Glauben nicht berücksichtigt werden. Die wirkliche Welt spiegelt eigentlich die beiden oben beschriebenen moralischen Systeme, wenn auch in einem teilweise

---

[30] *"Handle nur nach derjenigen Maxime, durch die du zugleich wollen kannst, dass sie ein allgemeines Gesetz werde ."*

323

unscharfen Bild: kulturell bedingte Gewohnheiten als schwammige Mischung aus Instinkt- und Intellekt-basierten Kriterien einerseits,[N216] und Moral-Ideologie, entworfen von einem einzelnen Denker auf der anderen Seite (z.B. Voltaire, Kant).

"Diskursive Ethik", ein alternativer einheitlicher Ansatz im Gegensatz zum pluralistischen, wie ihn z.B. Jürgen Habermas [192] vorschlug, ist einer anderen Herausforderung durch die wirkliche Welt ausgesetzt: denn ein Diskurs in der allgemeinen Öffentlichkeit würde nichts anderes bedeuten als Rückfall in eine schwer durchschaubare Mischung von Inhalten aus Intuition, Überzeugung und Intellekt, die in „common sense" endet. Wenn man „diskursive Ethik" jedoch als Ergebnis von Diskussionen zwischen Leuten versteht, die tiefreichend bemüht sind um das Verständnis dessen, was sich in und um uns ereignet, so wie etwa eine philosophische Erörterung von Kant's kategorischem Imperativ aus heutiger Sicht unter Berücksichtigung des Wissensstandes aus Soziologie, Psychologie, Biologie etc., dann wäre man auf dem Weg zu einer Art einheitlichen (unitaristischen) „evidenzbasierten Ethik".

Demnach sehe ich zwei prinzipielle Methoden – nicht separate Ethiken, sondern Methoden für die Anwendung, den Einsatz einer Ethik – um sozialen Frieden zu gewährleisten, aber auch individuellen Freiraum für privates Leben und Glauben: die eine Methode ist *Gegenseitigkeit (Reziprozität)*, die andere ist *Neutralisierung* zur Kontrolle des „Faktor Mensch". In den nachfolgenden Abschnitten versuche ich darzulegen, dass diese beiden Methoden helfen könnten, viele soziale Probleme in den Griff zu bekommen, die heute am Stuhl der liberalen Demokratie sägen.

Reziprozität: eine aufrichtige Humanität

Dem Begriff der Gegenseitigkeit (Reziprozität) sind wir im zweiten Kapitel im Zusammenhang mit Empathie und Altruismus begegnet (S.110f.). Ich schlage vor, die romantisierte Erwartung – wenn nicht Forderung – von „Humanität" und „Altruismus" aufzugeben und durch „Reziprozität" und „reziproken Altruismus" zu ersetzen. Der Begriff ist keineswegs neu - das Verständnis davon ist sogar so alt wie jeglicher soziale Umgang unter Menschen; er droht lediglich in unserer Ära der deliberativen Demokratie über all der Liberalität unterzugehen. Reziprozität hat in der Evolution sehr tiefe Wurzeln, dort, wo sie sich zwischen Brutpflege und partnerschaftlicher Gegenseitigkeit und Zuwendung als reine gegenseitige Nützlichkeit selbständig gemacht haben mochte, nicht ohne sich an ihren ursprünglichen Charakter der Zuwendung rückentsinnen zu können. In der menschlichen Bewusstheit wurde sie zum Ergebnis eines komplexeren Erkenntnisprozesses, der den Überblick über ein zeitlich weitreichendes Handlungsmanagement erfordert. In den großen Religionen und ethischen Systemen spielt diese soziale Eigenschaft der gegenseitigen Rücksichtnahme eine zentrale Rolle, nicht nur in den mosaischen Religionen sondern auch im Hinduismus und im Konfuzianismus. Ihr entspricht das jüdisch-christliche Dogma von der Nächstenliebe: „Du sollst deinen Nächsten lieben wie dich selbst" (3. Buch Mose, Levi19,18) [N216A] Im Islam heißt Reziprozität die „goldene Regel".[356] Dass sie die zentrale Grundregel für sozialen Umgang ist, muss nicht erstaunen, denn sie zielt auf das Grundproblem des Menschen, der einerseits selbst nur Teil einer Gesellschaft ist, diese aber andererseits als Individuum durch sein asoziales Handeln als Getriebener der eigenen z.B. hormonellen Körperfunktionen als ihr Teil schädigt – und oft genug gleichzeitig sich selbst. Im Christentum werden darüber hinaus zwei weitere Strategien vorgeschlagen: die Vergebung und das Nachgeben.[N274]

Auch aus der philosophischen Sicht der Ethik nimmt Reziprozität eine zentrale Rolle ein und hat bei manchen Autoren auch bereits den Namen „goldene Regel".[357, 358] Dort ist sie als Verhalten auf der Ebene eines allgemeinen Prinzips zu verstehen wie dem von Kant's kategorischem Imperativ. Er bedeutet, sich bei jeglicher Entscheidung vorzustellen, was wäre, wenn diese eigene Handlung Maxime für Alle würde, d.h. dass alle Anderen in der gleichen Lage ebenso handeln müssten oder wenigstens sollten, wie man selbst nun zu handeln entscheidet, dass dies zum „allgemeinen Prinzip" erhoben würde. Dieser Imperativ bedeutet natürlich auch, dass man zu dem Schluss kommen soll, dass diese eigene Handlung tatsächlich zum allgemeinen Prinzip erhebbar wäre. Es trifft zu, dass dieser Imperativ insoferne einer Tautologie entspricht, wie Hegel [377] Kant kritisiert, als man voraussetzen müsste, dass diese zu treffende Entscheidung unter der Maßgabe von reziprokem Altruismus erfolgen muss. Er bekommt erst wieder Sinn, indem ich ihn dem Handlungsprinzip von reziprokem Altruismus gleichsetze.

Kant setzt diesen reziproken Altruismus für seinen Imperativ voraus, spricht ihn jedoch der „goldenen Regel" ungerechtfertigterweise ab und unterstellt ihr, nur das Eigeninteresse des Entscheiders zu vertreten[N216B] - eben dies halten aber andere Philosophen Kant vor und kritisieren dieses Monument der Ethik als formalistisch und rigoros.[N216C]

Reziprozität schafft gegenseitigen Respekt und verlangt von jedem Einzelnen, die eigene Freiheit soweit zu beschränken, dass alle Anderen als gleichermaßen bedürftig und sehnsüchtig respektiert werden. Umgekehrt schafft sie Vertrauen und das Gefühl von Sicherheit in der Gemeinschaft. "Altruismus" wird dadurch zur selbstverständlichen Folge des allgemeinen Prinzips „Reziprozität", ist nicht länger zu lobende und stets in Frage gestellte „Sonderleistung". So werden Reziprozität und Altruismus zu "reziprokem Altruismus" (S. 113f. und [N78]) als gesellschaftlichem Prinzip. Nicht zu vergessen dabei ist jedoch, wie in Anmerkung [N216C] beschrieben, dass es sich entsprechend der Bedeutung des Begriffs "reziprok – gegenseitig" jeweils nur um ein inter-individuell anzuwendendes allgemeines Prinzip handeln kann.

Der Weg zur Erreichung solchen Verhaltens ist überdies als Prozess zu verstehen, weil man einen perfekten Zustand auf der Welt nicht erreichen kann und auch nur als Stillstand empfände. Letztlich müssen wir auch mit der Tatsache leben, dass es Konfliktsituationen gibt, in denen die Anwendung der Regel für den Einzelnen das Allgemeingut schädigt oder umgekehrt, wie aus ethischen und rechtlichen Szenarien bekannt ist. Ein Beispiel ist das Gerichtsurteil zum Schaden des Klägers, nicht weil die Klage nicht gerechtfertigt wäre, sondern weil ein Urteil im Sinne des Klägers zum Schaden des Allgemeingutes wäre. Außerdem können viele Fälle nicht auf individueller Basis geregelt werden, sondern nur als Gesetz, wie der Konflikt zwischen Fairtrade und freier Marktkonkurrenz zeigt: es gibt die Möglichkeit, dass von einem Händler nicht verlangt werden kann, fair zu handeln anstatt in unethischer Weise kompetitiv, weil er sonst selbst nicht überleben könnte.[193] Ähnliches gilt auch für Politiker, die erst gar nicht tätig werden könnten ohne sich Parteiregeln unterzuordnen, die sie als unethisch erkennen. Solche Konfliktszenarien müssten auf der allgemeinen, konstitutionellen oder rechtlichen Ebene vorab durch allgemeine Regeln vermieden werden. Gleichzeitig aber bleibt das Individuum so weit wie möglich selbst verantwortlich. Insgesamt wird eine Kombination von individueller Grundeinstellung und allgemeinen Regeln die besten Ergebnisse im Bemühen um eine faire Balance zwischen individuellen und allgemeinen Interessen erbringen:

Gesinnung in der Verfassung und in den Herzen der Bürger

Die heutige Einstellung mancher Durchschnittsbürger könnte man als „Demokratie haben anstatt Sozialmoral" zusammenfassen, mit einem starken Ungleichgewicht zwischen Eigeninteresse und Gemeinschaftssinn. Mit "Gesinnung" meine ich in diesem Zusammenhang nicht den Terror, der aus dem Zwang zu Verhaltensnormen erwächst, sondern den guten Willen in reziprokem Altruismus. Demokratie bräuchte für ihr Überleben unsere soziale Verantwortung, rational und aufrichtig eingesetzt: „Wir, das Volk" benötigt eine Willenserklärung aller Mitglieder, tatsächlich Teil dieser Gesellschaft sein zu wollen, und die Entschlossenheit, für den Schutz des Gemeinwohls einzustehen, gegenseitiges Vertrauen und Respekt – oder kurz gesagt: die irrationale Art von Demokratie aufgeben, in der man nur Rechte erwartet und keine Pflichten außer der Einhaltung der Gesetze.

Um einen schrittweisen Wandel zu erzielen, braucht es mehr als nur eine geänderte Verfassung und Verordnungen zu schaffen und die Justiz mit deren Einhaltung zu beauftragen – das ist das fehlgeschlagene Konzept der amerikanischen Federalisten. Stattdessen wird soziales Verantwortungsbewusstsein Teil der Erziehung von Kindheit an werden müssen.

Der Umgang mit dem "Faktor Mensch"

In diesem Abschnitt werde ich zuerst Methoden zur Selbstkontrolle für den „Faktor Mensch" beschreiben. Danach werde ich die Credos Freiheit, Gleichheit und Brüderlichkeit der westlichen demokratischen Republiken umstrukturieren. Anschließend bespreche ich den Umgang mit destruktiven Emotionen, wie der Rache als Methodik der Sozialordnung, und mit dem Endresultat von Hierarchie: Macht, und der Falle von Dominanz und Unterwerfung.

In Kapitel II hatte ich zahlreiche soziale Verhaltensmuster beschrieben, die tief in unserem evolutionären Erbe verwurzelt sind: damals entstanden als tierische Überlebensstrategien oder für den Zusammenhalt menschlicher Sippen und kleiner Volksgruppen, erweisen sich nun manche davon als Hindernisse für friedliches Zusammenleben in großen Staaten und werden daher "asozial" – zumindest in der Theorie, denn im wirklichen sozialen und politischen Leben erweisen sich einige als durchaus nützlich, teils nur für Seilschaften, teils für die ganze Nation. Mord bzw. Totschlag ist ein Beispiel: im Frieden ein Verbrechen, wird er im Krieg zur Heldentat, in der Justiz mit Todesstrafe zum Job. Menschliche Bewusstheit ließ instinktives Verhalten zu einer völlig neuen Welt von Erfahrungen werden, in der manches davon zum Selbstzweck in bewusstem Genuss ohne biologische Sättigungsgrenze wurde; dazu zählt die Gier nach Erfolg und Macht.

Einiges an diesem instinkthaften Verhalten ist weiterhin nützlich oder unschädlich, anderes überflüssig aber unausrottbar, und schließlich manche von todbringender Aggressivität. Das heutige soziale Leben in Freiheit entpuppt sich als ziemlich verrücktes Gemisch widersprüchlicher Regeln und Gesinnungen, in welcher "homo homini lupus" – der Mensch des Menschen Feind ist und einen „Raubtierkapitalismus" als normale, unabwendbare Lebenswirklichkeit akzeptiert, eine Welt, in der Familien, Sippen, Gangs und Seilschaften ihrerseits in einem kalten Bürgerkrieg gegeneinander kämpfen, der sich „gesunde Konkurrenz" der Wirtschaft nennt, mitten in einem friedlichen Staat ihr Leben verbringen. Dieses gesellschaftliche Leben auf mehreren gegenläufigen moralischen Ebenen betreibt eine leise Selbstzerstörung, höhlt die Sozialmoral von innen aus und bringt das Gemeinwesen zum Einsturz. Diese selbstzerstörende Kraft ist krankhaft, weil sie in selbsterfüllender

Prophezeiung den eigenen, um jeden Preis zu verhindernden Untergang betreibt; in diesem Sinn wurde schließlich auch das Sprichwort vom Menschen als feindseligen Wolf fehlinterpretiert.[N236A]

Hier geht es zunächst um jene Verhaltensweisen, die wir als asozial bezeichnen, weil sie Einzelne, Gruppen oder das gesamte Gemeinwesen stören oder schädigen. Manche von ihnen sähen wir gerne durch bewusste Entscheidungen kontrolliert, weil sie den kulturellen Gepflogenheiten oder ethischen Prinzipien zuwiderlaufen; jedoch zufolge ihrer Natur als Instinkthandlungen kommen sie entweder unserem Willen zuvor, oder sie überlisten unseren Willen und unsere Aufmerksamkeit wegen ihrer begrenzten Kontrollfähigkeit und Ermüdbarkeit. Wir sind jedoch dank unserer Gehirnleistungen auch für eine *bewusst* geplante Form von asozialem Handeln äußerst geeignet, nämlich dem Erstreben von Vorteilen für die eigene Person oder Gruppe auf Kosten der gesamten Gemeinschaft.

Für alle schädlichen Leistungen aus der Sicht des Gemeinwohls schlage ich vor, den Spieß umzukehren und unsere Intelligenz dazu zu nutzen, diese unsere Automatismen und asozialen Motivationen mit gezielten Methoden und Strategien zu überlisten. Zur Namensgebung dieser Vermeidungsstrategien gibt es eine Reihe von Möglichkeiten, und man kann darüber verschiedener Meinung sein. Außer einfach nur "Überlistung" habe ich auch "Objektivierung" und "Auflösung" erwogen, gab ihr letztlich jedoch den Namen **Neutralisierung**.

Dieser Begriff soll verdeutlichen, dass gegensätzliche Interessen von Individuen oder Seilschaften einander neutralisieren, beispielsweise wie -1 und +1 null ergibt, oder wie eine Säure und eine Base zu einer pH-neutralen Flüssigkeit werden. In anderen Situationen wird ein Verhalten „neutralisiert", weil die Zielansprache oder das Betätigungsfeld beseitigt wurde und deshalb die asoziale Absicht ins Leere läuft (wie der Mafioso, der kommt, um sein Schutzgeld zu erpressen wie bisher; nur ist diesmal unter dieser Adresse niemand mehr – unbekannt verzogen. Im Bereich von Bestechungen Beamter erfolgt die Auftragsvergabe eben nicht mehr durch einzelne Personen, sondern derart anonymisiert, dass kein Ansprechpartner mehr existiert, der bestochen werden könnte. Ein anderer Weg besteht aus dem Einsatz von Methoden, die sich selbst der Denkprozesse im Gehirn bedienen, als Erziehung oder Therapie zu einer Gewöhnung oder Umgewöhnung. Mit "Neutralisierung" ist also auch das

Bestreben gemeint, die biologischen Hintergründe asozialen Verhaltens mit wissenschaftlichem Anspruch darzulegen und in einem zweiten Schritt neue Wege zu deren Bearbeitung einzusetzen; dadurch könnten die herkömmlichen Methoden des Umgangs damit, Stigmatisierung, Verleugnung und Rache überflüssig werden. Es soll also ein offener Umgang mit unserem evolutionären Erbe eingeführt werden mit dem Ziel, die asozialen Auswirkungen intelligent zu neutralisieren:

Neutralisierung durch Überlistung: Austricksen

Manche Verhaltensmuster lassen sich durch Überlisten mit psychologischen oder logistischen Strategien unter Kontrolle bringen, so dass sie sich buchstäblich selbst in Nichts auflösen. Als Beispiel dient ein äußerst erfolgreiches Modell zur Bekämpfung jugendlicher Gang-Kultur, das auch zur Vermeidung von Verwahrlosung und Kriminalität in vielen Fällen erfolgreich eingesetzt wurde.[N217] Weitere Beispiele werde ich in den folgenden Abschnitten erwähnen, wenn es um die Auflösung schädigender Interessensgruppierungen und um die Vermeidung von Machtmissbrauch in Politik und Ökonomie geht.

Autorisieren - zulassen, was nicht schadet

Andere Verhaltensmuster, die ohnehin schon innerhalb von Kulturen „domestiziert" sind oder zumindest waren, sollte man nun erneut und ganz offiziell anerkennen, anstatt sie weiterhin ideologisch zu stigmatisieren oder gar zu bestrafen. Als erste und fast bedeutendste Beispiele führe ich hier die Territorialität und die Xenophobie an: der menschliche Ausdruck der Territorialität, die Beanspruchung und Verteidigung eines Lebensraumes, beginnt bei Familie, Heim und Garten, ein Anspruch, der in langer Tradition schrittweise in soziale Schichten eingeführt wurde. Von besonderer Bedeutung wird dieser Punkt bei der Regelung der heute derart ideologisierten Frage nach Heimatgefühl und Patriotismus; auch hier ist es an der Zeit, Vernunft anzunehmen und die Realität nicht länger mit Ersatzparolen wie "unsere Werte" an den Rand in Richtung Identitätsdebatte zu drängen. Als kurzen Kommentar zur Forderung nach "Domestikation des Nationalismus"[4] würde ich nochmals aus der ethologischen Perspektive entgegnend vorschlagen, stattdessen „Autorisierung kultureller Territorialisierung" einzusetzen.

Zum Problem der Xenophobie habe ich bereits in Kapitel II (S.84f.) umfassend argumentiert. Der weitere Verlauf der Multi-Ethnizität wird, unabhängig von ihrer Entwicklungsgeschichte in den betreffenden Regionen davon abhängen, dass sie nicht mit Multikulturalität verwechselt wird. Der Erfolg der Multi-Ethnizität wird davon abhängen, wie konsequent ein Staat seine Monokulturalität verfolgt und die Enstehung von ungeordneten Parallelgesellschaften unterbindet. Kulturelle Einheit unterschiedlicher Ethnien in einem Staat sind bereits ein guter Teil der Problemlösung. Die weiterführende Erörterung dieses sehr komplizierten Themas habe ich in einem separaten Abschnitt ab S. 362 zusammengefasst.

Neutralisierung in der Politik

Die Basis für Neutralisierung in der Politik ist *Evidenz*. Ich schlage vor, evidenzbasierte Politik als Lösung gegen Tribalismus und Machtmissbrauch einzuführen – sie wird Gegenstand eines separaten Abschnittes ab S. 378. Damit können blinde Überzeugtheiten und Aktivitäten aus Individual- oder Gruppeninteresse kaltgestellt werden, da Evidenz selbst als neutralisierender Faktor wirkt. Vernünftige, evidenzbasierte Entscheidungen werden leichter akzeptiert als sinnlose Zufallsergebnisse aus Wahlen. Das Gemeinwohl und Allgemeingut kann sich auf diese Weise gegen Gruppeninteressen durchsetzen. Langzeitstrategien lassen sich wieder realisieren.

Evidenzbasierte Entscheidungen in gegenseitigem Respekt sollten sich auch auf zwischenstaatlicher Ebene durchsetzen, denn auch dort müssen sich Menschenrechte ausdrücken, indem grundsätzlich "auf Augenhöhe" verhandelt wird. Evidenz wird oft aus der gemeinsamen wie gegenseitigen offenen Analyse der Standpunkte ablesbar werden.

Änderungen der Grundeinstellung schließen auch ein neues Verständnis von Gleichheit, Freiheit und Brüderlichkeit ein, die Vertrauen und Respekt erneuern und evidenzbasierte Entscheidungsfindung und Einsicht in die Priorität des Gemeinwohls ermöglichen, erste Schritte im Sinne von Popper's Empfehlung zu schrittweisem "social engineering" [1,] [N202, N207], Erziehung in ein neues Gewahrsein von der wahren Natur von Gleichheit, Freiheit und Brüderlichkeit, von Toleranz, sozialer Verantwortlichkeit, Respekt vor der Würde menschlichen Lebens und des Lebens im allgemeinen:

Die neue Gleichheit:
"Gleichwertigkeit" und „Gleichberechtigung"

Gleichwertigkeit

Augenscheinliche Ungleichheiten erkennen wir Menschen nicht nur bewusst sondern auch instinktiv, und wir neigen dementsprechend zu spontanen Reaktionen. Andere Ungleichheiten sind die Folge unvermeidbarer sozialer Umstände und müssen zu verstehen gelernt werden. Man könnte also von physischen und funktionalen Unterschieden sprechen. Das politische Versprechen von „Gleichheit" hat vor solchen Gegebenheiten schmerzliche Verwirrung geschaffen, indem nicht unterschieden wurde zwischen „naturgegebener Ungleichheit" und „Gleichwertigkeit". Männer und Frauen sind nicht gleich, aber sie sind nicht unterschiedlich mit Hinblick auf ihre Wertigkeit als Menschen. Dasselbe trifft zu auf unterschiedliche Rassen und Menschen mit Behinderungen. Selbstverständlich aber ist dies vor allem auch für Menschen verschiedener Kulturen richtig. *Sie Alle sind nicht gleich, aber sie sind Alle gleichwertig in ihrer Würde als Menschen.*

Wie mit den Ungleichheiten umgegangen wird, ist eine Frage der Kultur und ihrer Politik, ungeachtet der Tatsache, dass sie sich hinsichtlich ihrer Wertigkeit nicht unterscheiden.

Um der Verwirrung Einhalt zu gebieten, schlage ich vor, den Begriff "Gleichheit" durch "Gleichwertigkeit" zu ersetzen, vor allem auch, um zu unterstreichen, dass es in erster Linie um die Anerkennung des spirituellen Wertes, ihre gleiche Bedeutsamkeit als Menschenwesen und vor allem um ihre Würde geht [N266] – nicht einfach nur um ihre „Menschenrechte", diesen kaltherzige Hinweis auf ihren verhandelbaren und oft genug politisch begrenzten Wert. Damit ist „Gleichwertigkeit" eine Folge der Grundentscheidung zu reziproker Anerkennung als Teil der zuvor besprochenen Reziprozität.

Der Punkt dabei ist, den „Anderen" zu zeigen, dass ich erkenne, verstehe und berücksichtige, dass wir Alle uns selbst in gleicher Weise wichtig sind. Dieses Verständnis sollte eine Quelle des Respekts sein und des Gefühls der Gleichwertigkeit. Erst diese letztere Erkenntnis gibt allen Einzelnen Souveränität untereinander, ein Nichtangriffspakt in jeder Hinsicht. Andererseits bedeutet aber diese Gleichwertigkeit gegenseitig gleiche Verpflichtungen, ein Einvernehmen bezüglich einer Gemeinsamkeit darin, auch ein Ausdruck von Reziprozität. Als Folge der Anerkennung von „Gleichwertigkeit" verstehe ich auch, dass ich diese Erkenntnis den Anderen dadurch mitteilen muss, dass ich mich selbst zurücknehme vom Standpunkt „ich nehme alles was ich bekommen kann" zu „ich nehme mir nicht mehr als die Anderen". Damit sage ich aber auch aus, dass ich nicht alles gebe, sondern nur einen gleichen Teil. Alle anderen interindividuellen Phänomene folgen als Konsequenz aus diesem Prinzip der gegenseitigen Wertschätzung in Gleichwertigkeit. Mit dieser Definition von Gleichwertigkeit befinde ich mich ein weiteres Mal im Widerspruch zu Rousseau, der fordert, dass ich mich, um den Gesell-schaftsvertrag wirksam zu machen *„in totaler Entfremdung ... an die Gesamtheit der Gemeinschaft"* ausliefern müsse. Ich aber halte mit dem Prinzip der „Reziprozität" dagegen, dass ich nur einen – gleichwertigen - Anteil von mir selbst in die Gemeinschaft zu geben bereit bin.[N218] Unweigerlich ist die Erwartung von Reziprozität ein Recht, denn es berührt den Lebensnerv von Mensch und Gesellschaft. Indem ich „Recht" hervorhebe, gelange ich zur Besprechung von gleichem Recht:

Gleichberechtigung

Auch Gleichberechtigung ergibt sich aus der von mir definierten Rezi-prozität von selbst, allerdings als theoretisches Prinzip, das im wirk-lichen Zusammenleben nicht ohne die Unterscheidung zwischen "Gleich-heit" und "Gleichwertigkeit" auskommt: in diesem Fall wird das Indi-viduum die Einsicht lernen müssen, dass Ungleichheit unvermeidlich ist, weil ein Mensch vernünftigerweise nicht zu etwas berechtigt werden kann, das er aufgrund seiner Eigenheit nicht leisten kann. Anders verhält es sich mit dem demokratisch-politischen Versprechen von Gleichheit, das systembedingt von vornherein gebrochen wird:

Die Ungleichheit der Zurückgelassenen

Als einen der Gründe für den Niedergang der liberalen Demokratie haben wir zuvor ihre intrinsische Widersprüchlichkeit erörtert, die ein Teil der Bevölkerung als Betrug empfinden und verstehen muss: damit gemeint ist das politische Credo von der Gleichheit, die in Wahrheit in das Gegenteil dirigiert wird, weil das politische Credo vom Liberalismus in immer weiter zunehmenden social divide führt. Versprechungen, dass niemand in dieser demokratischen Gesellschaft zurückgelassen wird, enden im besten Fall in der Hilflosigkeit der Politiker gegenüber der freien Marktwirtschaft, die das Diktat über den Arbeitsmarkt und den Wert der Arbeit ausübt. Jene Politiker, die zum Schutz des Volkes den social divide reduzieren wollten, haben keine Verfügungsgewalt außer der Verteilung jenes Anteils, den diese Marktwirtschaft ihnen übrig lässt; einige davon zählen selbst zu den Reichen, in manchen Ländern wie den USA gibt es gar fast ausschließlich Reiche oder zumindest sehr Wohlhabende in der Politik. Während Politiker von Gleichheit und Chancengleichheit reden, lassen sie stets viele Bürger zurück, die in relativer oder absoluter Armut leben und von Anbeginn in ihren Bildungschancen benachteiligt waren.[N219]

Vielen dieser Zurückgelassenen wird vom Rest der Gesellschaft auch deutlich gezeigt, dass sie ausgeschlossen und zurückgelassen sind. Eine derart von der Gesellschaft an die Peripherie gestellte Gruppe verhält sich wie verdrängte Erfahrungsinhalte, die nach der Beschreibung von Sigmund Freud unerwartet aus dem Untergrund hervorbrechen, ohne direkten Sinnzusammenhang mit der augenblicklichen Situation, in der es geschieht. So wie neurotische Individuen dann plötzlich mit hässlichen und peinlichen Ausbrüchen ihren Zustand demonstrieren, ebenso tun dies Zurückgelassene aus beiseitegeschobenen Gesellschaftsschichten in öffentlichem Aufruhr und Ausschreitungen mit Gewaltakten: Randale in Städten ebenso wie terroristische Attacken sind ein Ausdruck solcher psychischer Prozesse, selbst wenn sich manche solcher Unruhen in der Öffentlichkeit zwischen einzelnen Gruppen solcher Ausgeschlossenen selbst ereignen. Da ökonomische Ungleichheit ab einem bestimmten Grad zum Auslöser des Klassenkampfes und sozialer Unruhen wird, ist eine ausgewogenere Verteilung der Ressourcen Vorausbedingung für eine stabile Gesellschaft; zusätzlich sollte niemand in der Politik arbeiten dürfen, der diese Zusammenhänge nicht berücksichtigt und zu mildern versucht, sondern sogar noch parteigebunden schürt.[N220]

Manche der zwischen Menschen bestehenden Ungleichheiten sind nicht politisch korrigierbar und sollten daher nicht durch verlogene und irreführende Sprüche verschleiert werden. Manche Ungleichheiten könnte man aber auch durch freie individuelle Entscheidung entstehen lassen: Gleichheit bestünde in einem bestimmten Rahmen von Fähigkeiten, wenn die Menschen frei entscheiden könnten, ob sie geringere Arbeitsbelastung und soziale Verantwortung vorziehen oder die Herausforderung annehmen und eine höhere Bildung, Arbeitsbelastung und Verantwortung anstreben – im Sinne völlig freier vertikaler sozialer Mobilität. Dementsprechend entstünden unterschiedliche Einkommensniveaus ohne Neid und Missgunst, da sie ja selbstgewählt wären. Voraussetzung hierfür ist zweifellos ein aus der Sicht reziproken Altruismus' menschenwürdiges Minimaleinkommen und gleichzeitig eine Deckelung maximaler Einkommen. In manchen Situationen würde auch ein fixes Einkommen der Verlockung entgegenwirken, der Gier nach Mehreinkünften zu erliegen.[N221] Die rasch zunehmenden sozialen Veränderungen durch Digitalisierung und Automation werden der Politik entsprechende Schritte in Richtung solcher Adjustierungen im Sozialgefüge erleichtern. In einer Gesellschaft weitgehend individuell ausgewählter Lebensstandards – im Rahmen der individuellen Fähigkeiten - und Beiträge zum Gemeinwesen könnte sich die Politik gleichzeitig zu reiner Administration der Abläufe wandeln und Parteipolitik auch aus dieser Perspektive überflüssig werden lassen.

Die Voraussetzung für all diese Veränderungen ist Aufrichtigkeit: wenn Menschen von Kindheit an klar ist, dass es schicksalsbedingte Unterschiede zwischen Menschen gibt, für die man die Gesellschaft nicht verantwortlich machen und für deren Kompensation beanspruchen kann, wird dieses Faktum auch nicht mehr hinterfragt und bedarf keiner politischen Lügen mehr.

Ähnliche Ungleichheiten wie durch geistige und körperliche Unterschiede entstehen notgedrungen auch durch Hierarchie in allen möglichen Bereichen der Zusammenarbeit. Damit kommt der Faktor Macht wieder zurück in unsere Aufmerksamkeit: hier besteht die Lösung darin, soweit die Möglichkeit von Machtmissbrauch nicht bereits durch zuvor besprochene Methoden neutralisiert ist (siehe S.328f), Macht durch Hierarchien nicht mehr als solche zu sehen, sondern sie als Stufen der Verantwortlichkeit zu ersetzen, die auch entsprechende Belastungen mit sich bringen. Individuelle Motivation, Belastbarkeit und fachliche Fähigkeit als Selektionskriterien, angewandt im Rahmen evidenzbasierter Verfahren, könnten Konkurrenzneid reduzieren helfen. Zusätzlich mag die Schaffung vieler Subspezialisierungen die hierarchischen Pyramiden abflachen, indem man jede einzelne Person durch Entwicklung ihrer besonderen Fähigkeiten zu einer Instanz im Sozialgefüge werden lässt. Weitere Verbesserung könnte man von der Erziehung in das Verständnis schicksalhafter Unterschiede einerseits, vor allem aber auch in ein tiefreichendes Selbstverständnis menschlicher Gleichwertigkeit und Würde erwarten, gleich auf welcher Stufe einer sozialen Hierarchie. Letztlich müssen künftig viele Probleme aus sozialer Ungleichheit durch wesentlich größeren Einsatz in Sozialarbeit gemildert werden: die gegenwärtige Einstellung gegenüber sozialen Leistungen wie Kindererziehung, Altenbetreuung, Pflege und Betreuung im Fall verschiedenster medizinischer Probleme ist ein überdeutlicher Ausdruck einer kaputten Gesellschaft, die den Kampf zwischen Gruppen zum Standard erhebt, Schwächere an ihrer Schwäche leiden lässt und deren Betreuer zur Strafe für ihr Sozialengagement gleich mit dazu, indem man sie elendig bezahlt. Diese Einstellung braucht eine radikale Änderung, die aus der Sicht simpler Reziprozität beginnen mag: niemand will selbst im Alter oder bei Krankheit mies betreut werden; sobald der social divide gemildert wäre, ändert sich auch der Blick hierauf, denn es gäbe nicht mehr Jene, die sich bessere Betreuung leisten können, und die Anderen.

Auch die unterste Stufe der Zurückgelassenen bedarf hier der Berücksichtigung: das System der Strafjustiz und der Exekutive – allerdings dürfte man erwarten, dass mit der Änderung des Sozialgefüges schrittweise auch die Kriminalität sinken und damit die Probleme eher von der juristischen auf die soziale Ebene verlagert würden. Im Übergangsstadium hätte die Politik die Aufgabe, der Justiz ihren Stachel des Racheverhaltens zu ziehen.[N222]

"Neue Freiheit": soziale Pflichten vor Rechten

Das Missverständnis um die Bedeutung von „Freiheit" steht im Zentrum des Dilemmas der Sozialmoral in der gegenwärtigen Krise:

Die generelle Einstellung gegenüber der „Öffentlichen Hand" ist heute, dass der Bürger Rechte hat und Anspruch auf alle möglichen Leistungen. Dabei drehen sich Erwartungen und Enttäuschungen im Kreis, weil viele Erwartungen ins Leere gehen. Die resultierende Frustration verschlechtert das allgemeine Gefühl von der eigenen Position im Staat und damit die Bereitschaft, soziale Verantwortung zu übernehmen, schon gar nicht als primäre Motivation.

Damit Gesellschaft wieder funktionieren kann, muss soziale Verantwortungsbereitschaft durch Erziehung neu geschaffen werden, um zwei Ziele zu erreichen: eines ist der Umschwung der Erwartungen von Anspruch auf Verpflichtung, mit dem erreicht werden soll, dass sich die Einzelnen dafür verantwortlich fühlen, für ihre Gemeinschaft etwas zu tun, anstatt von ihr etwas zu erwarten. Der Anblick zerfallender und gebrochener Staaten ist Beweis genug dafür, dass Steuerzahlen dafür nicht ausreicht. Das zweite Ziel ist die Erziehung zur Selbsterziehung, im Sinne der zuvor angesprochenen Reziprozität die eigenen Wünsche im Interesse der Fairness den Anderen gegenüber entsprechend im Zaum zu halten. Zusammen genommen erzeugt diese Haltung eine neue Definition von Freiheit, die nunmehr bedeutet, dass man im Rahmen der Reziprozität Wahlmöglichkeiten hat (Beruf, Verantwortungsniveau, evtl. Wohnort, Land etc.), aber keine absolute Freiheit, gewahr der eigenen Mitgliedschaft in einer Gemeinschaft, nicht einfach nur ein Individuum, das die gegenseitige Abhängigkeit ignoriert.

Rückblickend auf die Definition von Reziprozität als Ausgangspunkt ist allerdings klar, dass sich die individuelle Freiheit von selbst neu definiert, sobald die Gleichwertigkeit gegenseitig anerkannt ist. Sie ist die Bewegungsfreiheit mit und zwischen allen anderen Mitgliedern der Gesellschaft, die sie einander in gleichem Umfang gewähren. Diese, nunmehr gegenseitig zugesprochene Freiheit wird weiter abgesichert durch die Ausschaltung von Machtmissbrauch (siehe S. 358). Die Gesellschaft bzw. ihr Repräsentant, der Staat, „besitzt" das Individuum" in der Tat in dem Umfang, in dem es laut Verfassung zugestimmt hat. Deshalb ist es unerlässlich, dass Alle dazu ihr schriftliches Einverständnis hierzu gegeben haben (siehe S. 401).

Für friedliche Koexistenz auf globaler Ebene gilt diese Einsicht auch auf zwischenstaatlicher Ebene: „Souveränität" ist dort das Äquivalent für „individuelle Freiheit". Auch auf dieser Ebene ist die Pflege des gegenseitigen Verantwortungsbewusstseins von gleicher Bedeutung, um Konkurrenzdenken, Nationalstolz und Misstrauen unter Kontrolle zu bringen. Gegründet in dem gegenseitigen Willen, die Wünsche und die Gründe der jeweils anderen Seite zu verstehen, würde eine Übereinkunft nicht mehr das allseitige Gefühl von Einbußen hinterlassen, von lauwarmen, schmutzigen Kompromissen, sondern die Überzeugung, dass man mit Nachbarn auf Gegenseitigkeit und Augenhöhe Interessen ausgetauscht hat. Damit würden alle globalen Umweltprobleme im gemeinsamen Interesse lösbar. Aber wie sollen die neuen Strategien und Institutionen hierfür aussehen?

Zweifellos bedingt neue Koexistenz ein neues Verständnis von Toleranz. Dazu müsste der Westen seinen moralischen Imperialismus und seine Arroganz ernsthaft in Frage stellen, beachten, wie andere Kulturkreise leben und warum, ihren Argumenten wirklich zuhören und ihre Kultur und ihre Gegebenheiten respektieren. Hier wird dann der größte moralische Defekt des Westens offenbar, mit seiner fortgesetzten Ausbeutung schwächerer Nationen im alten Kolonialstil, nur diesmal mit neuen Methoden und neuen Herren, beide sehr gezielt anonymisiert. Ich werde weiter unten noch im Detail auf Gerd Müller's provokative Frage zurückkommen: *"Was genau verstehen wir unter Freiheit? Freiheit für alle? Oder ist damit die Freiheit der Mächtigen gemeint, die anderen auszubeuten beziehungsweise zu versklaven?"* [46]

Auch hier könnte evidenzbasierte Politik zur Vermeidung von Missbrauch, Ausbeutung und Druck gegen lokale kulturelle Gepflogenheiten helfen. Wissenschaft und geschichtliche Erfahrung weisen auf drei Punkte: 1- Die unvermeidbaren Folgen der Unausgewogenheit von Gleichwertigkeit und Gleichberechtigung von Nationen und Kulturkreisen, 2- deren Anspruch auf Souveränität, also eigenes, von allen anderen respektiertes Territorium, und 3- Beachtung der Gegenseitigkeiten auf allen möglichen Ebenen, einschließlich der Balance der Macht, vor allem auch der militärischen (siehe S. 436). Die Balance zwischen Souveränität und brüderlicher Nachbarschaft auf der Basis gemeinsamer Interessen kann kompliziert sein, ist jedoch lösbar.

Neue Brüderlichkeit: demokratisches Sozialverhalten

Als Ausdruck der Grundregel der Reziprozität resultiert auch die Anerkennung von Gleichwertigkeit und geteilter Freiheit in neuer Brüderlichkeit. Derzeit wird der Begriff noch fehlinterpretiert oder missbraucht im Sinne von Verbrüderung und Seilschaften in der liberalen Demokratie des Pluralismus der Interessensgruppen. Gleichermaßen wird er oft als Freibrief zum Verlassen jeglichen Respekts verstanden. Dabei braucht gerade herkömmliche Demokratie mehr als alle anderen Sozialsysteme die Verankerung in archaischen Gefühlen und Instinkten von Zusammengehörigkeit in einer gemeinsamen Kultur mit ihren natürlichen Hierarchien, verankert in gemeinsamer Geschichte, wie auch die Politikwissenschaft betont (siehe Zitat auf S. 239). Damit entsteht der Eindruck, dass Demokratie nur innerhalb in sich geschlossener kultureller Einheiten möglich sei. Zumindest müssen gemeinsame Interessen das Fundament jedes stabilen Staates bilden, deren entscheidender Teil die Kultur ist. Um Missverständnisse zu vermeiden, muss man hier klarstellen, dass es verschiedene Ebenen und Formen von „Brüderlichkeit" gibt, besonders mit Hinblick auf zwischenstaatliche Beziehungen: Nationen können durch Freundschaft auf der Basis gemeinsamer Interessen oder historischer Schicksale und kulturelle Nähe miteinander verbunden sein; letztlich aber leben die Völker in getrennten Staaten, weil ihre kulturelle Entwicklung dennoch unterschiedliche Gemeinschaften geschaffen hat.

Alle Ebenen von „Brüderlichkeit", ob inter-individuell, national oder international, brauchen für deren Stabilität zumindest diese eine Eigenschaft gemeinsam: den Willen, stets zuerst auf ihre gemeinsamen Interessen zu achten, nicht auf das, was sie unterscheidet, Interessen jeweils klar zu äußern und getroffene Vereinbarungen zu halten. Umfang und Tiefe gemeinsamer Traditionen und Interessen werden jeweils bestimmen, ob Gemeinschaften zusammen oder in Nachbarschaft leben, beides jedoch im Frieden.

Brüderlichkeit, Kultur und Territorium

Bei der Erörterung von Brüderlichkeit darf man die Bedeutung von Kultur nicht unterschätzen, die gemeinsamen Traditionen ebenso wie Religion, wofern es noch eine gibt. Kultur ist also eigentlich der hauptsächliche Unterscheidungsfaktor bei der Bestimmung des Grades brüderlicher Nähe. Zwischen den einzelnen kulturellen Bezirken entstehen territoriale Grenzen, die in den Menschen tief evolutionär verwurzelt und schon an primitiven Lebensformen erkennbar sind, wie besprochen. Jegliche künftige friedliche Koexistenz wird darauf basieren, diese Grenzen zu respektieren und ihren Hintergrund zu verstehen, um sich von der falschen Vorstellung einer Multikulturalität zu befreien. Dieser territoriale Anspruch, das Gefühl von räumlicher Trennung, hat sich im Laufe der kulturellen Evolution vom Individuum über Familie, Sippe und Volk bis zur Nation abstrahiert. Mit diesem territorialen Anspruch grenzen sich kulturelle Gemeinschaften voneinander ab, mit extremen Ausnahmen. Für diesen komplizierten Randbereich sozialen Lebens gibt es Beispiele in Geschichte und Gegenwart, aber auch die Möglichkeit, in gewissem Umfang daraus in die Zukunft zu extrapolieren: es gibt zwar einige multikulturelle Regionen in unserer Welt, aber sie erklären ihre Außerordentlichkeit in zweierlei Hinsicht: einmal sind sie selbst ein Beispiel dafür, wie Kulturen entstehen, denn es handelt sich um Regionen, in denen Menschen verschiedener Kulturen mit ihren Religionen und Gebräuchen seit vielen Generationen dazu akkulturiert wurden, in ziemlich enger räumlicher Nachbarschaft nebeneinander zu leben. Das frühere Jugoslawien, das historische Aleppo und das heutige Jerusalem sind Beispiele. Der andere Aspekt dieser multikulturellen Besonderheiten ist ihre Fragilität, wie zuvor erörtert (S. 234). Aleppo ist mittlerweile zerstört, Jerusalem im dauernden Ausnahmezustand, Christen in islamischen Ländern leben in ständiger Bedrohung, wie auch Muslime, die von fremder Mehrheitskultur umgeben sind wie die Rohingyas in Myanmar; ein Teil Afrikas lebt deshalb im Bürgerkrieg. Die Komplexität wird noch deutlicher, wenn man die heutige Situation jüdisch-stämmiger Bürger europäischer Länder und ihre frühere Geschichte dort berücksichtigt. [N223]

Gegen politisches Mobbing

Wirkliche Brüderlichkeit erfordert auch Verständnis und Toleranz wann immer politische Entscheidungen trotz aller Anstrengung in gutem Willen nicht den erwarteten Erfolg bringen: hier muss man nüchtern eingestehen, dass wir uns auf unserem Weg in die Zukunft oft nach Versuch und Irrtum bewegen und dabei unweigerlich auch fehlgehen. Daher ist die Erwartung von Perfektion unsinnig und die übliche Suche nach Schuldigen und Bauernopfern in vielen Fällen nicht gerechtfertigt sondern Racheakt oder Schachzug im kalten Krieg der Parteien. Denn eigentlich trifft zu, dass wir fast ausnahmslos mit einer Absicht nicht exakt dorthin gelangen, wo wir hinwollten, weil jede Handlung in die Zukunft reicht und von nicht einplanbaren Ereignissen durchkreuzt werden kann. Aldous Huxley schrieb dazu in "Gott Ist": *"Selbst wenn das politische Handeln in bester Absicht geschieht (was oft genug nicht der Fall ist), bleibt es doch dazu verdammt, sich mehr oder weniger vollständig selbst zunichte zu machen. Die Natur der menschlichen Instrumente, deren sich das politische Handeln bedienen muß, und des menschlichen Materials, dem es gilt, stellt absolut sicher, daß solches Handeln auf keinen Fall zu den beabsichtigten guten Resultaten führt."* [194, N224]

Die autodestruktive Wirkung der Verteufelung von Territorialität als Nationalismus, und von Xenophobie als Rassismus

Wie in Kapitel II erläutert, ist Xenophobie nicht Rassismus, ebenso wenig wie Territorialität und Patriotismus einem Nationalismus gleichkommen. Brüderlichkeit ist auch mit Territorium verbunden: sie beginnt mit dem Respektabstand rund um das Individuum, der nur unter bestimmten Ausnahmebedingungen nach Signalisierung der Zulassung übertreten werden darf. Dieser individuelle Bereich ist wiederum von weiteren, kulturabhängigen Bereichen umgeben, letztlich den Staatsgrenzen, soweit vorhanden. Daher erinnere ich an dieser Stelle nochmal daran, dass Xenophobie nichts mit schuldhaftem Rassismus zu tun hat, und Territorialität nichts mit Nationalismus, sondern dass beide Eigenschaften als Instinkte tief in der menschlichen Natur verwurzelt sind.

Ganze Völker sind in der Geschichte gewandert, Völker haben einander um Landbesitz bekämpft und haben vor allem "ihr" Land verteidigt. Die Invasion des Territoriums Anderer wird in der menschlichen Gesellschaft allgemein als inakzeptabel betrachtet und politisch durch den Begriff der Souveränität geschützt – so verteidigen Menschen ihr Territorium wie viele Tierarten.

Was Menschen in heutigen westlichen Staaten außer ihrem kulturellen Hintergrund zusammenhält, ist nicht ein Bewusstseinsakt wie der Schutz des Gemeinwohls, oder Teil eines Ganzen zu sein wie in Hobbes' Leviathan oder in Rousseau's Sinn. Vielmehr ist es das gemeinsame Interesse an einem Recht auf privaten Besitz, auf Raum, den wir wie eine Erweiterung der „äußeren Körperfühlsphäre" in uns tragen. Die Bedeutung von „wir" ist in diesem Zusammenhang die Übereinkunft, dass wir Alle dasselbe wollen, nämlich den Schutz unseres privaten Eigentums im Rahmen des abgegrenzten Bezirkes „Staat". Bürger ziehen nicht in den

Krieg, um das Gemeinwohl des Staates zu verteidigen, sondern im gemeinsamen Interesse der Verteidigung ihres privaten Bereichs. Ideologische Überzeugung ist dabei die Ausnahme. Ihr „Allgemeingut" ist in aller Regel das gemeinsame Interesse, nicht das Allgemeingut selbst. Rousseau's Konzept und das des Kommunismus, wonach alle Individuen alles an den Staat abgeben, funktioniert allenfalls für kurze Perioden der Begeisterung und Manipulation, bis die Natur, der "Faktor Mensch" wieder die Oberhand gewinnt. Das Individuum fühlt nicht seinen Staat, sondern nur sich selbst, seine unmittelbare Umgebung und seine Kultur. Nur insoferne das Individuum seine Kultur fühlt, empfindet es auch Staat oder Nation, oder welcher Begriff auch immer für diesen virtuellen Großraum in der Vorstellung dafür verwendet wird. In der Territorialität und im Heimatgefühl entwickeln Menschen ihr „Wir-Gefühl" nur im Zusammenhang mit diesem gemeinsamen Interesse; man könnte es auch „gemeinsames Gefühl" nennen und in diesem Sinn verallgemeinern. Als Konsequenz all dessen schließt die Territorialität als gemeinsames Gefühl in einer angestammten Bevölkerung auch die Xenophobie als dazugehörige Motivation ein mit dem instinktiven Ziel, Fremde von ihrem Territorium fernzuhalten. Dieser Instinkt ist allen Menschen in gleicher Weise eigen und zu tief verwurzelt, um durch eine bewusste Entscheidung oder durch gesetzliche Regeln erfolgreich dauerhaft unterdrückt zu werden. Die Überwindung gelingt erst in einem gemeinsamen kulturellen Umfeld, einer Entwicklung über viele Generationen. Die Geschichte ist hierfür mehr als ausreichender Beweis, ebenso wie gegenwärtige Ereignisse.

Die einzige vernünftige Entscheidung ist daher, kulturell zusammengehörige Gruppen ihr Territorium abgrenzen zu lassen und über die Grenzen hinweg den kulturellen Austausch zu pflegen. Diese Lösung verbietet keineswegs die Diskussion über gemeinsame Interessen zwischen diesen Nachbarn, so wie dies zwischen Staaten der Fall ist bis hinauf zur Ebene der Vereinten Nationen. Verschiedene staatliche Lösungen sind auf diese Weise denkbar, mit gemeinsamer Gesamt- oder Teil-Legislatur (Karl der Große hatte jedem seiner Völker die eigenen Richter gelassen und die Entscheidung, nach welchem Recht sie beurteilt werden wollten).

Jetzt wäre es an allen Anti-Nationalisten und Neo-Liberalisten, zu verstehen und als gegeben zu akzeptieren, dass die Zulassung von Territorialität für jede kulturelle Gemeinschaft der einzige realistische Weg in eine friedliche Zukunft sein könnte (siehe S. 362).

Vertrauen muss Misstrauen überwinden

Die moderne Demokratie fußt auf Misstrauen; dessen offizielle Demonstration ist die Gewaltenteilung. Letztere ist von vornherein ein Fehler im System, weil jede dieser Instanzen wieder eine Kontrollinstanz benötigen würde, die wiederum kontrolliert gehörte, in einer endlosen Reihe. Dementsprechend funktioniert die Gewaltenteilung nur teilweise. Demokratie auf der Basis von Misstrauen zerstört von vornherein ihr Credo „Wir, das Volk", die wir aber gleichzeitig aufgrund schlechter Erfahrungen miteinander in Misstrauen gegeneinander leben? Misstrauen ist eine Krankheit. Demgegenüber fußt Gemeinschaft ursprünglich in der biologischen wie in der kulturellen Evolution auf Vertrauen. Daher ist es auch für eine moderne Gesellschaft von entscheidender Bedeutung, zu einem Sozialwesen im Vertrauen zurückzufinden. Auf der nationalen Ebene zeigen immer mehr Demokratien Zeichen der inneren Spaltung. International trauen diese demokratischen Staaten einander oft nicht mehr und geraten in ökonomische und kulturelle Konflikte; mit dieser Form zwischenstaatlicher Kommunikation stellen sie ihre eigenen Werte in Frage.

Zu Vertrauen in Gemeinschaften zurückzufinden ist also zur Herausforderung für das Überleben von Demokratie und den globalen Frieden insgesamt geworden. Vertrauen basiert auch auf Respekt, ist also ebenfalls ein Ergebnis gegenseitiger Anerkennung, die durch Erziehung zur Selbstverständlichkeit werden und durch allgemeine Regeln (Gesetze) geschützt werde sollte, ähnlich dem Vertrauensgrundsatz im Straßenverkehrsrecht. Vertrauen bedarf einiger Grundvoraussetzungen, um als Erwartung glaubwürdig sein zu können: Armut und andere Zustände dringender Bedürftigkeit würden Menschen anfällig auf Übertretungen machen; aber sie könnten in einer neuen Gesellschaft schon grundsätzlich nicht mehr existieren, wenn man Reziprozität als Ausgangspunkt bedenkt. Vertrauensbruch müsste aber letztlich als besonders bußbedürftig eingestuft werden. Vergebung ist zwar unter Berücksichtigung unser Aller Anfälligkeit auf Dominanz des „Faktor Mensch" ein wichtiges Thema für Sozialarbeit, müsste aber für politisch Tätige besonders beachtet werden.[N225]

Einige Politiker hatten wohl ihren Seilschaftskameraden von der Wirtschaft in gutem Glauben wenigstens halbherzige Verlässlichkeit unterstellt in ihrem vermeintlich gemeinsamen Bemühen, die Systeme in ihrem konstanten Aufwärtstrend halbwegs stabil zu halten. Aber sie wurden in noch nie dagewesener Ruchlosigkeit betrogen und im globalen Machtpoker auf die Plätze verwiesen, dort, wo ihnen nichts anderes übrig blieb als die Zeche mit Steuergeldern in Billionenhöhe zu bezahlen (noch dazu muss man leider warnen, dass der Begriff „bezahlen" hier den Blick in einen furchterregenden Abgrund freigibt, weil unser Wohlergehen vom Jonglieren zwischen Großbanken und Nationalbanken bzw. Europäischer Zentralbank abhängt). Die Deutsche Bank hat große Anstrengungen unternommen, HSBC in diesem Kampf der Giganten den Rang abzulaufen, denen gegenüber der demokratischen Politik nur zu reagieren bleibt mit der achselzuckenden Feststellung: too big to fail. Mit eingezogenem Kopf vertraut die Welt heute diesen Jongleuren; doch es gibt bereits Politiker, die beschlossen haben, sie im Programm des chinesischen Zirkus auftreten zu lassen. Da die Bankgiganten daran sind, die ganze Welt mit ihren teilweise kriminellen virtuellen Geldspielen in Geiselhaft zu nehmen, und nun obendrein die Gestalt von Marionetten außerdemokratischer Politik anzunehmen beginnen, kann der Alarmzustand für Alle, die ehrlich an Demokratie interessiert sind, nicht mehr drohender werden. Nur Vertrauen ineinander kann Menschenmassen zusammenhalten gegen die trennende Gier nach Reichtum, der sich am Ende doch nur als Fata Morgana in nichts auflöst.

Vertrauen, Respekt und Frieden: Demokratie und "die Anderen"
Ein Plädoyer gegen den westlichen Universalismus

Die Voraussetzung für Frieden ist Vertrauen. Vertrauen aber kann nicht auf Arroganz aufbauen, es beginnt mit gegenseitiger Anerkennung, Respekt und Wertschätzung als Grundlage, sich einander gegenüber sicher zu fühlen. Viele der derzeitige politische Probleme zwischen den Mächten und Kulturkreisen aber basieren auf Misstrauen aus Erfahrung, denn die europäischen Mächte hatten die Welt in beschämend doppelbödiger Weise kolonialisiert: einerseits mit der Mission von Heilbringung und überlegenem Wissen, gleichzeitig jedoch durch erschreckende und oft kriminelle Ausbeutung. Vorurteile konnten sich im Laufe von Jahrhunderten in der Einstellung der Menschen nicht-westlicher Länder festsetzen. Mittlerweile sitzen sie aber bereits mitten in westlich-multiethnischen Gesellschaften. Die Herausforderung ist also doppelt.

Und ob wir es wissen wollen oder nicht: Fukuyama's Prophezeiung vom "Ende der Geschichte" in einer globalen westlichen Kultur hat sich in den vergangenen 25 Jahren als keinesfalls plausibel erwiesen, während sich Huntington's "Kampf der Kulturen" in vollem Umfang auszubreiten scheint. Letzten Endes aber werden sich wohl beide als falsch erweisen, denn keine Prophezeiung ist bisher vollkommen eingetroffen, niemand kennt die Zukunft. Daher bleibe ich weiterhin bei Karl Popper's Empfehlung: *"Anstatt als Propheten aufzutreten sollten wir unser Schicksal selbst formen. Wir müssen lernen, die Dinge so gut wie möglich zu erledigen und auf unsere eigenen Fehler schauen. Und wenn wir erst einmal die Idee aufgegeben haben, dass es die Geschichte der Macht sein wird, die uns richtet, wenn wir aufgehört haben werden uns zu sorgen, ob die Geschichte uns rechtfertigen wird, dann werden wir vielleicht eines Tages in der Lage sein, Macht unter Kontrolle zu bringen. Auf diese Weise können wir die Geschichte sogar auf unsere eigene Weise rechtfertigen. Sie braucht auch dringend eine Rechtfertigung".* [*][1]

Blickt man sich unter den menschlichen Gesellschaften um, so bestätigt sich, dass keine Prophezeiung sich als selbsterfüllend bestätigte: die Menschen auf der einen Insel im Südpazifik (z.B. Anuta, Solomon) leben in Frieden und Harmonie, während sie auf einer anderen Insel (z.B. Osterinsel) einander in Eifersucht und Gier bis zur Zerstörung ihrer Umwelt und schließlich ihrer selbst bekämpften. Unser Schicksal erscheint in der Tat offen, abhängig davon, wie wir unsere Soziokultur meistern.

Das führt uns zurück zur Frage nach der Bedeutung von Geschichte: hat sie nun *doch* keine Lehre für uns, keinen Sinn? Dem stimme ich keinesfalls zu. Geschichte im Sinn von Geschichtswissen ist das Gedächtnis der kulturellen Evolution und insofern Teil unseres gesamten Wissens und auch Kriterium bei all unseren Entscheidungen.[N226] Dabei sollte man aber nicht vergessen, dass man nicht Fehler der Geschichte wiederholen sollte, nur weil man Prophezeiungen nicht folgt und sich von ihnen nicht hypnotisieren lässt: verantwortungsvoll zu handeln bedeutet auch, solche Wiederholungen zu vermeiden. Indirekt zeigt Popper damit beim Bemühen um Weltfrieden auf den Umgang des Westens mit Macht. Über Jahrhunderte waren die westlichen Länder die treibende Kraft, während der Rest reagierte. Heute kann er als demokratischer Westen nur dann glaubwürdig bleiben, wenn er nach innen wie auch global fairen Ausgleich zwischen allen Nationen anstrebt, was bisher nicht der Fall ist.

Vertrauen und Evidenz in der Politik

Wenn es um Vertrauen geht, gibt es keinen Unterschied zwischen politischen Systemen, also auch nicht zwischen Demokratie und Epistokratie: in der Demokratie haben die Wähler keine andere Möglichkeit als den Politikern blind zu vertrauen, ohne deren tatsächliche Qualifikation zu kennen, und müssen auch nach der Wahl darauf vertrauen, dass sie ihre Versprechen halten werden. In der Epistokratie müssen sie den Erkenntnissen und Entscheidungen der Experten vertrauen. Der Unterschied könnte sein, dass man Politiker weder für ihre Entscheidungen noch für die Unterschiede zwischen Wahlversprechen und tatsächlichen Handlungen verantwortlich machen kann. Im Gegensatz dazu könnten Experten auf der Basis von dokumentiertem, nachprüfbarem und wiederholbarem Evidenznachweis festmachen – ich werde in einem separaten Abschnitt darauf zurückkommen.

Vertrauen ist auch ein unverzichtbares Element der Arbeitsteilung. Um jedoch Fehlerfallen, verursacht durch den „Faktor Mensch" (Betrug, Diebstahl, Missbrauch, Ausbeutung), vermeiden zu können, wäre der Nachweis der Evidenz bei jeder politischen Entscheidung eine überlegenswerte Lösung: als neutrale Informationsquelle kann Evidenz neues Vertrauen schaffen: man kann sie als das verstehen, was ich "Neutralisierung" nenne, in diesem Fall das Neutralisieren von tiefsitzendem Misstrauen, indem man nicht persönliches Vertrauen erwartet, sondern Vertrauen in etwas Objektives, nämlich unleugbare Fakten, an die sich beide Seiten zu halten verpflichten – ein Unterfangen, das zu Beginn dennoch schwierig sein kann, weil Misstrauen enttäuschtes persönliches Vertrauen ist und deshalb als tiefsitzender Instinkt schwer zu überwinden. Umso mehr gibt die Verbindung von gemeinsamem Interesse an einer Lösung und die Einhaltung der Verpflichtung, zu den vorliegenden Fakten zu stehen, mit der Zeit und einer Reihe von Wiederholungen eine realistische Chance zur Gewinnung neuen persönlichen Vertrauens. Insofern wäre das Vorliegen von Evidenz sogar eine Möglichkeit zur Verbesserung bzw. Überwindung der Bedingungen im Sträflingsdilemma-Spiel.[N79]

Auch aus historischer Sicht macht der Vorschlag evidenzbasierter Entscheidungen in der Politik Sinn. Immerhin ist das Vertrauen in wissenschaftliche Evidenz unsere einzige Quelle allgemein anerkannten Wissens (mit wenigen Ausnahmen). Unser Wissen, dass sich die Erde um die Sonne dreht und nicht umgekehrt, basiert auf Wissenschaft, nicht auf einer demokratischen Abstimmung – hier erinnert man unweigerlich die

Frage der Sozial-Epistemologie: sollen wir diese Evidenz glauben? Jahrhundertelang haben religiöse Dogmen aus Offenbarung und Erleuchtung von Kirchenvätern die Menschheit daran gehindert, Fakten über die Welt so zu erfahren, wie wir in der Lage sind sie zu erleben und zu untersuchen. Demokratische Abstimmung unterliegt, wie wir gesehen haben, einer Vielzahl von Instinkten, Gefühlen, Aberglauben und gesundem Menschenverstand. Demokratische Abstimmung selbst ist eine Misstrauenserklärung an die politische Macht. Daher darf nur die Bindung an faktisches Wissen, wissenschaftlich belegbar, überprüfbar und wiederholbar den Weg in unsere Zukunft prägen – immer eingedenk seines hypothetischen Charakters. Unser Wissen nicht zu nutzen wäre ein Rückschritt in der Evolution. Unsere Erkenntnisfähigkeit zu ignorieren wäre wahrscheinlich selbstmörderisch, vor allem, weil die Menschheit sich in diesem Kampf zwischen tierischem Erbe und geistigen Fähigkeiten selbst auslöschen würde. Vertrauen in Evidenz neutralisiert asoziale Kräfte wie Machtmissbrauch durch Manipulation und andere Methoden. Aus diesen Gründen muss der nächste Schritt in der kulturellen Evolution der Wechsel zu evidenzbasierter Politik sein.

Wie evidenzbasierte soziale Verantwortung entsteht

Schlechte Anpassung einer Spezies resultiert in der Evolution in deren Verschwinden. Was aber wird mit uns geschehen, mit Völkern und Kulturen, als Ergebnis *unserer* Evolution, der „kulturellen Evolution"?

Der Unterschied zwischen uns und allen anderen Spezies in der Evolution des Lebens auf unserem Planeten ist, dass wir in der Lage sind, uns unserer Errungenschaften bewusst zu werden, und daher auch des verrückten Durcheinanders, das wir hervorrufen. Es wird sehr kompliziert hier, denn wir haben begonnen, die genetische mit unserer kulturellen Evolution zu überholen. Dabei rennen wir – vorbei an unseren selbsterzeugten Umweltproblemen, und nebenbei auch rasch mal zum Mars – wie Wahnsinnige mit zunehmender Geschwindigkeit einer Wand entgegen. Dabei scheint uns nicht zu stören, dass wir dort wahrscheinlich bald enden werden (siehe auch S. 182), wenn wir unsere Gangart nicht rasch ändern, denn wir reagieren kaum: angesichts des Klimawandels ändern wir nicht den CO_2-Ausstoß, sondern verstecken uns bei Sturm im dafür eingerichteten Keller. Freilich wird hier sofort eine Parallelität sichtbar zur Erkenntnis unserer Bewusstheit als *nach*-denkender Instanz, die immer erst *nach* erfolgter Tat des Geschehenen gewahr werden kann. Dabei sollten wir aber den anderen Teil davon nicht vergessen: den vorausplanenden, der in der Lage ist, Erfahrungen zu extrapolieren, wozu die genetische Evolution ganze Spezies auf ihrem Versuchsweg opfert. Nun hat sie aber uns hervorgebracht, die sich den nächsten Schritt wohlbedacht überlegen können. Diese kritische Vorab-Analyse anhand der verfügbaren Evidenz ist unser Weg nach vorne. Höchstwahrscheinlich gibt es uns genau aus diesem Grund, aber auch wirklich nur dann, wenn wir diese Fähigkeit auch tatsächlich nutzen. Die Evidenz hinter einer scheinbar klar gegebenen Sachlage, das ist es, was wir heute Wissenschaft nennen. Wie zuvor erwähnt, wurde all das nicht durch demokratische Abstimmung erreicht sondern von Individuen. Oft verlacht, bedroht oder wegen ihrer abwegigen Tätigkeit gar umgebracht, wurden sie oft erst später anerkannt. Wissenschaft und Technologie, die Basis unseres derzeitigen Wohlstands, basieren auf diesem Prinzip: herauszufinden, was tatsächlich dahintersteckt, das Wagnis einzugehen, es herauszufinden. Möglicherweise wirkt hier das Genie als rettender Fehler im System der kulturellen Evolution, wie eine Mutation in der genetischen Evolution. Die Menschheit ist heute nicht dort, wo sie ist, weil sie dahin wollte, sondern weil Einzelne sie dorthin gebracht haben.

Daraus erhebt sich nun die Frage: sollten wir nicht in der gleichen, wissenschaftlichen, Weise mit unserer Sozialordnung und unserem politischen System vorgehen? In immer mehr Detail herauszufinden suchen, warum wir sind wie wir sind, warum wir sozial handeln und reagieren, wie wir es tun, und auf rationale Weise fatale Fallen in Nullsummenspielen meiden, die oft viele Leben kosten und die Lebensbedingungen der Überlebenden nicht verbessern?

Sollten wir nicht jetzt tatsächlich akzeptieren, dass in unseren Gehirnen Verhaltensmuster fest „verkabelt" sind, die auf Lebenserfahrungen vor bis zu einhundert Millionen Jahren und mehr zurückgehen, die unsere bewusste Selbstkontrolle austricksen, automatisches Verhalten, diese „unbelehrbaren Lehrmeister" und andere Instinkte, soweit wir sie nicht als Ausrede für Genuss als Selbstzweck ohne natürlichen Stopmechanismus missbrauchen? Soweit sie als „asozial" gelten, sollten sie als Fallen gesehen werden, die nicht leicht auszuschalten sind; es nützt niemandem, sie zu ignorieren oder zu stigmatisieren. Stattdessen müssen sie unter Einsatz allen Fachwissens in die Erziehung einbezogen werden, wie in Kapitel II besprochen. Sie könnten durch Erlernen von Vermeidungsstrategien gegen den hauptsächlichen Störfaktor im sozialen Leben kontrolliert werden: Machtmissbrauch zur Ausbeutung anderer Menschen.

Für eine neue Gesellschaftsform, die Demokratie, hatten ihre Gründungsväter am Beginn der Vereinigten Staaten von Amerika sich für die Strategie der „Federalists" entschieden: den Menschen zu nehmen, wie er ist, und im Bedarfsfall für Gesetzesübertretungen zu bestrafen.[N204B] Sie wurde zum Modell für die meisten westlichen Demokratien – sogar die französische, nach ihrem Umweg über die jakobinische „Zivilreligion"[N204C,D]. Bis heute hat keines dieser Länder erwogen, eine andere, nicht-religiöse, nicht-ideologische Erziehung ihrer Bürger einzuführen, um sie sich selbst besser verstehen zu machen, ihre Gemeinschaft und deren Ordnung. Eine neue Form von säkularer Erziehung und Einschulung in unsere Natur, Ethik und sozialen Werte wird eine fundamentale Voraussetzung für eine stabile Zukunft:

Erziehung

"Zu den Pflichten stehen, die man gegenüber dem Volke hat, ... – das kann man Weisheit nennen".[362]
Konfuzius

Politik befasst sich mit unserem Zusammenleben, den hierfür vereinbarten Ordnungsregeln und unserer dazugehörigen Einstellung. Letztere ist die Grundlage für die Einordnung des Individuums in der Gesellschaft. Heute wird in den westlichen Ländern angesichts deren Zerbrechens zunehmend vom Verlust des Zusammenhalts, der kulturellen Identität und Orientierung gesprochen. Bei Gesprächen über die Zukunft wird oft vergessen, dass Kulturen deshalb existieren, weil die Nachfolgegenerationen in sie hineinerzogen wurden. Erziehung in die Kultur gibt dem Individuum einen Platz in der Gesellschaft, sowohl hinsichtlich der grundsätzlichen Haltung einander gegenüber als auch betreffend Hierarchie, ein Ziel, das in der kulturellen Evolution zusehends durch Erziehung erreicht wurde. Diese Kultur ist die Welt, die dich umgibt, wenn du geboren wirst, bis zu der Zeit da du sie bewusst und kritisch und aus einer Distanz betrachtest. Dann wirst du bleiben oder weggehen, einige der Gebräuche und Traditionen, den lokalen Dialekt, zurücklassen; von einigen kommst du ein Leben lang nicht los, deinem Gefühl von Heimat zum Beispiel.

In der Geschichte wurde die moralische und strukturelle Ordnung vor allem durch die Religion vermittelt, so auch die quasi gottgegebene Einteilung in soziale Schichten. An diesem fundamentalen Punkt hat die moderne liberale Demokratie eine ihrer gefährlichsten, selbstzerstörerischen Schwächen seid ihrer Gründungszeit. Eine der bekanntesten säkularen Initiativen für Erziehung in der republikanischen Ära der Neuzeit stammt von Rousseau. Die Gründungsväter der USA hatten diesen Teil weggelassen,[N204B] die Jakobiner hatten ihn toternst genommen.[N204C, N204D] Rousseau's Ideen bargen auch tatsächlich eine Gefahr, denn es beinhaltet nicht wirklich die Erziehung des Kindes in die Gesellschaft, die Formung des Kindes, sondern die Umformung des Erwachsenen und dessen Selbstaufgabe.[N218, N228, N231] Die Möglichkeit, beim Kind auf „natürliche Gaben" wie Grundvertrauen und Reziprozität als Ansatz für eine Erziehung in die Gemeinschaft zu setzen, war ihm entgangen.[N43B]

Zu den ältesten schriftlichen Dokumenten über die Bedeutung von Erziehung und Selbsterziehung zählen die Schriften von Konfuzius: seine vier Grundregeln (Menschlichkeit, Gerechtigkeit, kindliche Pietät, Einhalten der Riten) sind vereinbar mit den heutigen "westlichen Werten": die ersten beiden lassen sich mit reziprokem Altruismus erfüllen;[N205A] „kindliche Pietät" würde ich für unsere Zukunft als Respekt und Grundvertrauen interpretieren, also Vertrauen statt Misstrauen; die Riten sind die Gepflogenheiten, das, was in einem Kulturkreis als Anstand oder anständigem Benehmen gilt.
Betrachtet der Gutwillige die Folgen der Ethik des Konfuzius im Osten im Vergleich mit denen der europäischen Aufklärung, so erkennt er nicht nur ihre Gemeinsamkeit, sondern vor allem auch ihre einander ergänzenden Qualitäten: beiden gemeinsam ist die Tatsache, dass es sich um eine säkulare Ethik handelt, deren soziales Konstrukt nicht auf eine metaphysische Zielsetzung ausgerichtet ist. Sie ergänzen einander insofern, als beide aneinander einen Mangel aufdecken, den sie durch Vereinigung heilen können:
Die konfuzianische Sozialethik baut auf der Erkenntnis archaischer hierarchischer Sozialstruktur auf, setzt jedoch vorbildlich altruistisches (fürsorgliches) Verhalten der Führungsperson voraus. Dadurch entsteht ein Gesellschaftsgebäude, das durch *Altruismus von oben* als Grundkraft stabil gehalten wird. Konfuzius selbst hätte die Bedeutung der inneren Reifung des Individuums erkannt und gelehrt; sie drang aber in der politischen Umsetzung seiner Lehre nicht durch – schon Konfuzius also wurde unerwünschter Störfaktor im politischen Machtgefüge, verlor

Amt und Würden, ging ins Exil und auf Wanderschaft. Das chinesische Sozialsystem erstarrte im Laufe der Jahrhunderte zunehmend an seinem angepassten Konfuzianismus. Die Grundkraft menschlichen Zusammenlebens, ausgedrückt in ihrer kulturellen Evolution, sprengte sich in einer Revolution frei.

Die europäische Aufklärung resultierte zuvorderst in der Betrachtung des Individuums und seiner Befreiung von Fremdbestimmung. Im Zentrum dieser Initiative steht Kant's Aufforderung an das Individuum, selbstbestimmt zu werden. Der soziale Zusammenhalt sollte durch selbstauferlegte Reziprozität als Verhaltensprinzip entstehen (kategorischer Imperativ[N216C]), also *reziproken Altruismus von unten*. Durch die Obrigkeit erlassene Gesetze wären sodann nur noch eine Beschreibung der selbstauferlegten Beschränkung der Einzelnen.[N267] Die Befreiung des Einzelnen wurde jedoch zur Morgengabe republikanischer Machtbestrebungen und entartete zum Liberalismus in einem zunehmend zusammenhanglosen Haufen hedonistischer Individuen.

Der chinesische Philosoph Wang Hui scheint es geschafft zu haben, seine Führer von einem Schnellkurs in westlichem Kapitalismus wieder abzubringen und zu einer Rückbesinnung auf die Aufgabe von Sozialpolitik zu bewegen:[372] er kritisiert den ruchlosen westlichen Kapitalismus in seiner Arroganz und weist zurück auf die Lehren des Konfuzius, und zwar nicht auf die neo-konfuzianische Machtpolitik späterer Jahrhunderte, sondern auf das, was Konfuzius mit Kant verbindet: reziproker Altruismus als Erkenntnisinhalt und Aufgabe einer Menschengemeinschaft, deren Individuen verstanden haben, dass sie nur gemeinsam überleben können.

Diese Art von Erziehung scheint es heute eher in China als im Westen zu geben: dort lernen Kinder konfuzianische Regeln auswendig und wiederholen sie täglich. Nur in einigen religiös-fundierten Schulen gibt es das auch im Westen noch: ethische Grundregeln. In China also lernen heute die Kinder wieder Lehrsätze des Konfuzius. Aber...

Wer erzieht *unsere* Kinder ?

Youtube ist ein Milliarden-Dollar Business, der Teenager und andere junge Leute für Werbung anstellt, die hinter Unterhaltung versteckt wird. Videospiele mit Gewaltinhalten sind ebenfalls ein Milliardengeschäft; sie erhöhen die Aggressivität und reduzieren Empathie, wie Meta-Analysen wissenschaftlicher Studien ergeben: *"Es gibt eine starke Evidenz dafür, dass Gewaltspiele ein kausaler Risikofaktor für die Zu-*

nahme aggressiven Verhaltens, der Wahrnehmung und aggressiver Affekte sind ebenso wie für die Reduktion von Empathie und prosozialem Verhalten".[195]

Der Rest an Erziehung in diese Richtung kommt mit TV-Filmen voll unbegrenzter Gewalt und Sex, oder sie kommt durch Pseudo-Sozialisierung via Internet, wie Facebook – Facebook zählt mittlerweile zu den zehn häufigsten Formen von Sucht.[58]

Die heutige westliche demokratische Politik verwaltet weiter den kulturellen Verfall, begleitet von fehlender Erziehung und Unterstützung der freien Marktwirtschaft, hilflos festgefahren im Post-Neoliberalismus. Das Wissen um Zusammenhänge zwischen Erziehung, kulturellem Niedergang und heutigen Praktiken ist seit Jahrzehnten ebenso bekannt wie ignoriert: vor etwa 20 Jahren schrieb der Leiter der Gesundheitsbehörde der USA: *"Die Erforschung des Einflusses von Gewaltvideos und – filmen, von Videospielen und Musik ergibt die eindeutige Evidenz, dass Gewalt in den Medien die Wahrscheinlichkeit für aggressives und gewalttätiges Verhalten sowohl in unmittelbarem zeitlichen Zusammenhang wie auch im langzeitlichen Zusammenhang erhöht."* Dazu ergänzen die Autoren dieser wissenschaftlichen Analyse: *"Zahlreiche Berichte von Gesellschaften der Gesundheitsberufe ... sowie Gesundheitsbehörden der Regierung ... kamen nach dem Studium der verfügbaren wissenschaftlichen Evidenz zur gleichen Schlussfolgerung".*[195]

Dabei ist aggressives und gewalttätiges Verhalten nicht das einzige Problem als Folge des digitalen Zeitalters: die Abhängigkeit von Computerspielen und anderen technischen Spielereien schränkt die sozialen Fähigkeiten und Kontakte ein; sie trifft auch nicht nur Jugendliche: „Verhaltensabhängigkeit" ist der Slogan für diese neue soziale Herausforderung.[196] Das Problem der dramatisch ansteigenden Zahl psychischer Störungen bei jungen Menschen der westlichen Länder hatte ich bereits angesprochen.[N86]

Was meinen wir, dass geschehen wird? Ganz eindeutig gibt es keinen politischen Willen dafür, diese Entwicklung als Ausbeutung asozialer menschlicher Instinkte zu bezeichnen und daraus entsprechende Konsequenzen zu ziehen. Warum gibt es kaum irgendwelche Spiele, bei denen es um pro-soziales Verhalten geht? Ein weiteres Stück aus dem Puzzle zur Demonstration der fatalen Schwäche sozialer Führung in der gegenwärtigen Demokratie.

Wird der stolze, ja arrogante westliche Kultur-Imperialismus sich endlich nicht-westlichen Kulturen öffnen, um zu sehen, was man daraus lernen kann? Wird er sich endlich für sich selbst rückbesinnen auf jene Werte, auf die er Anderen gegenüber fordernd verweist? Was bietet der Westen seinen Kindern im Vergleich zu den kleinen Chinesen und der konfuzianischen Weisheit, die sie jetzt so sehr auswendig lernen, dass sie ihnen im späteren Leben bei entsprechender Gelegenheit wieder einfallen werden? Der Friede in der Welt wird wahrscheinlich von einer Fusion des kulturellen Erbes in ein neues, globales Allgemeingut abhängen, aber auch von einem ersten Schritt dorthin, der einen Erfahrungsaustausch von aggressionshemmenden Strategien betrifft.[N229]

Mit Hinblick auf diese Lage beginne ich mit dem Vorschlag einer Erziehung zu einem Wechsel in der grundlegenden sozialen Einstellung und in die wirkliche Stellung des Individuums als gegenseitiges Abhängigkeitsverhältnis zur Gesellschaft. Danach soll die Erziehung zum Verständnis des Individuums seiner selbst und zu Methoden der Selbstkontrolle seiner Natur folgen. Um es nochmal zu betonen: ich meine damit nicht die forcierte Erziehung in ein moralisches Verhaltensschema, sondern in das Verständnis der menschlichen Natur und der gegenseitigen Abhängigkeit, wie auch der moralischen Werte, die aus der Reziprozität resultieren, wie Gleichwertigkeit und Verantwortung - mit Betonung auf Verstehen.[N230]

Zweifellos ist Erziehung ein zentrales Anliegen von Kultur. Es hat den Anschein, dass alle Republikaner der ersten Stunde beiderseits des Atlantik den Erziehungsauftrag nicht meistern konnten. Dabei meine ich die Erziehung aus der eigenen Unmündigkeit im Sinne Kant's, nicht die von Robespierre's Jakobinern in Anlehnung an Rousseau. Ein Kommentar zur Geschichte ist deshalb hier an der richtigen Stelle, weil sie die Erklärung für die heutige Situation ist.[N231]

Respekt und Hierarchie als Teil der Erziehung

In Gruppen von Menschen gab es und wird es immer eine „natürliche" Hierarchie geben. Die „demokratische" Gesinnung, des Abbaus und Ignorierens von Hierarchie und Autorität ist eine der destruktivsten Konsequenzen des Traumes von „Gleichheit". Die Wahrheit im Alltag hinter dieser mittlerweile wieder endenden Gleichmacherei geht aus der äußerst höflichen Typisierung des Selbstbildes eines wohlerzogenen Briten als *„bedeutungsschwerem Verfechter von Demokratie"* hervor, der *"... einverstanden sein könnte, dass es nicht außerordentlich respektlos wäre festzustellen, dass manche ein besseres Einschätzungsvermögen haben als andere, es dann jedoch als respektlos ablehnen würde, eine* *derartige Meinung auszusprechen. Es ist in Ordnung, der Meinung zu sein, dass manche ein besseres Urteilsvermögen haben als andere, jedoch sollten wir diese Meinung für uns behalten und vermeiden, sie durch unsere Einrichtungen auszudrücken."* *3 Die pharisäische Haltung, sich einerseits überlegen zu wähnen, dies aber für sich zu behalten, die Überlegenheit aber gleichzeitig auszunutzen, ist in doppelter Hinsicht unehrlich: einmal lässt sie „Unterlegene" im Glauben, man denke besser von ihnen als der Fall ist, und zum anderen wird die Überlegenheit heimlich missbraucht. Damit ist der „semiotische Verfechter von Demokratie" nichts anderes als ein falscher Demokrat, der meint, er sollte eigentlich besser ein Epistokrat sein, oder sogar ein Oligarch.

Wie kann Erziehung in eine neue Gesellschaft beginnen?

Eine der wichtigsten Voraussetzungen für eine Rückkehr zu erfolgversprechender Erziehung ist die Befreiung der demokratischen Gesellschaft von der Gehirnwäsche durch nahezu konstanten Strom von Werbung, welche die Aufmerksamkeit und die geheimen Wünsche nach Konsumgütern als Ziel des persönlichen Glücks wie süßer Terror beherrscht, sobald sich die Menschen irgend einer medialen Chance dazu aussetzen. Diese konstante, praktisch unkontrollierte Verfolgung beginnt schon in jungen Jahren und wurde – nahezu unmerklich - zu einem der hauptsächlichen Instrumente der Erziehung. Kaum ein Winkel des Privatlebens ist frei von Werbung geblieben, die unentwegt das Bewusstsein beansprucht, oder noch schlimmer, sich in die unkontrollierbare Welt des Unterbewusstsein einschleicht, um von dort aus dem Bewusstsein einzuflüstern, was wichtig ist. Ihr Mantra ist: „Ich möchte, ich wollte ich hätte für mich selbst", und schließlich endet in der Einstellung „ich habe Anspruch auf Teilhabe an dem allen". Das Ausmaß an stiller Versklavung durch diese psychologischen Werbestrategien der freien Marktwirtschaft verführt zu Hedonismus und zerstört sozialen Zusammenhalt, ersetzt Religion und verwendet deren Methoden.

Erziehung muss also damit beginnen, die Menschen von den falschen Propheten der freien Marktwirtschaft zu befreien und Gewahrsein und Aufmerksamkeit für die wirklich bedeutsamen Werte im Leben freizuräumen. Immer wieder in der Geschichte haben Umweltereignisse oder andere Katastrophen es unternommen, die Menschen auf ihre gegenseitige Abhängigkeit und den Wert der Reziprozität zu erinnern. Die Geschichte weist aber darauf hin, dass sozialer Niedergang einen Punkt erreichen kann, von dem es keine Rückkehr gibt. Leben und kein Überleben ohne Erziehung, aber auch eine gesellschaftliche Änderung gelingt nur durch Erziehung.

Nicht die Politik, sondern die Gesellschaft muss sich ändern. Denn Politik ist ein Spiegel der Gesellschaft – in der Demokratie mehr als in allen anderen politischen Systemen. Mit der Gesellschaft ändert sich auch die Politik. Nur eine Erneuerung von innen rettet uns – die Quadratur des Kreises an der Quelle von Kultur: denn wer ändert die Gesellschaftsregeln, damit die Gesellschaft die Erziehung in eine neue Gesellschaft bewerkstelligen kann?

Alle Staaten bauten bisher auf Religion als ethische Basis auf. Wenn diese Basis wegfällt, folgt Chaos. Die „Zivilreligion" der Französischen Revolution scheiterte, weil sie die Brutalität jeglicher Inquisitoren bei weitem übertraf. Der Grund? Sie hatten keinen Lehrer. Geht Erneuerung ohne Lehrer wie Moses, Konfuzius und die Gründer der großen Weltreligionen? Ich denke, die Frage wird beantwortet durch die Beobachtung der Wiederholung derselben ethischen Grundregeln aller bisherigen Lehrer. Jetzt bedürfte es der konsequenteren Ordnung des gesellschaftlichen Lebens auf der Basis dieser Grunderkenntnisse. Stellt man sich eine Beratungsrunde nach der Vorstellung von z.B. Habermas vor, die für die Regierung Erziehungsmethoden für Ethik und Bürgerkunde ausarbeitet, so ließen sich daraus Regelungen für Schulen und Erwachsenenbildung entwickeln. Weitere Regelungen könnten sich aus Bürgerinitiativen und Beiträgen von Berufsgruppen und -vertretungen ergeben. Frühere Vergleichsmodelle dafür sind Regeln wie der Hippokratische Eid in der Medizin oder Regeln der mittelalterlichen Zünfte.

Damit schließt sich der Kreis der Überlegungen, denn sie führen uns zum Konzept der evidenzbasierten Gesellschaftsordnung und Politik.

Warum Erziehung nicht automatisch "Soll-Menschen" erzeugt

Man könnte argumentieren, dass jegliche Erziehung notwendigerweise Menschen hervorbringen muss, die lediglich die Regeln für Sozialverhalten im Erziehungssystem spiegeln. Wenn man jedoch die oben vorgestellten Kriterien bedenkt, wird offenbar, dass sie nicht in erster Linie auf Verhaltensregeln abzielen. Stattdessen steht das Verständnis der eigenen Natur in dreifacher Hinsicht im Mittelpunkt: 1- die Tatsache der gegenseitigen Abhängigkeit: dass das Individuum Teil einer Gemeinschaft ist, ohne die es nicht existierte, und dass diese ohne den Beitrag der Einzelnen nicht existierte, 2- die Einsicht in Sinn und Nutzen der Reziprozität zwischen Einzelnen und Gruppen einschließlich Nationen, 3- der "Faktor Mensch", sich selbst und der Gesellschaft gegenüber, Verständnis der potenziell selbstschädigenden und asozial wirkenden Verhaltensmuster aus der Evolution, das den Anreiz zur Selbsterziehung geben kann. Als Ergebnis könnte man den Entwicklungsprozess zum Kant'schen selbstbestimmten Individuum erwarten. Als Bürger müssen sich diese Individuen weder total in die Gesellschaft geben, wie Rousseau vorschlägt, noch wird asoziales Verhalten lediglich aus Angst vor Strafe unterlassen, weil die Abschreckung durch das Gesetz wirkt. Das Verständnis für Reziprozität im Sinne der „Goldenen Regel" und des Kant'schen kategorischen Imperativs bedingt daher nicht den „Soll-Menschen", der Regeln befolgt, sondern schafft sozial und sich selbst gegenüber verantwortungsvolle Individuen, die Sinn und Nutzen von Reziprozität verstehen und dadurch selbst Teil der sozialen Regeln werden, weil sie diese selbst moralisch darstellen.[N267]

Zusammenfassend zu diesem Thema sollte die Erziehung zum Menschen und Mitglied der Gesellschaft die populärwissenschaftlichen Grundzüge von Ethik, Wissenschaftstheorie, Soziologie (mit Inhalten der Psychologie und Humanethologie) sowie Staatsbürgerkunde beinhalten. Die Detailtiefe würde wie üblich abgestuft von der Grundschule bis zur Berufsausbildung reichen.

Das Ende von Rache im Strafgesetz

Gesetz repräsentiert Ordnung, nicht Rache. Das Ziel von Politik ist es, soziale Ordnung und Wohlstand aufrechtzuerhalten. Erziehung ist das Mittel, um neue Mitglieder in diese Gemeinschaftsordnung einzuführen. Das Versagen, sich entsprechend der Erziehung zu verhalten, ist in erster Linie ein Versagen der Erziehung. Außerdem folgt individuelles Fehlverhalten meist einem Muster, auf das wir Alle anfällig sind. Strafe ist daher zunächst Selbstbestrafung des gesellschaftlichen Systems. Reue, Buße und Nacherziehung sollten daher anstelle von Rache stehen. Rache ist das Äquivalent von körperlicher Gewalt anstatt Gespräch und Argumentation. Rache als Grundmotivation der Bestrafung rächt sich außerdem selbst wieder: strengerer Strafvollzug für schwerere Verbrechen resultiert lediglich in noch mehr Gewaltbereitschaft und weiterer Entfremdung von der Gesellschaft.[197] Eine der absurdesten Strafmaßnahmen ist das Einsperren von Drogenabhängigen statt aufwändiger Rehabilitation – ich bin mir dessen bewusst, dass letztere oft nicht erfolgreich ist; aber ich bin überzeugt, dass Einsperren eine Schande ist. In den vergangenen Jahren haben mehrere lokale Programme bessere Ergebnisse durch Rehabilitation als durch Gefängnisstrafe gezeigt.[198]

Das Ende von Machtmissbrauch

"Auflösung" statt "Aufteilung" der Macht

Der unhinterfragte Glaube an "Gewaltenteilung" und "Allgemeines Wahlrecht" zählt zu den dominanten Systemfehlern der Demokratie, die sie zu nichts besserem als nur einer weiteren Ideologie werden lassen, und zwar nicht wegen dieser Strategien selbst, sondern wegen des Dogmatismus, mit dem sie eingesetzt werden.

Was mit Demokratie in früheren Zeiten geschah, kündigt sich auch heute wieder an: man kann eine Tendenz zu Regierungsstrukturen beobachten, beispielsweise in Frankreich, die sich wieder dem Despotismus nähert, dort "aufgeklärter Despotismus" des Präsidenten genannt.[199, 200] Ähnliches geschieht in den USA, wo man eine schrittweise Zunahme der präsidialen Macht beschreibt.[25] Man wird auch an Grayling's Verweis auf die Definition von Lord Hailsham QC von Großbritannien als einer "Wahldiktatur"[11] erinnert. Es entsteht also der Eindruck einer Rückkehr des Westens zu Zeiten des aufgeklärten Absolutismus von Kaiser Joseph II. von Österreich, Friedrich II., dem Großen, von Preußen, Katharina II., der ebenfalls Großen, nur dass nun die Menschen deren Tätigkeit im Fernsehen mitverfolgen, fasziniert, als würden sie Ereignisse in einem Kinofilm sehen, nicht aber die Entstehung ihres eigenen Schicksals durch eine Handvoll Individuen, denen sie ihre Macht übertragen haben.

„Gewaltenteilung" ist ein Feigenblatt, das die tatsächliche Lage, die wirklichen Machthaber, sorgfältig verdeckt, die Parteiführer der demokratischen Systeme, selbst Geiseln von Ökonomie und Marktwirtschaft, und der Justiz über ihnen als dem letztendlichen Machthaber - sofern nicht auch sie in Geiselhaft ist in einem Machtkreis – in manchen Ländern wie Polen und Türkei, und vielleicht auch den USA. Sie alle, wie Autokraten, sind nichts anderes als die Spitze einer Machtpyramide von archaischen Clans und Seilschaften mit ihrem Gemauschel und der Geschäftemacherei im Schatten des großen Transparentes mit der Aufschrift „Allgemeines Wahlrecht" und „Gewaltenteilung". Um zu überleben, braucht Demokratie mehr Aufrichtigkeit; sie allein würde schon einen ersten Wandel bewirken.

Der Wandel, den ich vorschlage, besteht darin, persönliche Macht durch Evidenz zu ersetzen. Da Macht in Menschenhand stets auf die eine oder andere Weise missbraucht wird – immerhin erlebt schon jeder Beamte seine Pflicht als seinen Machtbereich, in dem er regiert - scheint der einzig sichere Weg, Macht künftig in nichts aufzulösen, indem Fakten entscheiden, nicht Menschen. Dazu bedarf es einerseits der Einsicht, dass Überleben nur möglich ist, wenn Einsicht einkehrt – auch für den, der auf Kosten Anderer überleben will, weil er ansonsten trotzdem nicht überleben kann. Da der Mensch sich selbst und seine Eigenschaften und deren Folgen erkannt hat, kann er Methoden anwenden, seine eigene Schwäche zu überwinden, wie Odysseus, der sich von seinen Gefährten an den Mast binden lässt, um nicht von den Sirenen verführt zu werden. Er muss das Prinzip überwinden, das Canetti als das „Auf-Kosten-der-Anderen-Überlebenwollens" beschrieb.[N267A]

Die Einsicht von pro-sozial Eingestellten besteht in der Erkenntnis, dass "Macht" ursprünglich nur für "Verantwortung tragen" stand und in Eigensucht als Begriff für "Verantwortungsmissbrauch" missbraucht wird, dass das Ziel heute also sein muss:

Verantwortung von Machtmissbrauch befreien

Demokratie wollte eine Selbst-Regierung - oder besser Selbstverwaltung - durch das Volk für das Volk werden: also warum nicht wahr machen? Früher wollten Revolutionäre willkürlichen Machtmissbrauch beseitigen: warum ihn nicht jetzt durch Verwaltung ersetzen, ohne Klassenkampf und ohne Machtspiele zwischen den Parteien? So gesehen bräuchte Demokratie keine Erneuerung und Wiedererfindung wie "Neokratie",[201] sondern „einfach" nur die Umsetzung des ursprünglichen Planes, nämlich endlich den Machtmissbrauch zu beenden. Der Wandel ist wahrscheinlich nur schrittweise durch Beratungen unter politisch engagierten Bürgern möglich – nicht im Sinne einer dauerhaften "deliberativen Demokratie", sondern als Initiator der Neuerung, die dann als neues System funktioniert.[N232]

Die Idee einer evidenzbasierten Politik ist nicht neu, wie aus einigen Beispielen ersichtlich war. Der Unterschied ist jedoch, dass nach meinem Vorschlag die Evidenz selbst die persönliche Macht von Politikern ersetzen soll, die ansonsten immer noch wider besseres Wissen entscheiden könnten. Die Änderung entsteht durch die Entscheidung, die Erkenntnisse aus der Analyse der Gegebenheiten bindend zu machen: dadurch fällt die Entscheidung in vielen Fällen von selbst. Evidenzbasierte Politik kann auf diese Weise in der Tat "Gewaltenteilung" durch „Machtauflösung" ersetzen, indem Entscheidungen durch Evidenz „objektiviert" werden, übertragen von Personen auf Fakten.

Wenn nicht mehr Menschen Entscheidungsprozesse dominieren sondern Selektionskriterien und die aus ihrer Auswertung resultierende Evidenz, dann ist die Zeit der Manipulation in Wahlkämpfen vorbei, und das Machtspiel kommt insgesamt zu einem Ende. Da jedoch die alte Regel die Menschengesellschaft weiterhin dominiert, dass „Geld die Welt regiert", wird die Kontrolle der Ökonomie ein weiterer entscheidender Schritt – wie zuvor angedeutet, scheint auch hier für die Demokratie bereits ein Notfall vorzuliegen, will sie den Missbrauch von Ökonomie-Kontrolle durch andere Machtsysteme verhindern:

Das Ende des ruchlosen Kapitalismus: Kontrolle der Ökonomie

Skrupellose Ausbeutung von Möglichkeiten ist typisch für liberal- demokratische Gesellschaften, weil Liberalismus Kontrolle vermeidet, weil sich die Politik notgedrungenermaßen zum Schutz der Gesellschaft als hilflos erweisen muss, hat sie doch die Situation selbst hervorgerufen. Entscheidungen schaffen Ordnung. Gemeinschaften müssen für Maßnahmen oft unter mehreren Optionen wählen. Die Unfähigkeit der Demokratie erweist sich hier an der Frage der Einkommensdeckelung: eine Folge ist, dass einzelne Bürger reicher werden können als der Staat und sich selbst staatliche Maßnahmen anzumaßen beginnen, die sodann als Wohltäterschaft gilt. Das Problem ist, dass solche privaten Initiativen von Milliardären mit der öffentlichen Hand interferieren, die Ordnung durch autokratische Tätigkeiten stören und Anarchie einleiten. Man sollte nicht zulassen, dass öffentliche Sozialarbeit von privater durchkreuzt und damit der Auftrag an den Staat in Frage gestellt wird. Im großen und ganzen herrscht zwischen beiden Aktivitäten eher Konkurrenz als koordinierte Aktion. Diese Folge des Liberalismus ist eine der Türen von der Demokratie in die Autokratie oder Oligarchie. Wie dieser Prozess beginnen kann, erleben wir in diesen Tagen an den USA.

Wie erfolglos die Demokratie mit ihrem Anspruch auf "Gleichheit" ist, die doch wieder nur in steigendem social divide resultiert, zeigt sich nicht nur in den USA sondern überall – die destabilisierende Gefährlichkeit davon wird überdeutlich durch die französische Gelbwesten-Bewegung demonstriert.[N273]

Zweifellos ist die Rettung von Banken mit Hilfe von Steuergeldern ein noch deutlicheres Alarmsignal. Das tatenlose Zusehen der Politik bei der Bonusauszahlung in Milliardenhöhe allein durch die Deutsche Bank, bei gleichzeitiger „Rettung" durch den Staat mit mehr als einer Billion Euro verdeutlicht, wie weit diese Welt bereits gediehen ist: einzelne wenige Banker können bereits den gesamten Westen als Geiseln vor sich hertreiben. Außer dem Geldmarkt werden die Umweltprobleme durch die Industrie das nächste große Problem. Allein der Diesel-Skandal zeigt eine Schwäche und Abhängigkeit der Politik gegenüber der freien Marktwirtschaft. Als Beispiel am Rande hätte evidenzbasierte Politik diesen Skandal von vornherein verhindern können, weil die Fakten schon lange vor dem Bekanntwerden des Betrugs bekannt waren. Der Staat muss durch evidenzbasierte Politik Bankenwesen und Marktwirtschaft kontrollieren. Im Gegensatz dazu halte ich die Behauptung, dass Konkurrenz eine moralische Rechtfertigung für Betrug sei, für eine gefährliche Rationalisierung.[N233] Nicht weniger kritisch ist die Rechtfertigung der Politik, der zu verteilende Wohlstand müsse schließlich von irgendwo herkommen, aus diesem Grund müsse man der Wirtschaft sozusagen schon diesen Sonderstatus gewähren.[359]

Heilung und Rettung der Demokratie wird vom politischen Willen abhängen, krankhafte Kräfte aus Reichtum und Macht durch prophylaktische Maßnahmen – Neutralisierung und Auflösung – an ihrer Verwirklichung zu hindern und dadurch das Gemeinwesen zu stabilisieren.

Getrennt in Frieden - vereint über gemeinsamen Interessen

Die künftige Rolle der Demokratien in und zwischen den Nationen

Dieser außerordentlich sensible Bereich über Multi-Ethnizität und Multikulturalität bedarf einer Einleitung:

Ich will hier Missverständnisse vermeiden, aber auch weniger Gutwilligen die Möglichkeit nehmen, einen Vorschlag oder einen Autor rasch auf die heute übliche Weise nach politisch korrekten Kriterien und mit den entsprechenden Worten zu kategorisieren. Ich spreche hier über die Kontakte zwischen verschiedenen Volksgruppen unter drei differierenden Bedingungen:

A- Einwanderer aus einem fremden Kulturkreis in einem westlichen demokratisches Land, die es ablehnen, tatsächlich aus einer Kultur in die andere überzuwechseln, stattdessen ihre eigene Kultur einschließlich Lebensgewohnheiten und Sozialverhalten mitbringen und ihren Unwillen zeigen, sich in die Gastkultur zu integrieren. In diesem Fall sollten die Bürger des Gastlandes ein Recht haben, Separation in einer Form entsprechend den neuen konstitutionellen Regeln nach meinem Vorschlag (S. 372f) zu verlangen.

B- Eigenständige Nationen innerhalb von Staaten, manche davon seit Jahrzehnten oder Jahrhunderten zwangsweise untergeordnet oder unterworfen. Unter Berücksichtigung von Reziprozität und Äquivalenz müsste diese Nation das Recht bekommen, sich von diesem Staat zu trennen und einen eigenen zu gründen.

C- Gruppen von Staaten, die wie die EU in einer Form von Union vereint sind, deren hierarchische Administration Spannungen hervorruft. In diesem Fall sollte ein „bottom-up"-System eingeführt werden, bei dem alle Entscheidungen auf dem niedrigst-möglichen Niveau erfolgen. Ein gewisser Freiraum sollte für kulturelle Sensitivitäten bereitgehalten werden.

Diese Separationsregeln zwingen niemanden auf unfaire Weise, da es jeweils um Menschen geht, die nicht zusammen leben wollen, sondern einander nur Schwierigkeiten und Unglück bringen, wenn sie gezwungen werden, in einer Gemeinschaft zusammen zu bleiben. Außerdem werden Menschen in keiner Weise behindert, die von vornherein in ihrer kulturellen Welt bleiben wollen, nicht interessiert an einem Zusammenwachsen mit anderen Kulturen in einer globalisierten Welt. Ein beschleunigter kultureller Fusionsprozess findet in einigen Großstädten ohnehin statt, bekannt als sogenannte „Schmelztiegel". Bevor ich in die Diskussion der Punkte A-C eintrete, wollte ich noch einige allgemeine Bemerkungen machen:

Um Platon's Toleranz-Paradox zu vermeiden, können Kulturkreise die Option nutzen, einander zunächst aus der Distanz zu betrachten und nur gemeinsame Interessen zu verhandeln. Damit respektieren sie ihre jeweiligen metaphysischen und anderen fundamentalen Standpunkte. Was eine künftige Form von Demokratie angeht, so muss sie wohl – nach innen wie nach außen - einen Schritt vom Multikulturalismus zurücktreten und die tatsächlichen menschlichen Gegebenheiten in zweifacher Hinsicht berücksichtigen:

1- Religiöser und sonstiger Glaube kann die Regeln des gesellschaftlichen Lebens in einem Umfang bestimmen, dass eine Vermischung mit anderen Richtungen das friedliche Zusammenleben in Gefahr zu bringen imstande ist. Forderung nach ein und demselben Territorium steht am Beginn von Konflikt; damit werden wir zum zweiten Punkt geleitet, der von Territorialität bestimmt wird:

2- Praktisch unausrottbare evolutionär bedingte Verhaltensmuster müssen ernsthaft, nicht nur als Lippenbekenntnis, in die politische Organisation des Alltagslebens einbezogen werden – ich habe ihnen, und im besonderen der Xenophobie und der Territorialität, im zweiten Kapitel umfangreiche Erörterung gewidmet. Separation in Frieden wird demnach für solche Gruppen mit fundamental unterschiedlichen Lebensregeln die einzige vernünftige Lösung sein, solange sie nicht willens sind, sich in die Kultur eines Gastlandes zu integrieren. Dies gilt in gleicher Weise auch auf der internationalen Ebene, bis sich eine globale Menschheit mit einheitlicher Ethik und zumindest kompatiblen religiösen Grundsätzen entwickelt hat.

Vor der Besprechung der Probleme zwischen sehr unterschiedlichen Kulturen lohnt aber auch der Blick ins Innere einzelner Kulturkreise wie beispielsweise der EU oder der muslimischen Welt des Nahen und Mittleren Ostens. Stellen wir uns den Staat entsprechend dem Vorschlag von Christiano [N234] einmal als Schiff vor: da steht der Kapitän und hört das chaotische Geplapper der Menge, deren unterschiedliche Gruppen jede in eine andere Richtung zu reisen verlangen: auf einigen Schiffen islamischer Staaten bricht darüber der Krieg aus, weil eine Gruppe den Weg nach vorne fordert, die andere aber darauf drängt, umzukehren. Auf manchen bricht sogar der Streit darüber aus, wer der Besitzer des Schiffs ist, die Sunniten oder die Shiiten, oder gar noch eine andere Gruppe (Sie erinnern sich, dass es im Islam mehr Sekten gibt als im Christentum). In manchen westlichen Ländern hat halsstarriger Separatismus mit seinem kalten Krieg der Parteien mittlerweile zu weitgehender Stagnation der politischen Arbeit geführt, in Spanien für mehr als ein Jahr, in Deutschland für ein halbes Jahr und seither stetige Selbstbeschäftigung der politischen Klasse mit der dauernden Drohung der Spaltung. Eine Entscheidung zwischen Einigung und Trennung sollte in jedem Fall konkret erörtert werden, schon um manche dieser sozial kranken Parteien angesichts der drohenden Folgen tatsächlicher Trennung zur Vernunft zu bringen. Im Fall der Entscheidung für eine Trennung, wie dies zwischen Tschechien und der Slowakei geschah, können immer noch verbleibende gemeinsame Interessen auf einer Meta-Ebene behandelt werden.

Verfolgt man die Tagespolitik und die Entwicklung der letzten Jahre, entsteht der Eindruck, dass Viele noch nicht verstanden haben, dass man zwischen „Isolation" und „Separation" unterscheiden muss: der gegenwärtige Trend zur Neo-Isolation in der anglo-amerikanischen Welt ist auf kapitalistisch-ökonomischen Wohlstand jeweils für sich selbst fokussiert und ignoriert die komplexen zwischenstaatlichen Abhängigkeiten – eine gefährliche Folge von Abstimmungen in regional-interessierten und obendrein politisch irregeleiteten Bevölkerungen. Im Gegensatz dazu ist mit „Separation" die bereits angesprochene Trennung zwischen kulturell unterschiedlichen und inkompatiblen Gruppen gemeint.

Ich werde nun nur die Punkte A-C aus der einleitenden Unterteilung in zwei Abschnitten behandeln, weil B teilweise zusammen mit den beiden anderen besprochen werden kann, aber auch, weil alle Nationen, die derzeit um ihre Autonomie als eigener Staat kämpfen, auf jeden unpassenden Ton auf beiden Seiten emotionale Ausbrüche provozieren. Vielleicht erwähnt Ascherson genau aus diesem Grund "nur" das Volk der Lasen, einer Gruppe im Nordosten der Türkei mit ihrer eigenen, kartwelischen Sprache, wenn er sich zum Thema kultureller Souveränität äußert.[35, S.306f.]

Das Multikulturalismus-Dilemma der liberalen Demokratie
Zur Notwendigkeit der optionalen Trennung von Gruppen

Die Lösung der Toleranz-Paradoxie ist - Distanz!

Ziel eines demokratischen Systems kann und muss es sein, das Paradox der Toleranz zu überlisten, indem es zwei Schritte vollzieht und diese auch in der Erziehung als tiefe Überzeugung weitergibt:
1- Toleranz darin bestehen zu lassen, dass jede dieser Gruppen ihre Überzeugung unter der Bedingung beibehalten kann, dass sie selbst jeweils den anderen Gruppen dieselbe Existenzberechtigung zubilligt, die sie selbst für sich beansprucht.
2- Den Anspruch auf Multikulturalität aufzugeben, also die Überzeugung, dass Toleranz darin bestehe, die Gruppen zu einem Zusammenleben in ein und derselben Gesellschaft zu zwingen.

Daraus resultiert die Erkenntnis, dass solche Glaubensgruppen in getrennten Räumen und Gesellschaften leben sollen, die durch Regeln miteinander verbunden sind, welche gemeinsame Interessen all dieser Gruppen ausdrücken (siehe USA außerhalb der Großstadtzentren).

Die Problemstellung ist klar: Volksgruppen mit deutlich unterschiedlichem religiösem Hintergrund leben mit verschiedener Sozialmoral, was der Möglichkeit der Bildung einer politischen Gemeinschaft zuwiderläuft. Wenn Menschen aus fremder Kultur in ein europäisches Land immigrieren, ist die Vereinigung in eine Gemeinschaft nur durch die Integration in die Rechtsordnung und Lebensweise des Gastlandes möglich. Volksgruppen, die sich vom Gastland absondern, bringen die Demokratie an den Rand ihrer Existenz, wenn die Forderung dieser Minderheit nach Befreiung von der Teilnahme an dieser liberalen Gesellschaft nicht unterbunden wird: der Staat muss darauf bestehen können, dass alle Bürger nach seiner Verfassung leben. Umgekehrt muss die Verfassung die identitären Werte der Gesellschaft eindeutig formulieren. Die Ansicht "... *entweder wir akzeptieren den gegenseitigen Einfluss unterschiedlicher Kulturen als unvermeidliches (und in der Tat wünschenswertes) Element jeder vielfältigen Gesellschaft – oder wir werden uns dagegen wehren, getrennte Bereiche für jede kulturelle und ethnische Gruppe schaffen* " [4] beschreibt nicht wirklich eine Alternative, sondern sie beschreibt nur die bereits bestehenden separierten Gruppen in den westlichen Ländern. Das Problem ist nicht, dass man zwischen Alternativen unterscheiden müsste, sondern dass man die Realität offen eingestehen und dementsprechend handeln muss. Die derzeit bestehende Vermischung in der heutigen Welt, entstanden als Folge nachgerade überstürzter Globalisierung und Migration, schuf ein Artefakt: getrennte Sub-Populationen leben Seit-an-Seit (und eben nicht miteinander) innerhalb eines Staates. Sie stellen die wirkliche Welt dar, welche die Mehrzahl der Politiker über Jahrzehnte zu ignorieren oder zu vertuschen suchten. Nun wird die Politik für Schattierungen organisierter und offen eingestandener Separation dieser Gruppen sorgen müssen, wenn sie sich weiterhin nicht integrieren wollen – oder können, denn auch die Berücksichtigung der hier vielfach angesprochenen Probleme der angestammten Bevölkerung ist ja die vordringliche Aufgabe der Politik. Ich nenne es Schattierungen, weil sich durch die diversen Phasen von Migration eine Vielzahl unterschiedlicher Bedingungen und Probleme entwickelt hat, die mit (Doppel-) Staatsbürgerschaft, Sprachproblemen, politischer Aktivität und anderen Themen zusammenhängen. Vorschläge zur Lösung all dieser Probleme sind nicht das Ziel dieses Buchs, ich weise nur im Zusammenhang mit der kranken Demokratie und der Notwendigkeit ihrer Erneuerung auf die unumgängliche Faktenlage hin, vor allem jene, die sich aus dem evolutionären Verhaltenserbe der Menschen ergeben. Der Vorschlag, dass " *[sich] allumfassender Patriotismus ... auf der Tradition multi-ethnischer Demokratie bilden [soll], der zeigt, dass die Bande, die uns einen, durchaus Ethnizität und Religion miteinfassen"* * ist sogar für die USA Wunschdenken, die fast nur aus Immigranten be-stehen. *"Die Bande, die uns einen"* * 4, schließen weder Religion noch Ethnizität ein, es sind lockere, flüchtige Bande, besonders in den dort angesprochenen USA mit ihren ständig schwelenden Rassenkonflikten. Und in Europa schwelen sie mindestens ebenso, auch wenn Politiker die Bande noch so beschwörend herbeizureden versuchen aus Angst, ihrerseits den sozialen Frieden zu gefährden – ich erinnere an den zu Deutschland gehörenden Islam (S. 239). Sieht man in das heutige Russland, ist die Situation ähnlich; man denke nur an Alexievich's 57 Beschreibung von Moskau's dunkeläugigen Bürgern zweiter Klasse aus dem Süden des früheren Imperiums. Es nützt nun niemandem, dem Problem durch Umbenennung von „Multikulturalität" auf „Multi-Ethnizität" auszuweichen. Zwar schaffen Menschen unterschiedlicher Ethnizität einander nicht notwendigerweise Probleme, solange sie in der gleichen Kultur leben. Wenn aber der kulturelle Unterschied aufrechterhalten und offen demonstriert wird, wenn orientalische Architektur im Herzen europäischer Städte errichtet wird, wenn einige sogar fordern, ihr eigenes Gesetz zu praktizieren mit Zwangsverheiratung, Scheidungsregeln,

Eigentumsverhältnissen und dergleichen, dann bleibt nicht viel Raum für gemeinsame Bande. Die Politik in den westlichen Demokratien neigt in ihrer Hilf- und Ratlosigkeit dazu, das Problem als *"kulturelle Empfindlichkeiten"* [4] zu verniedlichen. Den Streit der griechischen Muslime habe ich bereits auf S. 279 erwähnt.

In fernerer Zukunft könnte der Zusammenstrom der mosaischen Religionen eine Alternative zur Separation werden. Eine künftige „Welt-Ethik" wird jedenfalls seit Jahren vorgeschlagen als einziger Weg zur Vermeidung einer humanitären Katastrophe.[202] [203] Wer das Verhalten mancher extremistischer Randgruppen in der jüdischen Bevölkerung Israels beobachtet, wird den Umfang der bestehenden Herausforderung nicht unterschätzen.

Freiheit im Wahn oder mit Vernunft: ein Plädoyer für Inter-Demokratie
Demokratien müssen untereinander demokratisch werden

Wie wir Alle wissen, gibt es fast nichts mehr auf Erden, was nicht schon in Büchern nachzulesen wäre: so auch die Beobachtung, dass sich Staaten untereinander wie Individuen benehmen; auch gibt es eine Vielzahl von Vorschlägen, wie sie besser miteinander umgehen sollten, eine Ermahnung, die für Demokratien wesentlich wichtiger ist als für jede andere Regierungsform. Kant sprach diese Angelegenheit in seinem Artikel „Zum ewigen Frieden"[41] an und schrieb – sogar auf humorvolle Weise, wie sie in seinen Texten nur selten zu finden ist, dann aber doch gleich wieder mit einer Mischung von Klage und Hoffnung:

„Völker, als Staaten, können wie einzelne Menschen beurtheilt werden, die sich in ihrem Naturzustande (d. i. in der Unabhängigkeit von äußern Gesetzen) schon durch ihr Nebeneinanderseyn lädiren, und deren jeder, um seiner Sicherheit willen, von dem andern fordern kann und soll, mit ihm in eine, der bürgerlichen ähnliche, Verfassung zu treten, wo jedem sein Recht gesichert werden kann. ..... Gleichwie wir nun die Anhänglichkeit der Wilden an ihre gesetzlose Freyheit, sich lieber unaufhörlich zu balgen, als sich einem gesetzlichen, von ihnen selbst zu constituirenden, Zwange zu unterwerfen, mithin die tolle Freyheit der vernünftigen vorzuziehen, mit tiefer Verachtung ansehen, und als Rohigkeit, Ungeschliffenheit, und viehische Abwürdigung der Menschheit betrachten, so, sollte man denken, müßten gesittete Völker (jedes für sich zu einem Staat vereinigt) eilen, aus einem so verworfenen Zustande je eher desto lieber herauszukommen: Statt dessen aber setzt vielmehr jeder S t a a t seine Majestät (denn Volksmajestät ist ein ungereimter Ausdruck) gerade darin, gar keinem äußeren

gesetzlichen Zwange unterworfen zu seyn..." Aber er setzt fort: *„Diese Huldigung, die jeder Staat dem Rechtsbegriffe (wenigstens den Worten nach) leistet, beweist doch, daß eine noch größere, ob zwar zur Zeit schlummernde, moralische Anlage im Menschen anzutreffen sei, über das böse Prinzip in ihm (was er nicht ableugnen kann) doch einmal Meister zu werden, und dies auch von andern zu hoffen;"* [41, S.210]

Kant's Text liest sich wie ein Aufruf an die EU, doch endlich zu einer Lösung zu finden, die des Stolzes der europäischen Länder und ihrer eigenen kulturellen Wertschätzung würdig ist. Gleichzeitig aber spricht auch er die Paradoxie und das Dilemma der Demokratie an, wenn sie in ihrer Menschenrechts-Mission auf den Konflikt mit der staatlichen Souveränität stößt, wie bereits im Kapitel II (S. 143) besprochen. Die EU als ein typisches Beispiel für sehr unterschiedliche Nationen innerhalb eines großen Kulturkreises hat sich mit übertriebener Top-down Vereinheitlichung von Verordnungen erheblicher Kritik ausgesetzt. Man nannte es „Harmonisierung", kränkte damit aber viele sub-kulturelle Eigenheiten. Unglücklicherweise wurde der verheißungsvolle Vorschlag verworfen, ein "Europa der Regionen" [317] zu schaffen – stand ein ökonomisches Interesse dagegen, und wenn ja, in wessen Interesse? [N235] Europa bekäme jetzt die Chance, eine neue Ära gegenseitigen Respektierens der sub-kulturellen Eigenheiten zu beginnen, den Konflikt zwischen den Višegrad Staaten und den westeuropäischen Ländern einzuebnen und sich angesichts der gemeinsamen Interessen und Probleme der Unsinnigkeit all der neuen Achsen- und geographisch orientierten Blockbildungen bewusst zu werden: die Debatte um Multikulturalismus und Migration ist eine Gelegenheit, das eigene Verständnis von Kultur und Identität zu überdenken und einen aufrichtigen, für die Weltpolitik beispielgebenden Weg für friedliche Koexistenz zu entwickeln, eingedenk der Reziprozität auch auf dieser inter-demokratischen Ebene der Staaten.

Betrachtet man also den demokratischen Umgang der Demokratien miteinander, und zieht dazu nochmal die Allegorie vom Staat als einem Schiff [N234] heran, mit den Politikern als dessen Kapitän und dem Volk, dem Souverän, als Eigentümer, so haben wir es angesichts der EU mit einer Flotte zu tun. Die Aufgabe von Demokratie wird künftig sein, den einzelnen Gruppen die Möglichkeit einzuräumen, unterschiedliche Richtungen zu nehmen und dabei für kollisionsfreies Manövrieren zu sorgen – auch hier ist wieder der Vergleich mit der modernen Luftfahrt interessant, wo das europäische Kontrollzentrum für Koordination neue Strategien aus Big Data entwickelt, um die Sicherheit durch Analyse von

Billionen Funktions- und Bewegungsdaten zu verbessern [N236], ein Konzept, das sich auch für die Koordination vieler sozialer und wirtschaftlicher Belange unter politischer Aufsicht bewähren kann – es wird Gegenstand eines gesonderten Abschnitts weiter unten.

Die einzelnen Schiffe im Flotten-Paradigma sind die kulturellen Gruppen, geographischen Regionen und Nationen, die allesamt auf ihre besondere Weise zusammenleben wollen. Wie zuvor besprochen, ist das nur durch Trennung der Gruppen, Verfügbarkeit von Territorium und Gewährung der Souveränität möglich. Über ihren gemeinsamen Interessen können sie alle national, kontinental und global zusammenfinden. Trennung in Frieden, jeder Nation gewährt, wäre eine der friedensichernden Strategien. Das resultierende Dilemma zwischen Souveränität und Vertragsbruch (die Menschenrechte sind das Dauerthema: alle UN-Mitglieder haben sich zu ihrer Einhaltung verpflichtet) ist wahrscheinlich nur durch Restrukturierung der UNO in eine Demokratie der Demokratien lösbar.

Zusammenfassend könnte die neue Demokratie Frieden schaffen, indem ihre Regionen jeweils nur aus kulturell harmonisierenden Gruppen bevölkert sind. Frieden zwischen den Demokratien kann durch Fokussierung auf gemeinsame Interessen und Vermeidung von konfliktgefährdeten Themen gewährleistet werden. Für ein globales Zusammenleben in Frieden wird es unerlässlich, dieselben Regeln innerhalb und zwischen den Staaten anzuwenden. Unter dieser Maßgabe werden sich Konfliktthemen aus der Sicht der Reziprozität weitgehend von selbst lösen.

Multi*lateral*ismus jetzt, nicht Multi**kultural**ismus

In einem ersten Schritt müssen nicht die Kulturen zusammenfinden sondern die gemeinsamen Interessen. Multilateralismus ist also der Weg zum globalen Frieden, auf dem alle Nationen zusammen kommen, um gemeinsame Interessen gemeinsam zu verfolgen, über Kulturen, Rassen, Religionen und Grenzen hinweg - aber solange politisch getrennt in autonome, souveräne Einheiten, bis sie eines Tages auch kulturell zusammengewachsen sein mögen.

Egal ob wir erwarten, letztlich dann in den einen oder in den anderen Himmel zu kommen, oder in eine Hölle, in ewigen Kreisläufen immer wiederzukehren oder in ewiges Koma zu fallen: bis dieser Tag kommt, wollen die meisten von uns unbedingt am Leben bleiben, mit allen damit verbundenen Konsequenzen. Letztere lassen sich zunächst als jene fundamentalen Bedürfnisse zusammenfassen, in denen wir uns Alle gleichen. Sie sind das Fundament eines säkularen globalen Gesellschaftsvertrages, Basis des Multilateralismus. Wer schon einmal in einem Katastrophengebiet Hilfe geleistet hat, dann nach der Rückkehr zu Hause selbst Opfer einer Umweltkatastrophe wurde und schließlich von Anderen Hilfe bekam (genannt „downstream-Reziprozität",[347] siehe auch S. 116), steht hier als lebendiges Argument für den Sinn des Reziprozitäts-Prinzips auf jeder Ebene des Austausches gemeinsamer Interessen. Viele davon wurden zusammengestellt in den „Zielen für nachhaltige Entwicklung (engl. Sustainable Development Goals SDG) der UN Agenda 2030. Was nun gebraucht wird, ist die uneingeschränkte und unwiderrufliche Teilnahme aller Nationen.

Im nächsten Abschnitt werde ich diese grundlegenden Gedanken und Voraussetzungen zusammenführen und auf dieser Basis ein vorläufiges Konzept für die Entwicklung eines politischen Konzeptes jenseits dessen, was wir heute als Demokratie betreiben, für eine neue politische Ordnung und Struktur:

370

Veränderung von politischer Strategie, Praxis und Struktur

Neue Wege sozialer Struktur und politischer Entscheidungsfindung

Neue Strategien und Strukturen sollen helfen, jene Schwachstellen zu überbrücken oder zu ersetzen, welche heute die Demokratie behindern oder überhaupt verhindern. Wirksame Demokratie bedeutet: jedes Mitglied der Gesellschaft entscheidet sich für das Zusammenwirken als Volk, gegen Spaltungsbestrebungen und Seilschaftsdenken zum Schaden für alle anderen, entsprechend Popper's „Open Society". Diese demokratische Gesellschaft steht zusammen auf der Basis unparteilicher Prioritäten und faktischer Umstände, ohne Parteipolitik.

Wie aber schafft man es, Vertrauen, Respekt, das neue Verständnis von Brüderlichkeit, Freiheit und Gleichheit, das Evidenz- und das Reziprozitäts-Prinzip in soziales und politisches Handeln einzubringen?

Ein Chor von Autoren hat schon begonnen zu deklamieren, wie wir einleitend erfuhren: wenn das Wahlrecht für nichts besseres taugt denn als Balsam für die hedonistische Seele, lasst es uns ändern, gebt denen eine Stimme, die nicht nur willens sondern auch fähig sind, etwas zum Nutzen des Gemeinwohls beizutragen! Wenn die politischen Parteien keine Mehrheit der Bevölkerung mehr vertreten sondern vorwiegend nur noch sich selbst und ihre eigenen Interessen, besinnt euch zurück auf den ursprünglichen Traum von Demokratie: „Wir, das Volk, zusammen", nicht „wir, die Sozialisten, gegen die Bürgerlichen, diese Ausbeuter, und diese asozialen Rechten". Plant also miteinander Schritte in die Zukunft, ändert eure Verfassung und einigt euch auf der Grundlage von Fakten. Wenn das Parteiengeplänkel das Gemeinwohl aus den Augen verliert, wenn ihr selbstbezogenes Gezänk um ihre internen Angelegenheiten den Staat zu demontieren beginnt, beendet das Regiment der Parteien ein für allemal, hört auf mit der Wahl von Parteienregierungen, ersetzt Parteipolitik durch evidenzbasierte Politik der Inhalte und der Einigung zwischen allen Interessensgruppen. Lasst qualifizierte und approbierte

371

Leute die Arbeit der Politiker machen, nicht siegreiche Parteien. Wenn die Gewaltenteilung wegen Seilschaftsdenken nicht wirklich funktioniert, definiert „Macht" neu: beendet das ideologische Politisieren und lasst „Macht" sich auflösen in evidenzbasierter Entscheidungsfindung, macht Politiker zu professionellen Administratoren und Diplomaten. Wenn sich in der Rechtsprechung unerträglicher Absolutismus breitmacht, reformiert sie auf der Basis, die auch für alle anderen Bereiche des öffentlichen Lebens gelten, und stellt die Rachejustiz ein. Wenn das Stammesdenken aus dem Ruder läuft, anonymisiert den Entscheidungsprozess der Experten und macht sie verantwortlich für die Richtigkeit ihrer Angaben, der Evidenz, die sie als Grundlage für politische Entscheidungen erarbeiten. Wenn einzelne Gruppen der Bevölkerung nicht mehr am Gemeinschaftsleben dieser Nation teilhaben wollen, lasst sie gehen und sich abtrennen (der soziale Ausgleich bei Sorgen um regionale Prosperität wird auf den nächsthöheren politischen Entscheidungsebenen vereinbart).

Der Chor von Autoren deklamiert seufzend und achselzuckend auch althergebrachte Weisheiten über den Menschen, "homo homini lupus" - die Zwiespältigkeit ist überdeutlich, das Sprichwort in Misanthropie fehlinterpretiert, denn Dichter Plautus hatte das tierische „Hassen" und die menschliche Ambivalenz dem Fremden gegenüber (siehe S. 84) angesprochen. [N236A]

Was nun die Verfassung betrifft, die Festlegung des Gemeinwohls, oder besser die Beschreibung der gemeinsamen Interessen – an dieser Stelle stimme ich mit Rousseau's Ausspruch überein: *"Nur auf der Basis dieser gemeinsamen Interessen sollte jede Gemeinschaft verwaltet werden "* [*12] – so umfasst sie die "Lebensregeln" für eine Nation: zum Schutz des Lebens und seiner Würde [N266], im Sinne des reziproken Altruismus füreinander einzustehen, die Nachkommen in diese Kultur hinein zu erziehen, Schutz voreinander für den Bedarfsfall. Nach außen sollen die gleichen Regeln angewandt werden wie nach innen, soweit möglich ohne unverhältnismäßiges Risiko für die eigene Sicherheit, aber auch mit der Bereitschaft, diese Gemeinschaft und ihr Wertesystem vor Eindringlingen zu schützen und im Notfall auch zu verteidigen.

Eine Vielzahl von Philosophen, Soziologen und anderen Wissenschaftlern haben der Politik und Politikwissenschaft Empfehlungen gegeben, wie man den Lauf der Geschichte positiv beeinflussen könnte. Politiker ihrerseits meinen mitunter, dass diese schlauen Mitbürger die Welt von ihrem Schreibtisch aus leicht wie Zinnsoldaten auf der Landkarte des

Schlachtfeldes entwerfen und verbessern können; andere verwenden Ideologien für ihre eigenen Machtspiele und –kämpfe, oder missbrauchen sie wie im Kommunismus – tun sie's auch in der Demokratie?

Anstatt auf diese Diskussion einzugehen, werde ich nun von meiner Seite naive Vorschläge zur Diskussion stellen; einige davon habe ich bereits angekündigt:

Ich beginne mit der Distanzierung von einer nihilistischen und entmutigenden Zukunftsvision hin zu einem experimentierfreudigen Standpunkt in einer Situation, in der es nicht mehr viel zu verlieren gibt:

Einerseits hat der Mensch sich in seinem Individual- und Sozialverhalten während der letzten wenigen Jahrtausende nicht verändert – die philosophischen Fähigkeiten, die wir an den Griechen der Antike bewundern, gab es sehr wahrscheinlich schon weitere Jahrtausende vor der Erfindung der Schrift. Das Verhalten von Menschenmassen hat sich ebenfalls nicht verändert: Papa Doc, Mr. Duvalier im Haiti des 20. Jahrhunderts, konnte sich nur deshalb an der Macht halten, weil die Leute glaubten, er sei die Inkarnation des Voodoo-Geistes „Baron Samstag". Andere Diktatoren des 20. Jahrhunderts in Europa, Russland, China, Chile und so fort konnten an die Macht kommen, weil eine ausreichend große Menschenmasse eine zeitlang mit ihnen marschierten. Viele Polen glauben an Kaczyński's als Patriotismus und Katholizismus aufgemachten Neo-Nationalismus.

Andererseits sind soziale Phänomene derart kompliziert, dass sie unsere intellektuellen Fähigkeiten in der Tagespolitik einfach überrollen, wie aus Umfragen und Vorhersagen regelmäßig hervorgeht. Aus diesem Grund können Methoden zur Einführung und zum Einsatz von Evidenz nur behilflich sein. Warum also nicht eine Liste von möglichen Anwendungen zur Diskussion stellen: Gremien von Fachleuten zur Erarbeitung der Faktenlage in Bereichen, die einer Entscheidung bedürfen; evidenzbasierte Entscheidungen unter Einsatz aller verfügbaren technischen Mittel, die automatisch zur Auflösung persönlicher Macht führen; schließlich Professionalisierung der Politik für Verwaltung und Management der Entscheidungsprozesse, alles auf der Basis der gemeinsamen Interessen, festgelegt in der neuen Verfassung:

Die neue Verfassung

Da ich bei Popper's Empfehlung bleibe, schlage ich vor, dass jeweils einzelne der hier genannten Punkte der Verfassung geändert werden und in einem schrittweisen Systemwandel umgesetzt werden könnten. Eine geänderte Verfassung sollte: das Ende ideologischer und religiöser Bekenntnisse voranstellen; die Rolle des Bürgers und der gesellschaftlichen Werte neu und klarer definieren; das neue Wahlrecht festlegen; die Struktur und Funktion der neuen Entscheidungsprozesse erläutern. Im Anschluss an die Niederschrift neuer Grundsätze zur Rolle und Erziehung des Bürgers und zu politischen Entscheidungsprozessen können Detailfragen zu deren Umsetzung von Fachleuten und Politikern erarbeitet werden. Ich beginne mit der Änderung vom Abstimmungsverfahren zum Prinzip der Übereinkunft (Einigung):

Übereinkunft: die Antithese zur Diktatur der Mehrheit

Einigung statt Abstimmung in allen Fällen, wo Fakten allein für eine Entscheidung nicht ausreichen.

Als sich die deutschen Politiker nach der Wahl 2017 lange Zeit auf keine Koalition einigen konnten, wurde das Problem an die Wähler zurückgespielt mit dem Vorwurf: hättet ihr unsere Partei mehrheitlich gewählt, dann gäbe es jetzt keine Regierungskrise. Die Situation in Deutschland wies damit aber nicht nur auf die Absurdität der Folge dieser Art von Entscheidungsprozess, sondern auch auf dessen Nachfolger: den politischen Parteien blieb letztlich keine andere Wahl, als zu einer Übereinkunft zu kommen, wollten sie vermeiden, dass der Staat schon jetzt zu Ende ist. Wenn sich aber Parteien auf ein gemeinsames Programm einigen können, nachdem sie vor der Wahl mit teilweise sehr unterschiedlichen Versprechungen gegeneinander gekämpft hatten, resultiert die berechtigte Frage nach dem Sinn dieses Theaters, das in erster Linie einen Zustand der Gesellschaft widerspiegelt - man zankt sich vor lauter Wohlstand in zunehmendem Hedonismus, bis man feststellt, dass als Folge des Unwillens, füreinander da zu sein, das gesellschaftliche Leben zum Stillstand kommt. Man muss also wohl oder übel wieder zusammenfinden in der Einsicht, dass es kein Brot mehr gibt, wenn der Bäcker zu reich geworden ist und nicht mehr bereit ist zu arbeiten (siehe S. 218). Als Folge der gesellschaftlichen Einsicht können auch die Politiker der verschiedenen Parteien tun, was sie auch schon vor der Wahl hätten tun können und jetzt ohnehin tun müssen: zu einer Übereinkunft kommen. Der Weg aus diesem weit verbreiteten Dilemma der Demokratie besteht also darin, die ideologische Parteipolitik aufzugeben und sich auf evidenzbasierte Lösungen in der Sachpolitik zu verlegen.

Der neue politische Entscheidungsprozess: Einigung statt Abstimmung

Einsichtige Politiker wie der deutsche Bundesminister Gerd Müller haben selbst bereits erste Zeichen in diese Richtung gesetzt: *„Jeder von uns ist im Grunde ein bisschen sozialdemokratisch, grün oder christlichsozial. Da gibt es große Schnittmengen in den Parteien".*[204] Politikwissenschaftler wie Mounk pflichten auch bei, dass Einvernehmen zu den *„fundamentalen Regeln und Normen"* für demokratische Politik essentiell ist,[4] womit nichts anderes gesagt ist, als dass zu den fundamentalen Fragen ohnehin Einigkeit bestehen sollte. Dabei handelt es sich um die Inhalte des Gemeinwohls laut Verfassung, die sich in einer Liste gemeinsamer Interessen ausdrücken lassen. Es bedarf also lediglich der Umsetzung immer schon bestehender Grundsätze: Einigung auf der Basis der Prinzipien der Reziprozität und Gleichwertigkeit anstelle von Abstimmung. Keine Gewinner mehr, und vor allem: keine Verlierer, die zu Feinden werden. Einigung ist Ausdruck des Willens, in einer Gemeinschaft zusammen zu bleiben, als Volk, als Staat, im Gegensatz zum kalten Krieg der Parteien, diesem Stellvertreterkrieg zerstrittener Volksgruppen, die einander nur noch signalisieren: wir wissen nicht, ob wir mit euch überhaupt noch in ein und demselben Land und nach denselben Regeln leben wollen. Unwillige, faule Kompromisse nahe an einer Trennung sind der Beginn weiterschwelender Konflikte, die bei nächster Gelegenheit wieder ausbrechen. Daher fragt sich: warum nicht jetzt das System ändern? Um sich selbst vom Sinn dieser Entscheidung zu überzeugen, ist das beste, sich die Zahlen gegenwärtiger Wahlen anzusehen und die Frage zu stellen:

Was bedeutet denn heute überhaupt noch „Mehrheit"?

Dass es heute kaum noch deutliche Mehrheiten gibt, ist ein klares Signal, das offenbar niemand zur Kenntnis nehmen will. Keine wirkliche Mehrheit bedeutet schlichtweg, dass es mehrere oder viele bürgerliche Parteien mit nur geringem oder auf Teilinteressen von Wählern aufgeteilten Programmen gibt, die dann hilflos um Abgrenzungen ringen wie CDU und SPD in Deutschland, oder ebenso viele mehr oder weniger extreme Gruppierungen. 50.1% ist keine Mehrheit sondern ein abartiges Spiel, das allenfalls ganze Länder in der Mitte durchspaltet, wie in den USA und in Großbritannien geschehen, mit einem üblen Geruch von *"politischer Unrechtmäßigkeit und konstitutioneller Unmoral"**, wie es Grayling[11] unter Verweis auf die britische Politik und auf den Polit-Philosophen John Stuart Mill ausdrückt: nur eine Zweidrittel- oder sogar eine 80%-Mehrheit als Mindestforderung sollte als vertretbar angesehen werden. Ansonsten muss man eben auf andere Wege der Einigung übergehen. Die Änderung in die hier vorgeschlagene Richtung einer Einigung ohne vorherige Parteibildung zeichnet sich in mehreren Ländern schon von selbst ab: wenn 5-10 Parteien kandidieren, die jeweils nicht mehr als 10 bis 20 Prozent der Stimmen bekommen, dann bleibt keine andere Möglichkeit mehr als sich über eine Reihe von Parteien hinweg zu einigen, weil nur auf diese Weise eine Regierung zustandekommt. Was also kann man in dieser Situation noch von Wahlen erwarten? Es ist also mittlerweile die Entwicklung selbst, die in die hier vorgeschlagene Richtung weist: von vornherein Einigung zu finden und das sinnleere Parteiengeplänkel aufzugeben.

Generelle Übereinkunft für gemeinsame Interessen

Letztlich wären ohnehin alle derzeitigen Parteien an einer Einigung bei grundlegenden Problemen interessiert, die alle Bürger gemeinsam betreffen. Viele Parteien zu haben, die einander um der Systemstabilität willen möglichst ähnlich sind, ist keine neue Idee, wie ich bei der Lektüre von Rousseau's Plädoyer gegen die Spaltung der Gesellschaft durch politische Parteien feststellte; eine Vielzahl von Parteien sei eine Absicherung gegen diese.[N239]

Nehmen wir die Wasserversorgung der Bevölkerung als ein Beispiel für allgemeines Interesse: keine Partei kann daran interessiert sein, hierbei zu keiner Einigung für die Allgemeinheit zu kommen. Was aber ist der beste Weg zur vernünftigsten Lösung? Niemand wird bezweifeln, dass zuallererst die verfügbaren Optionen und die damit verbundenen Bedingungen für Alle erkennbar auf dem Tisch liegen müssen. Und niemand wird bestreiten, dass alle Entscheidungsträger zuerst die Fachleute zu Wort kommen lassen und ihre Evidenz prüfen und hinterfragen sollten. Diese Fachleute können auch die Lösung mit der größten Erfolgsrate ermitteln, sobald eine Rangreihung der Prioritäten vorliegt. Letztere kann wiederum evidenzbasiert ermittelt werden, indem alle Beteiligten ihre Prioritätenranglisten vorlegen und Fachleute daraus eine Rangliste nach objektiven Kriterien erstellen. Die Verbindlichkeit dieser Rangliste von Entscheidungskriterien müsste ein Prinzip sein, das einen fundamentalen Schritt in Richtung zur Objektivierung von Entscheidungen repräsentiert. Damit werden Einflüsse von Interessens- wie auch von Glaubensgruppen ausgeschlossen (man stelle sich eine Partei in Indien vor, deren Glaubensregel wäre, dass jeder Brunnen, aus dem eine Kuh getrunken hat, für Menschen künftighin verboten ist).

Auch Kriterien auf der Prioritätenliste wie Kosten und Umweltfaktoren, Beeinträchtigung des Privatbereichs von Bürgern und so fort, lassen sich weitgehend evidenzbasiert reihen. In manchen Fällen wird man dabei auf die ethischen Prinzipien laut Verfassung zurückgreifen müssen. Letztlich würde das oberste konstitutionelle Prinzip des Willens zum friedlichen Zusammenleben in diesem Staat dazu zwingen, zu einer fairen und zumindest für Alle akzeptablen Einigung zu kommen.

Auf diesem Weg würden Regierungen schrittweise zu Verwaltungs- und Managementeinrichtungen für evidenzbasierte Entscheidungsprozesse und deren Umsetzung werden.

Die Konklave-Strategie

Wann immer die Evidenz als Entscheidungsinstanz nicht ausreicht, sollten Entscheidungen einvernehmlich auf der Basis der Grundregeln der Verfassung erfolgen: die erste davon sollte sein, dass die Menschen dieses Staates in Frieden zusammen leben bleiben wollen. Der Wille und die Möglichkeit, zu einer Übereinkunft zu kommen, ist nur noch eine Folge dieser Grundentscheidung. Dementsprechend kommen Gremien von Entscheidungsträgern, Vertreter der Fachleute und der Administratoren Konklave zusammen und bleiben dort, bis eine faire Lösung auf der Basis der verfügbaren Evidenz, der Rangreihe von Entscheidungskriterien und der Verfassung gefunden ist. Es sollte entschieden nicht mit einer Abstimmung enden.

Evidenzbasierte Sachpolitik statt ideologischer Parteipolitik

Ich schlage vor, das republikanische Prinzip der US-amerikanischen Gründungsväter aufzugeben, das zur Bildung von ideologisch geprägten Parteien als Abbild des Klassenkampfes führte. Es soll ersetzt werden durch eine evidenzbasierte Sachpolitik, die sich mit Inhalten befasst, mit anstehenden Problemen, denen sich die Gesellschaft gegenüber sieht:

Evidenz statt Parteieninteresse

Was ist überhaupt Evidenz?

Die Evidenz zu suchen bedeutet zu hinterfragen, was als wahr gilt (mit Hinblick auf „doxastisches" Wissen entsprechend dem altgriechischen Wort δόξα, doxa, dessen Bedeutung interessanterweise „Glaube" ist). Evidenz ist also eine Art von "etwas wissen", das als richtig erscheint, wobei Unsicherheiten eingeräumt und diese auch so genau wie möglich beschrieben werden. Dabei sind alle verfügbaren (und erschwinglichen) wissenschaftlichen Methoden anzuwenden. „Evidenz" ist somit die Antwort auf die Frage: wieviel wissen wir eigentlich über dies oder jenes. „Wissen" ist dementsprechend Gewissheit, die durch den Grad der darstellbaren Evidenz gerechtfertigt wird, aber auch durch die verbleibenden Zweifel eingeschränkt bleibt. Daher bleibt dieses Wissen stets offen für Veränderung, also Falsifizierung durch neue Evidenz.

Evidenzbasierte Politik: Auflösung der Macht durch Neutralisierung

"Fakten brauchen wir, Fakten, Fakten und nochmals Fakten." *
James Bryce [205]

Um Missverständnissen vorzubeugen: es geht bei der Ermittlung von Evidenz nicht um Fakten im Sinne von Daten wie dem Fall von Byzanz 1453 (der übrigens ohnehin wesentlich komplexer war als nur ein Ereignis innerhalb eines Jahres). Vielmehr geht es um Ermittlungen aus Statistiken, um Schlussfolgerungen aus Beobachtungen, Deduktionen und Induktionen, um Regeln für die Interpretation von Daten. Der Sinn dahinter ist, Entscheidungen nicht aus falschem Glauben zu treffen – wir werden in diesem Abschnitt mehrere Beispiele davon sehen, und vor allem, wie unglaublich weit die öffentliche Meinung neben den Fakten liegen kann, dem, was tatsächlich Sache ist.

Evidenz als Alternative zur Sozial-Epistemologie

Herauszufinden, was tatsächlich Sache ist, würde auf der politischen Ebene bedeuten, nicht das Volk wählen zu lassen, ob es glaubt, dass wissenschaftlich allgemein anerkanntes Wissen richtig oder falsch ist, sondern eine Gruppe von Fachleuten die verfügbare Evidenz erarbeiten und in allgemein verständlicher Form darlegen zu lassen. Die Lebensbedingungen im industrialisierten Westen haben sich nicht wegen des instinktiven Votums von Menschen verbessert, die aus dem Bauch heraus für ihre Sicherheit stimmten; Wissenschaft und Technologie, basierend auf Evidenz, haben es durch Forschung und Risikobereitschaft Einzelner geschafft, und ihre Nachwelt hat die Errungenschaften wie selbstverständlich als Allgemeingut genommen. Auch für die Politik empfiehlt sich wissensbasierte statt ideologiebeladener Entscheidungsfindung im Interesse des Gemeinwohls. Wenn wir ernsthaft krank sind und Hilfe benötigen, würden die meisten von uns lieber zum Spezialisten als zum Wunderheiler gehen, um die bestmögliche Behandlung der evidenzbasierten Medizin zu bekommen. Dementsprechend sollte auch eine Volksgemeinschaft ihre Probleme auf der Basis relevanter Evidenz treffen, erarbeitet von Fachleuten, nicht bestimmt von Politikern, die von mächtigen Interessengruppen und deren Lobbyisten abhängig sind.

Jedoch kann Evidenz auf verschiedenen Wegen Eingang in die Politik finden, nämlich 1- in einer direkten Demokratie, in der nur approbierte Experten abstimmen (Brennan's Epistokratie), 2- Entscheidung durch Politiker, die Experten zurate ziehen, dann aber frei entscheiden können, 3- Entscheidungsfindung durch Bindung an das jeweils höchste Evidenzniveau unter den Alternativen. Die derzeitige Situation ist geprägt von der unter 2- beschriebenen Lösung; ein typisches Beispiel davon ist die Debatte um das Rauchverbot in der Öffentlichkeit: in Österreich entschied die Regierung die Aufhebung des Rauchverbots entgegen der wissenschaftlichen Evidenz betreffend das Gesundheitsrisiko. Eine Studie über Rauchverbots-Kampagnen in der Schweiz ergab, dass sich nur 6% der dabei verwendeten Argumente auf vorhandene Evidenz beriefen, also auf medizinisch-wissenschaftliche Studien, eine Information, die bei der Erörterung von deliberativer Demokratie ernst zu nehmen ist.[316]

Evidenzbasierte Politik bemüht sich um den vernünftigsten Weg zur Lösung interner und externer Probleme einer Volksgemeinschaft; sie wird die Entscheidungsmacht durch Neutralisierung von einzelnen Menschen oder Parteien zum Faktischen hin verschieben, wann immer dies möglich ist. Diese Politik mit Blickpunkt auf das Gemeinwohl kann auf konkrete Sachinhalte fokussiert werden, über die nicht mehr persönliche Macht oder Mehrheiten entscheiden, sondern Evidenz.

Diesen Vorgang kann man als „Neutralisierung der Macht" bezeichnen, bei dem der Entscheidungsvorgang von Personen abgekoppelt und auf das mit Hilfe der verfügbaren Evidenz angepeilte Ziel im Interesse des Gemeinwohls übertragen wird. Die spontane Angst vor solchem Vorgehen ist wahrscheinlich nicht weit von der Angst, in einem Auto mit autonomer Steuerung zu fahren. Dazu gibt es ein treffendes Beispiel zur Vernünftigkeit unserer Instinkte in der technisierten Welt: jeder einzelne Unfall mit einem autonomen Auto wird hämisch in den Nachrichten der ganzen Welt verbreitet, während sich gleichzeitig tausende „normale" Unfälle zur gleichen Zeit ereignen, ohne dass sich die breite Öffentlichkeit dafür interessierte. Die Information aus der Ecke der Evidenz, dass autonomes Fahren die Zahl der Verkehrsunfälle auf 1% der derzeitigen Zahl reduzieren könnte, ändert wenig an unserer zwingenden Angst. Umgekehrt ändern unsinnige Entscheidungen mancher gegenwärtiger Politiker nichts an dem ungerechtfertigten Vertrauen, das sie genießen.[N240] Zum autonomen Fahren sei übrigens am Rande erwähnt, dass einer der ersten Unfälle dabei passierte, weil der Fahrer „zur Sicherheit" selbst die Steuerung übernommen hatte.[204]

Entscheidungsfindung durch fachmännisch ermittelte Evidenz

In der evidenzbasierten Politik werden Konsortien von Fachleuten aller relevanten Gebiete beauftragt, die zur Entscheidung erforderlichen Gegebenheiten zu untersuchen und die Alternativen nach Evidenzniveau aufzulisten. Um Missbrauch zu verhindern, können die Experten für die Korrektheit ihrer Berechnungen verantwortlich gemacht werden. Zusätzlich können Fachleute unterschiedlicher Richtungen und Parteien die Ergebnisse gegenseitig überprüfen, kritisieren und diskutieren. Die letztendlichen Ergebnisse würden als verbindlich zu wertende Evidenz einen guten Teil derzeitiger politischer Macht ersetzen. Im Grunde ist diese Tätigkeit nichts als Ergebnis der Arbeitsteilung in einer Gemeinschaft; sie braucht nicht als neue Art von Oligarchie gefürchtet werden, weil nicht die Experten entscheiden, sondern ihr Ergebnis. Daher ist diese evidenzbasierte Demokratie auch keine Epistokratie. Nur wenn in einem Entscheidungsfall das Evidenzniveau nicht ausreicht, sollten Gremien von Experten und professionellen politischen Administratoren die verfassungsmäßig vernünftigste Lösung im Sinne des Gemeinwohls im vorerwähnten Konklave-Verfahren ermitteln. Alternativ oder zusätzlich könnten verantwortliche Fachleute geheim abstimmen; dabei würden jedoch alle Stimmabgaben aufgezeichnet und zum Ausschluss möglicher Parteilichkeit z.B. im Sinne ökonomischen Gruppeninteresses statistisch ausgewertet.

So wie in der Sachpolitik sollten auch Diplomaten von Fachleuten relevanter Gebiete wie der Psychologie und Humanethologie durch die Ermittlung von Evidenz unterstützt werden, wie dies durch Geheimdienste ohnehin schon erfolgt, derzeit allerdings oft zum Zweck wenig freundlichen zwischenstaatlichen Umgangs.

Entscheidungskriterien zur Evidenzermittlung

Für viele Entscheidungen müssen Kriterien wie Kosten, Umweltbelastung, Verfügbarkeit von Rohstoffen, kulturelle Faktoren und zwischenstaatliche Abhängigkeiten nach Priorität aufgelistet werden, wie zuvor erwähnt. Neben den gewählten Fachleuten sollte auch jeder Bürger mit entsprechender Lizenz (siehe weiter unten) das Recht haben, Vorschläge für Entscheidungskriterien einzureichen. Nehmen wir als Beispiel den Plan des Neubaus einer Bahntrasse: viele Kriterien außer den bereits bezeichneten, sowie Argumente benachbarter Parteien werden zu berücksichtigen sein, um eine Lösung zu finden, zu welcher von lokalen Anrainern bis hin zu Bahnunternehmen benachbarter Länder alle Parteien zustimmen können.[N241] Wenn wir zum Vergleich das gegenwärtige Chaos im deutschen Energiesektor heranziehen, wo subventionierte Windkraftanlagen stillstehen, weil die nötigen Hochspannungsleitungen zur Verteilung nicht gebaut wurden, dann beginnt man den Wert evidenzbasierter und koordinierter fachmännischer Entscheidungsfindung im Vergleich zu parteipolitisch opportunen Fehlentscheidungen zu erkennen. Ein anderes Beispiel für irrationale politische Entscheidung ohne Rücksicht auf vorhandene Evidenz ist die deutsche Entscheidung zum Atomausstieg nach der Katastrophe von Fukushima: die Wahrscheinlichkeit und die Folgen einer Atomkatastrophe waren davor längst bekannt – sogar bestätigt durch Tschernobyl. Nicht Vernunft und nicht Evidenz hatten über den Zeitpunkt dieser Entscheidung bestimmt sondern irrationale Opportunität und Emotionalität.

Wird dagegen Evidenz als verbindlich angesehen, beginnt sie den Ausgang komplexer Evaluierungsprozesse und die danach folgenden Entscheidungen zu dominieren. Der Rang auf einer Liste von Entscheidungsoptionen und in seltenen Fällen das Votum von Experten nach Beratung mit Administratoren wird dann bestimmen, nicht die Macht einer oder mehrerer Personen. Das Machtspiel der Lobbyisten und Manipulationsexperten wäre zuende.

Basierend auf der Evidenz von Fachleuten, aber auch daran gebunden, können Interessengruppen jeglicher Art Beratungen über ihre Meinung abhalten und im Bedarfsfall ihre Liste vorzuschlagender Kriterien für eine Entscheidung ändern. Die Expertengremien selbst können ihre Analysen bei Auftreten neuer Aspekte revidieren und ihre Prioritätenlisten korrigieren.[N242]

Eine Möglichkeit bestünde darin, je nach zu entscheidender Agenda – zum Beispiel im Fall kulturell besonders relevanter Fragen - Vertreter der Öffentlichkeit über den Rang einzelner Kriterien (Kosten, Umweltschädigung, Arbeitsplatzerhaltung etc.) abstimmen zu lassen.[N243] Sobald eine eindeutige Rangordnung der Kriterien vorliegt, könnte auch die Evidenzermittlung der Experten in der Mehrzahl der Fälle einen klaren Gewinner unter den zur Diskussion stehenden Wahloptionen ergeben.

Um es nochmal zu betonen: dieses System evidenzbasierter Politik unterscheidet sich grundlegend von der Epistokratie, weil hier die Experten nicht direkt entscheiden, sondern ihr für Alle nachprüfbares Untersuchungs- und Auswertungsergebnis. Jedoch würde es sich nicht wesentlich von Brennan's Vorschlag unterscheiden, mit einer *"vergleichenden institutionellen Analyse und der Entscheidung zu jeweils dem System, das besser funktioniert"*[*3]. Der Unterschied besteht wahrscheinlich vor allem in den Kosten, mehr als ein System parallel am Laufen zu halten; der einfachere Weg wäre wohl, einfach stets bei der Evidenz zu bleiben wann immer sie verfügbar ist.

Evidenzbasierte Politik und die wirkliche Welt von heute

Erste Schritte in Richtung evidenzbasierte Politik in der Demokratie wurden in Kanada unternommen, und zwar in einem Zusammenhang, der an Keane's "monitory democracy" (S. 305) erinnert: "Evidence for Democracy", E4D, entwickelte ein "Network of Experts", NoE, das aus "... *hunderten von Experten quer über viele Bereiche [besteht] und das Rückgrat von E4D's Expertise [bildet]"*[*315]. Leider entwickelte sich diese Initiative rasch zu "evidence-informed policymaking (EIPM)", also Strategieberatung, bei der Experten als Strategieberater, *"elite policy advisors"* angeboten werden, die für ihre Tätigkeit Methoden einsetzen, die *"require[s] framing and persuasion strategies"*,[320] womit außer Überredung und Verleitung auch Verleumdung oder in Verruf bringen gemeint ist. Mit anderen Worten, wirkliche evidenzbasierte Politik anstatt EIPM wird dort als naiv angesehen und belächelt. Vertretern von EIPM wird nachgesagt, dass sie *"eher die Unvermeidbarkeit „strategiebasierter Evidenz" denn „evidenzbasierte Strategie" [beklagen]"*[*320]. Die neue professionelle Strategie, die nun angeboten wird, besteht in *"evidenzbasierten Strategien, die darauf beruhen, wie die Welt funktioniert, und nicht auf solchen, die darauf zielen, wie wir gerne hätten, dass sie funktionieren solle"*, ferner darin, zu beobachten *"wie und warum Entscheidungungsträger Information erfragen"*, und um Politiker zu überzeugen, indem man *"eine große Masse von wissenschaftlicher Evidenz in einfache und wirksame Geschichten verpackt"*[*321]. Dieses professionelle Expertenangebot klingt also ganz danach, dass sich hier Wissenschaftler zusammen mit – oder als- Lobbyisten in den Vorzimmern der Politiker drängeln, um der Macht zu huldigen und von ihr Zuteilungen zu erhalten.

Und damit noch nicht genug: das allgemeine Verständnis von „Moral" wird hier um der Ideologie und des Seilschaftsdenkens willen aufgegeben: politische Macher und Lobbyisten werden zu Repräsentanten der Moral umfunktioniert und die Frage gestellt, ob es gelingen kann, diese Moralität durch Evidenz zu überlisten. Ich könnte kaum eine bessere Begründung finden um meinen Lesern zu erklären, warum ich dieses Buch schreiben wollte. Dabei ist der gute Wille, in dem das Angebot gemacht wird, noch gefährlicher als jegliche üble Absicht, wenn man liest, dass *"obwohl Evidenz dabei helfen kann, um Diskussionen von Werten und Prinzipien abzulenken, so nützt sie umgekehrt nicht notwendigerweise dazu, tief verwurzelte Ansichten zu ändern"*[*322]. Der positive Teil dieses Ansatzes ist der Versuch, Leute von spontanen, tiefsitzenden Überzeugungen mit Hilfe von Evidenz abzubringen – hier sind also Lorenz's "unbelehrbare Lehrmeister" gemeint. Dieser Ansatz wird aber lediglich dazu missbraucht, um andere emotionale Inhalte einzuschleichen: *" Befürworter von Evidenz könnten daher davon profitieren, um sich Strategien auszudenken, mit denen man eine Zuhörerschaft moralisch und emotional packen kann"*.[* 322] Sie sehen was hier geschieht: Befürworter von Evidenz wie ich selbst sollten populistische Methoden verwenden, um Menschen emotional von meinem Vorschlag zu überzeugen, dass man Evidenz anstelle von potenziell gefährlichen emotionalen Überzeugungen zur politischen Entscheidungsfindung einsetzen sollte. Dies bedeutet, weiter wie bisher die unmündige Masse auf der bisherigen Basis flüchtiger Emotionen zu manipulieren, heute dieser Meinung, Morgen einer anderen, selbstvergessen.

Ich bevorzuge den naiven, belächelten Ansatz der schrittweisen Führung zur Selbstbestimmtheit der Menschen, anstatt Politiker durch Anwendung psychologischer Methoden zu manipulieren: denn sie sollen manipuliert werden, der freien Marktwirtschaft weiterhin zu Diensten zu sein. Die Welt lassen wie sie ist, bedeutet, das Machtspiel derer weiter laufen zu lassen, die es als Selbstzweck betreiben. Das wissenschaftliche Genie hat seine Seele in der Geschichte oftmals verkauft, von Leonardo's Kriegsmaschinen bis zu Robert Oppenheimer's, Edward Teller's Atombomben, nicht zu vergessen Andrei Sacharow's "Zar-Bombe", die größte je gezündete Wasserstoffbombe (30. Oktober 1961, Halbinsel Nowaja Semlja) mit über 50 Megatonnen Sprengkraft. Wenn wir die Selbstvernichtung verhindern wollen, indem wir Missbrauch von Gelegenheiten zur Verwirklichung individueller oder Gruppeninteressen unterbinden, dann tun wir gut daran, unsere ererbten Übel durch Überlistung besser in den Griff zu bekommen, nicht aber, indem wir diesen Teil unserer Welt, unser asoziales Verhalten, lassen wie es ist. Dementsprechend sollten evidenzbasierte Strategien Macht ersetzen, nicht unterstützen.

Evidenzbasierte Politik würde "Big Data" ebenso nutzen wie jede Wissenschaft, um Wissen und Weisheit zu vermehren, allen Quellen entnommen, die jemals erschlossen worden sind, und zusammengesetzt mit allen verfügbaren Methoden. Daher wird man „Big Data" (BD) und „Artificial Intelligence" (AI) ebenfalls in Erwägung ziehen müssen, trotz aller neuerlichen Ängste und Zurückhaltung in Sorge darum, dass „die andere Seite" sie ohnehin entwickeln und einsetzen würde, um die Sozialsysteme in krimineller oder unfriedlicher Absicht in Gefahr zu bringen.

Big Data – Gefahr oder Hoffnung?

Von "*Das Ende der Demokratie*" [164 , N244] bis „*Unser Informationszeitalter stellt eine existenzielle Gefahr für die Demokratie dar*",[206] warnen Autoren vor einem Verlust von Freiheit und einer Rückkehr zu Kant's Sorge, dass unsere selbstverschuldete Unmündigkeit durch politisches Versagen bei der Kontrolle im Umgang mit Big Data weiter garantiert bleiben könnte, weil der Missbrauch in den Händen individueller Interessen dafür sorgt, uns weiter verlässlich in den Fängen der Manipulation zu halten. Die Angst macht Schlagzeilen, Facebook könnte zu einem politischen Albtraum im Sinne von Orwell's Big Brother werden, oder ein Instrument in den Händen Krimineller. Was die Gefahr seitens der Politik angeht, so würde mein Vorschlag evidenzbasierter Entscheidungsfindung Machtpolitik von vornherein außer Kraft setzen. Wir selbst jedoch empfinden ein „Data-mining" in unser ungeschütztes Privatleben und unsere Interessen als Belästigung und Übergriff, so als würde man zu den bereits installierten Überwachungskameras nun auch noch von einer virtuellen dauernd beobachtet. Hier überkreuzen sich jedoch sehr gegensätzliche Motivationen zwischen diesem verständlichen Wunsch zum Schutz der Privatsphäre einerseits und exhibitionistischem Hedonismus andererseits, der immer weiter kulminiert: einerseits wird Diebstahl von Privatsphäre beklagt, andererseits bieten sie sich selbst am Internet an, zeigen jedermann, wo und wie sie leben, in jeglicher Lebenslage.

Big Data ist im Gegensatz zu den sozialen Medien der digitalen Ära eigentlich nichts fundamental Neues; im Prinzip ist es nur die um Faktoren größere Menge verfügbarer Daten. Die Neuigkeit daran ist die vielfach größere Vernetzung und Zugänglichkeit von Computersystemen, zum guten wie zum bösen. Die wachsende Ängstlichkeit ist berechtigt, wenn es um Taten wie Identitätsdiebstahl geht und um Missbrauch von uns als den „gläsernen Menschen".

Was ich hier aber anspreche ist die Verwendung anonymisierter Daten für logistische und praktische Zwecke, Daten, die ohnehin bereits routinemäßig verwendet werden: Energiekonzerne kennen unsere Verbrauchsgewohnheiten auf stündlicher Basis, und die „Geo-Location" unserer Autos wird dazu verwendet, uns über die Navigationsgeräte über die Verkehrssituation zu informieren. Information über uns wird jedoch bereits auch auf einer gänzlich neuen Ebene benutzt, und auch missbraucht, wie Stephens-Davidowitz in seinem Buch "Alle Lügen" *58 beschreibt. Big Data, die Verwendung der Daten von Millionen anstatt von tausenden von Menschen, öffnet den Zugang zu völlig neuen Möglichkeiten des Data-mining wie „deep-learning" - Artificial Intelligence, welche die konventionellen statistischen Methoden weit übertreffen. Die Analyse großer Datenmengen ermöglicht ein "zooming in",[58] was bedeutet, dass man Analysen von winzigen Details machen kann, die mit kleineren Datenengen nicht möglich waren, weil für einzelne Untergruppen keine statistisch verwertbaren Mengen blieben. Ich habe in Anmerkung [N245] ein Beispiel zusammengestellt. In der medizinischen Diagnostik kann Big Data Fehldiagnosen in der Erstversorgung besonders seltener oder atypisch verlaufender Erkrankungen verhindern, so selten, dass Ärzte die Anzeichen und Symptome noch nie zuvor im Leben gesehen haben.[N246] Ähnliche Ergebnisse könnten in vielen Bereichen der Politik erzielt werden und Entscheidungsprozesse ohne Zugriff individueller Interessen revolutionieren. Natürlich ist es mit den Daten allein nicht getan; sie sind nur das Rohmaterial. Entscheidend bleibt, die richtigen Fragen anhand der richtigen Kriterien zu stellen. Damit entstehen neue Herausforderungen für viele Fachleute, die richtige Architektur von Fragen und Auswerteschritten zu entwickeln, um zu den bestmöglichen Antworten für staatstragende Entscheidungsschritte zu kommen. Die Qualität dieser Antworten wird vor allem auch vom verfügbaren Wissensumfang abhängen. Daher ist das Ziel, alles jemals geschaffene Wissen in ein intelligent zusammengebautes und leicht zugängliches Wissenssystem einzuordnen, welches sodann in einer Leit- und Warnfunktion an jeglichem Entscheidungspunkt als Ratgeber zur Verfügung steht, und zwar nicht nur als Entscheidungshilfe für Expertengremien, sondern auch für individuelle Probleme.

An diesem Punkt einer faszinierenden Zukunftsvision muss aber auch vor zwei Gefahren gewarnt werden, auf welche andere Autoren im Zusammenhang mit Data-mining schon verschiedentlich hingewiesen haben: beide gehen aus dem Untertitel von „Alle Lügen" *[58] hervor, der besagt: *„Was das Internet uns darüber sagen kann, wer wir wirklich sind"*: die eine Gefahr wohnt jeglicher Statistik ganz allgemein inne und wurde vom Professor für Statistik am Massachusetts Institute of Technology (MIT) Arnold Barnett mit den Worten brilliant auf den Punkt gebracht, dass Statistikergebnisse für den Einzelnen *"... viel gemeinsam haben mit der Mitte eines „ doughnut"* [ringförmiges Gebäck], *weil dort nämlich nichts ist"*[*207]. Damit wird erklärt, dass Statistik zum Beispiel die Wahrscheinlichkeit für das Auftreten eines Phänomens in der Bevölkerung ausdrückt. Die Mitte des „doughnut" bin ich, oder Sie, irgend eine Einzelperson, über die solch eine Statistik *nichts* aussagt: wenn eine Mehrheit von 99% der Bevölkerung gerne Bier trinkt, wird dieses Statistik-ergebnis zu der Aussage verwendet, es handle sich um eine Nation von Biertrinkern, und alle Individuen darin- auch Sie - würden als Teil dieser Nation identifiziert. Dabei könnte es sein, dass just Sie in ihrem Leben noch nie Bier getrunken haben. – Wenn man also davon spricht „wer wir wirklich sind", so kann die Aussage sehr leicht irreführend werden, weil man damit meint, das *wir Alle* so seien. Dabei kann es ebensogut falsch sein, wenn eine einzelne Person damit identifiziert wird. Im Einzelfall ist diese Statistik eben nur mit 99%iger Wahrscheinlichkeit richtig, und wir sind Alle unterschiedlich, wenn man eine Vielzahl von Beschreibungs-kriterien einsetzt. Die Biertrinkerstatistik ist also bestenfalls für Pro-duktwerbung interessant, aber nicht für die Identifikation von Indi-viduen.

Das zweite Problem betrifft die Möglichkeit der Vorselektion (engl. "pre-selection bias") und ist damit direkter mit Data-mining aus dem Internet in Verbindung: wann immer unsere Charakteristika von der Verwen-dung des Internet-Zugangs abgelesen werden, bleibt die Frage offen, wer überhaupt das Internet nutzt und wer es für welche Belange nutzt.[N247] Weiter kompliziert wird sie durch den Umstand, dass sich die Zusam-mensetzung der Population von Nutzern mit jeder Fragestellung ändert: wer im Internet über Sex nachschaut, tut es nicht unbedingt auch, um sich um Wahlen zu erkundigen. Außerdem ist nicht gesagt, dass jemand persönlich in einem Thema involviert ist, weil er im Internet nach Ant-worten sucht: der Grund für eine solche Internetsuche bleibt dem Data-miner völlig unbekannt. Um beispielsweise herauszufinden, wer von denen, die über Bombenbau nachschauen, auch tatsächlich Terroristen sind, die einen Anschlag planen, genügt die einfache Suche von Nutzern nicht: *"Die Daten zeigen uns klar, dass es ganz, ganz viele erschreckend wirkende Internetsuchen gibt, von denen nur sehr selten zu einer vergleich-bar schrecklichen Tat führen"*.* [58] Wie immer in der Forschung zählt die Interpretation erarbeiteter Daten, also deren Formung in Wissen, zur kritischesten Phase der Arbeit. Wann immer man im riesigen Berg von Big Data nach der Ausprägung eines Phänomens in der Bevölkerung sucht, ist das Wissen um die ausgewählte Stichprobe entscheidend. Ein Beispiel: nur unter der Voraussetzung, dass man von den USA spricht, ist die Aussage richtig, dass *"der Anteil an Immigranten im eigenen Geburts-land einen hohen Voraussagewert dafür hat, dass jemand einen Eintrag in Wikipedia bekommt"*,* [58] denn dieses Analyseergebnis aus der Internet-Forschung trifft sicher für kein europäisches Land zu; in Europa ist das durchschnittliche Bildungsniveau im Schnitt umso geringer, je größer der Anteil an Immigranten.[21, 63, N248]

Ein weiterer kritischer Punkt im Zusammenhang mit Big Data und Datamining ist das Ausspionieren des Individuums – es wurde kürzlich allen bewusst, als der Skandal um Facebook und die Firma Cambridge Analytica täglich in den Medien diskutiert wurde: der Untersucher, der hier zum Spion wird, kann entweder nicht wissen, wer die einzelnen Teilnehmer in seiner ausgewählten Gruppe sind, oder er verwendet Daten, die den direkten Zugang zu diesen Individuen ermöglichen, Daten, die in der Regel nicht offen zugänglich sind. Solange die weitere Datenauswertung die einzelnen Teilnehmer anonym lässt, muss diese Praxis noch nicht problematisch sein; wenn aber diese Daten verwendet werden, um das Verhalten einzelner Individuen unter Verwendung verschiedener Datenquellen verwendet wird, einschließlich Adresse und Bankkonto, dann beginnt die Sicherheitsmauer zwischen wissenschaftlicher Analyse und Datenmissbrauch für Werbe- oder politische Zwecke gefährlich dünn zu werden: hier beginnen berechtigte Sorge und Ängste in Richtung "Big Brother is watching you", oder, wie es Clint Watts in seinem Buch bezeichnet: "... *they hack your mind*" [208] (sie dringen in deine Gedanken ein). Die theoretische Grenze der Auswertbarkeit von Daten aus Google oder Facebook besteht für den Untersucher im Unwissen um Alter, Beruf, Einkommen und weitere Details der Nutzer – kennt er diese Details aber dennoch, so sind die Daten nicht anonym, und wir sind in der Tat Opfer einer Big-Brother-Attacke im Interesse der freien Marktwirtschaft, ausspioniert aus Daten verschiedener Quellen, legal oder illegal. Solange Firmen Daten aus anonymisierten Quellen für ihre Zwecke verwenden, wird man wenig dagegen einwenden können, wie ein rezentes Beispiel zeigt: wenn eine Bank herausfindet, dass Mitglieder einer Religionsgemeinschaft häufiger betrügen und ihre Kredite nicht zurückzahlen, dann wird es schwerfallen, die Bankentscheidung ethisch problematisch zu finden, wenn sie bestimmte Personen als Kunden ablehnt.[58] Anders ist es, wenn Firmen private Daten via Facebook ausspioniert und bei Stellenbewerbungen verwendet.[58] Aber stellen Sie sich die möglichen Konsequenzen von psychologischer Forschung der 1950er Jahre in einem fortgeschrittenen digitalen Zeitalter vor, Ergebnisse, aus denen hervorgeht, "*dass man den Grad altruistischen Verhaltens im Häftlings-Dilemma Spiel durch Auswertung eines Fragebogens zur Persönlichkeitstypisierung vorhersagen kann ...*"* [209].

Wenn ich nun sage, dass in diesen Gefahren eigentlich keine neue Gefahr steckt, sondern nur der Missbrauch menschlichen Verhaltens zur Manipulation der öffentlichen Meinung mit einer neuen Methode, dann hat dies den Grund in unserer Geschichte, in Ereignissen und Meinungen, die durch die Verbreitung von Gerüchten entstanden sind: dazu zählt das falsche Gerücht, dass Kaiser Nero im Jahr 64 v. Chr. die Stadt Rom in Brand setzen ließ und er dann die Christen dafür verantwortlich gemacht habe – ich habe das Thema auf S. 80 und S. 216 diskutiert.

Eine große Sorge im Zusammenhang mit Big Data bereitet allerdings der Zugang zu unseren geheimsten Gedanken und Wünschen, den Millionen Menschen in den sozialen Medien frei zugänglich deponieren: man fühlt sich in einem anonymen Bereich und verrät Dinge, die man im persönlichen Gespräch niemals eingestehen würde. Aber hinter dem Bildschirm lauert eine Armee von Analysten, die entweder unser persönliches Profil immer weiter detailliert, oder auf der generellen Ebene, um „typisch menschliches Verhalten" aus einem pool von Millionen Nutzern zu beschreiben und dieses „Guckloch-Wissen" zu einer neuen Soziologie und Psychologie machen.[N249]

Für und wider A/B testing

Eine der Hauptursachen für die Gefahr des Missbrauchs von Big Data und ihrem Potenzial ist die liberale Demokratie und ihre Zulässigkeit für unbegrenztes Ausschlachten menschlicher Schwächen durch unterbewusste Manipulation. Und eine ihrer plumpsten Ausprägungen ist *Optimizely*: diese Firma ist auf das „A/B-testing" spezialisiert; es besteht in der Adaptierung von Werbematerial im Internet innerhalb von Minuten. Abhängig von den Klick-Zahlen pro Zeiteinheit werden Farben und Formen von Schrift, Bildern und Hintergrund verändert, bis die optimale Werbewirksamkeit erreicht ist. Der mögliche Effekt wurde während Obama's Wahlkampagne im Jahr 2012 durch Adaptierung seiner Homepage gezeigt.[58] Immer perfektere Werbung drängt uns in jene Ecke, von der aus sie vorhersagen, dass wir dorthin in unserer geheimen Wunschwelt mit größter Wahrscheinlichkeit möchten, sei es als Käufer eines bestimmten Produktes oder als Wähler. Was ich hier soeben als ein Übel beschrieben habe, hat aber auch einen positiven Aspekt: viele logistische Herausforderungen im öffentlichen Leben können von Techniken wie A/B-testing profitieren, indem sie Informationen wie die Verkehrslage, Wetter, Versorgungsketten für Verbrauchsgüter, öffentliche Meinung über Angelegenheiten von allgemeinem Interesse innerhalb von Sekunden, Minuten oder Stunden aktualisiert verfügbar machen. Umgekehrt kann man Entscheidungsträgern die Reaktion der Öffentlichkeit auf

Maßnahmen darstellen, damit gefährliche Reaktionen von Menschen-massen vermieden werden können, und um daraus für Präventions-maßnahmen lernen zu können, indem beispielsweise der „innere Demo-krat" der Menschen, ihre soziale Verantwortung und ihr Gewissen ange-sprochen werden. Was mich besorgt, ist der Vorschlag, politische Entscheidungen aus simulierten Abstimmungen zu treffen, die durch Zusammentragen von Daten aus dem Big Data Pool entstehen sollen:

Big Data und die Simulation von informierten Wählern

Brennan[3] schlägt als eine Möglichkeit vor, Big Data entscheiden zu lassen, indem man Daten aus allen verfügbaren Quellen über Wähler zu-sammenträgt und daraus eine Prognose ableitet, wie sie wählen würden. Damit wird ihr Status von ignoranten, irrationalen Wesen in voll infor-mierte Wähler umgewandelt. In anderen Worten: lasst uns eine Ära simulierter direkter Demokratie einleiten, indem wir von unserem Ver-halten auf unsere Meinung schließen. Dabei tritt unweigerlich die Frage auf, wer entscheiden wird, woraus das Wissen eines voll informierten Wählers zu bestehen habe, und auf welche Weise solches Wissen dann ihre Entscheidung beeinflussen würde – außer man würde ganz einfach die Entscheidung von tatsächlich informierten Wählern auf den Rest umkopieren. Und dann bliebe zusätzlich das Problem der Vorselektion von Informationen und die Kant'sche Sorge der Manipulation.

Zusätzlich käme hier noch ein weiteres Problem hinzu, nämlich das Ver-trauen der Leute in Evidenz: die Marketplace-Edison–Umfrage des Jahres 2016 ergab, dass etwa die Hälfte der US-Amerikaner den offiziel-len Statistiken ihrer Regierung misstrauen.[318] Der Hintergrund davon mag nicht weit vom Gefühl vieler Wähler liegen, dass sie das Wahlrecht für ihr Selbstwertgefühl benötigen, besonders, wenn man berücksich-tigt, dass "*Es ... das Gefühl mancher Leute von politischem Anstand zu verletzen [scheint], wenn man soziale und ökonomische Belange einfach nur zu Zahlenhaufen und Mittelwerten reduziert*".* [319]

Letztlich aber läuft es nur auf das allgemeine Problem der Einschätzung hinaus, was als vertrauenswürdig gelten kann und was kriminell ist: Computerprogramme können invadiert und geändert werden, oder strategisch missbraucht wie im Gerrymandering (S. 206).

Zusammenfassend zeigt die bisherige Erfahrung, dass „Big Data" für die Verwirklichung evidenzbasierter Abläufe im öffentlichen Leben von großem Nutzen sein kann und wird, somit also in der Politik. Das digitale Zeitalter wird die Entwicklung ganz von selbst in diese Richtung drängen, weil Alle viel besser über Faktisches informiert werden und dadurch Gerüchte in den Hintergrund gedrängt werden können. Voraussetzung dafür ist wiederum ein Hilfsmittel aus der Reihe dieser technischen Neuerungen, weil nur damit sichergestellt werden kann, dass keine falschen Informationen oder absichtlich falsch interpretierte Fakten in Umlauf geraten. Nicht emotionale Bewegungen in Massen sondern das kritische Denken in einzelnen Gehirnen wird benötigt, um die Organogramme für die software zum korrekten und gezielten Datamining zu erstellen. Dazu könnte letztlich noch ein weiteres Gehirn helfen, eines, das nicht ermüdet und jene Fehler nicht macht, zu denen wir neigen, wenn wir in unserer Aufmerksamkeit abgelenkt werden, oder wenn die unbelehrbaren Lehrmeister aus der evolutionären Erbschaft uns zu irgendeinem irrationalen Glauben drängen. Von einem Gehirn ist die Rede, das mit den Informationen umgeht, ohne von Reflexen und Instinkten abgelenkt zu werden, die vor einer Million Jahren halfen, in der Savanne im Nordosten Afrikas zu überleben. Wir nennen es künstliche Intelligenz (Artificial Intelligence), weil es sich in der Tat um ein Artefakt handelt, ein menschengemachtes selbstlernendes System, jedoch eines, dem wir beigebracht haben, jene Fehler nicht zu machen, von denen wir wissen, dass wir sie mitunter machen, sogar, um uns damit wissentlich selbst zu schädigen:

Artificial Intelligence
Die dritte Dimension von Wissen zur Ermittlung der Evidenz?

Als Dampfmaschinen in der Zeit der Industriellen Revolution Mitte des 19. Jahrhunderts auf Geleise gehoben wurden, hatten viele Menschen Angst davor; sie glaubten, es sei Teufelswerk und daher verdammenswert. Nur 150 Jahre später kommt nun, zusammen mit der dritten und vierten industriellen Revolution, mit "Industrie 3.0" (Computer, Automation, Robotik) und jetzt "Industrie 4.0" (Cyber- physikalische Systeme, Cloud-Computing, Cognitive Computing), Artificial Intelligence, AI, auf den Plan. Wieder fürchten sich viele Menschen davor, sich auch nur vorzustellen, dass Maschinen wie Menschen lernen könnten. Sie sehen das Ende von Gesellschaft kommen, von Politik, und sicher von Demokratie. Die Angst geht um vor künstlichem Bewusstsein, und vor Superintelligenz, die das ganze Menschengeschlecht beherrscht.

Angst ist menschlich – vor allem die Angst voreinander. Aber es ist nicht verständlich, warum AI gefährlicher sein sollte als Atomwaffen. Letztere werden heute als Garantie gegen einen atomaren Erstschlag angesehen, und insgesamt als Garantie *gegen* ihren Einsatz denn als Kriegswaffe, einfach weil sich niemand letztlich selbst umbringen will. Dies gilt aber auch für AI. Nicht ihre Existenz ist bedrohlich, sondern nur ihr Missbrauch. Und es gibt Naturgesetzlichkeit, die beruhigend wirken kann: wie Physik [N250] und Evolution lehren, gibt es ohnehin keinen Weg zurück; schon Stagnation bedeutet Niedergang im Zurückbleiben, da alles andere unaufhaltsam einem unbekannten Ziel zustrebt, bedingt durch die Eigenschaften der Materie. Sobald etwas in der Welt ist, gibt es kein zurück. Was wir aber tun können ist das, was uns von allen anderen Lebewesen unterscheidet: wohl überlegte Schritte, kritisch bedachte Zurückhaltung, außer Anpassung.

Bevor ich zur dritten Dimension komme, nenne ich die beiden ersten zumindest beim Namen: mit der ersten meine ich individuelle Erfahrung und Denken,[N251] mit der zweiten allgemein anerkanntes Wissen.[N252] Zwischen diesen beiden liegt die „öffentliche Meinung" als geheimnisvolles und flüchtiges Wölkchen.[N253]

Die dritte Dimension: die "Meta-Gesellschaft" durch Super-Computing

Computer-assistierte Entscheidungsfindung ist in Wissenschaft und öffentlichen Einrichtungen schon längst etabliert. Evidenzbasierte Medizin als Beispiel wurde in den späten 1970er Jahren eingeführt. Heute trifft man die Entscheidung zu vielen Behandlungsarten auf der Basis von Evidenz, gewonnen aus großen Studien. Auch Heilungs- und Überlebensaussichten werden aus großen Datenmengen errechnet. Die Entscheidung für die eine statt einer anderen Therapie fällt auf der Basis höherer statistischer Erfolgswahrscheinlichkeit. Die Angst vor Datenschutzverletzung tritt zurück hinter die Angst vor den Gefahren, die bei zu viel Geheimhaltung drohen – der islamistische Terror hat den Fokus von Individualität auf Sicherheit umgepolt. Zusätzlich kann man auch darauf hinweisen, dass nicht alles an AI von vornherein gefährlich ist: AI kann an vielen Stellen zum Schutz des Gemeinwohls dienen, indem Missbrauch durch Individuen und Gruppen schon im Vorfeld verhindert wird. Nach der Regel des Nutzens für das Gemeinwohl, für Sicherheit und Wohlstand für Alle aus der Sicht längerer Perspektive, sollten sämtliche verfügbaren Daten zu dessen Schutz als Allgemeingut betrachtet und für die Ermittlung von Evidenz eingesetzt werden, wann immer ein Problem zu bearbeiten ist: wie ein neues Orakel, ja, aber diesmal nicht aus Gemurmel der benebelten Pythia von Delphi, sondern aus jeglichem Wissen, dessen die menschliche Erkenntnisfähigkeit habhaft werden konnte, durch natürliche Sinne oder künstliche Sensoren- vielleicht sogar noch mehr. Der verbleibende Nebel wird durch unser eigenes Denken erzeugt, jene Eigenschaft im Denkprozess unserer Bewusstheit, die uns daran hindert, uns über das eigene Denken zu erheben und von dort oben aus zu kontrollieren, denn unsere Ich-Bewusstheit *ist* dieses Denken. Daher programmieren wir jedes selbstlernende System zunächst einmal nach unserer Denkstrategie und zwingen es in unsere Denklogik (abgesehen von direkten Programmierfehlern). Durch diesen Dunst aber, und aus dem Dunkel der Höhle unserer Erkenntnisfähigkeit, sehen wie am Bildschirm dieses neuen Orakels einen Lichtschimmer von Vorahnung, als würde es aus dem Jenseits herüberleuchten, jedenfalls von jenseits alles Denkbaren: die Quantenphysik weist uns auf Phänomene, die mit unserem logisch denkbaren Weltverständnis nicht vereinbar sind, aber dennoch den Anspruch erheben, wirklich zu sein. Worauf weist uns das hin? Offenbar kann die Erforschung von Bereichen, die abseits des unmittelbar Brauchbaren liegen, uns zu Wissen leiten, das wir zwar nicht verstehen können, aber nutzen – vielleicht ist es sogar für unser Überleben unverzichtbar. „Orakel" [31] beinhaltet also diese zwei Sprüche: der eine ist das Ergebnis der Auswertung unserer Daten, bereit für Beratung und Entscheidung. Der zweite ist zusätzliches Wissen, das AI selbst erarbeitet hat, etwas, das wir uns als undenkbar nicht hätten vorstellen können, vielleicht die Entdeckung einer völlig neuen Welt.

Die globale Ökonomie ebenso wie die menschliche Gesellschaft könnten in einem Umfang profitieren, den man sich kaum vorstellen kann, weil sich unser gesamtes Leben änderte - solange die neue Technik fair eingesetzt wird. Ein Beispiel für die nahe Zukunft könnte die Lebensmittelindustrie werden, die daraus mehrere Konsequenzen von gegenseitigem Nutzen ziehen könnte, wenn der Westen seine Daten für die bessere Adjustierung seiner Produktion an unser Kaufverhalten verwendete: denn erstens bräuchte sie nicht mehr ungeheure Massen unverkauft wegwerfen,[210, 313, N254] zweitens könnte sie die resultierende Ersparnis der Entwicklungshilfe zukommen lassen und durch den Beitrag zur Entwicklung der Dritten Welt das Wachstum des Weltmarktes und damit seinen eigenen Markt fördern.

---

[31] Nicht zu verwechseln mit der gleichnamigen Firma

Andere warnen vor den Gefahren von Big Data und AI: "*„Ob wir sie tatsächlich wollen, darüber haben wir niemals demokratisch abgestimmt. Drohen also Freiheit und Demokratie zwischen Politikversagen und Big Data zerrieben zu werden?* [Die Autorin] *warnt davor, Big Data einfach zu verteufeln, nur um dann doch weiterzumachen wie bisher. Anhand hochbrisanter Szenarien – der Wahl einer rechtsradikalen Regierung,..* "[164]

Die Frage ist, ob man Wissen aus Big Data tatsächlich als Gefahr der Diktatur durch AI sehen muss. Besonders die Gefahr aus der autonomen Funktion bedarf genauerer Betrachtung – ich komme weiter unter darauf zurück. Die Möglichkeit der Wahl eines Diktators ist eine inhärente Schwachstelle der Demokratie, wie wir in Kapitel II gesehen haben; daher braucht sie nichts mit diesen Techniken zu tun haben – Voraussetzung für die sozial sichere Anwendung der Technik ist eine effektive Kontrolle durch den Staat, die in der liberalen Demokratie nicht gewährleistet ist. Da Gefahren aus dieser technischen Entwicklung nicht die einzige Bedrohung der Demokratie und der Gesellschaft insgesamt sind, kann die richtige Konsequenz nur sein, das politische System, diese Form von liberaler Demokratie, zu ändern.

Andererseits gäbe uns AI zur Hand, was wir selbst oft nicht in der Lage sind zu sein oder zu tun: ruhig und rational zu bleiben, bei der ursprünglichen Entscheidung zu bleiben und nicht von Emotionen und Überzeugungen aus der Ecke des gesunden Menschenverstandes abgelenkt zu werden. AI könnte als Assistent, als beratender Wächter bei Entscheidungen dienen, wie in der Roboter-assistierten Chirurgie [N255] oder in der diagnostischen Medizin [N264], um vor falschen spontanen Entscheidungen und Reaktionen zu warnen.

Zusammenfassend ist nicht Big Data und AI selbst der objektive Ursprung von Gefahren, die Angst und Sorge rechtfertigen, sondern die Schwäche des Staates bzw. seiner Regulierungsbehörden, die mit Entschiedenheit jeden Missbrauch zum Schutz des Gemeinwohls unterbinden müssten. Wie schon zuvor bemerkt: Manipulation wird schon durch ungenügende Wahrhaftigkeit von Politikern und durch Aktivitäten der freien Presse bewirkt, ebenso wie durch unkontrollierte Werbetätigkeit der freien Marktwirtschaft; dazu braucht es weder Big Data noch AI. Es steht außer Zweifel, dass eine Vielfalt von technischen Erfindungen für friedliche ebenso wie für kriegerische Zwecke verwendet werden kann, für eine freie wie für eine unterdrückte Gesellschaft. Ich bezweifle also, dass AI eine größere Gefahr ist als der social divide, die zunehmende Dissoziation zwischen Liberalismus und gesetzlich betriebenem

Puritanismus,[N256] die selbst erzeugten Umweltprobleme und die zuvor erwähnten Atomwaffen. Ich würde meinen, dass der im Sinne des Gemeinwohls streng kontrollierte Einsatz aller technischen Hilfsmittel unsere Sicherheit nicht gefährdet sondern erhöht, wofern unsere Entscheidungen unser Schicksal überhaupt beeinflussen können.

Der "Spock Effekt" von AI in der evidenzbasierten Politik

Ich schlage *nicht* vor, AI im Sinne totaler Autonomie in Erwägung zu ziehen, so wie z.B. Roboter in der Industrie eingesetzt werden. Vielmehr sehe ich Wissen aus dem gesamten Erfahrungsschatz der Menschheit als Berater und Mahner zur Vorsicht, Vulkanier Spock vom Star Trek mit an Bord, um uns vor Irrtümern zu warnen und zu bewahren, und optimale Lösungen für Probleme in Sekundenschnelle anzubieten. Stellen Sie sich den Umfang neuer Möglichkeiten vor, die sich auftun, wenn man bedenkt, dass mittlerweile Computersoftware Menschen im Go-Spiel schlagen kann.[211] Selbstlernende Software-Algorithmen, sogenannte AIs, werden bald für alle möglichen Entscheidungsszenarien verfügbar sein. Die Politik wird davon nicht ausgeschlossen bleiben: die Herausforderung wird darin bestehen, AIs für reale Probleme des öffentlichen Lebens zu schaffen, nicht für Ideologien zur Machtausübung, und dafür zu sorgen, dass Falsch- und Desinformation nicht zu den sozialen Medien durchkommt. Diese Option sollten wir uns wahrscheinlich besser nicht entgehen lassen, irrtumsanfällig wie wir sind – auch hier ist wieder die Avionics-Einrichtung in modernen Flugzeugen ein Beispiel zum Vergleich.[N257] Ich plädiere also für etwas wie „sekundäre AI", eine Maschine, die ihre Funktionalität während ihres Einsatzes selbst zu verbessern lernt, ein Berater des Menschen. Die letztendliche Entscheidung liegt bei uns, und die Kontrolle, denn wir haben die Maschine dementsprechend gebaut und überwachen ihre Funktionen.

Es ist also nicht das Ende der Welt, weil Bill Gates und Elon Musk AI als Gefahr bezeichnet haben, und weil Stephen Hawking sagte, dass sie "das Ende der Menschheit bedeuten könnte" (Atomenergie könnte es schon jetzt jeden Tag). Es liegt an uns, Missbrauch zu unterbinden, so wie wir es auch mit allen anderen Gefahren tun müssen.

Man befürchtet, die Welt könnte eines Tages von Super-Computern beherrscht werden, oder mit anderen Worten, dass wir einen Software-Algorithmus, ein Programm von AI, das sich verselbständigt hat, zum Präsidenten wählen könnten.[211, N270] Es ist schon richtig, dass wir das Bewusstsein von AI nicht kontrollieren könnten, ohne zu wissen, wie unser eigenes funktioniert. Aber wie sollte denn ein AI-System eines entwickeln, und wenn schon: warum sollten wir nicht in der Lage sein, eine Maschine einfach abzuschalten? - Stanley Kubrick hat uns dieses Szenario schon vor einem halben Jahrhundert in seinem Film "2001-Odyssee im Weltraum" am Beispiel des Super-Computers HAL demonstriert, der angesichts unvorhergesehener Wirklichkeitsdimensionen verrückt wird. Die Angst ist verständlich aber unbegründet, ähnlich irrationale Phantasie wie die Vorstellung der Möglichkeit einer Hirntransplantation, die völliger Unsinn ist.[N258] Schließlich bin ich auch noch fest davon überzeugt, dass menschliche Neugier unbedingt alles über ein weiteres mögliches Phänomen herausfinden möchte:

Der coole Mr. Spock

AI birgt nämlich einen äußerst interessanten Aspekt: die Frage ist, ob nicht das Zusammenbringen allen Wissens der Menschheit eine neue Art von Intelligenz hervorbringen könnte, vorausgesetzt wahrscheinlich, man könnte alle emotionale Zwiespältigkeit daraus entfernen, alle irreführende Intuition; denn letztere ist der unbelehrbare Lehrmeister, zwanghafte Überzeugtheit von der Richtigkeit nonverbalen Wissens von früheren wie auch von unserer eigenen Spezies, in allen möglichen Formen von Gedächtnis verankert. Die Kriterien, die dabei zum Einsatz kommen, waren eventuell nur in einer früheren Ära der Biosphäre relevant, nicht in der Situation, in der wir uns hier und jetzt befinden. Die Verwertung von Big Data und der Einsatz von AI könnten ein Weg aus dem Dilemma der Entscheidungsfindung unter dem Einfluss instinktgetriebenen automatischen Verhaltens sein, das sich selbst betrügt und in fataler Weise aggressiv werden kann.

Politik hat nicht nur den Auftrag, das Machbare zu erwirken, sondern auch, das Notwendige durchzusetzen; die irrationalen Folgen allgemeiner Wahlen weisen deutlich genug auf die Gefahren, in die uns die derzeitige Demokratie bringt. Evidenzbasierte Entscheidungen, unterstützt von allem verfügbaren Wissen der Welt, würden selbstschädigende Aktionen von selbstgetäuschten und manipulierten Menschen und Massen vermeiden helfen.

Mr. Spock als Mr. Speaker

Umgangsformen und Kultur befinden sich in einer Reihe demokratischer Parlamente in einem beklagenswerten Tief. Es ist dann mitunter die Aufgabe von Vorsitzenden, die Abgeordneten daran zu erinnern, wo sie sich befinden. Im britischen Unterhaus hat diese Aufgabe Mr. Speaker, der hin und wieder mit zunehmender Lautstärke ruft: Order, order!

Die Kampfhähne und Pfaue zur Ordnung zu bringen, ist in der modernen liberalen Demokratie zur dringenden Aufgabe geworden, und nicht nur im Parlament. Personenkult, Selbstbeweihräucherung, persönliche Auseinandersetzungen, Feindseligkeiten und Dämonisierung sollten nicht länger als treibende Kräfte bei Beratungen und Entscheidungsprozessen involviert sein dürfen. Gleichzeitig gehören emotionale Vorurteile und Misstrauen als Kardinalsünden [21] aus der Politik entfernt. Evidenz sollte stattdessen den Platz einnehmen – in unklaren Situationen muss vertrauensvolle Nachsicht herrschen wie beim "Sträflings-Dilemma"-Spiel.[N79] Und es bedarf eines Mahners, cool Mr. Spock, die Menschen an die häufige Ursache von Aggression und Konflikt zu erinnern: Menschen, die eines Tages blindwütig reagieren, nachdem sie entwürdigt zurückgelassen wurden. Oft hätten sie wohl Anspruch auf Wiedergutmachung oder wenigstens Nachsicht. Politiker und Fachleute sollten Vorgänge dieser Art in der Vergangenheit bei Entscheidungen berücksichtigen und Rache durch psychologisch durchdachtes Handeln ersetzen müssen.

Die Vorbedingung, in aller Tätigkeit bei der verfügbaren Evidenz zu bleiben und beim Prinzip der Konzentration auf die gemeinsamen Interessen, sollte zu jeder Zeit durch eine neutrale Instanz supervidiert werden. Persönliche Angelegenheiten und Konflikte, die sogenannte Chemie zwischen Entscheidungsträgern, sie alle sollten aus der Politik vollkommen verschwinden. Erinnern sie sich an den Appell von James Bryce?

"Wir brauchen Fakten, Fakten und nochmals Fakten." [* 205]

Deliberative Demokratie mit HAL

In Kubrick's "2001-Odyssee im Weltraum" sprechen die Astronauten mit ihrem Bord-Supercomputer HAL, der alles regelt, aber dialogfähig ist.

Deliberative Demokratie könnte künftig wieder im Dialog mit einem selbstlernenden Super-Computer interessant werden: die Menschen bräuchten nicht mehr untereinander zu streiten, wer recht hat, sondern könnten ihre Vorstellungen, Ideen und Vorschläge in das System eingeben und prüfen lassen, ob eine Idee zur Lösung eines Problems beitragen könnte oder nicht; jedenfalls könnte sie gespeichert bleiben für eine Situation, in der diese Idee dann doch zu tragen käme.

Gegen Ende einer solchen Entwicklung wäre diese neue Gesellschaft sich selbst eine Garantie gegen Arbeitslosigkeit, weil unter Technik 4.0 und automatisierter Industrie und Landwirtschaft immer mehr Menschen ihren Beruf nur noch als Strategieverbesserer in ihrem beruflichen Bereich arbeiten können, als Experten also, die nicht nur Probleme lösen, sondern Ideen für die Verbesserung derzeitiger Systemfunktion erdenken. Damit erfüllt sich auch der Traum der Jünger von deliberativer Demokratie, denn was nützt, ist nicht das Streiten darum, wer recht hat und die besseren Ideen, sondern wessen Ideen sich aus evidenzbasierter Sicht am ehesten tatsächlich im Sinne einer Systemverbesserung durchsetzen würden. So entsteht am Ende dieser Entwicklung letztlich doch wieder eine direkte Demokratie, in der alle Menschen zur Gesellschaft beitragen können, indem sie Ideen generieren, deren Potenzial vom Supercomputer auf Brauchbarkeit untersucht wird. Außer dem Gefühl, zur weiteren Verbesserung beitragen zu können, reduziert dieses Konzept auch die Bedenken betreffend die Rigidität eines Rechnersystems: dazu muss man sich nur vorstellen, dass nicht nur die Menschen ihre Ideen mit dem Rechner "diskutieren" können, sondern umgekehrt der Rechner von den Menschen ständig mit Ideen aus deren Intuition als Ergänzung konfrontiert würde. Millionen und Milliarden von spontanen Ideen und ausgeklügelten Vorschlägen könnten niemals programmiert werden: sie können aber von einem selbstlernenden System mit den bisherigen Strategien verglichen, auf ihre Qualität überprüft und ggf. als neue Strategie übernommen werden.

Evidenzbasierte Entscheidungen lassen sich auch als Lernprozess verstehen: der Mensch erkennt, wo er sich eingebildet hat, richtig zu liegen, aber anhand der Evidenz sieht, dass er falsch lag. Alternativ kann er aufgrund des Evidenz-Ergebnisses erkennen, wo sein Computersystem eines Programmierfehlers einen Denkfehler macht, den das selbstlernende Prinzip nicht korrigieren kann. – Es soll im Umgang mit Rechnern nicht um Denkersatz und Dominanz gehen, sondern um Denkgeschwindigkeit und Vernetzungskomplexität im Denken, etwas, worin der Mensch schlecht ist, der fadenförmig eindimensional denkt.

Haben wir denn überhaupt eine Alternative?

Es wird immer klarer, dass die Menschheit mit zunehmender Geschwindigkeit in ein existenziell kritisches Stadium gerät, eine Situation, die nicht nur verlangt, dass eine Entscheidung getroffen, sondern dass diese auch umgesetzt und verwirklicht wird: nur globale Kooperation kann eine Katastrophe verhindern, bedenkt man die ökologische und demographische Entwicklung. Herausforderungen betreffen nicht nur fundamentale Ressourcen wie Wasser, Nahrung und Unterkunft, sondern auch weitere Grundlegungen für friedliche Koexistenz, nämlich ethische und professionelle Erziehung. Die Bildung globaler Netzwerke in allen erforderlichen Bereichen wird für konventionelle Organisationsmethoden bei weitem zu komplex. Daher wird die Schaffung eines globalen Überblicks der tatsächlichen Lage zu jedem Moment nur durch Nutzung aller verfügbaren Informationen und allen Wissens der Menschheit möglich sein. Dazu ist Computertechnologie unerlässlich – das Risiko ist ohne die Anwendung von Big Data und AI sehr wahrscheinlich höher als ohne deren Einsatz. Außerdem beginnen sich bereits weitere Perspektiven aufzutun.[N271]

All dieses Bemühen um und mit Big Data und AI ist, wie gesagt, nicht unbedingt ein Grund für Angst und Sorge. Sie spiegeln objektive und statistische Sachverhalte, die nichts mit individueller Bewusstheit zu tun haben; letztere wird eher verführt und irregeleitet durch Glauben und Überzeugtheit, getrieben von ihrem kreatürlichen Unterbau. Big Data und AI können uns nicht nachahmen in Form eines Doppelgängerartigen mathematischen Konstruktes, um uns endgültig vollkommener Manipulation auszusetzen. Den Vorgang des Gewahrseins des eigenen

Gewahrseins, das Gefühl von Ich-Bewusstheit als Prozess ist in keiner Maschine kopierbar oder reproduzierbar, da es auch von all der Körpersensorik abhängt, dank derer das Bewusstsein in der Wirklichkeit und im Ablauf der Zeit verankert ist.

Angst und Sorge befassen sich auch gar nicht mit dem möglichen Verlust seiner selbst, sondern „nur" mit dem Beherrschtwerden durch eine externe Macht- diesem Irrtum sind mehrere Mahner in der rezenten Literatur erlegen.[N270] Blickt man zurück in die Geschichte, erkennt man, dass sich Menschenmassen immer wieder der Unterdrückung entledigt haben, vereint im Willen, sich von diesem Leiden zu befreien. Unterwerfung ohne Leiden ist eine andere Sache, aber das ist Teil des Stoffes, aus dem die Zukunft gemacht ist – keine der Horror-Zukunftsvisionen wie Aldous Huxley's *Brave New World* (Schöne Neue Welt) wird sich genau auf diese Weise verwirklichen.

Evidenzbasierte Entscheidung bedeutet nicht Risikofreiheit

Jeder Entscheidungsträger ist immer wieder in einer Lage vergleichbar mit wissenschaftlicher Forschung, wenn ohne ausreichende Information ein Schritt in unbekanntes Territorium gemacht werden muss: wie der Forscher kann dann auch der Politiker den Ausgang der getroffenen Entscheidung nicht vorhersagen. Wenn der Schritt trotz Befragung aller erreichbarer Evidenz fehlschlägt, sollte eine neue Kultur von politischer Korrektheit sicherstellen, dass ein Abstrafen als Sündenbock in herkömmlicher Rache nebst allen anderen Begleitverhalten unterbleibt (siehe S. 341 und [N224]). Künftig könnte einiges von dieser menschlichen Neigung Mr. Spock treffen anstelle wirklicher Menschen.

Staatsbürgerschaft und Wahlrecht

Die neue Rolle als Bürger

Mit der Großjährigkeit soll die Staatsbürgerschaft eine neue Form annehmen. Der Akt der Aufnahme in die Bürgerschaft ist mit einem archaischen Initiationsritus vergleichbar - nicht im Sinne der Rolle als Mann und Frau in der Gemeinschaft, sondern in der Rolle als Bürger - und sollte auch entsprechend gefeiert werden. Der Vorschlag verbreitet je nach Nation unterschiedliche Duftnoten, lässt sich jedoch auch im Sinne von „Angelöbnis" verstehen, das in manchen Ländern mit allgemeiner Wehrpflicht Rekruten zum Wehrdienst als Bekenntnis zur Staatsbürgerpflicht abgenommen wurde. Hier ist es ohne Hauch von religiöser, säkular-humanistischer oder ideologischer Initiation als Angelöbnis zum demokratischen Bürger zu verstehen. Am besten kann man ihn als Fortführung und Erweiterung der in Österreich und der Schweiz üblichen „Jungbürgerfeier" sehen. Diese Aufnahme sollte die Verpflichtung beinhalten, eine Deklaration schriftlich abzugeben, mit der die Absicht kundgetan wird, in diesem Staat unter den vereinbarten Bedingungen leben zu wollen. Diese Bedingungen wurden in der Schule vermittelt, und Alle können die Grundgesetze auswendig, so wie die Kinder im Alten Rom die „Zwölf Tafeln" des Gesetzes auswendig können mussten, und Kinder der westlichen Welt bis vor nicht zu langer Zeit noch die zehn Gebote und das christliche Glaubensbekenntnis lernten.[N237] In den Schulbetrieb kann auch jener Umfang von Staatsbürgerkunde integriert werden, der für die Berechtigung als Wähler Voraussetzung ist. Anlässlich der Bürgerschaftsfeier wird ein Bürgerpass ausgehändigt, in den das Wahlrecht eingetragen steht.

Die neue Gesellschaft

Ich schlage vor, dass die grundlegenden Regeln, zu denen sich die Bürger bekennen, die von mir besprochenen Prinzipien und Grundwerte einschließen, zu denen die Gleichwertigkeit und die Gegenseitigkeit (Reziprozität) gehören; der Vertrauensgrundsatz; die Anerkennung von Bürgerpflichten vor Bürgerrechten; das Bekenntnis zum Ersatz allgemeiner Wahlen durch evidenzbasierte Politik wann immer möglich und sinnvoll,[N238] und zu Übereinkunft statt Abstimmung; die Zustimmung zu bürgerlicher und menschlicher Erziehung von Kindern und Jugendlichen entsprechend den gemeinsamen Werten.

Ein neues Wahlverfahren

Anreiz statt Grundrecht

In einer neuen demokratischen Gesellschaft wären Wahlen von klassen-zugehörigen politischen Parteien nicht mehr sinnvoll, denn des gäbe sie nicht mehr. Stattdessen bestünde Politik vorwiegend aus Problemlösung im Interesse aller Bürger, jenseits parteiischen Gezänks, Macht aufgelöst und objektiviert in evidenzbasierten Entscheidungen. Ich schlage vor, dass die Bürger an drei Arten von Wahlen beteiligt werden können: Wahl des Präsidenten, Wahl als qualifizierter Bürger, Wahl als Experte in einem Fachgebiet.

Individualismus und andere asoziale Einstellungen sind schon so weit gediehen, dass es Viele als ihr gutes Recht ansehen, vom Staat– von jenem Souverän also, der sie selber sind - Dienstleistungen für ihre Selbstbestätigung und Wohlbefinden zu fordern. Gleichzeitig zeigen sie kein Interesse daran, zur Gesellschaft, deren Teil sie sind, etwas beizu-tragen, außer Steuern wie an einen Bediensteten zu zahlen.

Allen das gleiche Wahlrecht zu geben und vorzutäuschen, dass Alle die gleiche Qualifikation dafür hätten, ist ebenso falsch wie autodestruktiv und daher unklug. Wahlrecht als Stütze von Selbstachtung und Selbst-wertgefühl[3] könnte in der Demokratie auch anders gesehen werden: in einer Gesellschaft sollte eine Qualifikation öffentlich als solche aner-kannt werden; die nützlichste Demonstration dieser Anerkennung wäre ein Wahlrecht für den Bereich dieser Qualifikation.

Wahlrecht in den „Bürgerpass" einzutragen, das die Menschen dazu an-regt, es als Anerkennung für die Teilnahme an der Gesellschaft zu bekommen, könnte ein Anreiz sein, Staat und Politik wieder als attrak-tiver zu anzusehen. Wahlrecht auf der Basis einer Qualifikation würde eine Anstrengung abfordern, um als volles Mitglied der Gesellschaft als Wähler anerkannt zu werden. Es wäre auch eine Lizenz ähnlich dem Führerschein, wie schon von anderen Autoren vorgeschlagen.[3] Damit wären zwei Probleme auf einen Schlag gelöst: einmal wäre betont, dass „Bürger" zu sein kein naturgegebenes Recht ist sondern Ergebnis eines Bemühens, das den Willen dokumentiert, aktiv teilzunehmen. Zum anderen würde damit jener Teil ausgeschlossen, der aus welchem Grund auch immer unwillig oder unfähig ist – zum Beispiel aus mentalen oder anderen gesundheitlichen Gründen. Für den Eintrag des Wahlrechts in den Bürgerpass sind Tests für verschiedene Qualifikationsstufen absolvierbar – erstmals vor der Vereidigung anlässlich der Großjährigkeit, wie zuvor erwähnt. Die neuen Bürger wären sodann anhand des Eintrags in den Bürgerpass zur Bestätigung des absolvierten ersten Tests wahlberechtigt.

Im Anschluss an diesen Basistest können Prüfungen zur Erlangung weiterer Qualifikationsstufen als Wähler absolviert werden; ich schlage zunächst drei Stufen vor, die weiter ausdifferenzierbar sind:

Stufe 1 – Allgemeine Lizenz: diese Qualifikationsstufe ermöglicht eine Art allgemeines Wahlrecht und erlaubt die Teilnahme an der Wahl des Staatsoberhauptes, einer Vater- oder Mutterfigur der Nation, die den Staat repräsentiert, ohne Macht auszuüben. Vor dem Test würde ein Kurs in Staatsbürgerkunde das grundlegende Verständnis von Staatsstruktur und –funktion vermitteln, welches dann zur Absolvierung der Prüfung Voraussetzung ist. Der Kurs kann auch in den Schulbetrieb integriert werden. Der gesamte Vorgang ähnelt der „Aufnahmeprüfung" für ausländische Bewerber um die Staatsbürgerschaft.

Stufe 2 – Spezielle Lizenz: die Qualifikation schließt Abstimmungen in Fällen öffentlichen Interesses ein, bei denen die Evidenz für die beste Lösung einer Frage nicht erzielbar ist oder keinen Sinn geben würde (Beispiele sind Fragen zur Sozialmoral oder grundlegenden Sozialstruktur; man denke an die Debatten um die Benennung von gleichgeschlechtlicher Partnerschaften als Ehe). Viele solcher Abstimmungen entsprechen den heutigen Volksabstimmungen. Außerdem könnte das Recht eingeräumt werden, Vorschläge für politische Lösungen und neue Projekte einzubringen, die von der Administrationsbehörde beantwortet und begründet werden müsste. Der Test für diese Qualifikationsstufe wäre entsprechend umfassender und eventuell auch flexibel gestaltbar. Um ungleiche Gewichtungen zwischen den Volksgruppen zu vermeiden, müssten die Stimmabgaben jeweils auf repräsentative Stichproben abgestimmt werden. Ob diese Abstimmungsergebnisse Beratungs- oder Entscheidungsfunktion haben sollen, wäre je nach Entwicklungsstadium der gesamtpolitischen Systemänderung zu klären. Aus der Sicht der Grundwerte der Verfassung sollte eine Einigung in jedem Fall erzielbar sein, sogar in Fällen mit internationalem Interessenskonflikt.

Stufe 3 – Expertenlizenz: die Qualifikation erfordert herausragende professionelle Kenntnisse wie auch Wissen um die politische Vernetzung des Berufszweiges mit anderen Berufen und in Bezug auf Entscheidungsprozesse. Alle Berufsgruppen sind zu beteiligen. Das Auswahlverfahren erfolgt nach einem Punkteschema bei einer schriftlichen Prüfung und nach regionalen Abstufungen (Gemeinde, regional, national, international). Die Positionen sind attraktiv, da die Honorierung über dem durchschnittlichen Einkommen in der jeweiligen Berufsgruppe liegen soll. Die Qualität der Arbeit kann gewährleistet werden durch Bildung kompetitiver Gruppen, die gegenseitig die Richtigkeit der erarbeiteten Evidenz überprüfen.

Insgesamt würde dieses Modell in zweifacher Hinsicht positiv auf das natürliche Sozialverhalten der Hierarchiebildung wirken: einmal würde man sich grundsätzlich zu einer Hierarchie bekennen; andererseits würde diese Hierarchie nicht mehr durch instinktive Faktoren gebildet sondern durch berufliche Qualifikation *und* soziales sowie politisches Engagement ohne die Wirkung persönlicher Faktoren, eine neue, *soziale*, Elite, die nicht nur Meritokrität reflektiert. In jeder Gesellschaft, besonders aber in der US-amerikanischen Soziokultur, dekorieren sich Repräsentanten von Fachgesellschaften mit großen Abzeichen zur Demonstration ihrer herausragenden Rolle als Diener an der Gemeinschaft: genau dies sollte auf die politische Arbeit übertragen werden und auch für alle Bürger gelten, die sich eine Qualifikation der Stufe 2 oder 3 erarbeiten. Soziale Anerkennung könnte sich schrittweise von Charisma und Macht auf „Sozialität" verlagern. Stammes- und Seilschaftsdenken wäre endgültig ausgeschlossen, weil Fachqualifikation und Sozialengagement entscheiden, nicht mehr gegenseitige Abhängigkeit in einem Machtgefüge.

Das Recht zur Einsendung von Projektvorschlägen

Das Recht, Vorschläge zur Lösung politischer Fragen einzubringen, repräsentiert *mehr* Demokratie als das derzeitige allgemeine Wahlrecht. Die entsprechenden Ministerien oder ein separates neues „Ministerium für Bürgerbeteiligung" sollte sich mit den von entsprechend qualifizierten Bürgern eingesandten Vorschlägen befassen. Vorschläge könnten in einer vereinheitlichten Form abzufassen sein und würden innerhalb einer definierten Frist beantwortet. Vorschläge zur Lösung aktueller Fragen ergäben ein Bild direkter Demokratie und nutzten den positiven Aspekt deliberativer Demokratie. Die Bearbeitung in den Ministerien bestünde im Sammeln und Umverteilen gruppierter Vorschläge an die entsprechenden Expertengremien.

In einem fortgeschrittenen Stadium der industriellen Revolution 4.0 wären Industrie und Landwirtschaft weitgehend automatisiert, und Wissen könnte durch Super-Computing verwaltet werden. Beiträge und Vorschläge zur Verbesserung von Administration, Management und Logistik staatlicher Einrichtungen und sozialer Angelegenheiten könnten in direkter Kommunikation zwischen Bürgern und einer Zentrale für Wissensmanagement ablaufen, wie im vorherigen Abschnitt (S. 371) beschrieben.

Entscheidung statt Abstimmung?

Hat man erst einmal akzeptiert, dass allgemeines Wahlrecht in Wahrheit nur Pseudo-Macht zur Erzeugung von Kampf und Chaos statt Ordnung ist, wäre der Entschluss zur evidenzbasierten Entscheidungsfindung eigentlich der nächste vernünftige Schritt – aber halt: ich betone noch ein weiteres Mal, dass Entscheidungen nicht *von* Experten getroffen sondern *durch* Expertenarbeit von selbst entstehen sollen, indem sie die Evidenz für die beste Lösung für eine Frage liefern. Es geht also nicht um Epistokratie, eine Regierung von Experten, sondern um Regierung der Vernunft, der Tatsachen, der Evidenz also, und durch diese „Objektivierung" der Entscheidung gleichzeitig um die Auflösung persönlicher Macht. Expertenarbeit als Teil der Arbeitsteilung in der Gesellschaft also, nicht ein elitäres Recht. Diskussionen über allgemeines Wahlrecht erübrigten sich,[N259] weil Alle es erwerben können, wenn sie es nur wirklich wollen. Keine Sorgen mehr um die Insuffizienzen des gegenwärtigen Systems, denn Evidenz und Mitarbeit von unten halten alle Möglichkeiten der Welt offen.

Ein Plädoyer für Expertengremien

Man muss aber nicht übertreiben und direkte Demokratie fordern. Denn jeder Versuch, die allgemeine Öffentlichkeit zu kompetenten Wählern in Fachfragen umzufunktionieren, würde das von Christiano gezeichnete Szenario eines Endes von Arbeitsteilung und Gesellschaft heraufbeschwören: niemand ist mehr in der Lage, alle komplizierten Fachbereiche des modernen Lebens zu durchschauen, von Gesundheitswesen über Abfallwirtschaft, Kernenergie, globale Luftfahrt, Ökonomie und so fort. Geprüfte Fachleute mit besonderer Eignung, in ihrer Routinearbeit stets anonymisiert und in kompetitiven Gruppen arbeitend (mit Ausnahme der Situationen ohne klares Ergebnis), würden jeglicher Tribalisierung entgegenwirken und damit für objektive Ergebnisse stehen. Dieses

Modell stellt also eine Alternative zu Brennan's epistokratischem *"Modell eines beschränkten Wahlrechts"* * [3, S.15] dar. Allerdings widerspreche ich in diesem Zusammenhang seinem Vorschlag, durch Zuteilung von Stimmen für akademische Grade zur Epistokratie noch eine Meritokratie hinzuzufügen.[3] Damit verdeutlicht sein Vorschlag Nachteile im Vergleich zur evidenzbasierten Politik meines Modells: um als Beispiel wieder die Medizin heranzuziehen, ist es einem Wahlergebnis nicht dienlich, einem Praktischen Arzt generell wegen seines akademischen Grades ein Wahlrecht einzuräumen. Stellen Sie sich vor, es müsste über spezielle Probleme mit Brustimplantaten oder den krebserregenden Effekt eines Lebensmittelzusatzstoffes entschieden werden. Nur Experten auf jeweils einem umschriebenen Gebiet können kompetente Evidenzanalysen erarbeiten und selbst vertreten. Ein genereller „Wahlbonus" für akademische Grade wäre also eher kontraproduktiv. Dies bedeutet natürlich nicht, dass akademische Grade nicht ohnehin indirekt in das Auswahlverfahren für Experten einfließen würden. Ich halte auch Examina als Auswahlverfahren geeigneter als ein von Brennan vorgeschlagenes Lotterieverfahren oder ein „breeding" der kompetentesten Fachleute in Diskussionsforen,[3] weil dabei wieder alle zuvor besprochenen hierarchischen und anderen sozialen Instinktmechanismen zu tragen kämen. Auch ein *"Allgemeines Wahlrecht mit epistokratischem Veto"*[* 3] arbeitet einem stabilen System entgegen, weil es die Bevölkerung in doppelter Weise als inkompetent vorführt und nicht ernst nimmt. Und wenn Brennan argumentiert, dass *"ein epistokratisches Gremium gegen schlechte Wahlen, aber auch schlechte Gesetzgebung, Regelungen und Durchführungsbestimmungen Einspruch erheben könnte"*,[* 3] dann führt er die gesamte Politik als inkompetent und überflüssig vor und stimmt eigentlich für den guten alten Philosophen-Herrscher, oder entsprechende Oligarchen, die das Land politisch dominieren, dabei aber keine Evidenz nachzuweisen brauchen, wie dies im Modell der evidenzbasierten Politik der Fall ist.

Betrachtet man das Brexit-Debakel als Beispiel, so hätte die Wahl zwischen "rausgehen" und "bleiben" von Experten auf der Basis solider Daten analysiert werden sollen, anstatt die schlecht und teilweise falsch informierte Bevölkerung den manipulativen Lügen von Politikern auszusetzen, deren Motivation aus der Sicht des Gemeinwohls mehr als fragwürdig erscheinen muss. Anstatt eines Kindergartenspiels mit der Wählerschaft erschiene mir das hier vorgeschlagene System von Expertengremien für evidenzbasierte Entscheidungen aufrichtiger und gleichzeitig erfolgversprechender.

Zum Abschluss noch ein Argument zur Beruhigung von Bedenken, die gute alte Demokratie zu verlassen, an die wir schon so sehr gewöhnt sind, beruhigt, sie zu "haben": einige Aspekte von "Epistokratie" sind ohnehin längst in eine Vielzahl politischer Entscheidungsprozesse eingebunden; nicht nur, dass Politiker wenige Entscheidungen ohne Expertenvotum treffen - mit dem Unterschied zur evidenzbasierten Demokratie, dass sich derzeit Politiker danach für ganz andere Lösungen entscheiden können, die beispielsweise besser für die Partei oder ihre Führung als für die Allgemeinheit sind. Ein Wechsel zu evidenzbasierten Entscheidungen wäre also nur die logische Konsequenz aus den derzeitigen Erfahrungen. Außerdem haben einige Länder die Option für eine Art von epistokratischem Veto sogar in ihrem derzeitigen System eingebaut: die deutsche Gesetzgebung kann vom Verfassungsgericht beeinsprucht werden. Man könnte diese Struktur also „justizielle Epistokratie" nennen, ähnlich zu den in USA und auch in Großbritannien existierenden Formen"[32, 121, N260] Brennan argumentiert dazu "*Viele Demokraten meinen, dass gerichtliche Überprüfung mit Demokratie unvereinbar sei, die meisten aber meinen das nicht*",[* 3] und weiter: "*Der US Supreme Court ist eine Art von epistokratischem Gremium.*" Mit anderen Worten: die rechtsstaatliche liberale Demokratie ist bereits eine Teil-Epistokratie. Darauf könnte man antworten: wenn im Bereich von Gesetzgebung und Justiz bereits ein epistokratisches Regiment herrscht, warum führt man nicht gleich für sämtliche Bereiche des öffentlichen Lebens ein neues, evidenzbasiertes Expertensystem ein? Man müsste dazu lediglich den Rahmen der verfassungsmäßigen Gesetzgebung der Länder dahingehend erweitern, um den Aktionsbereich der Expertengremien zu definieren.

---

[32] Die "British Foundation for Law, Justice and Society" formulierte diesen Umstand folgendermaßen:"*Zufolge des Urteils des Supreme Court, wonach die Regierung entsprechend einem jahrhundertealten königlichen Vorrecht nicht die Macht hat, Artikel 50 zum Verlassen der EU umzusetzen, haben Parlamentsmitglieder erklärt, dass wir uns in einer voll ausgeprägten konstitutionellen Krise befinden. Die Parallelen zwischen 1617 und 2017 sind bemerkenswert.*" (siehe Text für dazugehöriges Zitat)

Professionalisierung der Politik

Die derzeitige demokratische Politik der traditionellen Parteien hat zusehends die Bodenhaftung verloren, indem die Repräsentanten ihre Regierungsbefugnisse für sich selbst eingesetzt haben, ihre persönlichen Belange und Karrieren. Es ist, als wäre auch das Kokonisieren als soziales Phänomen bei der Politik als Spiegel der Gesellschaft angekommen. Die neue Politik sollte mit Hilfe der Expertengremien evidenzbasiert im Interesse des Gemeinwohls arbeiten, verwaltet und repräsentiert von professionellen Politikern, Administratoren und Diplomaten.

Ich schlage zwei größere Änderungen vor: die eine ist schon zuvor mehrfach angeklungen und besteht im Rollenwechsel von Machtpolitik zur Verwaltung und der vorbestehenden Diplomatie; diese Berufe sollen wie Sozialberufe ausgeübt werden, für die man sich bewirbt und beurteilt wird wie in jedem anderen Beruf. Der zweite Vorschlag besteht in der Professionalisierung, das heißt Schaffung einer Berufsausbildung, ohne die eine Bewerbung nicht möglich ist. Professionelle Kompetenz sollte ein Vorbedingung für alle politischen Berufe werden; mit dieser Ansicht stehe ich nicht allein.[3] Die akademische professionelle Ausbildung sollte sich aus Fächern wie Ökonomie, Geschichte, Psychologie, Soziologie, Politikwissenschaft, Friedensforschung usw., nicht mehr nur allenfalls aus dem Jura-Studium rekrutieren. Außerdem sollte eine psychologische Eignungstestung gefordert werden, wie sie auch bei anderen verantwortungsvollen Berufen Voraussetzung ist. Viele würden gegen die Meinung protestieren, dass es für eine Politiker-Kandidatur keinerlei Beschränkungen geben sollte[3].

Struktur und Funktion der politischen Institutionen

Schon derzeit sind Ministerien in der Regel mit professionell qualifiziertem Personal ausgestattet, mit Ausnahme mancher leitender Politiker, die ihnen vorstehen. Die politische Arbeit könnte weiterhin im Rahmen der bisherigen Infrastruktur bleiben, allerdings mit neuen Aufgaben. Projekte und andere anfallenden Probleme werden von den Ministerialbeamten aufbereitet und zur Bearbeitung an ihre Gremien externer Experten versandt. In einer Architektur von Expertengruppen werden, soweit wie möglich, und soweit sinnvoll, anonymisiert, und zur Ausarbeitung von Evidenzniveaus der Alternativen bearbeitet. Damit wäre die Entscheidungstätigkeit nicht qualifizierter Politiker ausgeschaltet, wie dies bereits von verschiedenen Autoren gefordert wird.[3]

Aufspüren der Evidenz, nicht der Wahrheit

Ministerialbeamte sollten für die Ausarbeit von Strategiepapieren ausgebildet werden, die auf die Beantwortung einer Frage nach besten Lösungen in Problemfällen abzielen. Da sie auch als Koordinatoren zwischen den externen Experten tätig sein sollten, werden sie häufig vergleichbare Qualifikationen wie die Experten brauchen, nur eben in einer anderen Rolle des arbeitsgeteilten Betriebes. Die Experten können aus den Strategiepapieren konkretere Projektpläne gestalten, die schrittweise auch die entscheidungsrelevanten Prüfkriterien und Prioritäten zu beinhalten haben, wie zuvor besprochen. Bei allen Abläufen ist zu gewährleisten, dass Tribalismus bestmöglich vermieden wird. Dazu könnten, wie erwähnt, konkurrierende Expertengruppen verschiedener „Schulen" ihre Ergebnisse gegenseitig auf Korrektheit prüfen; solche Gruppen können auch Parteien werden, die sich jedoch – wie die ursprünglichen Grünen – nicht um politische Ideologien bilden, sondern um inhaltliche Probleme und Lösungsansätze.[N261] Das Ergebnis mit dem höchsten Evidenzniveau sollte als verbindlich gehandhabt werden. Im Gegensatz zur Epistokratie hätten dadurch nicht die Experten die Entscheidungsgewalt und damit die Macht, sondern das Ergebnis selbst. Die Politiker des entsprechenden Ministeriums hätten die Aufgabe, diese Lösung umzusetzen.

Wann immer die von den Fachleuten erarbeitete Evidenz für eine Entscheidung nicht ausreicht – z.B. weil mehrere Optionen die gleiche Erfolgswahrscheinlichkeit haben oder überhaupt keine Evidenz ermittelt werden kann – wir die Liste der Optionen, die ex aequo an erster Stelle stehen, für einen endgültigen Beschluss einem Gremium von Experten und Politikern – und eventuell Volksvertretern aus einer Abstimmung - zur Einigung auf Basis der Verfassungsregeln vorgelegt (Konklave). Diese Entscheidung in gutem Willen und mit Hinblick auf das Gemeinwohl ist dann als neutrale Entscheidung nach Versuch und Irrtum anzusehen und gibt im Versagensfall keinen Grund für Vorwürfe. Die spannende Frage ist, ob mit der Hilfe eines Super-Computers und AI eine solche Situation überhaupt noch entstünde, ob also die Entscheidung immer zugunsten *einer* Lösung ausfiele.[N261A]

Die Stellung der Experten und Politiker

Ein wichtiges Ziel sollte das Bemühen um die Rückkehr der besten Köpfe aus der Privatwirtschaft in die Öffentlichkeitsarbeit durch attraktive Honorierung sein – sie ist allerdings aus der Sicht nach einer Deckelung von Höchstverdiensten zu verstehen, wie sie derzeit existieren. Das Staatsoberhaupt, die Minister und alle Ministerialbeamten und Diplomaten sollen professionell ausgebildet sein, wie zuvor beschrieben.

Experten

Um die Öffentlichkeitsarbeit attraktiv zu machen, sollte die Bezahlung höher als das durchschnittliche Einkommen im entsprechenden Beruf sein, wobei wohl noch eine Abstufung zwischen lokaler, regionaler, nationaler oder internationaler Tätigkeit sinnvoll ist. Wahrscheinlich wird man einige zusätzliche Typen von Expertengremien schaffen müssen, z.B. interdisziplinärer Ausrichtung, entweder als Dauereinrichtung oder vorübergehend für spezielle Projekte. Die Vertreter in diesen interdisziplinären und temporären Gremien könnten entweder auf einer Rota-Basis oder als Sub-Spezialisten eingestellt werden.[N262]

Politiker

Derzeit sind Minister nicht selten für ihre Aufgabe nicht qualifiziert, wechseln zwischen Ministerien, von Sozial- zu Verteidigung, von Justiz zu Gesundheit; die Positionen werden von Parteiführungen nach gewonnenen Wahlen zugeordnet. In Zukunft sollen diese Machtpositionen politischer Parteien entfallen und durch professionell qualifizierte Personen ausgefüllt werden; sie werden wie die meisten anderen Berufe öffentlich ausgeschrieben und in einem kompetitiven Verfahren nach Qualifikation besetzt. Dazu könnten auch führende Ministerialbeamte und deren externe Fachleute ein Abstimmungsrecht erhalten, wenn Kandidaten nach objektiver Prüfung der Qualifikation sehr nahe beieinander liegen. Das Ziel ist jeweils, die Bildung von Seilschaften und Vetternwirtschaft zu unterbinden.

Das Staatsoberhaupt und dessen Institution

Außer dem Staatsoberhaupt bleiben nur noch die Leiter von Ministerien und regionalen sowie lokalen Behörden als Politiker tätig. Die Person für das Repräsentationsamt im Staat wird durch Abstimmung unter allen Wahlberechtigten ermittelt. Kandidaten müssen ebenfalls professionelle Politiker sein und sich einer Qualifikationsprüfung unterziehen wie alle anderen Politiker. Parteien-Nominierung gibt es nicht mehr.

Wenn für die Bearbeitung der Einsendungen von Bürgervorschlägen kein gesondertes Ministerium eingerichtet werden soll, dann könnte das Amt des Staatsoberhauptes diese Funktion zusammen mit einer Koordinierung von Vorschlagsgruppen zwischen den Fachministerien übernehmen, jedoch ohne Entscheidungskompetenz.

Die Ministerien

Der Unterschied zu den bisherigen Ministerien wäre außer der Vorgabe der Professionalität aller Mitarbeiter die oben besprochene Funktionsstruktur der Zusammenarbeit mit den externen Experten. Eine Sondersituation kann die Funktion des Verteidigungsministeriums ändern, wenn im Konfliktfall rasche Entscheidungen durch ein Triumvirat getroffen werden, zusammengesetzt aus dem Staatsoberhaupt, dem Außen- und dem Verteidigungsminister, beraten und unterstützt von den übrigen Ministerien und deren Expertengremien.

Organisation von Interessensgruppen als politische Parteien

Politische Parteien könne weiter bestehen wie bisher, allerdings nur als Clubs oder gemeinnützige Einrichtungen ohne politische Macht, so wie dies in Sport, Religion und anderen Gruppen mit speziellen Interessen der Fall ist. So wie jeder qualifizierte Wähler, können auch Parteien und andere Interessensverbände Vorschläge für Verbesserungen einsenden und an Beratungen beteiligt werden.

In kleinen Schritten in eine friedliche Zukunft

"Ein Volk, das seine Regierungsmacht nie missbraucht, würde auch seine Unabhängigkeit nie missbrauchen; ein Volk, das sich stets gut selbst bestimmt, braucht nicht regiert zu werden".[*12]

Jean-Jacques Rousseau

Soviel zum theoretischen[33] Endpunkt einer möglichen Entwicklung weit jenseits unseres momentanen Horizonts.

Bedenken wir LeBon's Meinung, dass Veränderung (außer einer externen Macht) immer aus dem Bauch des Volkes kommt, nie durch deren Führer, dann stehen wir vor der Frage: welche Kraft wird uns wenigstens *in Richtung* einer besseren und sichereren demokratischen Gesellschaft treiben?

Erste Änderungen beobachten wir schon jetzt: Gesellschaften entfernen sich voneinander, weg vom Multikulturalismus, und vermitteln den Eindruck, dass sie jeweils in ihrem kulturellen Umfeld bleiben wollen, trotzdem immer noch neugierig freundlich aus der Distanz und geneigt zu gelegentlichen gegenseitigen Besuchen. Im Gegensatz dazu spielen die Politiker weiter das Spiel der inneren Konfrontation, entfernen sich von der früheren Nachkriegstendenz von Übereinkunft und sozialem Frieden. Es ist wie eine Spiegelung der sozialen Segregations- und Polarisierungsentwicklung.

Auf der internationalen Ebene scheint es der teils bilaterale, teils nur westliche Unwille zu sein, Kultur und Sozialmoral der anderen Seite ohne Missionierungsdrang zu respektieren: der Westen verhält sich weiterhin in einer quasi-religiösen Überzeugtheit des Fukuyama-Universalismus, mit seinem Menschenrechts-Imperialismus ein Monopol auf global akzeptable Ethik zu besitzen, während er gleichzeitig seine eigene Glaubwürdigkeit in vielfältiger Weise mit asozialem Verhalten auf der globalen Ebene vernichtet. Die Herausforderung fällt also auf den Westen und seine stolzen liberalen Demokratien zurück, ein glaub-

---

[33] Rousseau glaubte nicht an die Möglichkeit einer Verwirklichung in der realen Welt, wie sein Hinweis auf Demokratie für Götter zeigt. [N218]

würdigeres Sozialsystem zu schaffen und der Welt damit Vorbild zu werden. Wie bereits wiederholt angesprochen, muss sich die Demokratie erst einmal selbst intern retten, bevor sie hinausgehen kann, die Welt zu retten, friedliche Koexistenz als Möglichkeit zu zeigen ohne den derzeitigen kalten Krieg der Parteien als Stellvertreterkrieg sozialer Interessensgruppen, der Reichen und Wohlhabenden gegen ihre eigenen Mitbürger.

Geben wir pro-sozialer Einstellung eine Chance

Wie im zweiten Kapitel besprochen, haben Forscher wie der Biologe und Human-Ethologe Eibl-Eibesfeldt,[21] der Biologe de Waal [71] und andere versucht, die Welt davon zu überzeugen, dass die in der Tierwelt entwickelten pro-sozialen Eigenschaften auch bis zu uns weitergetragen worden sind. Brutpflegeverhalten und Partnerschaftsbeziehung brachten Freundlichkeit und Zuneigung in die Welt, die sich zu allgemein prosozialem Verhalten weiterentwickelten (siehe S. 116, 210). Man könnte die nobelste – und gleichzeitig lebensrettende – Herausforderung für die Politik moderner Zivilisationen darin sehen, die Förderung pro-sozialen Verhaltens zur vordringlichen Aufgabe der Erziehung und zur Voraussetzung für politische Tätigkeit zu machen. Diese menschliche Qualität könnte zusammen mit einer Offenheit für Tatsachen als Anleitung für evidenzbasierte Entscheidungsfindung der beste Weg in eine friedliche Zukunft sein:

„In den prosozialen … Verhaltensweisen und Motivationen verfügen wir über natürliche Gegenspieler der Aggression, auf deren weiterer Kultivierung unter anderem unsere Hoffnung auf Frieden beruht." [21, S.71]

„Aus den bisherigen Experimenten der Kulturen scheint hervorzugehen, daß die auf dem Prinzip der Fürsorglichkeit und fachlicher Autorität basierende Führung demokratischen Musters dem Bedürfnis der Menschen am meisten entspricht, wohl weil sie einer biologischen affiliativen Prädisposition entgegenkommt" [21, S.222]

Ein Staatsoberhaupt mit starken pro-sozialen Eigenschaften als Leitfigur könnte einer Gesellschaft dabei helfen, sich der kritischen Analyse der Tatsachen hinter blindem Glauben und militanter Überzeugtheit zu öffnen und evolutionär verankertes asoziales Verhalten bedachtsam beherrschen zu lernen. Damit könnte sich die Gesellschaft von der Art Demokratie befreien, die ihnen Theoretiker in der Rolle von „Soll-

Menschen" aufdrängten, anstatt den wirklichen Menschen mehr als nur eine Statistenrolle in ihrer Ideologie zuzubilligen. Statt einer sogenannten „Streitkultur" von zänkischen Parteien im Parlament könnten doch Politiker ebenso gut friedfertiges Benehmen an den Tag legen und mit gutem Beispiel Einigung suchen.

Konfuzius machte pro-soziale Führung zu einer moralischen Pflicht für Herrscher: sie sollen ihre Untertanen lieben wie ihre Kinder. Mit dieser Forderung erging es ihm nicht besser als Dante und Machiavelli: auch er, zuerst Minister im Reich Zhou, musste ins Exil gehen und starb als vereinsamter Mann.

Die globale Herausforderung der Demokratie:

Demokratie der Demokratien

"Die wahre moralische Qualität des politischen Systems einer Nation erweist sich am Umgang mit anderen Nationen."

Wie schon zuvor wiederholt bemerkt, wäre demokratische Gesinnung in der Politik nicht nur eine Option für einzelne Staaten, sondern auch für zwischenstaatlichen Umgang auf kontinentaler und globaler Ebene. Davor aber müsste eine dauerhafte Funktionalität erst einmal auf nationaler Ebene geschaffen werden. Wir alle wissen, dass demokratische Abläufe in diesen Tagen nicht nur national, sondern auch international unbefriedigend funktionieren, sofern man sie überhaupt demokratisch nennen kann. Das Veto-Wahlsystem der UNO blockiert die Mehrzahl der initiierten Resolutionen. Die Politik der EU ist alles andere als überzeugend demokratisch. Umso mehr regt diese bedauernswerte Situation dazu an, ein verbessertes Modell von Demokratie auf der Basis von gemeinsamen Interessen auch für den kontinentalen und globalen Einsatz zu entwickeln und einzusetzen. Denn zweifellos haben alle Staaten weltweit gemeinsame Interessen, auf denen sich weiter aufbauen ließe: Überleben ist in jedermanns Interesse, wie auch sauberes Wasser, saubere Luft und Nahrung als fundamentale Bedürfnisse. In einem zweiten Schritt interessiert der Austausch von Errungenschaften für bessere Lebensqualität, sei es für medizinische Dienste, Verkehr, Kommunikation und Informationsmanagement.[N263]

Die gegenwärtige Verlaufsgeschichte der Globalisierung weist jedoch eher in die Gegenrichtung und auf Bemühungen, einander mit allen möglichen Methoden um Rohstoffquellen auszutricksen und auszubeuten. Diese engstirnige und kurzsichtige Strategie ähnelt dem Verhalten egozentrischer Individuen: Alle werden früher oder später unweigerlich ihre gegenseitige Abhängigkeit erleben und dann auch erleiden müssen. Bittere und schmerzliche Erfahrungen aller Nationen in der Geschichte legen dringend nahe, endlich zu vernünftigen Vereinbarungen für eine friedliche Koexistenz auf der Basis der Werte für eine künftige, dauerhafte Demokratie zu gelangen: Äquivalenz und Reziprozität unter allen

416

Menschen, daraus erwachsender gegenseitiger Respekt vor kultureller Identität und den territorialen Anforderungen und Rechten. Blickt man zurück auf die schier endlose Liste sinnloser militärischer Konflikte - sinnlos, weil man als Toter den erhofften Sieg nicht genießen und im voraus auch nicht wissen kann, ob man überleben wird - aus der Sicht dieses Wahnsinns also wäre ein erster logischer Schritt die Anerkennung kultureller Einheiten als Souverän, im Sinne demokratischer Gesinnung. Kompromisse als Ergebnis friedlicher Konfliktlösungen würden zumindest gewährleisten, dass Alle diesen Kompromiss erleben, anstatt im Kampf umzukommen.

Kulturelle Souveränität

Wenn man bedenkt, dass für alle Menschen die gleichen evolutionären sozialen Verhaltensformen gelten, gleich ob auf globaler, familiärer oder nationaler Ebene, dann kommt als Modell für die gegenwärtige Welt nur die Koexistenz in getrennten kulturellen Regionen in Frage. Daher sollten multinationale Staaten ihre territorialen Ansprüche und ihren unechten Nationalstolz, ihren Machtanspruch über fremde kulturelle Gruppen aufgeben. Für die Demokratie bedeutet dies, die Ideologie des Multikulturalismus aufzugeben.

In diesem Zusammenhang begannen die USA als Modell für die Welt und versagten mit ihrem demokratischen Anspruch auf mehreren Ebenen intern und international. Desgleichen versagte der Sowjet-Kommunismus ebenso wie der chinesische Zweig davon, unterschiedliche kulturelle Gruppen freiwillig in friedlicher Koexistenz zu halten. Weitere Beispiele davon habe ich bereits zuvor beschrieben.

Der nächste Kandidat für diese Rolle eines Modells für die Welt ist nun die EU: einerseits ist dieser Kulturkreis in der Tat prädestiniert für diese Aufgabe, weil das heutige Europa mit seinem immer noch bunten Bild von Subkulturen mittlerweile eine erhebliche ethnische Vielfalt beherbergt. Andererseits nähert der Migrationstrend seit Ende des Zweiten Weltkriegs Europa den Problemen von USA und Russland in Richtung eines multiethnischen Superstaates an. Hier betone ich nochmals, dass das Problem nach meiner Einschätzung primär kulturell ist, nicht rassisch oder ethnisch.

Kulturelle Souveränität hat natürlich ihr besonderes Problem, wenn man es mit politischer Souveränität kombiniert, wie wir im Abschnitt über Menschenrechte versus Souveränität gesehen haben (S.143). Das

Problem stand immer wieder auf den Agenda der UNO. Für die Zukunft wird die Lösung in Übereinkünften der Staaten auf einer besser funktionierenden UN-Ebene liegen, die arbeiten müsste wie einzelne Demokratien auch, als Demokratie der Demokratien. Wenn dies nicht gelingt, wird sie vermutlich immer weniger bewirken. Der erste Schritt zwischen souveränen Einheiten kann nur aus einer Liste *tatsächlich* eingehaltener genereller Regeln zur Ordnung *tatsächlich* gemeinsamer Interessen bestehen. Die besondere Herausforderung besteht dabei in der Bearbeitung kultureller Gepflogenheiten, die mit höherrangigen Regeln wie Äquivalenz auf der globalen Ebene kollidieren. Es würde bedeuten, dass jegliche Einschränkung der persönlichen Freiheit gegen das Prinzip der Äquivalenz als Verletzung der entsprechenden UN-Resolution anzusehen wäre, welche die Staatengemeinschaft nicht nur zu handeln autorisiert sondern sie dazu zwingt. Die Zukunft an diesem Punkt hängt von demselben Spiel zwischen Individuen und Gruppen auf Erden ab. Auf zwischenstaatlicher Ebene zeigt das rezente Problem der Türkei die Komplexität: wenn eine Mehrheit für ein Regime stimmt, das die UN-Regeln verletzt, dann müsste die Staatengemeinschaft mit Sanktionen und Ausschlussmaßnahmen reagieren. Wieder müssen wir es an dieser Stelle bei dem Gewahrsein bewenden lassen, dass unsere Zukunft davon abhängt, ob wir weiterhin danach streben einander mit dem Risiko der Selbstvernichtung zu dominieren und auszubeuten, oder ob wir bereit sind, die Prinzipien von Äquivalenz und Reziprozität einzuhalten. In diesem Fall – und sogar in einer Lösung dazwischen – besteht die Möglichkeit, eine solche Mehrheit wie jene in der Türkei gewähren zu lassen und nur die Minderheit gegen die Mehrheit zu schützen, wenn sich dies als notwendig erweist und auch gewünscht wird, also die Souveränität jeweils für eine homogene Gruppe zu wahren und zu schützen. Um diese Minderheit schützen zu können, müsste die globale Staatengemeinschaft sehr einig und mächtig sein. Je mehr Staaten zusammenstehen, um eine Art multinationaler Supermacht zu bilden, die aus einer Demokratie von Demokratien besteht oder zumindest aus souveränen Staaten, die sich an die vereinbarten grundlegenden ethischen Prinzipen halten, desto besser sind die Chancen für eine friedliche Zukunft – jedenfalls für die Völker innerhalb der Supermacht, deren psychologische Wirkung gute Chancen auf weiteren Zuwachs verspricht. Man stelle sich nur vor, eine Eingreiftruppe hätte kurzfristig den Rohingyas ihren Lebensbereich gegen die staatlichen Truppen Myanmar's abgeriegelt und beschützt.

Evidenzbasierte Regelung gemeinsamer Interessen

Wann immer möglich, sollte Evidenz jeden administrativen Prozess leiten, gleich ob auf lokaler, regionaler, nationaler oder internationaler Ebene bis hin zur globalen. Ähnliche Entscheidungsgremien wie auf allen nationalen Ebenen könnten ebenso international wirken, sofern dies nicht bereits seitens der UNO geregelt ist. Einvernehmen und Zusammenarbeit in Bereichen gegenseitigen und gemeinsamen Interesses sind auch aus ökonomischer Sicht vorteilhaft, weil gemeinsame Administration und Einrichtungen Geld sparen. Dementsprechend zeigten mehrere Autoren "*... dass ethno-linguistische Fraktionierung mit ökonomischem Erfolg und verschiedenen weiteren staatlichen Qualitätsmaßstäben, ökonomischer Freiheit und Demokratie umgekehrt korreliert*".[*3] Die Art jedoch, wie dieses Wissen in verdeckt populistischer Weise verbreitet wird, weist schon wieder auf Konfrontation hin, nicht aber auf neutrales Bemühen um Aufklärung über die Sachlage. Dabei könnte man argumentieren, dass „ethnolinguistische" Einheiten, die nichts anderes sind als unsere kulturellen Einheiten, Nationen oder Regionen, gleichzeitig geographisch getrennt und trotzdem administrativ gemeinsam tätig sein könnten. Ein Beispiel dafür ist die Europäische Wirtschaftsgemeinschaft, EWG, im 20. Jahrhundert. Diese Option könnte in verschiedenen Varianten ausgearbeitet werden, wenn man erst einmal bereit ist, vom Vorwurf „separatistischer Umtriebe" auf „Gespräche über Teilautonomie" umzuschwenken. Leider wird diese Form von Konfrontation heute zu gerne in den Medien übertrieben zelebriert und dadurch die Gesprächsbereitschaft immer weiter reduziert. Die Erfahrungen in Spanien wurden auf diese Weise aller Welt vorgeführt.

„Fraktionalisierung" bedeutet Separation und damit den Willen zur Abspaltung und Unwillen zur Kooperation, der in der Tat selbstschädigend sein kann. Umgekehrt bringt ökonomisches Interesse Nationen zusammen, soweit ihre Kulturen es zulassen – und dieses Tor stand seit Menschengedenken weit offen, wenn man nur an den Salzhandel quer durch Europa zur Hallstatt-Zeit oder den Handel zwischen China zur Zeit des Han-Kaisers Wu und dem Römischen Reich im ersten vorchristlichen Jahrhundert denkt. Wenn eine Nation beschließt, infolge ihrer Abschottung weniger ökonomischen Erfolg in Kauf zu nehmen, so kann sie mit anderen Nationen immer noch über andere gemeinsame Interessen wie zum Beispiel Umweltfragen in Kontakt bleiben. Verschiedene Variationen dieser Möglichkeit sind heute sogar weit verbreitet: nicht-westliche Länder übernehmen wissenschaftliche und technische Errungenschaften vom Westen, wollen aber kulturell so weit wie möglich unbehelligt bleiben – ob es über diese zivilisatorischen Einflüsse nicht letztlich dennoch zu einer Fusion der Kulturen kommen wird, sei vorerst dahingestellt.

In dieser Situation sollte die politische Strategie darin bestehen, sich auf gemeinsame Interessen zu konzentrieren und sich nicht von Konflikten davon abhalten zu lassen. Interferenzen von einer übergeordneten Ebene sind ein besonders komplizierender Störfaktor in der zwischenstaatlichen Kommunikation: der Groll über von oben her ausgeübte Macht, derzeit besonders in Europa gegenüber „Brüssel" empfunden, lässt sich jedoch ebenfalls durch eine einfache Regel auflösen:

Das Prinzip der minimalen Interferenz:
Entscheidung auf der niedrigst-möglichen Ebene

Nur was über den Horizont einer Ebene hinausreicht, soll auf einem höheren Niveau entschieden werden. Interessen von größerer Tragweite können jedoch meist nur aus der Gesamtsicht beurteilt, sollten aber auch von dort nachvollziehbar begründet werden. Somit ergibt sich gleichzeitig, dass alles, was nicht aus gutem Grund auf höherer Ebene entschieden werden *muss*, der jeweils niedrigstmöglichen überlassen bleiben soll. Diese Regelung sollte den Menschen in ihrem unmittelbaren und regionalen Lebensraum die größtmögliche Freiheit zur Erhaltung und ihres kulturellen Umfeldes geben. Umgekehrt müssen sie aber auch die Fairness und Einsicht für überregionale Reglementierungen mit Hinblick auf Allgemeingut und Gemeinwohl aufbringen. Diese Grundregel, alle politischen Angelegenheiten auf der niedrigstmöglichen Ebene abzuwickeln, wird die Entstehung von Konflikten zwischen regionalen Kulturzonen erheblich reduzieren. Andererseits werden Bemühungen um die Lösung gemeinsamer Interessen die Welt immer leichter zusammenwachsen lassen. Für viele Belange existiert mit den entsprechenden Abteilungen der UNO bereits eine Verfahrenshierarchie von oben mit einer Unzahl von global gültigen Empfehlungen und Verordnungen mit verpflichtendem Charakter für die Signatarstaaten. Eines der am leichtesten zu regelnden Beispiele hierfür ist die internationale Luftfahrt mit entsprechenden Überflugs- und Kontrollrechten für den Luftraum.[N236] In den USA und mittlerweile auch in der EU existiert ein genereller Regel-Rahmen für die nationale Legislatur,

welche für die nationalen Gesetzgebungen in der Regel verbindlich umzusetzen ist. Letzterer gilt sodann wieder für die entsprechenden
Regionen. Diese "Top-down" – Verordnungsstrategie erlebt in unserer
Zeit nachgerade einen „Globalisierungs-Hype" und wird besonders in
der EU von vielen Leuten in den Mitgliedsstaaten kritisiert oder gar
abgelehnt. Jean-Claude Juncker hat darauf in seiner letzten Rede reagiert
und hat im Sinne meines Vorschlags für minimale Interferenz plädiert.

Minimale Interferenz kontra Reziprozität

Viele der gegenwärtigen separatistischen Konflikte sind an diesem
zweifellos kritischen Punkt festgefahren, vorwiegend aus ökonomischen
Gründen: wegen Rohstoffquellen oder anderer Umweltbedingungen
bevorzugte Regionen werden mit Macht in einem nationalen Verband
gehalten. Die Prinzipien von Gleichwertigkeit und Reziprozität würden
in dieser Situation nahelegen, die finanzielle Lage beider Seiten zu
prüfen und bei Trennung entstehende Unterschiede durch Ausgleichs-
zahlungen ähnlich dem in der EU eingespielten Verfahren zu regeln –
übrigens dient dieser Hinweis in gleicher Weise auch als Modell-
vorschlag für die globale Situation zwischen reichen und armen Ländern.
Insgesamt sollten die aus diesen Grundprinzipien resultierenden Regeln
gewährleisten, dass man einander nicht buchstäblich das Wasser
abdreht.

Der Zusammenfluss der Kulturen

Es ist nicht auszuschließen, dass die Kulturen der Menschen eines Tages in fernerer Zukunft zusammenwachsen, vorausgesetzt sie befassen sich geduldig mit ihren gemeinsamen Interessen und Wurzeln. Dazu müssten sie sich erst zu offenen Gesellschaften entwickelt haben, offen für die Tatsache der gemeinsamen Wurzeln und Werte, und letztlich des gemeinsamen Schicksals. Allerdings läge ein Missverständnis vor, meinte man, dass eine solche Fusion der Kulturen bereits seit Jahrtausenden unterwegs sei, denn trotz des Austauschs von Gütern und wissenschaftlichen sowie technischen Errungenschaften haben sie sich in eine Vielfalt von Formen und Schattierungen auseinanderentwickelt, kulturelle Evolution vergleichbar mit der genetischen – nicht zuletzt sind die unzähligen Sekten der mosaischen Religionen ein deutliches Merkmal, ganz zu schweigen von den unsäglichen Grausamkeiten, die sie einander bis in unsere Tage anzutun bereits sind. Zivilisationen und Kulturen sind jedoch in unserem Zeitalter in eine neue Phase ihrer Entwicklung eingetreten, verursacht durch künstliche Mobilität und Kommunikation, die den Lebensstil der Menschen bis hinunter in ihre kulturellen Wurzeln immer radikaler wandeln. Vorausgesetzt militärische Konflikte ändern den Lauf der kulturellen Evolution nicht schwerwiegend oder sogar fatal, werden die Kulturen wegen der zivilisatorischen Angleichung der Lebensgewohnheiten in langsamen Schritten zusammenwachsen. In meiner Lebenszeit habe ich gesehen, wie die urzeitlichen Menschen von Neuguinea begannen, die amerikanischen Flugzeuge am Rand ihrer Militärbasen als Götter zu verehren; heute sitzen sie vor ihren Fernsehgeräten und telephonieren via Mobiltelephon mit Verwandten auf anderen Kontinenten. In meiner Kinderzeit sprachen katholische und protestantische Einwohner von Dörfern und Städten kaum miteinander; heute sind viele aufgelassene Kirchen in Restaurants, Bars oder Forschungslabors umfunktioniert. Neuerdings wählen junge Menschen in Zentralafrika via TV und Smartphone ihr Traumland aus, zu dem sie auf der Suche nach einem besseren Leben aufbrechen,[46] und Frauen in Saudi Arabien gehen zur Fahrschule. Kultur verwandelt sich in Lifestyle, derzeit noch vermischt mit traditionellen kulturellen Gewohnheiten, wenn auch in zunehmender Nostalgie. Es ist auch diese Nostalgie, welche die Menschen vieler Nationen von der Globalisierung einen Schritt zurückgehen und gegen westlichen Kultur-Imperialismus nationalistisch reagieren macht. Wie in der Architektur

Funktion die Form diktiert, so diktieren Mobilität, Kommunikationsart und Haushaltstechnik Alltag und Lebensstil. Schon heute ist die Architektur von Großstädten global weitgehend angeglichen, so wie auch die Autos auf den Straßen und die Wohnungseinrichtungen. In der Folge prägt das Milieu die darin lebenden Menschen, ihre Gewohnheiten und Kulturen. Olympische Spiele und ihre Sportarten gehen um die Welt, und die gleichen Flugzeugtypen fliegen über alle Länder. Solange die Menschheit überlebt, werden die Zivilisationen weiter zusammenwachsen. Ihre Kulturen werden in *ihrem* Zeittakt folgen.

Demokratie, Europa und die Welt

Die Außenpolitik des modernen Europa und des Westens

In der Folge der Weltkriege verdrängten die USA das britische Imperium als globale Hegemonialmacht. Während des Zweiten Weltkrieges hatten sich die invadierten und bedrohten europäischen Länder unweigerlich mit den USA verbündet – und mit Russland – gegen Deutschland. Sehr bald danach entwickelten die alliierten Europäer allerdings unterschiedliche Interessen, wohingegen die USA Europa als *einen* Block gegen den Kommunismus sahen. Der Großteil der westeuropäischen Länder, einschließlich der Türkei und Deutschlands, entschlossen sich für eine Abhängigkeit von militärischem Schutz durch die USA, während andere in die Gegenrichtung gingen: so behandelten die Briten die Deutschen weiterhin als besiegtes und geschlagenes Land, während de Gaulle's Frankreich dazu neigte, mit seinem Kriegsgegner Deutschland für die Verwirklichung eines vereinten Europa zu paktieren und die Briten davon auszuschließen. Die Europäische Union, initiiert von österreichischen, deutschen und britischen Politikern, begann sich in einem dreieckförmigen Spannungsfeld zu entwickeln: Während die Briten sich davon distanziert halten wollten, machten die USA ihre Hilfen zum Wiederaufbau im Rahmen des Marshall Planes[N275] von der Bedingung abhängig, dass Großbritannien innerhalb der entstehenden Union blieb und dort einen starken amerikanischen Einfluss sicherstelle. Die übrigen europäischen Länder aber wollten die Amerikaner daraus möglichst auf Distanz halten.[24]

Heute ist die Konstellation nach wie vor triangulär: die Briten sondern sich von der EU zum dritten Mal ab, während diesmal auch die USA auf mehr Distanz gehen, wenn auch in einer nebulosen Ungewissheit betreffend ihr Selbstbild von Hegemonialmacht und Partnerschaft in der NATO. Die europäischen Demokratien entfremden sich über ihren Vorstellungen von westlichen Werten und Identität, ihrer Menschenrechtsinitiative und den entsprechenden UN-Resolutionen. Dementsprechend zerfallen die Länder innerlich und als Union über der Migrationskrise und schlittern teils kaum bemerkt, teils aus Trägheit in die Falle der Paradoxien zwischen Liberalismus und Toleranz, deklarierten Werten und Hedonismus.

Wie missioniert Europa seine Werte?

Nehmen wir einmal an, Europa wäre ein gemeinsamer Block der westlichen Welt, Vereinigte Staaten wie die USA, die Europa bisher aber nicht wirklich schaffte zu werden: die Politiker der EU-Staaten streiten untereinander, verhalten sich den EU-Bürgern gegenüber aber weitgehend still und untätig. Dennoch existiert ein Gefühl von Zusammenhaltswillen auf Distanz, zusammengesetzt aus Sorge um Verlust von Optionen und Angst vor einer Zukunft als Solitärstaat – noch keine glaubwürdige Mission also, denn Europa befindet sich in einer Phase der Metamorphose schwer erratbaren Stadiums. Die USA hingegen beginnen eine Ära der Kokonisierung. Die Außenpolitik der EU war aus der Sicht der Bürger mehr oder weniger nicht existent, bis Federica Mogherini die schwierige Aufgabe der "High Representative for Foreign Affairs and Security Policy" übernahm. Der Name der Position weist schon auf die ängstliche Zurückhaltung der einzelnen Nationen hin, jegliche Macht von ihrem Status der Souveränität abzugeben. Mogherini drückte ihre Überzeugung klar aus, dass die Nationalstaaten jetzt unbedingt zusammenarbeiten müssen, wenn sie das Fortbestehen der EU und auch das Wohlergehen ihrer Bürger gewährleisten wollen. Die deutsche Kanzlerin geht noch einen Schritt weiter und beschwört die europäische Einheit; offenbar versteht sie besser als manch andere, dass die Zukunft ihres Landes – und auch ihre eigene – direkt am Willen zur Reziprozität hängt, ein Verständnis, das manchen Ökonomen und Industriellen zu fehlen scheint: denn die Dominanz am Weltmarkt allein wird sich letzten Endes nicht bezahlt machen, wie die teils offenen teils verdeckten Eifersuchtsreaktionen deutlich machen. Eine weitere Folge ist die Massenmigration aus Afrika, mitbedingt durch den Unwillen der EU, Afrika ihre Märkte für afrikanische Produkte zu öffnen, stattdessen aber umgekehrt den afrikanischen Markt mit subventionierten europäischen Produkten zu überfluten. Es ist eines der schlimmsten Zeugnisse der Auswüchse eines brutalen Kapitalismus. Europa ist der größte Absatzmarkt der Welt,[46] seine Finanzkraft in BNP ist etwa gleich groß wie die der USA und übersteigt jene China's bei weitem; Russland's BNP beläuft sich auf 10% dessen der EU, Indien's auf etwa 15%. Mit seiner Produktivität ausgedrückt in Kaufkraftparitäten (PPP) [34] steht der europäische Markt global an erster Stelle.[212]

---

[34] PPP: Purchasing Power Parity

Europa, der ganze Westen, kommt nun an einen Wendepunkt in seiner kulturellen Evolution in zwiespältigem Verhalten: einerseits fortgesetzte neo-kolonialistische Ausbeutung andererseits Missionierung seines imperialistisch vorgetragenen Menschenrechtsanspruchs. Damit verliert der Westen seine selbstverliehene Rolle einer moralischen Führungsmacht nun endgültig, obwohl er sie objektiv gesehen schon vor Jahrhunderten eingebüßt hatte. China und Russland sitzen weiterhin zusammen in Konferenzen, von denen der Westen ausgeschlossen bleibt. Russland zählt kulturell und geographisch teilweise zu Europa und hat sich auch seit Peter dem Großen bemüht, dazuzugehören, bis der Kommunismus es zum Konkurrenten machte – nicht des Westens zwar sondern aller nicht-kommunistischen Länder. Das Verhalten Präsident Putin's und seines Volkes zeigt überdeutlich, dass Russland's größter Wunsch die Anerkennung als globale Großmacht ist, der immer wieder am Misstrauen und der Arroganz der USA abprallt. Außerdem verhindert die Fortsetzung der NATO nach dem Ende des Kalten Krieges den weiteren Vertrauensaufbau zwischen Russland und dem Westen. Letzterer fühlte sich als der Sieger, hatte sich aber nicht einmal in der Gorbatschow-Reagan Ära wirklich glaubhaft um eine Vertrauensbasis bemüht.

Ökonomisch hat China die stufenweise Invasion des Westens schon vor Jahrzehnten begonnen, zuerst in den USA und in Großbritannien; um 2005 hatte der chinesische Staat bereits über 90% der Hafenbehörden der USA über private Scheinfirmen aufgekauft und dadurch sämtliche Importe und Exporte kontrolliert. Ökonomische Fachleute kommentieren mit Sorge den Ausverkauf westlichen Firmen-Knowhows an chinesische und auch arabische Unternehmen. Der Verkauf des deutschen Roboter-Experten KUKA im Jahr 2018 fachte eine breite Diskussion innerhalb der EU an, doch es hat den Anschein, das ständig Interessen einzelner Länder und Firmen die EU-Interessen hintertreiben. Ein Vorteil der Brexit-Debatte war, dass die EU nun mit dem Ausbau eines EU-Verteidigungssystems beginnen konnte, das von den Briten stets verhindert worden war.

Derzeit hätte die Demokratie – und ich meine damit die hier skizzierte neue Demokratie – nochmal eine Chance, innerhalb und zwischen den EU-Staaten verwirklicht zu werden, als Modell für die Zusammenarbeit zwischen den verschiedenen Kulturkreisen der Welt, die an friedlicher Koexistenz mit gegenseitiger Hilfestellung interessiert sind. Das mag naiv klingen, scheint aber derzeit der einzige Ausweg aus einer ansonsten fatalen Entwicklung zunehmender Polarisierung. Sie haben schon viele Warnungen zur Entwicklung der Demokratie in diesem Buch gelesen; hier folgen einige weitere bezogen auf die globale Situation: *"Wir können die erste Generation werden, die die Welt in die Apokalypse führt. Oder die erste Generation, die eine Welt ohne Hunger schafft."* [176] *"Wenn wir es nicht schaffen, Hunger, Elend, Not, Bürgerkriege, Ungerechtigkeiten und die Diskrepanz zwischen Arm und Reich schrittweise zu überwinden, werde die Probleme zu uns kommen", warnt Müller. Denn die Menschen würden es auf Dauer nicht hinnehmen, dass ihre Ressourcen Grundlage unseres Wohlstandes sind – und sie nichts davon haben".* [176]

Allseits verfügbare Atomwaffen allein werden die irrationale Lage der souveränen Staaten nicht lösen; sie lassen allenfalls diesen in Souveränität eingekapselten Wahnsinn wie in Eiskristallen einfrieren. Die einzige Chance auf globale Besserung dieser Situation besteht darin, dieses Eis durch das Einsehen der Reziprozität als Lebensnotwendigkeit und gegenseitigen Respekt zu schmelzen.

Demokratie und Kommunismus

Der Unterschied zwischen moderner Demokratie und kommunistischer Ideologie liegt in der offenherzigen und brutalen Forderung für radikalen und revolutionären gesellschaftlichen Umsturz, während die Sozialisten mit dem Bürgertum innerhalb der bestehenden Gesellschaft Kompromisse suchten und auf diesem Weg zur Demokratie fanden. Diese Radikalität verursachte den Niedergang des Kommunismus als einer Ideologie, die ebenso universalistisch ist wie praktisch jegliche Ideologie in ihrer Überzeugtheit, zwingend unwillens zur Übereinkunft mit anderen. Die gegenwärtige liberale Demokratie mit ihrer unaufrichtigen doppelbödigen Moral wird ebenfalls nicht überleben, wenn sie nicht die freizügige Erlaubnis für Kampf um Macht und Wohlstand aufgibt, so wie der Kommunismus nur noch als Ruine kollektivistischer Machtgier existiert. Nur vorurteilsfreie gegenseitige Akzeptanz von ehrlichen Bemühungen um das Gemeinwohl kann in eine friedliche Zukunft führen, entweder in respektvoller Nachbarschaft oder letztendlich in eine gemeinsame Zukunft in *einer* Kultur.

Die gegenwärtige EU ist kein demokratisches politisches Konstrukt. Das deutsche Bundesverfassungsgericht nannte sie *„ein völkerrechtlich einzigartiges Gebilde"* und *„ein föderales Konstrukt [der] Kategorie „sui generis" und sprach von einem „Staatenverbund"*.[213] Sie bleibt damit vergleichbar den labilen Staatenverbindungen im antiken Griechenland und dem etruskischen Italien. Andererseits aber hat die EU in mehreren Bereichen einen bisher unerreichten Erfolg erzielt, der sie zu einem Modell für die Welt macht:

Die EU: ein Modell für die Welt

Als einen Teil ihrer Strategie einer Finanzunion investierten die reicheren EU-Länder in die ärmeren Nachbarn, um deren Infrastruktur aufbauen zu helfen und dadurch ihre eigenen Märkte zu vergrößern. Damit machte sich die EU zum Modell für die Welt, wie auch Gerd Müller, der deutsche Bundesminister für wirtschaftliche Zusammenarbeit, und Mitglied von EU-Komitees, es ausdrückte: *"Reich unterstützt Arm, und beide gewinnen"*.[46] Zusätzlich zu diesem ökonomischen Aspekt machte sich die EU auch zum *"ökosozialen Vorzeigemodell"*. Dies bedeutet selbstverständlich nicht, dass der zehnfache Energieverbrauch des durchschnittlichen Europäers gegenüber einem Bewohner Afrika's vorbildlich ist, aber es sind die Bemühungen um die Entwicklung und Einführung nachhaltiger Energietechnik, welche diese Länder nun für ihre Infrastruktur verwenden vergangenen 200 Jahren meiden können. und damit Europa's umweltschädigendes Verhalten in den

Das Europäische Modell auf der globalen Ebene

Europa hat nun also, mit all seiner sozio-politischen Entwicklung und seinen Errungenschaften in Wissenschaft und Technologie – und wegen seiner Kolonialgeschichte – die einzigartige Chance, aber auch die Verantwortung, an seiner Rolle als Modell für die Welt zu arbeiten und zunächst selbst eine überzeugende Demokratie der Demokratien zu werden. Unter Einsatz moderner Möglichkeiten der Kommunikation, z.B. Obama's A/B-testing (siehe S. 428), können alle Politiker lernen, wie sie ihre Völker am besten zur Akzeptanz vernünftiger Lösungen motivieren können: statt ihre moralische Verpflichtung direkt anzusprechen, haben die EU-Politiker die einzigartige Möglichkeit, auf ihre Erfolgsgeschichte hinzuweisen und damit Firmen und private Initiatoren dazu zu motivieren, bei dieser globalen Hilfsaktion aus dem Elend mitzuwirken und sie zu einer Erfolgsgeschichte für alle Seiten zu machen. Das Wirtschaftswachstum sollte auf der Basis der „ökosozialen Marktwirtschaft"[214, 215] in Verbindung mit einer fairen Aufteilung der Gewinne[46] stehen und damit einem Ansatz zwischen kommunistischer Planwirtschaft und der radikalen freien Marktwirtschaft folgen.

Statt entweder zu schweigen oder die trennenden Problem breitzutreten, sollte Brüssel jetzt eine massive Informationskampagne über alle Erfolge der EU intern und in den Entwicklungsländern starten: über all die Milliarden, die für nachhaltige Projekte nach Afrika fließen, über die Tatsache, dass diese Projekte den Hunger auf der Welt in den letzten 30 Jahren halbieren konnten.[46] Gleichzeitig aber müssen Maßnahmen ergriffen werden, um die unmoralischen Aktivitäten von Firmen einzudämmen, die diesen Projekten entgegenarbeiten.

Das ökonomische Modell der EU bei den Entwicklungsländern einzusetzen würde mit einem Streich mehrere Ziele erreichen: den Lebensstandard der Entwicklungsländer auf westliches Niveau zu heben würde, ausgehend von derzeitigen Zahlen, den Umfang des Weltmarktes mindestens verfünffachen. Das letztendliche Ziel dabei bliebe dennoch die Schaffung politisch stabiler Staaten und bessere zahlenmäßige Kontrolle der Weltbevölkerung und ihrer Ernährung. Auch die erfolgreiche Einführung des ökosozialen Prinzips mit nachhaltigen Energiequellen bleibt von vorrangiger Bedeutung, weil ansonsten die Weltbevölkerung auf westlichem Niveau die Ressourcen von mehr als vier Planeten Erde verbrauchen würde.[46]

Um diese Rolle eines Modells für die Welt tatsächlich erfüllen zu können, müssten die europäischen Staaten asoziale Praktiken wie den Export von Landwirtschaftsprodukten nach Afrika beenden und stattdessen deren eigene Landwirtschaft unterstützen, ihre Ausbeutung radikal eindämmen und die Infrastruktur für Erziehung und Staatsökonomie errichten helfen.

Man kann Politikern wie Guy Verhofstadt und Gerd Müller in ihren Forderungen, endlich zu handeln, nur zustimmen - Müller schreibt: *"Entsprechend seiner ökonomischen Kraft ist Europa in der Lage und verpflichtet, eine Führungsposition einzunehmen und globale Standards zu setzen".*[46] Freilich geben solche überzeugenden Worte von Politikern auf einen zweiten Gedanken auch Anlass zu größter Sorge: denn wer wird nun handeln, wenn Politiker verkünden, dass die Politik jetzt dringend handeln müsse? Ein weiteres Mal weist dieses Szenario darauf hin, dass das politische System dringend gewandelt werden muss- in eine effektive Demokratie.

Die westlichen Demokratien von heute – und ihre Kolonien von gestern

Die Entscheidung für Demokratie bedingt das Respektieren der Menschenrechte als ein ethisches Prinzip – und zwar global. Daher sind die westlichen Demokratien heute mit einer doppelten Verpflichtung konfrontiert: theoretisch haben sie alle die missionarischen Dogmen des westlichen Universalismus auf die Gesetzestafeln der UNO geschrieben, mit der gleichen Halbherzigkeit, in der sie selbst gelebt haben. Es wäre schwer, wie schon zuvor betont, vom Rest der Welt etwas zu verlangen, was der Westen selbst nicht einhält. Somit wird es für die westlichen Länder moralisch immer schwerer zu vertreten, ihren Reichtum nicht mit den anderen zu teilen.

Die Last der Verantwortung quer über die Generationen -

umgekehrte Kollektivhaftung und anonyme Kollektivschuld

Im Gegensatz zu manch Anderen bin ich der Überzeugung, dass die früheren Kolonialmächte sehr wohl eine moralische Verpflichtung haben, einiges von dem Schaden gut zu machen, den ihre Vorfahren durch ihre Zerstörungsarbeit an den kulturellen Fundamenten derer angerichtet haben, die heute zur Dritten Welt geworden sind. Man könnte diese Bringschuld als *"historische, umgekehrte Kollektivhaftung"* aus der Sicht der Genfer Menschenrechtskonvention bezeichnen: "umgekehrt" ist sie, weil die Konvention diese Haftung für Kriegsverlierer als Reparationsleistung für angerichtete Schäden auf der Seite der Gewinner festlegt.

Entschuldigungen jener Taten der Kolonialeroberer als eine Folge von deren naivem aber tiefen Glauben daran, das richtige getan zu haben, sind im Grunde nichts als pharisäische Ausreden ähnlich denen von Händlern und Politikern, die sich angesichts von Betrügereien auf Sachzwänge berufen (siehe hierzu die von Max Weber als verständliches bzw. entschuldbares Dilemma vertretene Moral [N233]).

Diese Form von Kollektivhaftung basiert auf einer Ethik, die ich als *„historische anonyme Kollektivschuld"* bezeichne. Sie besteht unabhängig von individuellen Verbrechen, die nur im Sinne von Strafrecht und Kriegsverbrechen verstanden werden können. Ich spreche bewusst von *anonymer* Kollektivschuld, weil es heute noch üblich ist, unbeteiligte Individuen späterer Generationen als schuldig zu bezeichnen und persönlich zu beschimpfen. Das Volk als anonyme Masse trägt diese Schuld als Verantwortung, damit aber auch als Haftung im Sinne meiner obigen Definition, bis sie gutgemacht oder verziehen ist, aber nicht einzelne Unbeteiligte tragen sie, weder Zeitgenossen noch nachfolgende – unberücksichtigt bleibt dabei eine moralische Grauzone, die in eine sehr komplizierte Diskussion führt. Dieses Verständnis hat Viktor Frankl, selbst Opfer, in kürzester Form mit den Worten zu präzisieren vermocht: *"Es gibt nur zwei Rassen von Menschen, die Anständigen und die Unanständigen"*.[348] Kollektive Sühne tut Not, die von den Opfern emotional als solche verstanden und anerkannt werden kann.[N269] Jedenfalls wird Friede nicht dadurch entstehen, dass man die Nachkommen von Opfern um Verständnis dafür ersucht, dass der Mensch schlecht sein kann.

Die Frage, auf welche Weise solche Wiedergutmachung denn nun erfolgen könnte, löst eine Reihe von sehr unterschiedlichen Reaktionen aus, die von Almosen über Hilfe zur Selbsthilfe und Maßnahmen von nationalen, internationalen und Nicht-Regierungseinrichtungen (NGOs) reichen. Die häufigste Reaktion ist jedoch eine, die im englischen Sprachraum als NIMBYismus[35] bezeichnet wird und in allen möglichen Variationen bekannt ist: nicht wenn es die nationale Wirtschaft oder nationale Finanzierungspläne im Interesse von Wahlerfolgen stört, und in erster Linie, wenn es meinen privaten Bereich nicht beeinträchtigt.

Migration als Kompensation?

Brennan meint, dass Immigration unterstützt werden sollte, und weist darauf hin, dass *"... die gesamte Weltproduktivität bei etwa 160 Billionen US-Dollar liegen [könnte], aber durch Immigrationsbeschränkungen auf 80 Billionen gedrückt [wird]. Außerdem leiden unter diesem Verlust die Bedürftigsten der Welt am meisten.... die Wähler verstehen die Zusammenhänge falsch"* *3. Diesen Vorschlag finde ich aus mehreren Gründen bedenklich: der Hauptgrund ist, dass die Menschen in den westlichen Ländern nicht tolerieren werden, von Millionen von Immigranten aus fremden Kulturen überrannt zu werden; hierzu sprechen die Reaktionen der Rechtsparteien und der Wähler auf die Migrationskrise im Jahr 2015 eine ausreichend deutliche Sprache, eine Situation, die intern durch halsstarrige anti-nationalistische Politiker noch verschlimmert wurde. Der

---

[35] NIMBYism: Akürzung für Not In My Backyard (nicht in meinem Garten).

diesbezügliche kalte Krieg über die sozialen und demographischen Fragen hat gerade erst begonnen – Ende offen. Erinnern Sie sich an die Worte des Humanethologen Eibl-Eibesfeldt? [N163] Stattdessen bedarf das Konzept der Entwicklungshilfe einer Generalüberholung: Austauschprogramme wurden im Rahmen von Partnerschaften zwischen westlichen Ländern und Entwicklungsländern vorgeschlagen, zum Beispiel als "Marshall-Plan für Afrika". Dazu sagte Gerd Müller: *"Der Marshallplan ist ein Konzept, wie man Globalisierung gerecht gestalten kann – nicht nur als Deutschland, sondern im Verbund mit der EU. Die EU muss Afrika zum Schwerpunkt der nächsten zehn Jahre machen. Das muss sich im EU-Haushalt widerspiegeln. Wir brauchen in der EU auch einen Afrika-Kommissar. Afrika ist unsere Chance, aber auch unser Schicksal. Als reiche Industrieländer haben wir eine Verantwortung."* [204] Müller sprach auch die Fehler der westlichen Welt an; als früheres Mitglied des EU-Parlaments und der "Joint Assembly of the Agreement between the African, Caribbean and Pacific States and the European Economic Community" (ACP-EEC) sprach er die Hilflosigkeit der Politik angesichts von Kräften an, die ihre gut gemeinten Pläne durchkreuzen: *"... müssen wir die afrikanische Landwirtschaft vor billigen EU-Erzeugnissen schützen – damit sie endlich eigene Strukturen aufbauen kann!"* [204] Mit diesem Kommentar weist er auf den Unsinn der Aktion „EU-Weizen für Senegal" hin: demnach werden angeblich 25% des in Deutschland erzeugten Weizens nach Afrika exportiert und konkurrieren dort mit deren nationalen Landwirtschaftsprodukten.[216, 217] Insgesamt importiert Afrika aus der EU jährlich Waren im Wert von 30 Milliarden Euro.[46] *"Mit moralisch begründeten Nahrungsmittelhilfen an die Entwicklungsländer haben die (Politiker der) industrialisierten Nationen aus Getreidespeichern Armenhäuser gemacht! "*, sagt der Philosoph und Ökonom Karl Homann und kritisiert ihre Scheinmoral mit dem Hinweis, dass *"... die Geldüberweisungen der Bundesrepublik Deutschland an Entwicklungsländer ... viel billiger [sind], als seine Grenzen für Importe aus diesen Ländern zu öffnen."* * [193]

Dies gilt auch für die EU-Ebene, sofern es dort nicht noch schlimmer zugeht: die politische Untätigkeit ist wahrscheinlich dadurch bedingt, dass eine derartige Praxis – stets im budgetären Interesse der einzelnen Länder - in vielen anderen Bereichen ebenso funktioniert wie bei der Migrationskrise: es ist billiger, die Debatte über wenige noch einlangende Flüchtlinge endlos weiter zu nähren, als die großen, entscheidenden Schritte für die weitere Entwicklung der Ursprungsländer dieser Flüchtlinge und Migranten zu machen – und zu bezahlen.

Eine Idee war, dass jedes westliche Land sich ein oder mehrere Partner-länder auswählt und ein großzügiges Programm für die Ausbildung junger Menschen in akademischen und anderen Berufsfeldern unter der Bedingung startet, dass sie danach in ihr Heimatland zurückkehren und dort beim Aufbau der ökonomischen und politischen sowie wirtschaft-lichen Infrastruktur helfen. Betreffend Afrika schlägt Gerd Müller die Rückbesinnung auf das altrömische Konzept einer mediterranen Union vor, indem man die nordafrikanischen Länder wieder enger einbindet und von dort aus die weitere Kooperation mit zentralafrikanischen Ländern intensiviert.[46]

Der Plan, vielversprechende junge Leute unter den genannten Bedingun-gen aus Entwicklungsländern an westliche Universitäten zu holen könnte mehrere positive Auswirkungen haben, allerdings unter weite-ren strikten Bedingungen: 1- Das Geld für Entwicklungshilfe würde nicht länger in undefinierte Korruptionskanäle fließen, sondern zum Beispiel von westlichen Beratern für spezielle Projekte eingesetzt werden, 2- Entwicklungshilfe könnte sich dadurch von Almosen und Verwaltung der Armut in Selbsthilfe wandeln, 3- deren Folge Autonomie und Prosperität sein könnte, 4- der Bedarf der prosperierenden Gesellschaft an Konsumgütern würde steigen und den Markt für den Westen in Sektoren, in denen der Westen weiter führend bliebe, mindestens verfünffachen, 5- damit könnten diese Entwicklungsländer vollwertige Mitglieder der Weltgemeinschaft in der Diskussion um ökologische und demographische Probleme werden.

Diese Strategie würde auch den derzeitigen „brain-drain" aus diesen Ländern verhindern – eine der asozialsten Formen von Neo-Kolonialis-mus, die dem Aufbau der Infrastruktur großen Schaden zufügt und gleichzeitig der Glaubwürdigkeit von Demokratie und ihren Werten auf internationaler Ebene.

Ein öko-freundlicher Westen

Der Westen müsste aber diesen Partnerländern noch einen anderen riesigen Schritt entgegengehen: um zu den CO_2-neutralen Menschen auf diesem Planeten zu gehören, *müssten wir Alle in der westlichen Zivilisation unseren Energieverbrauch um ein Drittel senken*, da wir schon jetzt pro Zeiteinheit eineinhalb Planeten an Ressourcen verbrauchen [46] und fünfzigmal mehr als die Menschen vor 10.000 Jahren.[46]

Konkurrenz oder Äquivalenz?

Was Handel und Industrie angeht, so bedeutet Zurückhaltung in Fairness die Umsetzung der Erkenntnis, dass da keineswegs eine außerirdische Supermacht jede Firma dazu zwingt, in einem Wachstums- und Konkurrenzkampf die Welt erobern zu müssen, dass es keinen objektiven Zwang gibt, einander zu übertreffen und niederzuschlagen und nach Möglichkeit Handelsprofite von bis zum 20-fachen des Wertes in fernöstlichen Ländern einzustreifen. Stattdessen sollte in der globalen Wertschöpfungskette eine interkulturelle Fairness eingeführt werden.[46] Derzeit herrscht noch in der ökonomischen Welt eine Dominanzfalle wie in der Politik: die Reaktionen darauf führen bereits in eine eigenständige Segregation und Polarisation – wieder ist von Krieg die Rede, wenn auch bisher nur von Wirtschaftskrieg, Cyberkrieg und weiterhin von Stellvertreterkrieg zum Erproben und Verkauf der neuesten westlichen Waffen im Feldversuch. Stattdessen wäre die Anerkennung von Äquivalenz der einzige Ausweg in eine friedliche Welt. Der Westen muss nicht unbedingt - und darf nicht mehr – die Rolle des globalen ökonomischen Champions spielen; stattdessen muss er zum Champion für die ethische Koordinierung der Globalisierung werden, einem Champion, der nicht mehr die eigene Kultur mit Weltethik verwechselt.

Müller schreibt dazu: *"Die Menschheit steht an einer Weggabelung. Wir sind die erste Generation, die den Planeten mit ihrem Konsum- und Wachstumsmodell an den Rand des Abgrunds führen kann. Wir sind aber auch die erste Generation, die über das Wissen, die Technik und die Innovation verfügt, um eine Klimakatastrophe zu verhindern und eine Welt ohne Hunger und Epidemien zu schaffen."*[46] Aber auch: *"Die Menschen in den Entwicklungsländern werden es auf Dauer nicht akzeptieren, dass wir mit ihren Ressourcen unseren Konsum bestreiten, während bei ihnen nur wenig verbleibt."*[46]

434

Auschwitz ist auch „nur" ein Symptom

„Hitler hat den Menschen im Stande ihrer Unfreiheit einen neuen katego-
rischen Imperativ aufgezwungen: ihr Denken und Handeln so einzurichten,
daß Auschwitz nicht sich wiederhole, nichts Ähnliches geschehe." [373] So
meinte Theodor Adorno im Sinne seiner "negativen Dialektik" und als
Kritik an Kant's kategorischem Imperativ. Ich meine aber, dass es keines
Hitler bedurfte, um den Menschen diesen Spiegel vorzuhalten, denn dazu
hätte es in der Geschichte bereits mehr als reichlich an Beispielen
gegeben.

Robert Menasse lässt eine Person in seinem Roman „Die Hauptstadt" [349]
vorschlagen, als architektonische Dokumentation des Ausspruchs "Nie
wieder" Auschwitz zur Hauptstadt Europas zu machen. Ich meine, "Nie
wieder" muss für Alle gelten dürfen. Denn Kriegerdenkmäler stehen in
jedem Dorf, jeder Stadt, jeder Nation, auf jedem Schlachtfeld quer durch
Europa. "Nie wieder" muss für Alle warnend bedeuten dürfen: "Nie
wieder gegenseitiges Abschlachten wegen ideologischer oder ethnisch-
kultureller Differenzen". "Nie wieder" muss auch heißen "Nie wieder
gegeneinander", weil es sich kraft der militärischen Arsenale darauf hin
zuspitzt, wie die Polarisierung in der heutigen Demokratie, dass Auseinandersetzung auf Selbstauslöschung hinarbeitet. Wenn es ein Vereintes
Europa geben soll, eine Demokratie der Demokratien, dann sollte als
Zeichen dafür nicht ein politischer, sondern ein architektonischer Pluralismus stehen, indem man gar keine europäische Hauptstadt baut, sondern Verwaltungskompetenzen auf Städte in allen europäischen Ländern verteilt. Nur wenn jede Stadt ein wenig Hauptstadt ist, kann ein
europäischer Geist in den Völkern entstehen – ein klein wenig wohl auch,
das sei erlaubt, mit dem Augenzwinkern, dass dann jedes Land eine
kleine Macht allen anderen gegenüber bei sich halten darf.

Eine globale Armee

Ja: eine globale Armee. Aber Vorsicht, sie ist etwas anderes als Sie jetzt meinen könnten: denn ich spreche von einer globalen Friedenstruppe – nicht nur von einer Europäischen, wie die deutsche Kanzlerin in ihrer Rede vor dem Europa-Parlament vorschlug (zit. siehe [358]).

Abwehr von Bedrohungen aus der Außenwelt zur Wahrung der inneren Sicherheit ist eines der Grundinteressen sozialer Ordnung. Abwehr kann daher nicht als unmoralisches Verhalten gelten. Ich habe die geographisch unbegrenzte Wahrung der Prinzipien in diesem Buch zum Prinzip für die Glaubwürdigkeit von Demokratie gemacht. Wenn andere Nationen auseinanderbrechen und die Menschen um Hilfe rufen, sind die ethischen Grundprinzipien demokratischer Staaten angesprochen. Hilfe für diese Menschen wird dann zur Abwehr, nicht Aggression. Theoretisch steht dieses Prinzip schon auf allen Blauhelmen der UNO. Theoretisch wäre auch die NATO moralisch verpflichtet, diesem Ruf zu folgen - bis kürzlich war sie ein Bündnis demokratischer Staaten. In der wirklichen Welt aber handeln beide halbherzig, ihre Motivationen vermengt mit nationalpolitischen und global-ökonomischen Interessen. Zusammen, und nach einer Wende zu ehrlichem Wollen, könnten sie die Welt einfach dominieren, als die Macht des guten Willens. Gegenwärtig ist nur Europa mit seiner EU in der Lage, einen derartigen Prozess in Richtung auf dieses Ziel einer globalen gemeinsamen Basis zu initiieren – aus diesem Grund ist Merkel's Vorschlag, dem sich der französische Präsident Macron sofort angeschlossen hat, ein notwendiger erster Schritt. Das Ziel müsste jedoch eine Gesamtarmee aller Staaten des guten Willens sein – ihre Macht wäre auch nochmal wesentlich größer.

Ein klares Signal an die Welt, und gleichermaßen ein Ausdruck des gemeinsamen Willens und Interesses aller – zuerst europäischen, danach aller gutwilligen - Länder, wäre die Schaffung einer Kombination von militärischer und ziviler Eingreiftruppe, fähig zur Invasion eines zerfallenen Staates, zur Bildung und Verteidigung eines Brückenkopfes in Zusammenarbeit mit lokalen Kräften, gefolgt von der Errichtung menschenwürdiger Unterkünfte mit Infrastruktur für Flüchtlinge. Selbstverständlich müsste all dies erfolgen, bevor nicht-demokratische Mächte dort Gegenkräfte mobilisieren, und auf Waffenverkäufe in solche Regionen müsste der Westen vollkommen verzichtet haben. War es nicht schon seit dem Ende des Zweiten Weltkriegs die Regel, dass jene, die zuerst vorort waren, Handlungsfreiheit hatten und die entsprechende Zone zur No-Go-Area erklären konnten, weil jede Übertretung der Regel den Ausbruch eines neuen Weltkriegs provoziert hätte? Russland hat diese Strategie nun wiederholt erfolgreich durchgespielt, zuletzt in Syrien. Letztlich würde das nukleare Gleichgewicht in dieser Situation helfen, weil kein „Regime des Bösen" in selbstmörderischer Absicht eine nukleare Supermacht angreifen würde. Es geht also nicht um das "si vis pacem para bellum"[36] des Antiken Rom, es geht um die Verteidigung der Gutwilligen gegen den Ausbruch von Gewalt in der Welt.

Aber warum eine neue, globale Armee vorschlagen, warum nicht einfach bei dem bisherigen Konzept der NATO bleiben?

Die Antwort ist: weil es ein mächtiges Signal im Interesse gegenseitigen Verständnisses und des Weltfriedens wäre! : seit 1989 muss sich Russland von der NATO konfrontiert sehen und bedroht fühlen. Die NATO aufzugeben würde bedeuten, nun endlich und demonstrativ den Kalten Krieg mit Russland zu beenden. Nun da die USA damit drohen, die NATO fallen zu lassen, könnte das die EU ihrerseits tun, das neue Gebäude der NATO in Brüssel kaufen und zu ihrem Hauptquartier der Globalen Friedenstruppe machen, jedoch nicht ohne gleichzeitig Russland zur Teilnahme einzuladen.

Beginnend als europäische Initiative, sollte diese globale Friedensarmee auch China einladen, unter Hinweis auf die für Demokratien bestehenden Konditionen. Ich erwähne hier die USA deshalb nicht gesondert, weil ich erwarte, dass die Supermacht ohnehin im alten NATO-Verband bleiben würde, und zwar umso leichter, je mehr weitere Staaten diesem Bund beitreten und damit die finanzielle Last für Alle reduzieren würden. Denn selbstverständlich würden auch alle anderen demokratischen Staaten zur Zusammenarbeit in diesem Verbund gemeinsamer Grundwerte und Interessen eingeladen. Daraus könnte eine neue, verbesserte UNO werden, die von keiner einzelnen Nation dominiert werden könnte, sondern nur noch bestimmt von ihren Werten und Prinzipien des guten Willens. Der „gute Wille" ist der kollektive Begriff für die neuen demokratischen Prinzipien, die ich in diesem Kapitel beschrieben habe, als Ziel mit diesem Buch.

---

[36] Lat. „Wenn du Frieden sichern willst, rüste zum Krieg".

Epilog

In unseren Tagen findet sich die Demokratie im Zentrum von Debatten über die Zukunftsperspektiven der Menschheit wieder. Kant's Appell aus dem Jahr 1784, und seine sorgenvolle Warnung, stehen mittlerweile auf der Top-Agenda der politischen Philosophie. Es war ein Appell, keine Prophetie. Jedoch, die Sicherheit der Zukunft der Menschheit zu beschwören kommt nahe an eine Prophezeiung. Geschichte und Wissenschaft sagen uns, dass sich Voraussagen höchst unerwünschter Ereignisse verwirklichen – irgendwann. Unter den existenzbedrohenden Risiken, die wir im abgelaufenen Jahrhundert heraufbeschworen haben, könnte ich mich keines entsinnen, das nicht zumindest schon drohend am Horizont aufgetaucht wäre. Betreffend den mehrmals zufälligen Nicht-Beginn eines Atomkriegs - ein tödliches Spiel, gespielt von den Demokraten im Namen ihres Souveräns – wären wir gut beraten, uns nicht länger auf unser Glück zu verlassen. Es wird hoch an der Zeit, unsere Wirklichkeit als solche ernst zu nehmen, die Tatsache, dass wir ungeschickte Zauberlehrlinge im geheimnisvollen Labor der Natur sind, allzu oft ungewahr der möglichen Folgen, und oft zu gierig, als dass wir sie in Erwägung zögen. Der Liberalismus, in der Demokratie gepriesen wenn nicht gar fast heilig gesprochen, abgeglitten in unkontrollierbare Freizügigkeit, birgt das Risiko, dass die Gier von Individuen oder Banden die Menschheit in den Abgrund stürzt.

Die abschließenden Frage um die menschliche "res publica" ist wohl, auf welche Weise wir Kant's Appell nehmen wollen: werden die Menschen sich für ihre „Selbstbestimmtheit" entscheiden und Erziehung entsprechend ihrer Erkenntnisfähigkeit nutzen? Wird die Menschheit in ihrer weiteren kulturellen Evolution Evidenz mit Bedacht werten und nicht nur dem kurzfristig Erreichbaren nachjagen? Man könnte nun Versager in der genetischen Evolution als einen ihrer Wutausbrüche verstehen. Das Opfer in einem solchen Fall wäre nicht die Evolution, sondern eine untergegangene Spezies. Wenden wir unsere Fähigkeit, vom Lauf der Evolution zu lernen, auf uns selbst an, so verstehen wir, dass ein Wutausbruch in der kulturellen Evolution ebenfalls nicht das Ende der Evolution wäre, sondern unser eigenes. Beschließt die Menschheit, ihre Selbstvernichtung zu vermeiden und sich um ein stabiles Leben im Frieden zu bemühen, dann wird sie unweigerlich zu einer Form von Demokratie in reziprokem Altruismus und Äquivalenz finden müssen, eingedenk unserer Abhängigkeit von einem kosmischen Umfeld als unserem unergründlichen Gastgeber.

Abkürzungen

BNP   Bruttonationalprodukt
EIU   Economist Intelligence Unit
lat.   Lateinischer Ausdruck
NGO   Nicht-Regierungs (Non-Governmental) Organisation
plur.   Plural
pp.   Hinweis auf Zitat mit mehreren Seiten
PPP   Purchasing Power Parity
u.a.   unter anderem
UN   Abkürzung für UNO, United Nations Organization
US   Abkürzung für USA, United States of America

Verzeichnis der Fremdwörter

autodestruktiv	selbstzerstörerisch
brain drain	Abwanderung von akademisch Ausgebildeten
Epistemologie	Erkenntnistheorie
(Human-)Ethologie	Verhaltensforschung
Mediokratie	Sozialsystem / Regierung der Mittelmäßigkeit
Ontogenese	Entwicklungsgeschichte einzelner Individuen
Phylogenese	Entwicklungsgeschichte der Arten im Laufe der Evolution
Reziprozität	Gegenseitigkeit
Reziproker Altruismus	Empathie und Unterstützung auf Gegenseitigkeit
social divide	Einkommensschere, wachsender Unterschied zwischen arm und reich
subliminal	unterschwellig, unterbewusst
Territorialität	Revierverteidigung, Anspruch auf Lebensraum erheben und verteidigen
Timokratie	Regierung, in der nur Wohlhabende und Angesehene das Stimmrecht haben
Tribalismus	Seilschafts- oder Stammesdenken in Interessensgruppen
Xenophobie	Fremdenscheu

Anmerkungen

Anmerkungen zur Einleitung

N1   "Kultur" oder "Zivilisation"?
Die Bedeutung dieser beiden Begriffe wird im anglo-amerikanischen Raum anders definiert als am europäischen Kontinent; manche meinen sogar, dass nur im deutschsprachigen Bereich eine andere Meinung dazu herrsche als im Rest der Welt. In diesem Buch ordne ich Gebräuche und Traditionen sowie den Ausdruck von Erkenntnisinhalten (Religion, Kunst, Philosophie) von Nationen der Kultur zu, wie sie sich im Laufe der Jahrhunderte entstand und sich in der kulturellen Evolution weiterentwickelte. Dieser Entwicklungsprozess spielt sich umso mehr in einem umgrenzten, in sich geschlossenen Raum ab, je ausgeprägter die Eigenheiten werden, wobei zu den letzteren besonders auch Schrift und Sprache zählen – immerhin verstehen dann benachbarte Nationen einander zusehends nicht mehr. „Zivilisation" beschreibt im Gegensatz dazu praktische und organisatorische Inhalte des sozialpolitischen Alltagslebens.

Man könnte es zusammenfassen als „Kultur" für Inhalt und Ausdruck des Denkens und Fühlens, des Weltbildes, in das die Menschen hineinerzogen werden, die Vorstellungswelt, und "Zivilisation" für die praktische Umsetzung dieser Vorstellungen.

Ungeachtet der teilweisen sprachlichen Trennung zählt das christliche Europa zu einem gemeinsamen Kulturkreis, weil das Weltbild und -verständnis von denselben moralischen und metaphysischen Vorstellungen geprägt ist.

N2   Die britische sozialistische Bewegung "Real Democracy Movement"[218] hat zum Ziel, „den Neo-Liberalismus aus der Bahn zu werfen". Sie schlagen vor, die gegenwärtige Politik durch eine „aktive Bürgerschaft" zu ersetzen, eine *„Verfassung des Volkes, die seine [Interessen] bewahrt"* und einen *„neuen Weg zur Begegnung zwischen den Völkern (geht), fokussiert auf die Rechte der Arbeiter, auf Bewegungsfreiheit und Solidarität gegen die Korporokratie"**. Insgesamt scheint es um einen erneuten Aufruf zur Fortsetzung des Klassenkampfes zu gehen, gegen den neuen Geldadel und seine globalisierten Konzerne. Im Gegensatz zu Popper's Vorschlag ist ihr Ziel eine "demokratische Revolution".[218] Politisch interessierte und engagierte Individuen und Gruppen erklären sich durchwegs mit der gegenwärtigen Demokratie nicht einverstanden, einige drücken Ängst-lichkeit aus, die Mehrzahl fühlt sich betrogen und ist aufgebracht, drängt auf Umsturz: einige wollen zur „echten Demokratie" ("true democracy") und deren Zukunft[219], "Occupy Democracy" wollen sie besetzen und „wirklich" machen [220]. Der norwegische "New Compass"[221] versucht, die "real democracy" international zu

443

machen. Die britische "Open Democracy UK" *"steht für wirkliche Demokratie [ein]"* * 222, "Common Weal" of Scotland fordert "Wirkliche Demokratie jetzt" (Real democracy now)" 223.

N3   Diese Ansicht gilt auch noch in unserer Zeit: so zum Beispiel weist der Politologe Shawn Rosenberg 118 auf einen fundamentalen Unterschied im Verständnis der Bedeutung von deliberativer Demokratie zwischen den anglo-amerikanischen und europäischen Gesellschaften hin: in den ersteren gilt der Einzelne als autonome Einheit für sich, während der Europäer als Teil seiner Gemeinschaft angesehen wird.

N4   Der Ausdruck "Zukunftsfähigkeit" (engl. "sustainability") wurde für die Politik im "Brundtland-report" der UNO geprägt, wo es heißt: *"Die Menschheit besitzt die Fähigkeit, Entwicklungen zukunftsfähig zu machen, um sicherzustellen, dass sie die Erfordernisse der Gegenwart erfüllt, ohne die Möglichkeit für künftige Generationen einzuschränken, diese nach ihren eigenen Bedürfnissen zu gestalten."* * 224

N5   Diese Feststellung wird nur durch die Tatsache eingeschränkt, dass einige Aspekte der direkten und auch der repräsentativen Demokratie auf archaischen Mustern der Gesellschaftsordnung basieren. Ideologie hat die Lebensbedingungen nicht verbessert, kann sie jedoch erheblich verschlechtern.

N6   Aus der heutigen Perspektive erschien damals das Leben in England und Frankreich von gediegener Gelassenheit, die wie selbstverständlich ewige Stabilität ausstrahlte; politisches Ungemach spielte sich durchwegs nur in undankbar aufrührerischen Kolonien ab. Von Österreich erinnere ich eine fast körperlich spürbare Wortlosigkeit in politischer Apathie; heute mag man sie als Ängstlichkeit der „Kriegsgeneration" interpretieren, je wieder Interesse an Politischem zu zeigen. Einige von ihnen mussten wohl ihre tausendjährigen Aktivitäten hinter betontem Desinteresse an aktueller Politik verbergen. Andere, wie meine Eltern, missbraucht von Kindheit an von einem diktatorischen Regime, waren mit dem Versuch ausgelastet, sich ein halbwegs normales Leben zu schaffen, und vermieden jede Situation, die sie mit ihrer eigenen Verwirrung konfrontierte, verursacht durch den plötzlichen Wechsel von einer Glaubenswelt in eine andere, in der man sich für jene vorherige schämen sollte, in die hinein man erzogen worden war. Wir, die nachfolgende Generation, interpretierten dieses kommunikationsarme und missmutige Desinteresse unweigerlich als normales Verhalten, weil Politik wohl eben ein insgesamt unehrenhaftes Geschäft war, das man allenfalls misstrauisch verfolgte.

N7   Auf das mit diesem Versprechen ausgelöste fatale Missverständnis komme ich im zweiten Kapitel zu sprechen: Freiheit, Befreiung, wird von der Mehrheit als Befreiung von Verantwortung und sozialer Verpflichtung verstanden. Wir Menschen sind jedoch in Wahrheit als soziale Kulturwesen vollkommen voneinander abhängig und existieren auf längere Sicht nur als kulturelle Gemeinschaften. Individuelle Befreiung und Unabhängigkeit ist also ein lebensgefährlicher Traum weitab der Wirklichkeit. Evolutionäre Erkenntnistheorie und Humanethologie warnen seit geraumer Zeit davor, das Leben in Großgemeinschaften auf der Basis politischer Ideologien stehen zu lassen, die stets nur einen Teil einer Nation ansprechen, anstatt auf Gemeinsamkeiten aufzubauen, in denen wir uns Alle wiederfinden, um daraus eine Sozialmoral für Alle entwickeln zu können. Als nächste, und wahrscheinlich entscheidende Perspektive nenne ich ein Geschichtsbewusstsein, eine Orientierung in der Zeit, ohne die eine soziale Verantwortung für eine dauerhafte Kultur nicht entstehen kann: wer nur an seine eigene Verwirklichung und möglichst andauernde Beglückung und Befriedigung zu denken gelernt hat, entwickelt keine Verantwortlichkeit für die zuvor angesprochene Zukunftsfähigkeit, die heute durch den glatten Begriff der „Nachhaltigkeit" ersetzt ist – ein Begriff, unter dem sich kaum ein Bürger das vorstellt, was ursprünglich damit gemeint war. Dementsprechend hat der Westen in seinen liberalen Demokratien innerhalb weniger Jahrzehnte für die ganze Welt das Modell einer gewissenlosen Konsum- und Wegwerfgesellschaft zu missionieren begonnen, die bereits wieder am Abgrund ihrer Existenz steht, die bald schon gar nicht mehr an die Zukunft ihrer Kinder zu denken braucht. Verantwortung resultiert aber nicht nur aus dem Denken an die Folgen des eigenen Tuns in Gegenseitigkeit und für die Zukunft der menschlichen Kultur, sondern auch aus dem Gewahrsein um die Herkunft, die Geschichte also: alles, woraus wir bestehen, ist im Grunde die Repräsentanz, das „Da-sein" von Vergangenem: Evolution, Kultur, Erziehung, Erfahrung, Wissen. „Lebenswille" ist der Ausdruck der Absicht, diesen Weg weiter gehen zu wollen. Wissen um die eigene biologische und historische Vergangenheit ist die Basis für die Zukunft menschlicher Existenz, die, ihrer geistigen Fähigkeiten gewahr, in weiser Vorsicht in die Zukunft geht. Diese Einsicht steht auch im Mittelpunkt von Keane's Erörterungen über die Zukunftschancen der Menschheit in demokratischen Systemen. [5] „Freiheit" hingegen läuft Gefahr, sich von der Vergangenheit zu lösen, ein selbstmörderischer Akt für Lebewesen. Freiheit und Gleichheit als Lebensgrundsätze widersprechen der Erfahrung, sind aber das Credo heutiger Demokratie.

Der moderne Mensch hat seine Götter verjagt, als Demokrat seine Könige, nur um neue Idole zu verehren, Volkstribune, Schauspieler, Verführer.

Anmerkungen zu Kapitel I

N8   Die Reihe von Revolutionen begann mit der britischen Revolution von 1649 und der "Glorious Revolution" von 1688, jenseits des Atlantik mit dem Aufstand gegen die britische Regierung ab 1775. Zurück in Europa begann sie mit der Französischen Revolution von 1789 und der Serie von Revolutionen quer durch Europa ab 1848. Diese Revolutionen führten allesamt nie direkt in ein demokratisches System, sondern regelmäßig in Tyrannei oder verstärkten Absolutismus: in England war es Oliver Cromwell's "Lord-Protektorat" von 1653; die Französische Revolution endete im Terror-Regime der Jakobiner unter

Robespierre und deren „Zivil-Religion",[342] bis Napoleon neue Ordnung schuf – allerdings mit sich selbst als Diktator und dann Kaiser. In den anderen europä- ischen Ländern hielten sich die Monarchien noch, bis nach dem Ende des Ersten Weltkrieges die Ära der Diktaturen begann: 1936 begann in Spanien der Bürger- krieg, der in eine bis 1975 dauernde Diktatur mündete. Das portugiesische Demokratie-Experiment zwischen 1910 und 1926 endete ebenfalls in einer Diktatur bis 1974. Auch Griechenland blieb nach seinem Bürgerkrieg zwischen 1944 und 1949 bis 1974 eine Diktatur. Die Diktaturen in Deutschland und Österreich nach dem Zusammenbruch der Monarchien und ersten demokra- tischen Versuchen bedürfen keiner gesonderten Erwähnung, weil sie am besten allgemein bekannt sind. Die Russische Revolution ging in Chaos und Massenmord über, bis Lenin mit seiner Diktatur wieder Ordnung brachte; sie ging über in das Terror-Regime unter Stalin. Die Chinesische Revolution .... die einzige Ausnahme des amerikanischen Unabhängigkeitskrieges war ebenfalls nur teilweise eine Ausnahme, weil die USA noch kein wirklicher Staat waren, und vor allem keine Demokratie, bevor 1861 der Bürgerkrieg ausbrach.

N9 *„Mit der Ausnahme von Pakistan wird Demokratie in der Mehrzahl der untersuch- ten muslimischen Länder anerkannt: in Albanien, Ägypten, Marokko, Indonesien, Aserbaidschan und der Türkei befürworten 92 bis 98 Prozent der Bevölkerung demokratische Einrichtungen – ein höherer Anteil als in den USA (89%). Jedoch, so ermutigend diese Ergebnisse auch sein mögen (besonders für das Fukuyama- Lager), so beweist dieses Lippenbekenntnis zur Demokratie noch nicht notwendi- gerweise, dass die Leute grundlegende demokratische Normen auch tatsächlich unterstützen – oder dass deren Führer ihnen demokratische Einrichtungen gestatten."*[*14]

N10 Medienwissenschaftler sprechen insofern von positive Wirkungen der sozialen Medien, als sie meinen, dass dadurch die Politiker zum Handeln vorwärtsge- drängt würden; sie sagen aber auch, dass die Politik oft nicht intelligent genug sei, um den Menschen eine wirkungsvolle Form von Kommunikation anzubieten. Die Tatsache, dass damit eine Art Parallelgesellschaft entsteht, beinhaltet das Risiko des Abgleitens in die Anarchie, ein ähnlicher Effekt wie er durch den derzeitigen Absturz der großen traditionellen Parteien in die Bedeutungslosig- keit entsteht.

N11 Aber dennoch entscheidet letztlich die Stimmung im Volk, unabhängig vom jewei- ligen politischen System. Die Menschen tolerierten ihre Monarchen in Abhängig- keit von den Bedingungen in einer Ära; die Soldaten im alternden Rom ermorde- ten einen nach dem anderen ihrer Kaiser. Stabile Systeme bleiben ebenfalls un- abhängig vom politischen System stabil, und sie werden umgestürzt, wenn sie aus welchem Grund auch immer destabilisiert werden, sei es durch Umwelt- faktoren, eindringende Feinde, häufig aber scheinbar mysteriös, in Wahrheit bedingt durch den Charakter des jeweiligen Volkes.

N12 Nach Arnold Toynbee's Ansicht könnte man Atomwaffen theoretisch als glück- liche Fügung bezeichnen, denn: *"In diesem Atomzeitalter der Menschheit kann politischer Konsens nur freiwillig erzielt werden." Jedoch: „ da letzterer offensichtlich nur zögernd akzeptiert wird, wird er so lange hinausgezögert werden, bis die Menschheit weitere Katastrophen erleiden muss, Katastrophen von einem derartigen Ausmaß, dass sie letztlich dann doch einer globalen politischen Einigung als dem geringeren Übel zustimmen wird."* [19]

N13   Diese Feststellungen stimmen überein mit einer Reihe anderer Meinungen, vor allem aber mit Ergebnissen aus der soziologischen, psychologischen etc. Forschung, obwohl sie allesamt im Prinzip nur die Erkenntnisse der Humanethologie bestätigen. All dies unbewusste Verhalten von Menschenmassen führt vor allem zurück zu den Anfängen, als LeBon und Ortega y Gasset es zu beobachten und zu beschreiben begannen. Deshalb sollte auch jegliche Erörterung der Veränderung eines politischen Systems dort ansetzen und berücksichtigen, wie sich Menschengruppen in der wirklichen Welt verhalten, nicht aber, auf welche Weise man ein ideologisches politisches System verbessern könnte. Denn mittlerweile wüssten wir eigentlich besser Bescheid, wie man ungewollte Konsequenzen politischer Aktionen vermeiden kann, immerhin haben wir die Französische, die Russische und wohl auch die Chinesische Revolution hinter uns, abgesehen von einer Reihe von Bürgerkriegen und ethnischen Konflikten. Das Argument, dass es deshalb, weil wir " *... in den mehr als zweihundert Jahren seit [der Französischen Revolution] die Mehrzahl der Monarchien durch Demokratien ersetzt haben, es sich insgesamt zum Besseren"* * [3] gewandelt hätte, geht von einem ungeprüften Kausalzusammenhang aus: denn die Verbesserung der Lebensbedingungen gehen in erster Linie auf Wissenschaft, Technik und Staatsverschuldung zurück – und Neo-Kolonialismus.

N14   Die Geschichte der Politik erzählt jedenfalls eine weitgehend andere Wirklichkeit als die von selbstverwalteten Völkern: es geht um die Schaffung von Regeln zur Ordnung des sozialen Lebens, von Sicherheit und Wohlstand – und um die Macht zu ihrer Durchsetzung; und schlussendlich um den Missbrauch dieser Macht. Aus der Sicht der Evolution könnte man von einem Balanceakt zwischen der Volksmenge, ihren regionalen Anführern und einer übergeordneten Führungsmacht sprechen, einem Prozess, der von der Entwicklung der hierarchischen Struktur in der archaischen Familie, dem Clan und dem Stamm entlehnt ist. In diesem Balanceakt hat sich noch niemals eine absolutistische Herrschermacht für längere Zeit gegen ihr Volk behaupten können; daraus ist der Schluss zu ziehen, dass Anführer stets zu einem gewissen Grad Gefolgsleute ihres Volkes sein müssen – schon um ihrer selbst willen. Elias Canetti [64] hat mit seiner Analyse früher afrikanischer Königreiche und Vorgängen im Perserreich verdeutlicht, dass kein König ohne wachsame Beachtung dieser Balance in seiner Position überleben konnte. Der Römische Kaiser wurde durch Akklamation des Volkes „gewählt" – es gab keinen anderen Wahlvorgang (außer der späteren Ernennung der Soldatenkaiser per Akklamation durch die Soldaten ihres Heeres. Die Macht Kaiser Karl's des Großen hing eng zusammen mit seiner Möglichkeit, die Bischöfe seines Reiches selbst zu ernennen und hierfür treue Gefolgsleute einzusetzen. [225] Zusätzlich war sie abgesichert durch einen "*... Balanceakt zwischen* *persönlichen Zuwendungen an Aristokraten und öffentlichen Ermahnungen zur Ordnung, zwischen der Befriedigung regionaler Machtinteressen einerseits, und andererseits der imperialen Vision eines neuen Reiches nach dem Muster Roms und Byzanz's."* 24, S.128

N15 Direkte Demokratie wäre heute selbst aus der Sicht einer mittelgroßen Stadt wie dem antiken Athen nicht realistisch: die wöchentlichen Zusammenkünfte, "ekklesia" genannt, dauerten jeweils den ganzen Tag. Von den 200.000 Einwohnern waren etwa 30.000 Wahlberechtigte; davon mussten für eine gültige Abstimmung mindestens 6000 anwesend sein. [226] Das sogenannte Scherbengericht als ein Beispiel macht die Schwäche und praktische Unmöglichkeit einer direkten Gerichtsbarkeit durch die Volksmenge schon im antiken Athen deutlich: Mobbing, Denunziation und andere Methoden der Manipulation ermöglichten es, unbeliebte politische Vertreter ins Exil zu schicken. Zwar gab es offiziell keine politischen Parteien, aber die Aristokraten bildeten de facto als soziale Klasse eine eigene Partei, die unentwegt versuchte, die demokratischen Einrichtungen zu umgehen oder zu unterwandern.

N16 Popper meinte, dass das *"... was er [Sokrates] an der Demokratie und ihren Staatsmännern kritisierte, der inadäquate Umgang mit ihren Einrichtungen war. Er kritisierte sie zurecht für ihre intellektuelle Unaufrichtigkeit und ihre Besessenheit auf Machtpolitik."* [*1] Die Warnung an unsere heutige Demokratie besteht in dem Hinweis, dass Sokrates, dem Verfechter und Lehrer der grundlegenden Voraussetzungen für eine funktionierende und stabile Demokratie, nicht von den Oligarchen Athen's der Prozess gemacht wurde sondern von den Demokraten. Indem sie Sokrates sterben ließen, vernichteten sie sich selbst ihr letztendliches Ziel von Demokratie.

N17 Plato, der Staat [380]: *"Der Staat .. wandelt sich .. von der Oligarchie in die Demokratie, aus Unersättlich-keit in dem vorgesteckten Guten, nämlich dem größtmöglichen Reichtum. ... Nun ist das doch wohl klar, dass in einem Staat unmöglich der Reichtum geehrt und zu-gleich Besonnenheit und Mäßigung genug in den Bürgern hervorgebracht werden kann, sondern notwendig wird entweder das eine vernachlässigt oder das andere".* [555b-c]
"11. Beschreibung der Verfassung des demokratischen Staates.
... zuerst sind sie frei, und die ganze Stadt voll Freiheit und Zuversichtlichkeit, und Erlaubnis hat jeder darin zu tun, was er will .. da richtet offenbar jeder sich seine Lebensweise für sich ein, welche eben jedem gefällt .. So finden sich denn in solcher Verfassung vorzüglich gar vielerlei Menschen zusammen" [557b-c] Plato, der Staat [380]
"... und treiben dann die Scham, welche sie Dummheit nennen, ehrlos als Flüchtling hinaus, die Besonnenheit nennen sie unmännliches Wesen und jagen sie unter schimpflichen Behandlungen fort, Mäßigkeit aber, und häusliche Ordnung stellen sie als bäurisches und armseliges Wesen dar ... dann holen sie mit einem zahlreichen Chor den Übermut ein und die Unordnung und die Schwelgerei und die Unverschämtheit ... indem sie den Übermut als Wohlerzogenheit begrüßen, die Unordnung als Freizügigkeit .. und die Unverschämtheit als mannhafte Zuversicht." [560d-e]

N18 "Die Lektion, die wir daher von Platon lernen sollten, ist das exakte Gegenteil von dem, was er uns zu vermitteln versucht. Das ist eine Lehre, die nicht vergessen werden darf. Bei aller Exzellenz seiner soziologischen Diagnose zeigt seine eigene Entwicklung, dass die Therapie, die er empfiehlt, schlimmer ist als das Übel, das er zu vertreiben sucht. Das Einschränken politischen Wandels bringt keine Heilung, kein Glück. Wir können nie mehr zu dieser angeblichen Unschuld und Schönheit der geschlossenen Gesellschaft zurückkehren ..." *1

"Es gibt keine Rückkehr zu einem harmonischen Naturzustand. Wenn wir umkehren, dann müssen wir den gesamten Weg gehen, zurück ins Tierreich. "*1

N18B „Der Reiteradel konnte auf keinen Fall ihre Existenz alleine aufrechterhalten, ohne sich auf die Wirtschaft der Bauern zu stützen. In Skythien hielt man allerdings an der alten Ideologie bis zum bitteren Ende fest. In Griechenland verschmolz sie aber mit derjenigen der Ackerbauern, welcher Synthese schließlich die europäische Zivilisation und Demokratie entsprangen" 34

N19 Bertrand Russell bezweifelt die Bedeutung des Wahlrechts im antiken Athen und bezeichnet es eher als oligarchisches Sozialsystem, in dem wenige Prozent der Bevölkerung den größten Besitzanteil hatten, so wie es auch heute wieder ist. Russell schrieb: „Plato gehörte einer athenischen Aristokratenfamilie an und wuchs in der Tradition jener Zeit auf, da Wohlstand und Sicherheit der oberen Klassen noch nicht durch Krieg und Demokratie vernichtet waren." 29 Den Tod des Sokrates beschreibt er als Folge direkter demokratischer Abstimmung, bei der schon allein schlechter Ruf als Verurteilungsgrund ausreichte, die also im Prinzip legalisierter Lynchjustiz gleichkam. Popper widerspricht ihm darin zum Teil und meint, Sokrates habe es abgelehnt, sich durch Annahme des Angebots, ihm zu heimlicher Flucht ins Exil zu verhelfen, zu kompromittieren und unglaubwürdig zu werden, indem er selbst das korrupte demokratische System missbräuchte, das er doch kritisiert und dadurch letztlich seine Anklage ausgelöst hatte.29

N20 Wie schon zuvor erwähnt intrigierten die Aristokraten, indem sie heimliche Abkommen mit den Spartanern gegen das eigene Volk und seine demokratische Regierung trafen: dadurch gelang es den Spartanern, die lange Mauer zwischen der Stadt und dem Hafen Piräus zu erstürmen. Das athenische Volk wurde besiegt und musste sich unter die Hegemonie Sparta's begeben, während die aristokratische Klasse weitgehend unbehelligt blieb.

N21 Die drei Ur-Stämme des Alten Rom, die Ramnes, die Titier und die Luceres, teilten sich soziale Pflichten wie Militärdienst und Steuern zu jeweils einem Drittel; daher stammt auch der aus dem Lateinischen entnommene Begriff „Tribut zahlen", auch das englische Wort „tribe" für Stamm.

N22 Der Wechsel von den Göttern Roms zum Christentum nahm schon in der Spätzeit des Reiches einen mitunter nachgerade hysterischen Charakter an: Tempel wurden geschlossen oder abgerissen, heidnische Literatur verboten und als Zauberbücher verbrannt, private und öffentliche Bibliotheken zerstört. Zu den berühmtesten Aktionen dieses christlichen Vandalismus zählen die Unruhen im Alexandria des Jahres 391, in deren Rahmen die Bibliothek von einem randalierenden Mob gestürmt und die Gelehrte Hypatia durch die Straßen der Stadt geschleift und ermordet wurde, weil man meinte, ein Edikt von Kaiser Theodosius befolgen zu müssen, wonach die Schließung aller nicht-christlichen religiösen Einrichtungen befohlen gewesen sei (die Eindeutigkeit des Edikts ist strittig).

N23 Als "Parlament" wird zunächst eine Spätform von Beratergruppen um den Regenten bezeichnet, der als "primus inter pares" eines Clans, später aus einer Gruppe von Clan-Führern hervorging. Die Macht lag entweder in den Händen einer Oligarchengruppe (Aristokraten oder Priestern wie in Ägypten und islamischen Gottesstaaten), oder eines absoluten Herrschers, der seinerseits wieder primus inter pares einer Gruppe von Oligarchen war.

N24 Nach Roger Bacon um 1270 hatte Erasmus von Rotterdam um 1500 antike griechische Texte übersetzt. Wie konnte man damals Freidenkertum tiefreichender betreiben als durch Nachdenken über des Menschen freien Willen – darüber geriet Erasmus in einen Grundsatzstreit mit Martin Luther, der diesen Willen dem Gottes unterworfen sah. So wie Erasmus dem Ergründbaren am eigenen Gewahrsein viel näher kam als Luther, so durchschaute er auch die sozialpolitische Wende seiner Zeit im Gegensatz zu Luther, den die Folgen seines Protestes gegen Rom in Form eines landesweiten, ja Europa-weiten Umsturzes unvorbereitet überraschten, bis er sich vor dem kaiserlichen Tribunal wiederfand. Und dann war es – so ist eben der Lauf der Welt – dann war es doch wieder Luther, der die Welt seiner Zeit viel tiefgreifender veränderte, nicht weil er es wollte, sondern weil es so geschehen sollte: rasch wurde die Revolte gegen Unterdrückung und Missbrauch durch die Kirche zum allgemeinen Aufstand gegen die Obrigkeit, erhob sich die bäuerliche Bevölkerung und forderte eine gerechtere Gesellschaft. Erasmus aber strebte eine Reform der Kirche von innen heraus an – ein fruchtloses Bemühen, ja ein fatales, weil die fortbestehende Macht der Kirche jenen Gegenpol zum Protestantismus bildete, der den sozialen Umsturz erst richtig anfachte, der in den Schrecken des 30-jährigen Krieges seinen Ausdruck finden sollte.

N25 Diese "Putney Debates" fanden erst kürzlich nicht einmal die Aufmerksamkeit der Briten, als sie anlässlich der Brexit-Debatten und eines deshalb geführten verfassungsrechtlichen Prozesses feststellten, dass sie diese damals geforderte schriftliche Verfassung bis heute nicht bekommen haben und deshalb in ein heilloses Wirrwarr gerieten.

N26 Ireton argumentierte: *"Freiheit soll gewährt werden und Besitz nicht enteignet werden dürfen".* Cromwell und Ireton wollten das Wahlrecht auf Bürger mit Besitz beschränken, wohingegen Sexby für allgemeines Wahlrecht eintrat – allerdings nur für Männer – also auch jene ohne Landbesitz. Etwa 50 Jahre nach Putney schrieb John Locke seine Abhandlungen während der „Glorious Revolution" von 1688.[11]

N27 Dante machte den Fehler, für einen „vernünftigen Kaiser" zu stimmen anstatt für die korrupte und brutale Regierung seiner Heimatstadt, die sich in einem teils kalten, teils mit Waffengewalt ausgetragenen Krieg der Parteien befand, diese sogenannte Republik Florenz in ihrem chaotischen Gerangel zwischen Familien-Clans und manipuliertem oder getriebenem Mob. Dante stimmte für die Weißen, die kaisertreuen Guelfen, in der Hoffnung auf einen weisen Philosophen-König nach Platon's Traum, den er in Kaiser Karl V. erfüllt zu werden hoffte. Die Weißen verloren und Dante musste aus der Heimat fliehen.

Savonarola, dem Prediger, wie Luther im Aufruhr gegen das schändliche Papsttum, war es schlechter ergangen: nachdem ein Gewitterregen das Feuer seines Gottesgerichtes im Jahr 1498 gelöscht hatte, wiederholte man es ganz einfach, diesmal ohne Regen, und ließ ihn verbrennen, so wie 102 Jahre später Giordano Bruno.

N28   Hobbes' Leviathan aus 1651 zeigt den Körper des Monarchen zusammengesetzt aus tausenden kleinen Gesichtern, seinen Untertanen, für die er verantwortlich ist – doch der Kopf ist immer noch der des Königs. Soll dies bedeuten, dass der Wille des Königs dem seines Volkes entspricht, oder zählt der Volkswille nicht, und der König vertritt den Willen Gottes? Die Frage bleibt offen – auch Hobbes muss um sein Leben und seine Sicherheit fürchten, sobald er wagt, Meinungen zu veröffentlichen, die an der Macht der Religionsvertreter rütteln.

N29   *"Hobbes (1651, Kap. XIX) argumentiert, dass Demokratie der Monarchie unterlegen sei, weil Demokratie den Dissens zwischen den Bürgern nähre ... Demokratie habe eine verheerende Wirkung auf die Bürger ebenso wie auf die Politiker und daher auf die Qualität kollektiver Entscheidungsfindung."* * [32]
"Für [Hobbes] bedeutete Demokratie nichts anderes als Ochlokratie, Anarchie , verübt durch ignorante, gierige und gewalttätige Menschen." * [11]
Thomas Hobbes war zweifellos geprägt von den Ereignissen seiner Zeit, teilweise prägte wohl er selbst sie mit. So zeichnete er eine mächtige Führerfigur, die Oliver Cromwell ähnelt, so als sollte er der neue Typ König für den Commonwealth werden, ermächtigt zur Durchsetzung der vereinbarten Gesetze, die den Frieden gewährleisten sollten (doch Cromwell unterwarf gleichzeitig Irland und Schottland und machte sie zum Teil des Commonwealth). Diese friedensstiftende Rolle sollte aber doch ein Monarch übernehmen. "Leviathan" schrieb er jedoch im Exil in Paris und in Holland, in engem Kontakt mit der königlichen Familie, die während des Bürgerkriegs ebenfalls dort im Exil lebte; er unterrichtete den Sohn, den späteren King Charles II.
Hobbes wurde im Exil des Atheismus beschuldigt, nicht weil er nicht an Gott glaubte, sondern weil er angeblich die göttliche Vorsehung bestritt. Also floh er zurück nach England unter den Schutz seines früheren Schülers, musste jedoch dafür ein Publikationsverbot auf sich nehmen.

N30   Sein Konzept von "Naturgesetz" (natural law) konnte dabei natürlich die evolutionären Aspekte von individuellem und Gruppenverhalten nicht berücksichtigen, wie in N31 weiter besprochen.

N31   John Locke (1632–1704) *"argumentierte, dass die Menschen Grundrechte unabhängig von den Gesetzen irgendeiner Gesellschaft haben, wie das Recht auf Leben, Freiheit und Besitz. Locke benutzte seine Forderung nach naturgegebener Freiheit und Gleichheit als Rechtfertigung zum Verständnis einer legitimen politischen Regierung als Ergebnis eines Gesellschaftsvertrages".* * [227]

Dabei kann mit „naturgegeben" zweifellos nur ein moralisches Recht im Rahmen des Sozialkontrakts gemeint sein, da ein Recht immer nur ein soziales Phänomen sein kann. Insofern besteht in dieser Argumentation eine gewisse Zirkularität, bzw. resultieren die Rechte aus dem Gesellschaftsvertrag und nicht umgekehrt. Dies zeigt sich entsprechend an Beispielen aus dem wirklichen Leben: im Kriegsfall gibt es kein Naturrecht auf Leben; desgleichen nicht angesichts von Verbrechen und Todesstrafe, noch auf Freiheit bei lebenslänglichem Gefängnis.

Leben ist also eine biologische Möglichkeit, kein Naturrecht – man stelle sich nur unheilbare Krankheit oder lebensbedrohliche Situationen vor. Dies gilt ebenso für Besitz und Freiheit; eher kann man genetisch bedingtes Verhalten als naturgesetzlich bezeichnen und auf sozial bedingte Einschränkungen von Freiheit verweisen; zu letzteren werde ich im Kapitel II umfassend argumentieren (S.126).

Locke's Standpunkt könnte man verstehen als Reaktion auf die Forderung nach Hierarchie als Ausdruck des Gotteswillens, weil aus der Anbindung an Religion der säkulare Machtmissbrauch gerechtfertigt wird. Tatsächlich gibt es außer „gesetzmäßig" ablaufenden körperlichen Automatismen nur das, was er als „positives Gesetz" – positive-law - bezeichnet, nämlich den Gesellschaftsvertrag. Richtig ist, dass in der Evolution sozial gewachsene Gewohnheiten Naturgesetzcharakter annehmen und Locke's "state of nature", "natural law", zugeordnet werden könnten; sie betreffen jedoch insgesamt nur Verhalten, keine Rechte. Insgesamt geht aus solchen Gedanken jedoch der fundamentale Wandel hervor, der sich in den Köpfen dieser Vordenker wie Locke vollzieht: nämlich religiös fundiertes Glauben durch rationales Denken und Schlussfolgern zu ersetzen. Inkongruenzen in Texten dieser Zeit müssen teilweise auch auf Vorsicht und Überlebenswillen der Autoren zurückgeführt werden, die feststellen, dass die Naturbeobachtung und das rationale Denken zu anderen Ergebnissen führen kann, als dies der religiöse Glaube vorschreibt. Wer also leben will, muss wohl hin und wieder möglichst vage umschreiben anstatt klar zu beschreiben, um nicht der Inquisition anheimzufallen.

Auch die von Kant postulierte naturgegebene Moral – als a priori - gibt es nicht: Kant beschreibt es als *„Das Fundament der praktischen Vernunft und der ethischen Verpflichtung ist aber das Faktum der Vernunft und das moralische Gesetz „in mir".* [228] Auch dieses Gesetz in mir ist lediglich das Ergebnis des evolutionären Prozesses, teilweise auch bereits der kulturellen Evolution. „Tötung" als Mord zu bezeichnen ist ein Beispiel: es gibt eine tief in der Evolution verwurzelte Tötungshemmung innerhalb einer Spezies, Kultur oder Sippe; ebenso gibt es aber den legalisierten Mord als Ergebnis eines Sozialkontrakts, wie im Krieg, im Gesetz, unter Kannibalen, als religiös-rituelle Tötung. Einige Verhaltensweisen früher Völker stechen besonders hervor, wie die Grausamkeiten der mongolischen „Goldenen Horde", oder zeitgeschichtliche Greueltaten, die allesamt keinen Hinweis auf die Existenz eines moralischen a priori erkennen lassen.

452

Gesetze sind Verhaltensregeln oder ihr Negativabdruck, die Verbote, nach denen wir zu leben haben. Was wir einander zubilligen ist unsere Freiheit, kein Naturgesetz.

N32 Die Frage, wem ein Individuum einer Gesellschaft gehört, ist eine interessante Problemstellung, die unter manchen Umständen rasch äußerst politisch wird, wenn man die zuvor erwähnten Beispiele betreffend Krieg oder Kriminalität bedenkt. Sie beginnt mit der Grundsatzfrage, woraus ein Mensch in seiner Ich-Bewusstheit besteht, denn wer alleine aufwächst wird kein Mensch. Nur durch Erziehung in eine Gesellschaft lernt ein Mensch, die Fähigkeit der Sprache und damit des verbal-bewussten Denkens zu nutzen. Daher die Frage, wem das Ergebnis dieser Erziehung gehört: sich selbst, oder der Gesellschaft? Hier stehen Locke und Hobbes gegeneinander. Man kann zweifellos argumentieren, das die Gesellschaft ein neues Mitglied formt, wodurch diese dann zu selbstbestimmten Individuen werden; sie können sogar ihrerseits im Gegenzug das Erziehungswesen umformen. Demnach scheint also unsere Zugehörigkeit als einzelne Menschen undefiniert, oder geheimnisvoll irgendwo dazwischen, beiden zugleich zueigen. Nicht zu unrecht sprechen wir davon, dass ein Mensch „ein Kind seiner Zeit" sei, gleich, was Einzelne dann daraus machen. So war es wohl auch mit Locke und Hobbes als Personen selbst, wie schon zuvor erwähnt – auch im Zusammenhang mit anderen reformierenden Geistern ihrer Zeit - und wie auch Grayling [11] meint: zu oft werden solche Menschen bei der Interpretation ihrer Leistungen aus dem Zusammenhang ihrer Zeit genommen, ihre Texte nicht kritisch genug gegen die Situation abgewogen, in der sie sich zur Zeit des Schreibens befanden: am markantesten ist diese Fehlinterpretation wohl bei Machiavelli ausgefallen, aber auch bei Thomas Hobbes und John Locke sollte manche Interpretation mit offenerem Blick durch die Brille ihrer Zeit und als Reaktion auf Meinungen anderer gesehen werden, um das eigene Profil zu verdeutlichen. Demnach stehen die Meinungen der beiden nicht so sehr gegeneinander, wenn man bedenkt, dass Hobbes' Leviathan die Sicherheit seiner Bürger nicht antasten darf, denn damit ist ihm die Macht zum Missbrauch genommen, die Locke kritisiert. Und Locke's Argument, wonach der Einzelne sich selbst gehöre, schließt sich selbst aus, wenn er meint, der Mensch könne sich das Leben nicht selbst nehmen, weil es Gott gehöre. Locke ersetzt also lediglich den Leviathan durch Gott und lässt damit den Menschen mehr Freiheit unter Leviathan, der seinen Untertanen verpflichtet ist – im Gegensatz zu Gott.

N33 Locke's "state of nature" entspricht dem archaischen Sozialverhalten und der daraus resultierenden Sozialordnung. Dies bedeutet, dass auch wir heute mit unserem spontanen Sozialverhalten in diesem „Naturzustand" leben, während wir gleichzeitig – parallel – im Rechtsstaat leben, den Locke mit „positive law" benennt. Letzterer entspricht den Erwartungen an uns im Sinne unseres Status als „Soll-Mensch" [98], bewacht vom Rechtsstaat. Ein Sozialkontrakt schränkt durch seine Regeln die individuelle Freiheit ein, als Moral bezeichnet. Dieser Vertrag baut aber bereits manches spontane Sozialverhalten als Regel mit ein. Diese Moral wird jedoch sodann von manchen Philosophen irrigerweise als

„Naturgesetz" bezeichnet. Denn nur die Vertragsinhalte bezeichnen die Moral. Deren naturgegebene Anteile sind eben nicht Moral, sondern evolutionsbasiertes Spontanverhalten. Der Vertrag bezeichnet manches Spontanverhalten als moralisch (z.B. Altruismus), anderes hingegen als kriminell (z.B. Tötung); in einer dritten Kategorie wird situationsbedingt unterschieden (im Krieg ist Töten nicht kriminell sondern Heldentum). Töten allgemein als Delikt zu bezeichnen wäre beispielsweise in einer Gesellschaft von Kannibalen unsinnig.

Außer den evolutionär bedingten Verhaltensweisen gibt es also kein "Naturgesetz", kein a priori, wie es Kant sah. Nur sehr fundamentale Hirnfunktionen, entstanden in der Evolution, könnten als „naturgesetzlich" bezeichnet werden, ähnlich wie man in der Physik Naturgesetze beschreibt.

Beschränkt man sich auf Sozialverhalten, dann kann man sagen, dass es nur „positive law" im Sinne Locke' s gibt. Auch Gottesgesetze zählen in diese Kategorie, denn sie handeln von moralischem Verhalten, dessen Definition aus älteren Büchern, Traditionen oder Offenbarungen entnommen wird. Es besteht also Grund zur Annahme, dass einige Ungereimtheiten in Locke's Text auf seinem Bemühen beruhen, seinen eigenen Standpunkt zu verschleiern.

"Hobbes sah die Mitgliedschaft in einer Gemeinschaft als die einzige Garantie für individuelle Sicherheit an ... Die Sicherheit besteht nur in dieser "gemeinschaftlichen Macht", sagte Hobbes, und nannte sie 'Leviathan'. Seine Autorität entspringt aus der Übereinkunft aller Mitglieder der Gesellschaft, seine unbeschränkte Macht über sie anzuerkennen. ... Obwohl der Souverän über dem Gesetz steht und nicht anfechtbar ist, gibt es dabei dennoch eine Beschränkung ... sie besteht nämlich darin, die Sicherheit der Untertanen zu gewährleisten"[*11]. Auch hier ist also die Macht des Souveräns nicht absolut, denn man könnte über die Bedeutung von „Sicherheit" debattieren, oder deren Gewährung könnte außerhalb der Macht des Souveräns stehen. Somit hängt die Macht letztlich von der Meinung und Laune des Volkes ab [64] – King Charles I. musste 1640 die Konsequenzen davon erleiden, so wie später auch Louis XVI. 1789, Zar Alexander II. im Jahr 1881 und Zar Nikolaus II. 1918.

N34 Grayling erwähnt, dass Montesquieu die wichtige Unterscheidung traf zwischen *" ... einem Monarchen, der entsprechend den geltenden Gesetzen regiert, die "fixiert und festgelegt" sind, wohingegen eine Despot dies nicht tut"*[*11], dass er ferner zwischen einer demokratischen und einer aristokratischen Republik, jedoch schreibt, dass Demokratie eine risikoreiche Regierungsform sei.[11] Montesquieu's kritische Sichtweise ähnelt der Meinung von Kant und seinen Staat von Engeln, auch der Warnung Platon's, der als einer von sehr wenigen einen direkten Bezug zur menschlichen Natur herstellt, indem er die charakterlichen Vorbedingungen anspricht und bemängelt.

N34A Auch Kaiser Zhou Zhang um 1000 v. Chr., der offizielle Begründer der Zhou-Dynastie, verehrte Wu Tai Bo so sehr, dass er sein Reich zu dessen Ehren von "Reich Zhou" auf „Reich Wu" umbenannte, das „Reich des Himmels".

N35   Unter anderem wurde Rousseau eng befreundet mit Diderot, der seinerseits einige Zeit im Gefängnis verbrachte, weil er über Atome und natürliche Auslese geschrieben hatte. Er selbst lehnte einerseits eine von König Ludwig XV. gewährte Pension stolz ab, wurde aber schließlich wegen seiner religiösen Einstellung in Frankreich verfolgt; seine Bücher wurde verbrannt und er musste zurück in seine Heimat fliehen. Voltaire, ein weiterer Freund, lud ihn zu sich ein, aber Rousseau zog es vor, sich in den deutschen Teil der Schweiz zurückzuziehen, wo ihm Friedrich der Große, König von Preußen – wohl auf Intervention von Kant - Asyl gewährte; denn an Kant schrieb Friedrich: *"Wir müssen diesen armen Unglücklichen unterstützen. Sein einziges Vergehen besteht in seinen absonderlichen Ideen ... ich glaube, der arme Herr Rousseau hat seine Berufung verfehlt; ... ich schließe daraus, dass die Moral Eures Wilden so rein wie sein Geist unlogisch ist".*[*229] David Hume verfolgte sein Schicksal schon geraume Zeit mit mildem Schmunzeln aus der Distanz, und ordnete ihn wohl der Reihe intellektueller Geister zu, die ihrer abweichenden Meinung wegen ein ähnliches Schicksal erlitten [230], Opfer blinden religiösen Eifers (religiöser Bigotterie, wie Bertrand Russell es nannte, um das Edikt des byzantinischen Kaisers Justinian aus dem Jahr 529 gegen jegliche nicht-christliche religiöse Aktivität zu kritisieren[29]). Rousseau aber wurde erneut Flüchtling eben dieser Bigotterie der ländlichen Region am Neuenburger See, wanderte von einem Ort der Schweiz zum nächsten – es war nicht in erster Linie der Klerus, der ihn verscheuchte, sondern eine Mischung aus diesem religiös-bigotten Mobbing in der öffentlichen Meinung und kantonaler Provinzialismus, der ihn vertrieb – und Rousseau's eigener Charakter. Schließlich folgte er einer Einladung David Hume's nach England. Bald aber zerstritt er sich auch mit seinem Gastgeber, gleichzeitig auch mit Voltaire. Wieder zog er um, fand letztlich doch wieder in Frankreich Zuflucht, weitergereicht zwischen Aristokraten, die ihn bewunderten – im Jahr 1777 führte seine Berühmtheit als politischer Philosoph sogar dazu, dass der österreichische Kaiser Joseph II. ihn zu einem Gespräch aufsuchte, als er auf Besuch bei seiner Schwester Marie-Antoinette weilte, der Königin von Frankreich, vermählt mit Louis XVI. Er blieb aber gehetzt von Denunziation, Gerüchten und Ressentiments – und seiner eigenen Natur, vergleichbar mit dem Schicksal Paracelsus' 250 Jahre davor.

N36   *"Wie Alexander Hamilton und James Madison in Federalist No.63 klar ausdrückten, sollte die amerikanische Republik im wesentlichen – so ihre besondere Betonung – "vom vollkommenen Ausschluss der Bevölkerung in ihrer Funktion als Gemeinschaft von jeglicher Teilnahme [an der Regierung] [gekennzeichnet sein]."*[*4] Die Demokratie der USA war – und ist bis heute - eine Timokratie: anfangs hatten nur Männer von Ansehen und Besitz das Wahlrecht; heute werden großteils nur Millionäre Repräsentanten des Volkes.[11] Insgesamt war die Meinung der frühen Politiker der USA von Demokratie nicht hoch: George Madison, Governor von Kentucky und Cousin von Präsident James Madison, nannte Demokratie " ... *die übelste Form von Regierung ... ebenso kurzlebig wie gewalttätig, wenn sie endet* ." [231] John Adams, der zweite Präsident der USA, meinte, dass *"Demokratie nie lange* *besteht. Sie nutzt sich bald ab, erschöpft und vernichtet sich selbst."*[11] Der vierte Präsident, James Madison, zog entschieden die Schaffung einer Republik vor und verabscheute die Demokratie. Grayling [11] meint, dass die Verfassung der USA eher *"republikanisch"* als *"demokratisch"* sei, indem sie aus einer Mischung von *"gewählten, indirekt gewählten und ernannten Körperschaften [besteht], die untereinander "die öffentlichen Ansichten verfeinern"* und dadurch zwei Präsidentschaften später die *"Demokratie Jefferson's (Jeffersonian democracy)"* von *der populistischeren „Demokratie Jackson's ("Jacksonian democracy)" abgrenzen"** würden. Letztlich fasst er zusammen mit der Frage *"ob diese Lösung des Dilemmas in dieser Form vertretbar ist - des Dilemmas, inwieweit die Zustimmung und Autorisierung durch die Wählerschaft als tatsächlich gegeben angenommen werden kann in einem System, dessen Strukturen sie pasteurisieren (einige würden es kastrieren) würden."*[11] Madison attackierte die biologische Gegebenheit unvermeidlicher Clanbildung in jeder Gesellschaft sehr direkt, nannte sie „factions" und sprach von ihnen als etwas nachgerade kriminellem, jedenfalls asozialem, mit den Worten *"Unter einer „faction" verstehe ich eine Gruppe von Bürgern, ... die durch gemeinsamen Impuls und Leidenschaft vereint und angetrieben, sich gegen die Rechte anderer Bürger oder gar auf Dauer gegen die Interessen der Gemeinschaft stellen".*[11] Madison erkannte, dass "faction", also die Bildung von Clans und Gangs, zu den essenziellen Vorgängen im Leben zählen, bereits im Tierreich, und stellt fest, dass *„die latenten Ursachen der „factions" in die Natur des Menschen eingewoben* [sind]".[11] Er erkennt auch, dass *„menschliche Vernunft anfällig"* ist im Sinne von Verhaltensmustern wie „common sense" und den „unbelehrbaren Lehrmeistern", auf die ich im zweiten Kapitel zu sprechen kommen werde. In Madison's Worten ist eine Republik, die er anstatt einer Demokratie vorschlägt, *"eine politische Ordnung, in welcher die Regierung an eine kleine Gruppe von Bürgern delegiert wird, die vom Rest der Bevölkerung gewählt werden."*[11] In diesem Sinn sind alle unsere heutigen Demokratien Republiken, für die "repräsentativ" nichts anderes bedeutet als die Regierung an die Führung einer politischen Partei oder Koalition zu übertragen.

N37 *"Vor der "Education Act" von 1870 ... war die Schule nicht kostenlos, daher gingen die meisten Kinder nicht in die Schule, sie arbeiteten für den Lebensunterhalt, waren aber auch ganz einfach untätig und wurden daher zum Problem für die politische Klasse. Die Leute hatten genug von asozialem Benehmen, und schließlich wurde 1880 die Schulpflicht bis zum Alter von 10 Jahren eingeführt."* [80]

N38 In Österreich wurde die Todesstrafe im Jahr 1919 endgültig abgeschafft, 1933 vom nationalsozialistischen System wieder eingeführt und von der Alliierten Besatzungsmacht bis 1955 fortgeführt.[232]

N39 *"Was ist den nun, genau gesagt, ein Akt der Souveränität? Es ist nicht eine Übereinkunft zwischen einem Vorgesetzten und einem Untergebenen sondern zwischen dem Körper und jedem seiner Glieder."* * [12]

N40 *"Condorcet's Paradox ist der Name für die Beobachtung, dass Mehrheiten ihre Wahlentscheidungen selbst dann irrational treffen können... wenn die Individuen* *ihre Präferenzen auf rationale Weise auswählen ... Obwohl das Jury-Theorem oft dafür herangezogen wird, die epistemischen Vorteile von Demokratie klarzustellen, sind ihre Annahmen dahinter in hohem Maße idealistisch."* *43 Die vordergründige Schwäche dieses Theorems ist die Tatsache, dass sich >0.5 mit zunehmender Jury-Größe 0.5 nähert: *"Die Aussagekraft des Theorems kann auch in weniger extremen Fällen unterminiert werden ... zum Beispiel wenn die Verlässlichkeit jedes Einzelnen , obwohl über 0.5, mit zunehmender Jurygröße in einer exponentiellen Funktion gegen 0.5 hin abnimmt ..."* 43

Schließlich: das Problem im wirklichen Leben ist vor allem, dass Jurien im wirklichen Leben sinnlos werden, wenn es um Fachfragen geht, weil dann nicht mehr nur zwischen „richtig" und „falsch" unterschieden werden muss. Bei politischen Fragen ist die Situation oft ähnlich, wenn Wähler die Entscheidung zwischen „Zustimmung" und „Ablehnung" treffen sollen, aber die Hintergründe der Problemstellung gar nicht im erforderlichen Detail kennen. Stellen Sie sich vor, wir müssten in einer Volksabstimmung entscheiden, ob aus ökologischer Sicht Kohle- oder Atomkraftwerke weniger riskant sind, oder wenn eine Jury den Unterschied zwischen Meteoriten und Meteoren entsprechend ihrem Gewicht ermitteln sollte. Außerdem geht es bei politischen Entscheidungen manchmal nicht um „richtig" oder „falsch", wenn für Zukunftsentscheidungen die klaren und einfachen Entscheidungskriterien fehlen.

N41 Ch. List verweist auch auf die Kritik anderer Autoren: *"Dietrich (2008) argumentierte, dass Condorcet's zwei Annahmen niemals gleichzeitig gerechtfertigt sind, und zwar in dem Sinn, dass man selbst dann nicht aus beiden gleichzeitig einen Nachweis erhalten kann, wenn sie beide für sich genommen zutreffen."* *43

N42 Grayling bringt aber Constant letztlich zurück auf den Boden der Philosophie vom "Soll-Menschen", weil die Sorge bleibt, und der Zweifel, dass Erziehung ebenfalls nicht dazu ausreichen wird, die Demokratie funktionstüchtig zu machen, wenn sie es nicht schafft, aus den Menschen Engel und Götter zu machen *"... indem man das Problem eher eingrenzt als löst, wenn man bedenkt, dass bei anderen Denkern die eine oder die andere dieser problemlösenden Optionen gewählt wird – das „dazu passende Volk" von den Utopisten, und die „Filter-Institutionen" von den Realisten".*11

N43 Die zentrale Aussage von Mill's Konzept *"... dass das Ergebnis unabhängig von der Sitzverteilung im Parlament darin bestehen sollte, dass "jede Minderheit der gesamten Nation, die groß genug ist, um auf der Basis gleicher Rechte repräsentiert zu werden, auch tatsächlich vertreten wird "* *11 – diese Aussage klingt auf den ersten Gedanken überzeugender als sie wirklich ist, weil die Wünsche und Forderungen von Minderheiten im Parlament nicht durchdringen, und weil die nächsten 50 Gruppen und Parteien es erst gar nicht bis dorthin schaffen können.

N43A Der Beginn des Parteiensystems und des gemeinschaftsfeindlichen Verhaltens: Wie in Anmerkung N36 beschrieben, war James Madison, einer der Gründungs-väter der USA, und "Federalist", zwar sehr entschieden gegen eine Parteien-bildung. Er geriet jedoch in das Netz von unlösbaren Widersprüchlichkeiten in der Konzeption dieser Form von repräsentativer Demokratie und musste darin letztlich einem Kompromiss zustimmen, mit dem er innerlich nie und nimmer einverstanden sein konnte: der Leitbegriff der amerikanischen Freiheitsbewegung gegen die britische Krone war eben „Freiheit"; und Madison musste erkennen, dass er nicht gleichzeitig „Freiheit" propagieren und Parteienbildung verbieten konnte. So wurde seine Überzeugung, dass Parteienbildung die Demokratie zerstören würde, Opfer der „Freiheitspriorität". Er mag sich damit getröstet haben, dass er ohnehin gegen Demokratie wetterte und stattdessen eine Republik unter möglichst vollständigem Ausschluss des Volkes als Mitregenten befürwortete, in der Hoffnung, das Risiko der Parteienbildung würde dadurch in sicherem Rahmen bleiben – aber das Gegenteil musste unweigerlich geschehen: Parteienbildung wurde zum Kernanliegen und damit zum troyanischen Pferd der schrittweise entstehenden amerikanischen Demokratie. Somit hatten die Gründungsväter – und unter ihnen besonders James Madison – zwar das Problem der menschlichen Natur im Verein mit einem republikanischen System nicht verkannt, unterschätzten jedoch die Gefahr ihrer selbstzerstörerischen Kraft bei weitem: das Gemeinwohl würde niemanden interessieren, stattdessen würden sich um gemeinsame Gruppeninteressen Parteien bilden und am Marktplatz der demokratischen Republik den Kampf gegeneinander aufnehmen, Gruppen, Seilschaften und mafiöse Strukturen würden das Ziel einer friedlichen Volksgemeinschaft unermüdlich torpedieren und als Moral-lose Meuten gemeinsame Werte ignorieren, einander engstirnig und selbstzerstörerisch ausbeuten.

Freiheit bedeutet Meinungspluralismus, der zu Parteienbildung und zunehmend aggressivem kaltem Krieg zwischen ihnen führen muss. Aus „factions" wurden also „fractions", Fraktionen, Parteien, aber auch Frakturen in der Gesellschaft, „broken societies", gebrochene Gemeinschaften. Das, was man für die Polarisierung innerhalb der Bevölkerung befürchten musste, geschah selbstredend in gleicher Weise innerhalb der politischen Klasse: die „checks and balances" würden von Seilschaften hintergangen und umgangen. Auch dort würde Clanbildung zum schrittweisen Zerfall führen, nicht nur zwischen den Parteien, sondern auch innerhalb: Meinungsfreiheit ohne gemeinsam Zielsetzung muss in immer weiterer Zersplitterung und letztlich Verfeindung enden.

Das Individuum würde „Freiheit" als Befreiung von sozialen Pflichten verstehen und den Weg in den Hedonismus beginnen, bis der Kampf der Parteien im Kampf jedes gegen jeden enden würde.

N43B Mit der Priorität von „Freiheit" musste auch Erziehung als Hauptanliegen von menschlicher Gesellschaft hintanbleiben. Aus politischer Sicht sollte es die Erziehung in das Verständnis von gegenseitiger Abhängigkeit als Basis für die Einsicht in die Willensentscheidung zum Zusammenleben in einer Gemeinschaft sein, einem Staat. Diese Erziehung sollte auch den Unterschied zu „Nationalismus" verstehen lehren, der sich vor allem definiert aus dem Unterschied zu anderen, dem, was man nicht ist und nicht sein will, Meinung auch, die in aggressiver Weise vorgetragen und nicht selten auch ausgetragen wird.

458

Damit zeigt sich der fatale Fehler im politischen System von derzeitiger Demokratie, die „Freiheit" voranstellt anstatt „Willen zur Gemeinschaft". Im Ansatz hätte Rousseau damit ja recht gehabt, nur hat er das Kind mit Bade ausgeschüttet, indem er die vollständige Selbstaufgabe forderte, vorbei an der Chance, stattdessen auf Reziprozität als der „naturgewachsenen" Lösung zu setzen. Und nicht nur das: auch ein Grundvertrauen steckt im Menschen, das sich auf diese Reziprozität verlässt; man muss nur in der Erziehung darauf aufbauen. Das Kind lernt zunächst dieses Grundvertrauen in ihre unmittelbare soziale Umgebung ganz von selbst, indem es seine Abhängigkeit spürt und die Hilfe und den Schutz als Antwort erhält, bis es in der Konfrontation mit der Lüge, dem Betrug, zerstört wird.

Es sind vor allem auch die Institutionen des Staates selbst, die nicht Vorbild sind sondern die eigenen Prinzipien von Gleichheit und Brüderlichkeit nicht einhalten und damit den Sozialkontrakt brechen: ein Staat, der einen Teil seiner Bürger zurücklässt, verliert seine Glaubwürdigkeit und schafft sich Feinde in den eigenen Reihen.

So wie Priester und Nonnen Kinder missbrauchen, die sie zu vertrauensvollen Bürgern hätten erziehen sollen, so zerstört auch der demokratische Staat seine eigene Glaubwürdigkeit, indem er für die unabdingbare Erziehung nicht sorgt und seine eigenen Bürger für eigensüchtige Zwecke missbraucht.

Die Philosophen der Federalists lassen ihre Bürger, so wie deren Kinder, diese Störenfriede, in ihrem Kindergarten spielen und sich balgen, bestrafen all jene, die ihre Regeln nicht befolgen, „das Gesetz", und vergessen vollkommen auch die Möglichkeiten und Chancen der Erziehung. „Erziehung" scheinen sie als „Dirigismus" durch den Staat zu verstehen, als einen tätlichen Angriff auf die individuelle Freiheit. Der einzig verbleibende Lehrer und Erzieher für Sozialverhalten bleibt „das Gesetz" – neben dem Schattengewächs des Freiheitszwanges: der Produktwerbung der freien Marktwirtschaft.

N44 Es ging nicht länger um Reformen und um soziale Gerechtigkeit, sondern es ging um alles: um die Macht im Staat. Es ging darum, ob die Besitzer der Fabriken oder die darin Arbeitenden diese Macht ausüben sollten. Aber wer sollte für Gerechtigkeit sorgen, wer den oder die Ausübenden der Macht kontrollieren?

"Aber ihre [der Marxisten] Pläne und Aktionen basierten nie auf einer klaren Ablehnung ihrer ursprünglichen Theorie, nicht auf einer wohl durchdachten Meinung über jenes grundlegende Problem aller Politik: die Kontrolle des Kontrolleurs, die gefährliche Akkumulation von Macht, die der Staat repräsentiert. Sie erkannten niemals die volle Bedeutung von Demokratie als der einzigen Methode, diese Kontrolle zu erwirken." [*1, S.338]

Zur Verhinderung von Machtmissbrauch kann Demokratie in der Tat zunächst als geeignete Idee erscheinen: das Volk, das immer unterdrückte, die missbrauchte und manipulierte Masse, sollte von nun an sich selbst verwalten, indem es zum Souverän würde und einen Regenten einstellte und kontrollierte. Jedoch: den Kontrolleur zu kontrollieren resultiert in einer endlosen Kette; der Mensch in seiner Zwitternatur, teils soziales, teils selbstsüchtiges Wesen, riskiert sich selbst zu verlieren im Selbstzweck des Genießens, jener Falle des Gewahrseins der bewussten Variante positiver Verstärkung. Im Zusammenhang von Demokratie kann man diese Kontrollfunktion aber auch dem Volk zuschreiben, dem Souverän: diese Aufgabe führt aber in Unsinn und Selbstzerstörung, denn „das Volk" kontrolliert gar nichts, weder eine Regierung noch sich selbst. Umgekehrt jedoch schnappt eine weitere Falle zu, denn Regenten können das Volk durch Manipulation unter Kontrolle halten. Fast will es scheinen, dass Popper meinte, in einer Diktatur des Proletariats könnte die Macht unter Kontrolle und vom Missbrauch durch eine nächst-beste demagogische Führung verschont bleiben. Unweigerlich taucht hier der Verdacht auf, ob nicht die liberalen Demokraten heute in eben eine solche Falle tappen. Eben deshalb tut die Warnung vor selbstgefälliger Nachlässigkeit not, und deshalb haben die Liberalen gleichzeitig diese instinktive Angst vor den Populisten der Rechten.

Kontrolle des Kontrolleurs kann also nicht funktionieren – nur Vertrauen.

Popper jedoch scheint das Misstrauen in einer Demokratie der „Offenen Gesellschaft" vorzuziehen, oder jedenfalls die Angst vor der Möglichkeit, dass die Moral und Intellektualität von Regenten unterdurchschnittlich sein könnte; deshalb schlägt er vor, *„so gut wie möglich für das schlimmste vorbereitet zu sein".*[*1]

Stürmer [233] sieht Popper's "Open Society" von Dschihadisten gefährdet, die ihre mörderischen Aktionen gegen säkulare Gesellschaften für verpflichtend halten.

N45 Marx schrieb für die "New York Daily Tribune" und unterstützte die Pariser Kommune. Schließlich gelang es im Jahr 1867, den ersten Band von "Das Kapital" zu veröffentlichen; die beiden anderen Bände wurden später von Engels veröffentlicht (als Marx 1883 starb, existierten sie nur als Manuskript. Bei seinem Begräbnis war außer ihm und der Familie nur Wilhelm Liebknecht anwesend).

N45A Nach den Worten des politischen Philosophen und Verfassungsrechtlers Friedrich Julius Stahl (1802-1861) war *„Das Ideal der liberalen Partei [ ] demnach Recht und Freiheit des Menschen in seiner Vereinzelung, ungestörter Genuss der leiblichen und geistigen Existenz des Menschen in seiner Vereinzelung. Das Ideal der demokratischen Partei ist die Apotheose der menschlichen Gattung, daher absolute Volksgewalt, absolute Volksverherrlichung, absolute Volksgleichheit."*[13]

N46 Die dritte republikanische Revolte brach im Jahr 1871 aus; während dieser „Pariser Kommune" wurden mehr Menschen ermordet als 1789 während der „Französischen Revolution", deutlich mehr als 50.000. Der hochgradig labile kalte Krieg zwischen der Republikanern und den Monarchisten setzt sich für Jahre fort – der Enkelsohn von Charles X. schaffte es fast, ein weiterer König Frankreichs zu werden, wäre es nicht den Republikanern gelungen, 1879 wieder eine Regierung aufzustellen.

N47 Eine Lösung gegen den aufsteigenden Sozialismus scheint eine Idee der Regierenden gewesen zu sein, welche die Sozialisten *"eine Aristokratie der Arbeiterschaft [nannten], eine relativ privilegierte Arbeiterschicht, die sich aus dem allgemeinen Niveau der Armut befreien konnte, die so viele Teile der arbeitenden Klasse betraf."* * [234] Bis zur Zeit der Unruhen, des britischen "Great Unrest" des Jahres

1912, war etwa ein Drittel der Arbeiterschaft Mitglied in Gewerkschaften; es war die Kombination von deren zunehmender Macht und sinkenden Löhnen, die zu Aufständen und Streikaktionen führten, zu Aufmärschen des Militärs, zu Toten und Verletzten.

N48 *"...Theorie der "Gerechtigkeit als Fairness", in der er eine Gesellschaft freier Bürger beschreibt, die gleiche Rechte innehaben und innerhalb eines egalitären ökonomischen Systems kooperieren. Seine Theorie des „politischen Liberalismus" beschreibt den legitimen Gebrauch politischer Macht in einer Demokratie und zeichnet eine bürgerliche Gemeinschaft, die trotz einer Vielfalt von Weltsichten fortbesteht. Seine Schriften über „das Gesetz der Völker" beschreiben eine liberale Außenpolitik, die auf eine dauerhaft friedvolle und tolerante internationale Ordnung zielt."* *235

N49 Der Philosoph Stephen Wall meint, dass Rawls der Ansicht sei *"... dass die faire Gewährleistung politischer Freiheiten für die Sicherstellung der Selbstachtung aller Bürger in einer liberalen Gesellschaft essentiell ist."**3 Freeman wies darauf hin, dass Rawls der Meinung ist, dass die Beschränkung des Wahlrechts auf Experten oder Epistokraten *„ ... den Effekt hätte, die Unterlegenheit öffentlich zu etablieren ... „ Diese untergeordnete Einordnung wäre für die Selbstachtung in der Tat erniedrigend und destruktiv."* *3

N50 *"Rawls selbst glaubt, dass Regierung und politische Einrichtungen die Vorteile von Kooperation sichern, Gerechtigkeit unterstützen und Frieden sichern sollen. Sie sind nicht in erster Linie dazu da, Selbstvertrauen zu stärken aufrechtzuerhalten oder zu regulieren."* *3

N51 *"Rawls' finaler philosophischer Test für die Frage, ob etwas eine fundamentale Freiheit ist oder nicht, hat zu tun mit der richtigen Verbindung zu – wie Rawls es nennt – unseren „zwei moralischen Kräften". Nach Rawls sind dies zwei moralischen Kräfte einmal die Fähigkeit, einen Sinn für ein gutes Leben zu entwickeln, und zum anderen einen Sinn für Gerechtigkeit. Die eine, auch Rationalität genannt – ist die Fähigkeit „eine rationale Auffassung des Guten zu haben .... Die zweite – auch Vernünftigkeit genannt – ist die Fähigkeit "eine faire Basis zur Zusammenarbeit zu verstehen und anzuwenden."**3 *"Freeman arbeitet heraus, dass eine Freiheit nur dann fundamental ist, wenn alle Bürger sie benötigen um die zwei moralischen Kräfte zu entwickeln."**3 Brennan[3] meint außerdem, dass *"... die überwältigende Mehrheit der Menschen ... einen Sinn für Gerechtigkeit und für das Gute [entwickeln], obwohl ihnen diese fundamentalen Freiheiten fehlen oder diese nicht in dem Umfang geschützt sind, wie Rawls und Freeman meinen, dass sie geschützt sein sollten".* Brennan hat in diesem Punkt nach meiner Ansicht recht und weist damit darauf hin, dass all diese Philosophie weit entfernt vom wirklichen Leben ist: Moral ist das, was die Menschen in ihren Gesellschaften und Kulturen über Jahrhunderte entwickelt haben, ohne jegliche philosophische Prinzipien oder sonstigen rationalen Überlegungen, und dies erklärt ihren Sinn für Gerechtigkeit und das Gute – entsprechend dem in ihrer Kultur verankerten Verständnis davon. *"Somit hat es den Anschein, dass, wenn Rawls und Freeman damit recht* *haben, was ihrer Ansicht nach etwas zur fundamentalen Freiheit macht, letztlich gar nichts eine fundamentale Freiheit ist. Um ihre moralische Kraft zu entwickeln, benötigen die Menschen eigentlich gar keine Freiheit."* *[3] Der Grund dafür ist, dass ihre Moral tief in ihrem instinktiven kulturellen Verständnis verankert ist. Die Kultur ist es also, welche die Moral in ihrem Sozialvertrag birgt, entwickelt im Laufe von Jahrhunderten, nicht aber ein politisches System, das sie von oben herab einführt.

N52 "Wille" und "Volkswille"

Hat ein Volk, kann es überhaupt einen Willen haben? Definiert man „Wille" als ein Phänomen des Bewusstseins, dann sollte es auch an ein Funktionssystem gebunden sein, das ein solches Phänomen hervorzubringen vermag. Das einzige derartige, uns in dieser Welt bekannte System ist ein menschliches Gehirn – aber wo ist dann das Gehirn einer Menschenmenge? Es wird uns nichts anderes übrig bleiben als zu akzeptieren, dass „das Volk", Leute, eine Gruppe oder Masse von Individuen, kein Gehirn besitzt, oder so etwas wie ein Hyper-, Meta- oder Superhirn, das in der Lage wäre, „Willen" hervorzubringen. Wir setzen hier also stillschweigend eine Funktion voraus, die es gar nicht gibt; wir führen in unsere Diskussion einen Fehler ein, der sich in alle aus der Debatte resultierenden Pläne und Strategien einnistet und deren Versagen vorherbestimmt – oder wollen wir etwa behaupten, dass Politik eine reine Angelegenheit von Emotionen sei? Eben diese Schwäche im demokratischen System veranlasste zu dem Versuch, mit Hilfe der „Sozialepistemologie" den Brückenschlag zwischen theoretisch unmöglicher Willensentscheidung des Volkes und der Stimmung in einer Volksmenge als deren quasi Willen zu schaffen.

N53 Zweifellos kann am Beginn eines Dialoges nur Erkenntnis in den zwei individuellen Gehirnen stehen, eine Umweltbeobachtung oder ein theoretischer Gedanke muss im Bewusstsein der Individuen existieren, und Sprache als Kommunikationsmedium. Sprache aber kann nur entstehen durch gleichzeitige Entwicklung in den entsprechenden Hirnregionen und Verständigung untereinander, welchen Begriff man für einen Erkenntnisinhalt verwenden will. Gehen wir nun von der Annahme aus, dass ein Wissensinhalt zuallererst in einem Gehirn entstanden sein muss, als Überzeugung, oder als Glauben (gleich wie sicher oder zweifelhaft), bevor er in irgendeiner Form von Dialog oder Beratung zum allgemein anerkannten Wissen werden kann. Stellen Sie sich als Beispiel einen Trapper im 19. Jahrhundert vor, der allein in der Wildnis lebt und den Stadtmenschen, die dort noch nie waren, von seinen Erlebnissen und Beobachtungen berichtet, auch anhand von Zeichnungen. Solche Illustrationen wurden auch in Bücher gedruckt und wurden allgemein anerkanntes Wissen, zum Beispiel jene von Alexander von Humboldt um 1800 und auch die von Charles Darwin aus den Jahren um 1830, beide von ihren Reisen in Südamerika. Sozial-Epistemologie befasst sich im Grunde damit, solches Wissen erst einmal in Frage zu stellen: sollen wir dieses Wissen glauben? Die Frage ist wohl so alt wie die Menschheit, aus Misstrauen, Zweifel, Ressentiments, Konkurrenz um Macht - es geht auch um Wissen als Machtfaktor: welches Wissen gilt, ist als solches anerkannt? Die Frage ist zumindest so alt wie die schriftlich dokumentierte Philosophie, wie wir aus Platon's Diskurs in der Schrift "Charmides" wissen.

N54 Der Rechtsstaat beginnt mit verbalen Tricks im Text der Verfassung, in dem „das Volk" seine „Rechte" und „Macht" suchen kann. Die Bedeutung von Regeln und Gesetzen wurde dort festgelegt mit der Behauptung, sie repräsentierten den Willen des Volkes. Zwischen den Zeilen dieser Texte bleibt reichlich Spielraum für die Politik, Machtbereiche zu installieren, während das Volk gleichberechtigt ist, und frei, sich von Rechtsvertretern die Bedeutung von all dem gebühren-pflichtig erklären zu lassen – stets im Vertrauen auf die Gutwilligkeit des Volkes - honni soit qui mal y pense.[11]

N54A Oder versteht etwa ein Asteroid den Text in einem von ihm hochgewirbelten Buch, als er die Erde traf und die Menschheit auslöschte? Oder schwebt da ein Geist über den Köpfen der Menschenmasse, der das Wissen ist? Nein – wir alle glauben nur, was in den Büchern steht, oder besser gesagt, glauben jenen Teil daraus, den wir eben glauben, so wie wir meinen es verstanden zu haben. Allge-meinwissen ist Inhalt eines Sozialkontrakts, von dem- wie von einem Gesetz – erwartet wird, dass Alle es glauben und sich danach verhalten, dass Alle glauben sollen, dass es wahr sei. Jedenfalls wissen wir nicht, ob da über den Köpfen der Menge irgend etwas schwebt, von dem wir annehmen dürften, es sei das Wissen im Geiste. Dennoch gibt es am Rande der Sozial-Epistemologie philosophische Strömungen aus anerkannten Köpfen wie Michel Foucault [236], Thomas Kuhn und weiteren[237]. Von einem wissenschaftlichen und philosophischen Standpunkt aus kann man auch festlegen, dass „Wissen" nicht als „Wahrheit" verstanden werden darf sondern als Information auf einem möglichst genau bestimmten Niveau von Evidenz, als Annäherung an das, was man glaubt, die Wahrheit zu sein – eben eine hypothetische Wirklichkeit.

N55 *"William Riker (1920–1993), der die "Rochester school in political science" inspi-rierte, interpretierte eine moderne Version davon, nämlich die Sozial-Epistemo-logie, als mathematischen Beweis für die Unmöglichkeit einer populistischen Demokratie (z.B. Riker 1982)."* ... *"Amartya Sen (geboren 1933) ... ging davon aus, dass "ordinal preferences" für Gruppenentscheidungen ungenügend sind ... und trat für eine „possibilistische Interpretation der „social choice theory" ein".*[*43]
Austin-Smith und Banks (1996) sowie Feddersen und Pesendorfer (1998) werden zitiert mit dem Argument, dass *"... unter der Bedingung der Annahme, dass ein Wähler für den Ausgang entscheidend ist, er eine höhere Erfolgswahr-scheinlichkeit für eine gute Lösung für die Allgemeinheit sieht, wenn er gegen die eigene Meinung stimmt, als wenn er in ihrem Sinn stimmt".*[*43, N72]
Rosenberg [118] interpretiert List in dem Sinn, dass er ein deliberatives *"Meta-Agreement"* annimmt, um das von Arrow und Condorcet beschriebene Dilemma zu umgehen".[*]
"Einflussreich war Holmes's ökonomische Version des Wahrheits-Arguments. Frederick Schauer formuliert die These folgendermaßen: Genau wie Adam Smith's "unsichtbare Hand" gewährleisten wird, dass aus der Konkurrenz am freien Markt die besten Produkte hervorgehen werden, so wird auch eine unsichtbare Hand

dafür sorgen, dass aus einer freien Konkurrenz der Meinungen die besten Ideen resultieren." * 42

Anmerkungen zu Kapitel II

N56   Nicht eine eigenständige populistische Krise schwächt derzeit die Demokratie; vielmehr ist es die Verwirklichung inhärenter Schwächen der Demokratie selbst. Trump's Wahl ist nicht *"ein sehr schlechtes Omen"* sondern eine späte und keineswegs einzigartige Folge. Was heute politisch korrekt als Populismus dämonisiert wird, ist nichts als ein Ausdruck dessen, was das Volk fürchtet, wünscht und hofft – viele davon, ohne sich dessen bewusst zu sein. Es wird also nicht viel nützen, die Demokratie als messianisches System gegen die Mächte der Finsternis in einem Scheingefecht zu verteidigen. Vielmehr ist es an der Zeit zu fragen, was an der Demokratie selbst falsch ist. Freilich erscheint die menschliche Natur kompliziert und widersprüchlich, wenn man bedenkt, dass die Menschen von jeglicher Unterdrückung befreit zu werden wünschten und auf das Licht der Aufklärung zuliefen, sich aber dann zunehmend verlassen ängstigten, als dieses Licht sich als nur hell und kalt erwies und sich das wärmende Gefühl, von ihrem König beschützt werden, in nostalgischer Dunkelheit zu verlieren begann.

N57   *"Nun ist die republikanische Verfassung die einzige, welche dem Recht der Menschen vollkommen angemessen, aber auch die schwerste zu stiften, ... dermaßen, daß viele behaupten, es müsse ein Staat von Engeln sein, weil Menschen mit ihren selbstsüchtigen Neigungen einer Verfassung von so sublimer Form nicht fähig wären.."*
Immanuel Kant, zum ewigen Frieden 41

N58   Die Allegorie vom Staat, der durch einen Körper repräsentiert wird, verwendete erstmals wahrscheinlich Menenius Agrippa, der Anführer des Exodus der Plebejer aus Rom im Jahr 494 v. Chr. Es ist nicht ausgeschlossen, dass Thomas Hobbes davon für seinen Leviathan inspiriert wurde. Bei Menenius stellte der Magen die Aristokratie dar, die Plebejer waren durch die Gliedmaßen dargestellt.238 Rousseau stimmte in dieser Vorstellung vom Staat als einem Körper scheinbar mit Hobbes überein, allerdings wollte Rousseau alle Bürger daran gleichberechtigt sehen, ohne jegliche Hierarchie: *"Jeder von uns gibt sich selbst, seine Person und seine Fähigkeiten ab unter die Obhut der obersten Leitung des allgemeinen Willens, und in diesem gemeinschaftlichen Namen nehmen wir jedes Mitglied als unteilbaren Teil des Ganzen auf."**12 In dieser Weise ist kein Lebewesen überlebensfähig, und sicher kein Mensch in einer kritischen Situation. Außerdem existiert keine Gesellschaftsordnung ohne Hierarchie. Nicht *"totale Selbstentfremdung jedes Mitglieds"**12 ist der einzige und zentrale Paragraph eines Gesellschaftsvertrags, sondern *"Vertrauen"* zu jenen Mitgliedern, die eine höhere Stufe von Verantwortung und daher von Macht innehaben. Die Garantie

464

gegen Missbrauch kann zunächst nur aus der Erziehung resultieren, im weiteren wird man entsprechend harte Bußen erwägen müssen – Verbannung war in früheren Systemen weithin üblich. Rousseau jedenfalls schuf mit seinem radikalen Sozialkontrakt einen demokratischen Staat, der in der Tat bestenfalls für Engel geeignet war, wenn nicht gar nur für Götter – was eigentlich seinem Argument gegen die Möglichkeit einer Demokratie in der wirklichen Welt entspricht (S.34f).

N58A Der Begriff der Fitness führte zwischen Forschern und Philosophen verschiedener Sprachregionen zu einiger Verwirrung und zu Missverständnis, weil man im deutschen darunter eher die körperliche Tüchtigkeit versteht als den Grad von Anpassung an eine Gegebenheit z.B. der Umwelt. EM Engels [323] unterschied im Zusammenhang der Diskussionen um die Evolutionäre Erkenntnistheorie von „Anpassung" gegenüber „Passung" (siehe hierzu auch Anmerkung [N60]).

N59 *"Es genügt noch nicht, um sich einander zu verstehen, daß man dieselben Worte gebraucht; man muss dieselben Worte auch für die dieselbe Gattung innerer Erlebnisse gebrauchen. Man muss zuletzt seine Erfahrung miteinander gemein haben. Deshalb verstehen sich die Menschen eines Volkes besser untereinander als Zugehörige verschiedner Völker, selbst wenn sie sich der gleichen Sprache bedienen.."* [79]

N60 Konrad Lorenz's bekanntestes Buch ist wahrscheinlich "Die Rückseite des Spiegels" - die Evolution der Aggression wurde zu einem seiner zentralen Forschungsthemen.[56] In der wissenschaftlichen Welt ist er als einer der Väter der „evolutionären Erkenntnistheorie" (evolutionäre Epistemologie) anerkannt [239]. Letztere steht im Gegensatz zur Sozial-Epistemologie, bei der es um Erkenntnisgewinn aus Gruppen für demokratische Prozesse aus eher soziologischer Sicht geht. Von der philosophischen Warte hat Eve-Marie Engels in ihrer ausgezeichneten Arbeit im Jahr 1989 die potenzielle Zirkularität in der Logik der evolutionären Erkenntnistheorie herausgearbeitet.[322]

N61 Die instinktive Überzeugtheit als Folge der „unbelehrbaren Lehrmeister" geht aus unzähligen Beispielen im Alltagsleben hervor: beispielsweise wenn ich überzeugt davon bin, mir eine Erkältung zugezogen zu haben, weil ich vor zwei Tagen bei der Gartenarbeit im Winter fror – in Wahrheit aber ist vor vier Tagen jemand mit Erkältung im Bus neben mir gesessen und hat mich angesteckt. Um dieses zwanghafte Glauben nachzuweisen, wurden auch zahllose psychologische Experimente durchgeführt; eines davon ist das Experiment mit der Autohupe: der Experimentator legt eine Autohupe mit Fernbedienung unter ein parkendes Auto und versteckt sich hinter einem benachbarten Baum. Wenn der Besitzer kommt und einsteigt, schaltet der Experimentator die Hupe in dem Moment ein, da der Lenker die Tür schließt. Der Lenker öffnet die Tür – die Hupe verstummt. Also schließt er die Tür wieder; aber in dem Moment geht die Hupe wieder an. Der Lenker steigt aus und macht die Tür von außen auf und zu, immer mit demselben Ergebnis. Während der Lenker beginnt, die Tür auf den verursachenden Fehler zu untersuchen, gibt sich der Experimentator zu erkennen und erklärt den Zusammenhang.

N62 Eine dieser historischen Legenden neben der Legende vom sarmatischen Ursprung der polnischen Aristokratie, oder auch dem autochthonen Ursprung der
russischen Bevölkerung[35] betrifft das mittelalterliche Serbien und die Schlacht
im Kosovo auf dem Amselfeld im Jahr 1389 gegen das Ottomanische Reich, in
welcher das Serbische Reich seine Ehre, und das Volk deshalb seine Identität,
verloren habe. Entgegen allen historischen Daten, wonach es im 14. Jahrhundert
keine serbische Nation gab, sondern nur einen multinationalen Staat, hält sich
die Legende und der „Kosovo-Mythos" hartnäckig und unauslöschlich. Er war
unter anderen auch das zentrale Argument für den Racheakt im Jahr 1912 gegen
das Osmanische Reich während des Balkankrieges; der Historiker Eric
Hobsbawm beschrieb ihn als eine „Erfindung von Traditionen".[240]

N63 Die moralische Zwiespältigkeit der liberal-demokratischen Politik
*"Geltungsdrang ist keine moralische Emotion. Will sollten nicht auf Kosten unseres
Wohlbefindens oder anderer gerechter Anliegen danach trachten."* [3] Hier haben
wir ein Beispiel für die Ächtung eines biologisch fundierten Verhaltens und des
Ersatzes durch ein moralisch zu erwartendes Verhalten durch den "Soll-
Menschen"; stattdessen könnte es auf intelligente Weise kontrolliert werden.
Zweifellos ist ein Drang ein Gefühl, wohingegen „Moral" in aller Regel zur
Kontrolle von Emotionen dient, um spontanes menschliches Verhalten sozial
kompatibel zu machen – also Teil des Sozialkontrakts.
Politik ist Bearbeitung dieses Sozialkontrakts, dessen einer Teil die Moral ist. Die
einzige Moral, die der Mensch quasi a priori besitzt, sind seine Instinkte. Kant
würde heute daher sein „moralisches Gesetz in mir" * [N194] als intrinsische
Eigenschaften bezeichnen, nicht mehr als a priori.
Instinktives Verhalten zu ignorieren oder zu bestrafen, ohne Bereitschaft, sich
damit auseinanderzusetzen, hat sich für das soziale Leben der vergangenen
Jahrtausende als nicht hilfreich erwiesen. In der westlichen Welt der Demokratien und der Monogamie haben Leute unter Missachtung und Umgehung
jeglicher „offiziellen" Moral Parties mit sexueller Promiskuität gefeiert, und dies
nicht nur ungestraft sondern in selbstverständlicher libertinistischer Freiheit.
Das gleiche Spiel wird auf der nationalen und internationalen politischen Ebene
gespielt, wo Mord mit Todesstrafe oder lebenslänglichem Gefängnis bestraft
wird, während Tötung in militärischen Konflikten als „Kollateralschaden" oder
sogar als heroischer Akt gilt.[N195]

N64 Diesem Irrtum erliegt man jedoch leicht, weil unterschiedliche Erfahrungen in
verschiedenen sozialen Klassen durchaus in voneinander abweichendem Sozialverhalten resultieren können, wie etwa dem spontanen Knüpfen scheinbar
kausaler Zusammenhänge: so könnte ein Bürger im antiken Griechenland mein-
en, Zeus zürne ihm, wenn er nach einem Blitz den nachfolgenden Donner hört,
während ein moderner Mensch die Sekunden zwischen den beiden Ereignissen
zählt um festzustellen, wie weit entfernt das Gewitter von ihm ist. Man vergebe
mir den nun folgenden Anachronismus: beide lägen falsch, wenn der Donner aus
einem verborgenen Lautsprecher käme. Beide aber haben mithilfe derselben
automatischen Gedankenabläufe in ihrem Gehirn einen Kausalzusammenhang

konstruiert. Hegel könnte nun das Ereignis als kulturelles Phänomen interpretieren, bezogen auf den religiösen Glauben der Griechen, während ein
marxistischer Sklave sagen könnte: Zeus bestraft mich immer, wenn ich etwas
tue, was dem Willen meines Meisters zuwiderläuft, weil Zeus es schon immer mit
den reichen Griechen gehalten hat. Dies steht im Gegensatz zu Mannheim's
"social habitat", dem *"System von Meinungen und Theorien, die ihm als unzweifel-
haft wahr oder selbstverständlich erscheinen. [Dass] sie als ... logisch und selbstverständlich wahr erscheinen" * 1,* entspricht nichts anderem als Konrad Lorenz's
"unbelehrbaren Lehrmeistern".

Die daraus resultierende Schlussfolgerung für die Stabilisierung von Demokratie
wäre Erziehung zum Verständnis der Ursache solcher Vorurteile, und wie man
dieser Falle des „Selbstverständlichen" aus dem automatischen Denken des
„gesunden Hausverstand" entkommen kann: "Glaube mir, mein Junge, wir, die
armen Leute werden nie eine Chance haben, Präsident dieses Landes zu werden,
weil das seit Jahrhunderten so ist, weil die Reichen nie aufgeben werden uns mit
der Macht aus ihrem Reichtum zu unterdrücken." Dies gilt ebenso für Klassen-
abhängiges Sozialverhalten und Selbstwertgefühl: "Wir gehen dort nicht hin,
denn dort wohnen nur diese Schwarzen, und da gehören wir nicht hin" – und umgekehrt.[N67] Wir sprechen hier also vom Verständnis instinktiven Verhaltens als
Ergebnis der Erziehung, nicht nur wegen populistischer politischer Manipulation.

N65 Canetti [64] beginnt seine Sicht von "Macht" beim "sich Einverleiben" im direkten
Sinn, nämlich dem Essen, seiner Metabolisierung und letztlich Exkretion. Auf der
sozialen Ebene beginnt Macht im familiären Rahmen zum Beispiel beim Sitzen
um den Esstisch, beim Kochen und Auftischen durch die Mutter, und bei der
Rangordnung, in der das Essen ausgeteilt wird.

N66 Wer sich mit dem Phänomen von Macht über Menschenmassen befasst, wird unweigerlich früher oder später zu Elias Canetti's Analyse in seinem Buch „Masse
und Macht" kommen und dort eine Antwort über den Zusammenhang zwischen
den beiden erwarten. Interessanterweise aber setzt er die Reziprozität dieser
Entitäten als selbstverständlich voraus: Canetti interessierte sich für die
unterbewussten Wurzeln der Macht und ihrer Auswüchse, ihres Missbrauchs
durch Machthaber und ihrer Funktion in der Psychopathologie. Aus der Parallelität zwischen Missbrauch durch Machthaber und psychiatrischen Patienten
ergibt sich, dass die beiden in der Tat ident sind, zumindest identen Ursprungs.
Canetti zeigt damit, dass sich Machtmissbrauch als quasi natürlicher Zweck im
Rahmen menschlichen Zusammenlebens erweist. Die Tatsache, dass Macht
üblicherweise im Sinne der ihr innewohnenden Eigenschaft missbraucht wird,
macht sie in Canetti's Sichtweise zu einer nahezu unvermeidbaren, jedenfalls
aber schicksalhaften Kraft, die über die Zukunft der Menschheit entscheiden
wird. Die grundlegende Triebkraft hinter diesem Prozess sei die zwanghafte
Motivation, oder der instinktive Drang, auf Kosten der Anderen zu überleben:
*„Der Wunsch, die anderen aus dem Weg zu räumen, damit man der einzige sei, oder,
in der milderen und häufig zugegebenen Form, der Wunsch, sich der anderen zu*

bedienen, dass man mit ihrer Hilfe der einzige werde." [64, S.533] Aus Canetti's Sicht ist *"Der Überlebende ... das Erbübel der Menschheit, ihr Fluch und vielleicht ihr Untergang. Wird es möglich sein, ihm im letzten Augenblick zu entkommen?* "[64, S.540] „Befehl" ist nach seinem Verständnis eine Vorstufe zur Tötung, sozusagen eine harmlose Ersatzhandlung. Ich mache im dritten Kapitel den Vorschlag, diesen Mechanismus zu überlisten, und zwar indem man ihn im direkten Sinn des Wortes objektiviert: sooft sich eine politische Entscheidung durch wissenschaftliche Feststellung ihrer Evidenz treffen lässt, wir sie nicht mehr von einem Menschen getroffen, der über andere Macht ausübt, sondern von einer depersonalisierten Macht, einem Rechenprogramm (S. 391). Canetti meinte, als aktiven Ausweg gäbe es nur die schöpferische Einsamkeit: *"Die Frage, ob es auch eine Möglichkeit gibt, dem Überlebenden beizukommen, der zu diesen monströsen Proportionen angewachsen ist, ist die größte, man möchte sagen: die einzige Frage. ... die einzige Lösung, die sich dem leidenschaftlichen Drange zu überleben bietet, eine schöpferische Einsamkeit, die sich die Unsterblichkeit verdient, ist ihrer Natur nach nur für wenige eine Lösung".* [64, S.541] Doch er kommt auch zu einem weiteren, dem eigentlich entscheidenden Schluss für uns und unsere Zukunft: *"Die uralte Struktur der Macht, ihr Herz- und Kernstück: die Bewahrung des Machthabers auf Kosten aller übrigen, hat sich ad absurdum geführt, sie liegt in Trümmern. Die Macht ist größer, aber sie ist auch flüchtiger als je. Alle werden überleben oder niemand".* [64, S.542] Darin liegt zwar noch keine Sicherheit, aber doch eine berechtigte Hoffnung. Sicherheit kann es nicht geben, solange islamistische Terroristen voll Freude die ganze Welt vernichten würden, wenn sie Hand an die entsprechenden Massenvernichtungswaffen bekämen. Hoffnung und relative Sicherheit kommt vom Gleichgewicht des Schreckens, das Atomwaffen zwischen jenen Machthabern sichert, die dann doch lieber überleben würden als mitsterben.

Nochmal zurück zum Argument des Befehls als Ausdruck der Macht in der hierarchischen Menschenwelt: Canetti stellt den Befehl als abstrahierte Tötungsdrohung dar: *"Tod als Drohung ist die Münze der Macht".* [64, S.543] Der Untergebene gehorcht um zu überleben. Hier besteht Canetti's Lösung darin, die Macht zu kontrollieren *"... den Befehl ohne Scheu ins Auge zu fassen und die Mittel [zu] finden, ihn seines Stachels zu berauben".* [64, S.543] Es könnte sein, dass Canetti hier eine entscheidende Schlussfolgerung entgangen ist, obwohl er das Phänomen hierzu ganz klar beschreibt: es ist plausibel anzunehmen, dass die Mächtigsten nicht jene sind, die sich des Lebens der Anderen bedienen, um selbst zu überleben, sondern jene, die selbst keine Angst vor dem Tod haben oder zumindest bereit sind, ihr Leben für einen solchen Machtkampf einzusetzen – vorausgesetzt sie gewinnen; und es wurde bereits auf sehr unterschiedliche Weisen gezeigt in der Geschichte der Menschheit: Jesus von Nazareth ist wahrscheinlich das berühmteste Beispiel überhaupt. Jene, die verloren haben, zum Beispiel die dutzenden von erfolglosen Hitler-Attentätern, werden später als Helden geehrt. Zu diesen Helden zählen auch alle in Kriegen gegen Machthaber wie Hitler gefallenen Soldaten, die sich ihm mit solchem Todesmut entgegenstellten. Insgesamt wird es an diesem Punkt wieder äußerst kompliziert, weil sich die „gute" Absicht mit der in der guten verborgenen bösen vermischt: "gute Zwecke" waren nicht selten nur Vorwand für Untaten. Dennoch bleiben alle gutwilligen Verfechter eines friedvollen Gemeinwohls jene Helden, die uns Anlass zur weiteren Hoffnung geben, dass sich Machtmissbrauch eines Tages in derselben Weise verflüchtigen wird, wie Canetti dies ausdrückt.

Die fehlende Angst vor dem Tod – vielleicht aus Verzweiflung – ist auch der Beginn von Revolutionen: Versklavung ist Befehlsgewalt, also Androhung der Tötung; wenn jedoch alle Sklaven gemeinsam sagen: "töte mich", ist die Macht des Tyrannen zuende. An diesem Ende aber beginnt das Problem für die Demokratie: denn die Frage ist: was machen die Sklaven nun mit ihrer Freiheit?

Canetti's Erkenntnisse zu Machtmissbrauch und seiner Beherrschung münden insgesamt in meine zwei Vorschläge zur Machtkontrolle durch künftige demokratische Systeme: nämlich außer der zuvor erwähnten Strategie der Neutralisierung (S. 328f) auch eine Armee des guten Willens, deren moralische Rechtfertigung aus der Erörterung hier oben resultiert (S. 437).

Canetti's Arbeit über den psychischen Ursprung und die Psychopathologie der Macht sowie deren Auswirkungen hätte statt des Nobelpreises für Literatur mindestens auch den Friedenspreis verdient; vielleicht wäre sie dann eher in der Diskussion geblieben und würde ihre Unsterblichkeit nicht in einem schattigen Winkel des heutigen Zeitgeistes verbringen müssen, weitgehend unbeachtet, fast vergessen.

Den neutralen oder gar positiven Aspekt von Macht spricht Canetti nicht an, die ordnende Macht der pro-sozialen Führerfigur, den Philosophen-König von Platon und Dante. Da sein Buch 1960 erschienen ist, kann man es als seine Aufarbeitung der Ära des Umbruchs nach dem Ende der Monarchien und der Massenveranstaltungen während der Diktaturen auffassen, beginnend mit der Faszination ob der geheimnisvollen Übertragung der Macht von einer mächtigen Menschenmasse auf einen Führer, der zum Mythos, zum quasi-Gott und Beschützer vor Gefahr und Unbill aufsteigt.

Dieser positive Anteil an der Macht drückt sich auch in der Sprache aus: so besteht im Englischen kein Unterschied zwischen dem Ausdruck für Befehl (order) und Ordnung (order): nur durch Hierarchie und die daraus resultierende Macht entsteht soziale Ordnung. Aus dieser positiven Sicht könnte man auch sagen: "Ordnung ist die Folge von Macht basierend auf Vertrauen".
Nimmt man diese drei Aspekte zusammen:
- Canetti's Sicht von Macht als gefährlicher Krankheit für die ganze Menschheit,
- Popper's Vorsicht, dass man zur Sicherheit die Möglichkeit haben sollte, Machtmissbrauch ohne Revolution zu beenden, indem der Machthaber einfach abgewählt werden kann,
- die Tatsache, dass es positive, ja notwendige Aspekte von Macht im Interesse der Gewährleistung sozialer Ordnung gibt,

so resultiert daraus, dass man für eine zukunftsfähige Gesellschaft die Ausübung von Macht so weit wie möglich auf der Ebene von Evidenz abstrahiert (S. 331, S.378)

In seiner Analyse beruft sich Canetti auf erste Berichte von Anthropologen, die im 19. Jahrhundert Nordafrika bereisten; sie beschrieben deren Könige als magisches Zentrum der Gemeinschaft mit absoluter Macht, aber auch Vorbildfunktion für die Sozialmoral; diese Funktionen sind aber verbunden mit unbeschränkter Freiheit für Grausamkeit.[64, S.473ff] Wer an der Entwicklung von Grausamkeit innerhalb menschlicher Sozietäten interessiert ist, kann aus Canetti's Zusammenfassung der anthropologischen Berichte über diese afrikanischen Königreiche und indischen Sultanate schöpfen, wie der Regierung von Muhammad Tughlak im 14. Jahrhundert. Dazu stellt er fest: *"Es steht dem Europäer des 20. Jahrhunderts schlecht an, sich über Barbarei erhaben zu dünken. Die Mittel seiner Machthaber mögen wirksamer sein. Ihre Absichten unterscheiden sich oft in nichts von denen afrikanischer Könige."* [64, S.473] Er vergleicht das Verhalten solcher Regenten mit Paranoikern und schreibt dazu: *"Niemand hat ein schärferes Auge auf die Eigenschaften der Masse als der Paranoiker und der Herrscher, was - ... auf dasselbe hinausläuft".*[64] .... *"Das Religiöse durchdringt sich hier mit dem Politischen, sie sind unzertrennlich. Welterlöser und Weltherrscher sind eine Person. Die Begierde nach Macht ist von allem der Kern. Die Paranoia ist, im buchstäblichen Sinne des Wortes, eine Krankheit der Macht."* [64, S.516] Und er fasst schließlich zusammen: *"Ein Geisteskranker, der, ausgestoßen, hilflos und verachtet, seine Tage in einer Anstalt verdämmert hat, mag durch Erkenntnisse, zu denen er verhilft, von größerer Bedeutung werden als Hitler oder Napoleon, und der Menschheit ihren Fluch und ihre Herren erleuchten."* [64, S.517] Und in der Tat kann man in Erinnerung an das eine oder andere Detail aus ihren Biographien ohne weiteres zustimmen, dass *„Der Unterschied zwischen ihnen* [dem Paranoiker und dem Herrscher] *... nur einer ihrer Stellung in der äußeren Welt [ist]. In ihrer inneren Struktur sind sie ein und dasselbe."* [64, S.533]

N67   Brennan [3] macht den Leser auf die unbelehrbaren Lehrmeister aufmerksam und weist sehr deutlich auf eine irrationale Denkweise beim Argumentieren in Gesprächen hin, auch wenn er die spontanen Denkabläufe zunächst in dreifacher Weise irreführend interpretiert, wenn er beispielsweise annimmt, dass *"kognitive Fehleinschätzungen ... wie ein bug in der Software unseres Gehirns [sind]. Sie hindern uns daran, zu glauben, zu denken oder zu tun was wir glauben, denken oder tun sollten .. ".** Ein Grund ist, dass wir noch nicht genau wissen, wie unser Gehirn tatsächlich funktioniert; daher ist der Vergleich mit einem Computer nicht gerechtfertigt. Der zweite Grund ist, dass der Vergleich mit einem Software-bug irreführend ist, weil ein „bug" ein Fehler ist. Im Gegensatz dazu sind diese Hirnfunktionen Ergebnis eines evolutionären Prozesses, nicht einer Funktions- oder Programmierstörung. Unser spontanes Verhalten ist kein Fehler im System, sondern das sind wir selbst; uns selbst als Störfaktor in einem ideologischen System zu bezeichnen, käme einer Selbstaufgabe gleich. Der dritte

Punkt betrifft wieder diesen ideologischen Aspekt: was wir „glauben, denken oder tun *sollen*" entspricht der Erwartung von einem „Soll-Menschen" im Gegensatz zu dem, was der wirkliche Mensch in seinem Spontanverhalten tatsächlich *ist*. Diese Moralvorstellung von erwünschtem oder vorgeschriebenem Verhalten entspricht in diesem Zusammenhang dem Verbot, spontan, automatisch, etwas zu glauben, zu denken oder zu tun. Damit sind wir am zentralen Problem und meinem Hauptanliegen angekommen: nicht das Verbot asozialen oder selbstschädigenden Verhaltens bringt eine Gesellschaft, eine Kultur weiter, sondern die Erziehung in das Verständnis der Gegebenheit, dass manches Spontanverhalten asozial wirkt oder zwecklos ist, und die Entwicklung intelligenter Strategien zu dessen Vermeidung.

Im heutigen Menschenleben werden diese alten Mechanismen, Instinkte und anderes Spontanverhalten mit immer mehr rationaler Kontrolle konfrontiert; dadurch erscheinen wir oft zwiespältig, unlogisch, ja verrückt. Denn die Kontrolle des Spontanverhaltens kann nur jeweils „im nachhinein" gelingen, nach dem Ablauf eines Verhaltensmusters oder bestenfalls durch Hemmung, nachdem es bereits abzulaufen begonnen hat. Was Brennan als „passion" [3] bezeichnet, ist nicht oder nicht nur emotionale Überzeugtheit, sondern unbewusstes, automatisches Denken und Handeln, das unser kritisches Denken dominiert oder ihm zuvorkommt. Brennan weist darauf hin, dass dies auch für unser Argumentieren im Gespräch gilt, und erläutert die Konsequenz aus diesem Gemisch von spontanem und kritisch bedachtem Denkprozess in hilfreicher Weise: "*... zeigt, dass unsere rationalen Überzeugungen und Entscheidungen oft nicht nur nicht verlässlich sind, sondern in manchen Fällen sogar der Vernunft zuwiderlaufen. Argumentieren kann auch negative Folgen haben ... weil dabei systematisch nach Argumenten gesucht wird, welche den eigenen Glauben oder die eigenen Handlungen rechtfertigen.*"*[3] Diese Feststellung berührt zwei weitere Punkte: der eine ist, dass eine Diskussion, also eine verbale Auseinandersetzung, als Kampf mit Worten anstatt mit Waffen gesehen werden muss, bei dem die neue Waffe „Intelligenz" anstelle physischer Gewalt eingesetzt wird. Darauf weist die Sprache bereits überdeutlich hin, wenn wir an Worte wie „niederreden", „mit den besseren Argumenten gewinnen", „Wortgefecht" und andere denken. Der andere Mechanismus, den Brennan auch als „bug" bezeichnet, ist ebenfalls kein Fehler im Denkablauf Einzelner, der unmoralisch oder bestrafenswert sein sollte, sondern ein in der Evolution gewachsener Teil unseres Denkprozesses an sich – oder mit anderen Worten: wir können nicht anders denken als unser Gehirn gemacht ist. Was wir machen können, ist unser Denken nochmals kritisch analytisch „be-denken", aber erst im Nachhinein. Zunächst sind wir Opfer eins Prozesses, der eine Erfahrung zu Überzeugung und die Überzeugung zu Glauben macht: wer eine Entdeckung macht, und sei es eine wissenschaftliche, nimmt sie zunächst nicht als hypothetisch, sondern beginnt daran zu glauben und verteidigt diese Überzeugung – selbst Einstein war gegen diesen Mechanismus nicht immun, sondern verteidigte seine Theorie über Jahre, bis er zähneknirschend nachgab. Dieses Denkschema – ich nenne es das „Überzeugtheitssyndrom" – ist tief in den Gehirnprozessen verankert, eben Teil der „unbelehrbaren Lehr-meister", die sich hier als Werkzeug der Denkmechanismen offenbaren, als Methode der Verarbeitung, die derart tief im gesamten Wesen verankert ist, dass auch der Hormonhaushalt dabei mitspielt: jeder Erfolg im Wortgefecht hat einen positiven Verstärkungseffekt auf hormoneller Basis und verführt uns ab und zu sogar dazu, noch weiter in eine Richtung zu argumentieren, diesmal sogar nur noch des Erfolges wegen, nicht mehr aus rationaler Überzeugung. Es ist in der Tat äußerst verwirrend zu sehen, wie wir einerseits in der Lage sind, Natur-phänomene rational auszuspähen und zu nutzen, Apparate bis hin zu Raumfahr-zeugen zu bauen und zu betreiben, andererseits aber uns mit unserem Wissen in wahnsinnigen Irrglauben zu verrennen und uns damit selbst zu gefährden. Trotz dieser mitunter entmutigenden Feststellung dürfen wir auf unsere Fähigkeit zur rationalen Analyse vertrauen, weil wir sie auch zur kritischen Prüfung unserer vermeintlich rationalen Denkergebnisse verwenden können, durch „Nach-Prüfen" und „Be-Denken", um zu vermeiden, was auch als „rationale Irrationali-tät" bezeichnet wurde, z.b. also das rationale Argumentieren im Interesse eines Wahnsinns (z.B. atomare Abschreckung). Ein Ratschlag unter Wissenschaftlern des kritischen Rationalismus ist daher: wirf jeden Morgen eine Lieblingshypo-these über Bord, bedenke deren Begründung neu oder bedenke wenigstens, was dagegen spricht.

N68 Es gibt nichts als Familien, Clans und Seilschaften
„"In-group / out-group bias" bedeutet, dass wir "tribalistisch" sind. Im negativsten Sinn der Bedeutung."* Brennan's [3] diesbezügliches Verständnis spiegelt exakt unser derzeitiges Wissen über uns selbst, so wie ich es hier als Basis für Über-legungen zur Verbesserung des Sozialwesens darzulegen versuche: dieses – noch dazu hierarchisch geprägte – Gruppenempfinden, einen instinktiven Auto-matismus, moralisch als negativ, verdammenswert und bestrafenswürdig zu stigmatisieren, kommt einer sinnlosen Selbstbestrafung für etwas gleich, wofür wir nicht verantwortlich sind, ähnelt der Selbstgeißelung in Gesellschaften von Gottesstaaten. Stattdessen kann nur das volle Gewahrsein unserer Natur und die Entwicklung von Strategien in Erziehung und Selbstdisziplin das Sozialwesen, Kultur und Politik ändern. Über Strategien dagegen komme ich in Kapitel III zu sprechen (S. 323f).

N69 Zwei Journalisten [102] beschrieben in einem Roman Mafia-Strukturen, die sie sehr dezidiert als Szenen aus dem wirklichen Leben in einer deutschen Großstadt bezeichnen: Abläufe in Seilschaften der "besseren" Gesellschaft, die schlimmer sind als jede Vorstellung von mafiösen Strukturen – Teile davon kennt zumindest jeder Ältere von den Lesern aus eigener Erfahrung.

N69A Die Geschichte wurde durch eine Verfilmung von Yves Robert im Jahr 1962 bekannt; sie basiert auf der Kindergeschichte von Louis Pergaud aus dem Jahr 1912 (im franz. Original: "La guerre des boutons").[384] Es geht darin um die Schlägereien, die sich zwei Gruppen von Schuljungen aus benachbarten Dörfern liefern.

N70 Ku-Klux-Clan und andere Gruppierungen im Interesse der Rassentrennung in Gesellschaften, die auch rassistisch sind, d.h. aggressiv im Sinne von Hass, in den USA und in den Kolonien Frankreich's und anderer Nationen, Pogrome gegen Kulturfremde, unübertroffen demonstriert in der Judenvernichtung der nationalsozialistischen Ära, der Russen in der Stalin-Ära und im Konflikt mit den muslimischen Völkern entlang der Südgrenze der Sowjetunion, oder der Chinesen entlang ihrer Nordwestgrenze, der Roten Khmer in Kambodscha, Chile unter Pinochet, den Massakern im früheren Jugoslawien, den Konflikten zwischen dominierenden Sekten des Islam, Genozide zwischen afrikanischen Stämmen ...

N71 *"schon in jedem Erkennenwollen ist ein Tropfen Grausamkeit"* [79, S. 142]
... Fast alles, was wir „höhere Kultur" nennen, beruht auf der Vergeistigung und Vertiefung der Grausamkeit - dies ist mein Satz; jenes wilde Tier ist gar nicht abgetötet worden, es lebt, es blüht, es hat sich nur- vergöttlicht....
... Bis hinauf zu den höchsten und zartesten Schaudern der Metaphysik, angenehm wirkt, bekommt seine Süßigkeit allein von der eingemischten Ingredienz der Grausamkeit. Was der Römer in der Arena, der Christ in den Entzückungen des Kreuzes, der Spanier angesichts von Scheiterhaufen oder Stierkämpfen... Die Wagnerianerin, welche mit ausgehängtem Willen Tristan und Isolde über sich „ergehen lässt" [79]

N72 Ein Blick in die Sozialwahl-Theorie und ihre Risiken
Die Bedeutung von „Sozialwahl" (engl. „social choice") ist Gegenstand reger wissenschaftlicher Debatten, und niemand wagt zu behaupten, sie sei unbestritten – nur: Demokratie basiert im Prinzip auf ihr, jedenfalls in der Theorie: es geht um die Erwartung, dass Gruppenabstimmungen gleich gute oder bessere Entscheidungen erwirken als individuelle Entscheidungen. Was bedeutet dies alles nun?
Aufbauend auf den Arbeiten von Nobelpreisträger Amartya Sen, Kenneth Arrow und anderen besteht sie aus mehreren Theoremen, zu denen eine Reihe wissenschaftlicher Ansätze beitragen, darunter mathematisch-statistische und biologische, empirische und computergestützte. Keine davon ist aus der Sicht der wirklichen Welt schlüssig. Conradt und List haben 2009 eine Übersicht und einen Methodenvergleich bei Tier und Mensch verfasst [69]. Gruppenverhalten bleibt bisher weitgehend undurchschaubar und führt zurück zu Zweifeln, ob unsere Spezies eher eine Fehlentwicklung der Natur oder ein Fortschritt in der Evolution ist.
Da alles Gruppenverhalten bei Tieren für deren Überleben relevant ist, stellt sich die Frage, wie bedeutend es bei uns Menschen ist – sie läuft auf den Konflikt zwischen Gruppenentscheidung und individueller Intelligenz hinaus, oder anders ausgedrückt: wer soll Fragen stellen und Entscheidungen treffen, der Gruppeninstinkt oder intelligente Individuen. Wenn es die Gruppenentscheidungen sind, tritt die Frage auf, wozu unsere Intelligenz entwickelt wurde. Blickt man in die Geschichte, so wird klar, dass es sich meist um eine Mischung aus bewussten Entscheidungen Einzelner und Gruppeninstinkt oder Zufallsergebnissen aus Abstimmungen handelt. Da wir von „Gruppeninstinkt" ziemlich wenig verstehen,

und da Individuen bei Abstimmungen über Details von Entscheidungskriterien wenig wissen, fragt sich, wie relevant mathematische und computergestützte Modelle überhaupt sein können. Wir stehen hier vor einem tiefen Loch von Unwissen und Unsicherheit. Jedenfalls kann am Ende von Debatten hierüber stets nur herauskommen, dass lediglich das Individuum die Fähigkeit zu bewusstem Gewahrsein und kritischem Denken hat, das mysteriösem Massenverhalten gegenübersteht.

Wer soll über unsere Schritte in die Zukunft entscheiden: instinktives Gruppenverhalten und zufällige Abstimmungsergebnisse? Oder doch besser bewusste Entscheidungen Einzelner? Oder eine neue, dritte Lösung aus Gruppen informierter Individuen?

"Wahrheitsfindung" (engl. "truth tracking") ist ein Schlagwort aus dem Fachgebiet der Sozialwahl-Theorie. Man meint damit die richtige Entscheidung zwischen zwei Möglichkeiten: richtig oder falsch, schuldig oder unschuldig. Dabei wird jedoch leicht vergessen, dass bei sozio-politischen Fragestellungen in der Regel die Frage nach der bestmöglichen Lösung auftritt – eine weitgehend andere Situation, in der Evidenz gefragt ist und manchmal nach Versuch und Irrtum vorgegangen werden muss. In diesem Zusammenhang von „Wahrheit" zu sprechen, ignoriert entweder die Bedeutung des Begriffs oder führt zurück in die Welt von „Naturgesetz", in der nicht die Politik handelt sondern „die Stimmung des Volkes". „Wahrheit" wird dann allenfalls als Fata Morgana in Konrad Lorenz's "Rückspiegel" sichtbar, als "instinktive Wahrheit", Überzeugtheit aus Hausverstand, common sense, Wissen aus der Erfahrung der Evolution – ist es auch in unserer Welt rettend, oder führt es in die Selbstvernichtung? Geht man davon aus, dass Bewusstheit in der Evolution entstanden ist, damit künftig nicht mehr nur das genetische Spiel von Anpassung und Mutation über Leben und Tod einer Spezies entscheidet, dann sollte besser diese neue Geisteskraft entscheiden. Die von Adam Smith [N181] als Beispiel benutzte "unsichtbare Hand", die bei Gruppenentscheidungen die beste Lösung herausfindet wie die freie Marktwirtschaft die besten Produkte, könnte sich als eben diese Fata Morgana im Rückspiegel herausstellen, als jene alten unbelehrbaren Lehrmeister – Gruppen können nicht auf die Rückseite des Spiegels sehen, das gelingt nur dem kritischen Geist von Individuen. Gruppen ihrerseits werden allerdings leichte Beute individueller Manipulation. Letztlich kann also nur die Zustimmung der Gemeinschaft zur Entscheidung zielführend sein, künftig alle Entscheidungen soweit möglich evidenzbasiert zu treffen (S. 378)

N73 Diskussion der biologischen Faktoren mit Brennan's Philosophie

Brennan berücksichtigt die Tatsache nicht, dass das Individuum nicht nur *"besser wegen der anderen"*[*3], sondern zunächst vollkommen abhängig und ohne kulturelle Erziehung und Sprache kein Mensch wird. Als Politikwissenschaftler und Philosoph räumt er ein, dass Ideologen dazu tendieren, die tatsächlichen Gegebenheiten der „condition humaine", der Natur und der Wirklichkeit des Menschen im Alltagsleben, wie auch der Massenphänomene, beiseitezulassen [3] (oder auszunutzen und zu missbrauchen). Er stellt dazu aber auch selbst fest, dass

*"Unser politischer Tribalismus überbordet und auch unser Verhalten außerhalb der Politik korrumpiert."**3* Auch wenn ich meine, dass die Entwicklung eher in umgekehrter Richtung verläuft, und dass politische Ideologien zum Versagen verurteilt sind, wenn sie die Eigenheiten der menschlichen Natur nicht mit-berücksichtigen: die Konsequenz davon wird stets sein, dass die menschliche Natur sich durchsetzt, solange sie nicht anders erzogen wird. Die einzige Mög-lichkeit bestünde demnach darin, intelligente Strategien zu erfinden, um unsere asozialen Eigenheiten zu kontrollieren. Stammes- und Parteiendenken sind keine Erfindung politischer Parteien, sondern der Evolution. Nicht die Politiker machen uns schlechter, wie Brennan es hier ausdrückt, sondern wir, das Volk, sind es, die Politiker gewähren lassen und sogar aus Eigeninteresse zu Partei-lichkeit drängen. Der Klassenkampf wurde ebenfalls nicht von Politikern erfun-den; vielmehr ist er ein Wildwuchs der naturgesetzlichen menschlichen Gesell-schaft. Wir sind es, die Hierarchien bilden und Seilschaften – aber alle, Bürger wie Politiker. Instinktives Verhalten ist geleitet von Vertrauen und Ängstlichkeit; so verhält es sich mit der Fremdenscheu ebenso wie mit dem Misstrauen gegenüber anderen Clans. Solches Spontanverhalten aus politischer Sicht ver-antwortungslos und korrupt zu nennen bedeutet, einen Menschen als Bürger zu erwarten, den es von Geburt her so nicht gibt, der also von der Gesellschaft dort-hin erzogen werden müsste. Das Ergebnis dieser Erziehung ist ein Abbild der Kultur und der Ideologie dieser Gesellschaft, oder der ihrer Führer. Es ist also nur allzu klar, dass Erziehung der einzig mögliche Weg aus dieser Unzu-friedenheit mit dem Verhalten des Bürgers sein kann, auch, indem man ein Beispiel gibt. Aus diesem Grund wäre man auch einem groben Irrtum verfallen, erwartete man eine vollkommen moralische neue Generation, wohingegen die Elterngeneration noch alle Zeichen zunehmenden Individualismus, Libertinis-mus und asozialen Verhaltens vorlebt.

*"Politik neigt dazu, uns von Anfang an zu in gegnerische Positionen zu setzen".**3* Nicht die Politik sondern das „naturgegebene" Sozialverhalten macht uns dazu. Demokratische Politik greift es nur auf, nutzt es und missbraucht es damit – abgesehen von der Tatsache, dass Politiker auch „nur" die gleiche Art Mensch sind wie ihre Bürger. Intelligente Gesellschaften, die der Natur des Menschen und seines evolutionären Hintergrundes zunehmend gewahr werden, sollten Strategien entwickeln, die denen im Gehirn des Individuums gleichkommen: die allerletzten Entwicklungsschritte sind Hemmzentren im Stirnlappen des menschlichen Gehirns mit der Aufgabe, asoziales Spontanverhalten zu block-ieren. Intelligente Hemm-Strategien für asoziales Verhalten in der Erziehung: es gibt keinen anderen Ausweg in dieser wachsenden Gefahr der Selbstvernichtung der Menschheit. Die wissenschaftliche Erkenntnis des Zusammenhanges der eigenen Natur mit der gesamten Evolution des Lebens entsteht seit kaum einem Jahrhundert. Unsere Selbsterkenntnis entsteht in unserer Ära. Die schwierige Aufgabe besteht nun darin, dieses neue Wissen in bewusst geleitetes Sozialver-halten zu übertragen, in Strategien zur Erziehung der nachfolgenden Genera-tionen, und in Politik.

Brennan's Interpretation von Hobbes' Leviathan [3] ist in diesem Zusammenhang diskutabel, weil sie außer Acht lässt, dass der „Naturzustand" des Menschen, der „Wilde", nicht seine Asozialität ist: auch der „Wilde" lebt in einem, wenn auch instinktgeprägten, sozialen Umfeld mit seinen Regeln. Sie haben sich aus der Welt der Menschenaffen dank der neuen Bewusstheit, der Selbst-Bewusstheit, weiter entwickelt, dank der Sprache mit intensivierter Kommunikation, zunehmend auch dank der neuen Gabe der bewussten Hemmung von Instinkten. Eben erst, in unserem Zeitalter, erwacht die Menschheit in eine neue Sozialbewusstheit, das Gewahrsein, dass der Kampf der Stämme gegeneinander den Keim der Selbstvernichtung birgt.

Seit der Zeit von Hobbes, Locke und den weiteren Denkern ab dem Zeitalter der Aufklärung erhellt sich das Selbstbildnis des Menschen als Individuum und als soziales Wesen. Die Humanethologie und das Verständnis der Evolution unserer Erkenntnisfähigkeit im Zusammenhang der Entdeckung der Evolution des Lebens insgesamt, und der Entschlüsselung der Hirnfunktion, haben unser Selbstverständnis grundlegend zu verändern begonnen.

N73A Dr. Guillotin's Kinder versuchten, den französischen Staat auf dem Klagsweg zu zwingen, den Namen "Guillotine" zu ändern, weil sie sich schämten, ihren Namen mit der Grausamkeit der Revolution in dieser Weise verbunden zu sehen. Immerhin war der eigentliche Erfinder nicht ihr Vater, sondern ein Mann namens Antoine Louis. Die Guillotine sollte also besser "Louisiette" heißen.

N74 *"Es gibt zwei hauptsächliche Trends: einige befürworten eine breite Definition von Empathie als das Verständnis der Gefühle einer anderen Person, von Anteilnahme... oder als 'eine affektive Antwort, die eher der Situation eines anderen angepasst ist als der eigenen' ... Empathie fasst Phänomene zusammen wie etwa emotionale Verbindung, Sympathie, persönliche Anspannung oder sogar Erkennen der Situation anderer. Diese Definition erlaubt jedoch keine exakten Feststellungen zur Natur der Empathie oder ihres Automatismus, weil man stets erwidern kann, dass dies vom Niveau der Empathie abhänge ... . Empathie liegt vor, wenn: (i) man in einem Gefühlszustand ist; (ii) dieser Zustand isomorph dem Gefühlszustand einer anderen Person ist; (iii) dieser Zustand ausgelöst wird durch die Beobachtung oder Vorstellung des Gefühlszustandes einer anderen Person; (iv) man weiß, dass diese andere Person die Ursache für den eigenen Gefühlszustand ist".* [72]

N75 Weiter zur Empathie:
Ich bin als Mensch spontan – und auch nachgerade zwanghaft – neugierig, weil dies ein komplexer Kommunikationsvorgang in meinem Gehirn automatisch bewerkstelligt. Dieser Mechanismus entstand in der Evolution zwischen unseren Vorfahren in der Ahnenreihe der Tiere und wurde bei uns Menschen mit der Entwicklung der Bewusstheit um eine Dimension erweitert. Er arbeitet im Prinzip als Komparator, der die Frage stellt: wie fühlt es sich an, in der derselben Situation zu sein wie die Person mir gegenüber, um erraten zu können, in welcher Verfassung sie ist. Dazu werden in meinem Gehirn Erinnerungen an meine eigene Befindlichkeit in vergleichbaren Situationen aktiviert, zum Beispiel bei Schmerzen. Auf diese Weise fühle ich eine Erinnerung an meinen eigenen da-

maligen Zustand. Dieser „Diagnostikapparat" im Gehirn existiert als Fähigkeit, als Maske, die mit wirklichen Inhalten gefüllt wird; einige davon sind bei allen Menschen ident, andere sind sehr ähnlich, wieder andere äußerst unterschiedlich (Weinen ist eine sehr basale Emotion, ursprünglich eingesetzt, um Hunger oder Angst auszudrücken). Der kulturelle Ausdruck der grundsätzlichen Reaktion kann unterschiedlich entwickelt werden: so nickt der westliche Mensch mit dem Kopf, um Zustimmung zu signalisieren, während der Inder mit dem Kopf wackelt. Um ängstliche Unsicherheit auszudrücken, runzelt der Europäer mit zögernder Miene die Stirn, während der Japaner in dieser Situation lacht. Es gibt auch zwanghafte Mechanismen zur Nachahmung solcher Expressionen; eine davon ist, gähnen zu müssen, wenn wir jemand anderen gähnen sehen, zu lachen, wenn jemand einen Witz erzählt. Dieser gleiche Mechanismus synchronisiert also unsere Gefühle, wie wir es auch vom Kino kennen, wenn wir in einem Film eine traurige Szene sehen und weinen, oder alle plötzlich lachen, weil sich etwas für uns lustiges ereignet. Wir werden überwältigt von einem Gefühl wie von einem anderen Wesen in uns, das plötzlich die Kontrolle übernimmt, mich „übermannt", das aber immer noch ich selbst bin, gegen meinen eigenen Willen.

N76 Anthropomorphismus besteht in einer Art von Personifizierung von Objekten oder Ereignissen: der Baum mir gegenüber ist nicht an sich ein Baum. Ich weiß nicht, was er eigentlich ist. Für mich ist er ein Objekt der Umwelt mit bestimmten Charakteristika, die allesamt mit meinem Interesse daran zusammenhängen: im Frühling die schönen Blüten daran, süße Früchte im Herbst, Schatten im Sommer, Holz für den Winter, seine Ähnlichkeit mit anderen Objekten und so fort. Dank dieses Mechanismus erkenne ich an meinem Gegenüber auch dessen Ähnlichkeit mit mir selbst, ähnlichem Aussehen und Verhalten: dieses Phänomen erklärt uns auch, warum wir allem um uns eine menschenähnliche Eigenschaft verleihen: der Wind bläst uns aggressiv ins Gesicht, die Natur ist insgesamt entweder freundlich oder feindlich; wir sprechen auch Tieren Gefühle zu, die wir in deren Lage hätten, die sie aber nicht haben können. Auch Göttern in Naturreligionen als Repräsentanten einer Naturgewalt oder einer abstrakten Eigenschaft wie Liebe geben wir eine Menschengestalt. Tiere werden in Kunst und Literatur verwendet, um menschliche Charakterzüge darzustellen.

N77 "Empathie" als "Modethema" in der Forschung wird in vielen Experimenten untersucht, die auch zur Frage zurückführen, was wir darunter eigentlich verstehen wollen, also zur Frage einer Definition: einiges davon scheint eher dem „Lernen durch Beobachten" zuzuordnen zu sein, das in der Nähe von Lernen durch Nachahmung angesiedelt ist (jede wiederholte Beobachtung ist ein Lernprozess): demnach ist die Beobachtung von Mäusen, die Schmerzreizen ausweichen, wenn sie andere dabei beobachteten, wie sie solchen Schmerzen ausgesetzt wurden, erscheint als ziemlich triviale Übung, die wenig mit unserer Vorstellung von Empathie gemein hat.[241] Andererseits kann es nicht schaden, dieses Verhalten als eine Art Vorläufer von Empathie zu bezeichnen, solange man es als rein instinktives Verhalten versteht. Die derzeitige Modeerscheinung der Empathieforschung ist aber umso erstaunlicher, wenn man berücksichtigt, dass tatsächliche Empathie schon vor gut einem halben Jahrhundert bei Rhesus Affen beobachtet wurden, als ein Tier tagelang das Futter verweigerte, weil immer dann, wenn es sein Futter zu nehmen begann, der Nachbar einen Elektroschock bekam.[242] Die Beobachtung von Tröstung, überhaupt von emotionaler Verbindung, auch von gezielter Hilfeleistung bei einer Reihe von Spezies [74] sind weitere Hinweise auf die Existenz von „Empathie". Die innere Wiederholung, Nachahmung oder Erinnerung – wie auch immer man es nennt – der Gefühlsausdrücke anderer ist offenbar ein ziemlich alter instinktiver Mechanismus aus der Evolution.

N78   Robert L. Trivers schrieb im Jahr 1971 über menschlichen reziproken Altruismus, " *...dass die Details des psychologischen Systems, das diesen Altruismus regelt, mit dem Modell des [reziproken altruistischen Verhaltens] [erklärt werden kann]. Im besonderen können Freundschaft, Antipathie, moralisch motivierte Aggression, Dankbarkeit, Sympathie, Vertrauen, Misstrauen, Vertrauenswürdigkeit, Aspekte von Schuld und einige Formen der Unehrlichkeit und Falschheit als wichtige Adaptationen zur Regulierung des altruistischen Systems erklärt werden. Jedes menschliche Individuum muss als Träger altruistischer und betrügerischer Neigungen angesehen werden, deren Ausdruck jeweils von Variablen in der Entwicklung abhängt, die ausgewählt wurden, um diese Neigungen in einer Balance zu halten, angemessen an das lokale soziale und ökologische Umfeld."* [76]

N79   Im "Sträflings-Dilemma-Spiel" (engl. prisoner's dilemma-game), werden zwei Strafgefangene, die zusammen ein Verbrechen begangen haben, getrennt in Zellen ohne Möglichkeit zur Kommunikation verhört. Ihnen wird eine Reduktion des Strafmaßes angeboten, wenn sie jeweils den Kameraden verraten, und zwar in folgendem Umfang: wenn beide jeweils den anderen nicht verraten, bekommen sie ein Jahr Gefängnis, wenn beide einander verraten, bekommen beide je 2 Jahre, wenn aber nur einer den anderen Verrät, kommt der Verräter frei, während der Verratene 3 Jahre bekommt. Rational gesehen zahlt es sich für den Verräter in der ersten Runde des Spiels aus, den anderen zu verraten. Wenn aber das Spiel fortgesetzt wird – wie dies auch in jeder Situation des wirklichen Lebens geschehen kann – dann muss man die sogenannte „tit-for-tat" – Situation erwarten: wie du mir, so ich dir, also gegenseitiges Heimzahlen. Nun wird also der Verratene selbst verraten, während der Verräter weiter verraten wird; dies verschlechtert die Lage für beide und kann bei mehreren Runden in einem Desaster enden. Kurz gesagt, das Spiel zeigt, dass Kooperation auf längere Sicht bessere Ergebnisse bringt als gegenseitiger Betrug und Verrat [243]. Dies gilt in gleicher Weise für soziale wie politische Szenarien: wohl bedachtes Handeln mit dem Gemeinwohl als Ziel schützt individuelle Situation und Gemeinwohl auf lange Sicht, während die Verfolgung individueller Interessen beide schädigt.[244]

N80   "Moralistische Aggression", z.B. bei erfolgloser Erziehung, oder zwischen Freunden anlässlich der Aufdeckung multipler kleiner Unehrlichkeiten, weist darauf hin, dass *vieles an der menschlichen Aggression moralische Obertöne hat* *[76]. Frustration und Indignation angesichts von Ungerechtigkeit kann explosions-

478

artige Aggression auslösen- sie ist besonders geläufig von jungen Menschen anlässlich ihres Aufwachens in der wirklichen Welt, bitter enttäuscht darüber, dass gegen den social divide und andere sozialpolitische Unzulänglichkeiten nichts getan wird. Politiker machen in ihrem Nichtgewahrsein der wirklichen Lage der Menschen in ihrer Gesellschaft schwerwiegende Fehler: nach den Unruhen in London und anderen britischen Städten im Jahr 2011 wurden junge Demonstranten von der Polizei verhaftet, öffentlich als Kriminelle beschimpft und letztlich nach speziell für sie herbeigezauberten gesetzlichen Rahmenbedingungen als Warnung an die anderen mit weit übertriebenen Gefängnisurteilen bestraft.

N81 Ich stimme mit de Waal nicht überein, wenn er meint, dass *„Motivation"* den Altruismus bei Tieren nachgerade beweise, weil *"Man nicht motiviert sein kann zu etwas das man nicht kennt"*.* [74] Denn jegliche zwanghafte, instinktive Handlung wird als eigenständiger Akt ausgeführt, bei der die Motivation ein physiologischer Zustand wie etwa Hunger ist. Weiß ein Tier, dass es hungrig ist? Es *ist* im Zustand des Hungers und beginnt deshalb nach Futter zu suchen; ob es weiß, dass es Hunger *hat*, bleibt dabei teils Spezies-abhängig, teils Frage der Begriffsdefinition, oder man kann die Frage mit nein beantworten. Weiß ein reflexartig fliehendes Tier, das wegen eines Geräusches in der Nachbarschaft aufschreckt, warum es flüchtet? Es gibt natürlich ein anderes Argument, das für den Anfang jeglichen Verhaltens gilt: woher weiß ein Tier zuallererst, dass es nützlich sein könnte, einem anderen zu helfen? Es entsteht zuerst zufällig, wird nach vielen Wiederholungen als Instinkt zementiert, weil es im Sinne des „reziproken Altruismus" einen Überlebensvorteil brachte.

N82 Im Jahr 1924 eingeführt als Tötungsmethode in der US-Justiz, wurde die Gaskammer nicht von Nationalsozialisten erfunden. Verurteilten wurde ihr "Recht auf Leben", erteilt von ihrem Schöpfer, von den Demokraten weggenommen. Abgesehen von anderen Fakten: die schwarze Bevölkerung, heute als "African-Americans" bezeichnet, war weder frei noch gleich, sie blieben innerhalb des demokratischen Staates noch bis 1865 Sklaven; die letzte öffentliche Hinrichtung von einem der ihren fand 1936 in Kentucky vor den Augen von etwa 20.000 Zuschauern statt.

N83 Dieselben Gefühle herrschen zwischen Mitgliedern ein und derselben unterdrückten sozialen Klasse, wie wir aus unserem Alltag und aus der Geschichte wissen: viele Frauen und Männer endeten am Gulag, weil sie aus opportunistischen Gründen an Inquisitoren denunziert wurden – nicht nur im Rahmen mittelalterlicher Hexenjagd, auch die stalinistische Ära[57] im Russland des 20. Jahrhunderts und viele weitere Ereignisse ließen sich hier auflisten. „Gleichheit", damals eingeführt als autonome Option, ein Selbstzweck, endet in einem Reigen von Kämpfen gegeneinander, der auch im Reichtum keinen Sättigungsgrad erreicht – am anderen Ende der Skala die extreme Armut. Rousseau hatte noch gehofft, dass eine halb-vernünftige, halb-fehlerhafte Art von Gleichheit ausreichend sein könnte: " .. *nicht dass die Grade von Macht und Reichtum für alle absolut gleich werden müssten; aber jedenfalls, dass .. .kein Bürger jemals so reich sein* *könne, dass er einen anderen zu kaufen imstande wäre, und niemand arm genug, um gezwungen zu sein, sich selbst zu verkaufen"*[*12] – also nicht genau das, was man als Ergebnis erwarten würde, nachdem Alle sich vollkommen an den Staat gegeben haben, wie Rousseau es forderte.

N84 Locke hatte argumentiert, dass der Mensch "frei geboren" sei. Rousseau hingegen, beginnend mit der Forderung, dass "*... die Menschen genommen werden müssen wie sie sind"*[*12], argumentiert im Sinne eines sozio-politischen Konstrukts von „rechtlicher" Freiheit aller Individuen trotz ihrer körperlichen und geistigen Ungleichheiten und weist darauf hin dass „ *Aristoteles vor allen anderen sagte, dass die Menschen keineswegs von Natur aus gleich seien, sondern dass einige für die Sklaverei geboren sind, andere aber um zu herrschen.*" Rousseau [12] ignoriert die natürlichen Gegebenheiten trotz seiner eben genannten Forderung und argumentiert, dass   Aristoteles "*die Wirkung für die Ursache"**, genommen habe, indem er Aristoteles' "geboren für die Sklaverei" als "geboren *für* die Sklaverei, da geboren *in der* Sklaverei" interpretiert. Dabei war es Aristoteles, der – im Gegensatz zu Rousseau – die Menschen genommen hat wie sie sind.

N85 "*Es ist durchaus zu erkennen, daß das Streben nach Gleichheit, in dem Tocqueville die Hauptantriebskraft der Demokratie erblickte, zur Uniformität führt, doch wir sollten nicht vergessen, daß die Demokratie eben auch auf dem Streben nach Freiheit beruht, das zu Verschiedenheit, Zersplitterung, Vereinzelung führt, wie es Plato, ihr subtiler Feind, so großartig ausgedrückt hat, indem er die demokratische Gesellschaft mit einem buntscheckigen, zusammengestückelten Mantel verglich*".[78]

N86 In diesem Zusammenhang beabsichtige ich nicht, die tiefen sozialen Veränderungen und ihre unabsehbaren Folgen zu diskutieren, die sich aus der Zerstörung der traditionellen Familienstruktur ergeben, die Frauen zur Arbeit und Selbstverwirklichung schickt oder zulässt, während die Kinder in die Tagesstätte kommen. Hier erwartet die Nationen und deren Zukunft eine große Herausforderung mit der Frage im strengen Blick: und wer wird diese Kinder in welche Soziokultur erziehen? Wir befinden uns hier im wohl gefährlichsten Winkel des Liberalismus: während die Erwachsenen ihrer Selbstverwirklichung nachjagen, wächst die jeweils nachfolgende Generation weitgehend ohne orientierenden Halt auf: keine feste Gesellschaftsordnung mehr, kein Weltbild, in dem man eine Nische finden könnte, die jene Angst ob dem Nichtwissen über das Woherkommen und Wohingehen in dieser Bewusstheit beruhigt, die sich doch nur ewige Existenz vorstellen kann.

Das Ausmaß an Verunsicherung und Orientierungslosigkeit unter jungen Menschen hat im Westen mittlerweile ein erschreckendes Niveau erreicht, das mit den Umweltsorgen der Menschheit mindestens gleichgezogen hat, aber weitgehend totgeschwiegen wird: Depression und Angststörungen und weitere gravierende psychische Probleme nehmen seit der zweiten Hälfte des 20. Jahrhunderts merklich zu.[352-354, 381, 382] Je nach westlichem Land schwankt die Häufigkeit zwischen 10% und über 30%; neben verschiedenen Verhaltensproblemen wie Kontaktarmut und Motivationsverlust häufen sich Fettleibigkeit und daraus resultierende Gesundheitsstörungen, andere Essstörungen besonders unter Mädchen und jungen Frauen.

N87 "Gruppe" ist niemand als die zuvor beschriebene mysteriöse Masse; ihr Votum ist eine statistische Unbekannte mit einer unbekannten Vorselektions-Unsicherheit und möglicher Manipulation von außen (z.B. Russland bei der US-Wahl 2016) und von innen (Werbung, soziale Medien, parteiorientierte Presse).

N88 Abschließende Gedanken zur politischen Philosophie der Gleichheit
Die Mehrheitsregel ist mit "Gleichheit" unvereinbar, sagt auch Christiano [32] und demonstriert, wie sich Demokratie darin ad absurdum führt: seine Theorie von dem, was Brennan sein *"Argument des sozialen Konstrukts"*[245] nennt, ist eine intellektuelle philosophische Rekonstruktion der biologischen Wirklichkeit des Menschen, übertragen in die heutige Welt: das menschliche Individuum will und muss als gleichwertiges Mitglied Teil seiner Gesellschaft sein. Der Fehler in diesem Konstrukt ist, dass diese Gleichheit ein theoretischer politischer Zustand ist, dessen Relevanz von allen Kritikern der Demokratie bemängelt wird [3], weil er einer Quadratur des Kreises gleichkommt. Im Lichte der biologischen Wirklichkeit der menschlichen Gesellschaft besehen, erscheinen philosophische Konstrukte wie *„liberales Verständnis von Freiheit"* [246] oder Freiheit als *"Abwesenheit jeglicher Interferenz durch andere"*[247] als Gedankenexperimente weitab vom wirklichen Leben. Ideologisch gesehen will Demokratie die Selbstverwaltung von selbstkontrollierten, vertrauenswürdigen Leuten sein. In Wirklichkeit ist sie jedoch um nichts mehr als ein System zur besseren gegenseitigen misstrauischen Kontrolle. Gleichheit, definiert von der Warte gleicher Macht bedeutet: niemand soll mehr über mir stehen – eine Nation von Königen und Königinnen. Brennan brachte diesen Aspekt mit folgenden zwei Fragen auf den Punkt: "*Warum soll diese Person dort jegliche Macht über mich haben? und "Wer machte diese Leute dort zu meinen Vorgesetzten?"*[3] Schließlich bezieht er sich auf die Worte von Peter Singer, der schreibt: " *... wenn die Leute darauf bestehen, dass die Dinge auf unterschiedliche Weise geregelt werden und jede Person in gewisser Weise ein Recht fordert, der Diktator über ihr gemeinsames Leben zu sein."* [248] Aus dieser Perspektive auf Gleichheit hat auch Freiheit eine schlechte Prognose, weil Gleichheit und Freiheit voneinander abhängen: *"Die Freiheit des Individuums ist eingeschränkt durch den Zwang, im Schritt mit den anderen zu gehen durch jegliche Maßnahmen, die Gleichheit fördern, angesichts der Tatsache dass Freiheit ein natürlicher Ungleichheitsförderer ist."* [11]
Das Argument, dass " *... demokratische Entscheidungsfindung in Angelegenheiten gemeinsamen Interesses den Standpunkt jeder einzelnen Person respektiert, indem jeder eine gleiche Stimme hat betreffend Entscheidungen in Fällen von Uneinigkeit ... "* [32] trifft nicht zu, weil Beratung in der Regel nicht zu einer Einigung führt sondern zur Verteidigung des eigenen Standpunkts und zur Desintegration und Polarisierung der Gemeinschaft, solange „Einigung" nicht eine absolute Voraussetzung und Endpunkt dieser Debatte ist. *"Die Idee ist, dass die Gesellschaft auf eine Weise strukturiert sein soll, dass gleichzeitig die Interessen der Mitglieder dieser Gesellschaft gefördert werden. Und die Gleichheit der Mitglieder soll in einer*

Weise gefördert werden, die es jedem Einzelnen ermöglicht bestätigt zu sehen, dass sie in der Tat gleichberechtigt behandelt werden. Somit muss es in gleichem Maße eine Verbesserung der Interessen im Einvernehmen mit dem öffentlichen Maß dieser Interessen geben. Dementsprechend erfordert die Gerechtigkeit den gleichen Fortschritt von öffentlichen wie von Interessen der Mitglieder der Gesellschaft." * [32]
All dies findet in der wirklichen Welt der heutigen Demokratien nicht statt: die Armut nimmt stattdessen im Verein mit den social divide zu. Die Zurückgelassenen verlassen ihrerseits die Gesellschaft, indem sie sich weigern zur Wahl zu gehen: im Durchschnitt 30%, in manchen Gegenden bis über 50%.
Ich kann auch Meinungen wie der von z.B. Jeanne Hersch [249] nicht zustimmen, dass die gegenwärtige Demokratie die bestmögliche Regierungsform sei, weil sie aus *„ den Defiziten des menschlichen Wesens"* entstanden sei und es deshalb vor sich selbst schütze. Das Gegenteil davon erwies sich als richtig, wenn man beobachtet, wie Gesellschaften innerhalb der letzten 50 Jahre ihrer Existenz zerbrachen oder am zerbrechen sind. Auch betreffend Demokratie als Einrichtung zur gegenseitigen Erlaubnis, menschlichen Schwächen nachzugeben scheint das Gegenteil der Fall zu sein. Bedenkt man menschliche Schwächen, so trifft dasselbe auch für Chancengleichheit zu. Ich schätze jedoch ihre sympathische Ansicht betreffend die Chance auf *„freie Entwicklung natürlicher Ungleichheiten"*, auch deshalb, weil damit so eindeutig auf die Konfusion hingewiesen wird, die durch das Zusammenmischen von Gleichheit und Freiheit geschaffen wird: "Freiheit zur Ungleichheit" widerspricht dem gesamten politischen Credo und befreit das System in Richtung zu einem natürlicheren Konstrukt.

N89 Gleichberechtigung ist in vielen Belangen demokratischer Realpolitik rasch zunichte; als ein Beispiel weise ich auf das „Pech", in einem britischen Krankenhaus durch einen ärztlichen Fehler zu Schaden zu kommen: der Versuch, zu seinem Recht zu kommen, bedeutet, den Staat zu verklagen. Wenn man jedoch Rechtsmittelhilfe benötigt, um die Kosten hierfür aufbringen zu können, wird eine staatliche Einrichtung überprüfen, ob die Klage gegen sich selbst, den Staat gerechtfertigt sei. Schadensregulierer in Kliniken werden dafür ausgebildet, die entsprechende staatliche Einrichtung zu kontaktieren und mit Hinblick auf das öffentliche Interesse entsprechend zu informieren. Zu finden, wo dabei die Gleichberechtigung bleibt, ist in manchen Fällen keine leichte Aufgabe.

N90 Auch die heutige Neonatologie durchkreuzt jeglichen moralischen und rechtlichen Anspruch bezogen auf Recht auf Leben, Gleichheit und Freiheit: bedenkt man die Tatsache, dass sich die Zeitlimits für die Überlebensfähigkeit eines Frühgeborenen und für legale Abtreibung überkreuzen, dass man also einen Fötus töten darf, den man auch als Frühgeborenes retten könnte, so wird klar, dass keiner der Ansprüche geschützt wird. In der zweiten Hälfte des 20. Jahrhunderts trugen Frauen auf Demonstrationen gegen Abtreibungsparagraphen Poster mit dem Text „Mein Bauch gehört mir" und stellten damit sowohl „Freiheit" als auch „Eigentumsrecht" zur Debatte: wer hat ein Recht worauf, und wer gehört wem? (siehe auch [N91])

N91 John Locke's Problem war der in seiner Zeit bestehende Konflikt zwischen den kirchlichen Dogmen und der kritischen Analyse von Ergebnissen der Naturbeobachtung. Wir verfolgen dieses Aufeinanderprallen mit: zwischen einer "Soll-Welt" mit einem "Soll-Menschen" gegenüber einer *realen Welt* mit einem *wirklichen Menschen*, und zwar zu einer Zeit, da Häretiker als Hexer und Hexen verbrannt werden konnten. Man könnte also sagen, dass Locke's Texte eine Mischung von religiösen und säkularen Argumenten sind, verfasst in der Hoffnung, damit lebend davonzukommen (andere wie Giordano Bruno und Savonarola hatten weniger Glück, siehe auch [N27]).

N92 Rousseau's "Sozialkontrakt" von 1762 ist ein theoretisches Konstrukt auf der Basis von Locke's Annahme, der Mensch sei frei und gleich geboren. Daran knüpft er seine eigene Forderung, dass Alle alles was sie sind und besitzen an die Gemeinschaft abgäben, damit sie einen Gemeinschaftskörper bilden, der ihnen sodann Freiheit und Gleichheit in entsprechendem Ausmaß zurückgibt – radikalere Ideen als Marx und Lenin sie jemals verfolgten. Dieses Idealkonstrukt berücksichtigt jedoch all jene evolutionsbedingten Verhaltensmuster nicht, die ein Hauptanliegen in Kapitel II werden. Rousseau bedenkt auch nicht, dass sich der Wechsel von einer primitiven Gesellschaft zu seiner Form von Bürgertum nicht innerhalb einer bestehenden Generation durch Befehl oder bewusste Entscheidung in jedem Einzelnen verwirklichen lässt: denn manche Eigenschaften und Verhaltensformen lassen sich nur durch die Erziehung im Kindesalter einprägen, andere sind als kulturelle Traditionen zu tief verwurzelt, als dass sie durch eine bewusste Entscheidung in einer ganzen Bevölkerung veränderbar wären. Dennoch zeugte das radikale Konzept von einem Volk, das sich durch gegenseitigen Respekt und Bezugnahme auf gemeinsame Interessen zu einem sozialen Körper entwickelt, zu seiner Zeit von erheblichem Mut, und hat bis heute in einigen Kernaussagen seine Bedeutung nicht verloren; dazu gehört die Festlegung der gemeinsamen Interessen als Fundament. Rousseau hatte „lediglich" keinen realistischen Vorschlag für die Umsetzung seiner Ideen im wirklichen Leben.

N93 Rousseau argumentiert, dass " *...das soziale Recht ... ein geheiligtes Recht [ist], das die Basis aller anderen Rechte ist."* *[12] Dies bedeutet, dass der Mensch nicht frei ist von den Einschränkungen durch die gesellschaftliche Ordnung, die er als „Sozialkontrakt" bezeichnet, also in jenen Ketten liegt, von denen er schreibt, dass er sie nicht verstehen könne. Jeglicher Sozialkontrakt hat aber zusätzlich eine tief in die Evolution reichende Vorgeschichte: vormenschliche, vorsprachliche Formen von Kommunikation, Sozialverhalten und Sozialordnung, die einerseits auch die Funktion unserer heutigen Gesellschaften dominieren – wahrscheinlich gleichbedeutend mit Locke's „state of nature", andererseits aber nur teilweise in ideologisch fundierten Sozialkontrakten berücksichtigt – mein Hauptansatz der Kritik auch an der heutigen Demokratie. Wenn ich an anderer Stelle Brennan's Worte diskutiere, dass Demokratie nur funktioniere, weil sie eben nicht ordnungsgemäß funktioniert, dann meine ich damit, dass die heutige Gesellschaft deshalb trotz Demokratie bisher recht und schlecht funktioniert, weil parallel mit dem demokratischen Ordnungssystem diese alten Mecha-nismen eines vorkulturellen und archaischen Sozialkontraktes unbeirrt weiter funktionieren, Locke's „natural law" parallel neben seinem „positive law".

N94 Auch die Moralfrage nach der Schuld des Verursachers erinnert im Zusammen-hang mit Krieg an die widersprüchliche Situation von Freiheit und Toleranz[3]: denn die vordergründige Frage ist nach meinem Dafürhalten nicht, wer den Schaden verursachte (jeder einzelne Teilnehmer, oder nur das Kollektiv), wenn im Kriegsfall eine Gruppe von Soldaten einen Schaden anrichtet. Vielmehr steht für einen Demokraten die Frage im Vordergrund: bin ich als Bürger eines Staates gezwungen, gegen meine Überzeugung bei einem Akt der Zerstörung und Ver-nichtung von Menschenleben mitzumachen, nur weil eine Mehrheit der Bürger dafür gestimmt hat? Ein philosophischer Liberalismus ist hier nicht gerechtfert-igt, solange er nur *"eine Würde gegründet auf Recht/Gerechtigkeit"* verteidigt, und solange er nichts anderes bewerkstelligt als sich mit *".. einer umfassenden Reihe von Rechten und Freiheiten ... wie mit Trumpfkarten.. "* *[3] zu rechtfertigen.

N95 Freiheit zur Selbstkontrolle

Demokratie als ein theoretisches politisches Konstrukt, welches dem Indi-viduum Macht über dominierende und unterdrückende Institutionen gibt, versteht „Selbstkontrolle" in zweifacher Weise: die eine ist die Befreiung des ein-zelnen Bürgers von der Macht eines Regenten; die andere – so jedenfalls der Plan und die Erwartung des Philosophen - , dem Individuum die Möglichkeit in die Hand zu geben, nun diese Befreiung von Fremdkontrolle in sich selbst umzu-funktionieren in eine Kontrolle seiner selbst, um dadurch ein selbstbestimmtes, verantwortungsvolles Mitglied der Gemeinschaft zu werden. Oder kurz gesagt: Freiheit zur Selbstkontrolle. Dieser letztere Teil wird allerdings oft vergessen, oder besser gesagt, er ist beim durchschnittlichen Bürger bisher gar nicht ange-kommen – er erhofft stattdessen, sich aus jeglichen Restriktionen und Ein-schränkungen zu befreien. Dieser zweite Teil, die Selbstkontrolle, ist jedoch unverzichtbare Voraussetzung für die dauerhafte Überlebensfähigkeit von Demokratie. Hierin liegt also eine der Hauptschwächen ihrer liberalen Form, die keine der beiden Gruppen von Gründern, in Frankreich und in den USA, in den Griff zu bekommen vermochte, oder sie entzogen sich diesem Auftrag in der Hoffnung auf die erzieherische Wirkung der Gesetze.

Nach einer Weile in diesem neuen Leben in einem demokratischen System sehen sich die Menschen dennoch mit der Tatsache konfrontiert, dass gesellschaft-liches Leben von vornherein eine Einschränkung der persönlichen Freiheit bedeutet - Ortega y Gasset zog zur Erläuterung den Begriff von Kultur heran und bezeichnete *„gute Manieren"* als *„gewissermaßen soziale Polster, die zwischen die einzelnen Individuen eingeschoben sind und den Druck, den die Mitglieder einer Gesellschaft aufeinander ausüben, leichter erträglich machen"*.[52]

Amartya Sen's Slogan "Entwicklung als Freiheit" wurde als possibilistische Position in der Sozialwahl-Theorie erfolgreich; insgesamt macht aber auch sie die Demokratie nicht stabiler.

Liberale Demokratie ist eine Illusion für das Individuum und eine populistische politische Versuchung.

N96 Stattdessen müsste das Individuum zurück zu seiner eigentlichen Stellung in der Gesellschaft finden, denn der Individualismus hat die Sicht auf die Wirklichkeit verzerrt: das Individuum ist und bleibt Teil eines Sozialsystems, in das es hineingeboren wurde. Damit dieses System weiter existieren kann, muss jedes Mitglied sich als Teil davon empfinden und verstehen, dass es nur vom Beitrag Aller existiert; früher oder später muss es sich auch damit auseinandersetzen, die nächste Generation darein zu erziehen – insgesamt geht es also um das Verständnis dieser sozialen Verpflichtungen, das über den Debatten über Freiheiten und Rechten verloren zu gehen droht, soweit es nicht schon verloren ist. Freiheit, eines der axiomatösen Ziele der Demokratie, wird zur treibenden Kraft für ihre Selbstzerstörung durch die Befreiung der Mitglieder von ihrer Gesellschaft.

N97 *"Nach Platon sind innerer Unfrieden und Klassenkampf, angefacht durch Selbstsucht, insbesondere materielles und ökonomisches Eigeninteresse, die haupttreibenden sozialen Kräfte der „sozialen Dynamik".*[1]
Um die Gesellschaft davor zu bewahren, im Chaos der initialen Revolutionen zu verharren oder zu verfallen, mussten externe Restriktionen, wie beispielsweise Gesetze, eingeführt werden, durchgesetzt von externer Macht (Polizei, Justiz), so wie auch in allen anderen politischen Systemen. Doch externe Macht und Beschränkungen ohne eine bestehende Kultur der Selbstkontrolle bewirken soziale Achtlosigkeit, Lockerung sozialer Bindungen, Zurücklassen von Anderen, also zu zerbrochenen Gesellschaften (engl. broken society), die sich in gegeneinander kämpfenden Untergruppen gemeinsamer Interessen aufsplittern.

N98 Das Problem ist, dass *jegliche* Sozio-Ideologie die Freiheitsgrade jenseits dieses Ordnungsrahmens einschränkt. Die Alternative ist Chaos. Ordnung als Entscheidung für die eine anstatt einer anderen Lösung ist als Beschränkung oder Selbstbeschränkung, Enthaltung von der nichtgewählten Option zu verstehen. Deshalb ist Entscheidungsfindung für manche Menschen schwierig, weil sie den Verlust der auszusondernden Optionen scheuen; also bleiben sie in zunehmendem Chaos, unentschlossen, am Ende mit nichts.
Für das Fortbestehen von Ordnung durch Selbstbeschränkung kommt unweigerlich die Erziehung mit ins Spiel. Sie soll bewirken, dass die Menschen den Zusammenhang und die Abhängigkeiten verstehen: um einen fairen oder besser gleichen Anteil an Freiheiten zu erreichen, müssen die Einzelnen sich gleichzeitig auf jenes Maß zurücknehmen, das diese Gleichheit bewirken wird. Der gegenwärtige Verfall zeigt sehr klar, dass zu viel individuelle Freiheit, libertinistische Haltung und unkontrollierte Ökonomie die Gesellschaft zerstören – damit aber auch die Überlebensbasis für Alle.
Nicht die Teilhabe an der einen oder anderen Form von politischer Autorität bringt die richtige Art von Freiheit, wie Benjamin Constant vorschlägt[11]. Es ist die Teilhabe an der Kultur einer Gemeinschaft in Reziprozität, zu der man seinen Teil beiträgt.

N99 Unser Verhalten als Individuum ist nur ein Teil von uns; der andere sind wir als Teil einer anonymen, unberechenbaren Menschenmasse [8], die nach anderen Gesetzen handelt, als es der Funktion unseres Gehirns entspricht – Platon nannte diesen Zustand der Anarchie einen „Schweine-Staat".

N100 Stattdessen könnte der Mensch seine intellektuellen Fähigkeiten dazu nutzen, im Rahmen der kulturellen Evolution Strategien zur Kontrolle asozialen Verhaltens zu entwickeln, die ihm Boden und Angriffsflächen entziehen, wie ich im Kapitel III ausführen werde.

N101 Mit "a priori" Fehlern meine ich intrinsische Schwächen des Konzeptes von Demokratie, in dem Argumente und Einrichtungen einander logisch oder anderweitig notwendig widersprechen, sich schon theoretisch gegenseitig ad absurdum führen *müssen*, auch ohne dass das System zum Einsatz kommt. Definiert man einen „a priori Fehler" als einen Fehler, der unabhängig von Erfahrung vorbesteht, so kann man die Situation z.B. in der Mathematik mit der Frage vergleichen: "ist 2+2=4?"; denn 2+2 kann per definitionem nur 4 sein, die Frage ist also ungerechtfertigt, ein a priori Denkfehler und eine Tautologie (siehe hierzu z.B. Wittgenstein [250]). Dies gilt in gleicher Weise für eine Tautologie wie die Frage, ob ein Kreis rund sei, da die Bedeutung eines Kreises in seiner Rundheit besteht. Dementsprechend ist ein logisches System fehlerhaft, wenn einzelne Argumente darin einander widersprechen. Betreffend die philosophische Definition von „a priori" neige ich zu Michel Foucault's Erklärung von einer Art hypothetischem a priori, das sich in der Evolution entwickelte und deshalb eine rekonstruierbare Geschichte hat: *"Es handelt sich ... [um] die Bedingungen des Auftauchens von Aussagen, das Gesetz ihrer Koexistenz mit anderen, die spezifische Form ihrer Seinsweise und die Prinzipien freizulegen, nach denen sie fortbestehen, sich transformieren und verschwinden. ... Dieses Apriori ... muss die Tatsache erklären, daß der Diskurs nicht nur einen Sinn oder eine Wahrheit besitzt, sondern auch eine Geschichte, und zwar eine spezifische Geschichte, die ihn nicht auf die Gesetze eines unbekannten Werden zurückführt. ... Gegenüber den formalen Aprioris, deren Instanz sich zufallslos ausdehnt, ist es eine rein empirische Figur."* [50]

N102
Marquis [von Posa] (mit Feuer). Ja, beim Allmächtigen!
> *Ja – ja – ich wiederhol' es. Geben Sie,*
> *Was Sie uns nahmen, wieder! Lassen Sie*
> *Großmüthig, wie der Starke, Menschenglück*
> *Aus Ihrem Füllhorn strömen – Geister reifen*
> *In Ihrem Weltgebäude! Geben Sie,*
> *Was Sie uns nahmen, wieder. Werden Sie*
> *Von Millionen Königen ein König. ...*
> *Alle Könige Europens huldigen dem spanischen Namen.*
> *Gehn Sie Europens Königen voran.*
> *Ein Federzug von dieser Hand, und neu*
> *Erschaffen wird die Erde. Geben Sie*
> *Gedankenfreiheit. –(Sich ihm zu Füßen werfend.)*

*König(überrascht, das Gesicht weggewandt und dann wieder au den Marquis
geheftet).*
...... Sonderbarer Schwärmer!
(Friedrich Schiller, Don Carlos, 10. Auftritt)

N103 Aus der Sicht des Ausmaßes der Probleme und des Umfangs an Uneinigkeit
innerhalb eines Volkes, wie dies aus dem nachfolgenden Text hervorgeht, muss
man die Frage stellen, wie Politiker nur in der Lage sein und zulassen können –
außer aus Unwissen-, dass sich das Problem bis zu einem unüberwindlichen
Niveau steigert, indem sie die massive Immigration von Menschen aus
intoleranten fremden Kulturen zulassen: *"Teilweise als Folge der Tatsache, dass
Menschen in unterschiedlichen Sektoren der Gesellschaft oder in verschiedenen
kulturellen Milieus aufgewachsen sind, liegt nahe, dass sie im Bemühen um
Verständnis für die Interessen anderer Leute im Vergleich zu ihren eigenen durch
eine tiefreichende kognitive Voreingenommenheit gehindert werden. In dieser
Voreingenommenheit neigen sie dazu, in manchen Situationen die Interessen
anderer ihren eigenen anzupassen, oder sie im Fall großer Interessensunterschiede
herunterzuspielen. Menschen haben also tiefreichende kognitive Vorurteile gegenüber ihren eigenen Interessen. Die Tatsache dieser Unterschiede und der kognitiven
Voreingenommenheit gewährleistet, dass Individuen in hohem Maße fehlbar sind,
wenn es um das Verständnis ihrer eigenen, und die Interessen anderer, geht, und
dass zwischen ihnen erhebliche Uneinigkeit herrschen wird. Und sie sind in hohem
Maße anfällig, bei ihrem Bemühen, die Bedeutung der Interessen anderer mit ihren
eigenen zu vergleichen, die Situation falsch einzuschätzen. Demnach sind sie bei
ihrem Bemühen, einen gleichen Interessensfortschritt in der Gesellschaft zu
erzielen, höchst fehleranfällig"*.[*32]

N104 Freiheit in der Demokratie führt zur Diktatur der Mehrheit und des Gesetzes.
Popper schreibt zu diesem "Paradox der Freiheit": *"Platon erhebt sinngemäß die
folgende Frage: was, wenn es der Wille des Volkes ist, dass es nicht selbst regiere,
sondern stattdessen ein Tyrann?"* Popper nennt es *"eine in sich widersprüchliche
Theorie der Souveränität"*.[*1] ... *"Wir sehen also, dass es hier nicht nur ein Paradox
der Freiheit gibt, sondern auch ein Paradox der Staatsplanung. ... Wenn wir dem
Staat zu viel an Macht geben, dann geht die Freiheit verloren"*[* 1] ... *"Alle Theorien
der Souveränität sind paradox"*, so zum Beispiel die Bemerkung von Heraklit *"Das
Gesetz kann auch verlangen, dass der Wille Eines Mannes befolgt werden muss."*[1]
Schließlich gerät Popper selbst in dieses Netz von Paradoxien: *"Obwohl er die
Entscheidung der Mehrheit akzeptieren wird, um die Institutionen der Demokratie
zum Funktionieren zu bringen, wird er sie ohne weiteres mit demokratischen
Mitteln bekämpfen und sich um deren Revision bemühen. Und wenn er den Tag er-
leben sollte, da die Mehrheit die Demokratie zerstört, dann wird ihm diese traurige
Erfahrung nur sagen, dass es keine idiotensichere Methode zur Vermeidung einer
Diktatur gibt"*.[*1] Schließlich weist Popper auf noch ein weiteres von Platon
vorgestelltes Paradox hin, weil die Justiz in der Demokratie selbst Ungleichheit
hervorruft: er beschuldigt Platon, Sokrates und seine Lehre zu verraten, indem

er unter Verweis auf Sokrates die Notwendigkeit für einen starken Führer mit den Worten einführt: wollte nicht Sokrates, dass weise Männer regieren, die Regierung der Gebildeten? *„Man muss die Menschen lehren, dass Gerechtigkeit Ungleichheit bedeutet".*[*1]

N105 Als in Algerien im Jahr 1992 eine fundamentalistisch-islamistische Partei auf demokratischen Wege gewählt wurde – die Brüderschaft -, unterstützten die USA einen Militär-Coup zum Umsturz des Systems.

N106 Aus damaliger Sicht waren die Worte gar nicht prophetisch sondern Ausdruck von Verärgerung, denn die „englische Moralität" wurde nicht nur von anderen Kulturen sondern sogar auch vom Kontinentaleuropäer – und hier im besonderen wieder vom Deutschen – als Ausdruck des Hegemonialanspruchs des weltumspannenden Britischen Imperiums verstanden: *"... hat sich jenes alte englische Laster eingeschlichen, das ... moralische Tartüfferie ist ... Zuletzt wollen sie alle, dass die englische Moralität recht bekomme: insoferne gerade damit der Menschheit, oder dem "allgemeinen Nutzen" oder "dem Glück der Meisten", nein! dem Glücke Englands am besten gedient wird; sie möchten mit allen Kräften sich beweisen, daß das Streben nach englischem Glück, ich meine nach comfort und fashion (und, an höchster Stelle, einem Sitz im Parlament), zugleich auch der rechte Pfad der Tugend sei ... ".*[79]

N107 *„Was für den Westen Universalismus ist, ist für den Rest der Welt Imperialismus. ... Durch den IWF und andere internationale Wirtschaftsinstitutionen fördert der Westen seine wirtschaftlichen Interessen und zwingt anderen Nationen die Wirtschaftspolitik auf, die er für richtig hält. ... Nichtwestler zögern nicht, auf die Unterschiede zwischen westlichen Prinzipien und westlicher Praxis zu verweisen. Heuchelei, Doppelmoral und ein allfälliges 'aber nicht' sind der Preis universalistischer Anmaßungen. ... Die Demokratie wird gelobt, aber nicht, wenn sie Fundamentalisten an die Macht bringt".*[84]

N107A *„Sie stellten nämlich selber die implizite Bedingung, daß ein Land, das sie vor der Aufsaugung durch das Kommunistische Imperium retten durften, nach demokratischen Maßstäben untadelig sein mußte. Damit verurteilte sich der Westen zum Scheitern oder zu Schimpf und Schande, weil er sich selber in die Zwickmühle gebracht hatte: Entweder ließ er den größten Teil der Erde unter die Herrschaft der Kommunisten geraten, oder mußte nur allzu oft Länder beschützen, deren Regime nicht demokratisch war. Das war ein gefundenes Fressen für die sowjetische Propaganda, und die liberale Linke in den Demokratien fiel in den Chor ein".*[78, S.330]

N108 Das grundlegende Wahlrecht der Bürger hat eine Reihe sonderbarer Effekte, die in der Literatur kritisiert werden: *"Wir können nicht das Land untergehen lassen, nur weil die Leute wegen ihrer politischen Kompetenz empfindlich sind oder deswegen ungerechtfertigte Ansichten haben".** [3] Diejenigen, die jene polit-philosophische Ideologie des Wahlrechts als Teil des menschlichen Selbstwertgefühls und der Menschenwürde einführten, schienen den Unterschied zwischen Würde und Kompetenz nicht beachtet zu haben; es wäre nachgerade lächerlich

zu behaupten „es ist unter meiner Würde, nicht kompetent zu sein", nicht nur lächerlich, sondern auch asozial.[N266] Auch in dieser Hinsicht stimmt Brennan mit mir überein, wenn er schreibt: *"Die Annahme erscheint befremdlich, dass wir weniger gerechte Richtlinien, größeres Risiko für ungerechten Krieg, größere Armut usw. haben sollten, um die Feststellung zu vermeiden, dass manche Leute ein besseres Urteilsvermögen für Politik haben als andere...".*[*3]
Zu wählen unterscheidet sich nicht wesentlich vom Einkauf im Supermarkt: warum wählt jemand das eine und nicht das andere Produkt? Meist entscheidet ein unterbewusster Prozess. Nach neuen Untersuchungen sind an die 30% der Wähler bis zur letzten Minute unentschlossen.

N109 *"... die Leute handeln voreingenommen, somit auch dann, wenn nicht genügend Information dafür vorhanden ist"* meint Brennan in seinem Buch "Against Democracy". Er kritisiert die Inkompetenz der Wähler, plädiert für Experten als Wähler und schreibt: *"Wir haben Evidenz dafür, dass die Öffentlichkeit sozial-wissenschaftliche Angelegenheiten systematisch falsch einschätzt".*[*3] Ich meine, dasselbe passiert auch Politikern: man erinnere sich an die europäische Migrationskrise im Jahr 2015, als deutsche und österreichische führende Politiker die Lage falsch einschätzten – in der Tat ein Argument, stattdessen die von Experten erarbeitete Evidenz entscheiden zu lassen.
Der Physiker H.P. Dürr unterscheidet zwischen Wirklichkeit und Realität und lässt alle Wahrheitssucher im Quantennebel stehen: *"Die Wirklichkeit ist die Wahrheit, die Realität ist nur ein Zufallsergebnis: ... So entsteht am Ende die Realität als Ergebnis eines grandiosen ausmittelnden Überlagerungseffektes."*[251]

N110 Die vermeintlich selbstverständliche Richtigkeit von Inhalten des "gesunden Hausverstands" (engl. common sense) kann, zu einem Wahlergebnis geworden, Wahlen leicht zu Unsinn werden, wenn Zufälligkeiten und Manipulationen ihren statistischen Ausdruck gefunden haben. Damit kann auch ein Mehrheitsvotum nicht nur zum Diktator werden, sondern das Gemeinwohl schon allein durch den zwanghaften Automatismus schädigen, den die demokratischen Institutionen erfordern, und wenn das Wahlergebnis noch so unsinnig ist – noch einmal kann der Brexit hier ein gutes Beispiel abgeben.
Mit Hinblick auf diese mangelnde Kompetenz der Wähler Brennan, looking at this lack of competence of voters (*"Warum rechtfertigt das Gemeingut-Argument die Regulierung der Luftverschmutzung, aber nicht die Regulierung der Wahlverschmutzung?"*[*3]) plädiert Brennan für einen Wechsel von Demokratie zu Epistokratie: *"... die Bürger haben wenigstens ein mutmaßliches Recht auf eine kompetente Instanz zur Entscheidungsfindung ... unter realistischen Umständen wird allgemeines Wahlrecht dieses präsumptive Recht des öfteren verletzen. Gegenwärtige Demokratien sin in dieser Hinsicht ungerecht".*[*3] Grayling weist in seinem Buch "Democracy and its Crisis" auf Brennan mit den Worten hin: *" ... die Ignoranz und Irrationalität der Wählerschaft ist am Ruder"* und zitiert: *"Sie wählen wie sie wählen und wir bekommen die Kandidaten die wir bekommen, weil die Wähler unwissend, irrational und falsch informiert sind".*[*11] Diese beklagenswerte Unwissenheit der Wähler, von uns also, dem Souverän eines

liberal-demokratischen Staates des zivilisierten westlichen Welt, wurde auch von einer Reihe weiterer Autoren kommentiert.[3]

N111 Christiano's Argument, wonach *"[Demokratie] strategisch einen Vorteil hat, weil sie die Entscheidungsträger zwingt, die Interessen, Rechte und Meinungen der Mehrzahl der Menschen in der Gesellschaft zu berücksichtigen"* [32], dieses Argument muss angesichts der Tatsache nachgerade gefährlich, dass die Interessen der Menschen nicht nur niemals einheitlich und einhellig sind, sondern vor allem auch selbstschädigend und kurzsichtig, weil selbstsüchtig: Politiker, die in dieser Weise handeln, spiegeln also lediglich das geringe Wissen und Verständnis der Wähler sowie deren geringe soziale Verantwortlichkeit. Denn die tatsächlich erforderlichen politischen Entscheidungen, ja sogar dringenden Erfordernisse, können *"der Mehrzahl der Menschen in der Gesellschaft"* diametral gegenüberstehen. Der einzig vernünftige Entscheidungsprozess kann nur evidenzbasiert sein, darf also nicht einfach nur den Wählerwünschen folgen. Dieser wiederum erfordert professionell qualifizierte und moralisch geeignete Politiker, die das Gemeinwohl über momentanen Opportunismus für Partei und eigene Karriere stellen.

Die Gültigkeit von Christiano's Feststellung zur Sozial-Epistemologie muss erst noch den Nachweis durch die Geschichte abwarten: *"Aus epistemologischer Sicht wird die Demokratie als die beste Methode für Entscheidungsfindung beurteilt, und zwar mit der Begründung, dass sie den Mitgliedern generell verlässlicher dazu verhilft, die richtigen Entscheidungen herauszufinden. Sie kann dazu viele Informationsquellen und kritische Prüfung von Gesetzen und Richtlinien heranziehen".* [32] Das Argument überzeugt überhaupt nicht und entbehrt jeglicher Evidenz. Zugang zu Information ist nicht a priori abhängig vom politischen System.

N112 Christiano schreibt dazu: *"Die unvernünftigen Personen in der Gesellschaft müssen sich mit den Bedingungen für eine Gesellschaftsordnung einverstanden erklären, zu denen die vernünftigen Personen gelangt sind, damit diese Ordnung rechtskräftig wird".* [32] Diese Feststellung ist schon allein deshalb nicht akzeptabel, weil nicht generell vereinbart ist, was oder wer als „vernünftig" gelten soll. In der Realpolitik entscheidet die Mehrheit oder die größere Macht in einer bestimmten Ära und Gesellschaft, was „vernünftig" ist. Diese Machthaber nehmen sich auch die Freiheit, Andersmeinende als „unvernünftig" zu bezeichnen. Eben dies bedeutet der Ausdruck „Diktatur der Mehrheit". Der politische Ausdruck für „Vernunft" ist zunehmend, aus dem englischen Sprachgebrauch entnommen, „das Richtige tun" (engl. „the right thing to do"). Die Ironie dabei ist, dass diese Gewissheit über „Vernunft" und „Unvernunft" mitunter in erschütternd kurzen Intervallen wechseln kann. Dass dies nicht nur durch den Wechsel der Regierungspartei(en) nach Wahlen geschehen kann, zeigen beispielsweise die Ereignisse während und nach der Migrationskrise des Jahres 2015: zuerst war es politisch korrekt, von „Zivilgesellschaft" und „Willkommenskultur" zu sprechen; wer zu widersprechen wagte, fand sich automatisch am Pranger für Rassisten und Rechtsextreme. Wenige Monate später begann die Stimmung in die Gegenrichtung zu kippen. Das Beschließen und kurzfristige Annullieren neuer Gesetze durch Vorgänger- und Nachfolgeregierung ist mittlerweile uns Allen als eines der Ärgernisse hinter der Politikverdrossenheit geläufig.

N113 Die spanische Justiz verurteilte katalonische Politiker zu Gefängnisstrafen, weil sie als Vertreter einer Minderheit für eine Teilautonomie eintraten, für die in ihrer Region demokratisch abgestimmt worden war. Die Staatsregierung steht auf dem Standpunkt: "Demokratie bedeutet, das Gesetz befolgen" – womit sie das Gesetz ihrer Mehrheit meint. So endet die Demokratie in einem vorherbestimmten kalten Krieg, in dem die Mehrheit eine Minderheit bzw. deren Repräsentanten notfalls wegsperrt, um ihr Diktat durchzusetzen.

N114 Brexit, der Name für das Ergebnis eines britischen Referendums zum Verlassen der Europäischen Union – das dritte seiner Art in der kurzen Geschichte der EU (die Briten hatten sich ursprünglich um einen Beitritt gegen den Widerstand Frankreichs bemüht, und dann wieder um einen Teilaustritt, nachdem der Beitritt gelungen war). Nun haben Politiker mit falschen Fakten und anderen Lügen die Bevölkerung irregeführt und damit den dritten Akt im britischen Drama um ihr Verhältnis zu Europa eingeleitet. Nachdem 51,9% der Wähler für den Austritt gestimmt hatten, änderten sich die – ohnehin lächerlichen, lediglich durch politisch korrektes Diktat als „Mehrheit" ernstzunehmenden – Unterschiede mehrmals: am 30. Mai und am 18. August 2017 gaben fast 30% an, sie wüssten nicht, wie sie nun wählen würden; am 8. Dezember 2017 stimmten 60% der Befragten für einen Verbleib in der EU, und später im Dezember stimmte eine Mehrheit der Schotten für ein erneutes Referendum [252]. Grayling stellt diese gegenwärtige britische Demokratie als die Verwirklichung der inhärenten Risiken von Demokratie dar, indem er das Brexit-Votum und das Verhalten der britischen Regierung kritisiert[11]. Außer der Sinnlosigkeit solcher Abstimmungen weisen diese Ergebnisse auch auf die zweifelhafte Rolle der freien Presse hin, nämlich den manipulativen Effekt auf die öffentliche Meinung: wen oder was die Leute wählen, hängt von den Informationen ab, die sie über die Medien bekommen, ebenso wie sie vor allem über jene Themen diskutieren, über die sie aus den Medien erfahren – wie könnten sie sich denn auch mit Dingen befassen, von denen sie nichts wissen? Mit anderen Worten sind Wahlergebnisse in erster Linie ein Spiegel der erfolgreichen Manipulationsinhalte. Womit nochmals die Sinnhaftigkeit der gegenwärtigen Wahlsysteme hinterfragt wäre.

N115 Christiano [32] weist auf die Gefahren hin, sich in unkritischer Überzeugtheit und träger Selbstzufriedenheit treiben zu lassen, ohnehin „Demokratie zu haben", wenn er "... *Schumpeter's Ansicht* [zitiert, der zufolge] *die Bürger zur Vermeidung eines größeren Desasters eine Rolle zu spielen haben. Wenn Politiker in einer für jedermann erkennbar problematischen Weise handeln, können die Bürger sich dagegen auflehnen. Damit schützt die Demokratie auch in ihrer reduzierten Version die Bürger vor den schlimmsten Politikern".* Eben diese theoretische Ansicht ist in unseren Tagen durch rezente Erfahrungen zunichte gemacht: die Wahl eines Kandidaten führt eher zur Polarisierung in einem Land, als dass das gesamte Volk sich gemeinsam gegen eine falsche Wahl stellen würde. Da die Bürger einen Diktator demokratisch wählen können – aus der Geschichte kennen wir hierzu Beispiele und den Ausgang der Episoden - fragt sich, ob Schumpeter tatsächlich das Risiko eingehen wollte, dass eine Demokratie derartige Erfahrungen wiederholte; Popper warnt an diesem Punkt sogar vor einem wohlmeinenden Diktator: *"Eine der Schwierigkeiten, mit denen ein wohlmeinender Diktator konfrontiert ist, besteht darin, herauszufinden, ob seine guten Absichten auch mit den Erfolgen übereinstimmen (wie dies schon de Tocqueville vor über einhundert Jahren klar gesehen hat). Die Schwierigkeit erwächst aus der Tatsache, dass autoritäre Führung Kritik unterdrückt; daher wird der wohlwollende Diktator nur schwer von Beschwerden hören ... "*.[*1] Aus der Sicht tatsächlicher Gegebenheiten ist das Problem eher, ob diese guten Absichten – wessen auch immer, des Monarchen, Diktators oder der Demokraten – mit der verfügbaren Evidenz übereinstimmen, um das bestmögliche Ergebnis zu erzielen. „Gute Absichten" sind nicht gut genug, solange sie nicht der kritischen Evidenzanalyse unterzogen wurden. Das zweite Problem ist, dass Kritik von Gruppen der Bevölkerung kommen könnte, die keine guten Absichten haben oder nur einen Teil der gesamten Interessen repräsentieren. Man wird an dieser Stelle an die Lage von Kaiser Karl V. im 16. Jahrhundert erinnert, als er die Fürsten des Reiches von der dringenden Notwendigkeit zu überzeugen versuchte, den Südosten vor der Aggression des osmanischen Reiches zu schützen: sie aber sahen lediglich ihre momentanen regionalen Interessen und waren an gemeinsamen militärischen Aktionen nicht interessiert. Und es gibt noch einen dritten Aspekt: heute kehrt sich die Situation um, weil Kritik und Unzufriedenheit ehrliches Bemühen in der demokratischen Politik lähmen.   Kritik wird zu Konfrontation zwischen den Parteien, die schließlich in einem kalten Krieg zu zum politischen Stillstand führt.

N116 "Macht an sich" gibt es nicht, es sei denn als ein Verhältnis zwischen Individuen oder Gruppen (abgesehen von einer metaphysischen Vorstellung einer Qualität in einer "Situation" vor dem "Big-bang"). Niemand in der irdischen Wirklichkeit hat Macht ohne ein gegenüber – nicht einmal über sich selbst (Selbstdisziplin als teilweise Macht eines Menschen über sich selbst ist ein getrenntes Thema). Dieses Machtverhältnis nennt sich Hierarchie. Hierarchie ist auch der Name für die Rangordnung zwischen den Individuen oder Gruppen. Wenn sich das Volk von der Macht eines Herrschers befreit in der Absicht sich künftig selbst zu regieren, beseitigt es diese Hierarchie, damit aber auch seine gesamte Sozialordnung, schafft also Chaos, braucht eine neue Ordnung, also eine neue Hierarchie, eine neue Machtstruktur. „Das Volk" als virtuelle Einheit ohne gegenüber kann also weder die Macht über sich selbst ausüben, noch sich selbst regieren.

N117 Die einzige Form von "Selbstregierung" im Sinn von Selbstkontrolle kann nur in uns selbst stattfinden, ist also Selbstdisziplin als Ergebnis von Erziehung und Selbsterziehung. Der Kampf endet also dort, wo er begann: im Inneren von uns Einzelnen ist es, wo der Kampf zwischen egozentrischer und reziproker Haltung ausgetragen wird: gerät er aus der Balance der Gleichberechtigung zwischen ich und du, beginnt der Kampf zwischen Individuen, Gruppen, Parteien und Nationen.

Demokratie, abgeleitet von Aufklärung und seiner Kant'schen Befreiung aus der „selbstverschuldeten Unmündigkeit"[40] wollte ursprünglich Selbstbestimmung des Individuums werden, wurde stattdessen äußere Selbstverwaltung, staatliche statt individueller Selbstkontrolle, wurde wieder nichts als Regierung, realpolitische Verwirklichung des philosophischen Idee von der Möglichkeit, selbst jener Mensch zu werden, den die Politik in Form von Gesetzen als „Soll-Menschen" in Stein meißelt, ohne sich um die Formung der Individuen selbst zu kümmern.

N117A Demokratie beginnt, wie alle anderen Ideen, zuerst in einem individuellen Gehirn; darum herum entsteht eine Gruppe von Mitläufern, ein Clan, der eine Konstitution erarbeitet. Das Konstrukt einer demokratischen Republik ist also das ideologische Werk eines Gründers, einer Gründergruppe, nicht des Volkes. Diese Ideologie repräsentiert ein Gemisch von Ideen früherer Denker, jener des bzw. der Gründer und deren Meinung, auf welche Weise die Interessen des Volkes am besten vertreten werden können, nochmals vermischt mit eigenen Interessen betreffend die Macht. Überträgt man entsprechend Anmerkung [N234] diese Situation auf den Vergleich des Staates mit einem Schiff, so weiß „das Volk" nicht was und wohin es will. Die Einzelnen wollen Freiraum für ihre privaten Vorstellungen von Zusammenleben und Ressourcen. Nur die Hand der Macht ordnet die Nation zu einem Staat. Sie wird in der demokratischen Republik weitergegeben in einem Staffellauf von den Gründern bis zum heutigen Tag. Die Wahl durch das Volk ist beschränkt auf die zur Wahl gestellten Läufer, Sieger ist die Mehrheit oder die Repräsentanz einer statistischen Anonymität.

Die Wählerschaft an sich kann a priori keine Konzepte entwickeln, weil das nur Individuen vermögen. Gruppen können über die Konzepte Einzelner beraten; jedoch kommen auch in Beratungen immer wieder nur Vorschläge von Einzelnen dazu. Inwieweit bei der Beratung Denkfehler eingestanden und Vorschläge zurückgezogen werden, ist eine Frage der Macht. Eine Liste aller zu einer Frage bestehenden Entscheidungsoptionen zusammenzustellen, bedarf nicht eines demokratischen Gremiums sondern Wissens an sich, also Expertentums. Die richtige Entscheidung ist das Ergebnis evidenzbasierter Analyse aus Prämissen und Optionen, nicht einer Abstimmung; wird dies ignoriert oder übergangen, entscheidet wieder die Macht. Schon vor dem Beginn von Demokratie laufen demnach Entscheidungsprozesse ab, die mit „Regierung durch das Volk" nichts gemein haben. „Wählen" kann somit a priori nicht den Willen des Volkes ausdrücken, sondern allenfalls eine Entscheidung zwischen von Politikern vorgesetzten und vorausgewählten Optionen (Ausnahme ist der seltene Fall eines Referendums).

Wähler können keine Macht nutzen, um ihr Land zu regieren; sie können nur vom Bauchladen der politischen Parteien auswählen, werden zu Mitläufern von Parteien mit vorgegebenen Meinungen.

Andererseits hängt das Argument der Machtlosigkeit des Individuums von der Perspektive ab: denn jeder von uns könnte Politiker werden. Insgesamt lernen wir daraus wieder ein Symptom der Krankheit der gegenwärtigen Demokratie kennen: nicht die Demokratie hat die Aufgabe, ihre Bürger zu ermächtigen, sondern alle einzelnen Bürger haben selbst die Möglichkeit, sich selbst zu ermächtigen. Hier schließt sich allerdings der Kreis zur Erziehung in eine politische Kultur, die es noch nicht gibt: denn irgend jemand muss in einer Kultur erst einmal die Nachkommen zu jenen selbstbestimmten Individuen mit Einsicht und Verständnis von Reziprozität erziehen. Erst damit schwindet das derzeitige Gefühl von Machtlosigkeit in einer Demokratie,[3] die in erster Linie von der Erwartung geprägt ist, Rechte zu haben, nicht aber Pflichten als Teil einer Gemeinschaft.

N117B   Zum Ausdruck „in dubio pro reo" – im Zweifel für den Angeklagten - werde ich auf S. 176f näher eingehen. Hier geht es um Unrecht durch meinungsbildenden Verdacht und Glauben an falsche Schlussfolgerungen. Beim folgenden Zitat als Beispiel schließt sich der Kreis zurück zur Politik: hier weist Brennan auf die These des Instrumentalismus hin, dass *"es verfahrensunabhängige richtige Antworten zumindest auf manche politischen Fragen "*[*3] gebe; dabei wird als Beispiel das Strafrecht hervorgehoben mit dem Hinweis, dass es dort unter Verwendung der entsprechenden Methoden eine objektive Wahrheit aufzudecken gebe. Ich beantworte das Beispiel mit dem Beweis, dass jemand einen anderen Menschen getötet hat, noch nicht erklärt, ob diese Person auch schuldig ist, ob sie in Selbstverteidigung gehandelt, oder in einer geistigen Verfassung, die schuldhafte Verantwortung ausschließt. Schuld ist also keinesfalls als einfache objektive Wahrheit eruierbar, sondern nur als Folge einer im Sozialkontrakt (Kultur, Urteil) festgelegten Erkenntnis. Tötung ist in keiner Kultur generell ein Verbrechen: im Krieg ist es Heldentum, bei der Vollstreckung eines Todesurteils ein Job. Jede Sozialordnung muss eine Entscheidung beinhalten, wie mit dem „Unmensch" umzugehen sei – manche meinen, der einzige Weg ist, ihn zu töten; andere sperren ihn weg. Nichts ist also „gerecht" oder „ungerecht", richtig oder falsch, bevor es nicht in einem Sozialkontrakt festgelegt wurde – ein moralisches a priori gibt es nicht. Tritt ein Problem auf, das laut Gesetz nicht lösbar ist, kommt wieder die Politik ins Spiel und führt zurück zur Frage: wer entscheidet über Recht und Unrecht: der König, der Diktator, das Votum von Oligarchen, das Votum des Volkes oder der Volksvertreter? Wer entscheidet, was richtig ist und was falsch? Keine Philosophie, kein Prozeduralismus und kein Instrumentalismus kann diese Frage für uns eindeutig beantworten; sie schwebt irgendwo zwischen Meinung aus Gruppeninstinkt (Kultur und Laune des Volkes), Manipulation und Ideologie (Rechtsphilosophie). Es scheint so sein, dass in diesem Bereich das Volk noch am meisten Einfluss auf die Macht besitzt, ausgedrückt durch Gesetze, die der öffentlichen Meinung folgen, und Gerichte, bei denen sogenannte Laien abstimmen (Schöffengericht). Und eben dort lauert das Unrecht basierend auf Meinung, gerüchtebasiertem Verdacht, mitunter obendrein manipuliert durch Medien.

N118   Ich gehe darauf im Abschnitt ab S. 266 ein; Brennan weist auch auf andere Autoren wie Ian Shapiro und Danny Oppenheimer hin und meint: *"Es gibt einen eindrucksvollen Umfang an empirischer Literatur der Politikwissenschaft, die zeigt, wie solche Faktoren zwischen Wählerwunsch und tatsächlicher politischer Umsetzung vermitteln."**3 In gewisser Weise wählen die Menschen mit ihrer demokratischen Abstimmung für Dante's "vernünftigen Kaiser" [N27] und hoffen, dass die erkorene Führungsperson die Dinge für sie in gewünschter Weise richten wird. Das Volk regiert sich also nicht selbst, sondern es wählt einen Führer. Im übrigen wird die Gemeinschaft parallel zu den staatlichen Funktionen von ihren archaischen Verhaltensautomatismen weitergetragen, der Hierarchisierung jeglicher Gruppe und dem Kampf zwischen Interessensgruppen.

N119 Die Französische Revolution und ihre Folgen habe ich bereits erwähnt. Aber nicht nur Frankreich, eine Reihe weiterer europäischer Länder fielen kurz nach Beginn erster Schritte in Richtung Demokratie zurück in die Autokratie – außer im stets hervorgehobenen Deutschland entstanden Diktaturen auch in Spanien, Griechenland, Portugal und Österreich. Die russischen Kommunisten verehrten einen nach dem anderen ihrer neuen Führer, die im Kreml nicht nur Mobiliar und Personal der Zaren übernahmen und dort lebten wie zuvor die Zaren; sie übertrafen auch Ivan den Schrecklichen in ihrer Grausamkeit bei weitem; ihre Gesellschaft begann neue Schichten von Privilegierten zu entwickeln. Am Ende des Revolutionschaos regierten zuerst wieder die archaischen Gesellschaftsmuster mit hierarchischer Ordnung und Machtmissbrauch. Auch der rezente Aufmarsch arabischer Völker in Richtung Demokratie endete bisher in Chaos und Erstarken von Muslim-Brüderschaften (außer in Tunesien) – es war schon zuvor dem iranischen Volk geschehen, als sie ihren Schah verjagt hatten, nur um eine religiöse Diktatur zu bekommen.

N119A Dass das Volk sich nicht selbst kontrolliert haben wir weitgehend klargestellt. Daraus folgt aber aus der Sicht demokratischer Ideologie, dass mit Selbstkontrolle in letzter Instanz nur gemeint sein kann, dass jedes Individuum einer Gesellschaft sich selbst kontrolliert. Dann beginnt Demokratie unter Gleichgesinnten zu bestehen, die keine Kontrolle von außen mehr benötigen. Dann ist der Staat selbstkontrolliert. Rousseau hatte sich diesen Vorgang anders herum vorgestellt und erwartet, dass erwachsene Bürger sich in einem Bewusstseinsakt in diese Situation eines bereits bestehenden „Allgemeinen Willens" begeben sollten – eine Erklärung der dafür erforderlichen vorherigen Erziehung ist ihm offenbar nicht gelungen.

N119B Dazu handelte es sich nicht einmal um die Beschreibung eines Ist-Zustandes sondern um einen Aufruf – und den Ausdruck der Sorge, dass dabei sogleich wieder Manipulation ins Spiel gebracht werden könnte,[11, 40, 37] wie dies seit der Demokratie im antiken Griechenland bekannt ist.[N120] Kant ruft auf: mache dich selbst zu einem Soll-Menschen, indem du den Anderen die gleichen Rechte und Chancen zubilligst, die du für dich selbst beanspruchen willst. Mit seinem Aufruf

---

[37] "Unmündigkeit" ist dabei als geistige Unreife zu verstehen; der Aufruf schreit also nach Erziehung bzw. deren Organisation im Interesse des eigenen Kulturraumes und -kreises

[40] behauptet Kant aber nicht, dass er sicher sei, die Menschen seien dazu auch tatsächlich allesamt in der Lage. Vor allem aber hat es nichts mit der politischen Erwartung zu tun, diesen Zustand überhaupt gleich für das politische Konzept von Demokratie vorauszusetzen: Kant sagt ja genau das Gegenteil und zieht damit eigentlich den Schluss, dass Demokratie nur möglich sei, wenn erst einmal alle Menschen, alle Bürger eines Landes diesen Zustand der geistigen Mündigkeit erreicht haben- und verlagert diesen Zustand in den Himmel.

N120 Schon im antiken Athen wurde die Volksversammlung, vor allem die Demagogen darin, als die Verursacher angesehen, wenn die Demokratie intermittierend durch Oligarchie ersetzt wurde, wie es in den internen Krisen zwischen 411 und 403 v. Chr. geschah. Und in Euripides' Tragödie „Die Schutzflehenden" [griech. Hiketides], sagt der Herold aus Theben zu Theseus: "*Die Stadt, aus der ich komme, wird nur von einem Mann regiert, nicht vom Mob; niemand scheucht dort die Bürger mit irreführenden Reden auf, und dirigiert sie zu seinem eigenen Vorteil hierhin und dahin – in einem Moment von allen geliebt für seine überschwenglichen Begünstigungen, im nächsten für alle das Verderben; und dennoch entgeht er der Bestrafung, indem er seine Vergehen hinter den Untaten anderer verbirgt*".*[253]

N121 ... und Grayling fährt fort: "*Pessimismus hierüber ist nahezu universell; und man würde allzu gerne erwidern, dass es eine Verleumdung der menschlichen Spezies ist.*" Und er schließt mit den Worten, dass „ *...Vorschläge, die zum Konzept von repräsentativer Demokratie führten ... gut sind. Oder jedenfalls gut wären, wenn sie nur richtig angewandt werden*".*[11, S.153] Damit fällt er wieder zurück in die Schleife der Erwartung der Existenz des nicht existenten Soll-Menschen als Voraussetzung für eine funktionierende Demokratie. Immerhin sind die Politiker, von denen die richtige Umsetzung erwartet wird, sind ebenfalls nur „normale" Menschen. Sie alle zusammen ruinieren das Konzept, indem sie nicht anders können als es zu verraten. Grayling geht damit sogar noch weiter, indem er "*Erziehung des Volkes* [verlangt], *um es näher an das heranzubringen, was Demokratie braucht, um wirklich zu erblühen*".*[11] Diese Worte zeigen noch deutlicher, dass das System, die Ideologie, im Vordergrund steht, für die der Mensch zurechtgetrimmt werden soll, um ihr zu genügen.

N122 Jürgen Habermas fährt fort mit den Worten, dass „ *... die zivilisierende Rolle eines demokratisch aufgeklärten Common sense, der sich im kulturkämpferischen Stimmengewirr gleichsam als dritte Partei zwischen Wissenschaft und Religion einen eigenen Weg bahnt.*" [254, S. 13]

„*Der Fluchtpunkt dieser Naturalisierung des Geistes ist ein wissenschaftliches Bild vom Menschen in der extensionalen Begrifflichkeit von Physik, Neurophysiologie und Evolutionstheorie, das auch unser Selbstverständnis vollständig entsozialisiert. Das kann freilich nur gelingen, wenn die Intentionalität des menschlichen Bewußtseins und die Normativität unseres Handelns in einer solchen Selbstbeschreibung ohne Rest aufgehen. ... Aber auch diese avanciertesten Ansätze scheinen daran zu scheitern, dass der Begriff von Zweckmäßigkeit, den wir in das darwinsche Sprachspiel von Mutation und Anpassung, Selektion und Überleben hineinstecken, zu arm ist, um an jene Differenz zwischen Sein und Sollen heran-zureichen ...*"[254]

„*Die postsäkulare Gesellschaft setzt die Arbeit, die die Religion am Mythos voll-bracht hat, an der Religion selbst fort. Nun freilich nicht mehr in der hybriden Absicht einer feindlichen Übernahme, sondern aus dem Interesse, im eigenen Haus der schleichenden Entropie der knappen Ressource Sinn entgegenzuwirken.*"[255]

N123 „*Solange die Nützlichkeit, die in den moralischen Werturteilen herrscht, allein die Herden-Nützlichkeit ist, solange der Blick einzig der Erhaltung der Gemeinde zuge-wendet ist, und das Unmoralische genau und ausschließlich in dem gesucht wird, was dem Gemeinde-Bestand gefährlich scheint. ... Nachdem das Gefüge der Gesell-schaft im ganzen festgestellt und gegen äußere Gefahren gesichert erscheint, ist es diese Furcht vor dem Nächsten, welche wieder neue Perspektiven der moralischen Wertschätzung schafft*".[79]

N124 Sokrates hat die Rechtsprechung in seinem Land kritisiert, aber akzeptiert; Albertus Magnus hingegen, der Kirchenlehrer aus dem 13. Jahrhundert, atta-ckierte sie scharf, indem er schrieb: "*... da sie in ihrer Faulheit solche Idioten sind, suchen sie, um nicht als Idioten zu gelten, denen, die wissenschaftlich über ihnen stehen, etwas anzuhängen. Solche Leute haben den Sokrates getötet, haben den Platon aus Athen in die Akademie gejagt, haben gegen Aristoteles gearbeitet und ihn zur Auswanderung gezwungen*".[256] So wie auch beim archaischen germani-schen Gericht, könnte man hier von legalisierter Lynchjustiz sprechen, verwirk-licht von einer Meute. Im Fall von Sokrates hatte es sich um einen diffusen Vor-wurf gehandelt, der im Grunde aus nichts als „schlechtem Ruf" bestand. Die Frage ist also gerechtfertigt, welcher Unterschied zwischen einem Tyrannen und einem missgünstigen Mob besteht.

N124A Insofern ist die moderne Strafjustiz wieder nichts als selbstgerecht und scheinheilig, wenn sie sich auf ihre „individuelle Verantwortlichkeit" beruft und Sippenhaftung als mit moderner Ethik und Moral unvereinbar bezeichnet, dann aber doch zulässt, dass mit Angeklagten die gesamte Sippe in der Öffentlichkeit in den Schmutz gezogen und damit erst recht mitbestraft wird.

N125 Bevor man eine korrekte Rechtsprechung erwarten kann, muss man voraus-setzen, dass eine moralisch entsprechend qualifizierte Person objektiv entschei-det; da aber Objektivität nicht wirklich existieren kann, wird "*... ein Individuum, welches die Gabe bezeugender Gerechtigkeit besitzt, der Möglichkeit wachsam gegenüberstehen, dass Voreingenommenheit und Vorurteil die Beurteilung der Glaubwürdigkeit eines Sprechers beeinträchtigen können, und wird lernen, seiner Glaubwürdigkeitseinschätzung zu misstrauen, wenn solche Voreingenommenheit vorliegen könnte. Linda Alcoff (2010) äußert die Bedenken, dass es schwierig oder gar unmöglich sein kann, solche Voreingenommenheit bewusst zu korrigieren, da es sich bei diesen kognitiven Vorurteilen um tief verwurzelte geistige Leistungen handelt. Ähnlicher Bedenken wegen meint Anderson (2012), dass wir erkenntnis-theoretisch einwandfrei rechtschaffene soziale Einrichtungen brauchen, nicht nur Individuen. So zum Beispiel fördern gleichmacherische Erziehungssysteme (und ich* *würde hier anmerken, dass solche mit liberaler Demokratie unvereinbar sind) eine gleiche Verteilung von Glaubwürdigkeitsmerkmalen (z.B. durch Anwendung standardisierter Grammatik) und helfen damit zu verhindern, dass Mitglieder marginalisierter Gruppen ungerechte Beurteilung ihrer Glaubwürdigkeit erleiden".*[*42]

N125A Als Gutachter habe ich viele Stunden in Gerichten in der Auseinandersetzung mit Berufskollegen verbracht, die ihrerseits als Gerichtsgutachter im Interesse von beklagten Ärzten, Krankenhäusern und Versicherungen haarsträubende Erklärungen zur Entlastung der Ärzte vorbrachten, die sodann vom Gericht als Basis für das Urteil zum erneuten Schaden der betroffenen Patienten verwendet wurden. Außenseiter werden dabei häufig Opfer von Selbstjustiz, bei der die staatliche Justiz das Mobbing unterstützt.

N125B   Schon 1995 wurde er jedoch in deutscher Sprache publiziert, und zwar in einer Publikation von Ine Ragun „Von der Demokratie zur Ökonokratie".[333] Möglicherweise erstmals überhaupt erschien der Begriff 1993 in einem im Eigenverlag gedruckten Band in dem dort verwendeten Ausdruck "humanitär-ökologische[n] Ökonokratie" [335]

N126 Diese Manager sind Angestellte globaler Industrien, die ihrerseits Politiker zur Informationsweitergabe instrumentalisieren. Diese Information muss ein klein wenig davon beinhalten, das wie Aufrichtigkeit wirkt, mit Slogans wie: in der Tat bewegen wir uns nahe an einer Umweltkatastrophe, aber die Situation ist kontrollierbar, und zwar auf folgende Weise: ihr Leute, das Volk, die Kunden, ihr seid für die Umweltverschmutzung verantwortlich, beispielsweise den Plastikteppich auf den Ozeanen – es ist also nicht nur nicht die Industrie, die tatsächlich für die Verbreitung von jährlich Millionen Tonnen von Plastik verantwortlich wäre, die Industrie darf in diesem Zusammenhang sogar nicht einmal genannt werden, sie ist vielmehr zu schützen und aus der Debatte herauszuhalten. Dies gilt in gleicher Weise für den Abfall aus der Chemischen Industrie, für Atommüll, für den CO_2-Ausstoß von allen möglichen weiteren Produktionsstätten der Industrie und sonstigen Aktivitäten (Luftfahrt ist hier ein Hauptsünder). Die Politik managt die ökologische Krise, trotz ihrer Geiselhaft in der Industrie – oder nicht? Selbstverständlich nicht. Von der Industrie sanft bedroht mit dem Argument der Job-Sicherheit kann sie umso leichter einer Meinung mit ihren Wählern sein, dass harte Maßnahmen zum Schutz der Biosphäre – der Grundlage für unser Überleben - nicht zumutbar wären: nicht zumutbar für die Bürger, denn sie, damit sind wir gemeint, müssten ja ihre Lebensgewohnheiten ändern. Auch nicht für die Politiker, denn sie würden ihre Positionen riskieren, wenn sie unpopuläre Maßnahmen durchsetzten. Vor allem darf man nicht vergessen, dass sich solche Maßnahmen schon allein deshalb nicht durchsetzten, weil solche mutigen Politiker kurzfristig durch andere, vernünftige, ersetzt würden.
Politiker treffen sich auf Großkongressen, um dort Maßnahmen zuzustimmen (z.B. Agenda 2030, Pariser Klima-Abkommen), an die sich dann niemand in dem dringend erforderlichen Umfang hält. Als Marionetten der Wirtschaft spielen die liberal-demokratischen Politiker das Spiel der rationalen Irrationalität bis zum bitteren Ende, weil irgendein surrealer Sachzwang zu diktieren scheint, dass es

sich hierbei um die einzige realistische Lösung handle – eine ähnlich wahnsinnige Wirklichkeit erlebte meine Generation im Kalten Krieg mit der von Demokraten mitbezahlten Schaffung eines x-fachen atomaren Overkills. Als typisches Beispiel für die Gegenwart dient wieder der Plastikmüll: an die 9 Milliarden Tonnen davon sind mittlerweile über den Erdball verteilt, weitere 800 Millionen Tonnen kommen jedes Jahr dazu; aber effektive Maßnahmen seitens der Politik sind nicht sichtbar – stumm und erwartungsvoll, aber machtlos, blickt sie auf die Industrie. Dort wird wieder mit Ökonokratie geantwortet: mit Zahlen, die beweisen sollen, dass die Situation jährlich besser werde. Die Zivilluftfahrt ist hierfür ein Beispiel: die Verbesserung der Umweltfreundlichkeit von Triebwerken wird regelmäßig überholt von der Zunahme von Flugzeugen und Passagierzahlen.[119] Zahllose weitere Beispiele weisen auf den Wahnsinn solcher politischer Hilflosigkeit.

N127 Ökonomische Theorien der Demokratie sind ständig in der Diskussion, nicht erst seit Anthony Downs' Buch aus dem Jahr 1957 [257] und Milton Friedman's Argument, dass *"Theoretische Modelle besser in erster Linie durch die Genauigkeit ihrer Vorhersagen als durch die Wirklichkeit ihrer Annahmen getestet werden [sollten]"*[*258], ein Vorgang, den der Ökonom und Nobelpreisträger Paul Samuelson "F-twist" nannte. Das Phänomen ist in der modernen Demokratie nicht neu: der Ausspruch von Jeanne Hersch aus 1958 von *„Degeneration der Demokratie in einem kapitalistischen Regime"* [247] wurde auch in der jüngsten Literatur wieder bekräftigt: *"... Die amerikanische Demokratie wurde schon vor langer Zeit von einer hyperkapitalistischen Einstellung in Geiselhaft genommen"*.[4]

N127A Eine der schleichenden Langzeitstrategien Chinas ist seit Jahrzehnten die verdeckte Beteiligung (siehe US-amerikanische Port-Authorities S. 426). Im Fall der HSBC ist es der größte Versicherer Chinas, Ping An: bisher war HSBC ihr Hauptaktionär; seit Herbst 2018 ist es umgekehrt. Der bisherige Hauptaktionär der HSBC, BlackRock, ist durch Ping An abgelöst worden.[363] Nachforschungen ergeben immer wieder, dass hinter solchen Aktionen der chinesische Staat steckt, der Firmen dazu benutzt, für ihn als Strohmann zu fungieren. In der gegenwärtigen Situation ist es wohl so, dass die HSBC im Begriff ist, sich wegen all seiner Finanzskandale im Westen nach China auf unerreichbares Territorium zurückzuziehen, dort allerdings Erfüllungsgehilfe des Staates zu werden. Dadurch konnte China die Briten zur Entscheidung für neue Atomkraftwerke zwingen; Finanzierer dabei – wie auch beim Bau der „Neuen Seidenstraße": HSBC. Afrika (Rohstoffe) und Grönland (polare Schiffsroute nach Europa) sind weitere Strategieschwerpunkte Chinas. Ein weiteres Ziel der chinesischen Regierung ist offenbar, auf diesem Weg den US-Dollar als Leitwährung abzulösen.

N128 *"Die Länder, aus denen ... die Metalle für unsere Handys kommen, wurden und werden als billige Rohstofflieferanten ausgebeutet"*.[204]

N129 Christiano erwähnt in diesem Zusammenhang Hobbes mit den Worten: *"Viele Sozialwahl-Theoretiker unter den zeitgenössischen Ökonomen führen die ... Kritik von Hobbes weiter. Sie argumentieren, dass die Bürger über die Politik nicht informiert werden, und dass sie sich oft apathisch verhalten und dadurch speziellen*

Interessen die Möglichkeit offen lassen, die Politiker zu kontrollieren und den Staat für ihre eigenen Zwecke zu missbrauchen ... Einige von ihnen befürworten, dem Markt nahezu die gesamte Kontrolle über die Gesellschaft zu überlassen ...".[*32]

N129A Als Robotertechnik in der Chirurgie interessant wurde, konzentrierte man sich bei der Finanzierung auf die häufigsten und am meisten gewinnbringenden Operationen (Hüftoperationen), nicht auf jene, deren mechatronische Unterstützung das Ergebnis bessern konnte (Hirnchirurgie). Bei dieser Kritik muss man fairerweise auch das andere Ende dieses Spannungsfeldes erwähnen: es ist nicht finanzierbar, für jede kleine Patientengruppe Medikamente zu entwickeln, deren Kosten das Gemeinwesen nicht stemmen kann.

N130

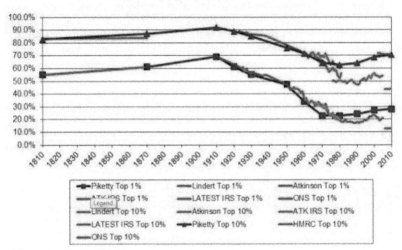

Abb. 3.: Quelle: R.Wile[259]

Top % d. britischen Bevölkerung	Besitzanteil vom nationalen Gesamtbesitz im Jahr		
	1810	1910	2010
1%	55%	70%	30%
10%	80%	90%	70%

Zum Vergleich: die oberen 20% in Schweden besitzen 35% des Gesamtbesitzes. Die globalen Zahlen sind natürlich nicht repräsentativ für die Entwicklung des social divide in der Ära der Demokratie; sie zeigen zwei schlecht voneinander getrennte Entwicklungen: die eine ist das Verhalten der freien Marktwirtschaft in den westlichen liberalen Demokratien und ihres Kapitalismus; die andere weist auf einen sogar noch schlimmeren divide innerhalb der Entwicklungsländer hin: nach Oxfam besitzt 1% der Menschen 70% des Gesamtbesitzes, und den reichsten 10% gehören 90% des Gesamten, wobei auch der divide zwischen dem Westen und dem Rest der Welt zunimmt.[106]

N131 Zwischen dem Jahr 1550 und 1910 stieg der Anteil der reichsten 10% der Europäer konstant von 50% auf 90%: er betrug um 1350 etwa 65%, 50% in den Jahren 1450 und 1550, war um 1650 wieder auf 60% gestiegen, 1750 auf 70%, 1900 auf 90%, während der Weltkriege abgefallen auf 60% und 2010 wieder 70%.[260]

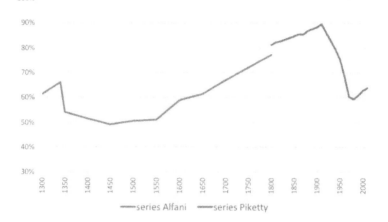

Notes: The Alfani series is an average of the Sabaudian State, the Florentine State and the Kingdom of Naples (Apulia). Before 1600, only information about the Florentine State and the Sabaudian State is available. The Piketty series is an average of France, the UK, and Sweden. Sources: Alfani (2017), Piketty (2014).

Abb. 4: Vox EU, [256]

N132 *"Kürzlich wurden neue Zeitverlaufsserien der Konzentration des Reichtums über das 20. und Teile des 19. Jahrhunderts für einige Länder hergestellt (Piketty et al. 2006, Piketty 2014, Roine und Waldenström 2015) ... Diese Ergebnisse ergänzten bestehende Studien, die nur einige wenige Länder oder Regionen abgedeckt hatten, insbesondere Großbritannien (Williamson 1985) und die USA (Williamson und Lindert 1980)".*[*256]

N132A Anfangs nur „Plattform" oder Zwischenhändler, ist Amazon selbst Einzelhändler geworden, indem es die Produkte der kleinen Einzelhändler auf seiner Plattform anbietet; dadurch verlieren aber diese Kleinen die Hälfte ihres Gewinns an Amazon und machen sich abhängig wie leibeigene Bauern gegenüber ihrem Gutsherrn. Amazon macht ihnen zusätzlich Konkurrenz, indem es diese Produkte auch selbst als konkurrierender Einzelhändler anbietet. Aber damit noch nicht genug: Amazon bietet den kleinen Händlern auch Möglichkeiten an, in ihr Business zu investieren, hat aber die vertragliche Handhabe, ihr Konto ohne Angabe von Gründen zu sperren und sie damit zu ruinieren.

N133 Die Briten zeigten auch, wie diese Art von "common wealth" wieder zerfällt: die unterdrückten Massen revoltieren, sobald der social divide und die Verlogenheit allzu offenbar wird; dann ist es Zeit für einen neuen Spartakus. Die Briten probten 1649 für die Franzosen die demokratische Revolution, indem sie ihren König Charles I. ermordeten und England zur Republik erklärten, die "Commonwealth" genannt wurde. Ähnlich wie 140 Jahre später in Frankreich, wurde die Republik rasch zu einem Terror-Regime und der Autokratie des „Lord-Protektorates" der Cromwell – Familie. Es war eine religiös gefärbte Militärdiktatur, die bald nach Oliver Cromwell's Tod wieder zerfiel. Man kehrte zurück zur Monarchie unter Charles II. - schon Oliver Cromwell hatte man 1657 die Krone angeboten [38], er zog jedoch den Namen eines "Lord-Protektors" vor, obwohl er auf König Edward's Thron saß.

N134 Die Spirale der Polarisation: Auseinandersetzung/Beratung zwischen Parteien in den heutigen Demokratien bewirken von vornherein Polarisierung, weil das Ziel dabei meist nicht Konsens ist sondern der Sieg der einen Seite über die andere, zumindest aber die Abgrenzung voneinander.

N135 „... *haftet jeder Werthaltung letztlich etwas Fundamentalistisches an ... Jedweder Fundamentalismus ist in der Falle, wenn er sich selbst begründen soll".*[63]

N135A Die Autoren fahren damit fort, dass z.B. *"... John Major (ein früherer Premierminister Großbritanniens) ein Angestellter in einer Versicherungsfirma war. Dies sind alles Beispiele für Politiker in den höchsten Ämtern ihrer Länder. Zusätzlich gibt es tausende von 'mittelmäßigen Joes und Janes' in niedrigeren politischen Positionen. In Summe scheint es, dass die politische Klasse in vielen Ländern größtenteils aus mittelmäßigen Leuten zusammengesetzt ist. Wir bezeichnen diese Beobachtung, die den Fokus unserer Arbeit bildet, als Mediokratie ... die Partei wählt weder jene mit den besten Aussichten noch die mit den geringsten politischen Fähigkeiten, sie beide arbeiten letztlich als Lobbyisten ... In ihren Modellen sind die Möglichkeiten für hochqualifizierte Individuen außerhalb der Politik besser als in politischen Positionen, daher sind sie nicht interessiert an der Bewerbung um öffentliche Ämter".*[*111]

N136 Deneault's Buch wird mit dem folgenden Text angekündigt: *"... die Mittelmäßigen haben die Macht ergriffen, ohne dass ein einziger Schuss gefallen wäre. Sie kamen an die Macht auf der Welle einer Wirtschaft, in der die Arbeiter Fertigmahlzeiten am Laufband herstellen, ohne zu wissen, wie man zu Hause kocht; sie geben Kunden übers Telephon Gebrauchshinweise, die sie selber nicht verstehen, oder verkaufen Bücher und Zeitschriften, die sie nie gelesen haben".*[*261]

N137 Davidson schreibt weiter: *"Und die Idee, dass Erziehung eine entscheidende Rolle bei der Reduktion der Ungleichheit und zur Unterstützung der vertikalen Mobilität spiele, ist falsch, wie die Regierung mit ihren eigenen Daten nachweist. Wie könnte auch individuelle Gleichheit in einem System gefördert werden, das in sich selbst*

---

[38] Das war 8 Jahre nach der Exekution von Charles I.; in Frankreich hatte es 15 Jahre gedauert, bis Napoleon Bonaparte sich selbst zum Kaiser krönte.

ungleich ist? ... Sie mögen sich erinnern, dass David Cameron uns im Jahr 2010 mitteilte, Britannien sei ein gebrochenes Land, und dass er es wieder richten werde. Nun ja, das Erziehungswesen ist sicherlich zerbrochen, und Dave hat es nicht gerichtet".[80]

N138 Neil Ascherson [35] beschreibt in eindrucksvollen Worten das Schicksal russischer Archäologen, die den Versuch wagten, Fakten über die Geschichte ihres Landes zu publizieren, anstatt Geschichten über angebliche archäologische Funde zum Beweis der Existenz eines autochthonen russischen Volk zu erfinden – sie endeten am Gulag, oder erlitten ein noch schlimmeres Schicksal.

N139 Über Konformismus
"Diese Ergebnisse sind furchterregend. Die Leute können dazu gebracht werden, einfache Fakten abzuleugnen, die direkt vor ihren Augen stehen ... nur wegen sozialen Drucks. Und dieser Effekt wird immer stärker, wenn es darum geht, politische Meinungen zu bilden".[3] Während man die emotionale Welt eines Deutschen jüdischer Abstammung, der vor dem nationalsozialistischen Regime flüchtete, verstehen und anerkennen muss, könnten deren Nachkommen die Dinge aus der Perspektive dieses Zitats verstehen lernen.
"Rationale Irrationalität"[23] hat primär nichts mit Politik zu tun sondern mit dem Verhalten von Menschen und den Auswirkungen davon in Massen.[3]
Letztlich ist uns die Bedeutung unserer Tendenz zur Konformität im Zusammenhang mit Wahlen und Mehrheitsvoten noch immer unklar, vor allem im Kontext kultureller Evolution insgesamt: immerhin gibt das Individuum in der Masse den Großteil seiner Individualität auf, auch in einem Zeitalter des Individualismus – Massenpsychose, Massenhypnose, Manipulation und individuelle "rationale Irrationalität" passen auf nicht exakt identifizierte Weise zueinander.

N140 *„..die mittelmäßigen allein haben Aussicht, sich fortzusetzen, sich fortzupflanzen- sie sind die Menschen der Zukunft, die einzig Überlebenden; „seid wie sie! werdet mittelmäßig!" heißt nunmehr die alleinige Moral, die noch Sinn hat, die noch Ohren findet.-Aber sie ist schwer zu predigen, diese Moral der Mittelmäßigkeit! -sie darf es ja niemals eingestehen, was sie ist und was sie will! sie muss von Maß und Würde und Pflicht und Nächstenliebe reden- sie wird Not haben, die Ironie zu verbergen!"*
[79]

N141 Der sog. "Bundy standoff" steht exemplarisch für das zwiespältige Verständnis vom „Gemeingut" im materiellen Sinn: etwa 70% des Bundesstaates Nevada in den USA sind „Staatsbesitz" oder „Eigentum der „Öffentlichen Hand". Ein Teil davon wird an die Bürger gegen eine Gebühr vermietet. Als Mr. Bundy sich weigerte, für das Grasen seiner Rinder auf öffentlichem Grund – einer steppenartigen Landschaft in der Wildnis - eine Gebühr zu zahlen, gewann er zunächst einen Prozess gegen den Staat. Letzterer aber gab nicht auf, seinen Machtanspruch durchzusetzen, infiltrierte Familie und Freunde mit CIA-Agenten, um Argumente gegen Bundy bei Gericht herauszufinden. Im Zuge dieser Aktionen erschoss ein CIA-Agent einen Freund der Familie. Der Staat unterwandert seine eigene Legislatur und treibt Handel zu Konditionen des freien Marktes mit dem

Eigentum seiner Besitzer. Der Unterschied zu den schottischen „Highland -Clearances" ist nur, dass nun „der Staat" die Rolle der aristokratischen Landbesitzer eingenommen hat, jener Staat, der eigentlich „das Volk" sein wollte. Hier geht es nicht mehr nur um einen kalten Krieg von Interessensgruppen, hier agiert eine politische Klasse gegen ihren Arbeitgeber, das Volk, und lässt erkennen, dass sie längst die Macht übernommen hat in einem Land, dessen Volk nur noch als manipulierbares Stimmvieh angesehen wird.

N142 In Rousseau's "Der Sozialkontrakt" steht das "Gemeinwohl" ("common good") als "allgemeiner Wille" ("general will") für "gemeinsames Interesse" ("common interest"): *"...was den Willen allgemein macht, ist nicht so sehr die Zahl der Wähler als das gemeinsame Interesse, das sie vereint"*[12] und weiter: *"Jede Gesellschaft sollte ausschließlich auf der Basis des gemeinsamen Interesses regiert werden."** [12]

N143 Anders als diese Autoren verwendet Ignatieff an dieser Stelle das Wort "Gegner" statt "Feind", wenn er vom kalten Krieg der Parteien spricht; er argumentiert, dass *"Ein Gegner jemand [ist], den du besiegen willst. Ein Feind ist hingegen jemand, den du vernichten musst".**[262]

N144 In einer First-Past-The-Post – FPTP – Methode wählen die Wähler unter regionalen Kandidaten aus; und "the winner takes it all" - der Sieger bekommt alles, das bedeutet, dass es keine Rolle spielt, von welcher Partei dieser siegreiche Kandidat ist, und wie groß seine Partei ist; er oder sie vertritt nun diese Region im Parlament. Dieses System wird außer in USA auch in Großbritannien und dessen früheren Kolonien eingesetzt.

N145 In manchen Ländern degenerierte die demokratische Parteipolitik zu einem System von marktschreierischen Parteiprogrammen, die den Wählern wie von Bauchladenhändlern angeboten werden. In positiverem Licht besehen bedeutet dies so etwas wie: *"Ein ganz und gar ordnungsgemäßes Vorgehen in der demokratischen Politik ist das Bemühen derer, die um die Stimmen der Wählerschaft werben, ihnen ein Programm vorzulegen und sie von dessen Wert zu überzeugen."* Bei vollem Tageslicht besehen sieht es jedoch etwas anders aus: *"In der Praxis werden dazu schmutzige Tricks verwendet, Halbwahrheiten und Unwahrheiten, Sinnverdrehung und Propaganda, Angriffe, die eher auf Personen als auf die Inhalte zielen ..."**[11]

N146 Die liberale Demokratie lässt auch das Risiko ihrer Selbstzerstörung durch demagogische Manipulation zu, die so alt ist wie der moderne Mensch, hier aber im Schafspelz der Redefreiheit und obendrein mittels moderner subversiver Methoden daherkommt. A.C. Grayling schreibt dazu: *"Das Ziel der Architekten der repräsentativen Demokratie war es, die Dominanz von Einzelinteressen zu verhindern: in einer entstellten repräsentativen Demokratie haben neue manipulative Kräfte Wege gefunden, dieses Ziel zu pervertieren"* * [11]. Wie ich hier darzulegen versuche, liegt die Begründung dafür darin, dass man den „Faktor Mensch" zu berücksichtigen unterließ und meinte, ihn durch Ideologie beherrschen zu können, deren Exekutive „das Gesetz" ist. Abgesehen von Kant's Zweifel ob der Realisierbarkeit von Demokratie in der wirklichen Welt der Bürger bestätigt unsere heutige Realität zusätzlich, dass sich das archaische Clanwesen im Verhalten von Politikern und Parteien verwirklicht, indem sie ihre Rolle als Repräsentanten in einem kalten Krieg spielen, ihre eigenen Interessen dabei gesonderte Clans verfolgen und das Gemeingut darüber zum Großteil ignorieren.

N147 Typisch für die gegenwärtige Krise ist die Situation in Deutschland: die Diskussion dreht sich um Parteien und ihre Führungsspitze, selten um Politik. Die Wähler spielen nicht wirklich eine Rolle. Die Leute sehen dem Treiben zu wie in einem TV-Film, die Politiker sind die Schauspieler, die Zuschauer sehen ihr eigenes Schicksal, ohne dessen gewahr zu sein.

N148 Die Tendenz, "Demokratie" als eine Gesellschaft von möglichst vielen Parteien zu verstehen, die kein Wähler mehr überblicken kann, stellt für sich selbst einen Endpunkt der Entwicklung dar: zur Wahl im Irak 2018 beinhaltete die Wahlliste über 4000 Kandidaten.

N149 Grayling vergleicht die verdeckte Oligarchie und den Mangel an Kontrolle der Politiker und ihrer Verantwortlichkeit im britischen System mit der Situation in den USA: "*...die Exekutive... House of Commons ist faktisch ein Souverän in UK ohne irgend etwas wie checks and balances, wohingegen checks and balances in den USA nur als Übereinkommen funktioniert und ansonsten ein Rezept für Stillstand ist.*" Und weiter: "*... es trifft genau auf die Repräsentanten des Unterhauses zu, dass sie Repräsentanten sind und nicht Delegierte - das bedeutet, dass sie eigenständige Verfügungsgewalt haben, was geschehen soll, unabhängig von den Erwartungen ihrer Wähler; und so sollte es angesichts der Notwendigkeit ja sein, die unüberlegten Wünsche uninformierter Wähler zu verbessern, und oft, das zu tun, was für das Land am besten ist, auch gegen solche Wünsche*".* [11]
Im Prinzip klingt diese Feststellung empfehlenswert, allerdings nicht auf den zweiten Blick: darf man davon ausgehen, dass unbedachte und uninformierte Wähler in der Lage sind, Repräsentanten zu wählen, die sodann vernünftig genug sind, zu ihrem besten zu entscheiden, und sei es entgegen ihrem Wunsch?

N150 Angela Merkel wird in Deutschland für 16 Jahre regiert haben – wenige Kaiser Roms hielten sich vergleichbar lang, und wenige Kaiser und Könige in der darauffolgenden Geschichte. Dazu klingen Statements anderer weiblicher Regierender wie die von Margret Thatcher nicht ausgesprochen demokratisch (alle entnommen aus [263]): "*So etwas wie Gesellschaft gibt es nicht. Es gibt einzelne Männer und Frauen, und es gibt Familien*".* Nicht dass ich dem aus ethologischer Perspektive nicht zustimmen könnte, aber: ist das die Aussage der Repräsentantin einer demokratischen Gesellschaft? "*Es macht mir nichts aus, wieviel meine Minister reden, solange sie tun was ich sage*".* – Worte einer Demokratin oder einer Autokratin? "*Ich bin keine Politikerin des Konsens, ich bin eine Überzeugungs-Politikerin*".* Nochmal: ich wäre gewiss nicht gegen Entscheidungen, solange sie evidenzbasiert sind, aber hier besprechen wir Demokratie: sind dies Worte einer demokratischen Repräsentantin, die den Willen des Volkes ausführt, oder handelt es sich um eine missionarische Ideologin? „*Das Problem mit dem Sozialismus ist, dass dir irgendwann das Geld deines Volkes ausgeht*".* Sinnleere

505

Demagogie, respektloser Umgang mit den sozialen Bedürfnissen in einer Gesellschaft? Oder doch nur normaler kalter Krieg der Parteien, nur eben auf britisch? *„Es kann passieren, dass du eine Schlacht mehrmals schlagen musst, bevor du gewinnen kannst".* * Auf diese Aussage könnte man erwidern mit "Das Problem mit wiederholten Schlachten ist, dass dir irgendwann die Menschen dafür ausgehen" (und sie wurden auf dem Schlachtfeld der Falklands in der Tat verloren). Man kann über Scherze lachen, aber darüber die Tragödie einer Demokratie zu vergessen, die ihr Volk vergessen hat "*... würde auch Mrs Thatcher's ideologischer Überzeugung entgegenkommen, dass die sozialen Verpflichtungen des Staates – wie beispielsweise Altenpflege, Sorge für Behinderte, Kinder und arbeitslose Jugendliche – auf deren Familien und auf Wohlfahrtseinrichtungen übertragen werden sollten, und zwar mit wesentlich mehr Betonung auf Selbsthilfe und wesentlich geringere staatliche Unterstützung".* * 264

N151 Brennan nennt es *"das Gemeingut-Argument für Umweltschutz".* * 3

N152 Trump's Antwort auf die Frage, warum seiner Meinung nach die Clintons 2005 der Einladung zu seiner Hochzeit gefolgt waren: *"Als ein Spender habe ich darauf bestanden, dass sie kommen – sie hatten gar keine andere Wahl, und genau das ist es ja, was an unserem Land faul ist. Unser Land wird von und für seine Wahlspender, Sonderinteressen und Lobbyisten regiert ... "* * 4

N153 Theoderich, ab 493 König der Ostgothen, gewährte den Juden Religionsfreiheit, aber die Christen verfolgten sie hinter seinem Rücken weiter. Habsburg's Kaiser Karl V., Kaiser des Römischen Reiches Deutscher Nation, erließ 1544 das „Große Speyrer Judenprivileg" zum Schutz der jüdischen Minderheit vor Übergriffen, erneuert 1548 und 1566 wegen fortgesetzter Pogrome. Der britische King George III. erließ die "Roman Catholic Relief Act" zum Schutz der katholischen Minderheit des Landes; als Antwort stürzten die "Gordon Riots", initiiert von Lord George, London im Jahr 1780 in bürgerkriegsähnliche Zustände (Charles Dickens beschrieb sie in seinem Roman "Barnaby Rudge"). Habsburg's Kaiser Joseph II. erließ 1782 sein "Toleranzpatent" für Religionsfreiheit im Reich, einschließlich Protestanten und Juden (das Patent aus 1781 hatte sie noch ausgeschlossen). Louis XVI. erließ 1787 sein Toleranzpatent zum Schutz der Hugenotten in Frankreich. Das Edikt von Sultan Abdülmecid I. aus dem Jahr 1850 zur Gleichberechtigung aller Bürger der Stadt Aleppo war unmittelbar gefolgt von einem Aufstand der muslimischen Bevölkerung mit Pogromen an Christen und Juden.[265] Das aktuellste mir bekannte Beispiel ist die „Deklaration von Marrakesh" aus 2016, das von über 200 muslimischen Religionsführern und Politikern unterzeichnet wurde und dem Schutz religiöser Minderheiten in islamischen Ländern dienen sollte. Die Zunahme von Christenverfolgungen in Ägypten, dem islamischen Land mit der größten christlichen Gemeinde, kann als vergleichbare Reaktion angesehen werden.[343] Nach der "OpenDoors' World Watch" Liste 2017 waren 9 der 10 Top-Länder mit den schlimmsten Christenverfolgungen islamische Länder.[344-345]

N154 Bertrand Russell vermeidet die direkte Erwähnung von Kolonialismus, erklärt jedoch, dass wir " den voll entwickelten Mythos [vom demokratischen antiken Griechenland] ... in Plutarchs "Leben Lykurgs" [finden]; die von ihm vertretenen Ideale haben bei der Entstehung der Lehren Rousseaus, Nietzsches und des Nationalsozialismus eine große Rolle gespielt (ganz zu schweigen von Dr. Thomas und den englischen höheren Schulen)".[29] "Auf uns wirkt Sparta wie ein Miniaturmodell des Staates, den die Nazis im Fall ihres Sieges errichtet hätten".[29] "Die daraus resultierende Verbindung von Idealismus und Machtgier hat die Menschen wieder und wieder irregeführt, und tut es heute noch".[29, S.121] Russell weist damit auf einen entscheidenden Schwachpunkt der Demokratie von Anbeginn: die Unterdrückung und Ausbeutung anderer Völker als Quelle der erforderlichen Energie und der daraus resultierenden Macht und Stabilität, weil die Spartaner ihre Kultur leben konnten, während die von ihnen versklavten Nachbarn ihr Land für sie bestellten.

N155 In Bretton Woods, New Hampshire, fand im Jahr 1944 eine Konferenz westlicher Staaten – mit Ausnahme Deutschlands- statt, um eine Konvertibilität der Währungen auf der Basis von Goldreserven und des US-Dollars festzulegen. Während – und wegen - des Vietnam-Krieges waren die Goldreserven der USA auf 20% gesunken. Daher machte Präsident Nixon 1971 den Dollar per Verfügung inkonvertibel. Nach mehreren erfolglosen Versuchen für eine neue Vereinbarung koppelten sich Europa und Japan ab und machten ihre Währungen „free floating". Die Folge davon waren Investment Banking und Staatsverschuldungen auf bisher unbekanntem Niveau. Das sogenannte "fiat money" System im Zustand der Deregulierung ermöglichte es den Banken, das gesamte Finanzsystem buchstäblich auszuplündern, bis es schließlich 2008 unmittelbar nach dem Konkurs von Goldman-Sachs kollabierte.

N156 Mehrere ökonomische Theorien versuchen die Staatsverschuldung zu rechtfertigen, wie die Theorie der sozio-ökonomischen Determinanten, oder die „theory of resources of power of organized interests", die institutionalistische Theorie der Politik usw. John Maynard Keynes' Veröffentlichung "The General Theory" [266], publiziert im Jahr 1936, bewirkte eine breitere Akzeptanz dieses Konzeptes von "deficit spending" (höhere Ausgaben als Einnahmen, Haushaltsdefizit). Schon davor hatte es US-Präsident Hoover 1930 und 1932 gegen die „Great Depression" eingesetzt: die Idee dabei ist, in einer Phase der Depression die Ausgaben zu erhöhen und dadurch die Wirtschaft anzukurbeln, indem in öffentliche Aufträge investiert wird, die wiederum Arbeitsplätze schaffen und den Geldumlauf erhöhen. Das Problem ist nun seit den 1960er Jahren, dass dieses System in einer Phase des Wirtschaftswachstums nicht funktioniert. Neue Ansätze, wie Geld zu drucken, eine Methode, die den Namen "quantitative easing" trägt, und "helicopter money", werden nun wegen geringer Glaubwürdigkeit zunehmend kritisiert; die EZB warnt vor versteckten und sog. Schatten-Schulden.

N157 Demokratie und Wohlstand: Lipset geht in seiner Publikation aus 1959 davon aus, dass Demokratie von einem gewissen Wohlstandsniveau abhängt, das durch

Reduktion der Klassenunterschiede erzielt wird.[267] In Übereinstimmung damit fußt die Theorie von Przeworski et al. auf einem Schwellenwert von pro-Kopf-Einkommen, das die Nachhaltigkeit von Demokratie gewährleisten soll: *"… pro Kopf Einkommen, unser Maß für den Entwicklungsstand, hat eine starke Wirkung auf die Überlebensfähigkeit von Demokratien. Die einfache Tatsache ist, dass weder während unseres Beobachtungszeitraumes noch jemals davor eine Demokratie bei einem pro-Kopf Einkommen von mehr als $6,055 untergegangen ist, dem Wert von Argentinien im Jahr 1975, und zwar unabhängig von jeglichen anderen Faktoren. Zweiunddreißig Demokratien überlebten 736 Jahre bei Einkommen über $6,055, und nicht eine davon ging unter, wohingegen 39 von 69 Demokratien nicht überlebten, die ärmer waren".**[134]

N158 Das Hauptproblem mit Przeworski's Theorie der Modernisierung [134] scheint jedoch zu sein, dass „Modernisierung" an sich nicht in erster Linie das politische System destabilisiert sondern die Kultur einer Nation, wogegen sich das politische System erst in späterer Konsequenz ändert. Kultur, Religion und evolutionäre Faktoren der Bevölkerung sind in gleicher Weise von Bedeutung, werden aber in diesem Modell nicht berücksichtigt. Dies hat sich auch bei Huntington's Ausführungen über die Jahrzehnte bestätigt [84, 268].

Es dürfte also eine unerlaubte Vereinfachung sein, "ökonomischen Wohlstand" mit "Modernisierung" gleichzusetzen.

N159 Georghiou [14] schrieb in seiner Kritik der Huntington-Fukuyama-Debatte über die Zukunft der Politik nach dem Ende des Kalten Krieges: *"… im letzten Jahrzehnt wurde Demokratie zu praktisch dem einzigen politischen Modell von globaler Anerkennung, und dies unabhängig von der Kultur. Mit Ausnahme von Pakistan denken die meisten der untersuchten islamischen Länder positiv über Demokratie: in Albanien, Ägypten, Bangladesch, Aserbajdschan, Indonesien, Marokko und der Türkei befürworteten 92 bis 99 Prozent der Bevölkerung demokratische Einrichtungen – ein höherer Anteil als in den USA (89 Prozent). Jedoch, so ermutigend diese Ergebnisse auch sein mögen (besonders für das Fukuyama Lager), ein Lippenbekenntnis zur Demokratie bedeutet noch nicht notwendigerweise, dass die Leute grundlegende demokratische Normen unterstützen – oder dass ihre Führer ihnen demokratische Einrichtungen gestatten werden."** Die Wahrheit liegt wahrscheinlich irgendwo in der Mitte und lässt damit die Frage offen, ob der globale Friede ohne einen weiteren Weltkrieg erzielbar wird. Georghiou[14] schreibt dazu weiter: *"Während Fukuyama seine liebe Not hat darzustellen, wie selten etablierte Demokratien gegeneinander die Waffen erheben, besteht Huntington (1996:31;183-184) darauf festzuhalten, dass die Beförderung von Demokratie und Modernisierung nur noch mehr Kriege bedeutet, nicht weniger. Aber Huntington's schärfster Angriff auf den Liberalismus besteht wohl in seinem hartnäckigen Hinweis darauf, dass der globale Anspruch von Demokratie eher ein charakteristischer Zug der westlichen Kultur ist denn eine universelle Wahrheit, wie Fukuyama es sieht".** Insgesamt sollte man über dieser Debatte nicht vergessen, dass der westliche Universalismus keine Erfindung der Ära nach dem Kalten Krieg ist; er begann – abgesehen vom fraglosen Herrschaftsanspruch aller Kolonialisten über die Jahrhunderte – spätestens im Jahr 1945 mit dem Kampf der USA gegen den Weltkommunismus und Truman's „containment doctrine". Die Frage der USA im Jahr 1949, als Mao im Oktober die Volksrepublik ausrief: " Who lost China" (wer verlor China)[78], weist darauf hin, dass man bis dahin der Überzeugung war, die Kontrolle über die gesamte Welt zu haben. Dieser Irrglaube wurde ohnehin rasch zerstört mit Kim's Angriff auf Südkorea mit Hilfe russischer Panzer, unterstützt von Mao und Stalin: der offizielle Beginn des Kalten Krieges.

N160   Ad 1- Identitätsverlust ist eine nachgerade selbsterklärliche Reaktion, wenn man einerseits bedenkt, wie wir Alle in und von unserem heimatlichen kulturellen Umfeld geprägt sind, in dem wir aufgewachsen sind, und nun andererseits einbeziehst, dass der Anti-Nationalismus uns davon zu überzeugen sucht, dass unsere kulturelle Identität in einer zunehmend globalisierten Welt irrelevant wenn nicht gar asozial sei.

Ad 2- Neo-Nationalismus ist die Antwort auf die anti-nationalistische Provokation, insbesondere im Verein mit forcierter Immigration.

Ad 3- Die Menschen werden angezogen von politischen Parteien, die eine Abschottung der Heimat gegen Immigration befürworten, insbesondere von bevormundenden Führerfiguren, die einfache Lösungen für die Probleme verkünden und eine autoritäre Schutzfunktion ausstrahlen können. Auf diese Weise kann Identitätsverlust dazu führen, dass sich autokratische Führerfiguren etablieren und den Kreislauf von Monarchie, Oligarchie, Demokratie und Diktatur weiterführen.

Einige konservative Parteiführer haben die Entwicklung verstanden und begannen darauf zu antworten, um ihr Territorium gegen die „Populisten" zu verteidigen, wie Frankreichs Präsident Sarkozy mit den Worten: *In allen Demokratien haben sich die Leute zu viel mit der Identität der Immigranten auseinandergesetzt, und nicht genug mit der Identität der Gastländer."* - Die Front National hieß daraufhin Sarkozy's Bemerkung unverzüglich mit der Bemerkung willkommen, er sei ja einer auf ihrer Seite. [269]

Grayling[11] zählt weitere rezente Autoren zum Thema Demokratie auf, darunter *"...Theoretiker der deliberativen Demokratie"* , inspiriert von Jürgen Habermas und John Rawls, außerdem Proponenten von Anarchie und verschiedenen Formen von Demokratie der Occupy Bewegung etc. Er beschreibt im weiteren die Entwicklung von Neo-Nationalismus und Patriotismus zusammen unter dem Begriff „Populismus", der sich als *"eine anschwellende Indignation und Wunsch nach Aufmerksamkeit und Beseitigung der Mängel darstellt"**. – Aufmerksamkeit und Abhilfe wofür? – Er lässt dabei die lange bekannten Zusammenhänge aus der Ethologie unerwähnt beiseite, vielleicht ohne es zu merken: Territorialität, ausgedrückt als Patriotismus und Verteidigung der Heimat – in politischer Korrektheit wird sie unverzüglich als Fremdenhass, Rassismus und Rechtspolitik gebrandmarkt. Damit werden Menschen in eine Ecke gestellt, die lieber in der Gesellschaftsmitte geblieben wären, und enden letztlich in der Tat damit, diese Zentrumsparteien zu zerstören und die Anarchie heraufzubeschwören, nicht weil sie Anarchie wollten, sondern weil sie die Demokratie für sich, ihre Kultur und ihren Lebensraum nutzen wollten.

Wenn Grayling „Populismus" diskutiert, vermischt er diesen Begriff mit "Demagogie" und argumentiert, dass nur Populisten Demagogen seien. Besonders wenn er sein eigenes Land zum Beispiel nimmt, wird die Vermischung deutlich, weil die britische Regierung die Immigration von Flüchtlingen praktisch vollkommen blockiert; er argumentiert jedoch, dass *„populistische politische Parteien auf der Anti-Immigrationswelle großgeworden [sind]"**. Damit sagt er aus, dass seine konservative Regierungspartei populistisch ist. Wenn er von Populismus schreibt und die Parteien als *„xenophobische (allzuoft einfach nur rassistische) und nationalistische Parteien der Rechten"** bezeichnet, erwähnt er jedoch nur Rechtsparteien am europäischen Kontinent; die Rechtspartei der Briten, UKIP, diskutiert er dabei nicht, und natürlich auch nicht die britische Regierungspartei. [11, S.114-119]

N161 *„ ... eine Diskussion darüber, ob kulturelle Unterschiede zwischen den Migrantengruppen Integrationswillen und Integrationsfähigkeit beeinflussen, war politisch nicht gewünscht."*[63]

In vergleichbarer Weise lehnte das deutsche Ministerium für Wissenschaft und Technologie im Jahr 1993 die Publikation ihrer Studie über die Folgen des demographischen Wandels wegen der anhaltenden Einwanderung mit dem Argument ab, dass "... *eine Veröffentlichung der Studie zum gegenwärtigen Zeitpunkt 'zu erheblichen Missverständnissen in der Öffentlichkeit' führen würde."* Der Autor schreibt weiter: "... *aber es besteht die Gefahr daß bald niemand mehr die Zivilcourage besitzt, Probleme anders als verschleiert anzusprechen ..."* [21, S.18]. Diese Sorge sollte sich 20 Jahre später bewahrheiten, als während der Migrationskrise 2015 niemand außer einigen Radikalen es wagen konnte, öffentlich eine andere Meinung zu äußern, die nicht mit der "Willkommenskultur" übereinstimmte.

N162 Die Menschen in europäischen Ländern sind – im übrigen ungefragt, ob sie dies auch wollten – konfrontiert mit Immigranten aus verschiedenen Kulturen, unterschiedlichen Menschen mit unterschiedlichem Verhalten, fremder Kleidung, fremdem Geruch und alledem. Evolutionsbedingte Verhaltensmuster revoltieren im Unterbewusstsein vieler Menschen der angestammten Bevölkerung: ihr Lebensbereich in Gefahr, ambivalente xenophobische Gefühle, die aus politischer Korrektheit unterdrückt werden sollen, sofern sie überhaupt jemals an die Oberfläche des Bewusstseins kommen. Das Problem erledigte sich danach zum Teil, weil die Fremden sich ohnehin absonderten, eigene getrennte Gemeinschaften bildeten; schließlich aber begann es wieder zuzunehmen, als Forderungen lauter wurden, das Recht anders zu sein auch tatsächlich verwirklichen zu können, weil ihre Religion und Kultur von ihnen verlangt, anders zu bleiben, ein Recht, das zum politischen Statement wurde nun, da sie doch selbst Bürger eines liberal-demokratischen Staates waren – die liberale Demokratie in der Islam-Falle einer zweifachen Paradoxie der Toleranz. Ein Spannungsdreieck bildete sich zwischen der angestammten Bevölkerung, separiert lebenden und integrationsunwilligen Immigranten und liberal-demokratischer Politik, die sich bemühte, ihre Wähler von der Bedeutung des Anti-Nationalismus und des Multikulturalismus zu überzeugen, was auch immer man davon in der wirklichen Welt halten sollte zwischen intoleranten „Westerners" auf der einen Seite und großteils abgesondertem, zunehmend selbstbewusstem politischem Islam, intolerant zufolge religiöser Gebote.

N163 Eibl-Eibesfeldt schrieb über Einwanderer aus arabischen Ländern nach Frankreich: *"Man erkennt, daß man es mit einer Solidargemeinschaft zu tun hat, die zwar französisch spricht, aber arabisch denkt und fühlt, und das ist nicht weiter verwunderlich. Oder glaubte jemand ernsthaft, sie würden sich alle mit der Geschichte Frankreichs identifizieren und einmal Karl den Großen als symbolischen Staatsgründer und Stammvater verehren?"* [21]

N164 Im Jahr 2017 waren 10.4% der französischen Bevölkerung Migranten [270], in Großbritannien 13% [271], in Deutschland 20% (verzehnfacht im Vergleich zu 1960 [272]; 34% der Kinder unter 5 Jahren in Deutschland, die von einer Immigrantin geboren wurden[266]). Im Jahr 2016 war der Ausländeranteil (mit Ausnahme jener Immigranten, die bereits Staatsbürger geworden waren) in den Baltischen Staaten 15%, in Österreich 14%, in Irland und Belgien 12%, in Spanien und Deutschland 10%, in Großbritannien und Italien 8-9%, 8% in Schweden und Dänemark, 7% in Griechenland und Frankreich, entsprechend dem EU-Durchschnitt, 5% in den Niederlanden und der Tschechischen Republik, 4% in Portugal und Finnland - und 1.6% in Ungarn, 1.2% in der Slowakei, 0.4% in Polen [273].

Soziale Probleme sind eng verknüpft mit dem Herkunftsland der Migranten: 20% der belgischen Immigranten kommen aus Marokko, 20% der deutschen Immigranten aus der Türkei. Der Großteil der Migranten nach Italien kommen aus Afrika [274], 10% aus Marokko, 5% aus China. Nach Spanien kommen 20% aus Afrika, zumeist aus Marokko.[275] (Zahlen ohne Zitat sind [154] entnommen).

Über 50% der "ethnischen Minderheiten" in Großbritannien stammen aus asiatischen Ländern, Indien, Pakistan oder Bangladesch, etwa 20% aus Afrika oder Karibischen Ländern.[276]

Die Mehrheit der Immigranten nach Frankreich sind Algerier, Tunesier oder Marokkaner.[277] (Zahlen ohne Zitat sind [154] entnommen).

N165 In diesem Zusammenhang erwähnt er die Zahl der Stimmberechtigten in verschiedenen Systemen, der Autokratie, Oligarchie usw. Dieses Thema eröffnet einen interessanten Aspekt: Macht muss nicht unbedingt von der Zahl der Stimmberechtigten abhängen, denn jeder absolutistische Regent, jeder Diktator, hängt sehr direkt von einer Anzahl von Leuten um ihn herum ab, die ihn in seiner Macht stützen; dasselbe gilt für die Leute in der zweiten Reihe der hierarchischen Pyramide. Daraus geht hervor – bezogen auf den systemabhängig verfügbaren Machtumfang – dass alle Regierungsformen sich darin sehr ähnlich sind: stets existiert eine hierarchische Pyramide, die gleichzeitig auch Abhängigkeiten reflektiert. Für die Demokratie bedeutet dies, dass „Wahlrecht" bedeutet nicht

„Macht" an sich, sondern die Macht zur Mitbestimmung an der Machtverteilung in dieser Pyramide.

N166 Georghiou[14] zitiert Booth, der "... *feststellt, dass Demokratie in Staaten mit multiplen Ethnien / Kulturen und ohne starke gemeinsame soziale Strukturen fast unmöglich ist. Wenn ein solcher Staat nicht sehr streng zusammengehalten wird, zerfällt er".* *

N167 In Deutschland wurde die kaiserliche Zensur im Jahr 1874 durch das kaiserliche Pressegesetz ersetzt; auch während der Weimarer Republik war Zensur außer für Film, Jugendliteratur und einige Beschränkungen der Redefreiheit nicht gestattet. Das änderte sich während dem NS-Regime mit seiner strengen Zensur, mit Bücherverbrennungen; vergleichbare Zensur blieb auch während der Besatzungszeit durch die Alliierten in Kraft, und auch während dieser Nachkriegszeit wurden Bücher konfisziert und vernichtet. Das heutige Deutschland hat ein Zensurgesetz zum Jugendschutz und für verbotene politische Gruppen.

In Frankreich war die Zensur ab 1521 an die Universitäten delegiert; die theologische Fakultät veröffentlichte 1543 einen Index verbotener Bücher, der 1559 durch den Vatikan-Index ersetzt wurde. Später im 16. Jahrhundert kam eine staatliche Zensur dazu, ersetzte die universitäre aber erst ab 1653 vollkommen, dann mit besonderem Augenmerk auf Gedankenkontrolle. Im 19. Jahrhundert oszillierten die Gesetze zwischen freier Presse und dem Verbot von anarchistischer Propaganda; damit waren liberale, sozialistische und kommunistische Aktivitäten gemeint. Seit den späten 1950er Jahren ist die Presse mit Ausnahme vereinzelter Interventionen weitgehend frei; es gibt aber weiterhin einen Index verbotener Filme und Bücher.

N168 *"Freiheit der Rede und der Information sind in mehreren internationalen Abkommen verankert wie der " Universal Declaration of Human Rights" (Artikel 19), und dem "UN International Covenant on Civil and Political Rights" (Artikel 19). Außerdem stellen einige internationale Organisationen regelmäßige Berichte über Pressefreiheit her, beispielsweise die OSZE-Vertretung für Pressefreiheit".* * [157]

N169 In Europa bzw. der EU wird *"ein effektiver Schutz der Pressefreiheit innerhalb des Rahmenprogramms des Europäischen Rates, insbesondere durch Artikel 10 der Europäischen Menschenrechtskonvention (ECHR) gewährleistet ...".* * [157]

N170 Diese grundlegende Voraussetzung für eine freie demokratische Gesellschaft wird aber auch durch die Einschränkung gewährleistet, dass " *Dies jedoch nicht bedeutet, dass die Pressefreiheit automatischen Vorrang vor anderen Interessenskonflikten hat, z.B. Datenschutz, Recht auf Privatsphäre, Ruf, Strafrecht und weitere. Dementsprechend muss bei jeglichem Interessenskonflikt eine Balance bestehen, die beiden, der Pressefreiheit und anderen Rechten und legitimen Interessen so weit wie möglich gerecht wird, wobei dennoch auf die Bedeutung der Redefreiheit und der Pressefreiheit in der Demokratie Rücksicht zu nehmen ist".* * [157]

N171 Bedenkt man die tatsächliche Wirkung von Information auf den Menschen, dann muss der Glaube an schrankenlose Meinungsvielfalt als nachgerade naiv erscheinen: *"Eine Debatte über Angelegenheiten von öffentlichem Interesse setzt unterschiedliche Meinungen voraus, welche die konkurrierenden politischen Optionen repräsentieren, zwischen denen die Bürger frei wählen können. Pressefreiheit sollte daher durch ideologischen, kulturellen, sozialen und politischen Pluralismus charakterisiert sein. Je pluralistischer die Medienlandschaft, und je mehr unterschiedliche Ansichten verbreitet werden, desto größer ist der legitimisierende Effekt auf den politischen Prozess".* [157]

N172 Gewiss eröffnen die modernen Medien praktisch unbegrenzten Zugang zu jeglichem Wissen unserer Zeit. Bei dem Sektor Unterhaltung handelt es sich bereits um einen kritischeren Bereich, wie man der Frequenz entnehmen kann, in der die Menschen mit bestimmten Inhalten gefüttert werden. Als ein Beispiel ist hier vielleicht ein Vergleich zwischen britischen und deutschen TV-Sendungen hilfreich zum Verständnis: während einige britische Kanäle am laufenden Band Kriegsfilme über die Angriffe deutscher Flugzeuge auf britische Städte, andere Nazi-Verbrechen und britische oder amerikanische Kriegshelden zeigen, um sicherzustellen, dass diese Vergangenheit präsent bleibt, zeigen deutsche Sender ihrerseits dutzende Male ihre und andere Dokumentarfilme über das Dritte Reich in anhaltendem mea culpa. Die Rache-Bombardements der deutschen Städte bleiben dabei auf beiden Seiten regelmäßig unkommentiert.

Was Medien und Politik anlangt, so ist bekannt, dass beide voneinander leben, voneinander abhängig, nicht voneinander unabhängig, wie es der gesetzliche Auftrag vorgesehen hätte. Auf der einen Seite ist also die freie Presse eine der großen Errungenschaften in einer freien Gesellschaft, weil das Volk nicht mehr kommentarlos regiert werden kann. Auf der anderen Seite jedoch versucht die Politik, diese „freie" Presse zum Sprachrohr ihrer Interessen zu machen, jener der Parteien ebenso wie einzelner Politiker. Die „vierte Gewalt" im Staat ist sogar Opfer einer a priori Schwäche im System, weil sie dem Risiko der Manipulation durch Vorselektion nicht entkommen kann: denn sowohl was berichtet, wird wie auch, was man als weniger oder zu wenig bedeutsam erachtet, entspricht einer Vorauswahl, die Gesamteindruck und Meinung bildet. Darüber hinaus sehen sich aber Medien allzu oft eher als Meinungsführer denn als neutrale Reporter. Immerhin besteht das Wissen über Politik – und ihre Meinung - für die Mehrzahl der Bürger aus den von diesen Medien verbreiteten Informationen. Die Menschen denken und reden über die Inhalte aus Nachrichten und Talkshows, nicht über andere, nicht medial aufbereitete Ereignisse.
Daher tragen die Medien eine extrem hohe Verantwortung; aber ebenso hoch sind Vorsicht und zunehmende Sorge betreffend die Möglichkeit von Missbrauch, meint Grayling: *"Die Presse sollte strikten Kontrollen des Wahrheitsgehaltes unterliegen und für Desinformation deftige Strafen auferlegt bekommen".*[11] Ich würde dem noch hinzufügen, dass dies ebenso für Politiker gelten sollte – Manipulation und Verbreitung falscher Fakten sollte also für beide Gruppen strafbar sein.
Die Medien lassen sich für einseitige Werbung benutzen, sie beeinflussen am Weg über tiefreichende emotionale Funktionen und missbrauchen mitunter beide Instrumente in Berichten, die Menschen oder Ereignisse in verleumde-

rischer Weise in ein schräges Licht rücken. Umfragen in der Bevölkerung sind oft nichts anderes als ein Spiegel der Nachrichten der vergangenen Tage – gleicherweise nützlich für Politiker und Medien, aber ebenso gefährlich für die Beständigkeit von Demokratie. Es mag schon sein, dass ins Mikrophon brüllende Diktatoren Geschichte sind, aber sie können sich heute leichter denn je als Manipulatoren in das Unterbewusstsein von - und die Gefühle der - Menschen einschleichen. Dasselbe tun auch die Medien. Dann finden die Menschen Politiker gut oder schlecht, weil sie in den Medien so dargestellt werden. Treten Politiker dann in der Öffentlichkeit in Erscheinung, wird wiederum jedes Wort und jede Geste auf ihre emotionale Wirkung gestyled.

Die Freiheit dieser „Freien Presse", Errungenschaft der Demokratie, wirkt oft wiederum im Interesse der Zerstörung dieser Demokratie, wenn Journalisten ihre Freiheit dazu benutzen, Politiker zum Handeln zu drängen, dann wieder, in paranoider Manier Fehler an ihnen aufzudecken; dieser Aktionismus bewirkt lediglich, dass Politiker erst recht vor allem darauf achten, nichts zu unternehmen, das ihre eigene Karriere stören könnte. Viele dieser drängelnden und oft respektlos geführten TV-Interviews für Nachrichtensendungen machen Politiker noch vorsichtiger in ihrer Erscheinung, zwingen ihnen leere Phrasen ab, stellen sie oft als inkompetent, schwach und unfähig dar: gleich ob sie es tatsächlich sind oder nicht, die Medien demontieren damit die Politiker und gleichzeitig die Demokratie.

Andererseits dann das Zusammenspiel zwischen Medien und Politikern: sie brauchen einander. Das Spiel richtet sich oft genug gegen den Souverän: das Volk. Ein Beispiel war die Manipulation der Volksmasse während der Migrationskrise des Jahres 2015 mit dem politisch korrekten Aufruf zur "Willkommenskultur". In einem Wochen und Monate anhaltenden Taumel der Zivilgesellschaft in einem Gutmensch-Gefühl wurde konsequent der jahrelang vorangegangene Fehler der Politiker und das ethische Wirrwarr überspielt, das man damit anrichtete: niemand dachte daran, dass man Leute begrüßte und für ihre Ankunft beglückwünschte, die nur mit der Hilfe krimineller Schlepper hatten kommen können. Die Schlepper steckte man gleichzeitig ins Gefängnis, und die anderen Millionen, die sich keine Schlepper leisten konnten, vergaß man weiter – es wäre halt noch teurer geworden für die Zivilgesellschaft, und das wollten die Medien im Interesse der Politiker nicht sagen, damit die Politiker nicht ihr Wahlvolk auf den ethischen Irrsinn aufmerksam machen mussten, Worte, die sie um ihre Wählerschaft gebracht hätten -was letztlich dann doch geschah, und wieder unter dem Hetzgeschrei der Presse gegen alles nicht-liberale.

Wofür sind diese Medien frei als dafür, die Selbstzerstörung der Demokratie zu beschleunigen? Die einen als Sprachrohr der Parteien in deren kaltem Krieg gegeneinander und zur Hetze gegeneinander im Volk. Als Opposition? Was für Opposition benötigt wird ist *Opposition* im Volk selbst, nicht eine manipulative Presse, die dazu aufhetzt. Wieder ist die Presse nur Sprachrohr von Gruppeninteressen, polarisiert mehr als sie informiert.

Dieses Dilemma trat anlässlich von Ereignissen wie Brexit und den US-Wahlen 2016 wieder deutlich zutage: mehr als jedes andere politische System ist die Demokratie durch Manipulation gefährdet, die sie selbst gestattet, wenn nicht gar betreibt. Und es gibt eine Vielfalt von anderen Beispielen: warum haben die deutschen Medien Österreich 2015 für die Schließung der Balkanroute in moralisierender Weise vorgeführt, nur um im Jahr darauf zu berichten, wie sich die deutsche Politik um Reduktion der Massenmigration bemühe, indem eine Wiederöffnung der Balkanroute durch ein Abkommen mit der Türkei verhindert werde? Warum haben die britischen Medien Kontinental-Europa für das erschütternd miese Management bei der Versorgung all der vielen armen Migranten kritisiert, Europa's fehlende Menschlichkeit, während ihr eigenes Land selbst die Grenzen für jegliche Immigration dichtmachte? Was ist an solcher Form von Berichterstattung neutral? Sie missbrauchen – in wessen Auftrag immer – ihren Auftrag, indem sie den Menschen klarmachen, was man unter Demokratie zu verstehen habe, was Freiheit sei, was richtig und was falsch. Sie gewöhnen sie an das Nichtselberdenken und bereiten sie auf die nächste Phase der Autokratie vor.

Der „liberale" Umgang mit Nachrichten und mit Information im allgemeinen zerstört demokratische Werte, statt sie zu schützen, indem er sie der Manipulation durch „Meinungsmache" aussetzt. Leider sind diese Medien allzuoft Opfer einer missverstandenen Freiheit, Freiheit statt Neutralität, Libertinismus statt Fairness. Wenigstens müssen sie hin und wieder vor ihrer eigenen Respektlosigkeit erschrecken.

Solange es von den regierenden Parteien als politisch korrekt erklärt wird, stigmatisieren die Medien kulturelle Identität und Patriotismus undifferenziert als Neo-Nationalismus und Populismus, sogar als Rassismus – nicht aus Ignoranz, sondern als Propaganda in jemandes Interesse.

Meinungs- und Redefreiheit hätten ursprünglich, bevor die Medien die Mehrheitsmeinung formten, auch bedeuten wollen, dass Bürger frei und offen gegen Immigration sein dürfen, dass sie den Rechtsstaat kritisieren, so wie er gehandhabt wird, dass sie gegen ein sinnloses Wahlsystem und gegen selbstzerstörerische Schwächen der Demokratie sind. Jedoch – die freien Medien können Kritiker der Mehrheitsmeinung als asozial anprangern, sogar als undemokratisch. Sie dürfen Halbwahrheiten verbreiten, rücksichtslos und hämisch den guten Ruf von Bürgern durch vorverurteilende Gerüchte zerstören, gleichzeitig von Menschenrechten und Respekt reden – nur manchmal erkennen sie selbst, dass Satire nicht alles erlauben kann, und noch seltener, dass sie selbst über die Würde von Bürgern trampeln, denen sie ursprünglich lediglich neutral berichten sollten.

Wie man an Türkei und Ungarn sieht, nützt diese Art von Freiheit nichts [278], diese freie Presse schützt die Demokratie nicht; sie missbraucht sie und assistiert bei der Selbstzerstörung.

Und was wollten diese freien Medien rund um die Welt vermitteln, als sie Donald Trump vor und nach seiner Wahl zum Präsidenten mobbten? Zwar wurde es kurz unterbrochen, als man entdeckte, dass gewisse Parallelitäten zu Ronald Reagan bestanden; und dann war da noch das Forum in Davos im Jahr 2018, als man nicht anders konnte als einzugestehen, dass Trump's Steuerreduktion ein großes Potenzial habe, die Weltwirtschaft anzukurbeln.[279] - Nein, ich bin kein Unterstützer von Präsidenten wie Trump; aber auch kein Unterstützer von Medien, die sich über eine Person mockieren, die vom Volk auf demokratischem Weg gewählt wird. Mobbt sich hier denn nicht die Demokratie selbst ihrem Untergang entgegen?

N173 *"Länder, die sich damit brüsten, Demokratien zu sein und das Gesetz zu achten, haben kein gutes Beispiel gegeben, weit gefehlt. Informationsfreiheit wird allzu oft einer über die maßen breiten und missbräuchlichen Interpretation von Notwendigkeiten im Interesse nationaler Sicherheit geopfert, eine beunruhigende Entfernung von demokratischen Gepflogenheiten. Oft leidet darunter besonders der investigative Journalismus".*[153]

N174 Freiheit in der Libertinismus – Puritanismus Falle

Die menschliche Gesellschaft hat verwirrend widersprüchliche Gesichter: die gleichzeitige Entwicklung von Libertinismus und Puritanismus ist ein Beispiel: Gesundheitsschädigende Mengen Alkohol werden in allen Gruppen aller Gesellschaftsschichten konsumiert. Saufgelage sind in immer mehr Gruppen junger Menschen üblich, besonders an Wochenenden stören sie das öffentliche Leben und halten in einer Reihe von Ländern die Polizei in Atem. Der Missbrauch weiterer Drogen nimmt in manchen Ländern immer katastrophalere Formen an (jährlich 70.000 Drogentote in USA, das sind laut WHO-road safety report doppelt so viele Tote als im Straßenverkehr). Außer gesetzlichen Verboten ist praktisch alles erlaubt. Es gibt keine sexuellen Praktiken, die nicht in den Medien mitunter nachgerade aggressiv angeboten würden, über die sich Kinder und Jugendliche nicht informieren und "bilden" könnten; in dieser virtuellen Welt sehen sie, wie Männer Frauen als Sexualspielzeug benutzen, und Frauen sich als Prostituierte darstellen. Sie werden nicht in eine Gesellschaft gegenseitigen Respekts und Verständnisses erzogen, sondern der Selbstverwirklichung und Rücksichtslosigkeit. Wenn sie dann erwachsen sind, können Männer ihr Leben verwirken, wenn sie einer Frau ans Knie greifen oder zu deutliche Bemerkungen machen. Frauen aber zeigen sich in der Öffentlichkeit spärlich bekleidet oder halbnackt (nicht an Badestränden) und reizen die sexuelle Reaktion der Männer, sofern diese überhaupt noch reizbar sind. Der Wahnwitz ist politisch korrekter Alltag. Der Libertinismus führt zu einem sozialen Verfall, dessen Ausmaß keinesfalls zugegeben noch öffentlich diskutiert werden darf; er ist zu einer heiligen Kuh des Westens geworden. Auf der anderen Seite stigmatisieren politisch korrekte Medien und Frauenbewegungen bald schon männliche Blicke. Längst ist „Sexismus" zu einer Waffe im Kampf der Geschlechter geworden. Frauen und Männer sollen gleichberechtigt miteinander arbeiten dürfen, aber die Folgen davon nicht zeigen und nach Möglichkeit auch nicht mehr spüren: die Kulturen der Welt haben Regeln und Methoden für eine soziale Ordnung entwickelt; die soziale Ordnung des modernen Westens diktiert „Asexismus" bei gleichzeitiger sexueller Überreizung in jedem Werbespot, jedem Film – kaum einer schafft es mehr ohne „Soft-Porno".

Auf der anderen Seite dieses Verfalls, den es politisch korrekt nicht geben darf, häufen sich neben den zig-tausenden von Drogentoten Millionen von psychisch verstörten jungen Menschen - siehe Anmerkung [N86].

N175 Die Menschen aber wollen Schutz und brauchen Kontrolle, nicht Freiheit. Die Seele der Masse braucht eine Gott und seinen Stellvertreter vorort, eine Führerfigur, oder es regiert das Chaos.

N176 Eine interessantes Detail am Titel des Buches von Azmanova & Mihai, "Reclaiming Democracy" (Demokratie zurückfordern)[160] ist die Frage, wie man etwas zurückfordern kann, das noch nie wirklich funktioniert hat. Was die Autoren also eher ausdrücken ist der Wunsch, dass wirkliche Demokratie endlich zum Zug kommen möge.

N177 Die erste der Schwächen nennt Grayling *"... die Funktion jener Einrichtungen und Praktiken, die selbst Teil des Modells zur Lösung des Dilemmas sind"**, also mehr oder weniger äquivalent zur "Selbstzerstörung durch die eigenen Regeln und Werte" und "Selbstzerstörung durch Anonymisierung der Macht" sowie der Paradoxien entsprechend meinem Text, vor allem der Toleranz. Grayling meint damit allerdings vor allem den Missbrauch politischer Einrichtungen für private Zwecke und für Parteiinteressen, spricht selbst also die Paradoxien und anderen a priori Probleme nicht an. Als *„die beste Illustration"** seines ersten Punktes nennt er die Tatsache, dass der Souverän im britischen System nicht das Volk ist, sondern das Parlament, und nicht einmal das Parlament, sondern nur ein Teil davon, nämlich das Unterhaus (House of Commons), und davon wiederum nur jener Teil, der die Mehrheit bildet. *"Die wahre Situation im Vereinigten Königreich ist also, dass die Regierung mit ihrem servilen Wahlblock im Unterhaus die absolute Macht innehat, wo eine einfache Mehrheit jedes Gesetz, jede bürgerliche Freiheit oder Menschenrechtsangelegenheit in Kraft treten oder beseitigen lassen kann"* * [11].

N178 Da im Utilitarismus die Bedeutung von „gut" nicht eindeutig spezifiziert war, ließ sie sich relativ einfach von Wählerschaft wie Politikern als „gegenseitige Verführung" und „gemeinsames Streben nach individueller Befriedigung" interpretieren, im Sinne von : lasst uns das theoretische "Gemeinwohl" vergessen und stattdessen gemeinsam nach individuellem Glück für Viele streben, vielleicht sogar für Alle. So wurde aus Demokratie der kalte Krieg der Klassen und Seilschaften zwischen den jeweiligen Interessensgruppen und Parteien, jede einzelne im Kampf für die eigenen Ziele auf Kosten der anderen, „Teil-Sozial-Hedonismus", vertreten durch politische Parteien und andere Gruppenvertreter. Dieser Trend sollte nicht nachlassen es sei denn im Fall von fremder Aggression – wäre da nicht die eigentliche treibende Kraft hinter dem Utilitarismus: die Gier nach Reichtum, der Kapitalismus. Dieses soziale System lebt gefährlich, denn der Kapitalist sägt an dem Ast, auf dem er sitzt: er destabilisiert die Gesellschaft, indem er den social divide weitertreibt; so spaltet sich die Gesellschaft langsam aber stetig aus dem lauwarmen sozialen Frieden in relativem Wohlstand für fast Alle in die unanständig reiche Minderheit und eine wachsende Masse von

Zurückgelassenen in relativer oder absoluter Armut. Dann erweist sich sogar der politische Sozial-Hedonismus als naive Theorie: das Naturgesetz des evolutionär verankerten Sozialverhaltens schiebt sie mit ihrem „aber" beiseite, jener Vorausbedingung, die da eigentlich gemeint hätte, dass der Utilitarismus in der Demokratie *"... nur dann gerechtfertigt werden kann, wenn der Schutz der Rechte und Interessen dessen, über den Macht ausgeübt wird, auch wirklich gewährleistet ist"** [32] Wer aber schützt die Zurückgelassenen tatsächlich? Werden wir hier nicht an den Widerspruch in den Worten führender Politiker erinnert, wie des früheren britischen Premiers David Cameron: er versprach während seiner Amtszeit gleichzeitig, dass niemand in der Gesellschaft zurückgelassen werde, und beschrieb selbst eben diese Gesellschaft als „broken society" (in der stets 5-10% der Bevölkerung in relativem bis absolutem Elend zurückgelassen werden, mitten in der westlichen Wohlstandsgesellschaft).

N179 Interessensgruppen können friedliche Waffen wie beispielsweise Streik einsetzen oder als Koalitionen von Minderheiten verhandeln. Ihre Tätigkeiten zielen auf kurzsichtige egozentrische Politik auf Kosten sozialer Langzeitstrategien und des Gemeinwohls der gesamten Gesellschaft, wie Roald Dahl es formuliert: *"Grob gesagt besteht diese kompetitive Politik im Grunde aus Bestechung der Wählerschaft durch die Politiker .... der Bauer ... unterstützt einen Kandidaten, der ein hohes Preisniveau unterstützt, der Geschäftsmann ... unterstützt einen Vertreter niederer Gewerbesteuer ... der Verbraucher ... wählt einen Kandidaten, der gegen Mehrwertsteuer ist".** [171] Der Zusammenschluss von Interessensgemeinschaften ist ein typisch evolutionär fundiertes Verhalten, von der Demokratie unterstützt anstatt entsprechend kontrolliert zu werden. Damit entpuppt sich die Demokratie als jenes chaotische Wirrwarr von Ideologie, die von archaischem Gruppenverhalten unterminiert wird, einem Verhalten, das die Demokratie eigentlich bändigen wollte.

N180 Christiano merkt dazu an, dass *"... die Sozialwahl-Theorie ... die Frage [untersucht], ob es eine Entscheidungsfindung geben kann, welche eine Anzahl individueller Wünsche in eine rationale gemeinschaftliche Lösung umformen kann. Es kann aber keine allgemeine Regel geben, welche unter der Maßgabe vernünftiger Beschränkungen irgendeine Anzahl individueller Wünsche zu einer rationalen sozialen Gesamtlösung machen könnte."* * Wieder ist der Grund für das Dilemma unser evolutionäres Erbe, das sich unseren Ideologien widersetzt und uns weiter in den Wirbel von Anarchie und Chaos zu ziehen droht.

N181 Es gibt zahlreiche kritische Meinungen über die mögliche Rolle der Sozial-Epistemologie in der Politik – diese Diskussion allein könnte ein Buch füllen.[3, 280 281 282 283 284] Auf der anderen Seite sehen Autoren wie Goldman & Blanchard in erster Linie wegen der Perspektiven der Sozial-Epistemologie einen Vorteil an der Demokratie. Obwohl sie einräumen, dass *"... Demokratie aus einer rein erkenntnistheoretischen Sicht nicht das beste System ist"*, bestehen sie darauf, dass *"dies nicht notwendigerweise bedeutet, dass Demokratie ein schlechteres politisches System ist; man könnte lediglich zögern, rein erkenntnistheoretische Erwägungen das „ein und alles" politischer Attraktivität zu nennen (ein Konzept, das Estlund 2008 als "Epistokratie" bezeichnete)"*.* [42] Im weiteren betonen sie die Bedeutung von Meinungsvielfalt zur Problemlösung und weisen diesbezüglich auf eine Reihe von Autoren wie Hong und Page 2004; Sunstein 2006; Landemore 2011. Außerdem zeigen sie unter Verweis auf Freeman und Rawls auf die Bedeutung von Beratung für die Demokratie, diskutieren aber die Relevanz der Beratung unter Massen inkompetenter Menschen nicht, insbesondere für den Fall komplizierter politischer Problemstellungen. Einerseits räumen sie ein, dass *"... wissenschaftliche Studien überraschendes Versagen bei beratenden Gruppen ergaben, so zum Beispiel durch Kaskadenbildung und Polarisierung".* Andererseits jedoch bleiben sie der Meinung, dass Möglichkeiten für eine funktionierende Sozial-Epistemologie in der Demokratie noch immer nicht vollkommen ausgeschöpft seien. Schließlich räumen sie dann doch wieder ein, dass *"... auf dieser Ebene eine erfolgreiche Strategie für Demokratie nicht strikte epistemologisch wäre ..."* * [42] Dieser doch ziemlich konfuse argumentative zick-zack-Kurs ist zusätzlich geprägt von der Vermischung dreier großteils nicht vergleichbarer Entitäten: der Wahrheitsfindung in der Rechtsprechung, der Erarbeitung wissenschaftlichen Wissens, und drittens politischer Entscheidungsfindung in sozialen Fragen. Schließlich verwirrt dann der Vergleich von politischer Problemlösung und ökonomischen Theorien die Diskussion endgültig, vor allem auch deshalb, weil psycho-soziale Phänomene dabei vollkommen unberücksichtigt bleiben.

N182 Brennan bezieht sich dabei auf den beschränkten Wert des Condorcet - Theorems, spricht auch das "Hong-Page-Theorem" an und dessen unklare Bedeutung von "richtigem Ergebnis" unter Berücksichtigung der Tatsache, dass Millionen von Menschen erhebliche kognitive Vielfalt aufweisen, abgesehen von ihren unterschiedlichen Erwartungen und Ansichten, Mitglieder von Parteien mit konträren Ideologien usw. Die Diskussion führt an dieser Stelle nicht weiter, vielmehr sind wir mit der Tatsache großer Unterschied in Bevölkerungen konfrontiert.[3]

N183 Das sogenannte Hong-Page Theorem geht von der Annahme aus, dass Gruppen informierter Leute mit sehr unterschiedlichen Ansichten die Wahrscheinlichkeit zur Identifikation der besten Lösung in einer Situation erhöhen, die als Versuch-und-Irrtum beginnt, also in einer Situation, wo niemand die entscheidenden Parameter und Prämissen kennt. Der Schluss ist naheliegend, dass die Erfolgswahrscheinlichkeit umso höher ist, je mehr unterschiedliche Vorschläge zusammenkommen. Brennan fasst diesen Vorgang dementsprechend zusammen: *"Das Hong-Page Theorem soll uns klar machen, dass Diversität gut ist, aber das bedeutet nicht dass es das beste ist, jeden einzelnen Bürger wählen zu lassen, noch auch nur die Mehrzahl".* * [3]

N184 Unter den politologischen Kritikern der Sozial-Epistemologie für Demokratie erwähnt Brennan auch A. Thompson.[285] Brennan weist auch auf Kontrahenten wie *"Landemore ... [die] beabsichtigt nachzuweisen, dass Demokratie die Epistokratie auszutricksen vermag – und dass die Faustregeln das Ergebnis von Experten meist übertrumpfen"**[3], *"... Page selbst erklärt, dass Menschenmengen nicht immer schlau sind. Sie können schlechte, ja sogar wahnsinnige Entscheidungen treffen,* *entweder wenn es systemische Unklarheiten gibt oder wenn eine Neigung zu Konformität bei der Beratung die Genauigkeit und Vielfalt reduziert".* [3] Damit erhalten wir den Hinweis auf die soziologisch-biologische Seite: Menschen neigen zur Konformität, dazu, Gruppen zu bilden, einander zu imitieren, und dazu, von charismatischen Führern manipuliert zu werden. Daher ist das Theorem nur unter Bedingungen valide, die es im wirklichen Leben kaum gibt. Zur Beratung unter Bürgern meint Brennan, dass *"In einer modernen Demokratie die Bürger zwar darin einig sein können, dass sich die Dinge verbessern sollten, dass sie aber darin uneins sind, wie das geschehen soll was man tun müsste ... Sie sind nicht in die aktive Problemlösung involviert"* und außerdem, dass *"die meisten Bürger ... auf voreingenommene und widersinnige Weise [beratschlagen]"* [3]. Sodann bezieht er sich erneut auf *"... Landemore, [die] behauptet, dass Demokratien im wirklich-en Leben nicht ausreichend demokratisch sind, weil die Leute sich nicht so verhal-ten, wie sie sich verhalten sollten".* Landemore meint, und damit verteidigt sie das Hong-Page Theorem, dass die Demokratie das beste System wäre, wenn sich die Menschen so verhalten würden, wie es von ihnen erwartet wird. – Eine bessere Dokumentation für das philosophische Konstrukt des „Soll-Menschen" kann man kaum noch finden. Schließlich erklärt Brennan nochmals, dass besser informier-te Wähler im Gegensatz zu uninformierten auch eher richtige Entscheidungen treffen: *"Kurz gesagt, das Argument hier ist probabilistisch. Es ist eher ein abduk-tives als ein deduktives Argument ... wenn es aber ein abduktives Argument ist, dann ist dies fatal für Landemore's Argument. Es bedeutet nämlich, dass der demokratische Prozess systematische Fehler aufweist"* [3].

N185 Die ideologische Falle der Demokratie
Die Menschen haben nicht aus freien Stücken ein bestimmtes politisches System gewählt, nur weil sie darin leben – immerhin ist Geburt nichts, was ein Mensch sich aussuchen kann. Die polit-philosophische Erwartung „ *... wenn Menschen an einem demokratischen Prozess teilnehmen, dann stimmen sie durch ihre Teilnahme* [z.B. an einer Wahl], *dessen Regeln zu, auch wenn das Ergebnis gegen ihre Interessen geht"* wie auch John Locke meint [286] führen letztlich nirgendwo hin. Denn in keinem anderen System werden die Menschen in vergleichbarer Weise apathisch, desinteressiert an der Gesellschaft und individualistisch wie in der liberalen Demokratie; wenn sie sich auflehnen, führt dies nur zu weiterer Zersplitterung. Mehr als in jedem anderen politischen System ist daher die Sorge darüber berechtigt, dass nur der Wohlstand einen fragilen sozialen Frieden gewährleistet.
Die größte Gefahr in dieser heutigen westlichen Welt ist daher der Ausbruch irgend einer Krise, welche diesen Wohlstand stört: eine schwere Bankenkrise wie 1930, eine große Epidemie, könnte über Nacht den schwelenden Konflikt zwischen den Lagern der sogenannten multikulturellen Gesellschaft mit ihren vielen seelischen Wunden zu Ausbrüchen von Hass und Gewalt werden lassen.

N186 Kritik der Sozial-Epistemologie für Demokratie
Bisher versuchten Forscher in den Natur- und den Humanwissenschaften, gemeinsam oder einzeln, jedoch meist auf einer theoretischen Basis, den Prozess

hinter Gruppenentscheidungen in menschlichen Gesellschaften zu verstehen und zu nutzen, während andere auf die Schwächen und das Versagen solcher Abstimmungsverfahren mit dem Vermerk hinweisen, dass sich die Interaktionen zwischen bewussten und unbewussten Vorgängen bei Individuen und Gruppen als zu komplex herausstellten. Bestenfalls verdeutlichen sie den Zusammenstoß zwischen moralischen Kriterien (repräsentativ für intellektuelle Entscheidungsvorgänge) und instinktiven, unterbewussten Entscheidungsvorgängen, wobei Abstimmungen dem Verlust der ersteren gleichkommen.

Deswegen überlebt Demokratie mit der sozial-epistemologischen Ideologie und Beratung als Instrument der Wahrheitsfindung auf einem äußerst schmalen Grat zwischen beschleunigtem Abgleiten in die Mediokratie und der Autokratie-Falle.

Das Gebiet der Sozial-Epistemologie spannt sich auf zwischen "*sozialer Rechtfertigung von Überzeugung*" am einen Ende und " *... Sozial-Epistemologen der Wissenschaft ....[die] epistemologisch bedeutsame Behauptungen (im klassischen Sinn von „Epistemologie") machen, mit denen sie den Status der Wissenschaft als privilegierte Wahrheitsquelle im Sinn von Überzeugung und Wissen anzweifeln*"* [42]. Am einen Ende ist Richard Rorty's Auffassung aus dem Jahr 1979 von Wissen als der "*sozialen Rechtfertigung von Glauben*", also eine Art von Feststellung der politischen Korrektheit von dem, was als Wissen anerkannt werden soll. Die Konsequenz von solch einem Schritt ist schwerwiegend, nachgerade ein kultureller Umkehrpunkt, denn er führt zurück in mittelalterliche Sozialstrukturen mit ihren Wissensdogmen, die zu hinterfragen unabhängig von jeglicher Evidenz lebensgefährlich war. Sollen wir tatsächlich Popper's kritischen Rationalismus vergessen und einer wolkigen Glaubensrichtung folgen, die sich über den Köpfen einer Menschenmasse zusammenbraut?

Kritische Diskussion von wissenschaftlichen Inhalten ist doch ohnehin schon lange Tradition, und die Frage nach der Falsifizierbarkeit von Hypothesen. Was die Sozial-Epistemologie hier anbietet, ist im Grunde nichts als die Wiederholung der Diskussion unter Fachleuten, nun durch die Öffentlichkeit, mit der Frage, ob „wir diese Evidenz glauben sollen", besehen durch die Brille des gesunden Menschenverstandes. Wie wir wissen, bedeutet dies, unsere „unbelehrbaren Lehrmeister" zu befragen, unsere Instinkte, die uns Auskunft geben sollen über eine Welt, die für unsere Instinkte unerreichbar ist. Es bedeutet, das Geschenk der kritischen Bewusstheit an die Evolution zurückzugeben und sie selbst entscheiden zu lassen. Die Dummheit dabei wäre, dass man damit ignoriert, dass die Evolution bereits entschieden hat, denn unser Bewusstsein ist als Beweis dafür schon in uns.

Bei unserem Erkenntnisgewinn ist also entsprechend den Empfehlungen von David Hume und Karl Popper entscheidend, nicht zu sagen „ich glaube, das ist wahr", sondern "ich gehe davon aus, dass es sich hierbei um die bisher bestmögliche Hypothese handelt", entsprechend dem Vorgang, den Konrad Lorenz den Blick auf "die Rückseite des Spiegels" nennen würde. Genau an diesem Punkt fällt der Mensch immer und immer wieder über die Füße seines eigenen Denkens, Opfer des zwanghaft automatischen Denkens, das die kritische Analyse zum Schweigen bringt oder jedenfalls übertönt. Die größte Errungenschaft in einer Kultur bestünde demnach in der Überwindung dieser Falle durch Erziehung, einer Erziehung, die uns als Einzelne wie als Teil es politischen Gebildes dazu bringt, zu überwinden, was ich das „Überzeugtheits-Syndrom" nenne, das zwanghafte Glauben an eine Wahrheit, die keine sein kann, weil es keine Wahrheit geben kann kraft unserer Denkfähigkeit; es gibt nur Erfahrungen und daraus erwachsende Überzeugungen. Sie kritisch zu hinterfragen ist die höchstmögliche Leistung, denn „Induktives Wissen kann nicht logisch als Wahrheit begründet werden" (z.B.: morgen wird die Sonne aufgehen).

Als Methode zur Unterscheidung zwischen sozialer Wahrnehmung und Wissen als Resultat kritischer Analyse ist die Sozial-Epistemologie wohl ungeeignet. Aberglaube und Gerüchte, eingepasst in Vorurteile, sind der Nährboden für fatale soziale Fehlentwicklungen.

In prähistorischer und früher historischer Zeit glaubten die Menschen in erster Linie, was Vertreter des Numinosen sie zu glauben lehrten. Im Mittelalter glaubten die Menschen weiterhin mehrheitlich, was Priester sie zu glauben lehrten, z.B. dass die Erde eine Scheibe sei und die Sonne um sie rotiert, obwohl schon seit geraumer Zeit wissenschaftliche Geister beobachtet und errechnet hatten, dass daran etwas nicht stimmen konnte. Sozial-Epistemologie ist also gefährliches Gebiet für das menschliche Gemeinwohl auf längere Sicht: Verführer der öffentlichen Meinung werden stets zur Stelle sein, die öffentliche Meinung in Richtung individueller Machtinteressen zu lenken. Nicht Sozial-Epistemologie, sondern nur tatsächliche Evidenz kann verlässliche Voraussetzungen zur Entscheidungsfindung für einen nächsten Schritt in die Zukunft bieten, wann immer verfügbar. Menschlicher Hausverstand ist – im Gegensatz zu tierischem Instinkt – gefährlich wegen des Glaubens, der Überzeugtheit, als schwer belehrbarem Interpreten der Wahrnehmung. Zu viele halb-bewusste Interessen wirken bei zu vielen Gelegenheiten des täglichen Lebens als Garanten der vermeintlichen Wahrheit. In der Masse verliert der neue kritische Geist die Kontrolle über diese alten Gespenster der Wahrheit endgültig. Demnach sollte besser die individuelle Epistemologie, die Erkenntnisfähigkeit des Individuums, die Aufsicht über die Verwaltung der Evidenz ausüben, und nicht die soziale Epistemologie die Entscheidung über die individuelle.

Aus dem Studium der Literatur erschließt sich mir kein Grund zur Annahme, dass die Sozial-Epistemologie sich in der Politik besser bewähren könnte als in der Wissenschaft. Vielmehr sollte man eher politische Entscheidungen als quasi-wissenschaftliches Experiment betrachten. Die dazu erforderliche Vorgehensweise würde zu evidenzbasierter Politik führen, wie ich später weiter diskutieren werde. Jedenfalls erscheint die Erwägung des zuvor erwähnten Hong-Page-Theorems [N183] auf der Ebene von Expertenberatungen als sinnvollster Ansatz für die Erörterung der bestmöglichen Lösung angesichts eines neuen Problems. Bei dieser Form von Wissenstheorie wird „Wahrheit" oder „Wissen" ersetzt durch „Hypothese" oder „Entscheidung zu einem politischen Schritt vom Standpunkt der verfügbaren Evidenz oder der besten gegenwärtig verfügbaren Annahme oder Theorie".

Philosophen dieser Richtung befassen sich damit *"die epistemische Qualität individueller doxastischer* [siehe S.378] *Standpunkte aus der Sicht sozialer Evidenz [zu untersuchen]"* * 42. Dies bedeutet nichts anderes als wiederum: "sollen wir glauben, was der oder die behauptet"?, oder mit nochmal anderen Worten: was glaubt das Volk zu dieser Lehrmeinung?

Meine Kritik bezieht sich nicht auf die Frage der Sinnhaftigkeit von Beratung und Hinterfragen im allgemeinen, sondern auf die Frage, wer über wissenschaftliche Inhalte in welchem Umfang und in welcher Funktion (Autorität) darüber beraten soll. Wie wir aus dem Zitat gesehen haben, besteht mit der Sozial-Epistemologie die Absicht, die Wissenschaft sozusagen von außen zu überprüfen – und von einem autoritativen Sockel zu stürzen.

Die Frage ist zweifellos, welchen Sinn es hat, eine Menschenmenge zur Glaubwürdigkeit wissenschaftlicher Daten abstimmen zu lassen, von denen die Einzelnen keine Ahnung haben, bzw. welche Aussagekraft die Meinung einer Menschenmenge hierzu haben kann. Was anderes denn als Aberglaube, Bauchgefühl und spontane Assoziationen vorbekannter Wissensinhalte - oder kurz gesagt: die Lorenz'schen "unbelehrbaren Lehrmeister" – kann eine Volksabstimmung zu einer wissenschaftlichen Lehrmeinung ergeben?

Sozialepistemologen stellen die Frage nach dem *"... sozialen Charakter der Evidenz (relativ zum Agenten)".*42 Was aber haben wir unter dem "sozialen Charakter" des Ergebnisses einer Doppelblindstudie in der klinischen Medizin zu verstehen?

Wenn Sozialepistemologen *"... die klassischen erkenntnistheoretisch fundierten Ansichten von objektiver Wahrheit, von Wissen und Rechtfertigung ab[lehnen] und versuchen, die erkenntnistheoretische Autorität der Wissenschaft zu entlarven"* * 42, ferner, *„den Status der Wissenschaft als privilegierte Quelle von ... Wissen und berechtigtem Glauben anzweifeln"* und stattdessen auf den *„sozialen Charakter der Evidenz"* * 42 hören, dann bedeutet dies, dass sie versuchen, die aus logischem Denken entsprungene Evidenz zu ignorieren und stattdessen auf die durchschnittliche Meinung hierzu im Volk zu setzen. Was aber ist der Hintergrund der Rechtfertigung für die Überzeugung, die als Abstimmungsergebnis aus einer Volksmasse kommt, deren Einzelne nicht wissen, wovon sie reden, wenn sie darüber beratschlagen, bevor sie abstimmen? Ein typisches Beispiel hierzu ist die Erfindung von Impfungen in der Medizin – ich hatte das Thema schon im Abschnitt „Das Volk" auf S. 209 angeschnitten – wo sich bis heute hartnäckig eine Gruppe von Menschen an Gerüchte und Aberglauben halten, es handle sich um Teufelszeug, und die Menschen würden davon vergiftet.

"Deliberative Demokratie" als Methode der Sozial-Epistemologie, braucht nicht eingeführt zu werden, denn sie wurde in der Wissenschaft schon seit Jahrhunderten praktiziert, allerdings als Beratung und Diskussion unter Fachleuten, nicht der allgemeinen Öffentlichkeit. War die Methode der kritischen Analyse eines beobachteten Umweltphänomens durch einen einzelnen Menschen nicht die bessere Methode zum Auffinden von „allgemein oder breit anerkanntem Wissen"? Nun ja, die Antwort fällt zwischen die bisher genannten Wahlmöglichkeiten, denn vor dem Einzelnen als Forscher wird auch die Kollegenschaft der anderen Experten zur misstrauischen Menschenmenge: Entdeckungen wurden meist auch von der sogenannten Fachwelt ignoriert, bestenfalls verlacht und verhöhnt. Neue Erkenntnisse mussten – und müssen mitunter immer noch - die alten überleben, wie der Volksmund erkennt, oder sie wurden gar erst posthum erkannt und anerkannt. So musste Charles Darwin diesen Spießrutenlauf zynischer und entwürdigender Kritik ertragen. Und wer außer einigen Kreationisten bezweifelt heute seine Evolutionstheorie? Das lebensgefährliche Unterfangen von Galilei's Veröffentlichung und einer Reihe seiner Leidensgefährten aus Wissenschaft und Philosophie habe ich schon zuvor erwähnt.

Der wissenschaftliche Geist muss also ohnehin durch die Prüfung der Sozial-Epistemologie, allerdings in diesem Fall einer „sozialen Epistemologie der Wissenschaft", die sich auch auf die wissenschaftlichen Experten beschränkt, nicht aber jene von Expertengremien anerkannte Wissensinhalte von der Allgemeinheit hinterfragen lässt. Auch hier findet eine soziale Rechtfertigung statt, die darin besteht, dass die neue Erkenntnis nachweisen muss, wo die bisherige einen Fehler machte. Hierbei allerdings geht es nicht nur um die Überzeugtheit unter dem Diktat der Lorenz'schen unbelehrbaren Lehrmeister, sondern es geht auch um Macht: denn "Wissen" wurde nach der physischen Kraft der neue Machtfaktor, zuerst der Medizinmänner und Priester, dann der politischen Machthaber und ihrer hierarchischen Pyramiden. Für die Wissenschaft bedeutete dies für lange Zeit, dass die Platzhirsche des anerkannten Wissens erst aussterben mussten, bis sich neue Theorien mit den neuen Herrschern über einen Wissensbereich durchsetzen konnten. Dieses Wissen war jeweils Glaubensinhalt für die Masse der Menschen.

Nach den religiösen und den staatlichen Machthabern sind nun auch die Wissenschaften an der Reihe, vom Volk auf ihre tatsächliche Macht hinterfragt zu werden. Das dürfte der wahre Grund für das Fortbestehen der Thesen Condorcet's sein, und ihres Wiederauflebens unter dem Namen „Sozial-Epistemologie". Nur: die Demaskierung hat bereits stattgefunden, ist bereits Praxis in der wissenschaftstheoretischen Aufarbeitung neuer Erkenntnisse: der kritische Rationalismus von Karl Popper mit seiner Forderung nach der Falsifizierbarkeit neuer Theorien und die Notwendigkeit der Wiederholung neuer Forschungserkenntnisse zur Bestätigung ihrer Richtigkeit ist Alltag in der Forschung. Stattdessen das Volk abstimmen zu lassen, ob man glaube, dass neue Forschungsergebnisse stimmten, wäre ein Schritt rückwärts in der kulturellen Evolution, nicht vorwärts.

Die Herausforderung besteht also nicht darin, das gesamte Menschenvolk in die Falle von „Glauben" tappen zu lassen, sondern der wissenschaftlichen Gemeinschaft nicht zu erlauben, von den Regeln der kritischen Analyse abzulassen.

Die „Sozial-Epistemologie der Wissenschaft für die Allgemeinheit" macht die Dinge also nicht besser sondern schlechter; sie nutzt archaische Verhaltensmuster statt sie zu überwinden. Was der Zukunft menschlicher Gemeinschaft nützt, ist Wissens- und Entscheidungsfindung auf der Basis von Evidenz ohne

Machtanspruch. Eine „Sozial-Epistemologie der Wissenschaft für die Experten"
ist ohnehin Selbstverständlichkeit.

N188 Kritik der Sozial-Epistemologie der Moral
Sie steht jener der "Sozial-Epistemologie der Wissenschaft für die Allgemeinheit" an Fragwürdigkeit in nichts nach.

An seiner Moral erkennt der Mensch seinen Unterschied zu allen anderen Lebewesen, denn sie ist Folge der bewussten Erkenntnisfähigkeit und der daraus
resultierenden Schaffung von Kultur, die sich von den autonomen Verhaltensregeln als Ergebnis der genetischen Evolution zu distanzieren und eine neue,
menschliche Sozialordnung zu schaffen beginnt.

Wie bei der wissenschaftlichen Erkenntnis ist es wohl auch bei der ideologischen
Sozialmoral so, dass Einzelne eine Ordnung erdacht haben, zwar angepasst an
die kreatürlichen Gegebenheiten der Menschen – oder gerade ihretwegen – aber
eben erdacht, nicht aus den Tiefen der Evolution erwachsen. Diese Ersten waren
zumeist Religionsgründer oder philosophische Lehrer wie Konfuzius, Buddha,
Jesus von Nazareth oder Mohammed, dazwischen die griechischen Philosophen
und ihre Schulen. Aus ihren metaphysischen Offenbarungen und Überlegungen,
oder als Ergebnis des Beobachtens und Nachdenkens über die menschliche
Natur, ergaben sich wie selbstverständlich Regeln für ein rechtes Leben. Ab
diesem Punkt entwickelte sich die Sozialordnung – und mit ihr die Moral - gerade
wie in der Politik nach der Schaffung einer neuen Verfassung: je mehr über diese
Regeln beratschlagt wurde, desto mehr entstanden daraus Debatten, Streitge-
spräche und schließlich zerstrittene Sekten in zunehmend unüberschaubarer
Zahl. Nun, da die Menschen nicht nur ihre Regenten, sondern auch ihre Götter
wegzuschicken begannen, blieb die Frage nach der Moral vereinsamt stehen. An
ihrem Platz wollen nun Philosophen der Sozial-Epistemologie neues Leben
erstehen lassen und fragen sich *"... auf welche Weise soziale Mechanismen und
Praktiken die Aneignung echter moralischer Überzeugung fördern können"*. * 42

Unterscheidet sich aber die Frage nach rechten Moral von irgend einer anderen
Frage betreffend das öffentliche Interesse? Würde das Interesse der durch-
schnittlichen Bevölkerung in einer Abstimmung über Moralität zu einheitlichen
Regeln finden, die über den Horizont des Hedonismus hinausreichen? Bliebe
eine aus der Gesellschaft geborene Sozialmoral nicht auf der Ebene von Neid,
Missgunst und Misstrauen haften, solange eine Erziehung zu wirklich sozialen
Wesen gemäß einer anerkannten Moral nicht stattgefunden hat? Und hätte eine
solche Erziehung dann einmal stattgefunden, wäre dann nicht jedes einzelne
Individuum dieser Gesellschaft selbst Repräsentant und Garant einer solchen
Moral? Jedenfalls scheint klar zu werden, dass eine öffentliche Debatte über
Sozialmoral derzeit einem Anachronismus gleichkäme, Gespräch unter
moralisch weitgehend Taubstummen.

Zahlreiche Signale aus der gesellschaftlichen Entwicklung in unserer Ära weisen
darauf hin, dass die Demokratien der Königinnen und Könige als Bürger auch auf
dem Gebiet der Moral niemanden mehr über sich tolerieren wollen. Jeglicher
Moralanspruch wird als Zumutung empfunden, sofern er nicht in Form eines

Gesetzes schon wieder Despot geworden ist. Sogar der wohlmeinende Rat dessen, der um Rat gefragt wird, riskiert schon, einer Kompetenzüberschreitung bezichtigt zu werden; hierzu ein Beispiel aus der Medizin:

"... zur Art, wie die Ärzte praktizieren ... : warum nur bedienen sich hochgebildete Individuen derart leicht durchschaubar falscher Argumente, um ihr paternalistisches Benehmen zu rechtfertigen? ... institutionelle Mechanismen und soziale Normen, die den sozial privilegierten Status der medizinischen Profession unterstützen, die dazu neigen, die Fähigkeit der Ärzte zur Selbstkritik außer Kraft zu setzen ..." * 42

Aus meiner persönlichen beruflichen Perspektive kann ich aus solchen Aussagen keinen Nutzen für ein Fortkommen der Gesellschaft erkennen; ich höre daraus vorwiegend Zeichen einer zerfallenden Gemeinschaft, zerbrochen in Arroganz und Misstrauen, die vorwiegend der Selbstzerstörung zuarbeiten. Als Arzt gibt man Rat und Hinweis nach bestem Wissen. Dies als Bevormundung zu bezeichnen ist ebenso naiv wie unbedacht, allenfalls ignorant aus Mangel an Erfahrung: als Patienten, besonders im Falle lebensbedrohlicher Erkrankung, verlieren die Menschen Halt und Orientierung. Im Krankenhaus suchen sie nach einem letzten Winkel von Vertrauenswürdigkeit und Sicherheit. Die Mehrzahl der Menschen überlässt dann die volle Last der Verantwortung über das eigene Schicksal jemandem, der diese Gefahr für sie beherrscht und meistert. Kaum jemals habe ich Menschen erlebt, die unseren statistischen Erklärungen und Beschreibungen von Alternativen zuzuhören bereit waren. Die Last der Entscheidungsverantwortung ist es, die der Arzt übertragen bekommt und dann auch wohl oder übel übernehmen muss. Nur wer diese Lebenssituation nicht kennt, kann hier von Bevormundung sprechen. Patienten nehmen Ratschläge in aller Regel nicht als solche, sondern als Segen. Freie Wahl zum Zwang zu machen, sie allein den Patienten aufzubürden, würde vielleicht gesunde Philosophen der hier besprochenen Disziplin befriedigen; Patienten stürzte sie in arge Entscheidungsnot und Verzweiflung. Wer nicht behandelt werden will, geht am besten nicht zum Doktor. Wer selbst entscheiden will – ich kenne davon nicht viele – ist frei und willkommen, dies zu tun. Unethisches oder kriminelles Verhalten von Ärzten steht hier nicht zur Diskussion; dafür gibt es die Gerichte. Mit ihrem Text haben diese Autoren demonstriert, wie der Kampf um Freiheit sich selbst zur Diktatur machen kann, und alle anderen, die anderer Meinung sind als sie gleich mit dazu. Jedenfalls klingt diese Forderung nach Befreiung vom paternalisierenden Diktat der Ärzte eher nach der nicht mehr enden könnenden Jagd auf Autoritäten, die es am Weg in die Diktatur von Mehrheit und Mediokratie noch zu vernichten gilt.

N189 Wenn Sie Diskussionen in Talkshows aus dieser Sicht verfolgen, oder Parlamentsdebatten in TV-Sendern wie C-Span in den USA, BBC-Parliamant in Großbritannien oder Phoenix in Deutschland (kürzlich gab es auch die - leider äußerst seltene - Gelegenheit, eine Debatte im EU-Parlament mitzuverfolgen), erleben Sie hautnah, wie Parteivertreter und Abgeordnete einander mitunter in feindlicher, ja hasserfüllter, Weise verbal attackieren. Betreffend die Gestik, Mimik und Wortwahl der Politiker stimme ich Brennan und all den Autoren zu, die er in diesem Zusammenhang erwähnt, dass sich in den Parlamenten das gesamte Repertoire antidemokratischen archaischen Spontanverhaltens versammelt findet. Insgesamt erinnern Debatierrunden mitunter an die aus älteren amerikanischen Filmen nicht wegzudenkenden Raufereien. Es geht um die Verteidigung eigener Standpunkte, es geht um verbale Aggression im Bemühen, die Oberhand zu gewinnen – immer wieder mit deutlich emotionaler Begleitung wie zornrotem oder hassblassem Gesicht, Armgesten die Boxhieben gleichen etc. Ich nehme an, Sie werden sich an Debatten erinnern, an denen Sie selbst teilnahmen und dort eine Meinung vertraten, von der Sie selbst gar nicht wirklich überzeugt waren, die Sie nur verteidigten, weil jemand anders dagegen argumentierte und Sie recht behalten wollten; im nachhinein mögen Sie dann von sich selbst überrascht gewesen sein und sich gewundert haben, ja gar betroffen gewesen sein, dass man in eine Situation geraten kann, in der man eine Meinung vertritt, die nicht einmal wirklich die eigene ist. - Der Grund ist, dass es darum geht zu gewinnen, nicht in erster Linie um etwas zu lernen oder weil wir Einigkeit anstreben. Die einzige mir bekannte Ausnahme von Gesprächen ohne hitzige Grabenkämpfe ist ein Gespräch zu einem Sachthema unter Experten, ohne Politiker, die alle Gesprächspartner und das zusehende Millionenpublikum von sich zu überzeugen suchen, eine Runde, in der es nichts zu gewinnen gibt, in der niemand den anderen verletzen oder sich die Finger an der heißen Kartoffel eines strittigen Themas verbrennen will.

N190 Kritik der deliberativen Demokratie

Auch wenn Gesprächsrunden insoferne eine positive und damit befriedende Wirkung haben können, als in Debatten „Dampf abgelassen" werden kann, und weil Menschen am Rande im persönlichen Gespräch Kontakt knüpfen (der allerdings meist wieder Parteilichkeit bedeutet), so überrascht aus der objektiven Sicht von Studienergebnissen dennoch, dass „deliberative" – beratende" Demokratie im 20. Jahrhundert weitergetragen und gepflegt wurde.

Goldman & Blanchard beziehen sich auf Benjamin Page's politologisches Credo, wonach *"... öffentliche Debatten für die Identifikation von Wahrheit(en) betreffend den besten Weg zur Förderung des Gemeinwohls sind".* *[287] Dabei wird jedoch, wie auch an anderen Stellen in der rezenten Literatur, immer wieder unbeachtet gelassen, dass man nur über die Debatten selbst und die darein gelegten Erwartungen spricht, nicht über deren tatsächlichen Einfluss auf die Politik.[118] Rosenberg argumentiert, dass Autoren wie Habermas, Gutmann und Thompson, Cohen, Bohman, Dryzek, Benhabib und Chambers eine sogar noch weiterreichende Beratungskultur in der demokratischen Praxis befürworten, besonders wenn es um die Zersplitterung von Gesellschaften multi-ethnischer Staaten geht; er meint auch, dass man zumindest als positiv hervorheben könne, dass deliberative Demokratie " *wenigstens ein teilweises Heilmittel gegen den sozialen und politischen Abbau in den etablierten Demokratien ...*" * [118] ist. Blickt man auf die heutige Welt mit ihren immer weiter in Hälften oder noch mehr Teile zerstückelten demokratischen Ländern, so wird daraus offenbar, wie sehr

„teilweise" dieses Heilmittel wirkt. Anstatt Nationen zusammenzuführen, bewirken politische Debatten neuerdings, dass zusätzlich zum kalten Krieg der Parteien sogar schon die Parteien selbst sich aufsplittern und aufzulösen beginnen.

Noch eindrucksvoller jedoch erscheint mir die Beobachtung, dass diese Theorien sich immer weiter in eigene theoretische Überlegungen einspinnen und von der politischen Wirklichkeit entfernen: manche vermitteln den Eindruck von Rednern, denen niemand zuhört. Projiziert man beispielsweise Rawls' Forderung auf das heutige Szenario, dass die Bürger logisch, rational und vernünftig sein müssten, so kann man allenfalls einen weiteren Tribut an den „Soll-Menschen" daraus ableiten, einen Ruf, den die "Ist-Menschen" sicher nicht hören, solange sie nicht dazu erzogen wurden.

Insoferne stimme ich überein mit Habermas [288] und seiner Definition des Individuums als einer Art Funktion seines sozio-kulturellen Umfeldes, denn das Kind nimmt seine Umwelt als Muster und Vorbild auf. Woher als durch Erziehung aber soll der Mensch, der Durchschnittsbürger einer heutigen Demokratie, herbekommen, was Habermas als "... *die zivilisierende Rolle eines demokratisch aufgeklärten Common sense ...*" beschreibt? (das weitere Zitat findet sich auf S.151). Der „Soll-Mensch" der Philosophen kennt vorwiegend nur seine und seiner Interessensgruppe Interessen, die es zu verteidigen gilt, wohingegen Altruismus und Motivation zur Tätigkeit im Interesse des Gemeinwohls selten sind, wenn überhaupt vorhanden. Nur Erziehung kann aus dieser absurden Situation der gleichzeitigen Abhängigkeit von diesem Gemeinwohl und dem Desinteresse daran trotz gleichzeitigen Lebenswillens retten.

N191 Die Libertinismus – Puritanismus Falle

Flüchtlinge finden Unterschlupf in Lagern oder – wenn sie junge Männer sind – manchmal bei "Sugar-Mamas". Aber in USA wird ein Zungenkuss unter Jugendlichen gerichtlich wie eine Vergewaltigung beurteilt und bringt junge Menschen ins Gefängnis. Aus Angst, etwas falsches zu tun, werden Anwälte von jungen Leuten oder deren Eltern gefragt, ob Küssen insgesamt strafbar ist.[289] Und ist es etwa nicht populistische Demontage der Werte westlicher Gesellschaften, wenn man die Einrichtung der „Ehe", der Kerneinrichtung eines Sozialgefüges, nun gleichgeschlechtlichen Paaren zugänglich macht? Es bedeutet nichts anderes als einen weiteren Schritt in libertinistischem Verfall zu gehen, eine Ära, in der alles erlaubt sein soll, bis überhaupt nichts mehr geht. Nur wenige Menschen würden sich gegen die Schaffung einer zivilen Partnerschaft zwischen Gleichgeschlechtlichen Paaren aussprechen, die soziale Ungerechtigkeiten ausgleichen könnten; hingegen werden diese Paare noch keine Familien, nur weil man auch sie „Ehepaare" nennt. Stattdessen wird diese libertinistische Einrichtung den Wert von Familie weiter herabwürdigen. Gleichzeitig schafft die „me too"-Bewegung weitere Verunsicherung und Chaos der Moralvorstellungen: manche Frauen bestehen darauf, dass Nacktheit in der Kunst verhüllt werde (dementsprechend wurden Teile von Gemälden auf Werbeplakaten für eine Kunstaustellung in der Londoner Öffentlichkeit überklebt – die Frage ist, ob nun bald alle Gemälde mit nackten Menschen in Galerien verhüllt werden müssen, oder ob es für Kunstgalerien Altersbeschränkungen geben wird wie der frühere Jugendschutz bei Filmen, damit Jugendliche diese Bilder nicht mehr anschauen dürfen, jene, die dann zu Hause wieder alle Videos über Geschlechtsverkehr in allen erdenklichen Stellungen anschauen, weil sie in einer liberalen Gesellschaft frei verfügbar sind). Gleichzeitig machen andere Frauen öffentlich Reklame damit, dass sie als Schauobjekte in Sex-Filmen mitwirken, um damit ihre unantastbare Freiheit zu demonstrieren. - Die resultierende Verunsicherung und Orientierungslosigkeit der jungen Generation und ihre psychischen Probleme sind in Anmerkung N86 weiter ausgeführt.

N192 Niemand hat bisher die Quadratur des Kreises geschafft, gleichzeitig die individuellen Wünsche Aller zu erfüllen und gleichzeitig dem Gemeinwohl den Vorrang zu geben, solange nicht den Einzelnen das Verständnis für die Zusammenhänge von Kindheit anerzogen worden sind. Das lehrt die Geschichte der Kritik an der Demokratie. Also kann man sich nur über die Verwunderung wundern, die aus der "... *Annahme der Nachkriegs-Ära*" klingt, dass " *Liberalismus und Demokratie nicht auch nur annähernd so gut zusammen gehen wie dies die Mehrzahl der Bürger – und viele Gelehrte – angenommen hätten".*[* 4] Denn es ist und bleibt die a priori Herausforderung für die Demokratie, dass ihr Gemeinwohl nur aus dem besteht, was die einzelnen Bürger an sozialer Einstellung mitbringen und beitragen, und zwar entgegen ihrem drängenden Wunsch zur Befreiung von all diesen sozialen Erwartungen und Pflichten. Man kann es nicht oft genug betonen, dass soziale Maßnahmen ohne diese fundamentale Einstellung wie ein Dach ohne das dazu gehörige Haus sind.

Mounk schreibt selbst, dass die Väter von Verfassungen, die mit den Worten „We, the People" und ähnlichen Worten beginnen, dass sie "... *die politischen Systeme von Ländern wie Großbritannien und den Vereinigten Staaten schufen ... nicht um Demokratie zu manifestieren, sondern um sie zu verhindern; sie erhielten erst in späterer Zeit den Heiligenschein von Demokraten, die das Volk regieren lassen wollten ... Die undemokratischen Wurzeln davon sind in Großbritannien klar zu sehen ... Erst als der Zugang zum Wahlrecht schrittweise erweitert wurde ... konnte man auf die Idee kommen, dass dieses System ... möglicherweise Ähnlichkeit mit einer Demokratie haben könnte".*[* 4] Diese Gründungsväter wollten also nichts von den von Mounk beschriebenen Chamäleon-artigen Qualitäten von Demokratie wissen, wie auch in Anmerkung N36 erwähnt.

Wunschdenken hindert die Menschen daran, die Systemschwächen zu erkennen, die den Traum von Freiheit und einem besseren Leben rasch wieder zerstören: In den USA war der Lebensstandard zwischen 1935 und 1985 deutlich gestiegen; seither aber stagnierte er; in ländlichen Gegenden und in Industriegebieten wie dem „Rust-belt" (Region der inzwischen niedergegangenen Stahlindustrie in und um Pennsylvania) ging er sogar dramatisch zurück, und dementsprechend *"verlieren die Bürger ihre Liebe zur Demokratie".*[* 4] Dies wird sich auch nicht ändern, solange Demokratie die Politik eines Selbstbedienungs-Staates im Sinne von *"alles für Alle"*[4] verspricht, weil ein solcher Traum nicht wahr werden konnte und nie wahr werden kann – genauso wie er sich im Kommunismus nicht bewahrheitete. Ein derartiges System funktioniert nur, so lange der Lebensstandard ständig weiter steigt, und nicht einmal das ist auf Dauer gut genug, weil die Unzufriedenheit auch mit dem steigenden Wohlstand zunimmt. Die Situation ist vergleichbar mit dem System von Bandaranaike in Sri Lanka der frühen 1970er Jahre[290], die ihren Wählern eine Art Grundeinkommen ohne Arbeit in Form täglicher Reisportionen versprach: sobald diese Portionen kleiner zu werden beginnen, sind Unzufriedenheit und Zorn nicht länger kontrollierbar. Diese Art von Zorn in Zeiten der Stagnation verstand Donald Trump nun zu bedienen.

Hier tritt eine der fundamentalen Schwächen der liberalen Demokratie zutage: die Verführung zum Traum von Freiheit für Jeden, bei dem alle anderen zurückbleiben; so wollen Alle Könige und Königinnen werden, bis sie das daraus resultierende Chaos nicht mehr ertragen.

Abschließend kommt noch hinzu, dass sich eine *„Chamäleon-artige"* Qualität von Demokratie besonders in multi-ethnischen – ganz zu schweigen von multi-kulturellen – Staaten nicht bewahrheitet hat.[39, 4]

N193 Die 1968er - Bewegung

Demokratie beginnt in dem Moment ihrer Geburt sich selbst zu zerstören. Je radikaler Freiheit ausgelebt wird, desto schneller geht der Niedergang: die 1968er-Bewegung begann schon früh in den 1950er Jahren als Revolte der Jugend (damals angeblich durch kommunistische Untergrundaktivität gesteuert): Befreiung vom „Establishment", Befreiung von allem Zwang bis in Dadaismus und letztlich Nihilismus, Leben in Kommunen und sexueller Promiskuität. So sehr die Bewegung um 1968 letztlich in nichts als Chaos zerfiel, so sehr hatte sie keinen positiven Einfluss auf die Entwicklung von Demokratie, sondern wies deutlich in Richtung Anarchie.

N194 *„Das Fundament der praktischen Vernunft und der ethischen Verpflichtung ist aber das Faktum der Vernunft und das moralische Gesetz „in mir".*[191]

N195 Der Westen versucht zu verlangen, dass alle anderen sich an seine Menschenrechtsvorstellungen halten, gleichzeitig aber verkauft er Waffen an Länder, die sich nicht daran halten – wie kann er nur meinen, aus der Sicht der anderen Kulturkreise, insbesondere der Entwicklungsländer, glaubwürdig zu bleiben? (Nach der Statistik von SIPRI [40] beliefen sich die Waffenverkäufe im Jahr 2016

---

[39] Mounk erwähnt, dass kulturell homogene Nationen heute durch die zunehmende Migration in Probleme geraten, weist aber nicht darauf hin, dass evolutionsbedingte spontane Verhaltensmuster die treibende Kraft für solche Probleme sind, beispielsweise Territorialität und Xenophobie.

[40] Stockholm International Peace Research Institute - SIPRI

auf 375 Milliarden US-Dollar, davon etwa 60% durch die USA [41], 10% durch die Briten, Russland 7%, Frankreich 5% und alle weiteren unter 3%).[291]
Wie kann man erwarten, mit seinen Moral-Appellen glaubwürdig zu sein, und gleichzeitig selbst mehr als die Hälfte der Nahrungsmittel wegwerfen? [210, 292] - vor den Augen von Millionen von Hungernden? Der demokratische Westen kann sich mit seinen Moralvorstellungen im Sozialkontrakt nur von der mehr als Doppelbödigkeit befreien und wieder glaubwürdig machen, indem er über seine ideologischen Theorien hinweg mit offenen Augen auf das als unmoralisch klassifizierte Geschehen im wirklichen Leben blickt und mit den instinktiven Verhaltensmustern und ihren Auswüchsen offen und intelligent umgeht, anstatt sie einerseits mit einem Augenzwinkern zu umgehen und andererseits mit kafkaeskem Puritanismus zu verfolgen (siehe auch Anmerkung [N191]). An der Realität vorbeizuschauen, ist in vielen Bereichen des täglichen Lebens zur politischen Korrektheit geworden.

N196 Die Falle der Rechtsstaatlichkeit
In kafkaesker Selbsthypnose verfangen sich Staaten und internationale Körperschaften im Netz der Regulierungen, die sie selbst geschaffen haben:
Staaten müssen theoretisch die Invasion von Millionen von Immigranten gestatten, weil es ihr Asylgesetz so diktiert, ungeachtet dessen, ob ein betroffener Staat dies überhaupt überleben könnte.
Die Exekutive liberaler Demokratien beobachtet (mit erheblichem Finanzaufwand) kriminelle Immigranten, lässt sie sich jedoch frei im Land bewegen, bis sie eine (weitere) Straftat – in mehreren Fällen einen Terroranschlag – begangen haben. Sie können auch nicht ausgewiesen werden, weil der Menschenrechtsaspekt des Immigranten im Vergleich zur Sicherheit der eigenen Bevölkerung als das höhere Gut angesehen wird.
Viele Politiker weisen dieser Tage auf das Asylgesetz wie auf eine göttliche Offenbarung, gegen die im Gottesstaat niemand wagen kann, das Wort zu erheben. Müssen tatsächlich *wir Bürger* sie darauf aufmerksam machen, dass *sie* die Gesetzgeber sind und wir von ihnen erwarten können, Gesetze zu verabschieden, die auch für die eigene Bevölkerung sinnvoll sind? Müssen wir sie wirklich darauf hinweisen, dass wir ihnen nicht glauben, dass diese Gesetze vom Himmel gefallen sind oder von Moses vom Berg Sinai getragen wurden? Gesetze werden andauernd novelliert, warum also nicht das Asylgesetz den dramatischen Ereignissen unserer Zeit anpassen?
Als nächstes Argument wird uns dann oft eine Moralpauke gehalten und der gute Samariter vorgespielt, der über die Herzlosigkeit der Mitbürger entsetzt ist. Wo

---

[41] Dies entspricht 13% der gesamten US-Exporte im Wert von 2.2 Billionen Dollar (Quelle: https://www.statista.com/statistics/215520/volume-of-us-exports-of-trade-goods-and-services-by-quarter/) , eine Zahl, die gut versteckt bleibt im Sammelposten mit dem Namen "machinery including computers" (source: http://www.worldstopexports.com/united-states-top-10-exports/), der auf der Liste der 10 häufigsten Exportgüter als Nr.1 steht.

aber, so können wir fragen, wo war die Menschenfreundlichkeit dieser Politiker während der Jahre vor 2015, als diese Menschen zu Hause leiden mussten und um Hilfe riefen, bis sie sich in ihrer Verzweiflung aufmachten, einen ganzen Kontinent zu Fuß zu überqueren? – sogar Politiker aus ihren eigenen Reihen hatten damals erfolglos Hilfeleistung gefordert und vor dem Ereignis gewarnt, das dann im Sommer 2015 losbrach.

Aber es gibt noch viel schwerwiegendere moralische Bedenken entgegenzuhalten: wo war die Würde jener Menschen, die sich keine Schlepper leisten konnten und in ihrer zerstörten Heimat zurückbleiben mussten, und all Jener, die als Flüchtlinge in Elendslagern der umgebenden Länder ihr Leben fristeten und von der Gemeinschaft der reichen westlichen Staaten dort bei Gott nicht in menschenwürdiger Weise versorgt wurden?

Und schließlich ist da noch ein weiteres rechtliches Argument gegen all diese politische Menschenfreundlichkeit: warum hat beispielsweise Deutschland nicht rechtzeitig sein Asylgesetz wenigstens dahingehend geändert, dass Asylsuchende nicht erst bis an die Grenze Deutschlands kommen mussten, um dort einen Antrag stellen dürfen? Noch im Sommer 2015 war auf der Website ihres Außenministeriums zu lesen, dass Asylanträge nur im Land selbst gestellt werden können – ist es das, was die herzlosen Bürger unter der Menschenfreundlichkeit ihrer Politiker zu verstehen haben, dass Flüchtlinge aus einem Kriegsgebiet erst Schlepper suchen und bezahlen müssen, bevor sie Anspruch auf ihr Recht laut Asylgesetz haben? An Punkten in der Geschichte wie diesem reicht auch das Wort "kafkaesk" nicht mehr aus, wenn man bedenkt, dass diese Rechtsstaatlichkeit, die sich auf Asylrecht beruft, dann den Einsatz von Schleppern stillschweigend voraussetzt, diese Schlepper dann auch noch konsequenterweise als Kriminelle ins Gefängnis steckt, um den Asylsuchenden die Möglichkeit zur Antragstellung endgültig zu nehmen – schlimmstenfalls zynisch, bestenfalls verwirrt und verheddert im selbstgestrickten Netzwerk des Rechts.

Abschließend noch eine schwerwiegende Notiz am Rande: manche Politiker argumentieren angesichts der Flüchtlingskrise mit dem Interesse westlicher Staaten, dringend benötigte qualifizierte Arbeitskräfte rekrutieren zu können – Asyl als Gewinn für das Gastland! In einem anderen Zusammenhang nennt man diesen Vorgang "brain drain": überspitzt formuliert könnten auf diesem Wege jene Fachleute aus Krisengebieten in Entwicklungsländern dorthin zurückkommen – und nunmehr bleiben dürfen – wo sie zuvor von einem Gastland in Europa als Entwicklungshilfe ausgebildet worden waren. Das Abziehen qualifizierter Arbeitskräfte aus einem aufstrebenden Entwicklungsland zählt jedenfalls zu den übelsten neo-kolonialistischen Moralverbrechen der westlichen Länder.

N197 Ich gehe davon aus, dass wir hier eher mit einer jener Studien konfrontiert sind, bei der die befragten Personen aus welchen Gründen auch immer nicht sagen, was sie tatsächlich denken oder meinen, wie dies auch aus den Beispielen von Stephens-Davidowitz's Sammlung hervorgeht.[58]

N197A Leider trifft nicht in dem wünschenswerten Umfang zu, was Revel in den frühen 1980er Jahren kritisierte, nämlich dass " *die westlichen Staatsmänner ... es als ihre Pflicht [ansehen] ...[dem* kommunistischen Gegner der Sowjetunion] *dabei zu helfen, ihr Systemversagen zu meistern".* [78, S.255] Europa hat dem europäischen Russland nie eine wirkliche Chance zur Rückkehr geboten. Russland hat heute immerhin eine Reihe von Problemen parallel zu Europa – und das seit Jahrzehnten: muslimische Minoritäten in praktisch allen südlichen Republiken; Moskau's militärische Aktionen verursachten eine erhebliche Flut von Immigranten in den nördlichen – den europäischen – Teil Russlands. Kasan, eine Stadt von der Größe Münchens, wo die Hälfte der Bevölkerung aus islamischen Tartaren besteht, liegt 500 km östlich von Moskau. Es wird angenommen, das etwa 15% der Bevölkerung Russlands islamischen Glaubens sind.[178] Betreffend demographische Veränderung ist Russland mit ähnlichen Problemen konfrontiert wie Europa; es gibt Berechnungen, wonach der Anteil der muslimischen Bevölkerung um 2050 mehr als 50% betragen könnte.

Anmerkungen zu Kapitel III

N198 Manche von Ihnen mögen sich fragen, ob oder woran man an der Evolution überhaupt Anzeichen von „Absicht" im Sinn von Planung erkennen kann – zweifellos gibt es dafür gerade mal so viel Evidenz wie für Himmel und Hölle. Blickt man aber auf die Evolution des Lebens, so gibt es eventuell doch bedeutsame Anzeichen: sie kulminieren in der Frage, warum Leben überhaupt ein Verhalten entwickelte, das wir Menschen in unserer anthropomorphisierenden Denkweise als „Willen am Leben zu bleiben" interpretieren würden, Verhalten, das man als „intentional" bezeichnen könnte. Auf dieser Linie liegt auch die von Teilhard de Chardin aufgeworfene Frage, warum Leben im Laufe der Evolution immer komplexer organisiert wurde bis hin zur Entwicklung jener zentralnervösen Analysemethode, die uns ermöglicht, diese Diskussion zu führen: unser Bewusstsein. Aber diese Diskussion würde den gegenständlichen Rahmen endgültig sprengen.

N199 Stellen Sie sich vor, Sie lassen im Armenviertel einer Großstadt Ihre Brieftasche auf einem Autositz offen liegen, einer Gegend, in der die Kinder die einzige warme Mahlzeit am Tag in der Schule bekommen; von ihren älteren Geschwistern haben sie gelernt, den Hunger in einer brutalen Welt zu bekämpfen. Es ist in dieser Situation Ihr Fehler, wenn solche Kinder zu Dieben und Räubern werden. Zweifellos ist Waffengewalt in Ländern mit strengen Waffengesetzen geringer. Es gibt auch einfache Wege, die Gang-Kultur Jugendlicher zu durchbrechen, indem man sie mit attraktiven Freizeitprogrammen davon weglockt (siehe z.B. Bill Strickland's Initiativen in Großstädten der USA [183] und viele ähnliche Programme in verschiedenen Ländern [N217]).

N200 Diese widersprüchlichen Erwartung ohne brauchbare politische Lösung hat die Menschen zurückgeworfen in weitere Revolutionen und Chaos, Rückkehr zu Autokratie, Monarchie, Diktatur. Der radikale Zwang in eine säkulare Ideologie von Gleichheit bei sonstiger Todesstrafe in der „terreur" der Französischen Revolution hatte sich als vollkommen unbrauchbar erwiesen. Letztlich hat die Erwartung von individueller Freiheit obsiegt und in die heutige Form von liberaler Demokratie geführt, in der das Gemeinwohl nur noch durch das Gesetz definiert ist. Das Risiko dieser Lösung für eine dauerhafte Gesellschaftsordnung ist zweifach, weil sie auf einem schmalen Grat zwischen Abgleiten in Individualismus und Diktatur des Gesetzes balanciert. Es gibt also weder eine Versicherung gegen den Zerfall in einem Chaos aus Hedonismus und Mediokratie, noch gegen Diktatoren, die sich das Gesetz für ihren Machtmissbrauch zueigen machen. Popper weist auf Letztere zwar aus seiner damaligen Weltkriegs-Perspektive hin, jedoch ist ein solches Szenario aufgrund der zuvor besprochenen Systemschwäche der Demokratie jederzeit wiederholbar; er beschreibt den Weg der Befreiung aus dem Machtapparat von Monarchie und Religion als eben diesen gefährlichen Pfad in Richtung neuer Machtergreifung durch radikale Ideologien: "... *eine Bewegung, die vor drei Jahrhunderten begann. Es ist die Sehnsucht von unzähligen, namenlosen Menschen, sich und ihren Geist von autoritärer Bevormundung und von Vorurteil zu befreien ... ihr Unwille, die gesamte Verantwortung für die Regierung der Welt menschlicher und übermenschlicher Autorität zu überlassen, und ihre Bereitschaft, die Verantwortung für vermeidbares Leiden mitzutragen und für dessen Vermeidung mitzuarbeiten. Diese Revolution hat Kräfte von erschreckender Destruktivität freigesetzt; sie könnten jedoch noch besiegt werden*".* [1] Auf welche Weise dieser Sieg in eine offene Gesellschaft mit dem derzeitigen erziehungsarmen System gelingen soll, bleibt jedoch auch bei Popper offen.

N201 "... *unsere Kultur – eine Kultur, die man vielleicht als Streben nach Menschlichkeit und Vernünftigkeit beschreiben könnte; eine Kultur, die noch in ihren Kinderschuhen steht ... und weiter wächst, obwohl sie so oft von so vielen jener intellektuellen Führern der Menschheit betrogen worden ist. ... Diese Kultur hat ihren Geburtsschock noch nicht vollkommen überwunden – den Übergang von der Stammeskultur oder „geschlossenen Gesellschaft", die sich magischen Kräften unterwirft, hin zur „offenen Gesellschaft" ... welche die kritischen Kräfte des Menschen freisetzt*".* [1] Der letzte Teil des letzten Satzes kann jedoch nur dann wegweisend sein, wenn daran der Hinweis und Auftrag geknüpft ist, dass die Gesellschaft diese „kritischen Kräfte" im Individuum nur durch Erziehung freisetzen kann, nicht allein durch Gewähren von Freiheit. Denn letztere führt ja bergab in eine Selbstzerstörung der Gesellschaft durch Individualismus. Nur in einem von der Kultur der Gesellschaft bewirkten Geburtsakt am Individuum kann der Mensch die Fähigkeit zum sozialen Wesen in reziprokem Altruismus, in gegenseitiger Wahrung von Respekt und Würde als selbstverständliches Verhaltensprinzip entwickeln. Es geht also um Erziehung als Geburtshelfer für die Entfaltung dieser

534

dem Menschen innewohnenden Fähigkeit. Nur: sie hängt – so wie das gesamte Menschenwesen – von der initiierenden Leistung der Gesellschaft ab.

An eine solche Zukunft zu glauben – oder wenigstens auf sie zu hoffen – hängt an unserem Vertrauen auf die theoretisch bestehende Fähigkeit, intellektuelle Erfahrung in Kultur umzusetzen. Damit weise ich auf die jahrhundertealte Frage von Philosophengenerationen, ob wir wohl die Lehren aus unseren Erkenntnissen umsetzen werden in Maßnahmen zum Schutz gegen fatale Gefahren, die uns aus unserem eigenen evolutionären Erbe erwachsen. Wird sich die Geisteskraft lediglich von den alten Führern leiten und für Aggression und Betrug zwecks Ausbeutung von Mitgliedern der eigenen Gesellschaft instrumentalisieren lassen, oder wird sie es schaffen, gegenseitige Wahrung von Würde und Fairness zum Prinzip des Sozialverhaltens zu machen? – Nur ein solcher Richtungswechsel innerhalb jedes Individuums der Gesellschaft, initiiert durch die Gesellschaft, kann in eine „Offene Gesellschaft" führen. Eine weitere, nochmal neue, Ideologie.

Bei alledem bleibt jedoch noch die Bedeutung von Religion unberücksichtigt: sie ist in der Auseinandersetzung zwischen verschiedenen Kulturen der Menschheit bisher im Zentrum trennender Überzeugtheit gestanden. Einerseits liegt der Grund wohl darin, dass in der Diskussion um unterschiedliche Gedanken und Offenbarungen über Metaphysisches eine Übereinkunft undenkbar scheint. Daher kann man zum gegenwärtigen Stand der globalen Gesellschaftsentwicklung nur eine Trennung zwischen solchen Parteien in Frieden und gegenseitigem Respekt empfehlen. Andererseits aber würde künftig in einem Diskurs zwischen offenen Gesellschaften der hier beschriebenen Art mühelos die Tatsache zutage treten und Allen als Zeichen von Gemeinsamkeit im Glauben erscheinen müssen, dass alle großen Weltreligionen auf dem gleichen ethischen Grundpfeilern für Sozialverhalten stehen – zu diesem auch „goldene Regel" genannten Prinzip werde ich im Abschnitt über Reziprozität (S. 324) weiter eingehen.

N202 Popper argumentiert mit seinem Vorschlag von "schrittweisem sozialen Engineering" in Richtung zu einer „Offenen Gesellschaft" gleichzeitig gegen ein "Utopistisches Sozial-Engineering". In diesem Sinn tritt er *"... dafür ein, konkrete Probleme zu bekämpfen anstatt irgendwelche ideellen Qualitäten zu schaffen".* [*] [1]

N203 Die Spaltung der Mosaischen Religionen begann mit der Debatte zwischen den Heiligen Petrus und Paulus um das Jahr 45 n.Chr., als die Christen begannen, ihren eigenen Weg weg vom Judaismus zu gehen. Offiziell begann sodann das Christentum als Römische Staatsreligion im Jahr 325 n.Chr. mit der Entscheidung am ersten Konzil in Nicäa in Anwesenheit von Kaiser Konstantin; Arius wurde damals als Abtrünniger Sektierer exkommuniziert. Außer den beiden großen Schismen, zwischen der Orthodoxen und der Römischen Kirche, und danach zwischen der Katholischen und der Protestantischen, spaltete sich die Christenheit in hunderte weiterer Kirchen und Sekten. Im Judentum war dem eine ähnliche Entwicklung bereits seit geraumer Zeit vorangegangen. Vom Islam spalteten sich bald nach Mohammed's Tod die Schiiten ab; in der Folge entstand eine größere Anzahl von Sekten als im Christentum.

N204 Rousseau vs. Federalists: Auseinandersetzung im Herzen der autodestruktiven Schwäche der Demokratie:

N204A Rousseau's "Sozialkontrakt " leidet an den folgenden grundlegenden Schwächen: 1- Es ist ein Vertrag ohne Unterschrift; kein Bürger braucht ihn zu unterzeichnen. Sie alle werden ungefragt in ihn hineingeboren. 2- Die Gesetze werden nicht vom Volk gemacht, sondern von einigen wenigen Repräsentanten, die bestenfalls von einer Mehrheit der Bevölkerung unterstützt werden, welche die Autoren der Gesetze stützt, nicht direkt die Gesetze selbst. Die unterlegene Minderheit bleibt dabei unberücksichtigt. Das Prinzip der "Selbstlegitimierung" des Volkes, was bedeuten sollte, dass das Volk seine Gesetze mache, ist ein theoretisches Konstrukt ohne tatsächlichen Bezug zu den Bürgern. Es nützt den Menschen nicht, dass Rousseau die repräsentative Demokratie als eine Lüge und Abart bezeichnete, weil die von ihm gemeinte Form der direkten Demokratie nirgendwo (außer in seiner Heimat, der Schweiz) entstand – es gibt nur repräsentative Demokratien. Auch die von ihm so gemeinte „virtuelle" Form von direkter Demokratie, verkörpert durch das Gesetz, erweist sich als Falle, als Gefahr für die Entwicklung zur Diktatur, oder bestenfalls einer Ein-Parteienregierung, die sozusagen zur „totalitären Demokratie" wird, nicht nur wegen der Minderheiten, sondern auch, weil es kein Kontrollinstrument zur Wahrung des Gemeinwohls gibt.

N204B Die Gründerväter der Vereinigten Staaten und Autoren ihrer Constitution, John Jay, Alexander Hamilton und James Madison, stimmten mit Rousseau darin überein, dass Demokratie für eine Republik nicht tauge. Ihre Meinung, repräsentiert in den „Federalist Papers", resultierte in der Verfassung von 1787. Sie drückt – nun allerdings im Gegensatz zu Rousseau - die Überzeugung aus, dass die Menschen das Gemeinwohl ohnehin niemals über ihre eigenen Interessen stellen würden. Daher unterstützten sie eine Tendenz zum Individualismus eher, als ihn zu unterdrücken, und gestalteten die Politik für eine Gesellschaft ohne Tugenden – sie sollten durch das Gesetz von selbst in Form von Gesetzestreue entstehen: mit anderen Worten, das Nicht-Übertreten von Gesetzen wird zur einzigen noch erwarteten Tugend; sie hatten sozusagen den Versuch aufgegeben, die asoziale Natur des Menschen zu erziehen. Ihre Gegenpartei, die Anti-Federalisten, beeinflusst von Rousseau, plädierten für eine Kontrolle der Ursachen asozialer menschlicher Motive. Sie verloren gegen die Federalists. Im Gegensatz zu den Federalists hätten sie in Anlehnung an Rousseau ein staatliches Erziehungssystem gefordert; so also musste „The Law" als Erzieher genügen.

N204C Im Paris der frühen 1790er Jahre fasste inzwischen das andere Extrem Fuß: die Diktatur der Gleichheit, kontrolliert von Robespierre's Jakobinern, machte aus dem Ideal eine „Bürger-Religion" und ein Terror-Regime der Tugend. [42, 340] Auf diese Weise wurde die Ein-Parteien-Demokratie unverzüglich zur brutalen Diktatur von Abschreckung, Polizeiüberwachung und Bestrafung. Napoleon Bonaparte, anfänglich selbst bekannt unter dem Namen "der Schlächter von Paris", setzte diesem Chaos rasch ein Ende und einte das Volk unter einer gemeinsamen Aufgabe gegen externe Feinde. Schließlich, auf mehreren Umwegen, fanden die Franzosen ihren Weg zur anderen, der amerikanischen Lösung.

N204D Beide Wege zur Erziehung - jener der Franzosen wie der Amerikaner - waren falsch, denn beide hatten auf die geduldige Erziehung der Nachkommenschaft in eine „Offene Gesellschaft" verzichtet – die Zeit war dafür wohl noch nicht reif. Beide hatten letztlich Erziehung ersetzt durch diktatorische Justiz: die Amerikaner, indem sie den Bürgern „Moral" als das beibrachten, was per Gesetz verboten war, die Franzosen unter Robespierre durch Veröffentlichung eines Verhaltenskatalogs, wie ihn Robespierre 1794 anlässlich einer Rede im Nationalkonvent ankündigte: *"nous voulons substituer ... la morale a l'egoïsme ..."* [wir wollen den Egoismus durch Moral ersetzen].[13] Und diese Moral wurde zur "terreur", dem Terror-Regime der Revolution. Dieser Fehler kann gutgemacht und damit diktatorische Auswüchse von demokratischen Ideen künftig in Kontrolle gehalten werden: es braucht *jetzt* ein neues Erziehungswesen, das die Individuen im Sinne Kants selbstbestimmt werden und aus eigenem Antrieb sich zu Bürgern in gegenseitigem Respekt und Fairness entwickeln lässt.

N205 Alle Sozialsysteme der westlichen Nationen fußen auf christlichen Werten, gerade so wie jede der nicht-westlichen Nationen auf den Fundamenten von deren Religionen entstanden ist. Man sollte an diesem Punkt nicht vergessen, dass ein Gutteil dieser religiösen Werte auf sehr erdgebundenen, praktischen Regeln kultureller Traditionen ruht: dies gilt für sieben der christlichen „Zehn Gebote", für den Großteil der Regeln im Islam (auch abgesehen von den „Fünf Säulen"), und ebenso für die Mehrzahl der Verhaltensregeln im Judaismus. Sie alle unterscheiden sich nur an ihrem metaphysischen Ende, dort, wo du gefragt wirst, ob du Gott glaubst oder an Allah. Diese Erkenntnis ist auch der Ausgangspunkt für Bewegungen wie "Global Ethic".[203]
Jedoch darf man auch nicht den Fehler machen, dieses „metaphysische Ende" zu belächeln: die menschliche Seele, so etwas wie ihr „Gesamtdasein", der Inbegriff des Gesamterlebnisses, das sich aus einem bewussten und einem unbewussten Teil zusammensetzt und uns in ein „Gesamterlebnisgefühl" badet – diese Seele ängstigt sich vor den unbekannten Sphären, die ihr bewusst werden und doch unbekannt bleiben, von denen sie weiß, dass es sie geben muss, weil wir von

---

[42] Friedrich Nietzsche erinnerte wohl diesen Teil der Geschichte, als er schrieb: *„Die Demokratisierung Europas ist zugleich eine unfreiwillige Veranstaltung zur Züchtung von Tyrannen – das Wort in jedem Sinne verstanden, auch im geistigen"* Friedrich Nietzsche, Jenseits von Gut und Böse, Insel Verlag 1984 (orig. 1886), S.157

ihnen kommen und dort auch wieder hingehen. Der Glaube, die Gewissheit an eine vollständige Welt, gibt innere Ruhe und Geborgenheit, eine Welt mit Boden und bevölkertem Himmel, mit Anfang und Ende der Zeit. Der Bau dieses schützenden Weltengebäudes ist schon von den Sumerern bekannt und reicht in deren Geschichte wahrscheinlich zurück bis zu der Ankunft der ersten Menschen im fruchtbaren Halbmond. Welche irdische Macht auch immer wagte, an den Fundamenten dieses religiösen Weltengebäudes zu rütteln oder gar versuchte, es zu zerstören, schlug binnen kurzer Frist fehl, sei es der russische oder der chinesische Kommunismus oder andere Betrüger an der Menschenseele. Was wunder, dass Propheten auf das Volk zeigen, wenn es keine Machthaber mehr zu beschuldigen gibt.

Dieser säkulare demokratische Westen ist also der nächste Kandidat – er hat noch eine Chance, wenn er der Freiheit den rechten Platz zuweist und sie zu innerer Freiheit zu werden erzieht anstelle der missverstandenen äußeren, sozialen. Diese innere Freiheit, und die innere Ruhe aus einem Glauben, sind das Fundament sozialer Ordnung in gegenseitiger Achtung. Bedenken wir es wohl, so ist doch alles Glauben, worin wir leben. Jedoch: ohne den Schutz der Kreatur in einer sozialen Ordnung gibt es auch kein Glauben.

N205A Konfuzius sagt zwar, jeder Mensch trage eine Art Gewissen in sich, das ihn zur Menschlichkeit befähigt; er sagt aber auch, dass Jeder bei entsprechender Erziehung davon Gebrauch machen könne; das bedeutet für ihn, das es in der Regel der Erziehung bedarf, um ein richtiger Mensch zu werden[362, S.112].

N206 – warum? Nun: bedenkt man die erdgebundenen Regeln der Religionen, so stellt man deren Übereinstimmungen fest – eine vertrauenerweckende Perspektive für friedliche Koexistenz aller Völker in einer Zukunft nach der Überwindung der Barrieren, welche sie in wilder Überzeugtheit voreinander errichteten.

N207 *"Der Konstrukteur und Betreiber einer schrittweisen Strategie kann, überzeugt von seiner Methode, darauf verweisen, dass ein systematischer Kampf gegen Leiden, Ungerechtigkeit und Krieg wahrscheinlich von einer größeren Anzahl von Menschen unterstützt wird als der Kampf für die Verfestigung irgendeines Ideals".*[*1] Das Problem in den heutigen westlichen demokratischen Ländern ist nur, dass „Leiden" im Durchschnitt nur aus einer ziemlich relativen Ungerechtigkeit durch den social divide besteht, wobei nur eine geringe Zahl in tatsächlicher Armut leidet. Für einen Großteil aller anderen besteht der Alltag aus Selbstzufriedenheit und Mittelmäßigkeit im Wohlstand.

Das fundamentale Problem auf längere Sicht ist jedoch, wer diese "Konstrukteure und Betreiber einer schrittweisen Strategie" sind, für wen sie arbeiten, wer versuchen wird, sie zu beherrschen oder gar zu versklaven. Werden es welche sein, die das unrealistische „Selbst-Regieren" durch das Volk ersetzen durch realistische „Selbstverwaltung"? Immerhin sprechen wir vom Versuch der Heilung des kranken sozialen und politischen Systems in einer kapitalistischen Welt, die im Begriff ist, von einer Korporokratie Superreicher endgültig in Geiselhaft genommen zu werden, die sich stillschweigend ein eigenes Reich außerhalb und zwischen den demokratischen Staaten gebildet haben.

Auch die systemimmanente Schwäche des selbstzufriedenen Universalismus birgt eine existenzielle Gefahr der Zerstörung von außen: denn er reizt andere Kulturkreise, die zwar ebenfalls nach der "*... Regel der Vernunft anstatt jener von Leidenschaft und Gewalt...*" * [1] handeln, wie der Westen es ihnen vorschreiben will, jedoch auf ihre eigene Weise, mit der sie den arroganten Westen leise unterwandern, um ihn letztlich ihrerseits zu beherrschen.

N208 In Europa begannen Rufe nach Reform bereits sehr früh, wie beispielsweise im Rahmen der 1968er Bewegung, als Studenten in Frankreich und deutschsprachigen Ländern verkrustete Strukturen beklagten und eine Art Neustart wie nach 1945 forderten.[293, N193]

Der Ausdruck "Neue Demokratie" wurde weltweit populär, aber besonders in Regionen, wo bis dahin noch keine Demokratie eingerichtet war: so bekam in Griechenland eine 1974 zuende der Diktatur gegründete Partei diesen Namen, ND. Auch in den USA taucht 2010 der Name "New Democracy" auf, und zwar in einem "*... analytischen Aufruf an die amerikanische Regierung, der die Bedeutung von Wahlen im zeitgenössischen Amerika [betont]*".* [294] Aber es gibt Konkurrenz hierzu sogar innerhalb der USA: CWA (Communications Workers of America), "Next Generation", und eine Gruppe von Anhängern der Partei der "Democrats" gründeten eine Initiative desselben Namens: "(The) New Democracy" [295 296]. In Lateinamerika steht "Neue Demokratie" für neue Demokratien, die sich aus verschiedenen Diktaturen entwickelten [297], z.B. in der Karibik, in Paraguay und in Chile (in Argentinien nennt sich die Regierung selbst seit 1983, dem Ende der Diktatur, "Neue Demokratie"). Und schlussendlich spricht sogar China von einer "Neuen Demokratischen Revolution".[355]

Tatsächliche Veränderungsarbeit an bestehender Demokratie ist an Australien's "NewDemocracy" foundation [298] zu beobachten: man beruft sich dabei auf intensivere direkte und deliberative Demokratie, verlässt sich dabei auf das Jury-Theorem von Condorcet und Sozial-Epistemologie. Auch ein drittes Parlament wird von diesen Neuen Demokraten empfohlen, ein Parlament für Bürger: in einem Experiment ähnlich jenem in Irland sollen Bürger die Möglichkeit erhalten, Politiker zu spielen und sich über mehrere Monate mit Themen zu befassen. Mehr direkte Demokratie könnte für manche Themen zweifellos auf lokaler Ebene eine Rolle spielen, wenn Bürger ihre lokalen Probleme am besten selbst kennen – die Probleme im Zusammenhang mit der Sicht aus höheren Ebenen besprechen wir noch an anderer Stelle. Aus nationaler Sicht erhebt sich allerdings die Frage nach Sinn solcher Einrichtungen, statt die Professionalität der Politiker von vornherein einzuführen und evidenzbasierte Entscheidungsprozesse einzuführen.

N209 Epistokratie

Die Regierung der Experten folgt dem "Kompetenzprinzip". Sein entschiedenster Vertreter, Jason Brennan, argumentiert, dass Entscheidungen über wichtige Belange von Leuten getroffen werden sollten, die sich damit auskennen. Im Gegensatz dazu biete das allgemeine Wahlrecht lediglich die Möglichkeit, gegen die anderen zu stimmen, selbst wenn das Ergebnis dann Allen zum Nachteil gereicht (siehe z.B. Brexit). Brennan unterteilt die Wähler in "Hobbits, Hooligans und Vulkanier" und schreibt dazu: *"Wenn Hobbits und Hooligans wählen, üben sie Macht über andere aus ... insbesondere gegen epistokratische Systeme, die bemüht sind, jenen Schaden zu verringern, den Hobbits und Hooligans anrichten könnten".**

3 Viele der heutigen Demokratien – wenn nicht alle – sind ohnehin bereits teilweise Epistokratien: die politischen Entscheidungsträger stützen sich auf Expertenmeinungen und -berichte, so wie dies auch die Gerichte tun. Das verbleibende Risiko mit der derzeitigen Befassung von Experten, und die Schwäche am Modell der Epistokratie, besteht darin, dass dabei Meinungen allzu oft als Tatsachen akzeptiert werden, ohne um die dazugehörige Evidenz zu fragen. Außerdem besteht in einer Epistokratie das Risiko einer neuen Seilschafts-Kultur, in der jede Berufsgruppe ihre eigenen Interessen anstatt jener des Gemeinwohls vertritt. Eine solche Regierung der Experten läuft Gefahr, Ähnlichkeiten mit dem mittelalterlichen Gildensystem anzunehmen mit ihrem eigenen Rechtswesen. Ich werde daher weiter unten für eine abgewandelte Form von evidenzbasierten Entscheidungsverfahren argumentieren.

N210 Betreffend Evidenz und Rechtfertigung habe ich mich bereits in Anmerkung N209 kurz geäußert. Über neue Möglichkeiten der Beschaffung von Evidenz mit technischen Hilfsmitteln und anonymisierten Expertengutachten werde ich mich in diesem Kapitel noch auseinandersetzen. Christiano zitiert zur Bedeutung von allgemeinen Wahlen A. Downs und meint: *"Anthony Downs argumentierte ... dass nahezu alle Wähler wenig Grund dafür haben, sich zu darüber zu informieren, wie sie am besten wählen sollen. Wenn man davon ausgeht, dass sich die Bürger im großen und ganzen nach dem Modell von Downs verhalten und auch dementsprechend argumentieren, dann muss die Gesellschaft entweder von einer relativ kleinen Gruppe von Leuten mit minimalem Input vom Rest der Bevölkerung regiert werden, oder sie würde sehr schlecht regiert".**32

N211 *" Die moderate Linke dagegen, - einschließlich so prominenter Denker wie Jürgen Habermas, Richard Rorty und Amartya Sen – verteidigt gemeinsam mit Liberalen die Allgemeingültigkeit demokratischer Prinzipien auch jenseits des Westens. ... Jürgen Habermas folgt einer Tradition der Aufklärung, wenn er auch in seiner Begründung der Demokratie von einer Allgemeingültigkeit der Vernunft ausgeht, die letztlich der menschlichen Natur innewohne. ... Demokratie ist nicht irgendeine politische Verfassung neben anderen, sondern der politische Ausdruck des Anspruchs aller Menschen auf Freiheit und Autonomie, in der privaten wie in der öffentlichen Sphäre".*144

Ich würde hier allerdings einwenden, dass "allgemeingültige Vernunft" nicht als Argument einsetzbar ist, solange sie nicht von „Hausverstand" (Common sense) unterschieden wird, der im Volk durchaus als „der" vernünftige Standpunkt gilt. Außerdem müsste ein Vertreter dieses Standpunktes erklären, wie in einer Situation vorzugehen wäre, in der verschiedene Gruppen auf Rechte verzichten, weil sie selbst Ungleichheiten erkennen und akzeptieren, wie sie sich beispielsweise aus Arbeitsteilung und biologischen Unterschieden – ich hatte dazu im zweiten Kapitel Stellung genommen - zwischen Menschen notwendig ergeben.

N212 Durchschnittliche Mitglieder der Arbeiterklasse können sich heute Flugreisen in den Urlaub leisten und insgesamt einen Lebensstandard pflegen, den sie nicht reduzieren oder gar jetzt aufgeben wollen, da er nach einem Jahrhundert des Klassenkonflikts erzielt ist. Deshalb ist auch Teil der Arbeiterklasse für neuen Nationalismus, Isolationismus und Xenophobie verantwortlich (siehe z.B. eine jüngst in der britischen Labour-Partei aufgeflammte, unerwartet heftige Debatte über einen in ihren Reihen existierenden Antisemitismus).

N213 Die deutsche Kanzlerin Angela Merkel sagte 2010: *"Der Multikulturalismus hat versagt, absolut versagt".*[265] Der britische Premierminister sagte in einer Rede an der Münchner Sicherheitskonferenz 2011: *"Die Doktrin des staatlichen Multikulturalismus müsste durch den Begriff von "gemeinsamer nationaler Identität" ersetzt werden..."*[*265, 299] Und der französische Präsident Sarkozy: *"In allen Demokratien befassten sich die Leute zu viel mit der Identität dessen, der immigrierte, und nicht genug mit der Identität der Bürger des Landes, das ihn aufnahm".*[265]

N213A Ich habe zum Beispiel Chinatowns kennengelernt, wo manche ältere Menschen noch heute nicht englisch sprechen. Meine chinesisch-stämmige Sekretärin vom New Yorker Büro sprach sehr gutes Englisch mit nur geringem Akzent; abends ging sie nach Hause zu ihrer chinesischen Mutter, mit der sie zusammen wohnte. Meine Mutter begann in einer mitteleuropäischen Kleinstadt eine Initiative zur Integration der Frauen von Immigranten Familien aus muslimischen Ländern, weil sie sich in ihrer Offenheit Allen gegenüber weigerte, das Gefremdel rund um sich zu akzeptieren: nach wenigen Monaten musste sie aufgeben, weil die Frauen kein Interesse an dem Bemühen zeigten bzw. demonstrierten, dass sie das Bemühen gar nicht wollten. Wenn meine Schwiegermutter in einer deutschen Stadt zum Arzt ging, traf sie dort im Wartezimmer öfters Frauen muslimischer Immigrantenfamilien, die offen davon sprachen, dass sie nur vormittags zum Arzt gingen, um eine schriftliche Entschuldigung für ihre Abwesenheit vom Kurs des Landratsamtes für Integration und Deutschkenntnisse zu bekommen. Wer beginnen will zu verstehen, was Multikulturalität *nicht* ist, braucht nur z.B. einen in Großbritannien lebenden Inder an seinem englischen Arbeitsplatz kennen lernen und ihn dann in seine indische Heimat begleiten; viele dieser Menschen lassen ihre Kultur zu Hause und leben irgendwo anders in einer multi-ethnischen Gesellschaft, wo sie gelernt haben, ihre Kultur hintanzustellen und unsichtbar zu machen. Das ist dann Multi-Ethnizität, aber eben nicht Multikulturalität. Wenn dann andere Inder, die in britischen Stadtteilen bereits die Mehrheit bilden, anlässlich ihres Diwali-Festes ganze Straßenzüge zu „Little India" machen, dann ist das Multikulturalität auf amerikanisch: eine Viel-Kulturengesellschaft, die eben *keine* kulturelle Gemeinschaft ist und auf diesem Weg zur „broken society" wurde.

N214 Der Milliardär George Soros hatte den Begriff "Marktfundamentalismus" in seinem 1998 erschienen Buch mit dem Titel "Die Krise des globalen Kapitalismus" geprägt, um die fatalen Folgen der unkontrollierten freien Marktwirtschaft zu brandmarken. Der Politologe Joseph Stiglitz erklärte ihn 2008 für tot. Milton Friedman war es gewesen, der die Nachkriegs-Welt vom Wert der freien Marktwirtschaft und des Kapitalismus überzeugt hatte, während John Maynard Keynes in der Zwischenkriegszeit die Theorie vertreten hatte, dass die Ökonomie staatlich kontrolliert werden müsse. Eine ähnliche Auseinandersetzung hatte schon in der Vorgeneration in den 1930er Jahren zwischen dem Österreicher August Friedrich von Hayek und Keynes stattgefunden, als Hayek die Position für eine freie Marktwirtschaft eingenommen hatte; diesmal obsiegte jedoch Friedman.

N215 Der Philosoph Arnold Gehlen postulierte in seinem Buch "Moral und Hypermoral"[190] vier Arten von Ethik: eine davon, „Instinktbasiertes Verhalten", bezieht sich auf die Arbeit von Konrad Lorenz und die instinktive Überzeugtheit, die er als „unbelehrbare Lehrmeister" bezeichnete. Die zweite Art nennt Gehlen „Familien-bezogene Ethik; sie erscheint wenig überzeugend, da sie in der ersten wurzelt. „Reziprozität" als dritte Ethik wird im Zusammenhang mit der Frage nach der Existenz von Altruismus versus Opportunismus häufig diskutiert. Die vierte Ethik nennt Gehlen „institutionelle Ethik"; sie erscheint fragwürdig, weil man jegliches Sozialverhalten als eine Art Sozialkontrakt verstehen kann, letztlich also als „institutionell".

N216 Ein Beispiel für Sozialmoral basierend auf archaischen Verhaltensautomatismen ist die muslimische Kleiderordnung für Frauen: sie vermeidet durch Verhüllung in schwarze Kleider, dass fremde Männer vom Anblick verheirateter Frauen angezogen werden. Diese Sozialmoral hat jedoch ihre eigenen Umgehungswege geschaffen, nicht nur die Polygamie, sondern auch die Ehe auf Zeit. Eine sonderbare Doppelbödigkeit entwickelte sich in der christlich-mittelalterlichen Kultur, wo einerseits strikte Monogamie als theoretisches Prinzip galt, gleichzeitig aber in öffentlichen Bädern das gemeinsame Nacktbaden von Männern und Frauen selbstverständliche Gepflogenheit war – und die männlichen Instinkte ließen sich gewiss keine Ordnungsvorschriften machen.

N216A Dieses Gebot im dritten Buch Mose (Levitikus), Kap. 19, „Gesetze zur Heiligung des täglichen Lebens" aus dem Alten Testament der christlichen Bibel ist ebenfalls Teil des jüdischen Tanach, nämlich der Tora, die aus den fünf Büchern Mose (dem Pentateuch) besteht.

N216B Kant argumentiert sogar heftig gegen einen direkten Vergleich mit seinem Imperativ:
"Man denke ja nicht, daß hier das triviale: quod tibi non vis fieri [was du nicht willst, dass dir geschehe ...] etc. zur Richtschnur oder Princip dienen könne. Denn es ist, obzwar mit verschiedenen Einschränkungen, nur aus jenem abgeleitet; es kann kein allgemeines Gesetz sein, denn es enthält nicht den Grund der Pflichten gegen sich selbst, nicht der Liebespflichten gegen andere (denn mancher würde es gerne eingehen, daß andere ihm nicht wohlthun sollen, wenn er es nur überhoben sein dürfte, ihnen Wohltat zu erzeigen), endlich nicht der schuldigen Pflichten gegen einander, denn der Verbrecher würde aus diesem Grunde gegen seine strafenden Richter argumentieren, usw." [332, S.80]

N216C In der Tat bleibt dabei das Problem ungelöst, dass dieses "allgemeine Prinzip", zu dem eine Person ihre Handlung erheben zu können meint, die Meinung dieser

einen Person bleibt, die theoretisch aus tiefster Überzeugung handeln und entscheidet, damit aber Andersmeinenden Schaden zufügen könnte. Tatsächlich
aber meint Kant, dass eben all jene anderen Meinungen in die Entscheidung mit-
einfließen sollen. Wie ein einzelner Mensch an all dieses Wissen kommen, wie er
also letztlich konkret entscheiden können soll, bleibt Kant schuldig. Der Imperativ bleibt jedoch unter den folgenden drei Voraussetzungen als allgemeines
Prinzip gültig: erstens muss man akzeptieren, dass es in einer Entscheidungs-
situation eines Individuums – und davon spricht Kant – nur um die Möglichkeiten dieses Individuums gehen kann, nicht um eine theoretische Instanz wie
„das Gesetz". Zweitens muss allerdings dieses Individuum nicht nur die eigene
Meinung und Überzeugtheit berücksichtigen, sondern auch die Meinung und
Überzeugtheit dieses oder dieser Anderen, die von dieser Entscheidung betroffen sind – es wäre ansonsten ja kein allgemeines Prinzip sondern ein Prinzip, das
man den anderen aufzwingt. Drittens kann dieses „allgemeine Prinzip" nur für
konkret vergleichbare Situationen geltend gemacht werden (man darf hier mit
Augenzwinkern am Rande erwähnen, dass es ohnehin kaum jemals zwei gleich
geartete Lebenssituationen gibt). Es kann sich also nicht um ein „allgemeines
Prinzip" im Sinne eines Gesetzes handeln, das für eine große Vielzahl von Einzel-
tatbeständen anwendbar ist. Würde Kant seiner Beschreibung eine Liste aller
allgemeinen Prinzipien beigelegt haben, die Menschen auf der Welt bereits erhoben haben können, so müsste diese Liste so gut wie alle Gewissensentschei-
dungen beinhalten, die jemals von Menschen getroffen wurden, weil es keine
zwei gleichgearteten gibt. Die Tatsache, dass kein Mensch sämtliche Einfluss-
faktoren kennen kann, die sein Tun beeinflussen könnten, spielt dabei keine
Rolle, weil es um die Frage geht, ob und wann der Mensch moralisch richtig
handelt. Sie bleibt an der Frage hängen, was in einer gegebenen Situation
menschenmöglich und zumutbar ist. Daher kehrt sich hier die Situation wieder
um zu dem Entscheider, nach bestem Wissen und Gewissen in reziprokem
Altruismus handelt. Menschenmöglich ist dabei lediglich, was der Mensch in
diesem Entscheidungsmoment oder -zeitraum zu erfassen und zu verarbeiten
vermag: der Mensch kann sich in die Lage seines oder seiner Gegenüber versetzen und in Empathie tun, was die Gleichwertigkeit des oder der Anderen entspricht.
Die individuelle Entscheidung ist es, die als allgemeines Prinzip zu werten ist.
Das Prinzip selbst wird dadurch nicht zum allgemeinen Prinzip für alle Anderen,
sondern nur für alle anderen identen Entscheidungssituationen.
Auf diese Weise, und nur auf diese, schafft auch Kant's kategorischer Imperativ
Gleichheit in der Wertigkeit des Einzelnen durch Reziprozität, und damit ein
allgemeines Prinzip des Handelns in Balance zwischen Eigeninteresse und
Gemeinwohl. Es wird zum Handlungsprinzip des ethischen Grundsatzes von
„Gleichwertigkeit" (Äquivalenz).
Diesbezüglich trägt also die Kritik Hegel's nicht, wonach Kant's Imperativ nichts
als Beliebigkeit reflektiere. Die „Umformulierung", die Jürgen Habermas daran
vornimmt, setzt wieder einen vorbestehenden „Soll-Menschen" voraus und
droht in einen neuen Despotismus zu führen. Denn es gibt keine universal von

allen Menschen vollinhaltlich akzeptierte Ethik für jegliche Lebenslage – hier trifft sich Habermas bei Rousseau's „Allgemeinem Willen": *"Der kategorische Imperativ bedarf einer Umformulierung in dem vorgeschlagenen Sinne: Statt allen anderen eine Maxime von der ich will, dass sie allgemeines Gesetz sei, als gültig vorzuschreiben, muss ich meine Maxime zum Zweck der diskursiven Prüfung ihres Universalitätsanspruchs allen anderen vorlegen. Das Gewicht verschiebt sich von dem, was jeder (einzelne) ohne Widerspruch als allgemeines Gesetz wollen kann, auf das, was alle in Übereinstimmung als universale Norm anerkennen wollen."* [374] Nur wenn – welches allgemeingültige Regelwerk auch immer – auf der Basis der Einschätzung der individuellen Situation eines Ereignisses oder einer Tat angewendet wird, im guten Willen und unter Berücksichtigung des Umgangs mit den biologischen Gegebenheiten des Menschen, ist eine universale Norm als Ergebnis einer diskursiven Prüfung praktikabel. Ohne diese voraussetzende Einschränkung auf das Individuum würde Kant's kategorischer Imperativ ebenso wie jegliche „goldene Regel" praktisch „in der Luft hängen", wie es Norbert Hoerster ausdrückt.[375]

Hans Jonas erweitert Kant's Imperativ um den Faktor Zeit, also die Rücksichtnahme auf künftige Generationen:[376] heute würde man von „Nachhaltigkeit" oder „Zukunftsfähigkeit" sprechen.

N217   Beispiele für die mögliche Auflösung von Tribalismus (Seilschaftsdenken, Stammesdenken):

- Gang – Kultur unter Jugendlichen: sie entwickelt sich in der Regel in der Freizeit nach der Schule (solange sie überhaupt noch besucht wird). Bill Strickland [183, 300] und andere Initiatoren begannen Jugendlichen den Zugang zu Tätigkeiten anzubieten, die sie sich normalerweise nicht leisten könnten: Sportarten, Musik, andere Kunstgattungen und Motorsport sind nur einige Beispiele. Stellen Sie sich vor, Schüler würden zu Schulschluss per Bus zum Ort einer solchen Tätigkeit geführt werden, der eine zur Boxhalle, der nächste zum Gitarre-Unterricht, zum Orchester, zur Werkstätte, wo er an einem Rennauto mitbasteln darf ... jeder in ein anderes Stadtviertel. Diese Mitglieder einer Gang treffen sich kaum jemals wieder, sie gehen in einem anderen, neuen Leben auf, an einem Ort, wo sie als gleichwertige Menschen der ganz normalen Gesellschaft anerkannt werden. Außer dem zuvor erwähnten Beispiel von Bill Strickland und seinem Modell in verschiedenen Großstädten der USA gibt es das Modell von José Antonio Abreu und seinem Projekt "El Sistema" in Venezuela, das weltweit von einer Vielzahl von Ländern, Städten oder einzelnen Schulen kopiert wurde (in den USA [301], in Großbritannien als "Inharmony" und als „Sistema-Scotland", in Portugal als "Generation Orchestra" usw.): Schüler bekommen ein Musikinstrument als Leihgabe und gratis Unterricht; schon sehr früh haben sie Gelegenheit, in einem Orchester mitzuspielen.
- In der Politik findet Tribalismus ihren Ausdruck in den politischen Parteien und den Untergruppen darin; auch dieses System ist änderbar, indem neue politische Strategien deren Bildung erst gar nicht aufkommen oder sich verfesti-

gen lassen – ich komme in einem gesonderten Abschnitt darauf zurück (S. 329ff).

N218 Rousseau beansprucht für seinen polit-philosophischen Vorschlag, dass man "...
die Paragraphen, wenn man sie recht versteht, auf einen einzigen zusammenfassen kann – die totale Hingabe jedes Bürgers, mit all seinen Rechten, an die Gemeinschaft; denn wenn jeder sich voll und ganz gibt, sind die Bedingungen für alle die gleichen .... Jeder von uns gibt seine Person und all seine Macht (einschließlich seines Besitzes) an die Gemeinschaft ab, unter die Gesamtführung des Allgemeinen Willens, und in unserer Funktion als Teil dieses Ganzen erhält jedes Mitglied sich wieder als untrennbarer Teil des Ganzen". Und weiter: "... wer sich weigert, sich diesem Allgemein Willen zu fügen, wir von der Gesamtheit der Gemeinschaft dazu genötigt. Dies bedeutet nichts weniger als dass er zu seiner Freiheit gezwungen wird, denn dieser Umstand, dass jeder Bürger seinem Land gegeben ist, befreit ihn von jeglicher Abhängigkeit." * 12*

Dieser Text drückt die Erwartung aus, dass jeder erwachsene Bürger diese Entscheidung bewusst trifft, ungeachtet der Frage, wieviel er von diesem Konzept verstanden hat. Er verrät damit die zutiefst theoretische Natur des Konstrukts für einen solchen Gesellschaftsvertrag, der dem Großteil aller menschlichen Instinkte zuwiderläuft und daher spontane Ablehnung hervorrufen wird. Nicht die totale Aufgabe des Einzelnen an seine Gemeinschaft kann die Lösung sein, sondern das „gleiche Recht", das jedes Individuum aus sich heraus dem anderen gewährt, so wie auch sich selbst, ist ein moralisches Prinzip, das dem durchschnittlichen Menschen einleuchten kann, wenn man ihm die gegenseitige Abhängigkeit der Menschen voneinander als Naturprinzip verständlich gemacht hat, so wie dies in allem großen Religionen von Anbeginn praktiziert wurde. Ich gebe mich nicht vollkommen auf, um quasi als Teil der Gesellschaft wiederzuerstehen, sondern ich gebe meiner Gesellschaft einen Anteil von mir selbst; nur damit kann ich meine Ich-Identität in einer für mich verständlichen Form beibehalten. Ich selbst gebe eine Teil von mir als Beitrag, als Ausdruck dessen, dass ich die gegenseitige Abhängigkeit verstanden habe. Dadurch kann ich diese Reziprozität im Einklang mit meinen Instinkten leben, der Territorialität und der Xenophobie, die mich zwingen, von den anderen einen Freiraum für mich zu beanspruchen. Ich kann es deshalb, weil ich verstanden habe, dass alle anderen in der gleichen Situation sind. Im Gegensatz dazu entspricht die Forderung von Rousseau der denkbar radikalsten Form von Kommunismus, derart perfekt, dass es schon nicht mehr das Paradies auf Erden sein kann, sondern das Paradies selbst, bevölkert von den von ihm selbst benannten Göttern und Kant's Engeln.

N219 Die schichtabhängige Chancen-Ungleichheit nimmt zufolge einer rezenten EU-Studie eher zu als ab.[378] Auch ein aktueller OECD Bericht weist auf die geringeren Chancen von Kindern aus unteren Gesellschaftsschichten.[379]

N220 Demokratie – und sozialer Friede insgesamt – wird von Politikern in Misskredit gebracht, die aufständische Jugendliche ausschließlich in diffamierender und herabwürdigender Weise als Kriminelle beschimpfen. Sie vergessen, dass es ihr Sozialsystem war, das nicht in der Lage war, diese Jungen entsprechend zu erziehen und zu zufriedenen Mitbürgern werden zu lassen, die in der Gesellschaft einen Platz haben. Durch diese Fahrlässigkeit betrügt die Gesellschaft sich selbst und ihre Werte, und sie selbst provoziert dadurch sozialen Unfrieden und Unruhen, bewegen sich auf einen Bruch in der Gesellschaft zu. Die Unruhen in London und andere Städten Großbritanniens im Jahr 2011 sind ein bitteres Beispiel.

N221 Berufsgruppen wie die Ärzteschaft in manchen Ländern verdienen ihr Geld durch Berechnung jedes kleinsten Abschnittes ihrer Tätigkeit, so beispielsweise die Chirurgen in Deutschland, die über lange Zeit Detailschritte jeder einzelnen Operation separat abrechneten.[302] In vielen Ländern gibt es außerdem Statistiken und andere Nachweise, dass in manchen Fällen viel zu häufig die Indikation für lukrative Operationen oder teure Untersuchungsmethoden gestellt wurde. Hier handelt es sich um das genaue Gegenteil von der von mir empfohlenen Methode, die Gelegenheit zu Missbrauch taktisch zu beseitigen. Experten raten hier zu einem ausgewogenen Mittelweg, weil sich zuviel an Gleichmacherei nachteilig auswirke, aber auch das Gegenteil.[303]

N222 Man kann erwarten, dass die Kriminalitätsrate durch Beenden der Rachestrategie der Justiz sinken würde. Denn Gefängnisstrafe für Jugendliche endet bei der Hälfte nach der Entlassung in erneuter Kriminalität. Der noch viel schlimmere Ausschluss aus der Gesellschaft ohnehin schon Zurückgelassener durch eine arrogante, misanthrope und grausame Justiz (siehe auch S. 170ff) fällt der Gesellschaft selbst wieder auf den Kopf. Einfacher Ausschluss aus der Gesellschaft ist in vielen Fällen ein Zeichen von Ignoranz und Rache an Mitmenschen, die (mit Ausnahme von psychiatrisch-medizinischen Fällen) bereits Opfer sozialer Benachteiligung waren; damit verurteilt sich die Gesellschaft selbst.

N223 Einerseits zeigen die Bemühungen jüdischer Bevölkerungsgruppen, sich in christliche oder säkulare Gesellschaften zu integrieren, dass die Erziehung zu Toleranz die friedliche Koexistenz von Menschen dieser unterschiedlichen religiösen Hintergründe fördert. Andererseits werden solche Bemühungen wieder weitgehend fruchtlos, wenn der Instinkt der Territorialität durch die Immigration einer weiteren fremden Kultur stimuliert wird, die diese Motivation nicht mitbringt. Aus diesem Unterschied wird klar, dass es nur die pragmatische Entscheidung zwischen diesen zwei Formen des friedlichen Zusammenlebens gibt: entweder zusammen in einer Gemeinschaft mit gemeinsamen kulturellen Regeln, oder die klare Trennung der Lebensräume, die immer noch in friedlicher Nachbarschaft zueinander liegen können.

N224 Die Anmerkung hat selbstverständlich allgemeine Gültigkeit, weil wir bei der Planung in die Zukunft nicht einmal wissen können, welches die für den Erfolg oder Ausgang einer Handlung entscheidenden Prämissen sein werden. Zu sagen *„Es stimmt, die Welt ist ein komplizierter Ort, und unsere Versuche können uns fehlschlagen"*[*3] bedeutet daher, die menschliche Situation grundsätzlich zu missdeuten. Diesen Umstand als eine der Grundbedingungen für menschliches Leben anzuerkennen, würde eine neue Definition von Toleranz und Schuld in der

Gesellschaft nach ziehen. Sie würde sich auch von der Definition von Schuld distanzieren, die der frühere Kardinal Ratzinger (dann Papst Benedikt XVI.) für den Christenmenschen definierte: er schrieb, dass auch schuldig sein könne, wer nach bestem Wissen und Gewissen gehandelt zu haben meinte, sich dabei jedoch geirrt habe.[385] Bedenkt man aber die Lage eines Menschen, somit auch eines politischen Entscheidungsträgers, der in einer Situation ohne ausreichende Informationen entscheiden muss – nach Versuch und Irrtum also – oder auf der Basis der verfügbaren Informationen aus seiner Sicht bestmöglich im Sinne des Gemeinwohls entscheidet, aber damit nachteilige Folgen auslöst, ist objektiver Sicht moralischer Kriterien dieses „Fehlergebnisses" wegen nicht schuldig, außer er folgte einer Parteidoktrin, von der er selbst nicht wirklich überzeugt war. Die übliche Reaktion der Öffentlichkeit ist heute jedoch geprägt von Rachegedanken, daher sucht sie einen Schuldigen. Evidenzbasierte Entscheidungen als Grundprinzip wären eine erste Absicherung gegen falsche Anschuldigungen. Das Verständnis der grundsätzlich inhärenten Unsicherheit, und eine neue Regel, die verlangt, diese Unsicherheit auch tatsächlich zu akzeptieren, würde einem weiteren unbelehrbaren Lehrmeister das Handwerk legen, dem der stets einen naheliegenden Kausalzusammenhang zur Ermittlung eines Schuldigen als „logisches" Ergebnis des Hausverstandes parat hat.

N225 Edmund Burke, ein politischer Philosoph und Staatsmann des 18. Jahrhunderts, erkennt keinen Unterschied zwischen einem vertrauenswürdigen Staatsmann und einem vergleichbar qualifizierten Monarchen[11] (wie auch Brennan, der dabei von "Burke'schem Konservativismus" spricht siehe S. 10). Burke meint damit vor allem, dass nicht das politische System den Unterschied ausmacht – Republik oder Monarchie-, sondern die Vertrauenskultur. Misstrauen destabilisiert jegliches Sozialsystem. Aus diesem Grund erachte ich seine Botschaft als aktuell für unsere Zeit, in der man sich in der Demokratie sicher fühlt, aber in einer Kultur tiefen Misstrauens lebt.

N226 Wissen um die eigene Geschichte ist das Äquivalent der kulturellen Evolution zu Reflexen und Instinkten im genetischen Code der biologischen Evolution: Geschichte beinhaltet zumindest die Warnung vor der Wiederholung fataler Fehler. Zwar gibt es keinen Ausweg aus der Notwendigkeit, angesichts neuer Ereigniskonstellationen nach Versuch und Irrtum vorzugehen. Doch die Instinkte raten jedenfalls dem bewussten Wollen, Fehler nicht zu wiederholen. Die Vergangenheit ist uns Warnung, die Zukunft ist offen. Damit stimme ich mit Popper nicht vollkommen überein, wenn er meint: *"Die Zukunft hängt von uns selbst ab, nicht von irgend einer historischen Notwendigkeit"*.[*1] In erster Linie hängt unsere Zukunft von der Umwelt ab; und wir hängen insoferne von historischen Notwendigkeiten ab, als die Wiederholung fataler Fehler schlechtere Überlebenschancen bietet als die Methode von Versuch und Irrtum. Umso wichtiger ist es daher, diese Geschichte und die darin gemachten Fehler zu kennen [43]. Zusammengefasst können wir in der Tat von Geschichte lernen, und derzeit sagt sie uns eindringlich, dass politische Kursänderungen der gegenwärtigen Demokratie angesichts der vorliegenden Informationen äußerst ratsam sind.

N227 Neurowissenschaften, Bewusstsein und Glauben

Mit modernen Diagnostikmethoden kann die Forschung heute viele Funktionen von Hirnzentren und Netzwerken zwischen Hirnzentren als Voraussetzung für Bewusstheit beschreiben und darstellen.[304] Allerdings ist damit noch keineswegs erklärt, was genau Bewusstsein eigentlich ist, dieses Phänomen von Ich-Erleben, unserer Identität, die wir ein Leben lang kontinuierlich *sind*, auch wenn sich Meinungen, Verhalten und Charakter ändern und Erfahrungen ansammeln. Wir leben also in dem Gefühl, eine Art von geistiger Entität zu sein, die sich zwar mit dem Körper identifiziert, die sich aber auch von diesem Körper als einem Objekt außerhalb dieser geistigen Identität distanzieren kann und dann diesen Körper *hat*, statt er zu sein. Es ist also einerseits dieses stabile Identitätserleben, andererseits das Gewahrsein von dessen Abhängigkeit von der Kreatürlichkeit, von den Körperfunktionen, die uns bedrängen, uns in Stimmungen versetzen. Da ist aber auch die Gemeinsamkeit, entstehend durch Emotionen, die wir auch fühlen, Erfahrungen mit Hilfe der Sinnesorgane, die wir in der Konfrontation mit der Umwelt machen und im Dialog mit dem statischen Ich sind, die Letzteres mit sich trägt.

Vor dieser Gegebenheit müssen materialistische und reduktionistische Feststellungen über Mensch und Kosmos unweigerlich bis zur Bedeutungslosigkeit klein werden. Was nützt es uns, die Größe der Ausdehnung des Kosmos zu bestimmen und gleichzeitig festzustellen, dass er unendlich groß sei? Denn so verhält es sich auch mit unserer Bewusstheit, wenn man sagt: Bewusstheit ist, wenn soundsoviele Milliarden von Neuronen miteinander kommunizieren – dass Neuronenfunktion eine Voraussetzung für Bewusstheit ist, erklärt keineswegs, was Bewusstheit ist, vor allem nicht, was mein Ich-Erleben ist. Es erklärt nur, dass hier jemand versuchte, einen Teil der Geschichte zur gesamten Geschichte zu machen. Thomas Nagel kommentiert diese heutige Situation mit den Worten: "*Ich wäre bereit zu wetten, dass der heutige Konsensus darüber, was richtig gedacht sei, in ein bis zwei Generationen von jetzt lächerlich erscheinen wird – obwohl er natürlich ebensogut durch einen neuen Konsensus ersetzt sein könnte, der auch nicht weniger lächerlich anzusehen ist. Der Wille des Mensch zu glauben ist eben unerschöpflich*".* [305] Ich würde noch ergänzen, dass er der Konstruktion seiner Hirnfunktion wegen auch gar keine Alternative hat, außer sich immer wieder vorzusagen, dass das, was er eben glaubt, nur eine vorübergehende Erscheinung in seinem Erkenntnisprozess sein kann.

---

[43] Zweifellos ist unser eigener Entscheidungsradius durch die Umweltgegebenheiten eingeschränkt. Und wir hängen von historischen Gegebenheiten ab, die wir selbst verursacht haben, oder die Teil unserer unumgänglichen evolutionär bedingten Eigenschaften sind.

N228 Rousseau schrieb: *"Wer es wagt, die [politischen] Einrichtungen eines Volkes zu schaffen, muss sich suzusagen in der Lage fühlen, die menschliche Natur zu ändern, jedes einzelne Individuum umzuformen ... "* * 12 Dabei geht er sogar noch einen Schritt weiter und fordert, *"... dem Menschen seine eigenen Resourcen wegzunehmen und ihm dafür neue zu geben, die ihm fremd sind ..."* *12 Das Ansinnen, den Menschen von sich selbst zu entfremden, ist nachgerade abwegig und erinnert an Gehirnwäsche und Indoktrinierung. Auch wenn Rousseau letzteres wohl nicht wirklich im Sinn hatte, so wäre es dennoch wider die menschliche Natur, sich ganz und gar der Gesellschaft zu verschreiben, in vollem, unabgesichertem Vertrauen. An diesem Punkt scheiterte Rousseau mit seiner Anerkennung.

N229 Zur Kindererziehung in eine friedvolle Gesellschaft – ein Beispiel aus der wissenschaftlichen Literatur: *"Kulturen, die durch kollektivistische Werte, hohe moralische Disziplin, einen hohen Grad an Einsatzbereitschaft, geringe Vermeidung von Unsicherheit, und geprägt von konfuzianischer Ethik zeigten geringeres Aggressionniveau als ihre [westlichen] Vergleichsprobanden (Bergeron & Schneider, 2005, S. 116)"*.* 3

Geht man von einer – in diesem Buch vorgeschlagenen - schrittweisen Strategie aus, nicht von Umsturz und Revolution, so ist klar, dass sich eine Gesellschaft nur langsam von Generation zu Generation ändern kann. Sie beginnt also mit der Kindererziehung – selbstverständlich unter Bedacht auf all die Warnungen aus der Geschichte, die dabei sofort vor unseren Augen auftauchen - Kindersoldaten, gefügige Untergebene, indoktriniert von Diktatoren, Beispiele, die „Erziehung" eine Anrüchigkeit verliehen haben: wir werden aber nicht darum herumkommen, drei Dinge zu akzeptieren: das eine ist, dass es ohne Erziehung keine zukunftsfähige Gesellschaft geben kann; das zweite ist, dass Zurückhaltung bei Erziehung von der Angst vor Indoktrinierung rührt – Angst allein ist aber keine Abhilfe; das dritte ist, dass ohnehin jegliche Erziehung auf irgendeine Weise auch als Indoktrinierung interpretiert werden kann, welche Moral auch immer ihre Basis ist. Daher kann man sie ebenso gut als Initiation in eine bestehende oder gewünschte Kultur ansehen. Vor allem ist hier mit Erziehung ein Verstehenlernen gemeint, das Verstehen seiner selbst und der eigenen Rolle in der Gemeinschaft, mit Inhalten wie der zuvor besprochenen Reziprozität und allen daraus folgenden Werten.

N230 Über die moralische Verpflichtung zur, und den Glauben an, Erziehung
Damit meine ich auch, dass die unbedingte Forderung nach einer bestimmten Verhaltensqualität bei sofortiger Strafandrohung nicht zielführend und daher nicht akzeptabel ist. „Menschlichkeit" drückt sich in der Erziehung durch dasselbe „Verstehen" aus, das auch vermittelt werden soll: dementsprechend soll nicht „Gehorchen" im Vordergrund stehen, sondern 1- das ehrliche Bemühen, 2- die Bedachtnahme des Erziehers auf den Umstand, dass es moralische Konflikte gibt, die zu "falschem" Verhalten führen können.
Teile der Erziehung laufen durch archaische Prozesse automatisch ab wie schon einer Vielzahl von Tierspezies. Wenn man auf der Ebene des Menschen von "Beispiel" spricht, das die Kinder nachahmen, dann ergibt sich daraus erneut der

Hinweis auf die Langsamkeit des Wandlungsprozesses, von dem hier die Rede ist. Denn einen unvermeidlichen Teil nehmen die Kinder von der Vorgeneration mit in die Zukunft. Der verbale Teil der Erziehung, die Erklärung zum Verständnis, muss auch die Aufrichtigkeit der Erzieher beinhalten, auf die eigene Unvollkommenheit hinzuweisen, die wirkliche Welt zu erklären, nicht eine Traumwelt von Prinzen und Prinzessinnen und von unhinterfragten Vorbildern. Ken Davidson hat dafür drastische Worte gefunden, aber sie machen klar, worum es geht: "... *Politiker sagen dir nie, dass Erziehung die Kinder auf die Übergriffe dämlicher Bürokraten vorbereiten sollte, und auf Gangster im Nadelstreif, Schwindler, Scharlatane, Betrüger, Taschendiebe, Zuhälter, unfähige, heuchlerische Politiker, Baupfuscher, Lügenpresse und unaufrichtige Händler: das ist aber die Welt, in der wir leben".* Davidson bezieht sich auch auf den englischen Schulinspektor George Sampson, der 1921 schrieb: "*Erziehung ist eine Vorbereitung auf das Leben, nicht nur das Fortkommen, für das Leben, nicht als Lebensunterhalt. Ihr Ziel ist es, Frauen und Männer hervorzubringen, nicht "Hände"* [gemeint Arbeiter].*80 Die Situation von Schulen und anderen Erziehungseinrichtungen in westlichen Ländern wird oft kritisiert: "... *wir haben ein System entwickelt, das die Bedürfnisse von Studenten den Bedürfnissen von Erwachsenen opfert ... erst wenn die ... verschwinden, kann aus der Mediokratie eine Demokratie werden".* 306 Sozialmoral beizubringen, das Verständnis und Gewahrsein zu wecken, dass der Mensch Teil einer Gemeinschaft ist, in der alle voneinander abhängen, ein Gleichgewicht zwischen Pflichten und Rechten, nicht nur von Forderungen nach Rechten, dies wird eine erhebliche Herausforderung für Lehrer und Eltern, die selbst diese Qualitäten in ihrer eigenen Erziehung kaum noch mitbekommen haben.

Wenn im Kind die Bewusstheit erwacht, beginnt es tausend Fragen zu stellen, warum die Dinge so sind wie sie sind. Die beste Erklärung, die wir ihnen für die Notwendigkeit von Sozialmoral geben können, ist die Wahrheit, unser Wissen über unsere wirkliche Natur.

Künftig sollten konkrete Inhalte über asoziales Verhalten und seine Kontrolle Teil der Erziehung sein, z.B. die positiven und negativen Wirkungen von Vertrauensvorschuss im Rahmen des "Sträflings-Dilemma"-Spieles (engl. prisoner's dilemma-game).N79 Desgleichen müsste die Selbstverständlichkeit sozialer Verantwortlichkeit dazu zählen ebenso wie die Akzeptanz von Vorstellungen in anderen Kulturen.

Der westliche Kulturkreis hat seine Orientierung im Individualismus verloren, fordert aber weiterhin eine globale Führungsrolle; in Selbstkritik hat ein westlicher Autor von einer "*Anglo-amerikanischen Art von engstirnigem Reduktionismus*" gesprochen und davon, dass der Westen den Rest der Welt als "*einen Lehrling der globalen englischen Kultur*"*103 betrachte. In der Tat sollte sich der Westen umsehen, was er von anderen Kulturen lernen kann. Huntington gibt davon ein Beispiel mit seinem Hinweis auf die "*Singapurer Kulturoffensive*", und deren Werte, wie etwa "... *Ordnung, Disziplin, Familienzusammenhalt, harte Arbeit, Kollektivismus, Enthaltsamkeit – gegenüber Hemmungslosigkeit, Faulheit, Individualismus, Kriminalität, minderwertiger Bildung, Mißachtung der Autorität* und *"geistiger Verknöcherung"*,[84, S.165] die für den Niedergang des Westens verantwortlich gemacht werden; dazu zitiert er auch Lee Kuan Yew, den Ministerpräsidenten von Singapur in der zweiten Hälfte des 20. Jahrhunderts: *"... die Werte, die die ostasiatische Kultur hochhält, wie zum Beispiel das Primat von Gruppeninteressen vor Einzelinteressen ... Diese Arbeitsethik ist Ausfluß der Philosophie, daß die Gemeinschaft und das Land wichtiger sind als das Individuum"*.[84, S.165] Huntington beschreibt das System als *"... gemeinsame Ablehnung des Individualismus und das Vorherrschen eines sanften Autoritarismus oder sehr begrenzter Formen von Demokratie"*.[84, S.166] Welche Kritik diese Worte auch immer auslösen mögen, sie sind eine Überlegung wert; sie sind aber auch eine Erinnerung an die Widersprüchlichkeit im westlichen politischen Anspruch, der mit den Worten "Wir, das Volk" beginnt, dann den Kollektivismus pauschal verdonnert und selbst im Begriff ist, im Individualismus unterzugehen. Grayling nennt diese westliche Haltung *"Unachtsamkeit, Trägheit, Nachlässigkeit aus Selbstüberschätzung und Zerstreutheit in Belanglosigkeiten"*.*[11] Aber halt: ich selbst meine nicht, das wir Selbstkritik nur noch als Selbstbeschuldigung verstehen sollten; ich verstehe sie vielmehr als Weckruf zur Selbstbesinnung des Westens, Europas. Immerhin haben Staaten wie Singapur all ihren heutigen Erfolg auf diesen westlichen Errungenschaften aufgebaut, die sie voll und ganz in ihre eigene Kultur übernommen haben. Es geht also nicht um Überlegenheit und Unterlegenheit, sondern um voneinander Lernen.

Karl Popper's[1] Ansicht, dass wir uns von einer geschlossenen zu einer "Offenen Gesellschaft"[44] hin entwickelten, trifft angesichts der tatsächlichen Bewegung in eine individualistische Gesellschaft nicht vollkommen zu. Künftige Erziehung müsste demnach verständlich machen, dass es ohne Gemeinschaft nichts gibt, keine wirklichen Menschen, keine Kultur, keine Zukunft. Erziehung muss den Menschen klar machen, dass sie dazu neigen, kraft ihrer geistigen Fähigkeiten die eigenen Erwartungen und Träume zu erfüllen und darüber ihre Herkunft und Abhängigkeit zu vergessen. Daher müssen sie auch die nächste Stufe ihrer Fähigkeiten gebrauchen lernen: die Rückbesinnung auf diese eigene Herkunft, die zur Einsicht der Abhängigkeit und damit in eine neue soziale Verantwortlichkeit führen kann. Popper meint, dass Sokrates diese zweite Stufe des Gewahrseins "seine Seele" genannt habe, jedoch nicht in einem metaphysischen sondern im moralischen Sinn: *"Er kämpfte mithilfe dieser Lehrmeinung ... gegen Selbstgefälligkeit und Selbstzufriedenheit"*.*[1]
Erziehung sollte demnach verständlich machen, dass es nichts wichtigeres an sozialer Einstellung gibt als die Würdigung der Anderen, die der eigenen Bewusstheit zum Leben verholfen haben. Aus dem Wunsch heraus, diesem so

---

[44] *"Die geschlossene Gesellschaft, und mit ihr das Credo, dass der Stamm alles ist und das Individuum nichts, war in sich zusammengebrochen ... der Glaube daran, dass es nichts bedeutenderes im Leben gibt als die anderen Individuen, der Appell an die Menschen, einander und sich selbst zu respektieren, scheint auf Sokrates zurückzugehen"*.*

entstandenen eigenen bewussten Dasein den richtigen Platz und Sinn zu geben, erwächst das Prinzip der Reziprozität mit ihren Folgequalitäten als natürliche menschliche Moral. Nicht Freiheit von der Einschränkung durch die Anderen, und nicht von den Anderen eingeforderte Gleichheit können das Ziel sein, sondern Befreiung von der eigenen Sucht zur Selbstzufriedenheit. Fairness, Respekt gegenüber den Anderen und ihrer Würde sind das heutige Äquivalent von Sokrates' "Seele".

Betreffend "Wissen" als Erziehungsinhalt gibt es bereits erste Schritte in Ländern wie Großbritannien, wo „Wissenschaftstheorie" Gegenstand an Mittelschulen bzw. Gymnasien ist, mit dem Hinweis, dass jegliches Wissen hypothetisch ist und ein Schritt in einem andauernden Erkenntnisprozess. Ergänzend sollte eben auch auf die in Kapitel II besprochenen Bereiche automatischen Denkens und deren zwingenden wie potenziell irreführenden Charakter eindringlich hingewiesen werden; denn ihr Verständnis ist der Startpunkt für den Wandel zu einem rücksichtsvolleren Mitmenschen.

Somit wird Erziehung in der Tat zu einem – wenn nicht überhaupt *dem* – zentralen Instrument für den Wandel der Gesellschaft in Richtung einer wirklichen Demokratie. Auch AC Grayling [11] bezeichnet Erziehung als eine Absicherung gegen den Missbrauch von Demokratie und die Gefahr ihres Abgleitens in Autokratie oder Oligarchie.

Man kann abschließend nicht genug betonen, wie bedeutsam es ist, bei diesem Prozess keinen Teil der Bevölkerung zurückzulassen; denn ohne diese gleiche Ausgangsbasis – soweit wie vernünftigerweise möglich – fehlt die Voraussetzung für das Verständnis der zu vermittelnden ethischen Werte.

N231 Rousseau, und vor ihm John Locke sowie nach ihm Robespierre, scheinen nicht gesehen zu haben, dass man, um einen Wandel in der Gesellschaft zu erzielen, bei der Erziehung der Kinder beginnen muss. Die bewusste Entscheidung der Erwachsenen, in irgendeinem Lebensalter, kann dafür nicht genügen, um eine Sozialstruktur für friedliches Zusammenleben zu erzielen. Das Kind, das in ein System hineinwächst, kennt nichts anderes, bis es heranwächst und alles kritisch hinterfragen kann. Daher stimme ich mit Rousseau nicht überein, wenn er vom einem Wechsel "... *vom Naturzustand zu einem zivilisierten Status"* wie von einem Entscheidungsereignis spricht, weil dies der Natur und Fähigkeit des durchschnittlichen Menschen zuwiderläuft. Dieser scheinbar einfache Akt bewusster Entscheidung, von nun an "*seine Vernunft zu befragen, bevor er seinen Neigungen folgt",* ist bestenfalls der Beginn eines Projektes zur Erwachsenenbildung und - umerziehung, von dem man keinen gesellschaftlichen Wandel innerhalb einer Generation erwarten kann (wie dies Robespierre und die Jakobiner erfolglos zu erzwingen suchten). Die Erkenntnis des Erziehers, dass "... *die reine Appetenz Sklaverei [ist], wohingegen die Befolgung eines selbstauferlegten Gesetzes Freiheit bedeutet"* [*12], kann nicht ernsthaft gleichzeitig schon als Umerziehungserfolg gesehen werden; sie erfordert stattdessen die Anwendung in der Kindererziehung. Rousseau blieb aus diesem Grund der Theoretiker, obwohl er sich selbst als eine Art soziologischer Politikwissenschaftler und praktischer Reformer gesehen haben muss. Kant hat mit seinem kategorischen Imperativ von vornherein nur ein theoretisch-philosophisches Prinzip als Leitfaden für jegliche Ansätze für eine Erziehung beschrieben – und sogleich bezweifelt, ob Menschen dieses Ziel jemals würden erreichen können. Den Endpunkt einer solchen Entwicklung stellt er aber dann doch wieder dar, sozusagen als attraktive, erlösende Zielsetzung, die das Zusammenleben wesentlich erleichtern könnte.[N267] Im Gegensatz dazu ist Rousseau's Forderung zur vollständigen Selbstaufgabe a priori zum Scheitern verurteilt, weil sie dem Eintritt eines ganzen Volkes in ein Kloster gleichkäme. Dabei räumt er ohnehin selbst ein, dass, *"... würde nicht der häufige Verrat dieses neuen Zustandes ihn noch tiefer erniedrigen als der Zustand vor diesem Wandel, er müsste ständig den glücklichen Moment preisen, der ihn für immer von dort unten wegholte, und ihn zu einem intelligenten Wesen und zu einem Menschen machte, anstelle eines dummen und phantasielosen Tieres."* * [12] Rousseau steht mit seinem theoretischen Konstrukt an mehreren Stellen im Gegensatz zur wirklichen Welt: der Mensch wird nicht durch eine individuelle, bewusste Entscheidung zum Menschen, sondern durch Erziehung als Kind in eine bestehende Kultur, die ihrerseits den bisherigen Endpunkt der Phylogenese darstellt. Er tut dies nicht alleine, sondern durch seine Präsenz in einem menschlichen Umfeld mit dichter verbaler Kommunikation. Der Mensch wird also weder in Phylogenese noch in Ontogenese durch eine bewusste Entscheidung vom Tier (reinen Instinktwesen) zum Menschen, sondern weil er Teil einer Kulturgemeinschaft ist. Und da ihn ohnehin *"... der häufige Verrat dieses neuen Zustandes ... noch tiefer erniedrigt als der Zustand vor diesem Wandel"*, fragt sich, welchen Sinn ein Sozialkontrakt hat, von dem er weiß, dass er nicht funktionieren wird. Damit soll nicht der Sinn eines Sozialkontraktes grundsätzlich infrage gestellt sondern verdeutlicht werden, dass ohne die entsprechende Erziehung gemäß eines Sozialvertrages das Sozialsystem zum Versagen verdammt ist, so wie die derzeitige Form von Demokratie.

N232 Ein künftiger Entscheidungsprozess – schrittweise eingeführt:
In einem System evidenzbasierter Entscheidungsfindung würde Beratung dennoch einen bedeutenden Platz einnehmen. Jedoch würde sie nicht direkter Teil des Entscheidungsprozesses sein, sondern "lediglich" der Sammlung von Ideen, Meinungen und Kriterien als Startpunkt dienen. An deren Ende stünde sodann eine Liste von Prämissen und relevanten Argumenten betreffend den zur Entscheidung anstehenden Fall, und deren Reihung nach Prioritäten. Dieser Vorschlag ähnelt jenem, den Brennan "deliberative polling"[3] nennt. Beratung zum Zweck gegenseitiger Verständigung und Toleranz ist wünschenswert und wert, gepflegt zu werden. Gegenseitige Befragung über Ansichten, Wünsche und Bedürfnisse reduzieren in der Regel gegenseitige Herausforderung und Ablehnung. Die Voraussetzung hierfür bleibt jedoch, dass der Entscheidungsfindungsprozess in drei Schritte unterteilt wird: Beratung, Ermittlung der Evidenz, und schließlich Entscheidung, alle drei Schritte von unterschiedlichen Gruppen durchgeführt. Für die Beratungen selbst könnten Methoden zur Unterdrückung

von dominantem und manipulativem Verhalten entwickelt werden, beispielsweise durch Einsatz professioneller Mediatoren.

In der archaischen Gesellschaft, Popper's "closed society", war Beratung nichts als Kommunikation in einer freundlichen, vertrauensvollen Atmosphäre. Erst in der Massengesellschaft von Individualismus und Liberalismus wurde sie zum Problem: das Ergebnis ist Pseudo-Beratung mit Debatten unter Leuten, die Gruppeninteressen gegeneinander vertreten und sich nicht an Evidenz für die Entscheidung gebunden sehen. Die Konfusion wird durch bösartige Stimmen verstärkt, die Fachmeinungen zu "fake news" erklären. Mitunter kommen falsche Experten zum Zug, die von einer Partei bestochen sind. Der einzige Ausweg ist Beratung als „Brainstorming" ohne Entscheidungsbefugnis. Abstimmungen sollten wann immer vermieden und durch Evidenz ersetzt werden. Sie vertiefen den Graben zwischen Parteien. Abstimmung ist ein Machtinstrument gegen Einigkeit und Zusammengehörigkeit.

Daher stimme ich nur dem ersten Teil des Satzes von Cohen zu, der lautet: *"Alle sollen Einigung erzielen, oder, wenn das nicht möglich ist, sollten sie abstimmen"** [172]; worin auch Habermas übereinstimmt.[307] Soweit es die Beratungen von Fachleuten anlangt, sind die Meinungen dieser Autoren sehr nahe an meinem Standpunkt.

Wenn eine Einigung nicht erzielbar ist, sehe ich nur die Möglichkeit der Trennung. Mein Argument hierzu ist, dass diese Trennung ohnehin stattfindet, nur auf weniger aufrichtige Weise: eine Abstimmungsniederlage fördert lediglich den kalten Krieg der Parteien und den in der Gesellschaft dem Klassenkampf.

N233   "Economic survival of the fittest" – wohl zu übersetzen als: ökonomisches Überleben des Stärksten – ist eine der Variationen auf der Klaviatur intellektueller Konkurrenz als Ersatz für physische Gewalt. In Wahrheit handelt es sich um Eigeninteresse, verpackt in Rationalisierungen. Für Sinn und Wert von Konkurrenz einzutreten ist nichts als pharisäische Argumentation gegen Fairness und Gleichwertigkeit, oder bestenfalls Selbstversklavung in ein Konstrukt von selbstgeschaffenen Sachzwängen. Die Einschätzung und Zuordnung, ob wir unsere tägliche Arbeit als Beitrag zur Gemeinschaft verstehen oder als Tätigkeit im privaten Interesse und in Konkurrenz gegen die Anderen, diese Einschätzung wird nicht vom Markt diktiert, von ökonomischen Gesetzmäßigkeiten oder von der Natur, sondern einzig und allein von der Art und Weise, wie wir selbst sie sehen – und fühlen. An der Konkurrenz stirbt die Moral. Die Moral wäre jedoch Teil des Gesellschaftsvertrages gewesen, des Sozialkontrakts. Diesen Vertrag kündigt die Gesellschaft in dem Moment auf, da sie Konkurrenz als unvermeidlich akzeptiert, oder gar als vertretbar. Die Gesellschaft lässt sich selbst ins Chaos zurückfallen, indem sie unmoralische Konkurrenz zulässt. Sie manövriert sich selbst in wahnhaften Widerspruch und verschlimmert ihre Lage durch intellektuelle Rechtfertigung, jede Generation wieder auf die zu ihr passende Weise. Einen ersten Höhepunkt erreichte diese doppelbödige Rechtfertigung wohl mit Max Weber's diesbezüglichen Texten.[308]

Die Unmoral an dem Wahn, der sich verwirklicht im Glauben an unbegrenztes Wirtschaftswachstum, von dem man sich selbst abhängig macht, könnte nicht klarer ausgedrückt werden als mit diesen Worten: "… *viele Ökonomen … haben erklärt, dass effiziente Märkte moralisches Handeln nur in dem Umfang erlauben, als es sich als profitabel erweist*".* [193] Die Fata Morgana des unbegrenzten Wachstums ist ein Auswuchs des Defekts in der psychophysiologischen Zusammensetzung des Menschen, die sich im Fehlen eines Sättigungsniveaus seiner Gier zeigt (S. 99).

Im Konkurrenzkampf regiert die psychische Brutalität. Er treibt die Menschen gegeneinander in immer hinterhältigeren Schlachten mit dem Drang zu obsiegen, bis einer atemlos aufgibt. Konkurrenzkampf ist der Ausdruck des Menschen als Zwitterwesen zwischen Tier und selbstkritischem Geist. Am besten beschreibt man den Konkurrenzkampf wahrscheinlich als die friedliche Version von Krieg – der heutzutage aufflammende Handelskrieg ist sein Ausdruck auf höchster Ebene. So konstruiert sich der Intellekt verschiedene Ebenen seiner Moral für Krieg und Frieden, Konkurrenz und Fairness, Freundschaft und Feindschaft. Der kreative Geist baut sich geheime Hintertreppen, um seine noch eigeneren moralischen Geheimkammern zu erreichen und damit seine eigene Philosophie zu betrügen, allerdings nur um sich letztlich auf den Stufen des Graphikkünstlers Escher wiederzufinden. Verwirrt aber gewahr versteckt sich dieser kreative Geist vor der Erbschaft seiner eigenen Natur. Er ist aber auch fähig zum Gewahrsein seines Gewahrseins. Dank dieser Eigenschaft kann er auch aufrichtig in die Welt blicken und „die Anderen" als gleich bedürftig erkennen wie sich selbst, also gleich. Dort findet der Mensch die Demokratie in sich selbst. Das dafür übliche Wort – obwohl längst für verschiedene Lügen missbraucht – ist "Humanität". Aus der Sicht unseres Themas – Demokratie – ist die Feststellung interessant, dass es für „Humanität" in der Sprache der griechischen Antike kein äquivalentes Wort zu geben scheint. Ich selbst habe ohnehin bereits vorgeschlagen, es durch „Reziprozität" zu ersetzen; es ist auch für Handel und Ökonomie brauchbar.

Konkurrenz ist der Name für die Mühlsteine im Mahlstrom des Kapitalismus, die zwischen sich die Verlierer zu zerquetschen – und die Moral der Gewinner. Gegen Ende dieses Prozesses beginnen die gierigen Sieger sich gegenseitig zu verschlingen sofern sie nicht bereits in Ermangelung schwächerer Konkurrenten verhungert sind. Keine Gesellschaft wird innerlich in Frieden leben, und keine Nationen nebeneinander, solange „Konkurrenz" als unvermeidlich gilt.

Ähnlich von Hayek's Meinung, dass dieses Diktat der kapitalistischen Ökonomie letztlich zum Vorteil Aller gereichen würde, klingt auch der Rat von Adam Smith, dass "[wir] unser Abendessen nicht von der Mildtätigkeit des Fleischers, des Bierbrauers oder Bäckers bekommen, sondern von deren Wertschätzung ihres Eigeninteresses".* [309] Eine andere Möglichkeit es auszudrücken wäre „gegenseitiges Interesse" – es klingt weniger kompetitiv. Gegenseitigkeit, Reziprozität, anstelle von Konkurrenz, wäre der Weg aus dem moralischen Dilemma. Stattdessen aber dominiert die Marktwirtschaft das soziale Leben der Menschen auf diktatorische

Weise, alles wird ihr untergeordnet, selbstverständlich auch die Moral. Daher heißt die Frage unserer Tage: *"Wie können moralische Prinzipien und Ideen unter den geltenden kompetitiven Bedingungen des Marktes durchgesetzt werden?"* * [193] Aufrichtigere Versuche in diesem Konflikt zwischen Geld und Moral laufen unter dem Begriff "borderline morality" – grenzwertige Moralität.[193] Amartya Sen [310] bezeichnet dezidiert den Markt als Teil der Gesellschaft und nicht umgekehrt – das beruhigt nicht, weil es darauf hinweist, dass diese Meinung nicht so selbstverständlich ist, dass man sie kundtun muss.

Aber es sind nun einmal die Ökonomen, die unsere heutige Welt mit ihrer "Rechtsstaatlichkeit" als einziger verbliebener moralischer Autorität definieren: *" Gesetzliche Richtlinien stellen gewöhnlich das niedrigste [moralische] Niveau dar. Wenn aber sogar das Risiko ihrer Verletzung gering und das Strafmaß niedrig ist, dann sinkt diese grenzwertige Moralität sogar noch unter die des Gesetzes."* * [193]

In dieser Diskussion um die Rechtfertigung der freien Marktwirtschaft wird auch noch weitere Verwirrung infiltriert, indem man „Konkurrenz" auf eine Ebene mit „Gewinn" stellt: *"Der scheinbar bestehende Widerspruch zwischen Konkurrenz und Moral ist in erster Linie ein theoretisches Problem".*-(!) Wenn man dazu "Konkurrenz" durch das Wort "Gewinn" ersetzt, dann braucht man sich mit Schumpeter's und Smith's Argumentation um die Bedeutung von „sozialer Bedeutung" davon und um "individuelle Motivation" erst gar nicht mehr bemühen.[193] Wenn man nun obendrein berücksichtigt, dass Macht- und Geldgier keine physiologische Sättigungsgrenze kennen, dann können Definitionen von Konkurrenz wie *„es handelt sich dabei um eine Methode, nicht eine Zielsetzung"** bestenfalls als naiv bezeichnet werden (ORDO[45])

Bei diesem Nachweis des moralischen Diktats der Ökonomie kommt man nicht leicht an eine Ende: *"Im Gegensatz zu ihrer äußeren Erscheinung haben moderne Marktwirtschaft und Konkurrenz durchaus eine moralische Qualität".*[193] Als Begründung folgt der Hinweis, dass Effizienz eine solche moralische Qualität sei, dass moralischer Interventionismus dieser Effizienz schade und dadurch den Markt seiner Moralität beraube.[193] Die Argumentation läuft parallel zu jener im Rahmen der zuvor besprochenen „Ökonokratie" (S. 181f) und zeigt nochmal deutlicher die Strategie der Geldmacht, die Denkweise ganzer Nationen unter Kontrolle zu bekommen.

Diese moralische Zerrüttung wird in die Welt getragen, auch in die Dritte: so wird in dieser Welt beispielsweise der Verkauf von ökologisch bedenklichen oder gefährlichen Gütern von einer westlichen Demokratie an ein Land der Dritten Welt moralisch vertretbar, weil ansonsten ohnehin andere Staaten das-selbe täten. An diesem Punkt wenden sich die meinungsbildenden Ökonomen vertrauensvoll an die Worte von Max Weber [311] und seine Entschuldung in einem moralischen Dilemma: man könne von einer Firma nicht verlangen, sich selbst in den Ruin zu bringen, nur weil sie die einzige ist, die moralisch handelt.[193] (Aber

---

[45] Annals for the Organisation of Economy and Society, de Gruyter, Vorwort zur ersten Ausgabe 1948.

Staaten und Konzerne können Milliarden ausgeben, um Konkurrenten durch dumping oder andere Strategien in den Ruin zu treiben – auf die Idee ist offenbar noch niemals jemand gekommen, dass solche Staaten auch ihre Firmen in solchen Konflikten vor dem Ruin bewahren könnten).

Keine Firma ist gezwungen, ihre Produkte an andere Länder zu verkaufen. Die Wahrheit ist, dass sich diese westlichen Firmen in einen brutalen Konkurrenzkampf gegeneinander verbissen haben und dabei jegliche erdenklichen unfairen Praktiken neben der allgemein üblichen Bestechung einsetzen. Diese westlichen Staaten hätten auch eine Allianz gegen solche Machenschaften bilden können, vergleichbar mit der NATO auf militärischem Gebiet – eine Allianz für fairen Handel. Damit könnte man Länder sanktionieren, die Regeln der Welthandelsorganisation WTO übertreten. Der Grund, warum dies in der wirklichen Welt nicht geschieht, liegt darin, dass die Marktwirtschaft Staaten und Gesellschaften in Geiselhaft hält und diktiert, was Moral zu sein hat.

N234 Christiano wird diesbezüglich auch von Brennan [3] zitiert: die Wähler sind bei diesem Vergleich die Eigentümer eines Schiffs. Dessen Kapitän wird repräsentiert durch die politische Klasse. Der Kapitän kann das Schiff zu einem bestimmten Ziel steuern, aber die Eigentümer müssen sich entscheiden, wohin sie fahren wollen. Nach Brennan's Ansicht sind die Eigentümer außerstande, sich zu entscheiden. An dieser Stelle finde ich den Vergleich nicht erlaubt, weil es erst gar nicht bis zu dieser Frage an das Volk kommt: stets entscheiden schon davor die Politiker den Kurs, oder eine Reihe von vorgefertigten Optionen, zwischen denen die Wähler entscheiden können. Wohin es danach geht, hängt nochmal von einem weiteren Faktor ab: dem Zufall des Wahlergebnisses.

N235 In der Ära des demokratischen Kapitalismus ist der Preis dafür offenbar zu hoch, und das Interesse letztlich zu gering. Der Kaufpreis für das hier zitierte Buch[317] (ca. € 100) spricht für beide Argumente, weil wenige Bürger Europas es sich leisten könnten.

N236 Im großen und ganzen fliegen heute Airliner auf der kürzestmöglichen Strecke zwischen Start und Ziel (sog. Großkreis), separiert in verschiedene Stockwerke des Luftraumes, die Flugflächen). Zusätzlich sorgt im europäischen Raum Eurocontrol mit seinen regionalen Zentren dafür, dass sie einander nicht zu nahe kommen. Als dritte Sicherheitsmaßnahme verfügen alle Flugzeuge über ein Anti-Kollisions-Warnsystem. „Big Data" wird künftig in einer vierten Sicherheitsstufe die Flugsicherheit zusätzlich erhöhen, indem man Daten über die Funktion von Bauteilen wie Triebwerken und anderen Einrichtungen während aller Flüge sammelt, in ein Zentrum sendet und am Boden auswertet. So werden die Piloten von Ingenieuren am Boden über Vorstufen von Fehlfunktionen informiert und können rechtzeitig Maßnahmen ergreifen.[119]

N236A Der Ausspruch stammt ursprünglich vom römischen Dichter Plautus und ist über eine doppelte Fehlinterpretation an uns gekommen: Plautus hatte ursprünglich in seiner Komödie gemeint, der Mensch sei dem anderen nur ein Wolf, solange er noch nicht weiß, wie der Andere ihm gegenüber ist (*lupus est homo homini, non homo, quom qualis sit non novit)*. Thomas Hobbes hatte den Satz bereits in geänderter Form in die Widmung zu seinem Buch „De Cive" geschrieben „("Homo homini Deus, & Homo homini lupus ...)[346] und damit das Verhältnis zwischen Staaten angesprochen, nicht zwischen einzelnen Menschen.

Unsere Xenophobie, ängstlich aber neugierig, wie wir sind, potenziell freundlich, ja sogar spontan zugeneigt, je nach Situation und anfänglicher sicherer Distanz. Um das Bild noch weiter zurechtzurücken: der Wolf erinnert unweigerlich auch an Erzählungen von Wolfskindern und der liebevollen Wolfsmutter in Rudyard Kipling's Mowgli im Dschungelbuch. Es liegt also an uns, das mittlerweile tief eingeprägte, automatische Denken zu revidieren und zum positiven umzukehren: wir Alle können sozial Tätige in unserem unmittelbaren Umfeld werden und ein Beispiel von Fairness und Respekt geben. Sich zurückzunehmen und den Anderen gleichen Raum und gleiche Chance zu lassen wann immer möglich, hat meist unmittelbar erkennbare erzieherische Wirkung auf die Anderen - die morgendliche Fahrt zum Arbeitsplatz ist ein einfaches Beispiel: einen Einbieger in die Hauptstraße hereinzuwinken, löst im Anderen Dankbarkeit aus, die er seinerseits mit einer Geste der Fairness weiterzugeben bereit ist; wissenschaftliche Studien belegen, dass Altruismus bei den Umgebenden wieder Altruismus auslöst [76]: der Vorgang wurde „upstream Reziprozität„ genannt [347] – das Prinzip von Reziprozität und reziprokem Altruismus funktioniert also.

N237 Im Gegensatz dazu trifft Locke' Vorstellung nicht die Wirklichkeit, wenn er davon ausgeht, dass die Bürger eine bewusste Entscheidung zu ihrer Bürgerschaft getroffen hätten: in Wahrheit werden wir alle in unsere jeweilige Gesellschaft ungefragt hineingeboren, und die alleinige Gegenwart wird als Beweis – oder jedenfalls als ein Argument - für die Existenz einer solchen willentlichen Entscheidung genommen.

N238 Nur rationale Demokratie ist wahre Demokratie, nicht die derzeitige Form der irrationalen Wahlentscheidungen. Man muss angesichts der fehlerhaften Eigenschaften der derzeitigen, irrationalen, Form annehmen, dass Demokratie nur überlebensfähig ist, wenn alle Mitglieder einer Gesellschaft willentlich und rational entscheiden, dass ihr Staat auf rationaler Basis geführt werde. Dagegen ist die auf irrationalen Entscheidungen basierende Form eigentlich Ausdruck von Wahnsinn, von sturem Glauben an den Sinn von Wahlen mit Zufallsergebnissen, ungewollten Regierungen und opportunistischen Politikern, die ihr Schicksal an die Wünsche uninformierter Wähler ketten. Neue, wirkliche Demokratie muss daher mit einer allgemeinen Übereinkunft aller Bürger beginnen, dass sie mit einem politischen System einverstanden sind, in dem unbeirrbar nach Lösungen auf rationaler Basis gesucht wird.

N239 *"Deshalb ist es bedeutsam, dass es im Staat keine Parteienbildung gibt, wenn der allgemeine Wille sich verwirklichen können soll .... wenn es aber Parteien gibt, dann ist es das beste, wenn es so viele Parteien wie möglich gibt, und man vermeidet, dass es zwischen ihnen Ungleichheiten gibt, so wie dies Solon, Numa [46] und Servius [47] taten. Nur diese Vorkehrungen sind in der Lage zu gewährleisten, dass der allgemeine Wille stets aufgeklärt sein wird, und dass das Volk sich in keiner Weise selbst irreführt".*[12]

N240 Eine der eindrucksvollsten Demonstrationen des Kontrastes zwischen möglicher evidenzbasierter Entscheidungsfindung und Alltagspolitik in der wirklichen Welt war ein Interview mit Präsident Trump anlässlich seines Besuches am World-Economy Forum in Davos 2018: Frage: Mr.President, in Ihrem Land wurde im vergangenen Jahr ein dutzend Menschen durch terroristische Attacken getötet. Im Vergleich dazu starben etwa 30.000 durch Waffengewalt zwischen „normalen" Amerikanern. Wenn Sie die Bürger Ihres Landes schützen wollen, meinen Sie nicht auch, dass eine Änderung des Waffengesetzes dafür eine größere Wirkung hätte als der Ausschluss von muslimischen Immigranten, selbst wenn Sie davon ausgehen, das sie alle Terroristen seien? – Antwort: Ihr habt in Frankreich und Großbritannien so viel mehr terroristische Anschläge, denken Sie nur an die Attacke in dem Pariser Nachtclub: wenn die Besucher dort bewaffnet gewesen wären, hätten sie die Terroristen töten können, und es wären weniger Menschen gestorben. – Aber Mr.President, der Angreifer von Las Vegas hatte 50 Waffen bei sich und tötete zwölf Menschen, niemand erschoss den Killer, um ihn daran zu hindern, dieses Blutbad anzurichten ... – look, ich liebe alle Muslime, viele davon sind meine Freunde.

N241 In einem ersten Schritt des Evaluierungsprozesses muss die Entscheidungsebene definiert werden, und zwar zufolge der Regel, dass jegliche Entscheidung auf dem niedrigst-möglichen Niveau getroffen werden soll: lokal, regional, national oder supra-national. Die Vor-und Nachteile, die Kosten, etc. werden im Vergleich verschiedener Optionen geprüft und schließlich in eine Liste zusammengefasst, und Lösungsvorschläge in Abhängigkeit von den Prioritäten gereiht, was in einer gegebenen Situation als das höhere Gut zu werten ist (z.B. Umwelt gegenüber Kosten, lokale gegenüber globalen Interessen). Alle Daten stehen sodann den verschiedenen Gruppen (Anwohner, Betreiber, Nutzer, Fachleute für Verkehrswesen) für Beratungen zur Verfügung. Die Komplexität der Zusammenhänge und Abhängigkeiten in der heutigen Welt übersteigt schnell die Überschaubarkeit für den Menschen. Daher werden rechnergestützte Verfahren eingesetzt, und zwar zunehmend unter Einsatz allen verfügbaren Wissens und künstlicher Intelligenz (Artificial Intelligence, AI). Das Rechenergebnis wird

---

[46] Numa Pompilius war der zweite König von Rom, Nachfolger von Romulus; der Sage nach führte er die Gottheit der Besitzgrenze, "terminus" ein, um den Respekt der Grenzen von Privatbesitz zu würdigen, also des Territorialisierungs - Instinktes. Das Ziel dabei war die Wahrung des nachbarlichen Friedens.

[47] Servius Tullius war Römischer König zwischen 575 und 535 v.Chr., dessen Reformen den Wandel von der Monarchie in die Republik bewirkt haben sollen.

zunächst als Empfehlung verstanden, die jedoch nicht ohne bessere Begründung als diese Evidenz übergangen und ignoriert werden darf.

Schnell wird klar, dass in einem derartigen Prozess derzeitige Entscheidungsträger ohne allumfassende Wissensbasis viele Fehler machen würden. Zusätzlich würde der Prozess durch die Intervention verschiedener Interessensgruppen mit deren Lobbying gestört, durch Eigeninteressen der politischen Parteien etc. Evidenzbasierte Politik hingegen würde jeder Interessensgruppe Einblick in die faktische Situation gewähren und Gruppeninteressen abblocken; außerdem würde sie dazu zwingen, die Entscheidung unter Berücksichtigung der konstitutionellen Grundprinzipien entstehen zu lassen.

N242 Experten sollten über die Interpretation der verfügbaren Daten und der daraus entsprungenen Evidenz auf der Basis des kritischen Rationalismus beraten. Ihr Ergebnis sollte nicht aus der herkömmlichen doxastischen Sicht im Sinne von "es wird davon ausgegangen, dass dies der Fall ist", sondern "entsprechend unseren Informationen ist dies oder jenes die wahrscheinlichste oder plausibelste Interpretation der vorliegenden Daten".

N243 Die Menschen einer islamischen Nation könnten es ablehnen, in ihrem Land Schweinefarmen zu erlauben, die für den Expert von Schweinefleisch errichtet werden sollen. Menschen in Japan könnten die Errichtung weiterer moderner Gebäude in der näheren Umgebung der alten Tempel beeinspruchen.

N244 Schon in der Einleitung zum Buch wird gewarnt: "*Werden Freiheit und Demokratie zwischen Politikversagen und Big Data zerrieben? Yvonne Hofstetter warnt: "Die Rückkehr in eine selbstverschuldete Unmündigkeit hat begonnen, auch wenn sie in einem smarten, selbstoptimierten Gewand daherkommt*".[164]

N245 Eines Tages in den frühen 1980er Jahren trat ein Pharma-Unternehmen mit dem Ersuchen an mich heran, ein neues Medikament zur Behandlung von Patienten mit schwerem Schädelhirntrauma zu untersuchen. Ich lehnte sofort ab – warum? In jenen Tagen dokumentierte man klinische Studien handschriftlich auf vorgedruckten Formularen. Sogar bei sogenannten multizentrischen Studien nahmen in der Regel bestenfalls einige hundert Patienten teil. Bei Blindstudien erhielt eine Hälfte der Patienten das Medikament, die andere ein sog. Placebo. Jede Gruppe wurde nach den gleichen Kriterien wie Alter, Geschlecht, Ethnizität, andere Erkrankungen etc. – sagen wir einfachheitshalber 20 an der Zahl für diese Parameter. Dazu kommen hunderte von weiteren, die benötigt werden, um die Art der Verletzung in ausreichendem Detail beschreiben zu können: Knochenbrüche, Hämatome, Verletzung von einem oder mehreren der – nehmen wir wieder einfach als Zahl 50 - Hirnzentren, unterschieden nach Gehirnhälfte. Um die Geschichte kurz zu machen: hunderte von Parametern zur Beschreibung des Erkrankungstyps, die bestenfalls der gleichen Zahl von Patienten gegenüberstehen. Das bedeutet, dass man pro Erkrankungsart vielleicht nur *einen* behandelten Patienten mit einem unbehandelten vergleichen kann. Für einfachste statistische Methoden benötigt man jedoch ein Minimum von 6 Patienten pro Gruppe. Also eine Unmöglichkeit. – Nun stellen Sie sich zum Vergleich eine multizentrische Studie vor, bei der hunderte von Kliniken über Datenleitung mit einem Studienzentrum verbunden sind und die Wirkung eines Medikamentes bei tausenden von Patienten studieren: jetzt stehen dutzende von Patienten für jede kleinste Untergruppe von Erkrankungstypen zur Verfügung – das ist der Effekt von Big Data.

N246 Zusätzlich hängt die Prognose bei manchen Akuterkrankungen von der richtigen Diagnose und Reaktion des erstbehandelnden Arztes ab. Höhere diagnostische Trefferraten würden also die Gesamtprognose bessern, wenn dem Arzt eine Beratungs- oder Kontrolleinrichtung für seine Differenzialdiagnostik zur Verfügung stünde. Erste derartige Dialogsysteme auf der Basis von Fragenlisten entwickelte die US-Army im späten 20. Jahrhundert; eine Weiterentwicklung davon wurde in Großbritannien für den zivilen Betrieb eingeführt und von Krankenschwestern für eine erste Triage verwendet, um Patienten mit trivialen Beschwerden auszufiltern und dadurch die Ambulanzärzte zu entlasten. Das System musste scheitern, weil seltene Erkrankungen damit nicht ausreichend verlässlich erkennbar wurden. Außerdem vertrauten die Patienten den Ratschlägen der Schwestern nicht und gingen tags darauf trotzdem wieder zum Arzt. Die größte Schwäche eines derartigen, rigiden Systems ist jedoch, dass es immer wieder durch Updates korrigiert und überall ausgetauscht werden muss. Selbstlernende und vernetzte Systeme könnten an jedem Einsatzort stets den aktuellsten Stand des Wissens verfügbar machen.

N247 Solange man nicht weiß, welche Untergruppe aus der Gesamtbevölkerung die Internet-Nutzer repräsentieren, kann man auch nicht statistisch ermitteln „wer oder was wir *Alle* tatsächlich sind". Wir erfahren lediglich etwas über die Verhaltenseigenschaften der Nutzer – also eine vorselektionierte Gruppe. Wir wissen auch nichts über die Gründe für die Fragen dieser Nutzer an das Internet. An dieser Stelle räumt Stephens-Davidowitz ein, dass "... *die Ergebnisse, die wir für zutreffend halten, in Wahrheit ein Artefakt einer fehlerhaften Methode zur Datensammlung sein könnten. Die Wahrheit könnte also anders aussehen -* ".*[58] Seine in diesem Zusammenhang angebrachte Kritik von Popper's Kritik der Sozial-Epistemologie mehr als der Soziologie im allgemeinen [58] trifft nicht zu, weil Popper genau diese methodischen Schwächen der Datensammlung anspricht.[1]

N248 Aus globaler Sicht weist diese Information also auf ein potenziell schwerwiegendes Problem für Entwicklungsländer hin: "Brain drain" (Abwandern von speziell ausgebildeten oder vielversprechenden Leuten dieser Länder) – sie ist alles andere als ein Argument für Anti-Nationalisten und Proponenten einer multikulturellen Gesellschaft. Zweifellos erhöht die Konzentration intelligenter Menschen die Chancen eines Landes, den Fortschritt in Wissenschaft und Forschung zu dominieren. Andererseits verursacht sie aber gleichzeitig die Polarisierung zwischen entwickelten und unterentwickelten Ländern, also zwischen arm und reich, Überfluss und Mangel. – Die Bedeutung größter Vorsicht bei der Interpretation von Daten wird auch auf eindrucksvolle Weise an Verhaltensstudien von Besuchern von Kinos offenbar, in denen Filme mit hohem Gewaltanteil gezeigt werden: Stephens-Davidowitz [58] erinnert in diesem Zusammenhang an erschreckende Gewaltakte, die nach der Veröffentlichung von Filmen wie Stanley Kubrick's *A Clockwork Orange* oder *The Money Train* verübt wurden; bei der Imitation der Filmszene, in welcher der Zugführer in seinem Cockpit verbrennt, ließen die Täter den Zugführer in Wirklichkeit verbrennen. Im Gegensatz dazu ergab eine Studie des FBI über die Frequenz von Gewalttaten wenige Stunden nach Gewaltfilmen keine Zunahme sondern sogar eine Abnahme der Gewalttaten. Der Fehler bei dieser Studie hatte darin bestanden, dass man kein längeres Nachbeobachtungsintervall eingeplant hatte sondern nur wenige Stunden nach Ende der Filme. – Nachahmungsphänomene sind jedoch keine Neuigkeit in der Geschichte: Johann Wolfgang von Goethe löste mit seiner Publikation "Die Leiden des jungen Werther" eine Welle von Selbstmorden junger Leute in ganz Europa aus.

N249 Zweifellos gibt es auch noch weitere Fallen zu berücksichtigen, zum Beispiel kulturelle Unterschied in verschiedenen Zeitaltern: menschliches Verhalten, und damit auch das, was man als psychische Normalität oder als Psychopathologie bezeichnet, ist auch ein Ausdruck der entsprechenden Ära. Daher kann man die Rolle des Sexuallebens in der Psychopathologie von Menschen des 19. Jahrhunderts nicht einfach mit jener bei heutigen Menschen vergleichen.[58]

N250 Hier spreche ich die Frage nach "Zeitpfeil" an, also die Frage, ob es einen Nachweis für die Existenz von Vergangenheit, Gegenwart und Zukunft gibt, wie sie uns erscheinen. Der Physiker Brian Greene [312] erklärt uns dazu: auch wenn eines Tages das Universum aufhörte zu expandieren, und zurückschrumpfen würde, müssten wir dennoch weiterhin altern, würden dadurch nicht wieder jünger.

N251 Die erste Dimension: individuelle Erkenntnis
Der soziale Erfolg der ersten Dimension von Evidenz, der individuellen Erkenntnis als Quelle allgemein anerkannten Wissens, hängt vor allem von zwei Faktoren ab:
- Der eine ist "Nutzen" und andere individuelle Vorteile wie Vergnügen – beides nicht zu verwechseln mit Gewinn für das Gemeinwohl. Zwei Beispiele: die Erfindung des Feuermachens war sicher ein unmittelbarer Erfolg: Alle wollten nun Feuersteine (Mühlsteine waren ein ähnlicher Erfolg; sie wurden quer durch Europa geschleppt und gehandelt. Auch Eisenherstellung zählt dazu.) Wenn die Erfindung "lediglich" von entscheidendem Gewinn für die Allgemeinheit, ohne unmittelbar nützlich zu sein, nahm niemand Notiz davon, der Erfinder verbrachte sein Leben oft in Armut- die Entdeckung einer physikalischen Gesetzmäßigkeit wäre ein Beispiel; die Bedeutung wurde später, vielleicht zufällig, erkannt, als sich daraus auch Nutzen für jedermann ergab, oder wenigstens für Viele.
Solche Erkenntnisse von allgemeinem Wert fliegen heute als Satelliten um den Erdball oder quer durch das Sonnensystem und darüber hinaus; sie sagen uns das Wetter voraus und warnen vor weiteren Gefahren, verbinden uns durch neue Kommunikation und Mobilität, kurz, sie bilden den Kern unseres

momentanen Wohlstandes. Ihr Motor ist „Evidenz". Sie helfen allerdings der Gesellschaft überleben, nicht der Demokratie.

- Der zweite Faktor ist die Auswirkung der Erfindung oder Entdeckung auf Macht und Machthaber: war das neue Wissen für einen Machthaber nützlich, so konnte der Erfinder dadurch entweder anerkannt werden oder sich durch die Preisgabe seines Wissens in Lebensgefahr bringen. Ein Genie, dem im Laufe seines Lebens beides geschah, war Leonardo da Vinci. Von vornherein gefährlich konnten Entdeckungen sein, die Machthaber in Frage stellten: wenn also Galileo Galilei das heliozentrische System publizierte, stellte er damit die Macht aller Wissenden um ihn herum in Frage: den Papst und alle Universitätslehrer, die von anderen Lehrmeinungen lebten. Galileo's Strafe war Hausarrest auf Lebenszeit.

N252 Die zweite Dimension von "Wissen" basiert auf einem Sozialkontrakt als Ergebnis einer Beratung unter Fachleuten, die eine Erkenntnis zum allgemein anerkannten Wissen erklärt.

N253 Öffentliche Meinung als Wissen

Zwischen nützlicher Erfindung als Ergebnis individuellen Erkenntnisgewinns und breit anerkanntem wissenschaftlichem Wissen liegt das weite Feld der öffentlichen Meinung, ein dunstiger Bereich von Glauben, geschöpft aus einer Vielzahl von Quellen unidentifizierter Herkunft; dazu gehören Manipulation, Hausverstand, Autoritätshörigkeit (z.B. Lektüre eines Buchs von einem anerkannten Religionsführer). Dort sehe ich die Sozial-Epistemologie angesiedelt, undefiniert zwischen Vernunft und blinder Überzeugtheit, verloren in schwer greifbarer öffentlicher Meinung als Orakel der Wahrheit. Diese „Öffentliche Meinung" ist das Aktionsfeld der heutigen Demokratie auf beiden Seiten: die Wähler drücken bei der Wahl eine Meinung aus; die Politiker spüren ihr mit der Wünschelrute der Umfragemethodik nach. Das Wahlergebnis rekrutiert sich aus einem Sammelsurium von Millionen Meinungen, gepfercht in einige wenige Aussagemöglichkeiten der politischen Parteien. Die Wählermeinungen basieren auf Unwissenheit, Emotionen, übernommenen Ansichten Dritter, tatsächliche Informationen praktisch nie überprüfbar auf Manipulation, Missverständnis und andere Quellen der Desinformation.

Die Auswirkungen der öffentlichen Meinung auf die Demokratie

Die Aussichten erscheinen dementsprechend trübe. Sie stammen allerdings aus der Perspektive theoretischer Schlussfolgerungen. Im wirklichen Leben sehen die Dinge normaler aus, teils, weil Politiker im Alltag vernünftigere Entscheidungen treffen als ideologisch zu befürchten, teils weil ihre kleinen Aktionsschritte die wahre Entwicklung nicht erkennen lassen, teils aber auch weil Bürger unabhängig von der Politik viele soziale Beiträge leisten, die das Gesamtsystem überleben machen, entsprechend dem zuvor erwähnten Zitat, dass Demokratie nur funktioniert, weil sie ohnehin nicht richtig funktioniert,[3] oder wegen der Kompromisse zwischen Ideologie und archaischen Funktionsabläufen in der Gesellschaft, hinter denen nicht selten oligarchische Kräfte unerkannt die Zügel halten.[11]

N254 Die Lebensmittelindustrie ist verantwortlich für 50 bis 90 Prozent (zwischen den Kontinenten unterschiedlich) der gesamten Lebensmittelvergeudung; den Rest werfen die Endverbraucher weg.[313]

N255 Roboter-assistierte Chirurgie ist genau genommen keine autonome Roboterarbeit, sondern mechatronische Assistenz für den Chirurgen, die eine Verbesserung der Feinmotorik ermöglicht und bei Verbindung mit entsprechender Bildgebung auch eine Sicherheitsfunktion ausüben kann, indem z.B. der Zugang zu manchen anatomischen Regionen blockiert oder der Umfang eines Tumors angezeigt wird.

N256 Desgleichen werden wir nicht durch AI in der Politik behindert, sondern weil wir die Folgen von liberaler Demokratie in einer säkularen Gesellschaft missverstehen oder nicht verstehen wollen: wenn es nichts anderes an Beschränkungen mehr gibt als die Gesetze, wenn also Moral das ist, was das Gesetz zulässt, dann entwickeln wir mit der Zeit kein Gewissen mehr sondern prallen nur noch hin und her zwischen gesetzlichen Verboten. Der Kampf geht also zwischen Individualismus einerseits, der das Individuum verarmen und in Hedonismus abgleiten macht, und dem von den Aufklärern verkündete Individualismus, wie beispielsweise Kant ihn verstand: dass wir uns von unserer selbstverschuldeten Unmündigkeit befreien sollen, vom *"Unvermögen, sich seines Verstandes ohne Leitung eines anderen zu bedienen"*.[40, S.1]

N257 Beim Flug in Wolken sind Piloten oft Sinnestäuschungen ausgesetzt: durch Gravitationskräfte ist man gezwungen zu glauben, das Flugzeuge befinde sich in einer Schräglage nach links; dabei fliegt es geradeaus oder ist sogar nach rechts geneigt. Daher sind Piloten mit einer Lizenz zum Blindflug (IFR, Instrument Flight Rules) darauf trainiert, sich beim Flug in Wolken (IMC, Instrument-Meteorological Conditions) absolut und unbedingt ausschließlich auf die Instrumentenanzeigen zu verlassen und das zwanghafte Gefühl zu unterdrücken, das Flugzeug nach dem Körpergefühl zu steuern. Das vergleichbare Gefühl im Alltag ist der Drang, einer inneren Überzeugung zu folgen, die einen scheinbaren kausalen Zusammenhang aufdrängt, der aber nicht existiert.

N258 Eine Hirntransplantation mag theoretisch einfach erscheinen (vorausgesetzt der Raum im Schädelinneren ist nicht zu klein für das zu implantierende Gehirn). Praktisch jedoch wird diese Idee nur von jemand weiterverfolgt, dem die tatsächliche Situation schlichtweg unbekannt ist: es wäre ein Vorhaben wie das Durchtrennen sämtlicher Kabelverbindungen einer zentralen Anlage für Super-Computing, alle Computer zu erneuern, aber dann keine Kabelverbindungen und keine Stecker mehr verfügbar zu haben, und auch gar nicht zu wissen, welche von tausenden Kabeln zu welchen gehören. Einige dieser Kabel, z.B. die Sehnerven, sind eigentlich ein Teil des Gehirns und direkt mit den Augen verbunden, könnten also gar nicht genäht werden. Manche der 24 sogenannten Hirnnerven befinden sich ausschließlich an der Unterseite des Gehirns, also nicht erreichbar, und sind zu dünn um genäht zu werden. Die Blutversorgung ist anatomisch von einer chirurgisch nicht beherrschbaren Komplexität. Die nächste entscheidende Hürde ist, dass es keine Verbindungsmöglichkeit für das Rückenmark gibt – wer es durchtrennt, erzeugt eine komplette Querschnittslähmung.

N259 Die Erarbeitung von Evidenz durch Experten ist eine Alternative zur Epistokratie, weil sie diesen Fachleuten fachliche, nicht politische Kompetenz zuspricht, wie Brennan vorschlägt.[3] Ich stimme auch nicht mit Grayling überein, wenn er meint, allgemeine Wahlpflicht würde die Probleme lösen,[11] denn in einer „broken society" kann massive "Nonsense-Wahl" eben solche Probleme verursachen wie Wahlverweigerung. Außerdem ist Wahlpflicht keine Gewähr gegen Manipulation, Wahl eines Autokraten und weitere der zuvor besprochenen Fehler im Wahlsystem. Brennan nennt uns, die Wähler, "*ignorante, irrationale und desinformierte Nationalisten*",*[3] die wegen all unserer Verhaltenseigenarten irrational bleiben. Als Alternativen werden „beschränktes Wahlrecht", Mill's „gewichtete Wahl" oder Wahlrecht nach Bestehen einer Prüfung wie für den Führerschein[3] vorgeschlagen. Der definitive Ausweg aus diesem heutigen Wahldilemma scheint aber dennoch der Wechsel zu einem evidenzbasierten Entscheidungsprinzip für politische Aufgaben zu sein.

N260 In Großbritannien wurde eine Art von juridischer Epistokratie erstmals eingesetzt, um das Brexit-Verfahren zu überprüfen: der Oberste Gerichtshof musste erörtern und festlegen, ob das Referendum bedeutete, dass die Regierung freie Hand hätte, die Bedeutung von „Referendum" selbst frei zu bestimmen und irgend eine Lösung auszuhandeln, oder ob sie das Parlament damit befassen und darüber abstimmen lassen müsse, ob es mit dem Vorschlag der Regierung einverstanden ist oder nicht.

N261 Diese "speziellen Interessensgruppen" könnte man schon weiterhin „politische Parteien" nennen, sie dürften nur nicht mehr um Ideologien gebildet werden, sondern nur um inhaltliche Angelegenheiten. Am Beispiel der Energieversorgung würde dies bedeuten, dass es Gruppen für „Atomenergie" oder „hydroelektrische Energie" geben dürfte, aber nicht für „Bürger der Mittelklasse".

N261A Am wahrscheinlichsten ist, dass offene Entscheidungsfragen an der Prioritätenliste hängen bleiben, dort, wo sich die Gesellschaft entscheiden muss, ob sie – beispielsweise aus momentaner Sicht - lieber der Priorität von Arbeitsplatzsicherheit folgt oder der von Umwelterhaltung. Ein Super-Computer könnte uns wohl demnächst ausrechnen, wieviele Jahre lang wir unsere Arbeitsplätze noch bedienen könnten, bevor wir in der selbstverdreckten Umwelt ersticken. Letztlich mag es dann doch wieder zu Abstimmungen kommen, und zu meinem Vorschlag der Separation in Frieden, wenn die Einen lieber zum Mars fliegen, um dort „Terraforming" zu versuchen, während die Anderen lieber zu Hause bleiben und da zu überleben suchen.

N262 Zum Thema "interdisziplinäre Gremien"
Viele politische Aufgaben befassen mehr als nur ein Ministerium. Nehmen wir nur das Rauchverbot in der Öffentlichkeit als Beispiel: neben Gesundheits-

aspekten wird auch die Wirtschaft beteiligt sein mit ihren Verbänden für Industrie, Handel und Gewerbe. Dazu kommen alle Interessensgruppen wie Raucher und deren Gegner.

N263 Die grundlegenden Nenner für friedliche Nachbarschaft
Alle Kulturen der Welt können sich auf eine Liste gemeinsamer Bedingungen und Interessen einigen, die für Alle in gleicher Weise gelten sollen. Alle Gesellschaften befinden sich in dem Spannungsfeld zwischen individuellen Wünschen und Bedürfnissen einerseits, und andererseits sozialer Ordnung, welche die individuelle Freiheit einschränken. Dazu kommen die Umweltbedingungen. Alle benötigen grundlegende Versorgung mit Nahrung, Wasser, Wohnung und Gesundheitsdiensten. Die nächste Stufe ist die Definition der Sozialmoral. Die dritte – wahrscheinlich kritischeste – ist Eigentum, Gestaltung des öffentlichen Raumes und Außenpolitik.

N264 Nach neuesten Nachrichten gibt es bereits ein AI-System zur Diagnostik von Augenerkrankungen mit einer Genauigkeit, die jener von Augenärzten gleichkommt.[328] Ähnliche Systeme sind für die Radiologie [329] und für weitere medizinische Fachgebiete in Arbeit.

N265 Beschreibungen des Dilemmas der Demokratie im 20. Jahrhundert begannen schon früher, beispielsweise mit H. D. Hall's Artikel aus 1941: "The dilemma of democracy" (Das Dilemma der Demokratie).[330] Im Jahr 1978 verwendete Lord Hailsham nahezu den identen Titel für sein Buch "Dilemma of Democracy. Diagnosis and Prescription" (Dilemma der Demokratie. Diagnose und Behandlung).[331]

N266 Wer Menschenwürde diskutiert, könnte an Kant's Erklärung interessiert sein: *"Im Reiche der Zwecke hat alles entweder einen Preis, oder eine Würde. Was einen Preis hat, an dessen Stelle kann auch etwas anderes als Äquivalent gesetzt werden; was dagegen über allen Preis erhaben ist, mithin kein Äquivalent verstattet, das hat eine Würde"*.[332]

N267 In seiner "Grundlegung zur Metaphysik der Sitten", S.76-77 der Originalpublikation von 1785 schreibt Kant: *"Die praktische Notwendigkeit nach diesem Prinzip zu handeln... beruht ... auf dem Verhältnisse vernünftiger Wesen zueinander, in welchem der Wille eines vernünftigen Wesens jederzeit zugleich als gesetzgebend betrachtet werden muss ... aus der Idee der Würde eines vernünftigen Wesens, das keinem anderen Gesetz gehorcht als dem, das es zugleich selbst gibt."* * [332] Um diese politische Situation zu erreichen, benötigt Kant keine Demokratie, weil der König seine Gesetze so zu gestalten hat *"als ob sie aus dem vereinigten Willen eines ganzen Volkes haben entspringen können."* [13, S.75]

N267A Der Kampf und der mögliche Sieg gegen das "Canetti-Prinzip"
(die Hintergründe davon sind in Anmerkung [N66] beschrieben und diskutiert).
Diese Welt zeigt, dass es mit ihr zuende geht. Die Menschen erkennen, dass es so nicht weitergehen kann. Sie fühlen, dass ein Sturm von Wandel aufkommt. Manche suchen ein Versteck, Andere Ablenkung im Weitermachen wie bisher. Wieder Andere sehen darin ihre Chance, jetzt loszuschlagen und aus der

Verunsicherung der Anderen das große Los für sich zu ziehen. Sturm kommt auf. Propheten haben ihn vorhergesagt. Aber was haben diese Propheten gesehen, was haben sie beschrieben? Haben sie die Lösung aus dem Dilemma beschrieben, oder die Ausweglosigkeit? Oder waren sie gar keine Propheten sondern Erkennende, die warnen wollten vor einem drohenden Ende ihrer zuende gedachten Welt? Ändert euch, oder ihr werdet untergehen? Geht in euch, dort findet ihr die Lösung dieses Rätsels? Warnung, nicht Prophetie? Endzeit für die alte Welt nur, nur, nicht Ende, wenn die Neue beginnt, bevor die alte zuende.

Die Natur hat einen Webfehler in sich entdeckt. Sie hat den Menschen hervorgebracht, damit er ihr diesen Webfehler ausgleiche. Der Mensch sollte die Fähigkeit bekommen, den Weg der Natur durch die Zeit nachzuzeichnen und über ihr Ziel nachzudenken. Darüber sollte er den Webfehler entdecken und verstehen, dass, wollte er überleben, dies nur gelingen kann, wenn er diesen Webfehler ausgleicht. Der Mensch sollte erkennen können, dass er selbst der Ausdruck dieses Webfehlers der Natur ist, der leibhaftige Repräsentant dieses Fehlers in der wirklichen Welt. Er sollte aber auch die Fähigkeit erhalten, einen Ausweg zu finden, die Lösung des Rätsels. Er würde also in der Welt stehen, als Webfehler, der sich selbst reparieren könnte, wenn, ja wenn er sich denn ans Werk machte.

Der Mensch ist der Repräsentant einer zur Selbstbewusstheit verwirklichten Evolution.

Irgendwann müssen die Gene erkannt haben, dass sie mit der Methode, auf Kosten der anderen zu überleben, am Ende nicht überleben werden, wenn der letzte, das letzte Lebewesen, allein dasteht – das könnte nur eine Pflanze sein, kein Tier, das von Tier oder Pflanze lebt. Stehen zwei einander gegenüber, die wissen, dass beide sterben, wenn sie nuklear losschlagen, was werden sie tun? Nur der Mensch erkennt, der Mensch repräsentiert, der Mensch ist diese Erkenntnis der Gene der tierischen Lebewesen: wenn "Überleben auf Kosten der anderen" das Überlebensprinzip der Gene schlechthin ist, dann kommt der Punkt, an dem der Siegerpool vor dem Nichts steht, der letzte Überlebende, denn er kann von nichts mehr leben. Diese Erkenntnis muss das Resultat des Erkenntnisprozesses der Gene im Laufe der Evolution geworden sein: dass ihre Strategie letztlich zur Selbstvernichtung führen muss. Also bedurfte es der Erfindung eines Auswegs: er besteht darin, dass die Evolution sich mit ihrer Erkenntnis einrollte, um sich spiegeln zu können, um diese Erkenntnis auf einen Spiegel projizieren zu können, als Selbsterkenntnis ihrer Erkenntnis. Diese Selbsterkenntnis ist verwirklicht im Bewusstsein, in der Selbst-Bewusstheit des menschlichen Denkens: in diesem Denken rollt sich die im Laufe der Evolution gemachte Erfahrung auf, wird zurückverfolgt bis zu ihren Anfängen, und von dort zurück herauf bis in die Gegenwart, dort, wo dieses Denken vor der Frage steht: was nun? Diese Frage darf natürlich nicht erst gestellt werden, wenn der letzte Genpool sich alleine auf der Welt stehen sieht, denn das ist die Zeit kurz vor dem Ende.

Die Antwort muss also spätestens im vorletzten Moment gefunden werden: sie wird gesucht in und zwischen den letzten beiden Überlebenden, die einander umstreifen mit der Überlegung, wie sie den anderen überwinden können, um als alleiniger Sieger übrigzubleiben. An dieser Stelle spielen zwei Informationen eine entscheidende Rolle: erstens: der atomare Radikalschlag scheidet aus, weil er die leicht erkennbare gleichzeitige Selbstvernichtung bedeutet. Es kann also nur auf dem Wege konventioneller Waffen gelingen. Zweitens: der Mensch lebt in Gedanken planend in der Zukunft, aufbauend aus seinen Erfahrungen, die seine Erinnerung füllen. Planend in die Zukunft schauend überlegen sich also diese beiden Letzten, die da einander gegenüberstehen: was kommt als nächster Schritt, wenn ich den anderen besiegt habe? Spätestens jetzt erkennen also beide, dass sie mit der Überwindung des letzten Gegners sich selbst vernichten, weil es keine Überlebensbasis mehr gibt.

Sie stehen also einander gegenüber und erkennen Jeder im Blick des Anderen diese Erkenntnis. Sie sehen einander an wie Kain den Abel und Abel den Kain. Sie verstehen den Wahn, an dessen Endpunkt sie beide diese Erkenntnis haben, eine, die Kain und Abel noch nicht hatten, die sie hätten haben können, die sie aber nicht hatten: gleich wer wen von beiden tötet, du tötest dich damit letztlich selbst. Also erfüllen sie den Plan der Gene, nehmen den Ausweg aus dem Dilemma und schließen eine Allianz der Vernunft in Reziprozität. Die beiden Letzten können wir sein, die Menschen der Gegenwart: wir können zu den Gründern eines neuen Sozialsystems werden, das eine friedliche Welt der Regionen und Kulturen ordnet, globale Demokratie der Demokratien in Reziprozität.

Vernunft besteht jetzt also darin, aus der Erkenntnis des Dilemmas der Gene, dass sie ihrer Selbstvernichtung entgegensteuern, (und zu ihrer eigenen Rettung den Menschen geschaffen haben, der sie davor retten soll), aus dieser Erkenntnis den Schluss zu ziehen, dass Reziprozität Alle überleben lässt. Der Repräsentant dieser Vernunfterkenntnis in der wirklichen Welt ist der Mensch.

Die Natur, die Gene, haben erkannt, dass der Pflegetrieb als Garant der Sicherung des eigenen Fortbestehens in künftigen Generationen nicht ausreicht, weil die erwachsenen Individuen allesamt dem Prinzip des Überlebens auf Kosten der Anderen folgen, und damit am Ast sägen, auf dem der Genpool selbst sitzt. Der Pflegetrieb schützt Nachkommen und Familie, Clan, bestenfalls Nation. Doch schon die Nationen fressen sich selbst innerlich auf, indem Stämme dort gegeneinander, die einen auf Kosten der anderen, zu überleben suchen. Letztlich schließt sich der Kreis dort, wo die zwei letzten überlebenden Nationen, bzw. deren Repräsentanten, einander gegenüberstehen mit der Frage, ob jemand überleben wird.

N268 "America to the Americans" – Amerika den Amerikanern – war Teil der Doktrin von US-Präsident James Monroe in den 1820er Jahren. Die anderen beiden Teile dieser "Monroe-doctrine", "Non-Colonization" und "Non-Intervention" machen klar, dass es um Macht und Machterhalt ging; „Demokratie" und deren Werte diente dabei lediglich als kapitalistisches Feigenblatt. "America to the Americans" und "Non-Colonization" wurden im Stil von Orwell's Lügenministerium aus

"1984" auf grausame Weise umgesetzt, indem man die eingeborenen Indianer jagte und umbrachte und das Land mit Nicht-Amerikanern kolonisierte, den europäischen Einwanderern. Innerhalb eines weiteren Jahrhunderts wurden die USA durch Umkehr der dritten Monroe-Doktrin von „Non-Intervention" in „Intervention" zur globalen Hegemonialmacht. Betreffend die Credos von Demokratie, Freiheit, Gleichheit und Brüderlichkeit, begannen die USA ihre Beispielhaftigkeit mit der Haltung einer Armee von Sklaven. Anti-Populismus Populisten sind gut beraten, sich die Wahl ihrer Waffen im kalten Krieg der Parteien gut zu überlegen.

N269 Rasch kommt es auch umgekehrt an unbeteiligten Zeitgenossen zu Racheakten und anderen Ungerechtigkeiten, wie sie zum Beispiel stille Regimekritiker der NS-Zeit von den Besatzungssoldaten der Alliierten ertragen mussten.
Wenn man Schuld als Grund für eine strafbare Tat definiert, und diese Definition auf Kollektivschuld überträgt, dann gerät man mitten in das Dilemma zwischen „Kollektivschuld" als „gefühlter Sippenhaftung" bzw. Rachereaktion von Siegermächten und modernem Strafrecht bzw. Artikel 33 der Genfer Konvention, wonach ein Individuum nur für eine individuell begangene Tat schuldig gesprochen und bestraft werden kann. Dementsprechend wurde die Kollektivschuld-Kampagne und –Richtlinie der Alliierten in den frühen Nachkriegsjahren später wieder aufgehoben (im Zusammenhang mit der NS-Geschichte ist der Ausdruck „Kollektivscham" des deutschen Präsident Theodor Heuss eher problematisch, jener von Richard von Weizsäcker einer „Kollektivhaftung" aber im Sinne meiner Argumentation aus genereller Sicht korrekt). Besonders wenn man beginnt, diese Kriegspropaganda der Kollektivschuld zusammen mit der gleichzeitigen Kollektivbegnadigung nützlicher Kriegs- und Raketentechnologen zu sehen, wird klar, wie schnell solche Debatten als versuchte Rationalisierung des gemeinsamen Grundproblems entlarvt sind: Krieg beginnt nur zwischen Ländern, die einander wie Gauner, Verbrecher und Beute sehen, nicht wie Menschen, die nur in Kulturen zu Menschen werden, und die letztlich national und international in Reziprozität voneinander abhängen. Solange gegenseitiges Abschlachten in Kriegen als Teil politischer Normalität gilt und dann Schuld und Unmoral beim Verlierer gefunden werden, kann diese Art von Menschheitsgeschichte kein Ende finden; es kommt erst mit der Bereitschaft, die gleiche Grundfähigkeit zu Grausamkeiten und die diesbezügliche Realgeschichte in allen Völkern gemeinsam zu sehen, gemeinsam anzuerkennen und gemeinsam strategisch einzudämmen.
Was bleibt, ist also wieder einmal ein Dilemma zwischen menschlichem Fühlen und dem Versuch, dieses durch Verordnung und Gesetze zum Schweigen zu bringen – wieder der Versuch, „Soll-Menschen" durch Ordnungszwang zu erzeugen, statt dieses Gefühlsleben zu bearbeiten und damit in Ordnung zu bringen. Genugtuung auf emotionaler Ebene tut Not, kollektive Sühne, welche von den Opfern emotional angenommen werden kann. Diese, und nur diese Form von miteinander Umgehen kann neues Vertrauen schaffen, und damit Frieden.

N270   Die Angst und Angstmache vor dieser neuesten Form von technischem Fortschritt - Karel Čapek, der Erfinder des Namens "Roboter", hat mit seinem Roman [386] in origineller Weise darauf hingewiesen – diese Angst beruht in erster Linie auf einem Missverständnis: nicht der selbstlernende Computer oder Roboter ist die Gefahr, sondern deren missbräuchliche Einsatz durch Menschen, die damit ein Ziel verfolgen; nicht diese Maschinen entwickeln Träume und ferne Ziele, sondern jene Programmierer, die damit zum Beispiel die Masse der Menschen, uns, abhängig machen und für ihre individuellen Interessen versklaven möchten. Wieder also liegt es an uns, so wie bei der Konzeptualisierung eines Sozialsystems, z.B. der Demokratie, und bei der Erziehung der Nachkommen in ein kulturelles Umfeld, wieder hängt es von uns ab, wie gut wir es schaffen, neue technische Möglichkeiten im Rahmen unseres ethischen Grundkonzeptes zu halten und nicht in den Schatten des Asozialen abgleiten zu lassen.

N271 Die positive Seite dieser neuen Techniken verspricht eine nochmal neue Dimension von Informations- bzw. Wissensverarbeitung: künftig könnten nämlich mindestens drei verschiedene Formen von Intelligenzentwicklung in der Biosphäre zusammenwirken, um Intelligenz auf einer rein rechnerbasierten Ebene auf eine für Menschen nicht erdenkbare Weise wirken zu machen: Insekten wie Ameisen und Termiten bauen Häuser wie die Menschen; ihre Intelligenz ist auf bisher noch weitgehend unvorstellbare Weise auf tausende Individuen verteilt wie auf umherlaufende Nervenzellen, die chemisch kommunizieren wie unsere Neuronen. Der Octopus (Krake) hat in seiner Evolution ein gänzlich anderes Gehirn entwickelt als die übrige Tierwelt, und damit ein für uns nachgerade erschreckendes Intelligenzniveau erreicht, vergleichbar mit den intelligentesten Meeressäugern, aber basierend auf einer unterschiedlichen Organisation des Zentralnervensystems. Ist die Funktionsweise dieser drei Informationsverarbeitungssysteme, des unseren, jenes der Insekten und der Kraken, erst einmal entschlüsselt und auf Rechnersysteme übertragen, können letztere uns Menschen in der Tat zu Evidenzvermittlern von einem Niveau werden, das kein Forschergremium der Welt in sinnvoller Zeit erreichen könnte. Wieder darf man sich daran erinnern, dass es sich dabei um keine Befehle handeln müsste, denen wir Menschen wie Sklaven der Roboter gehorchen müssten, so wie dies Karel Čapek in seinem Roman[386] schon erzählte, sondern um nüchterne Analyse-Ergebnisse aus dem einprogrammierten Weltwissen der Menschen und den von der Kombination der drei Denksysteme ermittelten Schlussfolgerungen – fast in Echtzeit. Immer mehr Menschen würden Wissensverarbeitung zur Ergänzung in ein derartiges System zum Beruf haben. Ich bezweifle nicht, dass daran kein Weg vorbeiführt, vorausgesetzt wir Menschen überleben bis dahin die lebensbedrohlichen Schatten, die unser genetisches Erbe in Form von egozentrischem, asozialem Verhalten auf unsere Zukunft wirft. Es liegt in unserer Hand, sie zu bannen.

N272 Die zwei Seiten der Reziprozität
Es ist im übrigen nicht unplausibel anzunehmen, dass Rache als das jüngere Verhalten von beiden gleichzeitig eine Umkehr in zweifacher Weise ist – und eine

Entartung - des älteren: reziproker Altruismus und Empathie sind bereits bei Tieren beobachtbar, wie wir feststellten; als Zuwendungsverhalten haben sie sehr alte evolutionäre Wurzeln, z.B. im Brutpflegeverhalten. Rache hingegen scheint nur von besonders hoch entwickelten Tieren bekannt zu sein (Elephanten[390], Affen, verschiedene Vogelarten und Killerwale) – sie ist offenbar ein evolutionär jüngeres Verhalten, wenn nicht sogar gebunden an kognitive Leistungen, die man einem Grad von Selbstbewusstheit zuordnen muss. Als Umkehr in zweifacher Hinsicht erkenne ich Rache, weil sie 1- eine "negative Reziprozität" repräsentiert: klassisches Beispiel ist der Spruch aus dem Alten Testament der Bibel (Exodus 21, Abs.23-25): *"Wenn ein Schaden entsteht, dann musst du geben Leben um Leben, Auge um Auge, Zahn um Zahn ..."*; es handelte sich ursprünglich um nichts als Reziprozität – man könnte sie eben "negative Reziprozität" nennen - , bei der es um den Verursacher geht, den Täter, der Buße tun soll, indem ihm dasselbe widerfährt wie das, was er Anderen angetan hat. Man könnte es also auch als drastische Erziehungsmethode zum Verständnis des Sinnes von positiver Reziprozität verstehen (bei Todesstrafe allerdings nur noch extrem begrenzt vermittelbar). 2- Als weitere Umkehr kommt bei uns Menschen der Faktor der Genugtuung für den Geschädigten hinzu: nun bedeutet "Rache" nicht mehr Buße oder Erziehung für den Verursacher sondern Genugtuung für den Geschädigten. Oft genug kümmert sich der Geschädigte dabei auch gar nicht mehr um die Adäquanz, die Angemessenheit der Genugtuung; im Vordergrund steht das Gefühl der Genugtuung, der Befriedigung des Hassgefühls beim Geschädigten oder Beleidigten. Der Beleidigte verhält sich wie ein aus der Gemeinschaft Ausgeschlossener, der nun als Rache auf unangemessen harte und oft ungezielte Weise reagiert. Diese Form von Rache hat ihren Weg vom individuellen Gefühl einzelner Geschädigter in die Robe des Legalen in manchen Bereichen der Strafjustiz gefunden. Da unter einigen der oben genannten Tierarten aber auch Verhalten beobachtbar ist, das aus menschlich-rechtlicher Sicht als kriminell gelten würde (siehe z.B. Mafia-Strukturen unter Vögeln[391]), kann man annehmen, dass auch Rache aus Hass bereits tierische Wurzeln in der Evolution hat. Diese „Rache der Ausgeschlossenen" wird, bezogen auf Einzelne, wissenschaftlich von manchen Autoren dem posttraumatischen Stress-Syndrom zugeordnet.

N273 Die Gelbwesten

Das Scheitern bzw. die gefühlte Nichtexistenz von Demokratie wird uns nun von den Gelbwesten Frankreich's im direkten Sinn des Wortes demonstriert: sie revoltieren gegen "König Président" und schlagen auf den Despotismus der Exekutive ihrer Rechtsordnung ein (in vielen Regionen wurden sämtliche Radareinrichtungen zur Geschwindigkeitskontrolle auf Straßen zerstört) – das tollwütige Biest "Masse" schlägt um sich, zertrümmert die Einrichtung im eigenen Haus "Demokratie".

Die französische Gelbwesten-Bewegung spiegelt die Unprofessionalität und Ratlosigkeit der demokratischen Politiker gegenüber diesem "Faktor Mensch" als Individuum, vor allem aber als Teil einer Masse. In dieser Ratlosigkeit ist es tatsächlich so weit gekommen, dass "der Staat" seine Bürger zu tausenden verhaftet, weil sie nicht in das Bild vom demokratischen "Soll-Menschen" passen. Die Bürger ihrerseits verstehen gar nicht, dass sie in ihrer Wut ihre eigene "Selbst-Regierung" – sich selbst – verjagen, weil sie nie zum wahren Verständnis ihrer politischen Lebenssituation erzogen worden sind. Sie lassen ihre Wut an einer hilflosen Politik aus, nicht an den Strippenziehern im Hintergrund, dem Kapital, das den Staat in Geiselhaft hält.

Der weise Herrscherkönig mag zwar niemals Wirklichkeit werden, aber man kann zumindest den ersten Schritt in diese Richtung tun und eine Professionalisierung der Politiker einführen – aus ihren Reihen mag dann der eine oder andere besonders begabte Führer hervorgehen.

Das Volk selbst, als Masse, ist sich selbst die größte Gefahr. Jetzt attackieren sie als „Gelbwesten" ihre Demokratie wieder so wie zuvor ihren König.

N274 Laut Zeugen im Neuen Testament schlug Jesus von Nazareth außer seiner Abwandlung der goldenen Regel ("Nächstenliebe") noch zwei weitere Strategien vor, die dem Einzelnen eine Chance geben sollen, die Quadratur des Kreises zwischen Kreatürlichkeit und Geistigkeit zu meistern:

Zunächst trifft zwar der Ausspruch nicht zu, wonach *„Der Geist [ist] willig aber das Fleisch [ist] schwach"* (Markus 14, 38) ist – der Ausspruch kehrt die Wirklichkeit um, denn es ist das Fleisch, die Kreatürlichkeit, die autonomen Funktionen unseres Körpers, die unser bewusstes Denken und Wollen, den "willigen Geist", mit despotischer Macht der Triebe und Gemütszustände in die Knie zwingen und schwach oder gar völlig wehrlos werden lassen. Dieser unausweichlichen Kreatürlichkeit, einer eigentlich äußerst unfairen Grundkonstellation von uns Menschen aus der Sicht moralischer Anforderungen, die sich manchmal ohne unser bewusstes Zutun ihren Weg bahnt, bietet Jesus den Ausweg der Vergebung an (Johannes 20, 23): dem Menschen, der seine Fehlhandlung erkennt und Buße tut, wird vergeben, er darf den Kampf gegen sich selbst befreit und erlöst von vorne beginnen, jeden Tag von Neuem. Dadurch wird er vom Hemmschuh seiner Kreatürlichkeit erlöst. Als „Erfolgsstrategie" gegen die Aggressivität, die zu einer Gewaltspirale aus Rache für eine erlittene Erniedrigung oder Schädigung führen kann, verweist schon Jesus auf die Möglichkeit, im „tit-for-tat"-Spiel gegeneinander [N79] dem Frieden durch Nachgeben eine Chance zu bieten (Gleichnis von der anderen Wange, die der Christ hinhalten soll, wenn ihm auf die eine Wange geschlagen wurde [Matthäus 5, 39]). (Alle Zitathinweise sind dem Neuen Testament der Bibel entnommen).

N275 In erster Linie machten die USA ihre Hilfe davon abhängig, dass die europäischen Länder ihre Hilfsbedürftigkeit *gemeinsam* formulieren mussten. Allerdings widersetzte sich Großbritannien allen Versuchen, das entsprechende europäische Gremium (Organization of European Economic Cooperation – OEEC) beschlussfähig zu machen. Nach neuen Forschungen[393-395] bestanden die Mittel des Marshall-Planes (ERP-European Recovery Program 1948 bis 1952) vor allem aus Rohstoffen (in erster Linie landwirtschaftliche Produkte wie Baumwolle aus der US-Überproduktion), welche die Länder von den USA kaufen mussten; den

Gegenwert der US-Subventionen mussten sie in Gegenwertfonds einzahlen, über deren Verwendung die USA gemeinsam mit den jeweiligen europäischen Regierungen entschieden; sie wurden in erster Linie zur Abdeckung von Schulden und Haushaltsdefiziten verwendet, standen aber auch den Firmen als Kredite zur Ankurbelung der Konjunktur zur Verfügung. Für Deutschland wurde die Ausnahme gemacht, dass Mittel lediglich als Kredite vergeben wurden – die Rückzahlungspflicht wurde Deutschland später jedoch teilweise erlassen. Damit diente der Plan außer der politischen Stabilisierung Europas gegen den Sowjet-kommunismus vor allem der amerikanischen Wirtschaft, der durch den kriegs-bedingten Niedergang der europäischen Wirtschaft ein entscheidender Absatz-markt verloren gegangen war. Von den gesamten Subventionen erhielt Groß-britannien etwa 25%, Frankreich 20%, Deutschland und Italien je 10%. Ein Teil der Mittel war von vornherein massiven Propagandazwecken vorbehalten. Der Marshall-Plan ersetzte den davor praktizierten „Morgenthau-Plan", in dessen Rahmen Deutschland zu einem Agrarland umfunktioniert und alle Industrie-anlagen abgebaut und an die Alliierten Westmächte verteilt werden sollten. Das deutsche Wirtschaftswunder erklärt sich zum Teil durch die irrational funktio-nierende Gleichzeitigkeit beider Programme: während die alten Industrie-anlagen im Rahmen des Morgenthau-Planes abgebaut und als Reparationen nach Frankreich und andere Länder transportiert wurden, genehmigte bereits der Gegenwertfonds einen ERP-Kredit für die Anschaffung neuester Maschinen.

Besonders die beschleunigende Wirkung des Marshall-Planes auf die Wieder-erstarkung der europäischen Wirtschaft sollte als Anregung dafür gesehen werden, dass nunmehr eine Kettenreaktion solcher Förderungen weitergeführt wird: der reichen europäischen Länder für die ärmeren in seinem Osten und Süden, gleichzeitig auch ganz Europas – und idealerweise der gesamten west-lichen Welt bzw. aller Länder guten Willens – für den Aufbau Afrikas und der übrigen unterentwickelten Regionen der Welt. Auch an dieser Stelle dürfte allerdings die Reziprozität nicht vergessen werden: denn auch den neu-ent-wickelten Ländern muss die Möglichkeit eröffnet werden, Absatzmärkte in den reichen Ländern aufzubauen.

Liste der im Text zitierten Autoren

und anderer im Text erwähnter Personen

Index

ekklesia, 448 (N15)
El Sistema, 544
electioneering, 207
Electoral College, 14, 149
Eliten-Theorie, 159, 253, 254, 294
Empathie, 110, 233, 324, 352, 476, 477
    kognitive, 112
Epistokratie, 171, 257, 347, 379, 382, 407, 489, 519, 539, 565
Erziehung, 350
Ethnosuizid, 234
Ethologie, 81, 101, 509
EU, Europ. Union, 150, 242, 368, 417, 425, 428
Euractiv, 169
Evidenzbasierte Politik, 378, 382, 419
evolutionäre Epistemologie, 465
Evolutionäre Erkenntnistheorie, 444, 465
faction, 44, 205, 213, 456, 458
Federalists, 44, 299, 322, 350, 455, 459, 465
fiat money, 507
FPTP (First Past The Post), 207, 504
freier Wille, 134
Freiheit, xii, 20, 33, 42, 43, 47, 63, 125, 248, 253, 269, 274, 298, 303, 320, 338, 367
Freimaurer, 38, 39
Fremdenscheu, 84
F-twist, 499
Fundamentalismus, 193, 276, 311, 502
Gegenseitigkeit, 111, 115, 282, 324, 401, 445, 555
Geldadel, xiii, 443
Gemeingut, 203, 298, 503, 506
Gemeinwohl, i, 6, 33, 44, 58, 132
Gerrymandering, 206, 390
Gesinnungsterror, 201
Gewaltenteilung, 35, 72, 171, 191, 344, 358, 359, 360
Gleichberechtigung, 122, 129, 218, 334, 482, 492, 506

Gleichheit, 118, 275, 307, 320, 333, 354, 445, 452, 459, 479, 480, 481, 503, 534, 536, 543, 552
Gleichwertigkeit, 294, 333, 338, 340, 401, 421, 543, 554
Global Ethic, 537
Globalisierung, 55, 141, 223, 227, 271, 317, 366, 416, 421, 432
Glorious Revolution, 34, 445, 450
Great Depression, 507
Great Unrest, 217, 461
Großer Marsch
    Mao's, 101
Grosses Speyrer Judenprivileg, 506
Großes Speyrer Judenprivileg, 31
HAL
    Supercomputer, 396, 398
Hass
    legalisierter, 95
Hausverstand. See common sense
helicopter money, 507
Hierarchie, 71, 99, 101, 156, 214, 253, 301, 336, 354, 464, 469, 492
homo oeconomicus, 159
Hong-Page Theorem, 257, 519, 520, 522
House of Lords, 54
Humanität, 115, 324, 555
Huntington-Fukuyama-Debatte, 141, 240, 307, 508
Identität
    kulturelle, 79, 93, 103, 108, 132, 133, 231, 239, 302, 350, 515
Identitätsdebatte, 330, 368, 424, 541
Identitätsverlust, 227, 229, 509
Immigration, 97, 233, 270, 280, 313, 431, 487, 509, 515
Industrie 3.0, 391
Industrie 4.0, 391
Industrielle Revolution, 48, 49, 180, 391
Infotainment, 248
Instrumentalismus, 494
Internationaler Gerichtshof, 11, 141

Literaturzitate

Jahresangaben im Klammer betreffen das Jahr der Originalausgabe, z.B. 1959 (1939).

Eine detaillierte Liste der Zitate mit allen individuellen Seitenangaben ist beim Autor über democracydilemma@gmx.net erhältlich.

[1] Karl Popper, The Open Society and its Enemies, Routledge 2011 (1945)
[2] E. Kaeser, Trost der Langeweile: Die Entdeckung menschlicher Lebensformen in digitalen Welten, Rueegger 2014.
[3] J. Brennan, Against democracy, Princeton Univ.Press 2017
[4] Y. Mounk, The People vs. Democracy. Why our freedom is in danger, and how to save it. Harvard Univ. Press 2018
[5] J. Keane, The Life and Death of Democracy, Simon & Schuster 2009
[6] Nahum Capen, The History of Democracy, or Political Progress, Historically Illustrated, From the Earliest to the Latest Periods, 1874, ref. in John Keane, The Life and Death of Democracy, Simon & Schuster 2009, S.873
[7] François de la Rochefoucauld, Les Maximes, foreword, Flammarion 1817
[8] Gustave LeBon, Psychologie der Massen, Kröner 1982 (1895)
[9] https://www.jrf.org.uk/report/uk-poverty-2017, abgefragt am 02/26/2018
[10] M. Bulman, Fifth of UK population now in poverty amid worst decline for children and pensioners in decades, major report reveals. Independent, 12/04/2017, http://www.independent.co.uk/, abgefragt am on 02/26/2018
[11] A.C. Grayling, Democracy and its crisis, Oneworld 2017
[12] Jean-Jacques Rousseau, The Social Contract. Digireads 2005
[13] H. Vorländer, Demokratie, Verlag Beck 2010 (2003)
[14] C.A. Georghiou, Unexpected convergence: The Huntington/Fukuyama debate. Paper presented at the Pan-European Conference on International Relations 2013 http://scholar.ufs.ac.za:8080/xmlui/handle/11660/3062, abgefragt am 09/20/2017
[15] D. van Reybrouck, Gegen Wahlen: Warum Abstimmen nicht demokratisch ist, Wallstein 2016.
[16] http://www.eiu.com/home.aspx

[17] Democracy Index 2017: Free speech under attack. https://www.eiu.com/public/topical_report.aspx?campaignid=DemocracyI ndex2017, abgefragt am2018/01/05.

[18] http://classroom.synonym.com/ideology-democrats-6539.html, abgefragt am 2017/11/22.

[19] A. Toynbee, Menschheit und Mutter Erde. Die Geschichte der großen Zivilisationen. Claassen 1979

[20] D. Dettling, Neo-Politik: die Neu-Erfindung der Demokratie, article by Zukunftsinstitut 2017, https://www.zukunftsinstitut.de/artikel/neo-politik-die-neuerfindung-der-demokratie/, abgefragt am 06/20/2018.

[21] I. Eibl-Eibesfeldt, Wider die Misstauensgesellschaft. Streitschrift für eine bessere Zukunft. Piper 1994

[22] U. Menzel, Globalisierung versus Fragmentierung, Suhrkamp 2002

[23] B. Caplan, The myth of the rational voter: why democracies choose bad policies. Princeton Unic. Press 2007.

[24] L.M. Auer, Europa. Eine Trilogie, BoD, in press 2019

[25] A. Schlesinger, The Imperial Presidency, Boston–New York 1973.

[26] James Comey in ARD-interview with M.Kolz on July 07, 2018, https://programm.ard.de/TV/phoenix/phoenix-plus--interview-mit-dem-ehemaligen-fbi-chef-james-comey/eid_28725809930091

[27] Karl Popper, Essay Zur Theorie der Demokratie. Der Spiegel 32/1987. 03.08.1987.

[28] S. Levitsky, D. Ziblatt, How Democracies Die: What History Reveals About Our Future, Viking 2018

[29] Bertrand Russell, Philosophie des Abendlandes (A History of Western Philosophy), Europaverlag 1978 (1950)

[30] Platon, Politeia (Der Staat), Buch 8, Kap.14. Rowohlt 1967, Geschichte der Philosophie, Band 4, Platon, Sämtliche Werke Bd. 3, 562a, S.261.

[31] Platon, Politeia (Der Staat), Rowohlt 1967, Geschichte der Philosophie, Band 4, Sämtliche Werke Bd. 3, Sechstes Buch, Kap. 14-15, S.215f.

[32] Tom Christiano, Democracy, The Stanford Encyclopedia of Philosophy (Winter 2012 Edition), Edward N. Zalta (ed.) Ref. from democracy 3.0. https://plato.stanford.edu/entries/democracy/, beruft sich dort auf die Stellen bei Platon entsprechend hier Zitat 31.

[33] http://www.bpb.de/175890/demokratie-geschichte-eines-begriffs

[34] G. Hinge, Völkerwanderungen in Herodots Geschichtswerk: Indogermanische Männerbünde und Landnahmesagen. http://www.academia.edu/32350430/V%C3%B6lkerwanderungen_in_Her odots_Geschichtswerk_Indogermanische_M%C3%A4nnerb%C3%BCnde_un d_Landnahmesagen, retrieved 06/15/2018

[35] Neal Ascherson, Schwarzes Meer, Berlin Verlag 1996 http://herodot.glossa.dk/integr.html

[36] Franz Werfel, Eine blassblaueFrauenhandschrift, Insel Verlag 2016

[37] V. Valentin, A. Wucher, Knaurs Weltgeschichte, Droemer 1959 (De Lange 1939) S. 100

[38] https://stadtarchiv.memmingen.de/906.html, abgefragt am 02.12.2017.

[39] V. Reinhardt: Machiavelli oder Die Kunst der Macht. Eine Biographie. Verlag Beck 2012 e.g. S.351.

[40] Immanuel Kant, Was ist Aufklärung?, Berlin. Monatsschr., 1784, 2, S. 481–494

[41] Immanuel Kant, Zum ewigen Frieden, 1795

[42] A. Goldman, Th. Blanchard, Social epistemology, in: The Stanford Encyclopedia of Philosophy (Winter 2016 Edition). Edward N. Zalta (ed.). https://plato.stanford.edu/archives/win2016/entries/epistemology-social/ abgefragt am 09/25/2017.

[43] Ch. List, "Social Choice Theory", The Stanford Encyclopedia of Philosophy (Winter 2013 Edition), Edward N. Zalta (ed.), URL = https://plato.stanford.edu/archives/win2013/entries/social-choice/ abgefragt am 09/24/2017

[44] Alexis de Tocqueville, Democracy in America, Chicago Univ. Press 2000,

[45] S. Freeman, J. Rawls, Routledge Press 2007. Ref. in J. Brennan, Against democracy, Princeton Univ.Press 2017

[46] G. Müller, Unfair!, Für eine gerechte Globalisierung, Murmann 2017

[47] Platon, Griechische Philosophie Bd 1, Charmides, 17, (169 c-e, 170 a-c), Rowohlt 1966, S.143-144.

[48] H L Mencken, ref. in A.C. Grayling, Democracy and its crisis, Oneworld 2017

[49] J. Brennan, Against democracy, Princeton Univ.Press 2017, S.21.

[50] M. Foucault, Archäologie des Wissens, Suhrkamp 1981 (Gallimard 1969).

[51] D. Geiger, Wissen und Narration. Der Kern des Wissensmanagements. ESV 2006.

[52] José Ortega y Gasset, Eine Interpretation der Weltgeschichte. Rund um Toynbee (An Interpretation of World History), Müller Verlag 1964

[53] C.G. Jung, Psychologische Typen, I: Gesammelte Werke 6, Walter Verlag 1995

[54] Mathias Berek, Kollektives Gedächtnis und die gesellschaftliche Konstruktion der Wirklichkeit. Eine Theorie der Erinnerungskulturen. Harrassowitz 2009, https://www.harrassowitzverlag.de/dzo/artikel/201/002/2207_201.pdf?t=1253870191, retrieve 02/18/2018

[55] George Orwell, 1984,

[56] Konrad Lorenz, Die Rückseite des Spiegels (Behind the Mirror), DTV 1981 (Piper 1973)

[57] S. Alexijewitsch, Secondhand Zeit, Suhrkamp 2015 (Vremja 2013 Vremja second-hand. Konec krasnogo čeloveka)

[58] S. Stephens-Davidowitz, Everybody Lies. What the internet can tell us about who we really are. Bloomsbury 2018 (2017)

[59] Joseph Arthur de Gobineau, The Moral and Intellectual Diversity of Races 1856, (1853, Essai sur l'inégalité des races humaines)
[60] Houston Stewart Chamberlain, The Foundations of the Ninetheenth Century (Die Grundlagen des Neunzehnten Jahrhunderts, Bruckmann 1899).
[61] "The Race Question"., in: UNESCO and its programme, Vol.3, 1950, http://unesdoc.unesco.org/images/0012/001282/128291eo.pdf, abgefragt am 06/14/2018.
[62] Paris marks Algerian protest 'massacre', http://news.bbc.co.uk/1/hi/world/monitoring/media_reports/1604970.stm
[63] T. Sarrazin, Deutschland schafft sich ab, DVA 2012
[64] Elias Canetti, Crowds and Power (Masse und Macht, Claassen 1960)
[65] I. Trojanow, R. Hoskote, Kampfabsage. Kulturen bekämpfen sich nicht, sie fließen zusammen. Fischer 2017.
[66] José Ortega y Gasset, Aufstand der Massen, 1930. Siehe auch "Eine Interpretation der Weltgeschichte. Rund um Toynbee". Müller Verlag 1964
[67] A. Huxley, Brave New World
[68] A.Huxley, Gott Ist. Barth Verlag 1993
[69] L. Conradt, C. List, Group decisions in humans and animals: a survey, Philosoph. Transact. Royal Soc. B, Biol. Sci., 364, 2009, DOI: 10.1098/rstb.2008.0276 http://rstb.royalsocietypublishing.org/content/364/1518/719
[70] R. Dawkins, The Selfish Gene, Oxford Univ. Press 2006 (1976)
[71] Frans de Waal, The Age of Empathy, Souvenir Press 2011.
[72] F. de Vignemont, T. Singer, The empathic brain: how, when and why? Trends in Cognitive Sciences10, 2006, 435-441.
[73] A.I. Goldman, Simulating Minds: the Philosophy, Psychology, and Neuroscience of Mindreading. Oxford Univ. Press 2006.
[74] F.B.M. de Waal, S.D. Preston, Mammalian empathy: behavioural manifestations and neural basis. Nature 18, 2017, 498-509.
[75] H. Gintis, D. Helbing, Homo Socialis: An Analytical Core for Sociological Theory. Special Issue of the Review of Behavioral Economics on „Homo Socialis", Volume 2, Issue 1-2 (2015), https://www.researchgate.net/publication/280623106_Special_Issue_on_Homo_Socialis, abgefragt am 03/22/2018.
[76] R. L. Trivers, The evolution of altruism, The Quarterly Review of Biology 46, 1971, pp. 35-57 https://greatergood.berkeley.edu/images/uploads/Trivers-EvolutionReciprocalAltruism.pdf, abgefragt am 07/01/2018.
[77] S.I. Rothstein, Reciprocal altruism and kin selection are not clearly separable phenomena, J. of Theoret. Biol., 87, 1980, pp. 255-261. https://www.sciencedirect.com/science/article/pii/0022519380903598, abgefragt am 07/02/2018.

[78] J-F Revel, So enden die Demokratien, Piper 1984 (How democracies perish, Harpercollins 1985, ("Comment les démocraties finissent", Grasset 1983)

[79] Friedrich Nietzsche, Jenseits von Gut und Böse, Insel Verlag 1984 (1886)

[80] K. Davidson, Education: from meritocracy to mediocracy: Progress since 1945. Kindle edition 2016

[81] H.H. Kornhuber, L. Deeke, Wille und Gehirn, Edition Sirius, 2009.

[82] B. Libet. Unconscious cerebral initiative and the role of conscious will in voluntary action. In: Neurophysiology of Consciousness, Birkhaeuser, Boston 1993, S. 276
B. Libet, Do we have Free Will?, in Libet, Freeman, Sutherland, The Volitional Brain, Imprint Academic 1999 (2004)

[83] E.J.Sternberg, My Brain made me do it, Prometheus 2010.

[84] S.P. Huntington, The clash of Civilizations and the Remaking of World Order, The Free Press 2002 (Simon & Schuster 1997)

[85] United Nations Treaty Collection, 10. Rome Statute of the International Criminal Court, https://treaties.un.org/Pages/ViewDetails.aspx?src=TREATY&mtdsg_no=XVIII-10&chapter=18&clang=_en#9, abgefragt am 05/29/2018

[86] Internationale Gerichtsbarkeit, Römisches Statut des Internationalen Strafgerichtshofs (IStGH), Stand: 19.07.2017, http://www.bpb.de/nachschlagen/zahlen-und-fakten/globalisierung/52814/internationale-gerichtsbarkeit, retireved on 04/12/2017.

[87] H. Agar et al. (incl.Thomas Mann) "The City of Man, A Declaration of World Democracy", The Viking Press 1941 (Westcot & Thomson 1940)

[88] Charter of the United Nations, Article 2(1)-(5), http://legal.un.org/repertory/art2.shtml, abgefragt am 05/29/2018

[89] UNHRC, the United Nations Human Rights Council, http://www.ohchr.org/EN/HRBodies/HRC/Pages/AboutCouncil.aspx, abgefragt am 05/29/2018

[90] Herbert Spencer, "The right to ignore the state." London, Freedom Press 1910, S.74.

[91] Notes on Alexander Hamilton/James Madison/John Jay, art.56, in: Angela Adams/Willi Paul edts., Die Federalist-Artikel, Paderborn 1994, (note 3), S. 341–346.

[92] Alexander Hamilton/James Madison/John Jay, art. 51, in: Angela Adams/Willi Paul (Hrsg.), Die Federalist-Artikel, Paderborn 1994, (Anm. 10), S. 382.

[93] http://news.gallup.com/poll/201617/gallup-daily-trump-job-approval.aspx, abgefragt am 09 January 2018.

[94] C. Gould, Rethinking Democracy: Freedom and Social Cooperation in Politics, Economics and Society, Cambridge Univ. Press 1988.

95 John Locke, ref. in Tom Christiano, Democracy, The Stanford Encyclopedia of Philosophy (Winter 2012 Edition), section 5.2., Edward N. Zalta (ed.), https://plato.stanford.edu/entries/democracy/, abgefragt am 08/31/2017

96 S.Althaus, Collective preferences in democrativ politics. Cambridge Univ. Press 2003, ref. in J. Brennan, Against democracy, Princeton Univ.Press 2017, S.43

97 A. Kaufmann, Rechtsphilosophie, 2. Aufl. München 1997, S. 152.

98 J. Habermas, Glauben und Wissen. Suhrkamp 2001.

99 https://www.euractiv.com/section/all/news/the-brief-britain-is-not-a-real-democracy/, abgefragt am 03/27/2018

100 Montesquieu, The Greatness and the Decadence of the Romans, ref. Jean-Jacques Rousseau, The Social Contract. Digireads 2005, S.19, note 12

101 F.W. Graf, K. Wiegandt, Die Anfänge des Christentums, Fischer 2009, S.440.

102 G. Handloegten, H. Venske, Die Termiten. Eine wahre Kriminalgeschichte. Westend 2015.

103 G. Ankerl, Global communication without universal civilization, in: Coexisting Contemporary Civilizations: Arabo-Muslim, Bharati, Chinese, and Western, INU Press 2000 https://books.google.fr/books?id=hzr4-09oo3MC&pg=PA118&lpg=PA118&dq=ecolocracy&source=bl&ots=FAm4kICeGE&sig=IhHGs1p5KwtVs2eJNvw1eQ6IFJE&hl=en&sa=X&ved=0ahUKEwjLo_vS997bAhWG7xQKHdjeB44Q6AEIKTAA#v=onepage&q=ecolocracy&f=false, abgefragt am 06/02/2018

104 Our greatest common factor, https://ourgreatestcommonfactor.wordpress.com/tag/ecocracy/ published 07 November 2012, abgefragt am 06/19/2018.

105 J. Earle, C. Moral and Z. Ward-Perkins, The econocracy: The perils of leaving economics to the experts (Manchester Capitalism), Manchester Univ. Press 2016.

106 https://www.oxfam.org.uk/media-centre/press-releases/2017/01/eight-people-own-same-wealth-as-half-the-world, abgefragt am 03/18/2018.

107 Forbes Media 2018. https://www.forbes.com/sites/kerenblankfeld/2016/03/01/forbes-billionaires-full-list-of-the-500-richest-people-in-the-world-2016/#10a1d6276c24, abgefragt am03/18/2018.

108 J. Cohen, Procedure and Substance in Deliberative Democracy; in Philosophy and Democracy, T. Christiano edt., Oxford Univ. Press 2002.

109 J. Rawls, Political Liberalism, Columbia Univ. Press 1996

110 Fabian Tassano, Mediocracy: Inversions and Deceptions in a egalitarian culture. Oxford Forum 2006.

111 A. Mattozzi, A. Merlo, Mediocray, NBER Working Paper Series, working paper 12920, http://www.nber.org/papers/w12920.pdf, abgefragt am 01/15/2018.

[112] D. Lecourt, The Mediocracy: French philosophy since the Mid-1970s. Verso 2001.

[113] Karl Popper, Essay: Zur Theorie der Demokratie. Der Spiegel 03.08.1987.

[114] Das Land der Hinkenden. Aus dem „Niedersächsischen Wochenblatt" for children, Bremen 1780, ref. from I. Eibl-Eibesfeldt, Die Biologie des menschlichen Verhaltens, Blank 2004 (Piper 1984), S.447f.

[115] Meinungsdiktatur in Deutschland – sollten die sozialen Netzwerke boykottiert werden? https://staatsunrecht.wordpress.com/author/mohengel/, abgefragt am 01/15/2018

[116] Ch. Hope, You don't have to wear a poppy to show you remember Britain's war dead, says UK's top general, The Telegraph, 08 November 2017, https://www.telegraph.co.uk/news/politics/11982443/You-dont-have-to-wear-a-poppy-to-show-you-remember-Britains-war-dead-says-UKs-top-general.html, abgefragt am 11/28/2017

[117] http://www.t-online.de/digital/internet/id_82991730/heiko-maas-verteidigt-gesetz-gegen-hass-im-internet.html, abgefragt am 11-23-2018

[118] Shawn W. Rosenberg ed., Deliberation, participation and democracy. Can the people govern? Palgrave Macmillan 2007

[119] M.L. Anders, Fliegen ist sicher, aber ... Die Zukunft der Flugsicherheit." BoD 2018

[120] U. Lielischkies, D. Schdanowa, Landraub in Russland, Phoenix-docu 15.03.2018, 18.00.

[121] Y. Mounk, The People vs. Democracy. Why our freedom is in danger, and how to save it. Harvard Univ. Press 2018, S. 79

[122] C. Arnold, The mathematicians who want to save democracy, Nature 546, June 2017, 200-202.

[123] J. Hendrix, D. Carroll, Confronting a nightmare for democracy: personal data, personalized media and weaponized propaganda, ref. in A.C. Grayling, https://medium.com/@profcarroll/confronting-a-nightmare-for-democracy-5333181ca675, 11-27-2017. V

[124] Tom Christiano, Democracy, The Stanford Encyclopedia of Philosophy (Winter 2012 Edition), Edward N. Zalta (ed.)

[125] L. Lessig, Republic, Lost, Hachette 2011.

[126] Quelle: Tucholsky, Werke 1907-1935. Bauern, Bonzen und Bomben, in: Die Weltbühne, 03/07/1931, Nr.14 (Ignaz Wrobel), ref. https://www.aphorismen.de/zitat/99445, abgefragt am 02/03/2017.

[127] R.M. Wolfe, L.K. Sharpe, Anti-vaccinationists past and present. British Medical Journal 2002, 325, S.430-432

[128] M. Leitner, edt., Digitale Bürgerbeteiligung: Forschung und Praxis – Chancen und Herausforderungen der elektronischen Partizipation, Springer Vieweg 2018

[129] Sen 1999, 152, ref. in Tom Christiano, Democracy, The Stanford Encyclopedia of Philosophy (Winter 2012 Edition), section 2.1.1., Edward N. Zalta (ed.), https://plato.stanford.edu/entries/democracy/, abgefragt am 08/31/2017

[130] https://www.nationaldebtclocks.org/ abgefragt am 09/23/2018

[131] David Hume, Essay on Public Credit, 1752, S. 360f.

[132] Adam Smith, Der Wohlstand der Nationen, Buch V, Kapitel 3: On Public Debts, 1776/1974, S. 911

[133] Karl Marx, Das Kapital, Band 1, 1867, S. 782 f.

[134] A. Przeworski, F. Limongi, Modernization: Theories and Facts. World Politics 49, 1997, 155-183. http://80-muse.jhu.edu.content.lib.utexas.edu:2048/journals/world_politics/v049/49.2przeworski.html, abgefragt am 04/08/2018

[135] L. Diamond, J. J. Linz, Politics, Society, and Democracy in Latin America, in L. Diamond, J. J. Linz, and S. M. Lipset, eds., Democracy in Developing Countries: Latin America, Lynne Rienner 1989.

[136] Y. Huang, Why China invests more in Europe than in the US. Political sensitivities, security concerns and industrial structure direct the flow, https://www.ft.com/content/a7641d16-6c66-11e7-b9c7-15af748b60d0, abgefragt am 01/18/2018

[137] Y. Huang, Cracking the China Conundrum. Why Conventional Economic Wisdom is wrong. OUP 2017.

[138] H. Geiger, Erblühende Zweige, Schott Verlag 2009, S.83

[139] F. Fukuyama, The End of History and the Last Man, Free Press 2006.

[140] D. Senghaas, Wohin driftet die Welt. Suhrkamp 1994

[141] G.Wearden, Cate Blanchett urges Davos to give refugees more compassion, https://www.theguardian.com/business/2018/jan/23/cate-blanchett-urges-davos-to-give-refugees-more-compassion, abgefragt am 01/23/2018.

[142] R. Elgie, Christian Democracy in France, in: Christian Democracy in Europe, A Comparative Perspective. D. Hanley edt., Pinter 1994, S.155-167.

[143] D. Hanley, The European People's Party, in: Christian Democracy in Europe, A Comparative Perspective. D. Hanley edt., Pinter 1994, S.185-201.

[144] P. Nolte, Was ist Demokratie? Geschichte und Gegenwart, Beck 2012

[145] Focus, 14.04.2017, Erdogan schimpft über "faschistisches und islamfeindliches" Europa https://www.focus.de/politik/videos/was-haben-sie-gegen-mich-erdogan-schimpft-ueber-faschistisches-und-islamfeindliches-europa_id_6959344.html, abgefragt am 17/08/2017

[146] http://zuerst.de/2017/02/20/wagenknecht-linke-kritisiert-propagandafeldzug-des-tuerkischen-ministerpraesidenten/ abgefragt am 17/08/2017

[147] https://aa.com.tr/en/europe/alienated-muslims-in-europe-establish-their-own-parties/766087, abgefragt am 17.03.2018

[148] Phoenix TV-documentary am 02.02.2018

[149] F.Peter, R.Ortega, Islamic Movement in Europe, IB Tauris 2014, S. 139

[150] K. Amirpur, Das demokratische Potenzial der arabischen Welt, in: Neue Gesellschaft / Frankfurter Hefte, 1-2/2012, S. 39 ff., ref.. in H. Vorländer, Grundzüge der Athenischen Demokratie, in: Demokratie. Informationen zur Politischen Bildung 284, Bundeszentrale für politische Bildung 2013 www.bpb_izpb_284_demokratie_

[151] A. Dernbach, 30 Prozent der Neugeborenen sind Migrantenkinder, Tagesspiegel, 15.07.2010

[152] F. Berth, Die Kopftuchlegende. Süddeutsche Zeitung, 30.01.2010.

[153] Generatives Verhalten und Migration. Forschungsbericht 10 des Bundesamtes für Migration und Flüchtlinge. http://www.bamf.de/SharedDocs/Anlagen/DE/Publikationen/Forschungsberichte/fb10-generativesverhaltenundmigration.pdf?_blob=publicationFile, abgefragt am 12/02/2016

[154] http://ec.europa.eu/eurostat/statistics-explained/index.php/Migration_and_migrant_population_statistics, abgefragt am 17/08/2017

[155] F. Klug, The Three Pillars of Liberty: Political Rights and Freedoms in the United Kingdom (Democratic Audit of the United Kingdom), Routledge 1996.

[156] https://rsf.org/en/ranking/2018

[157] M. Poptcheva, Press freedom in the EU: Legal framework and challenges. Briefing April 2015. http://www.europarl.europa.eu/EPRS/EPRS-Briefing-554214-Press-freedom-in-the-EU-FINAL.pdf, abgefragt am 02/08/2018.

[158] https://rsf.org/en/world-press-freedom-index-2014, abgefragt am 03/16/2018.

[159] Ch.H. Achen, L.M.Bartels, Democracy for Realists: Why Elections do not produce responsive government. Princeton Univ. Press 2017.

[160] A. Azmanova, M. Mihai, Reclaiming Democracy: Judgment, Responsibility and the Right to Politics, in: Routledge Advances in Democratic Theory, D. Chandler, P. Tambakaki, eds. Routledge 2015

[161] O. Höffe, Ist die Demokratie zukunftsfähig? C H Beck 2009.

[162] L. Diamond, Facing up to the Democratic Recession, J. of Democracy 26, 2015, 141-155.

[163] F. Karsten, F. Beckmann, Beyond Democracy: Why democracy does not lead to solidarity, prosperity and liberty but to social conflict, runaway spending and a tyrannical government, Createspace 2012

[164] Y. Hofstetter, Das Ende der Demokratie: Wie die künstliche Intelligenz die Politik übernimmt und uns entmündigt. Bertelsmann 2016.

[165] C. Crouch, Coping with Post-Democracy, Fabian Society 2000, Postdemocrazia, Laterza 2003, Post-democracy, Polity Press 2004, https://www.fabians.org.uk/wp-content/uploads/2012/07/Post-Democracy.pdf, abgefragt am 06/01/2018.

[166] H.H. Hoppe, Democracy – The God That Failed: The Economics and Politics of Monarchy, Democracy and Natural Order (Perspectives on Democratic Practice) Transaction Publ. 2001

[167] Riker 1980, S. 116, Dworkin 2000, ch. 4, ref. in Tom Christiano, Democracy, The Stanford Encyclopedia of Philosophy (Winter 2012 Edition), section 2.1., Edward N. Zalta (ed.), https://plato.stanford.edu/entries/democracy/, abgefragt am 08/31/2017

[168] Schumpeter, ref. in Tom Christiano, Democracy, The Stanford Encyclopedia of Philosophy (Winter 2012 Edition), section 3.1.1., Edward N. Zalta (ed.), https://plato.stanford.edu/entries/democracy/, abgefragt am 08/31/2017

[169] J. Buchanan, G. Tullock, The Calculus of Consent: Logical Foundations of Constitutional Democracy, Univ. of Michigan Press 1965.

[170] T. Christiano, The Rule of the Many: Fundamental Issues in Democratic Theory, Westview Press 1996.

[171] R. Dahl, A Preface to Democratic Theory, Chicago: Univ. of Chicago Press 1959.

[172] J. Cohen, Deliberation and democratic legitimacy, in: Democracy, edt. D. Estlund, Blackwell 2009

[173] Epperson v. Arkansas, 393 U.S. 97 (1968)

[174] https://www.oxfam.de/system/files/bp210-economy-one-percent-tax-havens-180116-en.pdf, abgefragt am 04/18/2018

[175] M. Carrigan, London School of Economics, British Politics and Policy, Five minutes with Colin Crouch, 5th February 2013, http://blogs.lse.ac.uk/politicsandpolicy/five-minutes-with-colin-crouch/ abgefragt am 06/15/2018

[176] A.Kuempfbeck, Neues Buch von Gerd Müller: Einfach nur die Welt retten. Augsburger Nachrichten, 22 June 2017. https://www.augsburger-allgemeine.de/politik/Neues-Buch-von-Gerd-Mueller-Einfach-nur-die-Welt-retten-id41800016.html, abgefragt am 04/07/2018

[177] Muslims in the EU: High levels of trust despite pervasive discrimination. http://fra.europa.eu/en/press-release/2017/muslims-eu-high-levels-trust-despite-pervasive-discrimination, abgefragt am 03/23/2018

[178] S. Hunter, Islam in Russia, Routledge 2004

[179] H. Smith, Greece's Muslim minority hails change to limit power of sharia law, The Guardian, 11 Jan 2018, https://www.theguardian.com/world/2018/jan/10/historic-step-greek-pm-hails-change-to-limit-power-of-sharia-law, abgefragt am 04/11/2018

[180] J.W. Müller, Was ist Populismus?: Ein Essay. Suhrkamp 2016.

[181] P. Nolte, Was ist Demokratie, Geschichte und Gegenwart. Beck 2012

[182] C. Crouch, The Strange Non-Death of Neoliberalism, Polity 2011, Das befremdliche Überleben des Neoliberalismus, Postdemokratie II, transl. by F. Jakubzik, Suhrkamp 2011, S. 74 ff. and S. 227 f, ref., in H. Vorländer, Demokratie. Informationen zur Politischen Bildung 284, Bundeszentrale für politische Bildung 2013, www.bpb_izpb_284_demokratie_

[183] B. Strickland, Make the Impossible Possible, Currency/Doubleday 2007

[184] G. L. Bernstein, The Myth of Decline: The Rise of Britain since 1945. Pimlico 2004, S.274.

[185] S. Heffer, Like the Roman: The Life of Enoch Powell. Orion 1999

[186] R. Hainisch, A. Paulin, Civicracy: Establishing a Competent and Resonsible Council of Representatives Based on Liquid Democracy. Conference for E-Democracy and Open Government, CeDEM, 2016, doi 10.1109/CeDEM.2016.27.

[187] G. O'Donnell, Delegative Democracy, Journal of Democracy 5, 1994, S.55-69.

[188] A.M. Jansen, Liquid Democracy: Counteracting democratic deficits in German politics, LAP (Lambert Academic Publishing) 2013

[189] A. Adler, Liquid Democracy in Deutschland: Zur Zukunft digitaler politischer Entscheidungsfindung nach dem Niedergang der Piratenpartei, Transcript Verlag 2018.

[190] A. Gehlen, Moral und Hypermoral. Eine pluralistische Ethik, Athenaeum 2016 (Athenaeum 1969)

[191] Immanuel Kant, Kritik der praktischen Vernunft, 1788

[192] Jürgen Habermas, Discourse Ethics: Notes on Philosophical Justification., in: Moral Consciousness and Communicative Action, MIT Press, 1990, S. 43-115.

[193] K. Homann, Competition and morality, Wittenberg Center for Global Ethics, paper nr. 2006-4 https://www.wcge.org/images/wissenschaft/publikationen/DP_2006-4_Homann_-_Competition_and_Morality_o.pdf, abgefragt am 06/30/2018.

[194] Aldous Huxley, Action and Contemplation, in: Huxley and God, edt. J.H. Bridgeman, Harper 1992, S.176f.

[195] C. A. Anderson et al., Violent Video Game Effects on Aggression, Empathy, and Prosocial Behavior in Eastern and Western Countries: A Meta-Analytic Review. Psychological Bulletin 136, 2010, 151–173

[196] A. Alter, Irresistible: Why you are addicted to technology and how to set yourself free, Vintage 2017.

[197] K. Chen, J. Shapiro, ref. in S. Stephens-Davidowitz, Everybody Lies. What the internet can tell us about who we really are. Bloomsbury 2018 (2017), S.235.

[198] https://bigthink.com/laurie-vazquez/why-seattles-plan-to-help-heroin-addicts-isnt-crazy, abgefragt am 06/28/2018

[199] G. Sorman, Macron Mania, Why France Loves Its Enlightened Despots, Le Monde 06/24/2017, https://www.worldcrunch.com/opinion-analysis/macron-mania-why-france-loves-its-enlightened-despots, abgefragt am 06/04/2018.

[200] G. Sorman, Macron as an enlightened despot. France-Amerique, 06/17/2017, https://france-amerique.com/macron-the-enlightened-despot/, abgefragt am 06/04/2018.

[201] B. Wehner, Von der Demokratie zur Neokratie. Evolution des Staates, (R)Evolution des Denkens. Merus 2006

[202] H. Küng, Yes to a Global Ethic, SCM Press 2010 (Projekt Weltethos, Piper 1996).

[203] H. Küng, Global Ethic: A Declaration of the Parliament of the World's Religions. Continuum 1993.

[204] U. Ruppel, CSU-Minister Gerd Müller: „Afrika ist unsere Chance, aber auch unser Schicksal", BZ-Berlin, 21. Januar 2018. https://www.bz-berlin.de/welt/csu-minister-gerd-mueller-afrika-ist-unsere-chance-aber-auch-unser-schicksal, abgefragt am 24.02.2018.

[205] James Bryce, Modern Democracies, Forgotten Books 2018 (Macmillan 1921), ref. in John Keane, The Life and Death of Democracy, Simon & Schuster 2009

[206] J. Samuel, Our information age presents an existential threat to democracy. The Daily Telegraph, 11/06/2017

[207] A. Barnett, Cross-National Differences in Aviation Safety Records, MIT Sloan School of Management, Operations Research Center, Massachusetts Institute of Technology, Cambridge, Massachusetts 02139, Permalink: http://dx.doi.org/10.1287/trsc.1090.0313, Published Online: March 18, 2010, Transportation Science, Vol. 44, No. 3, August 2010, pp. 322–332 issn0041-1655 eissn1526-5447 10 4403 0322, https://www.informs.org/About-INFORMS/News-Room/Press-Releases/Air-Safety-Barnett-Study, abgefragt am 06/17/2015

[208] C. Watts, Messing with the enemy, Harper 2018

[209] M. Deutsch, Trust and suspicion, J. Conflict Resolution, 2, 1958, pp. 267-279, ref. in R. L. Trivers, The evolution of altruism, The Quarterly Review of Biology 46, 1971, S. 54. https://greatergood.berkeley.edu/images/uploads/Trivers-EvolutionReciprocalAltruism.pdf, abgefragt am 07/01/2018.

210 T. Stuart, Waste: Uncovering the Global Food Scandal: The true cost of what the global food industry throws away. Penguin 2009.

211 J. Davis, Hear me out: Let's elect an AI as president, wired.com 05/18/2017, https://www.wired.com/2017/05/hear-lets-elect-ai-president, abgefragt am 07/06/2018.

212 International Monetary Fund, http://www.imf.org/external/pubs/ft/weo/2017/01/weodata/weorept.as px?pr.x=53&pr.y=6&sy=2015

213 J. Friederichs, Wohin stolpert Europa? BoD 2015

214 J. Riegler, Antworten für die Zukunft. Ökosoziale Marktwirtschaft. Politische Akademie der Österreichischen Volkspartei. Wien, Verlag für Geschichte und Politik, 1990.

215 Lutz Wicke, Lothar de Maizière, Thomas de Maizière: Öko-soziale Marktwirtschaft für Ost und West. Der Weg aus Wirtschafts- und Umweltkrise, dtv 1990.

216 K.Schickling, der Wahnsinn mit dem Weizen, ZDF-Zoom, 28 Feb 2018, abgefragt am 04/12/2018. https://www.zdf.de/nachrichten/heute/der-wahnsinn-mit-dem-weizen-100.html

217 F. Mari, Unser täglich Weissbrot, Brot für die Welt, 27 Feb 2018, https://info.brot-fuer-die-welt.de/blog/senegal-unser-taeglich-weissbrot, abgefragt am 04/12/2018.

218 http://realdemocracymovement.org/, abgefragt am 03/26/2018.

219 https://www.prediki.com/topics/ , abgefragt am 03/27/2018

220 https://occupydemocracy.org.uk/, abgefragt am 03/27/2018

221 http://new-compass.net/about, abgefragt am 03/27/2018

222 https://www.opendemocracy.net/uk/peter-bloom/symbolic-politics-standing-up-for-real-democracy, abgefragt am 03/27/2018

223 http://www.allofusfirst.org/what-is-common-weal/ , abgefragt am 03/27/2018

224 Our Common Future, Oxford Univ. Press 1987, chapter I., section 3, §27, http://www.un-documents.net/our-common-future.pdf, abgefragt am 06/19/2018

225 P. Riché, Daily life in the world of Charlemagne, Univ. of Pennsylvania Press 1978, S.84

226 H. Vorländer, Grundzüge der Athenischen Demokratie, in: Demokratie. Informationen zur Politischen Bildung 284, Bundeszentrale für politische Bildung 2013, www.bpb_izpb_284_demokratie_, abgefragt am 01/13/2018

227 A. Tuckness, Locke's Political Philosophy. The Stanford Encyclopedia of Philosophy, Spring 2016 edition, edt. E.N. Zalta. https://plato.stanford.edu/entries/locke-political/#LawNat

[228] Immanuel Kant, Kritik der praktischen Vernunft, 1788, A 53, 56, in: Kant's gesammelte Schriften. Hg. von der Königlich Preußischen Akademie der Wissenschaften, Bd. V, Berlin 1908, S. 29, S. 31.) , zit. aus Dietmar von der Pfordten, Die Rechtsidee bei Kant, Hegel, Stammler, Radbruch und Kaufmann, S.6, http://www.rechtsphilosophie.uni-goettingen.de/Rechtsidee.pdf, abgerufen am 03/23/2018.

[229] W. Durant, Rousseau and Revolution, in: The Story of Civilization, vol 10. Simon & Schuster 1967, S. 191.

[230] Peter Gay, The Enlightenment, vol.2., Science of Freedom, Norton 2013

[231] George Madison, ref. in A.C. Grayling, Democracy and its crisis, Oneworld 2017, S. 80, zit.3

[232] http://www.todesstrafe.at/, abgefragt am 01/20/2018.

[233] M. Stürmer, Welt ohne Weltordnung. Wer wird die Erde erben? Murmann 2006, S. 226

[234] D. Cozens, 1912: the Great Unrest. Socialist Appeal 2012, https://www.socialist.net/1912-qthe-great-unrestq.htm

[235] L. Wenar, John Rawls. The Stanford Encyclopedia of Philosophy (Spring 2017 edition), edt. E.N. Zalta, https://plato.stanford.edu/entries/rawls/

[236] M. Foucault, Archäologie des Wissens, Suhrkamp 1981 (Gallimard 1969).

[237] D. Geiger, Wissen und Narration. Der Kern des Wissensmanagements. ESV 2006.

[238] E. Nack, W. Wägner, Rom, Ueberreuter 1959 (1956) S.46.

[239] Konrad Lorenz, Vergleichende Verhaltensforschung, Grundlagen der Ethologie (The Foundations of Ethology), Springer 1978.

[240] E.J. Hobsbawm, Nations and Nationalism since 1780: Programme, myth, reality, Cambridge Univ. Press 1991.

[241] F. Grenier, A. Lüthi, Mouse brains wired for empathy?, Nature Neuroscience 13, 2010, 406

[242] J.H. Masserman, et al. "Altruistic" behavior in rhesus monkeys. Am. J. Psychiatry 121, 1964, 584–585.

[243] R. Axelrod, The evolution of cooperation, Basic Books 1984

[244] M. Olson, The Logic of Collective Action: Public Goods and the Theory of Groups, Harvard Univ. Press 2009

[245] T. Christiano, The constitution of equality: democratic authority and its limits, Oxford Univ. Press 2008.

[246] P. Pettit, Freedom as antipower, Ethics 106, 1996, S. 576-604, ref. J. Brennan, Against democracy, Princeton Univ.Press 2017

[247] I. Berlin, Two concepts of liberty, in The proper study of mankind: an anthology of essays, Farrar, Strauss & Giroux 1998.

[248] P. Singer, P., 1973, Democracy and Disobedience, Oxford Univ. Press 1973. Ref. in Tom Christiano, Democracy, The Stanford Encyclopedia of Philosophy (Winter 2012 Edition), section 2.2.3., Edward N. Zalta (ed.), https://plato.stanford.edu/entries/democracy/, abgefragt am 08/31/2017

[249] J. Hersch: Die Ideologien und die Wirklichkeit, Versuch einer politischen Orientierung. Piper 1958, ref. In M. Regensburger, Was ist eigentlich Ideologie?. Die Zeit, 07/17/1958, http://www.zeit.de/1958/29/was-ist-eigentlich-ideologie/

[250] Ludwig Wittgenstein, tractatus logico-philosophicus, 6.1. Suhrkamp 2006, 6.1., S.70

[251] H.P. Dürr, M. Oesterreicher, Wir erleben mehr als wir begreifen. Quantenphysik und Lebensfragen. Herder 207, S.37.

[252] https://whatukthinks.org/eu/questions/if-a-second-eu-referendum-were-held-today-how-would-you-vote/, abgefragt am 01/09/2018

[253] Euripides, Hiketides http://classics.mit.edu/Euripides/suppliants.html, translat. E.P. Coleridge.

[254] J. Habermas, Glauben und Wissen. Suhrkamp 2001, S.17-18.

[255] J. Habermas, Glauben und Wissen. Suhrkamp 2001, S.29.

[256] W. Klausnitzer, Glaube und Wissen, Lehrbuch der Fundamentaltheologie, Pustet Verlag 2008 (erste Auflage 1999), S.10

[257] A. Downs, An Economic Theory of Democracy, 1957

[258] M. Friedman, Essays in Positive Economics, Chicago Univ. Press 1953

[259] R. Wile, Piketty And The FT Actually Agree On The Most Important Part About Worsening Inequality In The West. http://www.businessinsider.com/piketty-and-the-ft-agree-on-income-inequality-2014-5?IR=T, abgefragt am 03/18/2018.

[260] G. Alfani, What history can teach us about inequality in Europe. World Economic Forum, 27 January 2017. https://www.weforum.org/agenda/2017/01/what-history-can-teach-us-about-inequality-in-europe

[261] A. Deneault, Mediocracy. The politics of the extreme centre. Between The Lines BTL 2018. https://btlbooks.com/book/mediocracy, 01/15/2018

[262] M. Ignatieff, Enemies vs. adversaries, ref. Y. Mounk, The People vs. Democracy. Why our freedom is in danger, and how to save it. Harvard Univ. Press 2018, S. 112

[263] http://www.vogue.co.uk/gallery/margaret-thatcher-most-famous-quotes

[264] J. Mack and S. Lansley, Poor Britain, Chapter 8: The Collapse of Welfarism, J. H. Mack and S. Lansley, 1985 http://www.poverty.ac.uk/system/files/poor_britain_book/poor-britain-chap08-Mack-Lansley.pdf, abgefragt am 07/18/2017

[265] http://www.bpb.de/apuz/155119/syrien-ein-historischer-ueberblick?p=all

[266] John Maynard Keynes, The General Theory of Employment, Interest, And Money, 1936.

267 S. M. Lipset, Some Social Requisites of Democracy: Economic Development and Political Legitimacy, American Political Science Review 53,1959.

268 S. P. Huntington, Political Order in Changing Societies, Yale Univ. Press, 1968.

269 Großbritannien: Debatte um Multikulturalismus http://www.bpb.de/gesellschaft/migration/newsletter/56927/multikultur alismus, abgefragt am 02.11.2016.

270 M.Engler, Die Einwandererbevölkerung Frankreichs. http://www.bpb.de/gesellschaft/migration/laenderprofile/135115/die-einwandererbevoelkerung, abgefragt am 11/02/2011

271 V. Hanewinkel, Vereinigtes Königreich, Einwanderungsland wider Willen. http://www.bpb.de/gesellschaft/migration/newsletter/200823/vereinigte s-koenigreich, abgefragt am 11/02/2011

272 R.Geissler, Sozialer Wandel in Deutschland: Migration und Integration. http://www.bpb.de/izpb/198020/migration-und-integration, abgefragt am 11/02/2016

273 https://de.statista.com/statistik/daten/studie/73995/umfrage/ auslaenderanteil-an-der-bevoelkerung-der-laender-der-eu27/, abgefragt am 07/20/2017

274 G. Di Muzio, Länderprofile: Italien, Flucht und Asyl. http://www.bpb.de/gesellschaft/migration/laenderprofile/145676/flucht-und-asyl, abgefragt am 11/04/2016

275 A. Kreienbrink, Länderprofil Spanien, Bundeszentrale für politische Bildung. http://www.bpb.de/gesellschaft/migration/laenderprofile/57897/einwan derer

276 R.Hansen, Länderprofil Vereinigtes Königreich http://www.bpb.de/gesellschaft/migration/laenderprofile/198121/verein igtes-koenigreich, abgefragt am 11/03/2016

277 Länderprofile. Frankreich. Aktuelles Migrationsgeschehen. http://www.bpb.de/gesellschaft/migration/laenderprofile/135114/aktuel les-migrationsgeschehen

278 G. Verhofstadt, Europe's Last Chance, BasicBooks 2017

279 A. Petroff, Davos loves the Trump tax cuts, http://money.cnn.com/2018/01/23/news/economy/ceos-love-us-trump-tax-cut-davos/index.html, abgefragt am 01/23/2018.

280 M. Huemer, The problem of political authority: an examination of the right to coerce and the duty to obey. Palgrave MacMillan 2013, ref. J. Brennan, Against democracy, Princeton Univ.Press 2017

281 T. Mendelberg, The deliberative citizen: theory and evidence. In: Research in micropolitics, V.6, Political decision making, deliberation and participation, M.X. Delli Carpini, L. Huddy, R.Y. Shapiro, eds., Elsevier 2002, S.151-193, ref. J. Brennan, Against democracy, Princeton Univ.Press 2017

[282] C.R. Sunstein, The law of group polarization, Journal of political philosophy, 10, 2002, S.175-195.
[283] I. Somin, Democracy and political ignorance, Stanford Univ. Press 2013, ref. J. Brennan, Against democracy, Princeton Univ.Press 2017
[284] D. Mutz, Hearing the other side: deliberative versus psrticipatory democracy. Cambridge Univ. Press 2006, ref. J. Brennan, Against democracy, Princeton Univ.Press 2017
[285] A.Thompson, Does diversity Trump ability? An example of the misuse of Mathematics in the social sciences. Not. Of the American Mathematical Society 61, 2014, 1024-1030, ref. J. Brennan, Against democracy, Princeton Univ.Press 2017S.181. ref chapter 7 ref.20
[286] John Locke ref. in Tom Christiano, Democracy, The Stanford Encyclopedia of Philosophy (Winter 2012 Edition), section 5.2., Edward N. Zalta (ed.), https://plato.stanford.edu/entries/democracy/, abgefragt am 08/31/2017
[287] Benjamin Page, 1996, ref. in A. Goldman, Th. Blanchard, Social epistemology, in: The Stanford Encyclopedia of Philosophy (Winter 2016 Edition). Edward N. Zalta (ed.). https://plato.stanford.edu/archives/win2016/entries/epistemology-social/ abgefragt am 09/25/2017.
[288] Jürgen Habermas 1979, 1987 reffs. Shawn W. Rosenberg ed., Deliberation, participation and democracy. Can the people govern? Palgrave Macmillan 2007)
[289] https://www.avvo.com/legal-answers/is-it-illegal-for-anyone-under-16-to-french-kiss-t-1323972.html, abgefragt am 01/23/2018
[290] P. Peebles, The History of Sri Lanka, Greenwood 2006, S.140.
[291] https://www.sipri.org/, abgefragt am 07/20/2018.
[292] http://www.fao.org/docrep/018/i3347e/i3347e.pdf
[293] K. Sontheimer, Antidemokratisches Denken in der Bundesrepublik, in: Antidemokratisches Denken in der Weimarer Republik, part 4, dtv 1978. https://www.politische-bildung-brandenburg.de/node/6504, abgefragt am 03/26/2018.
[294] M. P. Fiorina et al., America's New Democracy, Penguin Academics 2010.
[295] New Democratic group launches aiming Republican strongholds. CBS Interactive, 09 August 2017, https://www.cbsnews.com/news/new-democratic-group-launches-aiming-republican-strongholds/
[296] CWA Next Generation: The New Democracy. https://www.cwa-union.org/resources/cwa-next-generation-new-democracy

[297] Peril and Promise. The New Democracy in Latin America. NACLA 2007 (The North American Congress on Latin America). https://nacla.org/article/peril-and-promise-new-democracy-latin-america, abgefragt am 03/26/2018

[298] https://www.newdemocracy.com.au/

[299] https://www.theguardian.com/politics/2011/feb/05/david-cameron-speech-criticised-edl

[300] B. Strickland, and personal communication; some of the activities I visited myself, like in Pittsburgh and Cleveland.

[301] https://elsistemausa.org/, abgefragt am 06/04/2018

[302] Persönl. Erfahrung

[303] F.J. Radermacher, F. Riegler, H. Weiger, Ökosoziale Marktwirtschaft: Historie, Programmatik und Alleinstellungsmerkmale eines zukunftsfähigen globalen Wirtschaftssystems, Oekom 2011.

[304] K.A. Jellinger, Functional Pathophysiology of Consciousness, Neuropsychiatr. 2009;23(2):115-33.

[305] Th Nagel, Mind and Cosmos, Oxford Univ. press 2012, S.128.

[306] D.Ross, Mediocracy: How to Fix our School System's I's, Huffington Post 05/01/2011, abgefragt am 01/15/2018.

[307] Jürgen Habermas, Moral consciousness and communicative action, MIT press 2001, S.65

[308] Max Weber, Die protestantische Ethik und der Geist des Kapitalismus, in: Max Weber, Gesammelte Aufsätze zur Religionssoziologie, Tübingen 1947.

[309] Adam Smith, ref. in K. Homann, Competition and morality, Wittenberg Center for Global Ethics, paper nr. 2006-4, S.2. https://www.wcge.org/images/wissenschaft/publikationen/DP_2006-4_Homann_-_Competition_and_Morality_o.pdf, abgefragt am 06/24/2018.

[310] Amartya Sen, The Moral Standing of the Market, in: Ethics and Economics, ed. by E. F. Paul et al. Oxford 1985, 1-19, ref. in K. Homann, Competition and morality, Wittenberg Center for Global Ethics, paper nr. 2006-4, S.6, https://www.wcge.org/images/wissenschaft/publikationen/DP_2006-4_Homann_-_Competition_and_Morality_o.pdf, abgefragt am 06/24/2018

[311] Max Weber, Die protestantische Ethik und der Geist des Kapitalismus, in: Max Weber, Gesammelte Aufsätze zur Religionssoziologie, 4. Aufl., Tübingen 1947, 17-206,37, ref. in K. Homann, Competition and morality, Wittenberg Center for Global Ethics, paper nr. 2006-4, https://www.wcge.org/images/wissenschaft/publikationen/DP_2006-4_Homann_-_Competition_and_Morality_o.pdf, abgefragt am 06/24/2018

[312] B. Greene Der Stoff, aus dem der Kosmos ist. Raum Zeit und die Beschaffenheit der Wirklichkeit, Goldmann 2008 (The Fabric of the Cosmos. Space, time and the texture of reality. Knopf 2004)

313 J. Gustavson, C. Cederberg, et al., Global Food Losses and Food Waste, FAO (Food and Agriculture Organisation of the United Nations) 2011, http://www.fao.org/docrep/014/mb060e/mb060e.pdf, abgefragt am 05/24/2018

314 https://elaineou.com/2017/01/29/athens-built-a-wall-and-made-the-delian-league-pay-for-the-wall/abgefragt am 12/10/2017

315 https://evidencefordemocracy.ca/en/research, abgefragt am 07/01/2018.

316 I. Stucki, Evidence-based arguments in direct democracy: The case of smoking bans in Switzerland. Evaluation and Program Planning 69, 218, 148-156. https://www.sciencedirect.com/science/article/pii/S0149718916301240, abgefragt am 07/29/2018

317 P. Hilpold et al., eds., Europa der Regionen, Springer 2016.

318 K. Ryssdal, Poll finds Americans' economic anxiety reaches new high, Marketplace, 10 October 2016, https://www.marketplace.org/2016/10/13/economy/americans-economic-anxiety-has-reached-new-high

319 W. Davies, How statistics lost their power – and why we should fear what comes next, The Guardian, 19 January 2017, https://www.theguardian.com/politics/2017/jan/19/crisis-of-statistics-big-data-democracy, abgefragt am 06/30/2018.

320 J. Sohn, Navigating the politics of evidence-informed policymaking: strategies of influential policy actors in Ontario, Palgrave Communications 4: 49, 2018, April 2018. https://www.nature.com/articles/s41599-018-0098-4, abgefragt am 07/29/2018

321 P. Cairney, The politics of evidence-based policymaking: maximising the use of evidence in policy, Palgrave Communications, 11, 2017. https://www.nature.com/collections/xhxktjgpjc, abgefragt am 07/29/2018

322 G. F. Zampini, Evidence and morality in harm-reduction debates: can we use value-neutral arguments to achieve value-driven goals? Palgrave Communications 4: 49, 2018, June 2018. https://www.nature.com/articles/s41599-018-0119-3, abgefragt am 07/29/2018

323 E-M Engels, Erkenntnis als Anpassung?: Eine Studie zur Evolutionären Erkenntnistheorie, Suhrkamp 1989

324 I. Eibl-Eibesfeldt, Liebe und Hass. Zur Naturgeschichte elementarer Verhaltensweisen, Piper 1991 (1970), S. 189.

325 Konrad Lorenz, Das sogenannte Böse, DTV 1983 (1963), S. 154ff.

326 D. Hüser. Vom „Un-Skandal" des Algerienkrieges zum „Post-Skandal" der Gedächtniskultur. Die Pariser Polizei-Repressionen vom 17. Oktober 1961, in: A. Gelz et al. edt. Skandale zwischen Moderne und Postmoderne. Interdisziplinäre Perspektiven auf Formen gesellschaftlicher Transgression. Linguae & Litterae; 32. DeGruyter 2014, S. 183–213.

327 Joshua Kaplan, Political Theory: The Classic Texts and their Continuing Relevance. 2005.

328 https://www.moorfieldseyecharity.org.uk/news/artificial-intelligence-identify-eye-diseases? Abgefragt am 08/17/2018.

329 J.J. Titano et al., Automated deep-neural-network surveillance of cranial images for acute neurologic events. Nature Medicine 13 August 2018, https://www.nature.com/articles/s41591-018-0147-y, abgefragt am 08/18.

330 H.D. Hall, The Dilemma of Democracy. The Annals of the American Academy of Political and Social Science 218, 1941, pp. 162-174

331 Q.H. Hailsham, Dilemma of Democracy. Diagnosis and Prescription. Harper Collins 1978.

332 Immanuel Kant, Grundlegung zur Metaphysik der Sitten, Reclam, 5th edition, S.87(S.434 of the edition of the Prussian Academy 1911. (1785)

333 I. Ragun, Von der Demokratie zur Ökonokratie: Zur Möglichkeit einer wirtschaftsorientierten Zivilisation ; eine Zukunftsstudie. Verlag Becker 1995. Dzt. nur zugänglich über die Deutsche Nationalbibiolthek Frankfurt/Main, http://d-nb.info/947451404

334 M.R. Krätke, Die Ökonokratie und ihre neuen Gegner. Neues-Deutschland 2007, https://www.neues-deutschland.de/artikel/109512.die-oekonokratie-und-ihre-neuen-gegner.html, abgefragt am 16.09.2018

335 G. Seitz, R. Becker, Leben in einer nachtechnologischen Gesellschaft. Wege in mögliche Zukünfte, zit. in W. Sp., Mögliche Zukünfte – Szenarien für die postmoderne Gesellschaft, Pro-Zukunft 1994 , https://www.prozukunft.org/v1/1994/03/moegliche-zukuenfte-szenarien-fuer-die-postmoderne-gesellschaft/, abgefragt 16.09.2018

336 N. Häring, http://norberthaering.de/de/buchtipps/733-econocracy, abgefragt am 16.09.2018

337 P. Self, Econocrats and the Policy Process: Politics and Philosophy of Cost-benefit Analysis, Macmillan 1976.

338 Armut. Bericht der Bundeszentrale für politische Bildung vom 1.7.2017, http://www.bpb.de/nachschlagen/zahlen-und-fakten/globalisierung/52680/armut, abgefragt am 17.09.2018.

339 https://www.welt.de/politik/video181505780/AfD-verlaesst-Generaldebatte-SPD-Politiker-Kahrs-Hass-macht-haesslich-schauen-Sie-mal-in-den-Spiegel.html

340 http://www.spiegel.de/politik/deutschland/martin-schulz-zu-alexander-gauland-misthaufen-der-deutschen-geschichte-a-1227687.html

341 E. Friedell, Kulturgeschichte der Neuzeit, Bd.1, Die Krisis der europäischen Seele von der schwarzen Pest bis zum Ersten Weltkrieg, Bd.1, DTV 2005, S.89.

342 D. Schönpflug, Der Weg in die Terreur, Oldenbourg 2002, S.224f.

343 H. Sherwood, Christians in Egyt face unprecedented persecution, report says. The Guardian, 10 January 2018.
https://www.theguardian.com/world/2018/jan/10/christians-egypt-unprecedented-persecution-report

344 K. Winston, The top 10 worst countries for Christian persecution, America Magazine, 11 January 2018,
https://www.americamagazine.org/faith/2018/01/11/top-10-worst-countries-christian-persecution, abgefragt am 11/01/2018

345 S.E. Zylstra, The top 50 countries where it's most dangerous to follow Jesus. Christianity Today, 10 January 2018,
https://www.christianitytoday.com/news/2018/january/top-50-christian-persecution-open-doors-world-watch-list.html

346 Thomas Hobbes, Elementa Philosophica de Cive, 1657,
https://books.google.de/books?id=PeoTAAAAQAAJ&pg=PP10&hl=de#v=onepage&q&f=false, abgefragt am 10/05/2018

347 M.A. Nowak, S. Roch, Upstream reciprocity and the evolution of gratitude, Proc. Royal Soc. Biol. Sci 274, 2007, 605-610.

348 V. Frankl, ... trotzdem Ja zum Leben sagen, DTV 2008.

349 R. Menasse, Die Hauptstadt, Suhrkamp 2017

350 http://people.tamu.edu/~sdaniel/Notes/ethics2.html, abgefragt am 10/15/2018

351 http://faculty.fiu.edu/~harrisk/Notes/Ethics/Social%20Hedonism.htm, abgefragt am 10/15/2018

352 J.M. Twenge, Are Mental Health Issues On the Rise? Psychol. Today, 15 Oct. 2015.
https://www.psychologytoday.com/us/blog/our-changing-culture/201510/are-mental-health-issues-the-rise, abgefragt am 12.11.2018.

353 G. Wagner et al., Mental health problems in Austrian adolescents: a nationwide, two-stage epidemiological study applying DSM-5 criteria, European Child & Adolescent Psychiatry, 2017. (18.09.2017), abgefragt am 12.11.2018.

354 G. Schulte-Körne, Psychische Störungen bei Kindern und Jugendlichen im schulischen Umfeld, Deutsches Ärzteblatt 113, 2016, 183-190
https://www.aerzteblatt.de/archiv/175333/Psychische-Stoerungen-bei-Kindern-und-Jugendlichen-im-schulischen-Umfeld, abgefragt am 12.11.2018.

355 S. Hill, Die Demokratie geht in China ganz neue Wege. https://www.welt.de/debatte/die-welt-in-worten/article12381123/Die-Demokratie-geht-in-China-ganz-neue-Wege.html, abgefragt am 15.11.2018.

356 J. Parrott, The golden rule in Islam. Ethics of Reciprocity in Islamic traditions. Univ. Wales 2018, https://abuaminaelias.com/wp-content/uploads/2018/09/The-Golden-Rule-in-Islam_FINAL.pdf, abgefragt am 10/01/2018

357 Ch. Stegbauer, Reziprozität. Einführung in soziale Formen der Gegenseitigkeit, Springer 2002

358 H-J Wagner, Sozialität und Reziprozität, Humanities Online 2004

359 Diskussionsbemerkung nach der Rede von Kanzlerin Merkel vor dem EU-Parlament am 13. November 2018

360 Das Milliardenloch der HSBC-Private Bank Schweiz, finews.ch 20.02.2018, abgefragt am 21.11.2018. https://www.finews.ch/news/banken/30760-hsbc-schweiz-strafzahlungen-milliarden-steuerbetrug-2017

361 G. Wearden, P. Curtis, HSBC chairman Stephen Green to be trade minister, https://www.theguardian.com/business/2010/sep/07/hsbc-chairman-stephen-green-trade-minister, abgefragt am 21.11.2018

362 Konfuzius: Gespräche (6-22), Übers. R. Moritz, Reclam 1998, S. 36.

363 J. Chiu, Chinesischer Versicherer wird größter HSBC-Aktionär, Risiko-Manager, 6.11.2018, http://www.risiko-manager.com/detail/news/chinesischer-versicherer-wird-groesster-hsbc-aktionaer/ abgefragt am 21.11.2018

364 D. Nuhr, Was ist gerecht - Nuhr Gerecht, ARD 15.11.2018

365 J.R. Winkler, Ursachen fremdenfeindlicher Einstellungen in Westeuropa. Befunde einer international vergleichenden Studie, Bundeszentrale für Politische Bildung 2003, http://www.bpb.de/apuz/27568/ursachen-fremdenfeindlicher-einstellungen-in-westeuropa?p=all, abgefragt am 22.11.2018

366 M. Kaul, Studie über Fremdenfeindlichkeit. Deutschland, stillgestanden! http://www.taz.de/!5134049/, abgefragt am 22.11.2018.

367 UN-Kommissarin konstatiert zunehmenden Fremdenhass in Europa. Regionales Informationszentrum der Vereinten Nationen für Westeuropa. 22.11.2018 https://www.unric.org/de/uno-schlagzeilen/27311-un-kommissarin-konstatiert-zunehmenden-fremdenhass-in-europa, abgefragt am 22.11.2018.

368 P. Maxwill, Hass, für den es keine Worte gibt, Der Spiegel, 18.11.2018, http://www.spiegel.de/panorama/gesellschaft/auslaender-in-deutschland-hass-fuer-den-es-keine-worte-gibt-a-1237601.html, abgefragt an 22.11.2018

369 Thema Fremdenfeindlichkeit – Alle Artikel und Hintergründe, Der Spiegel, http://www.spiegel.de/panorama/ , abgefragt am 22.11.2018

370 Studie: Fast jeder dritte Deutsche hat Vorbehalte gegenüber Ausländern. Der Spiegel 07.11.2018 http://www.spiegel.de/panorama/gesellschaft/studie-fast-jeder-dritte-deutsche-hat-vorbehalte-gegenueber-auslaendern-a-1237218.html, abgefragt am 22.11.2018

371 S. Satjukow, Besatzer. Die Russen in Deutschland, Vandenhoeck & Ruprecht 2008

372 G. Blume, Mit Konfuzius in die Zukunft, Die Zeit 10.06.2009, https://www.zeit.de/2009/25/PD-Wang-Hui

373 Theodor W. Adorno, Negative Dialektik, Suhrkamp 1970, S. 356

374 Jürgen Habermas, Moralbewusstsein und kommunikatives Handeln, Suhrkamp 1983, S.77

375 Norbert Hoerster, Ethik und Interesse, Reclam 2003.

376 H. Jonas: Das Prinzip Verantwortung. Versuch einer Ethik für die technologische Zivilisation, Suhrkamp1984

377 G.W.F. Hegel, Phänomenologie des Geistes, Reclam 1988

378 A. Ludwinek et al., Social mobility in the EU, Eurofound 2017. https://www.eurofound.europa.eu/sites/default/files/ef_publication/field_ef_document/ef1664en.pdf

379 OECD-report: A broken social elevator? How to promote social mobility. OECD Publishing 2018

380 Platon, Politeia (Der Staat), Rowohlt 1967, Geschichte der Philosophie, Band 4, Sämtliche Werke Bd. 3, Buch 6, 1-5, 503b, S.215-216.

381 G. Wagner et al., Mental health problems in Austrian adolescents: a nationwide, two-stage epidemiological study applying DSM-5 criteria, in: European Child & Adolescent Psychiatry 2017

382 Ch. Gruber, Jeder Zehnte Jugendliche ist psychisch krank, Der Spiegel http://www.spiegel.de/gesundheit/psychologie/pubertaet-20-prozent-der-jugendlichen-sind-psychisch-auffaellig-a-908930.html

383 Claude Lévi-Strauss, Traurige Tropen, Kiepenheuer & Wiltsch 1982 (Tristes Tropiques Plon 1955)

384 Louis Pergaud, Der Krieg der Knöpfe, Dressler 1998 (La Guerre des Boutons, 1912)

385 Joseph Kardinal Ratzinger, Werte in Zeiten des Umbruchs, Herder 2005, S. 120.

386 Karel Čapek, Der Krieg mit den Molchen, Aufbau Verlag 2000 (Europa 1936) R.U.R. Rossum Universal Robots, Dover 2001 (1920)

387 R. Rorty, Philosophy and the Mirror of Nature, Princeton Univ. Press 1979, S.170.

388 Constitution in Crisis: The new Putney-Debates.
http://www.fljs.org/Constitution-in-
Crisis?gclid=Cj0KCQiAwKvTBRC2ARIsAL0Dgk1eVyRlfQ_ZAv9aBqTFPJ4r7i
wUO5ICWNarVhOlkobtl5qbJjJAqq8aAm7JEALw_wcB, abgefragt am
01/26/2018.
389 Plato, Der Staat (Politeia), Achtes Buch
390 F. Kurt, Von Elefanten und Menschen, Haupt Verlag 2014
391 M.A. Chakra, et al., Plastic behaviors in hosts promote the emergence of
retaliatory parasites, Nature, Scientific Reports 4, 4251,
2014,https://www.nature.com/articles/srep04251, abgefragt am
12.12.2018
392 H. Klaus, Der tausendköpfige Drache – Herrschaftssystem und Protest-
tradition in der Geschichte Chinas, Mink Verlag 1991.
393 E. Kimmel, Der Marshallplan – Selling Democracy. Bundeszentrale für
politische Bildung 2005,
http://www.bpb.de/geschichte/zeitgeschichte/marshallplan
394 W. Abelshauser, Deutsche Wirtschaftsgeschichte. Von1945 bis zur
Gegenwart. Beck 2011.
395 W. Abelshauser, Hilfe und Selbsthilfe. Zur Funktion des Marshallplans beim
westdeutschen Wiederaufbau. Vierteljahreshefte für Zeitgeschichte 37,
1989, 85-113.

Lightning Source UK Ltd.
Milton Keynes UK
UKHW041506180219
337530UK00009B/110/P

9 783748 120902